国家出版基金项目
NATIONAL PUBLICATION FOUNDATION

“十三五”国家重点图书

网络信息服务与安全保障研究丛书

丛书主编　胡昌平

教育部人文社会科学重点研究基地重大项目“大数据资源的智能化管理与跨部门交互研究——面向公共安全项目”（项目编号：16JJD870003）成果

公共安全大数据智能化管理与服务

Intelligent Management and Service of Big Data for Public Security

曾子明　著

WUHAN UNIVERSITY PRESS
武汉大学出版社

图书在版编目(CIP)数据

公共安全大数据智能化管理与服务/曾子明著.—武汉：武汉大学出版社,2022.1

“十三五”国家重点图书　国家出版基金项目

网络信息服务与安全保障研究丛书/胡昌平主编

ISBN 978-7-307-22904-4

Ⅰ.公…　Ⅱ.曾…　Ⅲ.公共安全—安全管理—数据处理—研究　Ⅳ.D035.29-39

中国版本图书馆 CIP 数据核字(2022)第 019553 号

责任编辑:詹　蜜　　责任校对:李孟潇　　版式设计:马　佳

出版发行：**武汉大学出版社**　(430072　武昌　珞珈山)

(电子邮箱:cbs22@ whu.edu.cn　网址：www.wdp. com.cn)

印刷:武汉中远印务有限公司

开本:720×1000　1/16　印张:28.75　字数:532 千字　插页:5

版次:2022 年 1 月第 1 版　2022 年 1 月第 1 次印刷

ISBN 978-7-307-22904-4　定价:99.00 元

作者简介

曾子明，博士，博士后，教授，博士生导师，武汉大学信息资源研究中心研究员。先后主持国家社会科学基金、国家自然科学基金面上项目、国家自然科学基金青年项目、教育部人文社科重点研究基地重大项目、教育部人文社科研究项目、中国博士后科学基金、湖北省教育厅人文社科研究项目和企业委托项目等项目，参与教育部人文社会科学重点研究基地重大项目、香港特别行政区自然科学基金研究项目、国家自然科学基金项目等。近年来，在国内外核心期刊和重要国际学术会议上发表论文80余篇，其中多篇论文被SSCI、SCI、EI、CSSCI等重要检索机构收录，兼任国家自然科学基金通信评审专家、教育部学位中心博士学位论文抽检通信评议专家以及国内多家期刊审稿专家，同时兼任国内外多个学术期刊的审稿专家。

网络信息服务与安全保障研究丛书

主　编：胡昌平

副主编：曾建勋　胡　潜　邓胜利

著　者：胡昌平　贾君枝　曾建勋
胡　潜　陈　果　曾子明
胡吉明　严炜炜　林　鑫
邓胜利　赵雪芹　邰杨芳
周　知　李　静　胡　媛
余世英　曹　鹏　万　莉
查梦娟　吕美娇　梁孟华
石　宇　李枫林　森维哈
赵　杨　杨艳妮　仇蓉蓉

总　　序

“互联网+”背景下的国家创新和社会发展需要充分而完善的信息服务与信息安全保障。云环境下基于大数据和智能技术的信息服务业已成为先导性行业。一方面，从知识创新的社会化推进，到全球化中的创新型国家建设，都需要进行数字网络技术的持续发展和信息服务业务的全面拓展；另一方面，在世界范围内网络安全威胁和风险日益突出。基于此，习近平总书记在重要讲话中指出，“网络安全和信息化是一体之两翼、驱动之双轮，必须统一谋划、统一部署、统一推进、统一实施”。① 鉴于网络信息服务及其带来的科技、经济和社会发展效应，“网络信息服务与安全保障研究丛书”按数字信息服务与网络安全的内在关系，进行大数据智能环境下信息服务组织与安全保障理论研究和实践探索，从信息服务与网络安全整体构架出发，面对理论前沿问题和我国的现实问题，通过数字信息资源平台建设、跨行业服务融合、知识聚合组织和智能化交互，以及云环境下的国家信息安全机制、协同安全保障、大数据安全管控和网络安全治理等专题研究，在基于安全链的数字化信息服务实施中，形成具有反映学科前沿的理论成果和应用成果。

云计算和大数据智能技术的发展是数字信息服务与网络安全保障所必须面对的，“互联网+”背景下的大数据应用改变了信息资源存储、组织与开发利用形态，从而提出了网络信息服务组织模式创新的要求。与此同时，云计算和智能交互中的安全问题日益突出，服务稳定性和安全性已成为其中的关键。基于这一现实，本丛书在网络信息服务与安全保障研究中，强调机制体制创新，着重于全球化环境下的网络信息服务与安全保障战略规划、政策制定、体制变革和信息安全与服务融合体系建设。从这一基点出发，网络信息服务与安全保障

① 习近平．习近平谈治国理政[M]．北京：外文出版社，2017：197-198.

作为一个整体，以国家战略和发展需求为导向，在大数据智能技术环境下进行。因此，本丛书的研究旨在服务于国家战略实施和网络信息服务行业发展。

大数据智能环境下的网络信息服务与安全保障研究，在理论上将网络信息服务与安全融为一体，围绕发展战略、组织机制、技术支持和整体化实施进行组织。面向这一重大问题，在国家社会科学基金重大项目“创新型国家的信息服务体制与信息保障体系”“云环境下国家数字学术信息资源安全保障体系研究”，以及国家自然科学基金项目、教育部重大课题攻关项目和部委项目研究成果的基础上，以胡昌平教授为责任人的研究团队在进一步深化和拓展应用中，申请并获批国家出版基金资助项目所形成的丛书成果，同时作为国家“十三五”重点图书由武汉大学出版社出版。

“网络信息服务与安全保障丛书”包括12部专著：《数字信息服务与网络安全保障一体化组织研究》《国家创新发展中的信息资源服务平台建设》《面向产业链的跨行业信息服务融合》《数字智能背景下的用户信息交互与服务研究》《网络社区知识聚合与服务研究》《公共安全大数据智能化管理与服务》《云环境下国家数字学术信息资源安全保障》《协同构架下网络信息安全全面保障研究》《国家安全体制下的网络化信息服务标准体系建设》《云服务安全风险识别与管理》《信息服务的战略管理与社会监督》《网络信息环境治理与安全的法律保障》。该系列专著围绕网络信息服务与安全保障问题，在战略层面、组织层面、技术层面和实施层面上的研究具有系统性，在内容上形成了一个完整的体系。

本丛书的12部专著由项目团队撰写完成，由武汉大学、华中师范大学、中国科学技术信息研究所、中国人民大学、南京理工大学、上海师范大学、湖北大学等高校和研究机构的相关教师及研究人员承担，其著述皆以相应的研究成果为基础，从而保证了理论研究的深度和著作的社会价值。在丛书选题论证和项目申报中，原国家自然科学基金委员会管理科学部主任陈晓田研究员，国家社会科学基金图书馆、情报与文献学学科评审组组长黄长著研究员，武汉大学彭斐章教授、严怡民教授给予了学术研究上的指导，提出了项目申报的意见。丛书项目推进中，贺德方、沈壮海、马费成、倪晓建、赖茂生等教授给予了多方面支持。在丛书编审中，丛书学术委员会的学术指导是丛书按计划出版的重要保证，武汉大学出版社作为出版责任单位，组织了出版基金项目和国家重点图书的论证和申报，为丛书出版提供了全程保障。对于合作单位的人员、学术委员会专家和出版社领导及詹蜜团队的工作，表示深切的感谢。

丛书所涉及的问题不仅具有前沿性，而且具有应用拓展的现实性，虽然在专项研究中丛书已较完整地反映了作者团队所承担的包括国家社会科学基金重大项目以及政府和行业应用项目在内的成果，然而对于迅速发展的互联网服务而言，始终存在着研究上的深化和拓展问题。对此，本丛书团队将进行持续性探索和进一步研究。

胡昌平

于武汉大学

前　言

公共安全应急管理是国家安全和社会稳定的基石，是推进国家治理体系和治理能力现代化的重要组成部分。随着“互联网+”战略的推进以及信息技术的发展，大数据作为国家经济和社会发展中重要的战略资源，可以更好地实现公共安全应急管理的高效有序，为重大突发事件的有效管控提出崭新的解决途径和有力的技术支撑。基于大数据技术，公共安全管控平台能够有效整合和集成各种数据资源，构建动态海量的数据库体系，建立针对突发事件的分析模型，利用模型对职能部门内部数据、社交媒体和传感网络等数据集进行深度关联分析，挖掘可能发生的突发事件并进行预测和预警，有效提升公共安全职能部门的情报洞察能力、分析决策能力、指挥管理能力和服务社会能力。

然而，当前我国公共安全领域的大数据资源管理滞后于大数据技术的实际应用和发展。其表现为：目前公共安全大数据资源管理的研究主要采用传统的信息资源管理技术，运用传统的资源管理技术并不适合于公共安全大数据资源管理，导致分散在各部门的数据资源价值没有充分发挥。同时，公共安全突发事件的有效管控涉及不同政府部门和机构之间的协同和交互，由此将会产生公共安全数据资源的搜集、整合、应用上的各类问题。由于各类数据资源之间缺乏统一的标准，现有政府组织、部门间的分割以及信息资源管理理念的滞后往往导致“信息孤岛”现象的出现，从而形成不同政府部门、企业的跨部门、跨领域、跨行业的数据共享壁垒。频发的公共安全突发事件折射出相应职能部门数据资源管理落后，导致不同部门之间的信息交互和共享存在严重的障碍，信息服务不能智能共用，这对公共安全突发事件的预防与管控是非常不利的。在国务院提出要大力推动政府部门数据共享、实施政府数据资源共享开放工程的背景下，围绕大数据资源的智能化管理和跨部门信息交互问题开展研究尤为迫切。

本书是教育部人文社会科学重点研究基地重大项目(项目编号：16JJD870003)

的成果之一。本书面向公共安全领域，立足于国家大数据发展战略和政府职能部门实施科学的应急决策需求，较系统和全面地研究公共安全大数据资源管理的理论模型、技术和服务应用，旨在构建“互联网+公共安全”大数据资源管理的新模式，实现基于大数据的公共安全信息保障和数据资源智能化管理的同步。全书内容新颖，反映了大数据资源管理与信息服务领域的发展动态以及作者多年来的研究成果。全书共8章：

第1章是概论部分，在介绍“互联网+公共安全”的推进与融合过程中探讨了大数据驱动的公共安全管理新模式，包括研究现状、存在的挑战问题、研究内容框架和研究热点。

第2章提出公共安全大数据资源管理的理论模型，首先从“互联网+”时代下城市公共安全保障的需求出发，将科学研究第四范式理论应用到城市公共安全领域，构建面向第四范式的城市公共安全大数据监管体系；在此基础上，提出基于生命周期理论的大数据智能化管理模型，并以公共卫生领域为例，构建生命周期理论视角下公共卫生类突发事件应急知识管理体系；最后，构建了基于主权区块链网络的大数据资源管理体系，在国家主权监管的前提下，实现公共安全数据采集、数据处理、实时交互以及智慧共用过程的有效管理。

第3章在理论模型基础上，遵循公共安全大数据管理的生命周期，从公共安全大数据采集、数据处理、数据存储、数据分析与挖掘和数据可视化等不同阶段，探索大数据智能化管理的关键技术，突破大数据技术的瓶颈，促进大数据技术在公共安全社会治理和应急管理方面的创新、发展和应用。

第4章针对传统公共安全职能部门“中心化”信息建设的弊端，构建基于区块链的公共安全跨部门信息交互体系，为职能部门跨部门信息交互提供数据资源共享、高效且安全的可重用服务。

第5章探索公共安全大数据资源的协同调配方法与集成服务，首先构建多元信息协同感知模型，并分别从云计算和网格技术两方面探索了公共安全大数据协调调配平台的构建模型，最后提出协同调配基础上的公共安全大数据信息集成服务。

第6章研究基于公共安全大数据管理的突发事件智能管控，这是公共安全大数据智能化管理研究的最终目标。首先，从智慧城市视角上构建城市突发事件智慧管控体系；接着，从理论视角上提出基于熵理论的突发事件网络舆情管控；最后，从信息技术视角上系统地研究突发事件管控中的网络舆情热度趋势预测、微博情感分析以及网络谣言识别方法，为公共安全职能部门网络舆情管控提供有效的决策支持。

第 7 章以技术实现的基础为导向，从技术规范和标准保障、职能部门管理模式创新、数据安全保障和公众隐私保护等方面探索公共安全大数据管理的智能保障机制。

第 8 章结合安全生产、智慧反恐、防灾减灾、重大疫情防控等公共安全不同领域，构建面向不同领域的公共安全信息保障服务的情报体系，实现以领域为导向的公共安全信息保障服务的推进和应用。

本书由曾子明撰写，研究生李青青、明瑶等负责相关资料的搜集和整理。在撰写、成稿的过程中，作者参考了国内外许多专家、学者的论著，他们的成果为本书提供了丰富的素材，我们在每章的参考文献中进行了标注，如果有不慎遗漏的，在此表示歉意。

本书是作者及其领导的学术团队近年来的部分研究成果。在撰写、成稿的过程中，参考了国内外许多专家、学者的论著，他们的成果为本书提供了丰富的素材和理论支撑，并在参考文献中进行了标注，如果有不慎遗漏的，在此表示歉意。

公共安全大数据智能化管理与服务，涉及计算机科学、情报学、信息资源管理、公共管理、人工智能等不同学科的理论与方法，是国家重大战略部署和现代化城市治理的核心问题，发展迅速，需要进一步深入研究的问题很多，希望本书的出版能起到抛砖引玉的作用。尽管在项目研究和本书撰写过程中付出了艰辛的努力，但由于该领域研究内容新，一些理论方法和技术还在不断发展之中，书中难免存在纰漏和不足之处，欢迎读者不吝赐教。

曾子明

目　　录

1 公共安全大数据智能化管理及其发展

党的十八届三中全会提出"健全公共安全体系"的要求，对食品药品安全、安全生产、防灾减灾救灾、社会治安防控等领域的改革指明了方向。随着"互联网+"战略的推进以及信息技术的发展，大数据作为国家经济和社会发展中重要的战略资源，可以更好地落实这些改革要求，为公共安全突发事件的有效管控提出崭新的解决途径和有力的技术支撑。基于此，在"互联网+"和公共安全相关领域的深度融合和跨界应用中，本章提出大数据驱动的公共安全管理的新模式，实现基于大数据的公共安全信息服务保障和数据资源智能化管理的同步。

1.1 "互联网+公共安全"的时代机遇

我们生活在一个越来越依靠信息的时代，并在向数字化时代迈进。数字化时代来临，各种信息资源的电子化传递都将成为数字化经济的标志①。信息社会化、社会信息化，信息生产与消费促进了信息产业和信息技术的飞速发展。从而为公共安全大数据智能化管理奠定了新的基础。

1.1.1 互联网与数字智能发展中的公共安全管理

当前，互联网已经成为人们获取信息的重要来源，是人们获取信息、改变生活方式、赢得商机的基础设施。2015 年 3 月，十二届人大三次会议提出实

---

① Stephen Haag, Maeve Cummings, Donald J McCubbery. Management Information Systems for the Information Age[M]. 4th Edition. New York: The McGraw-Hill Companics, Inc., 2004: 1-5.

施“互联网+”战略，加快指定有关行动计划①；同年7月，国务院印发《关于积极推动“互联网+”行动的指导意见》②，推动互联网由消费领域向生产领域拓展，加速提升产业发展水平，增强各行业创新能力。“互联网+”是以互联网为基础设施，以信息资源和信息技术为新动能的经济社会发展新形态，是实施社会经济转型和“换道超车”战略发展的重要举措。因此，“互联网+”的本质是传统行业的在线化、数字化，通过以互联网为主的一整套信息技术（包括云计算、大数据、物联网、智能计算等）在经济、社会生活各部门的扩散、应用，同时不断释放出数据流动性的过程。③“互联网+”是传统行业和领域的数字化改造，在“互联网+”和传统行业与领域的深度融合中产生了多维度的海量数据，改变了人们的信息获取和使用方式，以及社会生产、生活和学习方式，将人们带入一个“可计算、可预测”的，被称为“大数据”的时代。在这个新时代，人们通过数据在各行业、各部门的流动、共享，改变和创新组织的管理模式和管理制度。

随着“互联网+”战略的推进以及信息技术的发展，大数据已成为我国经济和社会发展过程中重要的战略资源，被认为是未来引领社会变革和技术创新的“下一个前沿”。党的十八大以来，以习近平同志为核心的党中央站在时代科技发展的前沿，为大数据发展指明方向，扫清各种障碍。2015年9月国务院发布的《促进大数据发展行动纲要》指出④：大数据已经成为推动经济转型发展的新动力、成为重塑国家竞争优势的新机遇。2015年10月，党的十八届五中全会提出要实施“国家大数据战略”，这是大数据第一次写入党的全会决议，标志着大数据战略正式上升为国家战略⑤。2017年10月18日，习近平总书记在党的十九大报告中指出要“推动互联网、大数据、人工智能和实体经济深度融合”⑥。

---

① 李克强. 政府工作报告——2015年3月5日在第十二届全国人民代表大会第三次会议上[N]. 人民日报，2015-03-17(1).

② 国务院印发《关于积极推进“互联网+”行动的指导意见》[EB/OL]. [2015-07/04]. http://www.gov.cn/xinwen/2015-07/04/content_2890205.htm.

③ 阿里研究院. 互联网+：从ID到DT[M]. 北京：机械工业出版社，2015.

④ 国务院印发《促进大数据发展行动纲要》[EB/OL]. [2015-09-05]. http://www.gov.cn/xinwen/2015-09/05/content_2925284.htm.

⑤ 五中全会，大数据战略上升为国家战略[EB/OL]. [2015-11-08]. http://politics.people.com.cn/n/2015/1108/c1001-27790239.html.

⑥ 习近平. 决胜全面建成小康社会 夺取新时代中国特色社会主义伟大胜利——在中国共产党第十九次全国代表大会上的报告[EB/OL]. [2017-10-28]. http://cpc.people.com.cn/n1/2017/1028/c64094-29613660-7.html.

2017年12月8日，习近平总书记在中央政治局第二次集体学习时强调，构建以数据为关键要素的数字经济，推动实体经济和数字经济融合发展①。

党和国家领导人高度重视大数据在公共安全领域的结合应用。2017年2月17日，习近平总书记主持召开国家安全工作座谈会并发表重要讲话，强调“要完善立体化社会治安防控体系，提高社会治理整体水平，注意从源头上排查化解矛盾纠纷。要加强交通运输、消防、危险化学品等重点领域安全生产治理，遏制重特大事故的发生。要筑牢网络安全防线，提高网络安全保障水平，强化关键信息基础设施防护，加大核心技术研发力度和市场化引导，加强网络安全预警监测，确保大数据安全，实现全天候全方位感知和有效防护②。”习近平总书记的讲话高屋建瓴、意蕴深刻，成为新形势下维护国家安全的行动指南，为开创新形势下国家安全工作新局面指明了实践方向。公共安全是国家安全的重要组成部分，与其密切相关又相互作用。公共安全建设是针对自然灾害、事故灾难、公共卫生事件和社会安全事件等各类突发事件，从预防与应急准备、监测与预警、应急处置与救援、恢复与重建等全方位、全过程的管理。相比国家安全，公共安全是最基本的民生，以人民安全为宗旨实质上是以公共安全为宗旨③。

1.1.2 “互联网+公共安全”的推进与融合

“互联网+公共安全”的推进与融合过程产生了公共安全大数据，为公共安全职能部门的管理带来了新的发展机遇。在“互联网+”时代，公共安全职能部门应树立大数据管理新理念，充分发挥互联网思维与服务能力，广泛及时地收集信息，并将看似无关的数据创造性地连接起来，通过大数据分析与处理技术发现背后潜在的关联，进而利用大数据分析模型进行预测与预警，有效地预测事态的发展趋势。公共安全大数据主要包括社会治安类数据（治安环境、犯罪信息等）、安全生产类数据（危化品信息、仓库油库信息等）、公共卫生类数据（空气质量、传染病、食品安全信息等）、社会生活类数据（气象、交通信息等）、网络安全类数据等类型，这些大数据为公共安全治理与突发事件管控的

---

① 习近平. 审时度势精心谋划超前布局力争主动 实施国家大数据战略加快建设数字中国[N]. 人民日报，2017-12-10(1).

② 习近平. 在国家安全工作座谈会上的讲话[EB/OL]. [2017-02-17]. http://www.xinhuanet.com/2017-02/17/c_1120486809.htm.

③ 闪淳昌. 总体国家安全观引领下的应急体系建设[J]. 行政管理改革，2018(3)：20-23.

实现创造了有利条件。

基于大数据技术，公共安全管控平台能够有效整合和集成各种数据资源，构建动态海量的数据库体系，建立针对突发事件的分析模型，利用模型对职能部门内部数据、社交媒体和传感网络等数据集进行深度关联分析，挖掘可能发生的突发事件并进行预测和预警，有效提升公共安全职能部门的情报洞察能力、分析决策能力、指挥管理能力和服务社会能力。例如，在食品药品安全领域，过去食物(药品)安全方面事故频发，一个重要原因就是食物(药品)从生产到流通缺乏有效监管。在“互联网+”的推进下，食物(药品)安全监管方式发生着深刻的变革，大数据驱动着食物(药品)安全监管方式朝着数据化、智能化方式转型。目前，大数据已经应用到食物(药品)安全领域的每个环节，基于大数据技术可以实现对食物(药品)生产、加工、运输、包装、存储等环节的全面监管，建立面向食物(药品)产业链的食物(药品)追溯系统；同时运用大数据分析和挖掘技术，构建食物(药品)安全风险预测与评估模型，对食物(药品)安全事故进行预测和预警，防止食物(药品)安全问题的发生，将危害消除在萌芽状态。在安全生产领域，过去安全生产隐患排查工作主要靠人力，通过人的专业知识和经验去发现生产过程存在的安全隐患。这种方式容易受到主观因素影响，且很难界定安全与危险状态，可靠性差。安全生产监管部门可以将大数据技术应用到安全生产中，可提升源头治理能力，降低事故的发生。针对各个重点消防单位(如矿产企业、危化品仓库，加油站等)，安全生产管控平台可以采集并整合企业信息、气象数据、事故数据、舆情数据，对相应危险源、人员车辆、交通卡口建立相应的数据库，利用大数据技术建立多维度立体化的安全生产智能分析模型，当危险品的存放状态发生变化时，模型的参数也随之发生改变。通过动态的智能数据分析，就可以对安全隐患提出预警，为职能部门提供对未来安全生产的趋势预测能力，实现安全生产的有效管控。在防灾减灾领域，大数据的多源、海量、实时等特征能够帮助政府职能部门有效预测自然灾害的发展动态，在防灾减灾中发挥重要的作用。相关职能部门可以建立跨部门的数据共享机制，构建涵盖多部门的防灾减灾大数据管理和监测平台，实现地质、气象、水位、交通物流等数据存储和管理。通过大数据分析与挖掘，完善灾害风险区域、级别及致灾临界指标，提高灾害预警能力；同时，在灾情发生后，综合城市交通、物流运输、救灾物资、应急避难场所、医疗救护等大数据信息，并利用 GPS、北斗卫星导航、卫星遥感系统(RS)、GIS 等技术，规划逃生路线、救援抢险路线，为职能部门指挥调度提供有力的决策支持。在社会治安防控领域，大数据为实现社会治安有效管理发挥着巨大作用。

公安部门收集以往治安案件的时间、地点和类型等信息，建立公安大数据资源管理平台，通过网格计算等技术对数据资源进行实时采集、存储和处理，运用大数据技术对案件信息进行智能分析，并建立犯罪数据分析和趋势预测模型，预测未来可能发生犯罪的时间、地点、发生概率以及犯罪的种类，从而合理布置警力，有效降低暴力犯罪的发生率。同时，公安部门可以通过收集通信网、互联网和社交网站中的个人通信信息、网络社交信息、个人动态信息等，利用大数据分析和社会网络分析(SNA)等技术对犯罪嫌疑人的社会关系、团伙组织和作案模式进行分析和挖掘，有效打击犯罪行为，为构建和谐社会保驾护航。

1.2 大数据驱动的公共安全管理新模式

公共安全应急管理是国家安全和社会稳定的基石，是推进国家治理体系和治理能力现代化的重要组成部分。随着“互联网+”战略的推进以及信息技术的发展，大数据为公共安全管理模式提供新的思维和发展路径。公共安全管理就是在国家政治、法律等上层建筑的综合影响作用下，公共安全职能部门通过实现对公共安全大数据的收集、存储、处理、分析和应用，开展公共安全事件科学管控的工作。可以说，大数据改变和创新公共安全管理的现有模式，为政府职能部门实现突发事件管控提供了崭新的解决途径和有力的技术支撑。在大数据环境下，公共安全管理工作的基础是数据，内容是数据，依据是数据，未来发展的关键也取决于数据。公共安全职能部门应树立和强化基于大数据的公共安全管理战略思维，重视“数据资源”在公共安全管理中的重要作用和巨大价值，形成和践行“数据主导公共安全管理”的科学理念，推动新时期公共安全管理工作的有序发展。

1.2.1 公共安全应急决策研究范式

与传统公共安全管理相比，大数据驱动的公共安全管理模式从以下几个方面具有新特点和范式。

传统公共安全管理主要采用计算模型驱动的应急决策研究方法。在传统公共安全管理中，一般综合应用理论假设、实验模拟、数据模拟和计算机仿真等科学计算方法，通过构建数据模型、定量分析方法，以及利用计算机信息技术来分析和预测突发事件的演化规律及其风险作用的类型、强度及时空特征。例如，在防灾减灾领域，传统公共安全管理可以通过“数据模拟”的方式，重建和理解已知事件(如地震、海啸和其他自然灾害)，通过数据对已构建的计算模型进行调整和优化，从而提高职能部门防灾减灾的应急决策水平。因此，传统公共安全管理以“计算”为依靠工具，而“数据”是为计算服务的，数据采集主要采取随机采样的方法，通过数据模拟和计算机仿真来验证和优化已构建的计算模型。但是，随机采样是在数据类型、数量比较少，收集过程费时费力、成本高并且难以实现全面收集所有数据的情况下，而采用的权宜之计和无奈选择①。以“最小规模的数据获得最多的信息”是传统公共安全管理中以计算模型驱动的应急决策研究的范式和通用模式方法。在大数据环境下，数据被快速大量地生产，造成了数据洪流现象。相关研究表明：大数据集上的简单模型和算法能比小数据集上的复杂模型和算法产生更好的效果，看似模型和算法不再要紧，数据更重要。因此，以公共安全大数据为基本资源和主要研究对象，公共安全管理的应急决策研究范式应从“计算模型”驱动转变为“数据”驱动，通过对大数据资源的管理和应用，实现对突发事件的科学管控和治理。在大数据驱动的公共安全应急决策研究范式中，“数据”是整个公共安全管理过程的核心和对象，而“计算模型”则是为分析和挖掘“数据”价值，将“数据发现”转变为“知识发现”而服务的。大数据环境下，职能部门利用大数据存储、分析和处理技术，构建基于大数据的公共安全数据管理平台，使得数据资源能够在各部门之间进行有效的交互和共享，在数据资源的流动和融合基础上开展城市突发事件的管控，是突破传统公共安全管理应急决策范式的有益尝试。

随着“互联网+”战略的推进和信息技术的迅猛发展，以领域为导向的资源数据化、信息化的范围越来越广，程度越来越深，一方面数据成为国家、职能管理部门、企业组织至关重要的战略资源；另一方面，数据被相关职能管理部门、企业和个人用户大规模地生产，造成了数据洪流。如何有效地分析和利用数据资源，最大程度地发掘数据的价值，为相关类型用户提供决策支持，是大数据环境下数据资源管理亟待解决的关键问题。

1.2.2 公共安全数据资源的管理变革

在公共安全领域，传统数据资源管理仍然采用中心化体系架构，即采用所谓“烟囱式”系统建设，其设计模式是：职能部门提出公共安全管理业务需求，信息资源管理仍围绕着本部门的应用开展，贯穿需求分析、设计、开发、测试和应用整个信息资源建设周期。从某种程度上看，职能部门的信息资源管理平

① 张艳朋. 大数据对公共安全管理方法论的变革[D]. 南昌：江西财经大学，2015.

台的上线都预示着一座新的烟囱矗立而成。但是，传统数据资源管理这种“中心化”体系结构存在着以下问题：①信息资源重复建设和维护带来的重复投资。传统公共安全管理采用“烟囱式”模式管理和使用数据资源，导致大量的数据资源和业务功能在各个职能部门信息系统中同时存在，仅从数据管理和运维两方面成本投入的角度来说，重复投资和重复建设情况较多，相关数据管理平台的设备利用率不高，资源浪费严重。②“中心化”体系结构导致职能部门缺乏跨部门的数据资源共享平台，业务协同不规范，各类公共安全数据之间缺乏统一的标准，不同职能部门的信息交互和数据资源共享困难，存在严重“数据壁垒”和“数据孤岛”问题。

在大数据环境下，公共安全数据资源管理是一种“去中心化”的管理模式，从本质上体现了扁平化、分布式、协同共享的思想。实际上，互联网、物联网、共享经济等新兴概念都体现了去中心的思想①。随着“互联网+”的推进和智慧城市的建设，去中心化的大数据资源管理模式正在逐渐拓展到城市发展中各个社会领域。在公共安全领域，构建分布式、跨部门的大数据资源管理体系架构，采用高度自组织、自运行的机制，即在没有中心化数据资源管理和控制的情况下也能够实现各个职能部门高效、安全的协同运作，解决传统数据资源管理中存在的资源重复建设、数据壁垒和数据孤岛等问题。在“去中心化”的数据资源管理体系架构中，整个系统是一个去中心化、智慧型的数据管理和服务体系，各个职能部门信息系统仅是体系架构中的一个节点，而不再是信息提供和管理的中心，体系架构中的各个节点地位对等，并以公共安全管控用户需求为导向，通过数据融合、数据关联和服务重用，实现跨部门、跨层级、跨业务的信息交互和协同管理，为决策中心数据分析和突发事件管控提供数据支撑。然而，这种“去中心化”体系架构仅仅只是从技术视角上实现职能部门之间的信息资源共享和交互，打通部门间因“条块分割”导致的“数据壁垒”问题，但从行政管理视角上必须由政府相关监管部门进行统一的集中化管理，将分布式、去中心化的数据资源管理体系纳入集中式的行政管理体制之中，供政府决策中心进行协同调配和集成服务，即实现“去中心化”公共安全数据资源管理体系架构和“中心化”行政管理体制的辩证统一，从而能够更好地实现决策中心对公共安全大数据资源的“中心化管控”。

大数据驱动的公共安全管理与传统管理模式相比，公共安全管理的决策流

---

① 曾子明. 去中心化的智慧图书馆移动视觉搜索管理体系[J]. 情报科学，2018(1)：11-15，60.

程将由危机事件发生后的“应对”转移到事件发生前的“预测”。① 具体来说，应对式决策是指突发事件发生后，如何运用相应的决策管理方法进行快速响应，从而达到减少和降低灾害损失的目的，是一种“反方向”的决策流程。传统公共安全管理是在突发事件发生已知事实情况下，采用数据抽样采集，通过数据进行逻辑分析，寻求灾害事件的发生经过、各类数据信息的因果关系，从而为职能部门提供决策依据。然而，在大数据环境下，公共安全管理的决策流程正好相反，是一种“正向”的决策流程，利用大数据分析和挖掘技术，在收集全面数据的基础上对突发事件进行预测，体现为“挖掘数据——量化分析——寻找相互关系——进行突发事件预测”的决策流程②。因此，大数据驱动的公共安全管理应急决策的核心是“预测”，是建立在数据相关性分析研判的基础上对未来潜在事件的数据预测。因此，开展大数据驱动的公共安全管理，应坚持采用“全体数据”的大数据思维模式，整合职能部门内部数据、传感网络、卡口采集的“硬数据”以及互联网社交平台上爬取的“软数据”，运用大数据分析和挖掘技术，对公共安全管控的要素(人物、物品、场所、交通、气象等)进行相关性分析和挖掘，从而对公共安全风险隐患进行有效识别和预测，将公共安全危险消灭于萌芽状态。

1.3 公共安全大数据管理的研究现状

近年来，围绕公共安全大数据资源管理，与此相适应的公共安全突发事件管控，已成为目前国内外公共安全大数据资源管理的重点研究领域，主要研究内容包括公共安全大数据资源的共享、基于大数据的公共安全风险识别和预警，以及基于大数据的公共安全应急管理过程和评价等。

1.3.1 公共安全大数据资源的共享研究

在国外，信息共享已经成为公共安全领域实施大数据战略的关键。Milakovich Michael 等人指出③，单一数据源已越来越难以满足应对公共安全领域日益复

① 张春艳. 大数据时代的公共安全治理[J]. 国家行政学院学报，2014(5)：100-104.

② 张倩. 大数据在突发事件政府决策中的应用[J]. 东北农业大学学报(社会科学版)，2013(6)：73-79.

③ Milakovich M. Anticipatory Government：Integrating BigData for Smaller Government [EB/OL]. [2018-10-12]. http://www.as.miami.edu/mpa/Michael_Milakovich_CV.pdf.

杂的需求，未来将会出现越来越多跨部门数据集的关联；在大数据时代，政府公共安全治理的关键在于整合多数据源的公共管理模式，通过提高公共安全大数据资源的共享能力推动政府部门间的业务协同。在“9·11”事件以后，美国政府开始研究并实施跨部门的数据共享机制。例如，美国国家情报网格(NATGRID)平台汇聚了21个不同部门的信息资源，在对信息资源进行信息抽取和信息过滤的基础上，通过数据挖掘技术对采集的外部情报数据和部门内部数据进行分析，以帮助跟踪嫌疑人，防止恐怖袭击。美国国土安全部强调跨部门数据的互操作性，并应用多种技术手段促进数据在市政部门、社区、医院、供血站、避难所等各类机构之间的顺畅流动，并研发了一种“市民社会媒体预警与反应系统”(Social Media Alert and Response to Threats to Citizens，SMART-C)，该系统利用手机和其他GPS设备数据，提供市民反应、灾害事件的演化、社区需求等信息，为城市内涝灾害应急决策提供实时、动态信息①。美国联邦政府实施大数据信息共享战略，建设Data. gov网站开放大量原始政务数据和地理信息数据，内容涵盖了气象、就业、金融、教育和交通等50余个门类，其中公共安全是其中一个主要领域。美国佛罗里达国际大学与南佛罗里达地区的灾难应急管理中心合作，研究在灾难信息资源管理领域中的数据收集、整理、存储和分析技术的应用②。日本科学技术振兴机构(Japan Science and Technology Agency)与美国国家科学基金会合作，支持6个基于大数据的项目来应对未来灾害的管理和预警，主要研究灾害信息资源的收集、存储、分析和处理技术，以增强相关部门灾害响应和应急的能力③。澳大利亚的Centrelink实现了各地公共安全部门与数据中心的信息联网共享，通过大数据分析和处理技术将公共安全服务流程、网络和信息资源进行优化整合，便捷、高效地为公众提供一站式的公共安全咨询服务④。

在我国，2015年国务院发布了《促进大数据发展的行动纲要》，明确提出加快政府数据开放共享，推动资源整合，提升治理能力。在国家政策的支持和倡导下，北京、上海等地率先推出了政府数据资源开放共享网络平台，整合本

---

① Adam N R，Shafiq B，et al. Spatial Computing and Social Media in the Context of Disaster Management[J]. IEEE Intelligent Systems，2012，27(6)：90-97.

② 黄越，李涛. 大数据时代的灾难信息管理[J]. 南京邮电大学学报，2015，35(6)：68-76.

③ New US-Japan collaborations bring Big Data approaches to disaster response [EB/OL]. [2018-10-15]. https：//www. eurekalert. org/pub_ releases/2015-03/nsf-nuc033115. php.

④ https：//www. humanservices. gov. au/[EB/OL]. [2018-03-25].

地区数十个政府部门的大数据资源，为企业和公众开展政务信息资源的社会化开发利用提供数据支撑。例如，北京市公安局建立了公共安全大数据资源管理平台，通过网格计算等技术对数据资源进行实时获取、存储与处理，确保不同安全防控部门的应急协同。上海市公安局创建大数据实战应用平台，整合共享公安部门内外海量数据信息资源，研发应用超级搜索、超级地图等信息技术手段，积极推进平台大数据应用与应急指挥、侦查打击、治安管控的一体化运作。湖南省应急办构建基于云计算的公共安全大数据资源平台，整合包括公安、消防、医疗、市政、应急灾害处理等多部门的信息资源，实现基于云平台的海量数据存储和计算。同时，学术界也就公共安全资源共享开展了相关研究。如李明在分析数据自身属性、管理壁垒等信息共享障碍对大数据技术实施的影响基础上，从数据信息共享基础建设、强化管理和增强公众参与三个方面，提出了促进公共安全信息共享的研究对策①；邓春林等人结合湖南省应对突发事件信息资源共享的现状，从突发事件信息资源的采集加工机制、舆情预警机制、传送上报机制、发布披露机制、调控监督机制、安全保障机制等方面进行研究，并构建了基于应急流程的突发事件信息资源共享机制的框架体系②；孔磊以城市轨道交通公共安全为研究对象，提出了建设大数据共享资源库的总体框架，对大数据资源基础架构、大数据资源支撑架构和大数据资源可视化服务平台等组成部分进行了研究③。

1.3.2 基于大数据的公共安全风险识别和预警研究

基于大数据的公共安全风险识别和预警研究是在公共安全大数据资源的有效管理基础上，通过对公共安全相关领域的大数据进行数据分析和挖掘，识别和预测网络舆情与突发事件的动态，以提高政府的危机预警和应对能力。如，美国密歇根大学研究基于“超级计算机以及大数据”来帮助警方定位那些最易受到不法分子侵扰片区的方法，研究人员利用大数据创建一张犯罪高发地区热点图④。在研究某一片区的犯罪率时，将相邻片区的各种因素列为他们考虑的

---

① 李明．大数据技术与公共安全信息共享能力[J]．电子政务，2014(6)：10-19.

② 邓春林，何振．应对突发事件信息资源共享机制研究——以湖南省为例[J]．湖南工程学院学报(社会科学版)，2014(3)：1-5.

③ 孔磊．城市轨道交通公共安全大数据共享资源库研究[J]．交通与港航，2015(5)：37-41.

④ 丁波涛．大数据条件下的城市公共安全应对机制[J]．上海城市管理，2015(9)：26-30.

对象。随着将越来越多的数据加入研究中来，研究人员认为能在额外变量是如何影响犯罪率这一问题上得到更准确的结论，并且为警方更具针对性地锁定犯罪易发点、抓获逃犯提供决策支持。"谷歌流感趋势"项目根据详细划分区域的各地网民的搜索内容来分析全球范围内流感等病疫传播状况。2009 年，谷歌公司对 5000 余万条最频繁的检索词条数据进行测试，总共处理了 4.5 亿个不同的数学模型，并与美国疾病控制和预防中心的报告对比，追踪流行性疾病的准确率达到 97%①。欧洲警方和美国麻省理工学院研究人员合作，利用运营商掌握的手机信息通过算法绘制了伦敦的犯罪事件预测地图，能够大大提高处警效率，降低警力部署成本②。韩国国家灾害研究院研发了基于社会大数据的灾害实时监测系统(Social Big Board)，通过 Twitter 抓取、分析社会大数据，在地图上实时显示灾害程度和发展趋势③。意大利特兰托大学一项名为"Once Upon a Crime"的研究，用免费的人口统计和移动数据与犯罪数据进行了比对，并成功预测伦敦可能发生犯罪事件的地点，准确度高达 70%④。

在国内，百度研究院以上海外滩踩踏事件为例，基于百度 LBS 大数据分析了外滩区域人流量趋势，建立了外滩区域人群分布热力图，通过对百度定位数据、搜索数据进行挖掘，对地图搜索请求与人员到达数量进行了相关性分析，为政府部门实现人群流量的实时监控和预警提供智能决策支持⑤。中兴公司研发了公共安全突发事件应急管理系统，利用大数据技术建立针对突发事件的分析模型，通过模型对传感网络、社交媒体、政务信息等数据集进行深度关联分析和挖掘，对潜在的突发事件进行预测和预警⑥。学术界方面，国内研究主要集中在对公共安全突发事件的预警机制、监控过程、识别和分类方法等方

① 迈尔-舍恩伯格 V，库克耶 K. 大数据时代：生活工作与思维的大变革[M]. 杭州：浙江人民出版社，2013.

② 杨燮蛟，劳纯丽. 大数据时代发展"枫桥经验"的探索[J]. 浙江工业大学学报(社会科学版)，2017(4)：370-375.

③ Choi S, Bae B. The real-time monitoring system of social big data for disaster management[J]. Computer Science and its Applications, Berlin: Springer Berlin Heidelberg, 2015, 330: 809-815.

④ 何军. 大数据与侦查模式变革研究[J]. 中国人民公安大学学报(社会科学版)，2015(1)：72-80.

⑤ 从 LBS 大数据背后分析外滩踩踏事故始末[EB/OL]. [2017-11-30]. https://www.csdn.net/article/a/2015-01-22/15822272.

⑥ "互联网 "时代，公共安全管理新模式[EB/OL]. [2017-11-30]. http://www.360doc.com/content/17/1017/20/45199333_695790463.shtml.

面。如，金保昕构建了突发事件预警的情报研究模型，采用文献研究和例证的方法将情报学中的预警分析、信号分析方法与突发事件预警的事件链、预警机制等相关理论结合起来，并基于情报工作流程探讨了突发事件预警信号的指标、信息源、监测与分析①；在突发事件识别与分类方法上，姚占雷等提出了词间距的思想，构建了基于互联网新闻报道的突发事件识别模型，并对热点词元发现、词间距策略、事件识别、事件相关性判断进行了深入研究②；夏彦针对互联网突发事件提出了规则与统计相结合的文本自动识别方法，并设计实现了互联网突发事件的识别系统③；李纲等人从情报视角出发构建了一个以情报为核心的突发事件检测与识别的理论架构④；尉永清等人在研究突发事件网络舆情传播规律的基础上，提出一种融合用户情感的在线突发事件识别方法，为预测突发事件的动态发展提供支持⑤；瞿志凯等人针对当前我国突发事件情报分析存在的问题，提出了适应大数据环境的突发事件情报流程，并在此基础上构建以综合研判模块为核心的大数据突发事件情报分析模型⑥；张越等人面向食品安全突发事件的智能监管，提出一种基于条件随机场的字标注统计学习方法，以实现食品安全突发事件语料的自动分词⑦；徐磊等人将大数据技术和煤与瓦斯突出、矿井水害、矿井火灾、矿井顶板灾害预防机理相结合，建立了基于大数据的矿井灾害预警模型，阐述了利用大数据进行灾害预警的步骤⑧；张蕾华等人基于现有的犯罪数据，通过人工智能分析平台，构建了基于大数据的前科人员犯罪预警模型，从而提高犯罪预测的准确性，并且可以为事先防控犯

---

① 金保昕. 突发事件预警的情报监测与分析[D]. 南京：南京大学，2011.

② 姚占雷，许鑫. 互联网新闻报道中的突发事件识别研究[J]. 现代图书情报技术，2011(4)：52-57.

③ 夏彦，等. 基于规则与统计相结合的互联网突发事件识别研究[J]. 现代图书情报技术，2010(10)：65-69.

④ 李纲，李阳. 情报视角下的突发事件监测与识别研究[J]. 图书情报工作，2014(24)：66-72.

⑤ 尉永清，等. 融合用户情感的在线突发事件识别研究[J]. 情报理论与实践，2015(2)：92-96.

⑥ 瞿志凯，等. 大数据背景下突发事件情报分析模型构建研究[J]. 现代情报，2017(1)：45-50.

⑦ 张越，王东波，朱丹浩. 面向食品安全突发事件汉语分词的特征选择及模型优化研究[J]. 数据分析与知识发现，2017(2)：64-72.

⑧ 徐磊，李希建. 基于大数据的矿井灾害预警模型[J]. 煤矿安全，2018(3)：98-101.

罪提供科学的参考依据①；李鑫等人突破传统的单一要素风险预警模式，通过典型事件的本体解析，对事件要素进行关联分析，提出社会安全事件特征模型构建方法，并选取典型的社会安全事件，开展基于大数据的社会安全事件识别与预测预警技术研究，实现基于大数据的典型社会安全事件异常识别，提升社会风险的预测预警能力②。

1.3.3 基于大数据的公共安全应急管理过程研究

基于大数据的应急管理过程是指公共安全突发事件发生后，政府部门通过社交网站等媒体对大数据进行分析和挖掘，对社情民意作出及时和负责的反应，对受影响人群提供物质援助和情感疏导，并收集热点事件、挖掘网络舆情，追踪造谣信息的源头，从而达到进行有效的应急管理过程。美国 2013 年波士顿马拉松爆炸案发生后，FBI 在案发现场附近采集了 10TB 左右的数据，并结合在线社交媒体提供的信息，在基于海量数据分析后成功锁定犯罪嫌疑人③。Starbird 等人通过分析 2010 年 1 月海地地震发生后 339 个微博使用者发布的 292928 条微博信息，研究了网络志愿者在参与救灾活动中的自组织机制，为当地政府救援工作提供了决策支持④。众包危机信息平台 Ushahidi 由 Okolloh 等人创建，通过发布的短信、博客等信息建立突发事件地图，并利用谷歌地图系统发布突发事件的实时动态，并根据灾情和救援需求信息汇集成救援报告，利用可视化技术构建突发事件的点状地图，为当地政府部门和志愿者救援工作提供决策支持⑤。Gian 等人开发了一种融合传感数据和社交移动数据的灾难应急管理系统（ASyEM），该系统能够对社交平台 App 产生的用户数据和传感器捕获的数据进行信息融合，在此基础上进行智能选择、分析和处理，

---

① 张蕾华，等. 基于大数据的前科人员犯罪预警模型构建研究[J]. 信息网络安全，2019(4)：82-89.

② 李鑫，等. 基于大数据的典型社会安全事件预测预警技术研究[J]. 中国电子科学研究院学报，2019(5)：457-461.

③ 何婉璇. 时代“利刃”：大数据如何改变现代刑侦[EB/OL]. [2017-07-28]. http://www.bigdatamag.cn/yyal/2079.jhtml.

④ 邵东珂，吴进进，彭宗超. 应急管理领域的大数据研究：西方研究进展与启示[J]. 国外社会科学，2015(6)：129-136.

⑤ 邵东珂，吴进进，彭宗超. 应急管理领域的大数据研究：西方研究进展与启示[J]. 国外社会科学，2015(6)：129-136.

实现对城市灾难事件的态势感知和应急救援服务①。Ofli 等人提出了一种城市灾难应急响应系统，该系统联合人工语义标注和机器学习方法对突发事件进行智能识别和损失评估，实现突发事件应急决策的快速生成②。Nadi 等人提出一种基于自适应 Multi-agent 的城市突发事件救援评估和应急响应模型，该模型集成马尔可夫决策过程和增强学习方法实现救援评估和应急响应的协同，提高突发事件的应急响应效率③。Jiang 提出一种基于大数据的工业园区突发事件应急管理模型，该模型采用 Hadoop 平台，体系结构分为接口层、应用层、数据资源层和基础实施层，为工业园区突发事件的应急管理提供决策支持服务④。

在国内，郭春侠等人在突发事件应急管理周期的基础上，构建了突发事件应急决策快速响应情报体系，并分析了快速响应情报系统的运行机理⑤。张倩生等人通过网络舆情突发事件指标的直觉信息熵来构建多指标应急决策模型，并通过直觉模糊集结算子集计算各网络舆情突发事件的综合危机程度，根据直觉模糊危机值的得分和精度，确定各网络舆情事件危机严重程度排序，辅助政府有效地应急处置各类舆情危机⑥。王兰成提出一种基于网络舆情分析的突发事件情报支援方法，基于网络舆情情报的规划、获取、处理、加工和分发五阶段的实现流程，研究针对突发事件应急处置的舆情情报支援系统架构⑦；唐明伟等人综合应用物联网、大数据、知识库等技术，从事前预警和事中解决方案推荐角度提出一种面向公共安全的突发事件快速响应系统，并给出部署该系统

---

① Foresti G L, Farinosi M, et al. Situational awareness in smart environments: socio-mobile and sensor data fusion for emergency response to disasters [J]. Journal of Ambient Intelligentce and Humanized Computing, 2015, 6(2): 239-257.

② Ofli F, Meier, P, et al. Combining human computing and machine learning to make sense of big (aerial) data for disaster response[J]. Big data, 2016, 4(1): 47-59.

③ Nadi, A, Edrisi, A. Adaptive multi-agent relief assessment and emergency response [J]. International Journal of Disaster risk reduction, 2017, 24: 12-23.

④ Jiang FJ. On the application of big data technology in emergency management of industrial park[J]. Agro Food Industry Hi-tech, 2017, 28(3): 3579-3582.

⑤ 郭春侠，张静. 突发事件应急决策的快速响应情报体系构建研究[J]. 情报理论与实践，2016(5): 53-57, 68.

⑥ 张倩生，谢柏林，张新猛. 网络舆情突发事件的应急群决策方法[J]. 统计与决策，2016(10): 38-41.

⑦ 王兰成. 基于网络舆情分析的突发事件情报支援研究[J]. 情报理论与实践，2015(7): 72-75.

的应用对策①；吴志敏提出应当从深化城市应急管理大数据应用的研究层次、提高城市应急管理机制的大数据适应性、构建城市应急管理大数据综合平台三个方面发展城市应急管理大数据应用，以此强化大数据在城市应急管理的能力和效果②；吴先华等人从城市暴雨内涝灾害大数据融合的几个方面入手，分别评述了大数据的本体技术、数据融合方法、数据降维与灾害识别、灾害的社会经济损失评估，以及应急决策的生成与评估方法等相关理论和实践进展，在此基础上深入研究了大数据融合背景下城市暴雨内涝灾害的应急管理方法③。

从总体上看，国内外对公共安全大数据资源的研究，主要从突发事件管控视角进行相应的理论探索和实践应用。从研究成果来看，大数据在公共安全应急决策中展现出了巨大潜力。然而，我国公共安全领域的大数据资源管理滞后于大数据技术的发展，其表现为：目前对公共安全大数据资源管理的研究主要采用传统的信息管理技术，由于分布式、跨部门的大数据呈现出海量、无序、不一致、不可信、分散和自治等特征，运用传统的资源管理技术并不适合与公共安全大数据资源管理，导致分散在各部门的数据资源价值没有充分发挥。同时，公共安全突发事件的有效管控涉及不同政府部门和机构之间的协同和交互，由此将会产生公共安全数据资源的搜集、整合、应用上的各类问题。由于各类数据资源之间缺乏统一的标准，政府组织、部门间的分割以及信息资源管理理念的滞后往往导致“信息孤岛”现象的出现，从而形成不同政府部门、企业的跨部门、跨领域、跨行业的数据共享壁垒。频发的公共安全突发事件折射出不同部门信息交互和共享存在严重的障碍，在国务院提出要大力推动政府部门数据共享、实施政府数据资源共享开放工程的背景下，围绕大数据资源的智能化管理和跨部门信息交互问题开展研究尤为迫切。

1.4 新型智慧城市背景下公共安全大数据智能化管理

城市在快速的发展中出现了各种社会问题，如何既能保障城市的“可持续

① 唐明伟，蒋勋，姚兴山. “互联网+”环境下面向公共安全的突发事件快速响应系统[J]. 情报科学，2016，34(11)：154-159.

② 吴志敏. 大数据与城市应急管理：态势、挑战与展望[J]. 管理世界，2017(9)：170-171.

③ 吴先华等. 大数据融合的城市暴雨内涝灾害应急管理述评[J]. 科学通报，2017(9)：920-927.

发展”，满足人们的物质、文化需求，又不对人们生产、生活、健康、社会稳定和自然生态环境等造成危害，实现城市发展与自然生态环境的和谐发展，是摆在城市建设和管理面前的一个新问题。

1.4.1 新型智慧城市的概念和发展

随着信息技术的快速发展和广泛应用，使得大数据、互联网、物联网、云计算、人工智能等技术深入影响和改变人们的生产、生活、医疗健康和娱乐方式，人们逐渐认识到充分利用这些技术可以解决相应的问题，实现城市的和谐、有序发展。

这些以领域为导向的信息技术应用表达了人们对城市美好生活的向往，同时也对城市管理职能部门提出了更高的要求。而相应职能部门要提高管理效率和改进服务质量，需要通过信息技术手段和信息服务方式实现管理体制机制上的创新。在大数据时代，以大数据技术为代表的新一代信息技术，为城市发展和建设提供了新思路，丰富了智慧城市建设的理论内涵和实践应用。在此背景下，中国在以往智慧城市建设理论和实践基础上，进一步提出建设新型智慧城市。

新型智慧城市是指通过融合新一代信息技术与城市建设发展需求，以创新引领和数据驱动全面推进城市转型升级，提高城市治理能力现代化水平，实现城市基于新路径、新模式、新形态的可持续发展。在新时代背景下，新型智慧城市已成为建设创新型国家、提升国家治理现代化水平的重要抓手，是数字中国建设的重要内容，是智慧社会的基础，受到我国政府的高度重视。

2016 年 10 月 9 日，习近平总书记在主持中央政治局第 36 次集体学习时明确指出，要深刻认识互联网在国家管理和社会治理中的作用，以推进电子政务、建设新型智慧城市等为抓手，以数据集中和共享为途径，建设全国一体化的国家大数据中心，实现跨层级、跨地域、跨系统、跨部门、跨业务等协同管理和服务①。2017 年 12 月 8 日下午，习近平总书记在主持中央政治局就实施国家大数据战略进行第二次集体学习时强调，大数据发展日新月异，我们应该审时度势、精心谋划、超前布局、力争主动，深入了解大数据发展现状和趋势及其对社会经济发展的影响，分析我国大数据发展取得的成绩和存在的问题，推进实施国家大数据战略，加快完善数字基础设施，推进数据资源整合和开放

① 中共中央政治局就实施网络强国战略进行第三十六次集体学习[EB/OL]. [2016-10-09]. http://www.gov.cn/xinwen/2016-10/09/content_5116444.htm.

共享，保障数据安全，加快建设数字中国，更好服务我国经济社会发展和人民生活改善。这是我们新型智慧城市建设的重要战略指导思想①。

新型智慧城市建设是一个渐进的过程，建立在城市信息化、数字化发展成果的基础上，它的发展经历了数字城市、智慧城市和新型智慧城市三个阶段②。数字城市发展属于智慧城市发展的初始阶段，是实体城市的虚拟映射，以城市信息基础设施(网络、数据)为支撑，实现城市信息的有机整合，并对城市规划、建设和管理的各种方案进行模拟分析和研究的城市信息系统体系。数字城市在推动政府管理创新、提高城市信息化水平等方面起到了较好的促进作用。智慧城市是数字城市发展的更高阶段，强调以大数据、物联网、云计算等信息技术为支撑，完善传统数字城市信息化建设的不足。其中，大数据资源是智慧城市建设和发展的引擎，通过大数据的收集与分析，提高政府职能部门做决策和预见趋势的能力，全面提升公共安全、交通、金融、能源、医疗健康、环保等城市各个领域基础设施的运行效率，为人们日常生产和生活提供最优运行方案。虽然，智慧城市建设总体态势良好，但存在以下问题：由于建设智慧城市的数据量非常大而且信息类型复杂，各个领域和部门的信息建设采用“中心化”的建设方式，不同系统无法互连互通，导致不同部门的数据资源无法进行共享和交互，存在“信息烟囱”和“数据孤岛”等问题；同时，“中心化”的信息管理模式导致数据资源在不同部门系统中重复建设，而基于数据资源的信息服务却无法重用，浪费大量的人力物力。由此，建设新型智慧城市应运而生，它属于智慧城市发展的高级阶段。新型智慧城市通过实现数据资源的深度融合共享，能够打通不同领域、不同部门的“数据壁垒”，将在城市管理中所有的环节实现信息互连互通，通过大数据分析和挖掘算法感知并预测城市运行态势，有效指导城市高效、有效地运转。

新型智慧城市的建设应在“创新、协调、绿色、开放、共享”五大发展理念的指引下，坚持以人民为中心的发展思想，全面推进新一代信息技术与城市现代化深度融合，以创新引领城市发展，实现城市综合治理能力现代化水平。其中，大数据作为智慧城市发展的新引擎，如何在“互联网+”推进下与具体行业(领域)深度融合，解决“数据壁垒”和数据共享与利用的矛盾，建立统一的城市“数据大脑”，实现大数据驱动的新型城市管理和决策模式，是新型智慧

① 习近平主持中共中央政治局第二次集体学习并讲话[EB/OL].[2017-12-09]. http://www.gov.cn/xinwen/2017-12/09/content_5245520.htm.

② 王家耀. 系统思维下的新型智慧城市建设[J]. 网络军民融合，2018(6)：10-13.

城市面临的关键问题。

1.4.2 新型智慧城市背景下公共安全大数据的特征与分类

新型智慧城市公共安全大数据有着其固有的特征和类型，大数据来源分布与结构从整体上决定了基本的数据形态及内容。

(1)公共安全大数据的特征

在城市建设、管理和运行过程中，积累了多源、异构、海量的大数据，是新型智慧城市背景下公共安全管理的源泉和基础。公共安全大数据来源于政府的不同部门，包括公安、交通、环保、气象、卫生、食药监、水利、安监等，跨领域跨部门特征显著。公共安全大数据具有一般大数据的4V特征①，包含以下四个方面：

①数据量巨大(Volume)。城市公共安全管理涉及的领域、部门众多，公共安全数据既包括各部门存储的基础数据，也包括实时采集的监测数据和人的行为活动数据，这些数据规模巨大。例如，一个中小城市安装1万台摄像头，假定每台摄像头设定的码率为2Mbps(即一秒产生2M字节的数据)，则每天总共会产生1648TB的高清视频数据。

②数据多样复杂(Variety)。公共安全大数据既包括职能部门内部数据库系统的结构化数据，主要存储城市基础数据(如城市人口数据、交通数据、经济数据等)和部门业务数据(如重大危险源数据、消防数据、应急资源数据、交通和医疗设施数据等)；也包括拓展型的外延数据，这些数据主要是非结构化的，包括来自物联网、传感器、城市监控卡口采集的“硬”数据，还包括从互联网抓取的“软”数据。因此，公共安全大数据的数据类型多样，数据来源众多，数据模态多类，覆盖了结构化和非结构化数据，语义不同，数据质量各异。

③数据高速实时(Velocity)。公共安全大数据产生的大多是实时性数据，需要极快的处理速度，同时由于公共安全事件的快速分析需求，需要在较短的时间内完成对数据的分析和处理。例如，安全生产监管部门应实时快速采集重点消防单位监测数据(如矿产企业、危化品仓库、加油站等)，并运用大数据分析与处理技术对这些监测数据进行高效数据分析与处理，实现对突发事件的快速响应和应急决策。

④数据价值密度低(Value)。公共安全大数据单位量的数据价值低，大多

① 齐力. 公共安全大数据技术与应用[M]. 上海：上海科学技术出版社，2017.

数是无价值的，但有极少部分数据却非常有价值。如果要发挥全量数据的价值，需要将来源不同、类型各异的数据进行关联，并通过大数据技术对其进行实时分析与挖掘，找出其中隐含的规律、模式或趋势等知识，为实现突发事件管控提供数据支撑，使得数据价值最大化。

公共安全大数据除了具有上述一般大数据的4V特征之外，还包含以下三个方面的独特特征(简称公共安全大数据的3P特征)：

政策性(Policy)：公共安全大数据很多涉及国家、政府和企业安全机密，数据的采集、处理、分析和应用需依赖于国家相关政策和法规。

隐私性(Privacy)：区别于一般数据，公共安全领域的数据很多涉及与公众个人隐私相关的数据，如个人身份信息、地理位置、通话记录、电子交易等信息。由此可以看出，公共安全大数据具有隐私性特征，对其采集和分析过程必然导致公共安全保障与公众个人隐私保护之间的冲突。因此，公共安全管理应将数据开发利用与公众隐私保护作为一个关联整体，妥善处理公共安全大数据的价值利用与公众隐私保护之间的矛盾。

精准性(Precision)：公共安全事关人民群众的最高利益，因此公共安全大数据的分析与挖掘结果需要很高的精准性，做好“用数据管理，用数据决策”，为突发事件管控提供强有力的技术支撑。

(2)公共安全大数据的分类

公共安全大数据目前没有统一的分类标准，从数据来源、数据类型和数据产生方式等不同视角可以对其进行分类。

从数据来源上，公共安全大数据可以划分为以下三种类型：

①政府职能部门内部数据，主要包括城市公共基础数据、公共安全知识数据以及职能部门业务数据。其中，城市公共基础数据是描述城市基本情况的数据，如城市人口户籍数据、交通数据、不动产数据、企业法人数据等，为城市公共安全管理提供了基础数据支撑；公共安全政策知识数据涉及公共安全领域的基本概念知识、政策导向和法律法规、灾害预防知识及灾后恢复与重建知识等；职能部门业务数据是职能部门日常管理工作中形成的与城市公共安全相关的数据，是职能部门内部存储的主要数据，与公共安全具体领域紧密相关，如食品(药品)安全数据、消防安全数据、自然灾害数据、社会治安数据等。

②物理空间数据：是指通过卡口摄像头、传感器、GPS定位、遥感等技术采集和监测的物理“硬”数据，包括城市视频监控数据、自然灾害监测数据、危化品监测数据、环境监测数据和疫情监测数据等。

③互联网数据：是指在互联网上反映用户网络行为和社会民意民情的

“软”数据。其中用户网络行为数据包括用户浏览网站、电子购物和网络社交等行为所产生的数据；社会民意民情主要包括网络舆情、网站社会调查、网络信访等数据。

物理空间数据属于“线下”数据，互联网数据属于“线上”数据，共同构成政府职能部门的外部数据，如何将职能部门的多源内外部数据进行有效融合，从而充分发掘大数据资源的价值，成为公共安全大数据管理的关键问题之一。

从数据类型上，公共安全大数据可以分为结构化数据、半结构化数据和非结构化数据三种类型：

①结构化数据：公共安全结构化数据是指为实现公共安全的有效管理，存储在职能部门系统内部数据库中，采用“二维表”结构来表达数据的逻辑关系，主要包括与职能相关的基础数据（如城市人口户籍数据、企业法人数据等）、部门业务数据（如食品药品安全数据、消防安全数据、自然灾害数据等）。

②半结构化数据：主要是指通过爬虫、搜索引擎等方式获取的部分网络行为数据，包括用户浏览的 HMTL 网站、电子交易记录，这些数据一般以 HTML 文档、XML 文档格式表达。

③非结构化数据：主要是指外部数据源中的物理空间数据以及大部分互联网数据，这些非结构化数据从数据量上占据整个公共安全数据的绝大部分，没有预定义的数据模型，既包括网络舆情中的微博数据、社交网站上的人物图像等互联网数据，也包括通过硬件设备采集的物理监测数据（如卡口采集的视频数据、传感网络采集的危化品监测数据等）。传统关系型数据库已不适合公共安全非结构化数据的存储，如何对其进行有效存储，在此基础上实现有效管理和利用，成为公共安全大数据管理的关键问题之一。

从数据产生方式上，公共安全大数据可以划分为以下三种类型：

①人工采集数据：这类数据是指通过职能部门工作人员人工录入的数据，主要存储在内部数据库中，如人员户籍、不动产数据、企业法人数据等；另外职能部门日常工作中产生的部门业务数据一般通过人工采集方式产生的，如危险源数据、消防数据、交通设施数据、食品（药品）安全数据等。

②设备自动产生数据：这类数据是指通过摄像头、传感器、GPS、遥感设备和技术采集与监测的物理数据，是自动产生的，主要用于对城市物理环境及可能发生的灾害进行监测监控，如气象监测数据、环境监测数据、水文监测数据、危化品监测数据、疫情监测数据等。

③网络行为产生数据：这类数据是指用户在互联网上的相应行为及活动产

生的数据，如浏览网页、网络社区上发帖和微博、在电子商务网站上购买商品等活动所产生的数据。

大数据是驱动和创新公共安全管理模式的新引擎，在带来了前所未有机遇的同时，也对公共安全管理带来了新的挑战，主要表现在以下几个方面：

①目前公共安全大数据资源管理主要采用传统的信息资源管理技术，但多源异构、跨部门、跨行业的公共安全大数据呈现出海量、无序、分散和自治等特征，运用传统的信息资源管理技术不适合于公共安全大数据资源的管理，存在着技术瓶颈问题。同时，大数据的一个重要特征是数据量巨大，但对数据处理要求高效实时。在公共安全领域，如何结合职能部门的内部数据，以及外部物理数据和互联网数据，保障在全量数据而非抽样数据中进行分析和挖掘，在此基础上实现对突发事件的实时、精准预测与快速响应，这对公共安全大数据资源的管理是一个重要挑战。

②现有职能部门的信息化建设采用"中心化"的建设方式，不同信息系统无法互连互通，导致不同部门的数据资源无法进行共享和交互，存在"信息烟囱"和"数据孤岛"等问题；同时，"中心化"的信息管理模式导致数据资源在不同部门系统中重复建设，而基于数据资源的信息服务却无法重用，浪费大量的人力物力。因此，如何建立"去中心化"的数据资源管理模型，在此基础上实现跨部门的信息交互和资源共享，这对公共安全大数据资源的管理也是一个重要挑战。

③大数据带来了公共安全数据处理技术的快速发展，但缺乏相应技术实现的保障机制，如在技术标准、职能部门的组织创新、数据安全与公众隐私保护等方面。因此，如何建立公共安全大数据技术实现的保障机制也是公共安全大数据管理的一个重要挑战。

1.4.3 公共安全大数据资源智能化管理的研究内容

大数据为公共安全突发事件的智能管控提出崭新的解决途径和有力的技术支撑。然而，当前我国公共安全领域的大数据资源管理滞后于大数据信息技术的实际应用和发展。频发的公共安全突发事件折射出相应职能部门数据资源管理落后，导致不同部门之间信息交互和共享存在严重的"数据壁垒"，信息服务不能智能共用。基于此，公共安全大数据资源智能化管理按照"模型架构——智能技术——信息交互——协同调配与集成服务——智能管控——保障机制——服务推进"的路线进行研究，研究内容的框架如图 1-1 所示。

本书研究立足于大数据环境下公共安全数据资源的管理方式和组织形态的

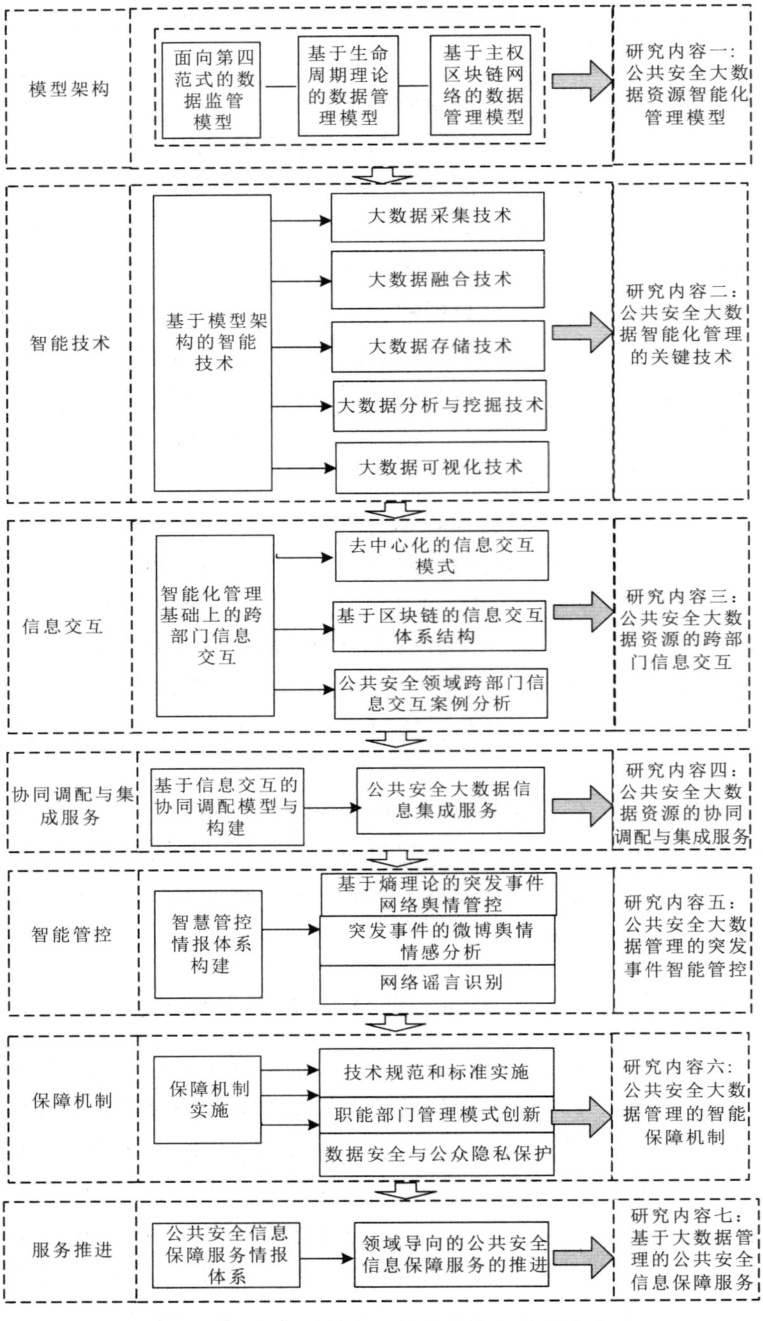

图 1-1　公共安全大数据资源智能化管理的研究内容

变化，以公共安全需求为导向，首先研究公共安全大数据资源智能化管理模型，这是面向公共安全领域的大数据资源管理的基础架构；在模型架构基础上，研究大数据资源管理的关键技术，包括大数据采集、处理、存储、分析与挖掘等技术，解决技术瓶颈问题，实现大数据资源的有序、规范化管理；在智能化管理的基础上，研究跨部门信息交互，并实现跨部门的信息调配与集成服务；在信息交互基础上，研究智能管控体系构建，并重点研究用于网络舆情管控的智能技术和方法；研究公共安全大数据管理的智能保障机制，从技术规范和实施、职能部门管理模式创新、数据安全与公众隐私保护方面展开；最后，结合公共安全具体领域，对基于大数据管理的公共安全信息保障服务进行推进和应用。

1.4.4 公共安全大数据智能化管理的研究热点

随着“互联网+”战略的推进以及信息技术的发展，大数据为公共安全管理模式提供新的思维和发展路径。开展公共安全大数据智能化管理的研究，对于拓展和深化公共安全信息服务的理论、方法具有重要的学术价值，同时对于完善大数据资源管理与信息服务理论具有重要意义，得到了国内外学者、政府职能管理部门和企业界的广泛关注，可以深入研究并可能取得的研究方向和热点很多，主要包括以下几个方面。

(1)面向第四范式的公共安全大数据资源管理模型研究

科学研究第四范式(简称“第四范式”)是直接从大量数据中发现(挖掘)科学规律的一种研究范式，在许多研究领域得到有效的应用。作为一种重要的研究方法，它对应于数据密集型科学。数据密集型科学以数据为驱动，以科学数据的采集、管理和分析为基本活动，是一种直接从海量数据中发现科学规律的研究范式①②。科学研究第四范式是大数据环境下对经验范式、理论范式、模拟范式等研究方法的继承与发展③。与传统阶段的经验范式、理论范式以及模拟范式的数据缺乏不同，科学研究第四范式是在“数据洪流”的背景下提出的。第四范式并不依赖严密的假设检验过程，海量原始数据的采集能力以及与计算

① 国务院印发《关于积极推进“互联网+”行动的指导意见》[EB/OL].[2015-07-04]. http://www.gov.cn/xinwen/2015-07/04/content_2890205.htm.

② 阿里研究院. 互联网+：从 ID 到 DT[M]. 北京：机械工业出版社，2015.

③ 国务院印发《促进大数据发展行动纲要》[EB/OL].[2015-09-05]. http://www.gov.cn/xinwen/2015-09/05/content_2925284.htm.

带来的强大集群计算和资源存储能力构成了数据密集科研范式的基础①。从城市公共安全保障的需求出发，可以将科学研究第四范式理论应用到公共安全领域，对城市公共安全领域大数据的采集、存储、处理以及再利用的整个过程进行指导，对城市公共安全数据的处理过程进行规范，构建面向第四范式的城市公共安全大数据资源管理模型，以城市公共安全大数据生命周期为线索，系统地研究基于云平台、物联网和大数据存储的城市公共安全大数据管理的理论、方法和技术。

(2)去中心化的公共安全大数据资源管理和跨部门信息交互研究

现有职能部门的信息化建设采用“中心化”的建设方式，导致不同部门的数据资源无法进行共享和交互，存在“信息烟囱”和“数据孤岛”等问题；同时，“中心化”的信息管理模式导致数据资源在不同部门系统中重复建设，而信息服务难以智慧共用，这对公共安全事件的管控非常不利。因此，如何建立“去中心化”的数据资源管理模型，在此基础上实现跨部门的信息交互，是公共安全大数据智能化管理的一个研究热点。区块链技术是一种新兴的去中心化基础架构和分布式技术范式，能够为构建公共安全数据资源“去中心化”的管理体系以及在此基础上实现跨部门信息交互提供一种崭新的技术路径，为解决公共安全职能部门“中心化”信息建设过程中存在的海量数据处理高成本低效率、响应速度慢、存储不安全以及信息跨部门协同共享难等问题提供潜在的解决方案。

(3)公共安全多源大数据融合研究

公共安全多源大数据融合是大数据资源智能化管理的关键，它是指从大规模、多源异构和跨领域的数据中动态提取、整合和挖掘知识，通过对知识进行有效组织、交叉和关联，最大程度地发掘大数据的价值。公共安全多源大数据融合技术将多源异构的无序资源规范化，在此基础上将存在错误、不一致、信任等级低的数据资源进行智能筛选，进而进行数据资源的语义互操作和优化，最后建立基于语义的数据关联，通过智能耦合技术将多源大数据资源动态耦合起来，为实现突发事件的智慧管控提供数据资源的智能管理服务。随着新型智慧城市建设的推进，多源大数据融合为实现城市突发事件的有效管控提供了崭新的解决途径，成为公共安全领域知识管理和信息服务模式未来发展的必然

① 习近平. 决胜全面建成小康社会 夺取新时代中国特色社会主义伟大胜利——在中国共产党第十九次全国代表大会上的报告[EB/OL]. [2017-10-28]. http://cpc.people.com.cn/n1/2017/1028/c64094-29613660-7.html.

趋势。

(4) 公共安全突发事件智慧管控情报体系研究

大数据为公共安全突发事件管控提供了新的研究视角和技术支撑。在公共安全大数据智能化管理的基础上，从情报学的视角，探索构建公共安全突发事件智慧管控情报体系，强化用情报解决城市公共安全管理问题的意识，建立智慧管控情报中心，以情报处理流程为线索通过融合各部门数据以及互联网数据，对海量数据进行感知、管理、挖掘和分析，及时发现城市异常，实现突发事件的有效预防和智能管控，亦是大数据驱动的公共安全管理研究的热点之一。

(5) 基于机器学习的公共安全事件网络舆情管控研究

随着互联网和信息技术的飞速发展，网络平台的重要性愈来愈突出。网络在给人们社会生产、生活带来便利的同时，也给人们提供了一个对各类社会事件进行讨论交流的平台，形成了对现实社会具有重大影响的网络舆情。网络舆情是社会舆情在互联网空间中的映射，是社会舆情的直接反映，其形成迅速，对社会影响极大，其中虚假、暴力、消极的网络舆情对社会稳定和公共安全的影响也越来越大。在针对网络舆情数据进行有效采集和智能化管理的基础上，研究如何运用机器学习技术对网络舆情数据进行情感挖掘和分析，有效识别还原事件的发展过程，实时把控网民情感状况，减少突发事件对社会的负面影响，这对于辅助相关职能部门进行网络舆情管控、维护社会稳定具有重要的理论价值和现实意义，成为大数据驱动的公共安全管理研究的热点之一。

(6) 公共安全大数据管理的智能保障机制

作为公共安全大数据管理技术实现的保障手段，智能保障机制包括技术规范和实施、组织部门创新、数据安全与公众隐私保护等方面，这些保障机制为政府职能部门开展和落实大数据驱动的公共安全管理模式创新扫清了发展障碍，从管理体制和机制上提供强有力的支撑。因此，公共安全大数据管理从技术路线开展相关研究的基础上，从体制机制方面研究智能化管理技术实现的智能保障机制，能够促进公共安全管理学的发展，支持和推进职能部门的政务协同，具有重要的理论价值和现实意义，亦是公共安全大数据管理研究的重要方向之一。

2 公共安全大数据智能化管理模型

公共安全大数据智能化管理需要构建分布式、跨部门的大数据资源管理模型，这是大数据资源智能化管理的基础架构。本章从“互联网+”时代下城市公共安全保障的需求出发，将科学研究第四范式理论应用到城市公共安全领域，构建面向第四范式的城市公共安全大数据监管体系，对公共安全大数据的处理过程进行规范；在此基础上，提出基于生命周期理论的大数据智能化管理模型，并以公共卫生领域为例，构建生命周期理论视角下公共卫生类突发事件应急知识管理体系；最后，构建了基于主权区块链网络的大数据资源管理体系，基于公共链公开透明、联盟链高效响应、私有链隐私安全保护的优点，在国家主权监管的前提下，实现公共安全数据采集、数据处理、实时交互以及智慧共用过程的有效管理。

2.1 互联网+背景下的公共安全大数据管理

在“互联网+”的推进下，各行各业纷纷向互联网转型，通过与互联网的深入融合实现该行业(领域)的转型升级。城市公共安全的保障作为建设新型智慧城市的重要组成部分，应适应大数据时代信息技术发展的需求，通过构建公共安全大数据智能化管理模型，实现数据资源全面透彻的感知、宽带泛在的互联和协同共享的集成。

2.1.1 互联网技术发展对公共安全大数据管理的影响

相对而言，目前公共安全领域的大数据资源管理滞后于大数据技术的实际应用和发展，频发的公共安全突发事件折射出相应职能部门数据资源管理落后，存在的问题具体表现在以下几个方面：① 公共安全大数据资源管理建设体系滞后。随着城市数字化建设的完善，以及物联网设备的不断成熟，公共安全数据呈现出爆炸式增长，如交通系统的客流数据、海量定位、视频监控数据、用户手持设备数据以及线上舆情数据等多源异构数据。而相关部门还未能高效发挥这些数据信息的作用，存在逻辑性数据孤岛、物理性数据壁垒、数据价值密度低以及数据隐私保护、安全存储难以得到保障等问题。② 公共安全职能部门应对大数据时代的适应性改革欠缺。大数据时代要求公共安全职能部门从组织机构、运作方式等进行适应性变化，然而目前不同部门之间信息交互和共享存在严重障碍，信息服务难以智慧共用，对公共安全事件的预防与管控非常不利。③公共安全大数据资源管理缺乏更有力的技术应用支撑。大数据、物联网等技术推动并促进了公共安全大数据的监管利用进程，却难以满足新时代背景下对公共安全大数据管理模型体系完善统一、跨部门信息交互功能完备等的更高要求。

在大数据环境下，公共安全大数据呈现海量、多源全面、实时迅速等特点：一方面数据种类多样全面，已成为国家、职能管理部门、企业组织至关重要的战略资源；另一方面，数据被相关管理部门、企业和个人大规模地快速生产，数据规模巨大但无序，造成了数据洪流和数据爆炸，形成数据量大但数据价值密度低的矛盾，使得数据的价值提取越来越困难。这种不平衡是公共安全数据资源管理的瓶颈问题，解决这个瓶颈的关键在于从理论上探索大数据驱动的公共安全管理研究范式，以适应大数据技术在公共安全领域的应用和发展。

现有公共安全大数据管理依然采用传统的数据资源管理模型和技术，这种数据管理模型从本质上是采用计算模型驱动的研究范式。在大数据时代来临之前，公共安全领域的信息化建设和网络发展还处于初始阶段，信息技术应用不是特别成熟普及，公共安全数据资源相对缺乏，收集获取的途径和手段单一有限，一般只能采取数据抽样采集的方法进行获取，无法进行数据全面、多样化地采集；同时，这一时期公共安全管理以“计算模型”为依靠工具，而“数据”是为计算服务的，数据采集主要采取抽样的方法，通过数据模拟和计算机仿真来验证和优化已构建的计算模型，通过构建数据模型、定量分析方法以及利用计算机信息技术来分析和预测公共安全事件的演化规律及其风险作用的类型、强度及时空特征。例如，在自然灾害防控领域，传统数据管理首先需要在一些“代表性”位点建立监测站，并通过随机抽样的方式来收集一些与自然灾害形成有关的地质、气象、水文等数据，在此基础上对已构建的仿真模型进行调整和优化。但是自然灾害形成的机理是非常复杂的，这些抽样的数据代表全体数据，在模拟和分析自然灾害实际演化过程中会出现很大的偏差。以“最小规模的数据获得最多的信息”是传统公共安全管理中以模型驱动的应急决策研究的范式和通用模式方法。随着大数据时代的来临，信息技术的迅速发展使得公共安全信息化建设水平越来越高，公共安全领域已呈现出大数据特征：数据被快速大量地生产，造成了数据洪流和数据爆炸现象。因此，公共安全领域不再是缺乏数据，而是面对太多的数据，却不知道如何存储和处理。当公共安全领域的数据量超过 1PB 时，传统的公共安全数据管理模型和计算方式已经无法从根本上满足上百亿条 PB 级数据的存储和分析，不能适应公共安全管理的实际工作需求，数据管理的技术瓶颈愈发突出。因此，在大数据环境下，公共安全管理应探索与大数据资源管理相适应的研究范式，以数据为基本资源和主要研究对象，通过构建数据驱动的大数据智能化管理模型，解决现有数据管理存在的瓶颈问题。

2.1.2 面向第四范式的城市公共安全大数据管理体系的形成

2004 年英国联合信息系统委员会提出对数据监管的定义：数据监管是为确保数据当前使用目的，并能用于未来再发现及再利用，从数据产生伊始即对其进行管理和完善的活动，对于动态数据集而言，数据监管意味着需进行持续性补充和更新，以使数据符合用户需求①。针对海量且无序的城市数据，本节旨在从解决城市公共安全保障的需求出发，以科学研究第四范式理论为指导，提出以数据驱动为核心的城市公共安全解决方案，构建“互联网+城市公共安全”的城市安全保障形态，建立基于大数据全生命周期理论的数据监管体系。该体系对城市公共安全领域数据的收集、存储、挖掘、再利用等各个环节进行定义，对数据监管工具和监管手段进行规范，对数据安全、数据质量进行监控。

科研范式是指科学知识的生产方式或科学发现的模式。图灵奖得主吉姆·格雷以时间和研究工具两个维度将历史上的科学划分为四大类型，进而归纳出科学研究的四个范式。分别是：经验范式，描述自然现象，以观察和实验方法为基础；理论范式，使用模型或归纳方法进行科学研究；模拟范式，主要模拟复杂现象进行研究；第四范式，对应于数据密集型科学。科学研究的第四范式

① Lord P, Macdonald A. e-Science curation report: Data curation for e-Science in the UK: An audit to establish requirements for future curation and provision [EB/OL]. [2018-09-14]. http://www.Jisc.ac.uk /uploaded documents /e-ScienceReportFinal.pdf.

又可称为数据密集型的知识发现①，它以数据为驱动，以科学数据的采集、管理和分析为基本活动，是一种直接从海量数据中发现科学规律的研究范式②。在第四范式中，科学家不仅通过对广泛的数据实时、动态地监测与分析来解决科学问题，更是把数据作为科学研究的对象和工具，基于数据来设计、开展科学研究。因此，科学研究第四范式是大数据环境下对经验范式、理论范式、模拟范式等研究方法的继承与发展③。与传统阶段的经验范式、理论范式以及模拟范式的数据缺乏不同，科学研究第四范式是在数据泛滥的背景下提出的。科学研究第四范式是将大数据科研从第三范式(计算科学)中分离出来单独作为一种科研范式，是因为其研究方式不同于基于数学计算模型的传统研究方式，它并不依赖严密的假设检验过程，其科学研究的方式更强调如何发现隐藏在大量数据中的关联与知识，将“计算模型”驱动转变为“数据”驱动方式，这种数据密集科研范式的基础来源于海量原始数据的采集能力以及云计算带来的强大集群计算和资源存储能力④。

在理论研究方面，美国 Wired 杂志主编 Chris Anderson 2008 年曾发出“理论已终结”的惊人断言：“数据洪流使(传统)科学方法变得过时”。他指出，获得海量数据为处理这些数据的统计工具的可能性提供了理解世界的一条完整的新途径。微软公司于 2009 年 10 月发布了《e-Science：科学研究的第四种范式》论文集，首次全面地描述了快速兴起的数据密集型科学研究。论文集分为四大部分，包括：地球与环境、健康与生活、科学基础设施、学术交流等。这些论文扩展了计算机科学图灵奖获得者——吉姆·格雷的思想，提出基于数据密集型的第四范式发现，提供了如何将其全面实现的见解。该论文集深刻揭示了第四范式的本质与含义，为第四范式的实践和应用提供了理论基础。国内学者也掀起了科学研究第四范式的研究热潮，如张晓林指出科技创新正在面临着科学研究第四范式的挑战，以数据驱动的科研发现和基于研究数据的知识管理已经成为包括人文社会科学领域在内的许多领域的重要基石⑤；邓仲华等人分析了

---

① ALBERT-Laszl Barabasi. The network takeover[J]. Nature Physics, 2012(1): 14-16.

② 邓仲华，李志芳. 科学研究范式的演化——大数据时代的科学研究第四范式[J]. 情报资料工作，2013(4): 19-23.

③ 邓仲华，王鹏，李立睿. 面向数据密集型科学研究的数据资源云平台构建[J]. 图书馆学研究，2015(10): 42-47.

④ 黄鑫，邓仲华. 数据密集型科学研究的需求分析与保障[J]. 情报理论与实践，2017(2): 66-70, 79.

⑤ 张晓林. 研究图书馆 2020：嵌入式协作化知识实验室？[J]. 中国图书馆学报，2012(1): 11-20.

大数据时代科学研究范式的演化背景，并用知识地图的方式呈现出科学研究范式的整个演化过程及体系结构①；徐敏等人在分析情报研究科研范式的演化过程之后，从用户研究、技术手段和情报分析这三个角度对第四范式视角下的情报研究进行了展望②。

然而在现阶段，对科学研究第四范式的研究依然停留在理论阶段，尚未应用到具体领域，极大限制了第四范式理论的应用价值与意义。

第四范式理论认为，数据是事物的基本属性，因此所有事物都可以映射为数据，对数据进行研究和分析就能发现事物的本质③。第四范式对数据密集型的科学研究提出了新的方法与要求，带来研究理念的转变。其一，研究的主体由人为主导转变为计算机主导，人工智能赋予计算机解决问题的能力，数据分析人员只需作为决策者、控制者的角色参与其中；其二，研究数据从规范、标准化的关系数据库数据转化为多源异构海量大数据；其三，直接从大量数据中发现相关关系，而不是因果关系；其四，研究方式由数据计算变为知识发现，对结果数据的计算和展示已经不能满足数据密集型科学研究的需求，更重要的是发现和产生新的知识。

同样的，在大数据的背景下，面向城市公共安全的研究也产生了新的变化，在城市公共安全领域，越来越多的学者意识到大量城市数据的重要价值，海量的城市数据，包括视频图像数据、GPS 数据、社交媒体数据、网页数据等被运用于智能交通、环境预测、突发事件预测的各个方面。关于公共安全的研究在逐步向数据密集型研究转变，针对大量城市数据进行挖掘与分析能为城市公共安全提供更多信息。城市公共安全数据有以下特征：其一，城市数据是典型的大数据，完全符合大数据的 4V 特征，即数据种类繁多(variety)，规模庞大(volume)，对数据的处理速度要求高(velocity)，受数据稀疏性影响，价值密度低(value)；其二，城市数据具有时空多维性，城市数据具有明显的时间属性和空间属性，如每时每刻的交通流量信息，以及通过传感设备不断传输的不同监测点的空气质量、温度信息等；其三，城市数据来源多样，种类繁多，结构复杂，具有多源异构性。通过不同采集设备收集到的数据有不同的结

① 邓仲华，李志芳. 科学研究范式的演化——大数据时代的科学研究第四范式[J]. 情报资料工作，2013(4)：19-23.

② 徐敏，李广建. 第四范式视角下情报研究的展望[J]. 情报理论与实践，2017(2)：7-11.

③ 黎建辉，沈志宏，孟小峰. 科学大数据管理：概念、技术与系统[J]. 计算机研究与发展，2017(2)：235-247.

构、组织方式、维度与粒度。城市产生的数据在数据体量、数据复杂性和产生速度等方面超出了现有理论和技术的处理能力，海量城市数据在存储、处理、挖掘，多源异构数据的融合、实时响应等方面面临着更大的挑战①。此外，相关机构欠缺对这些数据有效的管理；数据缺乏统一的标准，在数据共享方面，没有建立良好的数据公开、共享机制等②；在公共安全领域的研究上仍充斥着大量未被利用的数据。要解决这些问题，科学研究第四范式能够提供系统性的解决方案③，第四范式中的数据生命周期理论为以数据为核心的学科提供了完整的数据处理方案，如图 2-1 所示。本节将第四范式应用于城市公共安全领域，对城市公共安全领域数据的采集、存储、处理以及再利用的整个过程进行指导，对城市公共安全相关的海量数据处理进行规范。

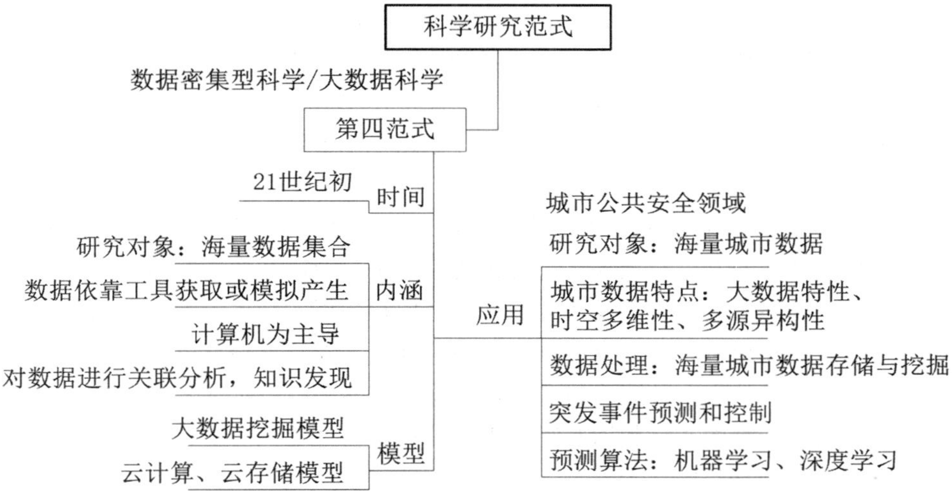

图 2-1　城市公共安全与科学研究第四范式

---

① 钱钢，沈玲玲. 大数据环境下信息管理热点研究[J]. 南京师范大学学报(工程技术版)，2013(4)：1-5，12.

② 刘道新，胡航海，张健，徐秀敏. 大数据全生命周期中关键问题研究及应用[J]. 中国电机工程学报，2015(1)：23-28.

③ 徐宗本，冯芷艳，郭迅华，曾大军，陈国青. 大数据驱动的管理与决策前沿课题[J]. 管理世界，2014(11)：158-163.

2.2 城市公共安全数据监管

城市公共安全数据监管涵盖数据组织、安全监测和大数据应用的各个方面。数据监管，一是与公共安全数据需求相适应，一是其监管应建立在公共领域安全基础之上。

2.2.1 城市公共安全数据监管需求分析

城市公共安全的管理决策者对基础设施、数据类型、数据数量等有着不同层次的需求。本节将从城市数据采集设施、超大规模数据存储、数据挖掘分析的需求三个方面探讨“互联网+”时代下城市公共安全保障的需求变化。

①对基础设施的需求。城市公共安全的管理者需要一系列硬件设备和软件工具支持数据密集型环境下城市数据的采集、存储与计算。其一，要实现每时每刻对城市数据全方位的采集，需要进一步完善城市物联网系统，打造全城互联互通的覆盖网络。公交、地铁的 RFID 数据的实时传输以及共享单车、出租车的 GPS 数据的采集可以对某区域人流量进行有效评估与预测，避免人群聚集导致突发事件的发生。此外还有视频监控系统、通信系统等是城市数据采集的重要基础设施，数据采集设备的不完善会导致数据的缺失，影响最终分析结果。其二，要实现对超大规模数据的存储与计算需要足够性能的硬件设施，云计算提供了高效的集群计算能力和海量数据存储能力，城市大数据和软件可以部署在大型云计算中心，数据监管分析人员利用云计算中心提供的集群计算能力直接对数据进行分析。

②对超大规模数据存储的需求。对大规模数据的存储已成为学界和业界共同面临的难题。在城市公共安全领域，城市数据产生速度快，数量庞大，对这些数据的长期有效保存是一项有挑战性的工作。海量长期的数据归档要考虑数据检索的效率，采用分布式多级缓存机制是较理想的归档模式。各种智能云存储应运而生，云存储通过集群应用、网格技术或分布式文件系统等功能，将网络中大量各种不同类型的存储设备通过应用软件集合起来协同工作，共同对外提供数据存储和业务访问。云存储通过虚拟化技术解决存储空间的浪费，实现规模效益和弹性扩展，是大规模数据备份、归档和灾难恢复的理想解决方案。

③对城市数据挖掘与分析的需求。对城市数据挖掘与分析主要体现在两个方面的需求：一是多源异构数据的关联挖掘，二是实时高效的数据处理。数据

采集设备收集到的数据来源不同，结构各异，数据监管分析人员需要将这些数据有效融合进行进一步的分析。已有研究表明，对异构数据使用有效的融合方式进行挖掘能够增强知识发现的能力①。但是对多源异构数据的融合仍是数据挖掘中有待解决的重要研究课题，城市数据的融合不同于传统数据库领域的数据集成技术，大数据融合是指聚合数据间、信息间、知识片段间多维度、多粒度的关联关系实现更多层面的知识交互，需要用动态的方式统一不同的数据源，从中抽取相关实体和关系将离散的数据转化为统一的知识资源②。城市公共安全领域的保障需要实时快速的响应系统，因此对数据的实时查询分析有很高的要求，对用户查询能做出快速反应。大规模并行处理技术和数据流查询处理技术可以满足对高速采集的数据进行实时分析的需求。

2.2.2 基于第四范式的城市公共安全领域数据监管模型

在第四范式的影响下，公共安全领域数据处理朝着自动化、知识化、计算化和可视化的智能方向发展，可以说，第四范式影响着数据处理的每个环节。数据生命周期理论是进行数据监管的重要参考模型，本节采用大数据全生命周期理论对城市数据阶段进行划分，用第四范式理论对每个阶段的数据处理过程进行规范与指导。

数据生命周期是数据产生到删除的一系列阶段，城市公共安全数据与科学数据类似，具有“采集—存储—分析—发布—归档与长期保存”的全生命周期特征。至于具体每个阶段该如何区分，不同行业、组织都有不同的理解与认识。Jim Gray 提出数据密集型科学研究的完整生命周期包括数据获取、管理、分析和可视化四个阶段③。美国加州大学针对传感数据提出了科研数据生命周期的九个阶段，分别是：实验设计、校正并落地、数据获取、数据清洗、推导数值数据、多源数据整合、数据分析、发布、数据存储与保存④。英国数据监

---

① Methodologies for cross-domain data fusion: An overview[J]. IEEE Transactions on Big Data, 2015(1): 16-34.

② 孟小峰，杜治娟. 大数据融合研究：问题与挑战[J]. 计算机研究与发展，2016(2): 231-246.

③ 崔宇红. E-Science 环境中研究图书馆的新角色：科学数据管理[J]. 图书馆杂志，2012(10): 20-23.

④ Wallis J C. Moving archival practices upstream: An exploration of the life cycle of ecological sensing data in collaborative field research[J]. International Journal of Digital Curation, 2008(1): 114-126.

管中心(Digital Curation Center，DCC)将数据生命周期划分为概念化、创造或接收、评估与选择、吸收、保存行为、储存、访问、使用与重用、转换八个阶段①。王芳等将数据生命阶段划分为战略规划、数据收集、数据处理、数据保存、数据利用、服务质量评价六个阶段②。张春芳等提出科学数据生命周期包括：计划阶段，收集管理阶段，存储分析阶段，共享发布、出版利用阶段③。本节在前人研究的基础上，提出城市大数据的生命周期，包括：数据采集、数据处理、数据存储、数据挖掘与分析、知识可视化、数据长期保存与再利用六个阶段，并以数据生命周期为线索，详细叙述以云平台为解决方案，各个阶段要完成的数据监管工作，如图 2-2 所示。

①数据采集阶段。数据采集是对城市公共安全数据进行监管的第一个环节。城市物联网系统越来越完善，分布在城市各个区域的传感器每时每刻都传送着大量数据。城市安全数据监管平台的数据来源至少应包括两个方面：其一是城市物联网系统，如视频监控系统、图像采集器、公交刷卡系统、全球定位系统(GPS)等，以及个人手持设备、智能手机记录的用户数据也是城市物联网系统的重要组成部分；其二是社交媒体数据，社交网站可以在一定程度上反映舆论导向、居民出行动向等。通过实时的数据采集及时感应城市动态，防患于未然。

②数据处理阶段。在数据处理阶段需要对采集到的数据进行预处理(ETL)，预处理过程包括数据的抽取(Extract)、转换(Transform)和装载(Load)。数据监管人员将异构数据源中分散的数据抽取到临时中间层，进行数据清洗、转化与集成，最后按照预先定义好的数据模型，将数据加载到数据仓库中。预处理可以为进一步的分析处理、数据挖掘提供数据支持。

③数据存储阶段。随着城市产生数据量的不断增加，数据资源的存储方式受到诸多研究的关注，大数据资源的有效保存能方便数据监管人员快速查询和分析数据。城市产生的数据量体量大，数据结构多样，要求能存储非结构化和结构化数据且能提高分析性能的大吞吐量。在本体系模型中数据存储方案选择分布式云存储架构，将城市公共安全数据存储在云端分布式服务器上。云存储

---

① DCC. The DCC Curation Lifecyele Model[EB/OL]. [2018-11-5]. http://www.dcc.ac.uk/resour- ces/curation-lifecycle-model.

② 王芳，慎金花. 国外数据管护(Data Curation) 研究与实践进展[J]. 中国图书馆学报，2014(4)：116-128.

③ 张春芳，卫军朝. 生命周期视角下的科学数据监管工具研究及启示[J]. 情报资料工作，2015(5)：68-72.

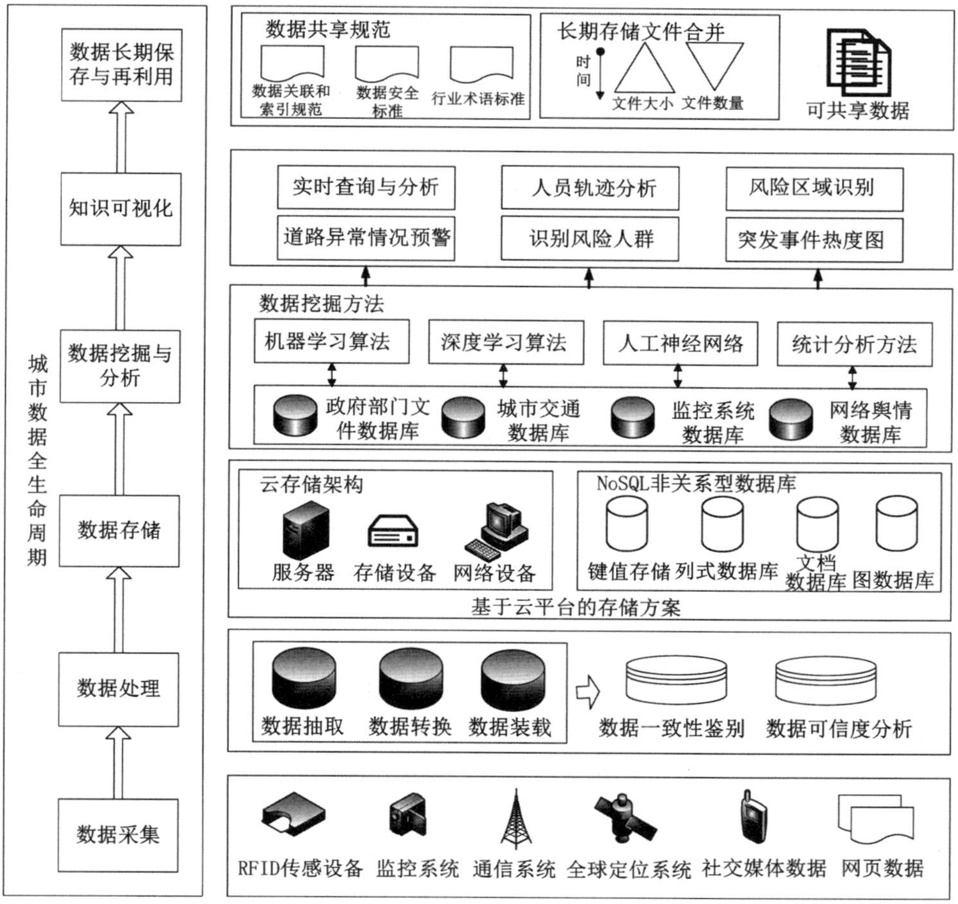

图 2-2 基于第四范式的城市公共安全数据监管体系模型

技术是云计算的核心部分，融合多种不同存储介质和设备，充分利用集群计算和存储能力，将物理资源虚拟化并灵活配置，使网络中各种不同类型的存储设备协同工作，共同对外提供数据存储业务访问功能，完成海量数据的存储和处理，为数据使用者提供高共享、高性能的数据服务。在存储方式上，传统的关系型数据库在扩展性、读写速率、容量支撑上并不能满足海量城市数据存储的需求，为了满足对半结构化和非结构化数据存储的需要，本节的数据监管平台采用 NoSQL 存储系统，支持海量城市公共安全领域数据的存储和柔性管理。NoSQL 是指那些非关系型的、分布式的、不保证遵循 ACID 原则的数据存储系统，大致可分为四种类型，包括键值（key-value）存储、列式（column-family databases）数据库、文档数据库（document-oriented）和图数据库（graph-oriented）。NoSQL 数据存储系统具有传统关系数据库不能满足的特性，关注对数据高并发地读写和对海量数据的存储，可实现海量数据的快速访问，分布式体系结构支持横向可伸缩性和可用性，对硬件需求较低①。

④数据挖掘与分析阶段。数据挖掘与分析是数据生命周期中的重要环节，在这一阶段运用各类数据挖掘算法对海量无序数据进行整理，搜索隐藏其中的信息进而发现可以理解的知识。许多已有的统计分析方法、机器学习算法、神经网络方法等可以对城市突发事件进行预测，为城市公共安全提供保障。传统的数据挖掘方法包括回归分析、聚类分类算法等，回归分析用来描述两种或两种以上相互依赖的变量之间的数学关系，通过线性回归、非线性回归等方法，分析城市数据的内在规律，对未来可能发生的事件进行预测。分类算法包括决策树、贝叶斯、k-近邻、支持向量机算法等，将语义相同或相似的事件信息聚集在一起，方便数据分析人员对数据的认知以及预测。美国预测警务使用大数据进行犯罪情报预测分析，用风险地域分析、时空分析、聚类、分类、回归方法等预测分析方法识别犯罪模式并部署警力，使美国大城市的犯罪率下降了30%②。近几年提出的基于人工神经网络的深度学习算法，可以进一步提升分类和预测的准确性。深度学习通过模拟人脑机制来解释数据，构建具有很多隐藏的机器学习模型和海量的训练数据来学习更有用的特征。微软亚洲研究院郑宇团队使用残差神经网络、卷积神经网络等深度学习算法预测某一区域的人流量，以期降低踩踏等突发事件发生的概率③。

⑤知识可视化阶段。双重编码理论提出：同时以视觉形式和语言形式呈现信息能够增强记忆和识别。许多数据带有非空间特征，不利于数据使用者理解。知识可视化阶段将大规模的数据、抽象的数据挖掘结果以图形的方式展示出来，为基于语言的理解提供了很好的辅助和补充，数据监管人员或决策者可以直观地看到数据传达的信息，降低理解难度，加速了思维的发生。该阶段通过融合包括计算机图形学、图像处理、计算机辅助设计、人机交互等多个领域的技术，借助可视化工具实现数据产品的可视化，提供智能检索、信息建模等

---

① 申德荣，于戈，王习特，聂铁铮，寇月. 支持大数据管理的 NoSQL 系统研究综述［J］. 软件学报，2013(8)：1786-1803.

② 吕雪梅. 美国犯罪情报预测分析技术的特点——基于兰德报告《预测警务》的视角［J］. 情报杂志，2016(7)：7-12.

③ Junbo Zhang，Yu Zheng，et al. Deep Spatio-Temporal Residual Networks for Citywide Crowd Flows Prediction［C］. San Francisco，USA：AAAI，2017.

服务，已有的知识可视化工具包括概念图、语义网络、思维地图等，方便数据监管人员进行实时查询、建模与分析，也方便决策层快速做出决策。

⑥数据长期保存与再利用阶段。城市公共安全数据的长期保存是全生命周期中的重要环节，数据的长期保存和共享有利于数据的验证和重用。城市数据体量大，产生速度快，要使用合理的存储方法才能降低成本。因此借鉴天文领域大数据的处理方式，在底层存储中，采用 Hadoop 的分布式文件系统 HDFS 对数据以文件方式进行存储，用三角模型对数据进行处理，随着时间的增加将大量的小文件逐步合并，越久远的数据合并率越高①，在文件个数和文件大小之间寻找平衡，使得海量数据在实时响应与长期存储之间达到平衡，以满足对数据的高效管理。

数据的再利用也是数据生命周期的重要组成部分，数据需要在不断的使用中才能产生更多价值，因此城市公共安全领域数据监管平台收集到的数据应在一定程度上公开访问以达到最大限度的再利用，进而支持数据跨领域、跨学科的融合和重复使用。

2.2.3 面向第四范式的城市公共安全数据监管体系职能

在进行数据处理的整个生命周期中，城市公共安全数据监管体系还应具有以下职能，包括数据规范管理、数据质量监管、数据安全监管等 3 个方面。

①数据规范管理。一方面，数据监管平台需要收集相关政府部门数据以及各类物理采集器收集到的数据，而这些数据大多具有不同类型和存储格式；另一方面采集到的城市数据可能需要与其他研究机构的协作与共享，因此需要对数据进行规范与标准化，以此统一数据的交流过程，避免数据流通中存在的障碍，加速知识发现的进程。数据规范管理的主要管理活动有规范收集、规范分类、关联和索引以及规范数据建设②。在数据规范监管过程中对数据质量标准、元数据标准、数据建模标准、数据安全标准、行业术语标准等进行统一规范，实现数据一致性、规范性和完整性。

②数据质量监管。在城市安全保障方面，在突发事件的预测过程中，需要

---

① Wan Meng, Wu Chao, etal. Column store for GWAC: A high-cadence, high-density, large-scale astronomical light curve pipeline and distributed shared-nothing database [J]. Publications of the Aastronomical Society of the Pacific, 2016, 128(969): 114501-114516.

② 吴金红，陈勇跃. 面向科研第四范式的科学数据监管体系研究[J]. 图书情报工作，2015(16)：11-17.

严格要求数据质量，数据的瑕疵可能会导致研究结果以及对事件理解的偏差。数据质量管理的职能要求在城市大数据生命周期的整个过程对数据进行质量监管，因为城市的复杂性以及重要意义，因此需要形成一套科学严密的质量体系，数据监管体系可以使用PDCA全面质量管理模型对数据实施计划、执行、检查与纠正。从数据采集到再利用整个过程的每个阶段可能引发的各类数据质量问题，进行识别、监控与预警。同时，数据质量监管的核心并不仅仅是数据错误检测和修改，更为重要的是寻找错误产生的原因，提出改进方案，避免发生同样的错误，持续改进数据质量。

③数据安全监管。数据监管体系可以选择云平台对数据进行存储，但"云安全"缺乏一定的行业统一标准，云存储的安全性在学界和业界引起了广泛关注①，因此要重视平台数据的安全性。数据安全管理包括两个方面的内容，一是数据物理安全，二是数据内容安全。数据物理安全是指数据不能因存放数据的物理介质的损坏而损坏，具体措施包括对云端数据进行备份，建立灾备中心方便数据快速恢复；制定物理设备的安全管理方案，监控平台对网络设备、服务器等资源进行实时监控等。数据内容安全是指保护数据不被非法获取和篡改，一方面对数据访问行为进行严格把控，如进行用户身份识别、记录接入行为、设置用户权限等；另一方面对数据进行加密，可以使用隐私加密算法、自动脱敏技术、限制发布、数据失真等隐私保护技术②，进而保护采集的居民数据中的个人隐私不被泄露。

2.3 基于生命周期理论的公共安全大数据智能化管理

生命周期(Life Cycle，LC)的概念起源于生物学领域，表示生物体从出生(婴幼期)、成长(少年期)、成熟(青壮年期)、衰退(中老年期)到死亡(垂暮期)所经历的全部过程。20世纪60年代，英国作为生命周期理论的起源国，主要将其应用于固体废弃物处理、解决能源利用问题等方面。自此之后，生命周期理论的研究不断扩展，经引申后被广泛应用到信息管理、文档管理、经济

① 冯朝胜，秦志光，袁丁. 云数据安全存储技术[J]. 计算机学报，2015(1)：150-163.

② 李晖，等. 公共云存储服务数据安全及隐私保护技术综述[J]. 计算机研究与发展，2014(7)：1397-1409.

学、环境科学等多个领域。

2.3.1　数据管理的生命周期理论

从20世纪90年代到21世纪初，数据生命周期被视为支持数据管理实践的一个重要因素。2006年，“国际社会科学信息服务与技术协会”(International Association for Social Science Information Services & Technology，IASSIST)中多次出现数字生命周期(Digital Life Cycle)的提法，Ann Green总结了各类数据生命周期理论，并且探讨了数字生命周期的内涵：“生命周期”(life cycle)与“生命期”(life span)不同，一个生命周期表示数据经过管理和保存以供发现和再利用的环境，最终用于支持政策制定等再利用活动①。

数据生命周期与数据生命周期管理(Data Life Cycle Management，DLM)是两个概念，两者存在根本差异。前者的研究对象是数据本身，主要考察其在生命周期中的阶段、规律；后者是一种基于信息管理决策的方法，主要研究在数据生命周期的各个阶段如何采取合适的策略对数据进行管理，实现数据的收集、存储、再利用等，从而最大限度地发挥数据的价值，其关注的对象除了数据本身，也包括数据的产生、使用对象、技术等。从数据生命周期的内涵来看，数据生命周期管理的核心是针对不同数据的不同生命阶段，采用不同的策略对数据进行有效管理和利用。

近年来，随着数据密集型研究的发展，科学数据的获取、处理分析、长期保存、再利用等对科学研究具有越来越重要的意义，基于生命周期的科学数据管理逐渐进入研究人员的视野。为了帮助科研工作人员做好数据管理工作，英国、美国、澳大利亚等国的不同组织机构根据管理对象和使用场景提出了多种科学数据生命周期理论模型，分别从不同角度描述数据从产生、收集、存储、分析到再利用的整个生命周期。根据地球观测卫星委员会(Committee on Earth Observation Satellites，CEOS)信息系统和服务工作组(Working Group on Information Systems and Services)2012年4月发布的调研报告显示，目前共有不同类型的科学数据生命周期模型55个②。鉴于此，本节基于代表性、典型性等基本原则梳理了应用较广泛的7种科学数据生命周期管理模型，从提出机构、模型结

① Gold A. Conceptualizing the Digital Life Cycle [EB/OL]. [2019-05-29]. http://www.iassistdata.org/blog/conceptualizing-digital-life-cycle.

② Data Life Cycle Models and Concepts CEOS Version 1.2 [EB/OL]. [2019-05-29]. http://www.doc88.com/p-1436988118229.html.

构、基本内容、适用对象、是否更新等维度进行对比分析(见表2-1)。

表2-1 科学数据生命周期管理模型

国家	模型名称	提出机构	模型结构	基本内容	适用对象	是否更新
美国	USGS科学数据生命周期管理模型	美国地质调查局	链型结构	计划→获取→处理→分析→存储→发布/共享	USGS科学数据	否
美国	ICPSR数据生命周期管理模型	美国政治与社会科学研究校际联盟	链型结构	制定发展与数据管理计划→构建项目→数据收集及文件创建→数据分析→数据共享准备→数据存档	社会科学研究数据	否
美国	UCSD数据生命周期管理模型	加州大学圣地亚哥分校	环形结构	数据提出→数据收集或创建→数据描述→数据分析→数据发布→数据分享或保存	研究数据	否
美国	DataONE数据生命周期管理模型	新墨西哥大学图书馆；美国国家自然科学基金会科学数据生命周期管理小组	环形结构	计划→收集→保证→描述→保存→发现→集成→分析	环境科学数据	否
英国	DCC生命周期管理模型	英国数据管理中心	环形层次结构	核心：数据；第一层：数据描述；第二层：数据长期保存计划；第三层：团体活动参与；第四层：数据管理与长期保存；第五层：创建或接收数据→数据评估和选择→传递数据到数据中心等机构→数据长期保存→数据获取或再利用→数据转换	数字对象和数据库	否

续表

国家	模型名称	提出机构	模型结构	基本内容	适用对象	是否更新
英国	DDI 3.0 数据生命周期管理模型	数据档案项目联盟	非线性迭代结构	研究概念确定→数据收集→数据处理→数据存档→数据发布→数据发现→数据分析→数据再利用	社会科学数据	是
英国	UKDA 数据生命周期管理模型	英国数据仓储	环形结构	数据创建→数据加工→分析数据→保存数据→数据访问→数据再利用	人文社会科学数据	否

从提出机构来看，科学数据生命周期管理模型的提出机构包括政府机构、数据管理机构、高校、数据管理研究机构。USGS 模型的提出机构为美国地质调查局(政府机构)，其核心任务之一是为政府及公众提供地质数据；数据管理机构为科研人员提供数据管理服务，如 ICPSR 模型、UKDA 模型；高校主要以图书馆为研究对象，从而帮助高校科研人员做好科研过程中的科学数据管理工作，如 UCSD 模型；数据管理研究机构是为有数据管理需求的组织、科研人员提供培训、标准规范等，如 DataONE 模型、DCC 模型、DDI 模型。

从模型结构来看，这七种数据生命周期管理模型以首尾相接的环形结构为主，如 UCSD 模型、DataONE 模型、UKDA 模型。DDI3.0 数据生命周期管理模型虽然从“研究概念确定”到“数据分析”为线性结构，但是从“数据处理”到“数据分发”再到“数据再利用”分别添加了两个闭合循环。由此可见，数据管理活动之间的闭环是生命周期管理模型的重要组成部分，一个周期的结束也意味着新的开始。

从基本内容上来看，虽然这七种数据生命周期管理模型在阶段划分、要素表述等方面存在差异性，但是其基本思路一致，可以从中提取出通用阶段，如数据收集、数据处理、数据分析、数据保存等。如 ICPSR 模型的“数据收集及文件创建”环节包含了缺失值处理、数据整合等“数据处理”的内容；UKDA 模型的“数据创建”环节包含“数据管理计划”“数据收集”等内容。

从适用对象来看，科学数据管理生命周期管理模型以科学研究数据为主，但是存在领域上的差异。如 DCC 模型适用于各类数字对象和数据库，不具有领域特征，其中数字对象(Digital Objects)既包括元数据、文本文件、图片文件、视频文件、音频文件等简单的数字对象，又包含由其他数字对象组成的复杂数字对象集，如网站等；DataONE 模型是针对科学环境数据而设计的；ICPSR 模型适用于各类社会科学研究数据，如定性数据(案例研究笔记等)、定量数据等。

数据管理模型可能随着数据管理活动的发展而发生变化，目前各个模型较为稳定，只有 DDI 模型存在更新。2008 年 4 月发布了第一版 DDI 模型，至今共发布了 3.0 版本、3.1 版本和 3.2 版本，3.1 版本主要修复了 3.0 版本中存在的若干问题，解决了统一资源名称(Uniform Resource Name，URN)问题，3.2 版本对 3.1 版本进行了修复。

2.3.2 基于生命周期理论的大数据智能化管理模型

马费成等认为生命周期方法的适用对象应具备“连续性、不可逆转性、迭代”这三个重要属性，即各个生命过程之间存在连续性，而且在时间上具备不可逆转性，一次生命进程完成后会更迭进入下一轮生命进程。任何类型的公共安全大数据的产生、存储、利用等阶段都可以映射为某种形式的循环过程，因此可以认为公共安全大数据具有生命周期的特征。根据上一小节对国外数据生命周期管理模型的研究可得，数据生命周期基本都包含以下几个核心阶段：数据收集—数据处理—数据存档—数据利用。因此，本书借鉴生命周期理论将公共安全数据生命周期划分为五个阶段(见图 2-3)，分别为公共安全数据采集、

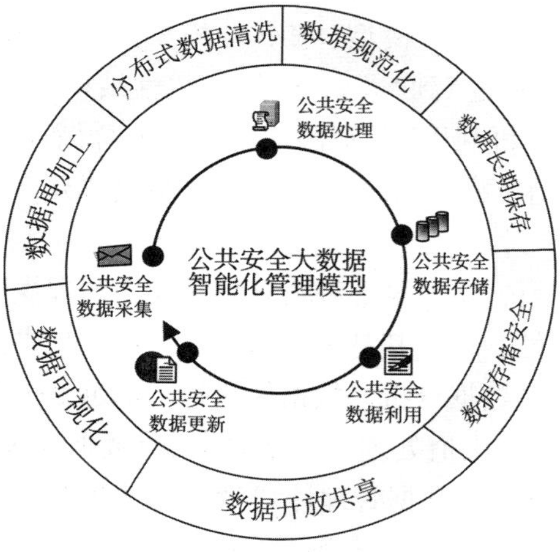

图 2-3　公共安全大数据智能化管理模型

公共安全数据处理、公共安全数据存储、公共安全数据利用、公共安全数据更新，每个阶段所需进行的工作内容各不相同。

①公共安全数据采集。高质量的数据采集能够保证数据的真实性、准确性、可靠性、完整性，其作用将直接影响到数据管理后续的各个阶段。在采集过程中应确定哪些公共安全数据需要采集，以及如何选择合适的数据采集策略。公共安全数据资源的获取方式多样，如政府开放信息门户、网络开放存取资源等，其中网络开放存取资源是最为简捷的方式。

②公共安全数据处理。在数据采集之后，应当进行一系列的数据处理，包括分布式数据清洗、数据规范化等，防止无用、冗余的数据进入数据存储阶段。①分布式数据清洗：随着公共安全大数据的爆炸性增长，劣质数据随之而来，降低了数据的可用性。采集阶段获取的数据可能存在噪声、不一致、冗余的劣质数据，需要通过提取—转换—加载（extraction-transformation-loading，ETL）对其中存在的劣质数据进行清洗，提高数据质量。②数据规范化：为预处理过的数据选择恰当的元数据标准或者根据实际需求建立一套元数据标准，实现数据的规范化处理，是未来公共安全数据开放共享的基础。当前主流的元数据标准主要有三类，分别为：MARC XML、MODS 和都柏林核心元数据（Dublin Core Metadata）。不同的学科领域根据自身需求建立了扩展元数据标准，如主要用于说明遥感数据的 DIF、基于都柏林核心元数据标准而产生的生物学领域的 Darwin Core、地理空间信息的 CSDGM 等。因此，需要在总结现有元数据标准结构与要素的基础上，构建一个适用于公共安全领域的元数据标准。

③公共安全数据存储。数据存储是保证数据可长期使用和访问的基础，对于数据管理、数据重用等意义重大，该阶段需要考虑数据长期保存、数据存储安全等方面。①数据长期保存：数据存储阶段首先需要考虑哪些数据需要保存？公共安全大数据可分为两大类，一类是具有不可重复性的短暂数据，另一类是可再生的稳定数据，根据不同的数据类型设置不同的保存方案，短暂数据需要在原有数据存储的基础上，通过数据评估确定哪些数据需要进行长期保存，哪些数据需要选择合适的保存周期，而对于可再生的稳定数据不进行保存。除了存什么的问题，还有如何保存的问题。公共安全大数据中包含大量的非结构化数据，传统的存储方式先将其转化为结构化数据再进行存储，一旦转化方式不对，将影响到数据的完整性、准确性，因此，应当由传统的结构化数据存储方式转向同时兼顾结构化和非结构化数据存储方式，将数据分别存储在关系数据库或非关系数据库（如 NoSQL）中。②数据存储安全：数据存储安全以预防为主，考虑容灾/备份计划、数据访问控制等方面。数据备份容灾能力

是存储安全的重要标志，通过建立完善的安全备份计划，建立异地容灾中心，利用虚拟存储技术进行异地备份，当存储的公共安全数据发生损坏、丢失等意外情况时，可以从最近一次备份中恢复数据，保障数据的完整性。在数据访问控制层面，实施不同级别的信息资源保护，并建立适当的访问控制机制，阻止未经授权用户非法访问个人信息等敏感数据，保障公共安全数据的保密性。

④公共安全数据利用。数据有效管理的最终目的是实现数据的访问和重用，该阶段包括公共安全数据再加工、公共安全数据可视化、公共安全数据开放共享等环节。①公共安全数据再加工：为了在更大范围内发挥数据的作用，发现海量数据中存在的关联信息，需要借助一定的数据分析工具对数据进行挖掘、分析、融合，从而最大限度地发挥其价值。②公共安全数据可视化：为了发现潜藏在公共安全数据背后的信息和规律，并直观清晰地表达信息，需要对海量公共安全数据分析利用结果进行可视化表示，通过图形图像揭示关联数据间的复杂关系，以此辅助管理者进行科学决策。③公共安全数据开放共享：公共安全数据管理需要确定数据开放共享的范围、方式等，加强各个部门之间的协作，扩大数据管理的受益面。

⑤公共安全数据更新。公共安全数据并不是一成不变的，生命周期的最后一步是进行数据更新。一方面，数据在被其他人员共享复用的过程中可能被不断地更新和完善，是一个循环上升的过程，因此如若不是数据创建者本人对数据进行更新，需要提供便捷的沟通渠道，使得双方对数据达成一致的更新意见，从而保证数据的质量。另一方面，许多数据资源在一段时间后便失去了继续存储的价值，因此需要制定相关政策对没有必要再保留的数据进行销毁或者回收。

公共安全数据经历一个从采集到更新的一个动态循环过程，正如其他的生命周期模型，公共安全大数据管理生命周期模型仅仅是一个制度框架，具体的执行需要结合实际数据、细分的领域进行操作。

2.3.3 生命周期理论视角下公共卫生类突发事件知识管理模式

公共卫生类突发事件是指突然发生，造成或者可能造成社会公众健康严重损害的重大传染病疫情、群体性不明原因疾病、重大食物和职业中毒以及其他严重影响公众健康的事件①。近年来，埃博拉病毒、禽流感、中东呼吸综合

① 国务院. 突发公共卫生事件应急条例［EB/OL］.［2017-06-09］. http://www.gov.cn/zwgk/2005-05/20/content_145.htm.

征、登革热等公共卫生类突发事件的频繁发生，以及当前暴发的新冠肺炎疫情已经成为世界性突发公共卫生事件，对人类健康安全、经济社会秩序和国家安全造成了巨大的威胁。因此，如何提高公共卫生类突发事件的应急管理实践能力和水平，已经成为政府和学术界关注的焦点。

应急知识是公共卫生类突发事件应急管理决策者做出正确决策的基础。在第四范式和"互联网+"环境背景下，爆炸式增长的应急知识存在杂乱无序、共享不足、多层次演化等特征。应急管理决策者只有通过这些知识的有效管理，才能使其产生最大的价值，从而提高应急决策效率，使公共卫生类突发事件产生的危害降低到最小。而持续、有效地管理和利用应急知识，需对应急知识进行生命周期管理。基于此，本节提出从生命周期视角进行公共卫生类突发事件的知识管理研究，以知识的管理过程为主线，考虑获取、组织、存储、利用、更新等各个阶段应当如何采取适当的策略和方法对知识进行有效管理。本节首先剖析了我国公共卫生类突发事件的知识管理及生命周期的研究现状，在此基础上构建了基于生命周期的公共卫生类突发事件应急知识管理体系，探讨了公共卫生类突发事件应急知识管理体系面临的关键问题，以期借助知识的周期管理来提高公共卫生类突发事件的应急管理水平。

(1)公共卫生类突发事件应急知识管理体系框架

不同的学者对知识生命周期阶段进行了划分：Mark W. McElroy 把知识生命周期划分为三个阶段，分别为业务处理环境阶段、知识产生阶段、知识整合阶段①；Birkinshaw Julian 等将知识生命周期划分为四个阶段，分别为产生、鼓励、扩散、商品化②；郎杰斌等按照知识扩散的程度将知识生命周期划分为四个阶段，分别为知识孵化阶段、知识培育阶段、知识推广阶段、知识普及阶段③；孟彬等将知识生命周期划分为五个阶段，分别为产生、加工、存储、应用、老化④。虽然这些国内外学者在阶段划分、要素表述等方面存在差异性，但是其基本思路一致，并且与知识管理过程、实践工作结合较为紧密。本节以现有的知识生命周期阶段研究为基础，参考信息生命周期模型，将生命周期划

① Mark W. McElroy. Second-Generation Knowledge Management [EB/OL]. [2017-06-27]. http://www.iwp.jku.at/born/mpwfst/03/0305_McElroy_On_2nd_GenKM.pdf.

② Birkinshaw J, Sheehan T. Managing the knowledge life cycle [J]. MIT Sloan Management Review, 2002, 44(1): 75-83.

③ 郎杰斌，袁安府. 论知识扩散生命周期的知识管理 [J]. 情报杂志，2004 (7): 28-30.

④ 孟彬，马捷，张龙革. 论知识的生命周期 [J]. 图书情报知识，2006(3): 92-95.

分为五个阶段，分别为：卫生知识获取阶段、卫生知识组织阶段、卫生知识存储阶段、卫生知识利用阶段、卫生知识更新阶段，每一个阶段又涉及诸多环节，如图 2-4 所示。

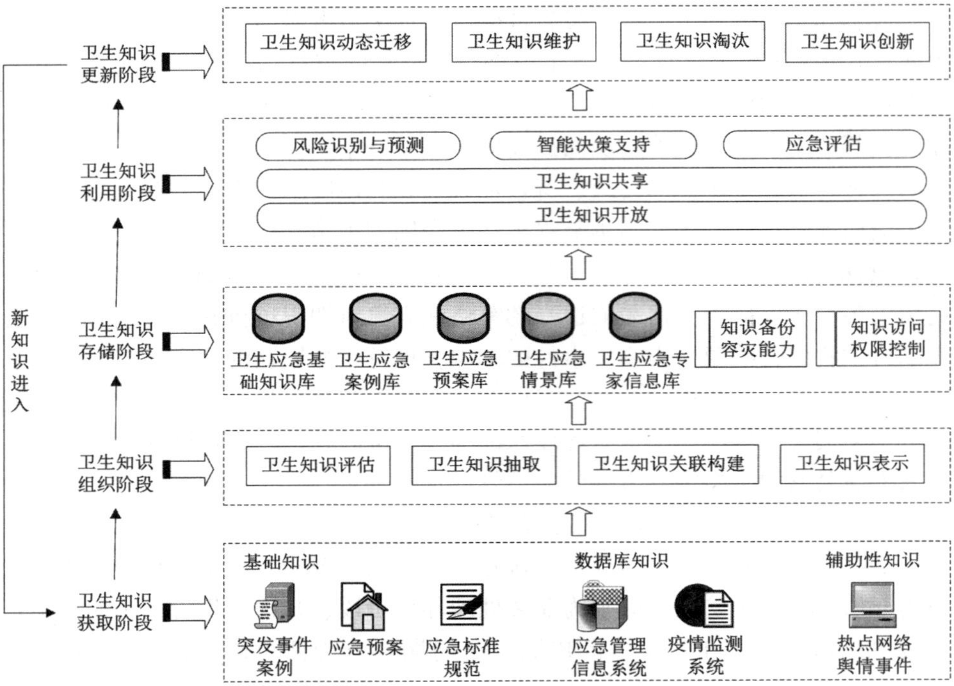

图 2-4　公共卫生类突发事件应急知识管理体系框架

①卫生知识获取阶段。高质量的卫生应急知识获取是公共卫生类突发事件应急知识管理工作的第一步，主要包括两个方面：一是界定卫生知识管理范围，厘清楚需要管理哪些知识、管理的对象是什么。卫生应急知识主要包括基础知识、数据库知识、辅助性知识三大类。其中，基础知识包括突发事件案例、各种层次的应急预案、应急标准规范、应急法律法规等，诸如《国家总体应急预案》《国家突发公共卫生事件应急预案》《突发公共卫生事件应急条例》《中华人民共和国传染病防治法》等；数据库知识指存储在应急相关卫生部门信息系统、疫情监测系统等数据库中的知识；辅助性知识指利用计算机技术从海量的互联网信息中筛选出热点网络舆情事件，并从中挖掘、提炼出的有用知识。二是考虑卫生知识获取原则，主要包含三点：① 完整性：公共卫生类突

发事件应急管理工作的开展建立在掌握尽可能多知识的基础上，应当多渠道、全面系统地收集与突发事件相关的卫生应急知识；②准确性：真实可靠的卫生应急知识是公共卫生类突发事件应急管理的重要保证，在知识获取时应尽可能避免信息失真，确保知识的准确性和有效性；③关键性：根据情报收集的“80/20 法”①，收集的卫生应急知识 80%来自公开信息源，20%来自半公开和非公开信息源，因此，应当将知识获取的重点放在 80%的信息源上，为应急管理决策者提供关键信息。

②卫生知识组织阶段。在获取不同来源、不同类型、不同层次的卫生应急知识之后，需要利用知识管理方法和技术进行一系列的加工整理，包括卫生知识评估、卫生知识抽取、卫生知识关联构建、卫生知识表示等，使之成为一个有序化整体。首先，卫生知识评估通过专家对获取的卫生知识的有效性、准确性进行评估，剔除掉不一致、重复、与公共卫生类突发事件无关的劣质知识，防止无用、冗余的卫生应急知识进入知识存储阶段。经过筛选之后，从资源中抽取并通过分类方法序化知识单元，构建它们之间的关联关系，将分散、不同类型的知识单元连接起来。在此基础上，利用知识本体技术构建公共卫生类突发事件应急决策领域本体，以本体的形式进行知识表示，一方面，可以对卫生应急知识结构进行很好的表达，另一方面，能够让计算机更好地理解知识中所包含的语义信息。

③卫生知识存储阶段。卫生应急知识存储对于公共卫生类突发事件应急管理至关重要，具体需要建立并不断完善的知识库包括卫生应急基础知识库、卫生应急案例库、卫生应急预案库、卫生应急情景库、卫生应急专家信息库等。卫生应急基础知识库主要存储应急机构、应急标准规范、应急法律法规等一般应急知识；卫生应急案例库通过收集、整理、记录历史突发事件的起因、处置、结果，将以往突发事件的应对经验转化为系统化的知识，形成一个典型案例，为相似公共卫生类突发事件的应急管理提供指导帮助；卫生应急预案库是结合突发事件的性质和相关应急管理经验而形成的易于检索的、共享的预案知识，在公共卫生类突发事件发生后为决策者提供知识支持；卫生应急情景库包含公共卫生类突发事件的特征、演化过程、社会影响力等信息；卫生应急专家信息库记录各个应急机构专家的详细信息，在突发事件发生时，决策者能够快速联系到专家进行交流指导。此外，该阶段还需要考虑卫生应急知识的存储安

① 王克平，车尧，葛敬民. 论企业危机预警竞争情报的收集[J]. 情报科学，2014，32（12）：26-31.

全，包括容灾/备份计划、知识访问权限控制等方面。知识备份容灾能力是存储安全的重要标志，通过建立完善的安全备份计划，建立异地容灾中心，利用虚拟存储技术进行异地备份，当存储的卫生应急知识发生损坏、丢失等意外情况时，可以从最近一次备份中恢复知识，保障卫生应急知识的完整性。在知识访问权限控制层面，实施不同级别的信息资源保护，并建立适当的访问控制机制，阻止未经授权用户的非法访问，保障卫生应急知识的保密性。

④卫生知识利用阶段。知识的有效利用是公共卫生类突发事件应急知识管理的最终目的，该阶段主要包括三个层面，如图 2-5 所示：一是考虑卫生知识开放的范围、标准等，提升应急决策的辅助决策能力。卫生知识开放范围直接影响到知识的共享和挖掘使用，根据"开放为默认，不开放为特例"的原则，可由国家卫生计生委主导建立卫生知识分类分级的规范，针对重要知识、隐私知识、敏感知识等不同类型的卫生应急知识制定相应的开放政策；卫生知识开放标准包括对格式、内容、技术等进行统一规定。二是考虑如何实现卫生知识共享，加强各个卫生部门之间的协作，扩大知识管理的受益面。共享机制可借鉴国际数据共享常用的数据联盟机制，成立卫生应急知识共享动态联盟，明确联盟成员之间在日常、应急两种情况下的知识交换规则；签订卫生应急知识共享许可协议，将其作为部门信息授权许可机制，允许遵照授权条款的其他部门获取、使用知识；为不同地区构建一个卫生应急专有云，结合公共云实现卫生应急知识共享。三是在开放共享的基础上，充分挖掘利用卫生应急知识的价值，包括发生前的风险识别与预测、发生中的智能决策支持、发生后的应急评估，使公共卫生类突发事件造成的损失最小。风险识别与预测通过挖掘技术、

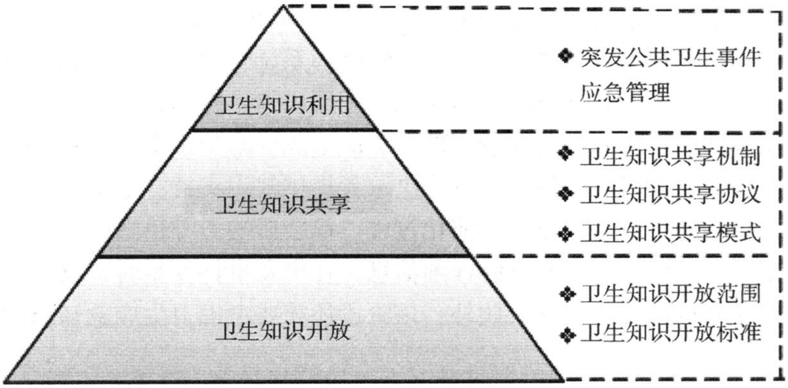

图 2-5　卫生知识利用金字塔

信息提取技术等发现、提取危机征兆知识，及早发现突发事件并做好预警和相应的防范；智能决策支持是公共卫生类突发事件应急管理的核心，借助卫生应急相关知识库进行知识推理，形成应急决策方案，辅助决策者做出最优决策；应急评估针对公共卫生类突发事件应急的结果、造成的影响、经验教训等进行总结评估，补充完善现有的卫生应急知识库，进一步优化应急管理工作的开展。

⑤卫生知识更新阶段。卫生应急知识管理是一个动态的过程，需要不断地进行知识更新，包括卫生知识动态迁移、卫生知识维护、卫生知识淘汰、卫生知识创新等。在卫生知识动态迁移层面，根据卫生应急知识的保存周期、访问频率等因素确定迁移触发条件的先后次序，预先设定不同情形下的知识自动迁移策略。如超过保存周期的卫生应急知识需要考虑迁移或删除，将知识从一个存储设备转移到另一个存储设备，当需要这些卫生应急知识时再进行调用。在卫生知识维护和淘汰层面，随着时间的推移，有些知识会丧失使用价值，成为卫生应急知识库的冗余，进而影响根据知识所做出的应急决策，需要对知识进行维护，及时淘汰这些没有使用价值、错误的旧知识，保持卫生应急知识的“鲜活性”。在卫生知识创新层面，运用知识挖掘、推理、可视化等技术对知识库中的现有资源进行开发、提炼、总结，挖掘潜藏在知识资源间有价值的关联信息，从而产生新的知识。

(2)公共卫生类突发事件应急知识管理体系的关键问题

与公共卫生类突发事件应急管理相关的卫生应急知识的特征之一就是杂乱无序，知识的形式和存储方式各不相同，而且这些知识分布在不同的部门。因此，卫生应急知识管理面临卫生知识地图的绘制、卫生知识网络的构建以及卫生知识协同平台的建立三大关键问题。

①卫生知识地图的绘制。公共卫生类突发事件应急知识管理体系中，知识地图发挥至关重要的作用。一方面，知识地图实质是一种知识导航系统，将杂乱无序的知识映射成统一的卫生知识地图，有助于应急管理决策者以可视化的方式快速获取所需的卫生应急知识。另一方面，知识地图将卫生应急知识进行分门别类，并标识知识节点之间的关系，有助于知识的共享和动态更新。当前，知识地图在企业、科研等方面的知识管理中被认为是一种重要的工具，学界开展了深入的研究。李亮从企业角度出发，阐述了知识地图的绘制通常需要经历规划、分析、设计、实施、运行和维护阶段①。赵京等提出知识地图在结

---

① 李亮. 知识地图——知识管理的有效工具[J]. 情报理论与实践, 2005, 28 (3): 233-237.

构上包括知识节点、知识节点间的关系、可视化表示 3 个要素，并从产品设计、流程设计与再造、人力资源管理、教育学习 4 个方面讨论知识地图的典型应用①。但是，却鲜有将知识地图应用于突发事件应急管理工作中。综上所述，知识地图是卫生应急知识管理的一个有效应用，我们可以借鉴知识地图在企业、科研等方面的应用研究，绘制公共卫生类突发事件应急管理知识地图，辅助应急管理决策者开展具体工作。

②卫生知识网络的创建。卫生知识网络是一个由卫生应急知识网络、卫生应急组织结构网络、信息网络等交织构成的网络系统，有助于缩短卫生知识的获取时间，促进应急部门之间的知识共享。这个网络具有复杂性、节点连接不均匀性、动态性等特点。卫生知识网络节点众多并且网络结构纷繁复杂，节点之间存在盘根错节的连接关系。节点之间的连接度有高低之分，而且卫生知识节点的状态和网络并不是一成不变，在知识流动过程中产生大量新的卫生知识。构建卫生知识网络首先要清楚地认识卫生应急知识的结构、来源、属性等，明确卫生知识网络构建的目标；然后利用知识抽取、朴素贝叶斯分类算法等关键技术，根据网络中重要卫生知识节点以及卫生知识的流动构建知识网络关系图；最后在公共卫生类突发事件应急管理工作中不断地更新卫生知识网络，维护卫生知识网络的动态性。

③卫生知识协同平台的建立。公共卫生类突发事件应急管理通常需要卫生部门、疾病预防控制中心、医疗机构等多个部门之间相互配合、相互协作，因此，建立卫生知识协同平台十分必要。卫生知识协同平台是用于协调可利用的卫生应急知识资源，为跨部门应急机构提供知识检索、知识分类整理、知识传递、知识更新等功能的分布式系统。在突发事件爆发前，将日常管理与应急知识管理相结合，提供知识学习和交流的平台，实现常态协同；在突发事件爆发后，应急管理部门可对卫生应急知识共享联盟成员拥有的知识进行检索和分析，把平台整合分析后的有序的应急知识传递给应急救援部门，为多部门协同应对提供知识支持，实现应急响应协同；在突发事件消亡后，将分析整理后的经验知识存储沉淀到知识库中，提供知识积累和更新的平台，实现应急恢复协同。因此，公共卫生类突发事件应急知识管理体系中要考虑知识协同平台建立的问题，提高应急决策水平。

---

① 赵京，徐少同. 知识地图的关键技术与典型应用[J]. 情报理论与实践，2012，35(12)：101-105.

2.4 基于主权区块链网络的公共安全大数据资源管理

为实现集高效交互、隐私保护与权威可信于一体的公共安全大数据资源管理，本节结合区块链类型、特征、技术架构，构建了基于主权区块链网络的资源管理体系。在主权区块链的基础上，尊重网络主权与国家主权监管，发挥政府调控职能和社会监督功能，同时针对区块链中公共链公开透明、联盟链高效响应、私有链隐私安全保护的优点，构建面向不同参与者的三链相连的分布式区块链网络，以便公共安全职能部门可在公共突发事件发生的整个周期里，通过大数据资源智慧管理实现高效安全交互与智能管控。

2.4.1 主权区块链

比特币作为区块链始祖由中本聪(Satoshi Nakamoto)①于 2008 年首次提出，其由区块链作为技术支撑，但现阶段学术界对区块链尚无统一定义。本节认为，区块链可理解成一种集成不同技术优点的综合性新型信息技术。作为一种广泛参与的分布式记账方式，在分布式和去信任的基础上共同维护、监管数据库，是帮助人们跨部门跨领域协作共享的工具。

区块链在全球发展火热，作为底层技术支撑，其可为经济、科技甚至政治等各领域带来深刻变革，国内外学者也在区块链技术应用领域做出了诸多贡献，如 Maxmen② 基于区块链的可追溯与安全的特征探讨了提升健康医疗数据完整性与可出售性的可能，为健康医疗数据管理提供了思路。曾子明等③将去区块链分布式思想应用于图书馆移动视觉搜索(MVS)管理过程，为推进低能耗、高效率的资源管理构建了去中心化智慧图书馆 MVS 资源管理架构。涂奔等④提出一个基于私有区块链思想的预测模型，对预测建模信息的安全性与互

① Nakamoto S. Bitcoin: A peer-to-peer electronic cash system[EB/OL]. [2017-11-10]. https:// bitcoin.org/bitcoin.pdf.

② Maxmen. AI researchers embrace bitcoin technology blockchain could let people retain control of data they contribute to health research[J]. Nature. 2018, 555(7696): 293-294.

③ 曾子明，秦思琪. 去中心化的智慧图书馆移动视觉搜索管理体系[J]. 情报科学，2018，36(1)：11-15.

④ 涂奔，张李义，陈晶. 一种基于私有区块链的信息保护预测模型研究[J]. 情报理论与实践，2017，40(10)：106-111.

操作性提出了保障机制。然而现有文献少有针对公共安全领域大数据资源进行区块链网络智能管理的研究，结合公共安全领域大数据资源对安全权威管理的需求，为解决相关职能部门存在的高成本低效率、数据存储不安全、跨部门交互难以及实时响应要求高等问题，本节尝试探讨在国家主权监管的前提下的“区块链网络+公共安全大数据资源管理”，构建基于区块链的公共安全大数据资源管理体系。

以中心化程度分类，区块链可以分为公共链(Public Blockchain)、联盟链(Consortium Blockchain)和私有链(Private Blockchain)①，三类区块链各属性差异见表2-2②。

公共链完全去中心化，如比特币等，只要接入此链，都可读写、交易、参与共识等，该链公开透明，但不受国家监管，缺乏维权举证的法律保障。联盟链仅限联盟成员参与，共识过程由预选节点共同决定，可有效提升联盟内跨组织工作效率，如R3银行联盟，其共享同一账本，可做到接近实时校验与自动结算。联盟链高效且可控性强，但其受监管程度同样偏低。第三类私有链采用部分中心化系统，仅对私有个体或组织开放，如某公安机关涉密组内部，该链上的交易、共识等权限按私有组织规则制定，可提供一个安全的运算平台，防范内外部对数据的攻击，适合保护涉密信息，然而在监管方面，该链处于国建监管的边缘位置。

表2-2　区块链分类

项目	公共链	联盟链	私有链
参与者	所有人	联盟成员 (如公共安全所有相关部门)	个体或组织内部 (如公安机关涉密组)
访问权限	可匿名	需注册许可	需注册许可
中心化程度	去中心化	多中心化	部分中心/弱中心
共识机制	POW/POS/DPOS	PBFT/RAFT	PBFT/ RAFT
激励机制	需要	可调整	不需
应用	比特币、以太坊	R3银行同业联盟	方舟私有链 Arkblockchain
特点	公开透明	高效	安全可溯源

① Savelyev Alexander. Copyright in the blockchain era: Promises and challenges[J]. Computer Law & Security Review. 2018, 66(2): 59-82.

② 邹均，张海宁，唐屹，等. 区块链技术指南[M]. 北京：机械工业出版社，2018.

基于上述类型区块链难以满足公共安全大数据资源管理对信息安全保护、权威监管的需求，本节引入具有国家监管性质的主权区块链，这一概念最早由《贵阳区块链发展与应用白皮书》提出，后来相继引起国家工信部①、各企业以及众多学者②③的高度关注。白皮书指出，主权区块链是发展和应用必须在国家主权构架下，形成社会价值的交付、流通、分享及增值的区块链，其中主权区块链与其他区块链属性特点对比见表2-3④。主权区块链的主要特点在于治理和监管层面，其共识由“代码即法律”演变为“代码+法律”，以法律法规为背景，在激励机制、数据采集以及应用发展上都具有兼容并包可扩展的特点。

表 2-3 主权区块链与其他区块链对比

项目	主权区块链	其他区块链
治理	尊重网络主权与国家主权	无主权或超主权
监管	可监管	无监管
共识机制	法律框架下的制定规则 “代码+法律”	“代码即法律”为准则
激励机制	社会价值激励与 物质财富激励的均衡	物质激励为主(公共链) 联盟链可选、私有链无
数据	基于块数据的链上、链下数据	只限链上数据
应用	经济社会各领域的融合应用	以金融应用为主

综合公共链、联盟链、私有链难以同时达到去中心化、高效且权威安全这

① 周平，杜宇，李斌. 中国区块链技术和应用发展白皮书[EB/OL]. [2016-10-18]. 工业和信息化部，http://www.fullrich.com/Uploads/article/file/2016/1020/580866e374069.pdf.

② 连玉明. 向新时代致敬——基于主权区块链的治理科技在协商民主中的运用[J]. 中国政协，2018(6)：81-82.

③ 郑妍. 主权区块链技术在纳税信用管理中应用的设想[J]. 税收经济研究，2018，23(4)：81-86.

④ 陈刚，文新，李瑶，等. 贵阳区块链发展与应用[EB/OL]. [2016-12-28]. 贵阳市人民政府新闻办公室，http://www.cbdio.com/image/site2/20161231/3417eb9bbd5919d2122102.pdf.

三个要素，而主权区块链又能在治理监管方面提供国家主权支持，本节拟结合公共安全大数据资源管理中参与者特点，同时兼顾信息安全、隐私保护以及跨部门信息高效交互等目标，构建一个以主权区块链为基础，包含公共链、联盟链和私有链的区块链网络，实现公共安全大数据资源的有效管理。

2.4.2 主权区块链应用于公共安全大数据资源管理的技术优势

公共安全大数据资源涉及国家机密、个人隐私，只有在“代码+法律”的共识机制下，以国家主权监管为前提，才能得到更安全的管理。与此同时，主权区块链公开透明、可溯源防篡改以及高效运行的特点也为公共安全大数据资源管理需求提供了必要的技术支持①。

(1)保障公共安全信息智慧交互过程的公开透明

区块链体系中，参与者均可随时向网络请求全部数据，网络中无中心节点，每个节点具有均等的权力和义务，脱离了系统与硬件设施上的中心化管理，实现了公共安全海量数据的公开透明、集体维护及公共安全数据多层次、多元化的共享。

在信任层面上，传统公共安全职能部门间的信息共享信任建立于历史业务信任关系，具有高昂时间成本与交互成本，且信任机制无法得到保障。而区块链是依赖于智能合约技术进行信用锚定，每个节点均可相互检测监督，即使信息共享双方跨部门、跨领域，信用问题也可得到保障。

(2)保障公共安全职能部门数据的可溯源防篡改

在区块链中，哈希函数加密技术可保证公共安全数据的完整性与不可篡改性，同时区块间链式连接机制与时间戳技术可实现数据溯源，区块链链式结构见图 2-6。若编号为 N-1 的区块数据改变，将导致该区块头 Hash1 变化。那么由于同样封装于 N 区块中的 Hash1 变化，使得 Hash2 有所不同，进而导致 Hash3 发生变动。以此类推，会引发其后续区块中哈希值的连锁反应，因而极大增强了数据的防篡改性②。区块链记录所有已发生的交易信息，数据安全性高，在公共安全大数据管理领域将区块链技术应用于数据存储与保护，对保障公共安全大数据存储质量、实现数据交易再现有着巨大的推动作用。

---

① 汪传雷，万一荻，秦琴，汪宁宁. 基于区块链的供应链物流信息生态圈模型[J]. 情报理论与实践，2017，40(7)：115-121.

② 姚敏. 基于区块链技术的图书馆科学数据仓储模型研究[J]. 图书馆学刊，2018，40(6)：94-97.

(3)保障公共安全职能部门高效快速的应急响应

传统公共安全职能部门之间的交互往往由于流程复杂、数据量大等导致相关职能部门响应周期长、交互成本高。区块链则为这一系列问题提出了解决思路，区块链结构见图2-6，Merkle树将区块链中的数据分组进行哈希运算，最终区块头只需包含根哈希值，而不必封装所有底层数据，使得哈希运算可高效运行在智能手机、物联网设备上，极大地提高了区块链的运行效率和可扩展性，同时基于P2P平等协议，公共安全跨部门信息交互流程得以简化，便于公共安全职能部门之间趋近实时的应急响应。

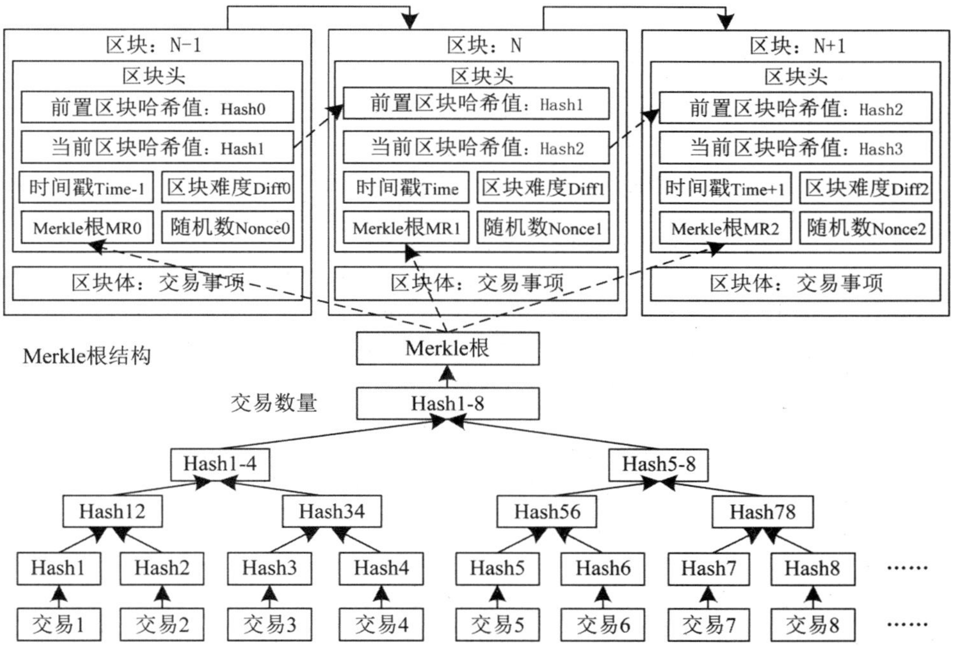

图2-6 区块链链式结构

2.4.3 基于主权区块链的公共安全大数据资源管理技术架构

本节将顶层设计①贯彻于整个公共安全大数据资源管理技术架构中，以顶

① 袁莉，姚乐野. 基于EA的快速响应情报体系顶层设计研究[J]. 图书情报工作，2016，60(23)：16-22.

层应用层中的数据跨链抽取、公共安全事件预测、信息安全交互以及公共安全管控为核心目标，构建的公共安全大数据管理区块链网络技术架构见图 2-7，该技术架构主要由 5 层构成，分别是数据层、网络层、共识层、合约层与应用层，在这五层中，分别根据区块链类型、主权监管以及公共安全管控等做出应用改进。

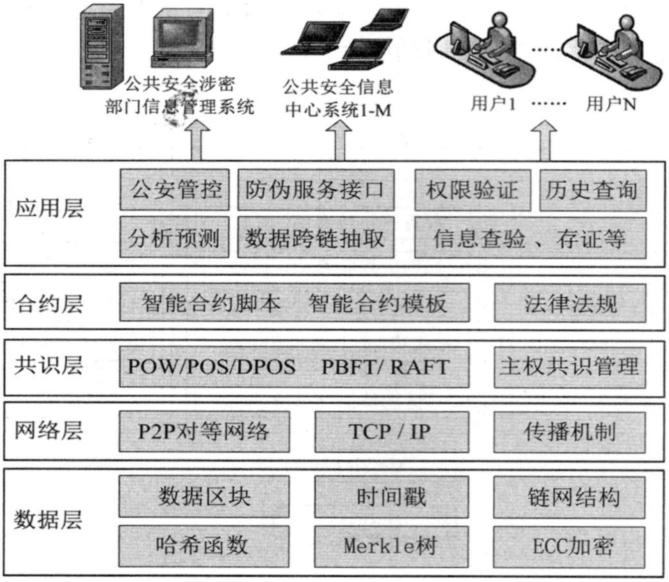

图 2-7 公共安全大数据资源管理技术架构

图 2-7 中，数据层是该架构的最底层技术，包含存储数据的数据区块以及数据区块中运用到的数字签名、时间戳等技术，时间戳技术为公共安全大数据资源管理增加了一个时间维度，使得数据可追溯存根，为区块链应用于公共安全数据公证、时序分析等提供了支持。椭圆曲线非对称加密(Elliptic Curves Cryptography，ECC)、哈希函数、Merkle 树可使公共安全大数据资源分布式存储的安全与完整得到保障。同时本节提出的链网结构是由三条区块链相互连接而成，包括中心化、多中心化以及弱中心化的三种区块链类型，针对公共安全大数据管理中不同数据受体、管理目标等发挥三类区块链的优势。在网络层中，本节构建的公共安全区块链网络是建立在 TCP/IP 通信协议和 P2P 对等网络的基础上的一个分布式系统。共识层中各链在主权共识管理的前提下，面向

公共安全部门间的联盟链与涉密部门的私有链采用拜占庭容错协议(Practical Byzantine Tolerance，PBFT)或针对非拜占庭故障的 Raft 共识算法，面向大众的公共链采用工作量证明(Proof of Work，POW)、权益证明(Proof of Stake，POS)或委托权益证明(Delegated Proof of Stake，DPOS)共识算法①，以保证公共安全资源管理分布式系统中各主机达成安全可靠的状态共识，防止网络拥塞、节点主机性能下降等异步通信故障。在合约层中，整个区块链网络在法律法规的前提下制定相应的智能合约，可在普通智能合约模板中加入激励机制条项，使用智能合约不仅能高效实时更新、准确执行、降低人为干预风险，还能有效降低公共安全大数据管理的运行成本。

应用层是整个顶层设计框架的核心层，应用层面向的对象主要分为公共安全相关职能部门人员与普通大众。应用层需要提供防伪服务接口，以便私有链接入公共安全涉密部门系统、联盟链接入 M 个公共安全信息中心系统、公有链接入公共安全部门系统以及普通用户系统，并进行权限验证。另一方面该区块链网络可提供历史查询、信息查验存证等通用功能以及分析预测、数据跨链抽取等高级应用。

2.4.4 基于主权区块链网络的公共安全大数据管理体系构建

为了充分利用公共安全大数据资源实现智能管控，本节拟构建一种基于主权区块链的公共安全大数据资源管理网络模型，根据数据载体、数据受体、数据拥有者三方的性质，构建公共安全职能部门面向大众的公共链、公共安全相关职能部门之间的联盟链和公共安全涉密体系的私有链，形成公共安全大数据资源智慧共用、隐私保护、权威可信的综合性区块链网络。包含整个区块链网络的公共安全大数据资源管理体系架构见图 2-8。总体分为四个部分，分别为：公共安全数据采集、公共安全数据处理、公共安全数据交互以及公共安全数据智慧共用。

(1)公共安全数据采集

公共安全数据采集是对公共安全大数据资源数据进行管理与优化配置的第一个环节。该数据采集主要包括三个方面：一是城市物联网系统，包括交通系统中的铁路公交体系、共享车联网等，监控系统与定位系统中的可视化体系、物理空间定位体系以及智能报警安防体系等，可进行风险区域以及特定人群的

① 蔡维德，郁莲，王荣，等. 基于区块链的应用系统开发方法研究[J]. 软件学报，2017，28(6)：1474-1487.

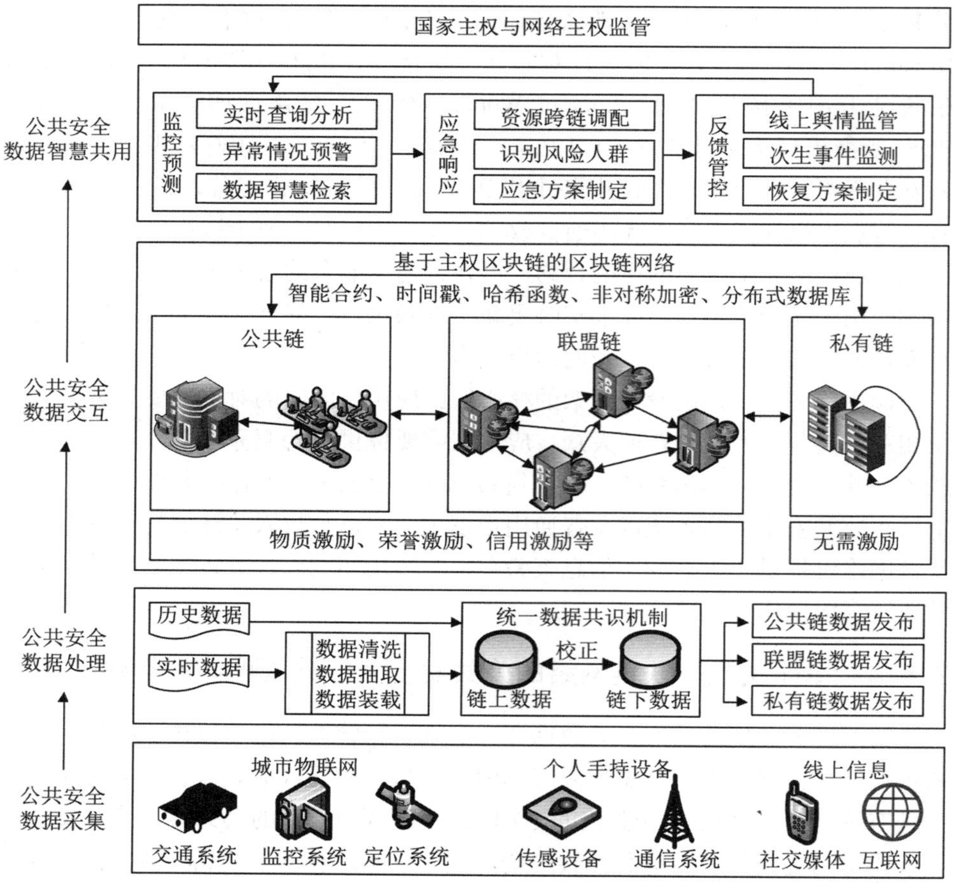

图 2-8 公共安全大数据资源管理体系

识别监管，明晰人口流动详情，为公共安全事件提供预警与决策，提供大量数据资源支持。二是大众个人手持设备与通信系统，包括 LOT 传感设备产生的生物体征信息、物理热力压敏信息，智能手机通信系统监测的有线、无线通信数据以及用户生活的全方位多源生活信息与行为数据等，为公安部门精确打击犯罪提供了可能。三是社交媒体与互联网，包括公共突发事件舆情信息以及特定人群浏览网络痕迹等，在一定程度上能有效反映人们的舆论导向，通过实时数据感应公众线上动态并进行针对性引导管控，防患于未然。

(2)公共安全数据处理

公共安全数据处理主要分为两个阶段，分别是残留历史数据、实时更新数据这类链下数据与链上数据的统一标准校正以满足共识机制阶段，校正数据的分链录入融合阶段。首先，公共安全实时数据按照统一数据标准采集，在经过数据清洗(Clean)、数据抽取(Extract)以及数据装载(Load)三个部分的预处理后①，需与所属类别链上数据进行比对校正，包括数据完整性与数据一致性，使其满足该公共链共识机制。在公共安全大数据资源管理区块链网络执行初期，各分布式节点历史留存的异构数据还需通过数据转化校对，才能满足共识机制，在该数据所属链接入数据库接口并进行下一步的发布。第二阶段分链录入则涉及数据隐私性、数据受体敏感性以及数据利用有效性，分别在面向大众的公共链、面向公共安全相关部门的联盟链以及面向相关保密机构的私有链上发布，需在国家主权与网络主权的监管下施行。

(3)公共安全数据交互

公共安全大数据资源管理存在着一些尖锐问题亟须解决，包括数据的隐私安全需求，如公众个人隐私数据、国家涉密数据等；数据受体的敏感性程度，如普通大众对犯罪嫌疑人家属详细数据的获取则不受期许；数据利用有效性，如将交通阻塞事故数据在公共链上发布，给予一定的激励措施，可利用群体智慧(Collective Intelligence)②高效挖掘数据，根据这三个方面的问题需求，本节在主权区块链的基础上构建了集面向大众的公共链、面向公共安全部门的联盟链以及面向涉密体系的私有链三种链型的区块链网络，同时面向公共链与私有链设立激励机制促进信息的交互与利用，以实现公共安全大数据高效共用、隐私保护、权威可信的目标。

①公共安全职能部门面向大众的公共链。2016 年 2 月，中共中央国务院办公厅印发了《关于全面推进政务公开工作的意见》。《意见》指出，要全面推进政府公共安全信息公开，推动放管结合，激发市场活力和社会创造力。为落实政府信息公开工作，同时保证信息去向受到监管、隐私信息受到保护、普适信息得到利用，并且保证信息的分布式安全存储可再用，本研究在主权区块链的基础上构建一条公共安全部门面向大众的公共链，链上各类数据可在相关部门的分类下得以发布，如地铁公交系统的动态实时运行数据、住房租售汇总等与公众生活密切相关的数据。

公共链技术的运用，使得除了传统的公共安全职能部门，更多部门以及广

---

① Sifah. Chain-based big data access control infrastructure[J]. Journal of Supercomputing, 2018, 74(10): 4945-4964.

② Alexander F. Bigger data, less wisdom: The need for more inclusive collective intelligence in social service provision [J]. AI & Society, 2018, 33(1): 61-70.

大学者、普通用户等参与公共安全治理，通过公共安全大数据挖掘分析共同防治公共安全事件。为鼓励大众、利用群体智慧①在公共链上读写、使用这些数据，可设立适当的物质激励、荣誉激励以及信用激励机制，如城市交通安全事故数据、可开放的犯罪记录数据，激励学者与商业机构对其进行深度挖掘，创造为公众出行提供实时建议的手机应用，对公共安全事件作出有效预测与防治，为公交、地铁系统在客流高低峰时段、普通站和热点站之间的调配提出更优的方案，从而提高公共安全职能部门服务水平、降低公共安全事件发生的概率，保障公共安全。

②面向公共安全职能部门之间的联盟链。公共安全相关部门目前已建成较为完善的数字化平台，但相关数据因条块分割而缺少跨部门的信息交互。“逻辑型、物理型数据孤岛”的存在使得海量公共安全数据在跨部门交互时响应缓慢，难以实现信息实时共享。公共安全相关部门中不同组织机构保存着海量异构数据，如交通、安检、档案、统计等数据库，但缺乏统一有效的共享机制。同时，不同部门之间往往由于信息的多源性、异构性等，跨部门交互动力不足，导致部门之间数据整合统一困难，公共安全大数据价值难以全面挖掘应用。

由此，本节在主权区块链的基础上引入面向公共安全各部门的联盟链，在国家监管的环境下，首先，时间戳、哈希函数、数据区块等技术可保证数据可溯源与追责、支撑性电子凭证存根，保障数据隐私安全。其次，智能合约技术可自动管理与执行公共安全部门之间共同制定的数据共享开放规则，且实际操作过程中排除人为干预，营造可信任的安全大数据资源共享环境。最后，设立以荣誉激励、信用激励为主，物质激励为辅的激励机制，推进部门间海量数据统一规范、做到实时高效提取应用，提升公共安全职能部门跨部门交互效率与服务质量。

③面向公共安全涉密体系的私有链。在解决公共安全数据逻辑性“孤岛”这一问题上，数据关联是主流且行之有效的方法之一。然而该方法存在一定的信息泄露风险，通过数据关联可能导致大量政府涉密信息与公众个人隐私信息被不法分子利用。针对此类公共安全涉密体系，本节在主权区块链的基础上引入私有链，一方面通过哈希加密技术对数据可能涉及国家机密或个人隐私部分进行数据脱敏，同时对涉及数据各方之间采用非对称加密技术进行数据保护；

---

① Alexander F. Bigger data, less wisdom: The need for more inclusive collective intelligence in social service provision [J]. AI & Society, 2018, 33(1): 61-70.

另一方面私有链读写权限、发布交易权限按该部门组织规则来制定，可以更好地划分角色，更加精细化对公共安全涉密数据的操作权限，保障公共安全数据隐私安全、可追溯、不可篡改。

在主权区块链的基础上，上述三种区块链根据不同数据受体发挥了各自的大数据资源管理优势，不同敏感程度信息得以实现安全公开、聚集群体智慧分析利用、跨部门高效交互以及隐私保护等功能。同时，相比于仅使用一种区块链管理，公共安全大数据的三种类型区块链分链管理使得每条链上的节点负担分化，在调取利用海量数据时耗时更短、更便捷高效。本节构建的三条区块链之间相互连通，如需跨链获取数据资源且得到监管者许可，可修改联盟链、私有链组织共识规则进行此操作，由此形成了以国家主权监管为基础的区块链网络。

(4)公共安全数据智慧共用

公共安全数据智慧共用层是公共安全大数据资源管理体系的最终应用层。在实现高效发挥面向公众的公开数据、面向公共安全职能部门的联盟数据以及相关涉密数据的作用，解决公共安全大数据资源数据壁垒后，需在信息服务应用层面达到智慧共用，从而加强对公共安全事件的预防与管控。

公共安全数据智慧共用的内涵可包括公共安全信息高效交互与公共安全事件管控两个层面。信息高效交互部分主要表现在以主权区块链为基础，面向不同信息受体连接的公共链、联盟链和私有链区块链网络，以保障公共安全大数据管理对隐私保护、高效响应，以及权威监管等需求；公共安全事件管控部分可体现在突发事件决策平台的应用，相关职能部门在各类信息分链共享的基础上，结合群体智慧改良现有统计分析方法、机器学习、深度学习算法，做出优化性公共突发事件预测应用。而应用基础数据、改良算法模型以及案例应用反馈的信息交互使得公共安全大数据智慧共用产生一个良性循环。

从公共安全事件生命周期视角划分，公共安全数据智慧共用可主要分为三个部分，分别是公共安全事件发生前监管预测，发生时应急响应以及发生后反馈管控。在主权区块链网络的基础上实现公共安全数据智慧共用闭环。

公共安全事件发生前，监管预测部分主要功能是实现查询预警功能，提供实时查询分析、异常情况预警以及数据智慧检索等服务。群众如相关学者及商业机构可实时获取开放公共安全数据，通过群体智慧①为搭建异常预警模型、

① Alexander F. Bigger data, less wisdom: The need for more inclusive collective intelligence in social service provision [J]. AI & Society, 2018, 33(1): 61-70.

提供预警方案做进一步优化；相关职能部门可智慧检索数据、实时监控异常，结合历史反馈数据与实时数据，分析公共安全态势，提升对公共安全事件发生的防备能力，使得调度时间最大化。

公共安全事件发生时，应急响应部分主要功能是实现即时调度，提供资源跨链调配、风险人群识别转移以及资源优化配置等应急方案的制定。公共安全事件发生时，相关职能部门可跨公共链、联盟链、私有链高效调取需求数据，如事件发生所在地物联网数据、救援路径决策、历史反馈方案等，以便高效识别风险人群分布，快速做出应急决策，将事件损伤降至最小。

公共安全事件发生后，反馈响应部分主要功能是监管线上舆情、次生事件发生以及事后恢复方案的制定。公共安全相关职能部门通过线上舆情的搜集分析与预测，提出舆情管制决策方案，促进网络舆情生态系统的良性发展。同时结合监控预测部分进行次生事件的检测，防止破坏性安全事件的二次发生，将伤害降低到最低。最后还需结合专家意见、案例储备库知识，事故危害程度来制定事件优化救援方案、事件恢复方案等，聚集价值数据反馈给各链，以备监控预警，形成一个事件发生周期中数据智慧共用闭环，达成良性反馈循环。

小　结

传统的公共安全数据管理模型和计算方式已经无法从根本上满足大数据环境下上百亿条 PB 级数据的存储和分析，不能适应公共安全管理的实际工作需求，数据管理的技术瓶颈愈发突出。基于此，本章探索与大数据资源管理相适应的研究范式，以数据为基本资源和主要研究对象，通过构建数据驱动的大数据智能化管理模型，解决现有数据管理存在的瓶颈问题，以适应大数据技术在公共安全领域的应用和发展。本章的研究内容包括三个方面：①将科学研究第四范式融入城市公共安全这个特定的领域中，对城市数据的采集、存储、处理和应用等数据管理过程进行了规范，构建了基于物联网、云计算、NoSQL 数据存储的城市安全大数据监管体系，在扩展了科学研究第四范式内涵的同时，也创新了公共安全应急决策的理论范式，为公共安全大数据智能化管理的实现提供了理论支撑。②在遵循第四范式的框架下，本章探索了数据管理的生命周期理论，提出了基于生命周期理论的大数据智能化管理模型，并以公共卫生领域为例，构建生命周期理论视角下公共卫生类突发事件应急知识管理体系框架，在参考现有信息生命周期模型的基础上，将知识管理周期划分为五个阶段：卫生知识获取阶段、卫生知识组织阶段、卫生知识存储阶段、卫生知识利用阶段、卫生知识更新阶段，以期为公共卫生类突发事件应急管理工作的开展提供有益的参考和借鉴。③针对公共安全职能部门存在的高成本低效率、数据存储不安全、跨部门交互难以及实时响应要求高等问题，本章提出了基于主权区块链、连接面向大众的公共链、面向公共安全职能部门内部的联盟链和面向公共安全涉密部门的私有链的区块链网络，一方面构建了该区块链网络的技术架构，另一方面提出公共安全大数据资源管理体系，从数据采集、数据处理、高效交互与智慧共用四个方面论述了公共安全职能部门大数据资源智能化管理的过程，为实现公共安全大数据智慧共用、隐私保护、权威可信提供了新思路。

3 公共安全大数据智能化管理的关键技术

公共安全大数据智能化管理的关键技术为理论模型实现提供有力的支撑，在提升公共安全职能部门应急管理能力方面蕴含着巨大的使用价值和发展潜力，为维护社会安全稳定提供了科学研判和决策支持。在大数据智能化管理模型构建的基础上，本章以科学研究第四范式理论为指导，遵循公共安全大数据管理的生命周期，分别从公共安全大数据采集、数据处理、数据存储、数据分析与挖掘和数据可视化等不同阶段，深度探索相应阶段大数据智能化管理的关键技术。通过突破大数据技术的瓶颈问题，促进大数据技术在公共安全社会治理和应急管理方面的创新、发展和应用。

3.1 公共安全大数据采集技术

公共安全大数据采集是指从各个部门、组织机构、社会、自然环境、网络虚拟环境、海陆空天等获取全面有效的信息数据，为预防和治理公共安全提供决策指导。公共安全大数据采集与时俱进，技术的创新引领采集方式和内容的变革。采集方式和内容与采集技术辩证统一，有怎样的采集方式和内容，便有与之对应的采集技术实现对指定数据的有效采集。大数据时代，公共安全数据的量级更大、结构更复杂、关联度更低、种类更多、价值更高，而传统靠人力采集数据的方式已经不适用于当前复杂多变的网络环境，且在效率、质量、准确性、即时性等方面表现不佳。不是传统采集方式的失效，而是难以有效应对瞬息万变的外在环境。

公共安全大数据采集为公共安全治理与防范奠定数据基础，采集充分全面的数据信息为公共安全防范和治理提供数据基础，有益于事前防患于未然，事中有效治理控制，事后有序协调修复。获取精准全面的公共安全数据，能够实时掌握公共领域的动态，进而管控公共安全事件。任何有效公共安全防范和治理策略的提出，必须建立在全面掌握公共安全信息数据的基础上。由于公共安全大数据具有数据量大、结构复杂、价值高、采集难度大、时效性强等特点。因此，对公共安全大数据采集要充分利用先进的采集技术，缓解人员数量和能力的局限，更好地采集全面准确的公共安全领域数据，为公共安全防范和治理提供助力。公共安全大数据采集技术并不是越先进就越好，而是要适应其采集对象和采集环境，能够恰到好处获取数据，而不会给采集对象和环境造成不良影响。传统的人为调查和收集资料的方式在特定的环境和条件下还是非常有用的。我们不崇尚先进的技术，因为任何技术都有其利弊，但是为应对大数据挑战，必须有效地借助先进技术作为采集工具，减少人力的投入，节约时间、经济等成本，提高数据采集效率和质量。

公共安全大数据采集实现对公共安全机构和部门的内外部数据以及第三方机构提供的数据和互联网数据等进行采集、结构化提取以及入库等功能。公共安全大数据采集支持对视频、音频、文档、图片等各类数据的实时捕获，同时支持数据的定时采集与处理。

(1)公共安全大数据采集基本要求

公共安全大数据采集并不是随意的、没有目标的进行，而是建立在充分掌握公共安全领域数据特征的基础上，能够真实反映公共安全大数据应用特征和要求，以目标为导向，引导公共安全大数据采集的技术与方法。公共安全大数据采集要满足全面、准确、及时、高效等要求。由于公共安全领域的特殊性，要求公共安全大数据采集满足全面、准确、及时与高效的基本要求。

①全面性。公共安全数据涉及公共社会安全防范和治理，对社会稳定和长治久安有极其重要的意义。“千里之堤毁于蚁穴”，往往不受关注的细枝末节将导致重大安全事故。因此，公共安全大数据的采集一定要全面，降低因数据采集不充分导致公共安全问题的爆发和蔓延。而且仅采集局部数据，难以反映问题的本质和事件的全貌，误导相关部门的协调与决策。例如，公安部门在对犯罪嫌疑人员进行调查时，必须获取真实全面的证据，才能有效地破获疑难案件；火灾应急救援也必须对现场的情况有全面翔实的了解，才能制定有效的求援措施，将损失降到最小，保护人民生命财产安全。

②准确性。采集公共安全数据，不仅要全面，更要求准确，既不能出现数

据采集不到位的问题，也不能出现数据采集错误的情况。数据采集不准确，不仅不能辅助公共安全职能部门进行有效的应急管理，反而误导决策的执行，浪费资源，消耗社会成本，因为数据采集不准确可能识别不出相关公共安全事件，如网络谣言、金融欺诈行为等，对社会的危害严重。公共安全大数据采集，涉及各个部门和领域的内外部数据，采集数据的不准确，必然是采集过程、步骤没有符合相关标准规范，导致采集数据偏差较大。比如传感器、监控器、RFID、红外线感应器等，需要设置相关参数和程序，以更准确地捕获采集对象和环境数据。虽然不能保证所有的原始数据都是准确无误的，但是在人为和技术可行的范围内应最大程度提高采集数据的准确率。

③及时性。公共安全事件具有突发性，影响范围大且传播快速，往往在短时间内就能达到难以控制的程度。因此，公共安全数据采集要具有及时性，即及时发现问题，及时治理，当安全事件还在苗头时，及时采取防范措施。公共安全事件瞬息万变，数据采集一定要及时。事后检测出问题，往往于事无补，也反映公共安全部门未将公共安全作为首要责任。公共安全突发事件，如网络谣言、危化品生产、自然灾害、交通事故、疫情传播、金融风险、安全救援等都是有很强的时效性，传播速度快、对公共安全危害极大。为有效地防范和治理公共安全，首先是保证采集信息数据的及时性，能够在事先及时预防，事中做好监督管控，事后做到及时修复。

④高效性。公共安全大数据采集要具有高效性，即使数据采集能够保障全面、准确、及时性的要求，在大数据环境下如果不能实现数据采集的高效，同样会耗费成本和资源，而且效果不明显。公共安全事件苗头已出，由于采集数据不够高效，将导致问题解决存在延迟。公共安全事件的防范和治理必须争分夺秒，低效性难以适应大数据环境下瞬息万变的社会环境，对于重大突发事件更是如此。一方面，大数据在公共安全应急管理和社会治理方面的优势明显；另一方面，大数据给数据采集的效率带来了沉重的负担，公共安全大数据无处不在，各种无关数据、冗余数据、异构数据、虚假数据等“噪音数据”对关键数据的采集产生干扰，迷惑性大，在数据采集过程中导致有效信息的识别和判断难度增加。

3.1.1 公共安全大数据类型与来源

公共安全大数据来源于政府的不同部门，包括公安、卫生、水利、环保、安监、社会综治、交通、城管、住建、旅游、人防、气象、国土、民政、林业、农业、食药监、质监等，以及制造、通信、电力、金融、服务等行业，跨部门跨行业特征明显。同时，公共安全大数据还延伸到网络环境、社会环境、非政府部门机构等，具有范围广、控制难度大、分散等特点。

公共安全大数据按照来源分为机构内部数据和外部数据。同时根据数据的状态分为静态数据和动态数据。其中静态数据是指机构内部和外部已经统计成型的可以直接或间接使用的数据：包括数据库数据、档案库、人口统计数据、设备数据、建筑物三维数据、历史文献、政府统计报告、机构历史数据等不会实时变动的有价值的数据。静态数据往往用于决策指导，有助于进行公共安全预防和治理过程中的辅助工具，受时间的影响较小，且存在问题比较容易解决和应对。

动态数据是指机构内部和外部实时变动难以统计成型需实时监测的数据。动态数据包括：生产数据、事务数据、交通数据、消防监控数据、天气数据、人口流动检测数据、网络数据、卫生防疫数据、公安数据、金融数据等。动态数据因具有动态性，会随时间不断发生变化，需要公共安全部门的重视和监控。由于动态数据会时时变动，使得某一阶段的数据可能难以说明事物的当前状态，对公共安全事件的发生有重要影响，且难以控制。

根据数据的来源和状态对公共安全大数据进行分类，结果如表 3-1 所示。

表 3-1　公共安全大数据结构

	数据分布	数据状态	数据构成
公共安全大数据	内部数据	静态数据	人事数据
			医疗数据
			建筑物三维数据
			设备数据
			统计年鉴
			政府报告
			部门历史数据
			……

续表

	数据分布	数据状态	数据构成
公共安全大数据	内部数据	动态数据	生产数据
			安检数据
			疫情数据
			事务数据
			突发事件
			公安数据
			金融数据
			物流数据
			……
	外部数据	静态数据	建筑道路桥梁等数据
			水利交通数据
			公共设施数据
			山林农牧数据
			统计报告
			文献记录数据
			名胜古迹
			地理数据
			……
		动态数据	网络数据
			交通数据
			生态数据
			人口流动数据
			疫情数据
			安防数据
			灾害数据
			金融数据
			通信数据
			物流数据
			社情民意数据
			……

3.1.2 公共安全大数据采集方式与技术分类

公共安全大数据采集内容和方式与采集技术辩证统一。根据不同的数据内容和采集方式，选择对应的采集技术。当然采集技术并不限于一种，可结合多种采集技术，每种技术可以发挥相应的有效作用。下面根据采集数据类型和采集方式，选择对应的采集技术。根据表 3-1 对公共安全数据类型的划分，包括内部静态数据、内部动态数据、外部静态数据、外部动态数据等，根据不同类型数据的特点选择适用的采集方式和对应采集技术。这里采集方式和采集技术只是对特定类型数据较为适用的，但是不同的环境和条件下会有所变动。公共安全大数据采集技术和方式不是固定不变的，而是根据具体的采集对象和采集环境选择不同的数据采集技术。互联网和大数据时代，传统的采集方式和技术并不会过时，在对特定的数据进行采集时，传统采集方式还是非常有效和必要的，比如观察、实验、实地调查或模拟仿真等采集方式实现对数据的收集。

本节整理了大数据环境下适用于不同类型数据的采集方式和对应的采集技术，如表 3-2 所示。

表 3-2 公共安全大数据采集方式与技术

数据类型	采集方式	采集技术
内部静态数据	直接调取	数据库技术
内部动态数据	智能感知监测	物联网技术
	平台调取	日志采集技术
外部静态数据	平台机构采集	数据库同步
		众包
外部动态数据	爬取数据	网络爬虫
	智能感知监测	物联网技术
	公众采集	众包
		在线问卷、访谈
	链接第三方平台	数据接口/委托代理

从表 3-2 可以发现，对于规范的静态数据是比较好采集的。通常静态数据是经过一定的加工处理后的数据，可直接利用数据库技术调取；对于不规范的

静态数据需要进一步收集和处理，可使用众包模式，集众人的智慧和力量进行数据的高效采集与处理。动态数据是比较难采集的，但采集方式与技术比较多。不管是内部还是外部的动态数据，都是动态变化且难以控制的。因此，在采集和传输要保持连续性，否则难以准确掌握采集对象和采集环境的变化情况。在公共安全领域中占主要部分的仍是动态数据，而且动态数据对公共安全的防范和治理影响巨大，不像静态数据采集完成后在较长的一段时间内都有使用价值。动态数据呈现出动态变化的特点，不是简单地采集某一时刻数据就能作为整个事件的状态描述，而是要有持续性和时效性，与时间有较强的相关关系。

公共安全领域重点关注动态数据的采集。动态数据具有实时变化、危害性大、难以控制等特点，所以采用的技术能够保证实时全面，比如网络数据、谣言、舆情、疫情、突发事件、金融风险监控等。通过网页日志数据采集(浏览器日志采集和客户端日志采集)、网络爬虫等技术采集平台内外部动态数据；通过各部门数据库同步进行跨部门数据同步采集。对外部动态数据还可利用众包、在线调研、实地观察、第三方平台数据接口等模式采集；交通、气象、地理环境等数据可采用物联网技术(RFID、GPS、红外线、传感器、人脸和语音识别装置、监控器、图像采集器等)进行实时监控。对机构内部动态数据的采集，可以通过人员观察记录和物联网技术等采集相关数据。但是对于危化品生产数据的采集，或在高温、高压、辐射等生产环境下，则需要通过监控设备、传感器等形式采集实时数据。由于采集技术、采集对象和环境的不同，采集的数据形式涉及文本、图像、音视频、3D、AR、VR 等。由于采集的原始数据形式不同、质量差、难以理解，故需进一步加工成标准格式，便于理解和存储传输，并保障数据的完整性和一致性。

(1)物联网技术

大数据时代，依赖各部门人员进行公共安全数据采集显然不可取。物联网技术的进步，为公共安全大数据采集提供了便利。物联网技术能用于机构内外的各种场合以智能感知周围环境或指定对象的动态变化，并将数据真实有效地传输到后端数据中心。同时，物联网技术能够根据事先设定的程序自动执行相关任务，并作出及时响应且不受人为干预。例如，RFID(无线射频技术)能够用于在生产、安防、智能识别、物流等领域。GPS 可实现对全球位置信息的及时反馈，用于定位、导航、人员和车辆定位、物流、应急救援等。监控器可用于机构内外的生产、人流、交通、金融、安防、关卡、消防、安检等。在采集公共安全领域数据过程中，单靠人的感觉器官收集数据远远不够。例如，在高温、超低温、高压、真空、强磁场、弱磁场等环境下，工作人员无法采集相关数据信息，因此基于传感器的数据采集不可或缺。传感器能够模拟人的感官，感知各种特殊环境下目标对象的状态信息，广泛应用在工业生产、海洋探测、环境保护、资源调查、医学诊断、生物工程，甚至文物保护等领域。随着科技的进步，人工智能技术在公共安全领域大显身手，如人脸识别技术用于对恐怖分子、犯罪分子识别及智能支付等。卫星遥感技术实现对地理数据、海洋数据、疫情、气象数据等采集和监控。基于物联网技术的公共安全大数据采集，能够实现对周围环境或特定对象信息的收集和处理。通过监控器、传感器、RFID、GPS、图像采集器等将采集对象和环境的数据传输到后台数据库，并进行汇总处理，将数据统一成标准形式进行可视化。通过物联网技术采集公共安全大数据，不需要人为的过多参与，智能终端能够按照设定的程序或参数，自动采集数据。物联网技术实现对公共安全数据采集过程，如图 3-1 所示。

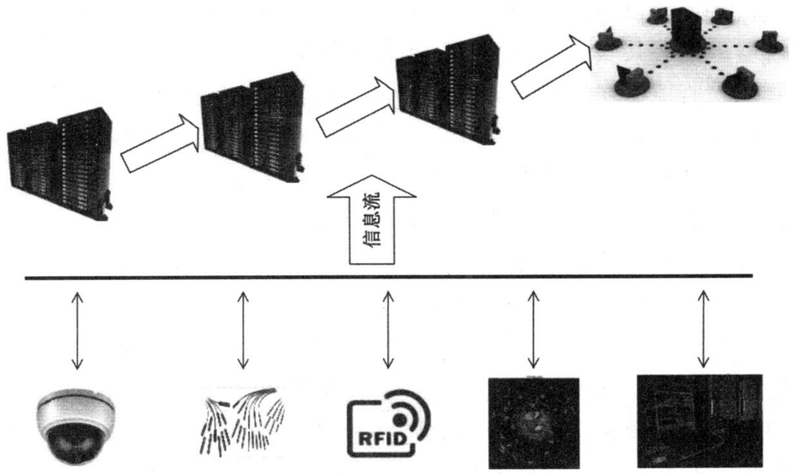

图 3-1　物联网数据采集示意图

①监控器。监控器是收集特定环境或对象的图片、音频、视频信息，并进行传输和存储等设备的总称。通过前端摄像头采集周围环境的音频和视频信息，利用光缆、双绞线等传输设备将采集的数据传输到后端监控系统平台，并在后台进行在线或离线查阅和存储。利用监控器可以进行实时音视频数据收集，减少人员投入，同时实现全天候监控。通过监控系统软件，加载对方的

IP 和控制密码可实现远程监控。这样有助于公共安全机构对危险区域、指定对象进行远程监控，不需要人员进入现场，即可完成数据采集任务。监控器在外形、体积、功能方面各有不同，也使得监控器的应用范围不断扩大。由于人工智能的发展，AI 监控器可以根据摄像机拍摄的视频、图片进行大数据处理和分析，能够提供火灾预警、人脸识别、车辆跟踪、人车流统计分析等多种功能。目前国内企业已推出 AI 摄像机、高清网络摄像机、电梯摄像机、针孔摄像机、一体化摄像机、智能球形摄像机等多种设备，极大地提高监控器的智慧化水平，为各领域的数据采集和智能监控提供了便利。

公共安全领域动态数据的采集，监控器可以充分发挥智能监控作用。监控器借助前端摄像头采集指定对象和环境的动态变化，并通过传输部分将电子信号传输到后端，而后端软件系统可将电子信号转化为可视化的数据形式(音频、视频)并进行存储。监控器功能包括实现隐蔽监控、远程访问桌面、远程文件管理、远程开启视频、远程命令控制等。

监控器能够 24 小时不间断地采集特定环境或对象的图片、音/视频数据，同时利用人工智能技术进行物体的检测和识别并做出响应，方便管理和应用。通过监控器采集公共安全领域的突发事件现场数据，有助于公共安全突发事件的及时管控。监控器在生产、交通、安防、消防、金融等各领域起到极其重要的作用。将监控器布置在生产车间能够收集人员数据、设备数据、物流信息、操作规范、产品检验、消防安全、商品监管等，保障生产的安全高效进行，较少人力投入，提高安全管理效率。在交通事故频发区域布置监控器，一方面，能够收集事故发生的整个过程，提供事故分析和肇事车辆识别；另一方面，交通管理人员能够及时发现交通问题(违反交通规则、拥堵、车祸、肇事逃逸等)，并及时采取应对措施。在火灾高发区域布置火灾预警监控器，随时监控火灾的发生，并提供预警，为人员逃生和火灾救治预留宝贵的时间。监控器的应用优势和领域非常多，合理使用监控器能够为公共安全事件治理和防范提供帮助。但是，监控器的大规模使用和普及，存在侵犯他人生活隐私的问题，这便要求相关部门对监控器的规范使用及采集信息数据的安全存储和管理。

②传感器。传感器是一种检测装置，能够感应到采集对象的信息数据，并将感知的信息内容按照一定的标准格式转换成电信号或者其他形式的数据输出，以满足数据的传输、存储、管理、控制、应用等需求。国家标准 GB7665-87 对传感器下的定义是："能感受规定的被测量并按照一定的规律转换成可用信号的器件或装置，通常由敏感元件和转换元件组成"。传感器的优势在于让设备具有人的感官功能，将对周围环境或特定对象的感官信息做量化处理，并

具有稳定性。例如，温度传感器能够测量指定环境或物体的具体温度值；压力传感器能够测量具体的压力值。传感器功能的发挥，主要依赖于敏感元件，根据基本感知功能分为热敏元件、光敏元件、气敏元件、力敏元件、磁敏元件、湿敏元件、声敏元件、放射线敏感元件、色敏元件和味敏元件等十大类，具有微型化、数字化、智能化、多功能等特征。

完整的传感器由敏感元件、转换元件、变换电路和辅助电源四个部分组成。传感器能够测量指定对象的数据信息，其过程为：首先，通过敏感元件感受被测量物体的相关信息，并以物理量信号的形式输出；其次，转换元件将敏感元件输出的物理量信号转换为电信号；接着，通过变换电路调制放大转换元件输出的电信号，而辅助电源为转换元件和变换电路提供电力。最后，通过显示设备进行数据的可视化展示。常见传感器包括电阻式传感器、变频功率传感器、电阻应变式传感器、压阻式传感器、热电阻传感器、激光传感器、霍尔传感器、温度传感器、智能传感器、光敏传感器、生物传感器、视觉传感器等。

公共安全工作和生产等领域会存在超高温、超低温、超高压、高辐射、超高真空等特殊环境，要获取大量人类感官无法直接获取的信息。但是人员不能在特殊环境下进行数据的真实有效采集，所以传感器不可或缺。传感器凭借优越的稳定性，适用于各种特殊环境，早已渗透到安全生产、海洋探测、环境治理、能源勘探、医疗、生物工程、公共设施等方面，在公共安全领域发挥极其重要的作用。通过传感器采集公共安全生产数据、环境数据、生物数据、温度、湿度、压力等，模拟人的感官，实现对采集对象或环境的智能感知，并将各类数据信息及时传输到后台。传感器能够适应公共安全领域的恶劣环境，这是人力所不能达到的，而且人的感官存在偏差，但传感器能够准确感应外部环境变化，并量化处理。

③GPS。GPS 是全球定位系统（Global Positioning System）的简称，最早是由美国军方研究出来，并用于情报收集、通信、监控军事目标等。为了提高 GPS 定位系统的工作效率和覆盖范围，美国军方不断增加 GPS 卫星的数量，到 1994 年已经布设了 24 颗卫星，能够对地球 98%的区域进行定位，且卫星定位服务实现全天候和高精度。由于全球定位系统具有全方位、全天候、全时段、高精度的卫星导航和定位功能，使得 GPS 从军事应用转向商业应用，为美国带来丰厚的收益。目前 GPS 应用于军事领域和日常生活中的车辆定位、导航、物流、交通指挥等，提高了地球的智慧化水平。在公共安全领域，GPS 能够提供精确的空间和时间数据。通过 GPS 能够采集建筑物的布局、道路交通、人员或车辆位置等数据，为火灾救援、人员疏散、交通指挥、犯罪人员或

车辆定位等提供空间位置信息。

GPS 导航的原理为：GPS 卫星不断向地面接收器发送信号，而地面接收器接收到卫星发送的信号后解析出卫星数据在发送时间，利用接收时间和发送时间的差值（信号从卫星传输到接收器耗时）乘以光速，得到卫星和接收器的距离，由于信号在太空传输中，经过大气层的干扰，得到的距离并不是真实距离而是伪距，还需进行相关优化处理。再利用卫星数据和卫星星历确定卫星的具体位置，结合 WGS-84 大地坐标系确定接收器或目标的位置和移动速度。也就是说，利用 GPS 卫星不断向地面接收器发送信号，经过系统运算，并通过显示装置对目标的位置信息和运动轨迹进行动态展示。

由于 GPS 技术具有的全天候、高精度和自动测量等特点，可为公共安全领域提供先进的测量工具。通过 GPS 能够获取公共安全事件发生的具体位置，为应急人员或车辆提供导航，辅助应急指挥。公共安全领域主要利用 GPS 收集目标对象的空间位置和时间数据。正是 GPS 的功能和军事应用优势，各国不能过度依赖美国的 GPS 服务。我国也在建立自己的北斗导航系统，且在 2000 年 10 月 31 日发射了第一颗北斗导航卫星。到 2013 年，北斗导航系统已应用于军事及商业领域。根据《国家卫星导航产业中长期发展规划》，到 2020 年我国卫星导航系统产值将超过 4000 亿元，打破以往由 GPS 垄断的局面。

④RFID。RFID 是 Radio Frequency Identification 的简称，即无线射频识别技术，可在无接触的情况下，通过无线电信号识别特定目标并读写相关数据。RFID 的使用最早追溯到第二次世界大战，英国人用它来识别敌我飞机的身份。由于 RFID 能够实现对目标物体的识别和信息读取，逐渐应用于商品管理、身份证件、食品溯源、物体识别等。

通过 RFID 技术采集目标物体信息数据过程：首先对物体植入 RFID 标签，而该电子标签存储了相关物体的信息数据；当物体和 RFID 标签经过磁场检测区域时，通过读取设备提取便签的内部数据，实现对物体的识别和检测。读取数据过程可以分为两种，一是由读取设备提取 RFID 标签数据，二是有 RFID 标签向读取设备发送某一频率的信号，读取设备获得该信号后解读相关的标签内容。

射频识别系统主要优势：①可以透过纸张、木材和塑料等非金属或非透明材质的外包装进行标签的快速读取和有效识别；②标签一进入磁场，读取设备就可以即时读取其中的信息，而且能够同时处理多个标签，实现批量识别；③不仅可以嵌入或附着在不同形状、类型的产品上，而且可以对标签数据进行加密保护，从而保证更高的安全性。

因此，RFID 常用在交通管理、供应链管理、物流配送、图书管理、门禁、活动安检等。交通系统应用射频识别技术，可以实现过往车辆的快速识别，方便通行又节约时间，提高路口的通行效率。对小区或停车场应用 RFID 标签可以准确验证出人车辆和车主身份，维护区域治安。供应链管理可通过 RFID 无线射频技术，在产品包装上加贴电子标签，可以在产品进出仓库和运输过程中自动采集和读取产品数据。采用 RFID 技术进行食品药品的溯源，主要在食品和药品包装上附上 RFID 标签，记录食品和药品源头信息。RFID 应用于防伪是将电子标签贴在商品上，伴随商品生产、运输、存储、使用各个环节，记录商品在各个环节的详细信息，具有唯一性和可验证性。RFID 技术可在大型活动中用于人流疏导、交通管理、信息查询等。

物联网技术在公共安全领域发挥重要作用：在事故高发地进行监控器布置，实时监控周围环境的动态；在人口密集区域进行监控，实时了解人口流动情况，从而及时做出人员控制，防止踩踏事件；交通监控实现对车辆的控制，防止交通事故的发生，同时进行车辆信息的采集，防止交通事故。通过传感器技术，实时进行危险区域的感知，因为危险区域人员很难进行实时观察，甚至不能进入危险区域。例如，高温、高压、辐射、有毒气体等环境下进行传感器智能感知和反馈，以更好地获取现场的环境数据并做出合理决策。GPS 能实现对人、物、车辆、船舶、建筑物等进行定位，从而获取位置数据，采集位置数据能够为安防、导航、救援等提供支持。RFID 能够为物流和供应管理、生产制造和装配动物身份标识、门禁、电子溯源、食品溯源、产品防伪、活动安检等提供技术支撑，并将标识的信息内容传输到后端系统处理。

综上，物联网技术实现对公共安全数据采集的优势：①可实现全天候数据的采集，无须人为干预，按照特定程序执行，如监控器可以 24 小时进行监控。②可以适用于各种恶劣条件，如传感器可以在高温高压等环境下正常工作。③采集数据精准，且形式多样(如文本、图像、音视频等)。但是，基于物联网技术的公共安全大数据采集仍存在不足：①需要人为布置调试；②安装维护成本高；③采集多种类型数据需要安装多种设备。

(2)日志采集技术

Web2.0 时代，公共安全领域数据还存在于网络环境中。日志数据采集技术是通过对系统平台数据的备份，提取各个时段平台的数据动态，反映平台数据的变化重要工具。通过日志数据采集，可以获取网络环境中的各类信息记录，用于挖掘用户行为动态、数据流、网络攻击、各类事件过程及业务流程等。日志采集可以分为浏览器页面的日志采集和客户端的日志采集。

浏览器页面的日志采集主要是收集页面的浏览日志和交互操作日志。通过在页面上植入标准的统计JavaScript(JS)代码实现对这些日志的采集。而代码的植入既能在页面功能开发阶段时写入，也能在项目运行时由服务器在相应页面请求时动态植入。浏览器页面的日志采集，是通过统计JS采集网页数据，根据不同场景需求，可以直接或分类汇总后传输到数据中心。收集完页面日志之后，需要在服务端进行一定的数据预处理，如清洗假流量数据、攻击识别、数据的正常补全、无效数据的剔除、数据格式化等。

随着智能移动设备的普及，APP客户端数据价值日益突显。客户端日志采集主要是收集客户端的浏览日志和交互操作日志。通过开发专用统计SDK采集APP客户端的日志数据。客户端日志采集具有高度的业务特征，自定义要求比较高，并且除了基本数据，更多是从事件的角度来采集数据，比如点击事件、登录事件、业务操作事件等。基础数据可由SDK默认采集即可，但事件数据要根据业务需求和规范调用SDK接口。目前，APP客户端多是H5与Native相结合的方式，因此客户端日志包括H5页面与Native客户端上的日志。分别对H5页面和Native客户端上日志进行采集，可以分开发送或者合并后发送到处理中心。通常合并后发送可以保证采集用户行为数据的完整性，并通过SDK进行压缩减少日志数据量，提高数据采集效率。需要注意的是，APP客户端日志采集的所有数据都必须跟唯一ID相关联。由于采集的统一的采集标准形式，有助于减少采集成本，提高日志收集效率，有利于统计计算。因此，日志数据采集通常需要对采集方式进行标准化。

许多公共安全部门业务平台每天都会产生大量的日志数据。这些日志信息蕴含很多有价值的内容。通过对日志采集技术进行日志收集、传输并汇总处理，然后进行数据分析，挖掘各平台日志数据中的潜在价值。为了提高日志采集效率和分析的准确性，可搭建日志采集系统实时收集日志数据，并提供离线和在线的实时分析。目前常用的开源日志采集系统有Flume、Scribe等。Apache Flume是一个分布式、可靠、可用的系统，用于从不同源头有效地收集、聚合、移动大量日志数据进行集中式数据存储。由于Flume具有可靠性机制与故障转移和恢复机制，使Flume具有强大的容错能力。Flume可以自定义日志采集的数据源，也可以传输大量的事件数据，包括但不限于网络流量数据、社交媒体产生的数据、电子邮件等各种可能的数据源。Scribe是Facebook开发的开源日志采集系统。Scribe是一个分布式共享队列，可从各种数据源上收集日志数据，并放入共享队列中，经过处理后存入分布式存储系统，主要由分布式存储系统提供可靠的容错性能。即使分布式存储系统出现故障，可通过

Scribe 队列将日志数据重新写到本地磁盘中。不管使用哪种日志采集系统，都应根据公共安全部门或机构的系统平台环境进行选择，以实现日志数据的准确高效采集和处理。

通过日志数据采集技术可以对公共安全内外部网络数据进行高效采集和分析，掌握平台系统环境的动态变化，为平台的正常运行和公共安全事件的检测与治理提供数据基础。日志数据采集有对相应的时间维度，方便对事件过程有清晰的理解。但是，日志数据并不是网络环境的实时数据，而是历史记录，只有当事件数据产生后，才能通过日志采集。而且日志数据的保存时间不是特别长，否则会给存储设备造成压力。

(3)网络爬虫技术

网络爬虫是根据特定规则，自动地抓取互联网上指定网站或平台的相关数据内容(包括文本、图像、声音、视频等)的程序或者脚本。通过网络爬虫获取网络平台的数据内容具有隐蔽性，而且能够同时获取多个平台的数据，为了解平台和用户动态提供数据基础。大数据环境下，网络平台或网站每天产生的数据量都异常庞大，单靠人力从各大平台或网站上收集各类数据，不管是工作量还是时间都是巨大的，且收效甚微。网络爬虫提供采集各类平台或网站数据的有力工具。网络爬虫进行大数据爬取需要控制器、解析器和资源库三部分共同完成。通过控制器将复杂的爬虫任务分配给不同的线程进行数据采集；由于爬取的网页会存在空格字符、HTML 标签、CSS 样式、JS 脚本等无关内容，需要解析器进行处理，只加载用户想要获取的数据项，提高数据采集效率；采集下来的各种类型数据需要进行有效存储，资源库能够提供数据存储，为了保障大数据高效存储和管理，需要 Oracle、SQL Server、MySQL 等大型的数据库。

网络爬虫分为通用网络爬虫、聚焦网络爬虫、增量式网络爬虫、深层网络爬虫：通用爬虫是通过 URL 获取整个网络的信息内容，可用于各类网络站点的数据采集。通用爬虫的采集范围广、获取网页数量多、爬行速度快，对网页爬行顺序没有太大要求。由于爬行的范围广且爬取网页数量多，导致爬取的数据量大，从而对存储空间要求较高，刷新待爬取页面耗时比较长。与通用爬虫不同，聚焦爬虫只需要爬取预先设定的或主题相关的页面，节省了硬件和网络资源，提高爬虫效率。而且聚焦网络爬虫具有链接和内容评价模块，能够根据评价页面内容和链接的重要性进行页面爬取。对于新产生的或发生变化网页进行爬取需要增量式网络爬虫。增量式爬虫只会在需要的时候爬取新产生的页面，并不重新下载没有发生变化的页面，减少数据下载量，节约时间和存储空间，但是增加了爬行算法的复杂度和实现难度。表层网页是指传统搜索引擎可以索引的页面，而深层网页不能通过静态链接获取且隐藏在搜索表单后，只有用户提交相关信息才能获得，比如用户注册后内容才可见的网页。深层网络爬虫能够实现对深层页面的爬取。实际的网络爬虫系统可能同时使用几种爬虫技术。

网页的抓取策略可以分为深度优先、广度优先和最佳优先：广度优先搜索策略是抓取完当前层次的网页后，再进行下一层次页面的抓取，通常结合网页过滤技术其中无关的网页过滤掉，但随着抓取网页的增多，大量的无关网页将被下载并过滤，整体效率并不高。最佳优先搜索策略按照一定的网页分析算法，根据预测候选 URL 与目标网页的相似度或与主题的相关性，抓取相似度高的 URL 页面，但容易陷入局部最优，导致部分相关页面被忽略。相比于最常使用的前两种策略，深度优先搜索策略是从起始网页开始，选择一个 URL 进入，分析这个网页中的 URL 集合，再选择其中一个进入，直到处理完一条路线后再处理下一条路线，但抓取命中率及效率受抓取深度的影响，所以很少被使用。

常见的网络爬虫框架包括 WebCollector、Nutch、WebMagic、Heritrix、Scrapy、PySpider 等。其中，WebCollector、WebMagic 和 Heritrix 不支持分布式爬虫，而 Natch、Scrapy、PySpider 等支持分布式爬虫。WebCollector 可拓展性强，适用于业务的精准抽取，操作简单，且支持 JS 页面抓取。Natch 可拓展性弱，是针对搜索引擎定制的爬虫，操作难度大，尚不支持 JS 页面抓取。Nutch 利用多个机器充分调用其计算资源和存储能力，大大提高系统爬取数据能力。WebMagic 适用于业务的精准抽取，可拓展性强，不支持 JS 页面抓取。Scrapy 和 PySpider 开发语言是 Python，具有强可拓展性，操作简单。Scrapy 等提供给开发人员便利的爬虫 API 接口，使开发人员只需要关心爬虫 API 接口的实现，不需要关心具体爬虫程序的技术细节。这些开源的爬虫框架把复杂的问题解决后进行封装，使用户能够简单、方便地完成爬虫程序的逻辑设计，不必考虑 URL 去重、代理、线程池管理等问题。对于普通 Java 爬虫项目，都可以考虑 WebMagic 和 WebCollector，上手简单且易扩展。如果是 Python 爬虫可选择 Scrapy 和 PySpider。

目前网络爬虫可通过平台软件或程序算法向服务器端发出请求，通过服务器端响应，获取页面 URL，形成 URL 队列；通过 URL 获取网页内容，并进行网页解析，提取网页内容包括文本、图片、音频、视频、3D 等数据，再将数据有序存入数据库。爬虫的基本流程如图 3-2 所示。

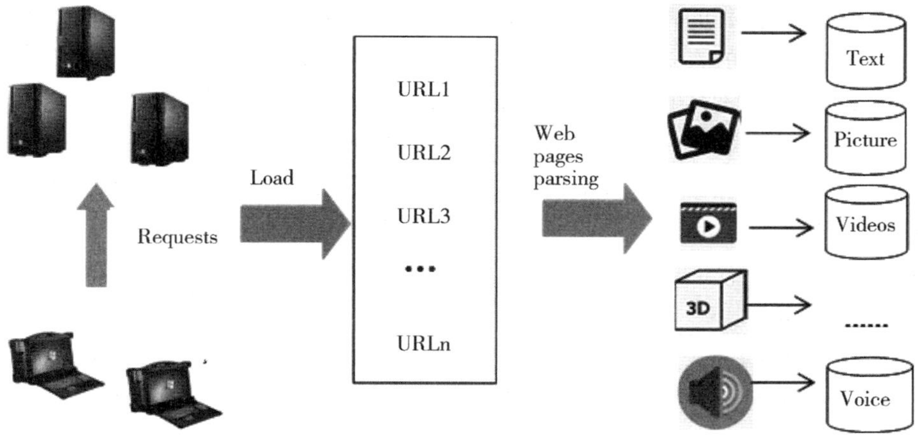

图 3-2 网络爬虫流程图

网络爬虫技术在公共安全大数据采集方面具有以下方面的优势：①采集内容广泛，支持文本、图片、视频等多种数据格式；②在目标未察觉的情况下进行数据的快速采集；③采集的数据能够反映网络用户的动态，为了解用户和事件的发展提供数据基础。常用的网络爬虫软件或平台包括八爪鱼（www.bazhuayu.com）、GooSeeker（www.jisouke.com）、神箭手云（https://www.shenjianshou.cn）、爬山虎、后羿采集器等，通过爬取微博、微信、公众号等用户数据，进行文本分析、情感分析以进行用户的情绪掌控，有助于对公共安全事件的分析和识别，如网络谣言、网络欺诈、舆情识别等。通过网络爬虫，高效获取网络数据，用于分析网络环境中公共安全事件动态，并为网络环境下公共安全治理提供决策依据。网络爬虫可以在用户或组织机构没有察觉的情况下进行数据的采集，并通过自然语言处理、用户画像建模、知识图谱等手段，挖掘用户行为动态、情感变化、特征偏好，有助于进行公共安全事件的管控。

（4）众包

众包是指一个公司或机构把需要内部工作人员完成的工作任务，以自由自愿的形式外包给公众志愿者的工作模式。在美国《连线》杂志 2006 年的 6 月刊上，该杂志的记者 Jeff Howe 首次提出众包的概念。公共安全数据采集的众包应用，是通过协调公众去完成公共安全数据的采集任务。很多公共安全数据产生于公众，而集公众的力量完成对数据的采集，速度更快、范围更广、节约社会成本。众包模式由任务参与者、众包平台和任务发起者三类角色组成。任务发起者是整个流程的首要环节。发起者所上传任务的类型与内容决定了任务分配以及质量控制的方式。任务参与者是指所有网络用户，他们是众包模式中的主要工作者，但不具有外包模式的高专业性，且能力和可信度的不确定性较高。众包平台是建立在互联网环境下的，保障众包任务有序开展的平台。根据经营理念的不同，可将众包平台分为两种：一是企业或者机构基于自身发展需求而建立的众包平台，其目的性强并以有偿的方式吸引众包参与者；二是扮演着虚拟的知识中介的众包平台，以多样化的任务搭建众包参与者与任务发起者之间的沟通桥梁。

采用众包的方式开展公共安全数据采集。如图 3-3 所示，其实现流程为：首先由公共安全组织机构根据工作任务和项目部内容，定义采集目标和任务需求，通过众包平台或机构将任务进行科学合理的划分，再将每份具体任务分给网络大众或组织机构，最后将完成的任务结果进行汇总整理，反馈给公共安全机构即需求方。公共安全与每一位公民都息息相关，是人民幸福生活和社会长治久安的保障。公共安全事件很多产生于公众当中，借助公众的力量收集公共安全相关数据，为公共安全治理提供助力。

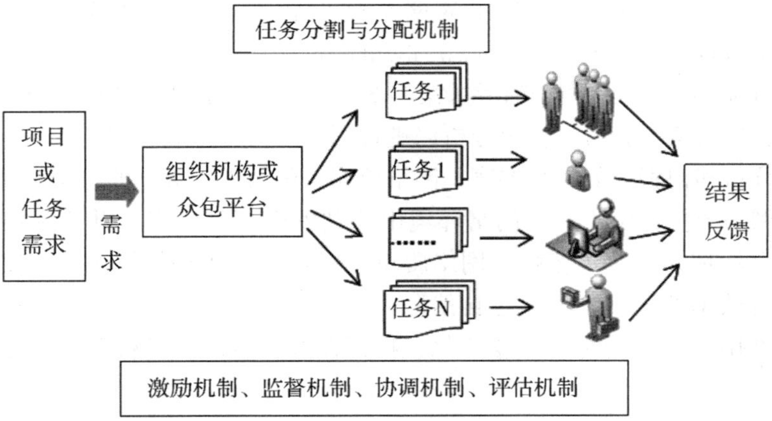

图 3-3　众包流程图

众包的有序开展需要有任务分配机制、激励机制、监督机制、协调机制、评估机制提供保障。公共安全项目对数据采集的数量和质量要求比较高，不同于商业众包。在进行众包任务分配时要保证任务的合理分配，减少数据采集的重复性。同时降低单项数据过多分配，使得数据采集后的关联性和逻辑性降低。为保证数据的采集质量，尽量将高要求部分数据的采集任务分配给有一定专业水平的人员或组织机构。为保证数据采集的效率，将任务划分成适当大小，使得各成员或组织机构能够高效完成，减少任务的拖延。任务的分配可以有公共安全部门和众包机构或平台协商完成，确保任务分配的合理性，符合公共安全大数据采集目标和要求。激励机制是为保证各成员和组织机构能够按照众包任务分配，保质保量的高效完成，设定相应的奖励，到达激励的作用。监督机制能够监督各参与成员，为众包任务的开展保驾护航，保障任务真实有效完成。监督机制能够及时发现任务分配和实施过程中存在的问题，并提供及时有效的解决措施，保障公共安全数据采集的完整、高效、安全、真实。通过协调机制协调各参与成员充分完成众包项目，以符合任务需求方的标准和要求，同时任务的分配在实际能力范围之内。协调各参与成员或组织机构在合理时间内，保质保量地完成任务。众包任务的完成，不是简单的汇总，因为众多参与方不一定能保证任务完成的质量和效率，需要对其任务完成结果进行审核评估，一方面保证任务完成质量，另一方面能够对认真高效完成任务的参与方提供奖励。评估机制不仅对任务完成结果的评估，同时是对任务分配效果的评估。有效的任务分配不能超出参与者实力范围之外，同时保证该任务有效完成，不会出现延时等问题。

目前市面上众包平台包括百度数据众包、一品威客、阿里众包、开源众包等。这里以百度数据众包为例，百度数据众包是百度旗下提供一站式数据众包服务的盈利性平台，主要提供数据采集、数据标注、问卷调研、数据抓取等服务，提供一站式数据众包服务，可根据特定领域、特定场景的客户需求，提供定制化的数据获取与加工方案的设计与执行服务，为客户交付标准化结构化的可用数据，且数据类型涵盖文本、图像、音频、视频、网页等。百度数据众包流程，如图 3-4 所示。

百度数据众包应用场景包括智能交通、智能语音、人脸识别、OCR、电子商务和网络舆情等。智能交通数据应用提供行车视频采集，路况信息提取(包括 3D 点云障碍物、红绿灯、车道灯及高精地图)，为行人识别、车辆识别、红绿灯识别、车道线识别等技术提供精确训练数据。智能语音数据应用提供全球主要语种语料采集和语音内容加工处理(含性别判断、情感判断、语音文字转换等)，为语音识别(ASR)和语音合成(TTS)提供高质量语音数据。人脸识别数据应用提供多年龄段、多角度、多表情、多光线的人脸图像采集及关键信息点标注，为人脸识别技术提升提供数据保障。OCR 数据应用提供车牌、彩票、名片、身份证、银行卡、手写轨迹等多种垂类图片采集及内容识别提取。

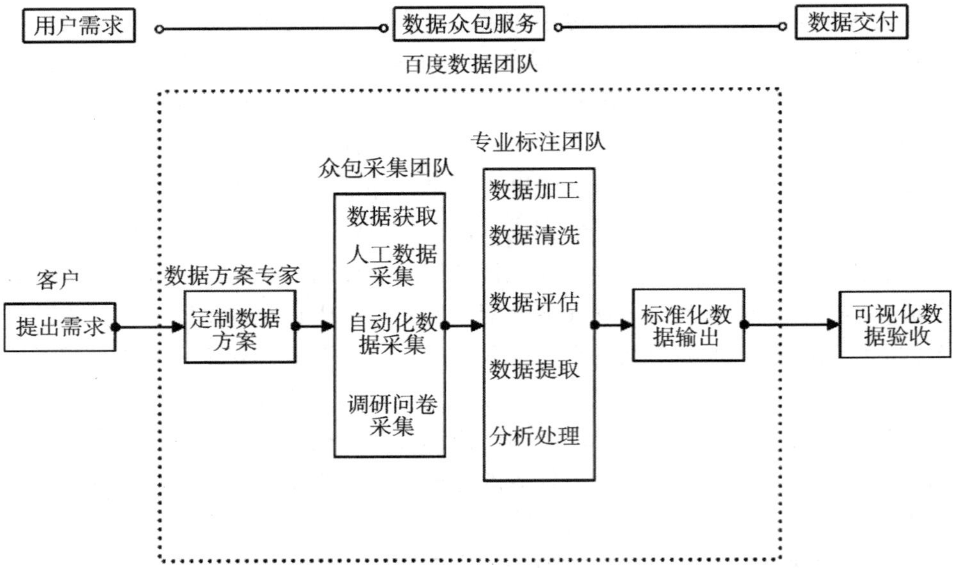

图 3-4　百度众包流程

电子商务数据应用提供商品信息、商品销量、用户评价等多种电商数据采集和分析。网络舆情监控提供各种新闻、论坛、博客、贴吧等社交媒体用户发表的文章、评论、点赞等数据的采集和分析，以全面监控网络用户舆情。同时，百度数据众包集公众的智慧提供自动驾驶数据、智能安防、新闻舆情等行业解决方案和人脸人像、OCR 识别、智能语音等专项解决方案。

众包在公共安全大数据采集方面的应用优势为：首先，集合公众的智慧和力量进行大数据采集，提高数据采集效率；同时众包采集模式能够从更大范围和领域进行数据的提取与加工处理，为公共安全治理提供决策思路。但是，众包在公共安全大数据采集方面也存在不足，包括：公共安全数据采集涉及信息安全和用户隐私问题；众包模式对公共安全数据采集，需要投入时间和精力进行结果的审核，且公众的专业水平参差不齐，影响数据采集的质量；众包模式只能对可划分的任务数据进行采集，对于不可划分的数据则难以实现。因此，众包数据采集适用于对外部数据进行采集，且不涉及采集对象信息隐私安全或机密信息，对专业技术水平要求不高。

(5)数据库同步

对于数据库数据采集系统包括关系型数据库和非关系型数据库进行数据的采集，关系型数据库如 MySQL 和 Oracle 等，而非关系型数据库如 Redis 和

MongoDB 等。公共安全部门和机构产生的各类业务数据，为了方便管理和应用，通常以记录的形式被直接写入到数据库中。通过数据库采集系统直接与公共安全部门与机构的业务后台服务器结合，将后台产生大量的业务数据写入数据库中，最后由特定的处理系统进行系统分析和相关数据提取。

公共安全数据分布于不同部门，包括公安、卫生、水利、环保、安监、社会综治、交通、城管、住建、旅游、人防、气象、国土、民政、林业、农业、食药监、质监等。这些部门的数据都有独立的数据库和服务器，但是数据之间的关联度低，没有充分融合，而且在对一些公共安全事件处理时需要调取多部门数据。跨部门数据采集需要从各个部门数据库调取相关内容数据，从而为公共安全防范和治理提供数据基础。数据库同步是一种数据库管理技术，能够从不同数据库提取对应的数据信息，进行数据的融合，提供多维度数据信息。通过数据库同步，各部门不需要关注后台数据库的物理结构和存储位置，只要数据库中包含采集对象数据，即可通过系统进行数据的抽取。数据库同步为各部门数据互通提供便利，使得各部门数据共享程度得到提升。充分利用数据库同步技术，提高数据的采集效率。数据库同步要求各部门机构，设定相应的数据格式和访问权限，而且要达成安全协议，保障信息数据安全。

通过数据库同步获取公共安全部门或机构数据，还涉及信息安全、数据不一致、访问控制等问题。安全问题是指信息安全和用户信息隐私保护问题。通过数据库同步，可以从多部门数据库提取相关的数据信息，这些信息数据如何安全传输和涉及用户的隐私，需要进行安全保护，防止被窃取和泄露。数据不一致的问题主要是格式和数值的不一致，格式的不一致是指数据库 A 的某一属性是字符型，而数据库 B 的同类属性值是整型或其他类型。数值不一致是指各部门对同一部目标的采集角度或时间段不同，导致数值不同。数据不一致会影响数据库同步获取的数据存在错误或者不兼容，信息不真实，难以判断有效信息和准确格式及可读性差等情况。访问控制是对数据库内容的安全保护，设定相关部门的访问权限，而不是对所有用户开放。访问控制可以实现访问对象的有效控制和权限管理，而不影响数据的有效传递并保持信息协同。

为保障公共安全数据的安全高效采集，数据库同步适用于公共安全部门之间，或组织机构内部，实现数据的准确快速查找和利用。在进行数据库同步之前，还应规范化各部门数据的存储格式，以及索引形式。同时，为保护公共安全数据的安全，采用数据库同步只对相关部门机构开放获取权限，促进部门之间的数据共享，有助于公共安全的防范和治理。

(6)第三方数据接口

政府部门机构在采集外部公共安全数据时，往往不如外部企业，且各部门信息共享难度大，很难及时进行有效的信息沟通，在进行安全事件监测是会出现很多信息壁垒，导致应急措施和防范做得不到位或不及时。其中加强对数据的采集和有效的信息沟通，可以通过获取有关机构的或组织的数据库接口，并通过数据库接口进行信息的实时传递和采集。政府机构很难全面且高效地获取，如微信、微博、公众号等社交平台和购物平台等产生大的社交媒体和用户及消费数据。但是，作为第三方机构获取这些自身平台产生的数据是非常高效且完整，而且一些数据分析机构专门从事各类网络平台的数据采集和分析，如百度、阿里巴巴等。社交化时代，很多公共安全信息数据产生于网民，海量社交、娱乐、消费数据中蕴含很多有价值的信息数据。同时，网络信息安全与社会安全紧密相关，且网络犯罪也在逐年增加。因此，为防范和治理公共安全，网络数据采集也是不容忽视。虽然采集第三方社交、购物、搜索、娱乐等平台的各类数据，对于政府公共安全部门或机构比较困难，但是可通过获取第三方数据接口的形式进行数据的后端传输，实时监测网络信息动态。

通过采集社交、娱乐、消费等网络数据，可以实现对特定用户的画像，识别犯罪分子、谣言发布者、舆论制造者等，为提供公共安全治理提供数据参考。采集充足的用户信息、事件数据、行为数据、消费记录、社交动态、个人日志等，有助于挖掘潜在或危险人物，防范和治理公共安全事件。通过第三方提供的数据接口，能够安全高效获取用户的基本信息、行为数据、社交数据等，用于突发事件的检测和管控。之所以使用数据接口，是储存在第三方平台的数据量大，而且要保证这些数据的安全和用户隐私，利用数据接口更易于管理。通过调用第三方平台的数据进行监控，为公共安全事件管控提供参考，毕竟从平台表面收集数据没有内部数据真实和规范。通过第三方提供的数据接口，采集第三方平台产生的各类数据，用于检测网络公众动态，更好地为公共安全防范和治理提供决策指导。

第三方数据接口为数据的采集提供一个安全通道，通过数据接口可以实现单方甚至多方信息的传递，提高数据传输效率。需求方只有获得相应的数据接口，才能通过该接口通道提取平台系统内部特定数据，并通过设定访问权限保障数据的安全性。比如阿里云、百度云等都提供相关的数据接口，需求方获取数据接口(加密的字符序列)后，即拥有访问指定数据的权限或者服务权限。数据接口极大地减少数据的传输，用户可以直接利用第三方接口封装的数据、程序或服务，进行相关业务操作，不需要知道内部信息，只需关注接口的调用方式和业务逻辑架构即可。

第三方数据接口技术在公共安全大数据采集方面的应用优势为：①拓宽数据采集范围和渠道；②提高数据采集效率和时效性；③降低数据管理难度。同时，第三方数据接口技术仍存在一些问题：例如用户信息的隐私和安全问题；数据内容可能涉及商业机密，第三方可能不愿提供；数据的真实性、有效性取决于第三方的数据采集管理能力。

(7)其他采集方式与技术

公共安全大数据可以采用多种采集方式和采集技术，不限于以上列举的采集方式和技术，且未来的发展将会融入更多的数据采集方式和技术。但是，不管哪种采集技术方式，都要保证公共安全数据采集的全面、准确、及时和高效，做到知己知彼，以更好地进行公共安全管控和突发事件的预防和治理。未来公共安全领域数据情况更加复杂，不管是从形式、量级、复杂程度都将前所未有。当然传统的问卷调查、实地访问、在线调研、实地采集等方式仍然有效，也是最接近事实真相的数据采集方式。在公共安全领域还存在数据缺失的问题，即无数据情况，或者获取数据成本和风险非常高，这就需要模拟仿真的形式获取事件各类数据。通过模拟仿真进行数据的采集和处理，为公共安全治理提供数据基础。比如火灾应急疏散、人员流动、泥石流、气象灾害、防恐等，需要进行实际场景模拟以提供参考数据和应急方案，而这些数据就不能进行现场采集，因为面临的安全风险和成本都太高，同时没有历史数据参考。因此，公共安全大数据采集技术应根据具体的采集对象和环境条件，选择合适的数据采集技术方式，有时是多种采集技术的混合使用，以为公共安全预防和治理提供数据基础。

随着时代的发展和科技的进步，公共安全大数据采集方式和技术在不断更新，以上仅是在当下可行且有效的采集方式，及目前较为普遍适用的采集技术。未来将有更先进和适合公共安全领域的数据采集技术，且不受数据的结构和量级的限制。公共安全作为一种复杂系统，其主体之间的关联关系将进一步加强，相互之间存在直接或间接的联系，且牵一发而动全身，多元主体系统成为应对复杂多变外在环境的必然趋势。根据德国物理学家赫尔曼·哈肯教授提出的协同学理论，任何复杂系统都存在有序的协同状态和无序的混沌状态，只有各主体处于协同状态，才能发挥系统的最大整体效能。公共安全大数据采集，涉及各主体之间的信息数据传递，技术只是提供重要的采集工具，仍须建立一种协同模式，增强各主体之间的信息交互，形成多元主体协同，打破单一主体结构复杂、信息共享难度大、数据不兼容、层级复杂等制约公共安全数据有效采集的困境，保障公共安全的有效防范和治理。

公共安全大数据采集之后，还需进行数据加工处理，从海量数据中挖掘有价值信息。由于采集到的原始数据存在重复、噪声、缺失、不一致等情况，需要进行数据的清洗、集成、规约和转换等预处理。公共安全大数据跨部门跨行业特征明显，涉及多源异构数据的加工处理和一致性检验，实现数据的标准化，保障数据的准确性、可读性、易理解性，及对各部门应用环境的适用性和可拓展性。公共安全大数据采集是公共安全防范和治理的第一步，如何做好公共安全大数据的有效处理，为公共安全防范和治理提供决策指导才是关键。采集全面的公共安全数据，必然涉及公众隐私、信息安全等问题，针对这类问题既要从技术层面提供支持，又要从管理层面提供保障。

3.2 公共安全大数据处理技术

公共安全大数据智能化管理需要智能处理技术对分布式的异构无序资源规范化，在此基础上将冗余、不一致的数据资源进行智能化筛选；进而进行多源大数据交叉融合，从不同粒度揭示公共安全资源，并建立基于语义的数据关联；最后，通过智能耦合技术将各类大数据资源动态耦合起来，为公共安全突发事件智慧管控的实现提供资源智能管理服务。

3.2.1 多源大数据的规范重构

公共安全大数据资源既包括政府不同职能部门的内部政务数据，也包括从传感网络(如传感器、GPS 定位、RFID、图像采集系统等)、社交媒体网站等获取的外部数据。如何采用相应技术对这些多源、异构、无序的大数据资源进行规范重构，是实现大数据处理的前提。公共安全领域多源大数据的规范重构过程可概括为多源异构数据抽取和基于语义空间的规范重构两部分，即首先应用信息抽取方法，通过对不同类型数据资源的特征提取和语义标注，实现数据资源的实体、关系和属性等不同维度、不同粒度的信息抽取；在此基础上进行基于语义空间的规范重构，使得无序资源规范化。

(1)多源异构数据抽取

在进行多源异构数据抽取过程中，一般包括实体识别和实体关系抽取两个方面。在公共安全领域，实体是指与公共安全相关的所有对象，包括专业术语、特定人物、地点、事件等。公共安全领域实体识别是进行公共安全大数据资源规范重构的前提，但由于不同来源的公共安全数据在对特定实体进行描述时，应用不同的命名标准，特别是在大数据环境下，来源于网络中的用户交流数据也成为公共安全领域资源的重要组成部分，由此带来了实体描述的多元化和多样化。因此在进行公共安全领域多源异构数据实体识别时，需要建立相同实体的不同表达之间的映射桥梁。公共安全领域实体识别的对象除文本之外，还包括图像、视频、音频等其他类型的数据，其中最主要的为文本资源和图像资源。在进行文本资源的实体识别中，根据公共安全资源的文本组织结构化与否，可将实体抽取的方法划分为两大类：基于结构化或半结构化资源的实体抽取、基于非结构化资源的实体抽取。基于结构化资源的实体抽取是指从已有公共安全资源库内容(直接或间接)、公共安全百科词条内容等结构明确的资源中根据相关的规则抽取预定所需的目标实体。例如，抽取公安领域实体时，可直接利用相关公安部门数据库，抽取案件人员特征、案件性质特征、发案时间、作案动机等。百科词条是一种半结构化数据，其内容组织不如数据库内容组织严格、规范，但对于同一领域相关概念的描述仍存在一致性，因此也可以按一定规则抽取领域实体；百科词条的另一个优势它本身即是以概念为单元进行内容组织，其内容页面中出现的各种领域概念大多有相应的标识(如有链出文字)，利用这种标识也可以高效精准地抽取领域相关概念术语。基于非结构化资源的实体抽取主要是利用海量公共安全领域文本进行内容分析，依据相关技术手段挖掘、识别和提取公共安全领域实体，也称为主题抽取、术语识别、自动标引①②③。与基于结构化资源的实体提取方法不同，非结构化数据挖掘的一个重要前提是进行短语划分，中文资源挖掘时还要进行预先的切分词处理。基于非结构化资源的实体抽取是一个较为复杂的过程，其主要流程可归纳如图 3-5 所示。

---

① Nakagawa H, Mori T. A simple but powerful automatic term extraction method[C]// COLING-02 on COPUTERM 2002: Second international workshop on computational terminology-Volume 14. Association for Computational Linguistics, 2002: 1-7.

② 刘桃，刘秉权，徐志明，等. 领域术语自动抽取及其在文本分类中的应用[J]. 电子学报，2007，35(2)：328-332.

③ 王永成，顾晓明，王丽霞. 中文文献主题的自动标引[J]. 情报学报，1998，17(3)：212-217.

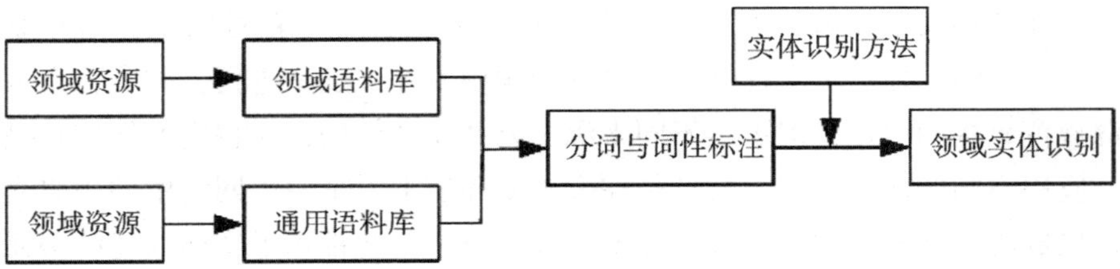

图 3-5 基于非结构化资源的领域实体识别流程

常用的识别方法包括基于规则的方法、基于统计的方法、基于混合策略的方法从公共安全文本资源中抽取相关实体①。其中基于规则的方法主要通过利用领域词典和总结的规则模板进行实体抽取，规则模板的构建则通过分析领域内实体的内部和外部特征，如实体所在上下文、内部组成和首尾字词等，实现实体的识别和抽取。基于统计的方法可分为两种，一种是基于统计度量的方法，统计实体在特定领域文本资源中出现的规律，判断实体与领域相关性，从而进行领域实体识别；另一种则是利用机器学习的方法进行领域实体的识别，将实体抽取转换为分类问题，通过学习领域实体的特征完成实体的自动抽取。目前，基于机器学习的实体抽取已成为近来的研究热点，已有的用于文本中实体抽取的机器学习模型包括决策树、支持向量机、隐马尔科夫模型、最大熵马尔科夫模型、条件随机场等。

图像资源作为公共安全领域的主要资源，对其内容进行识别是进行图像资源规范重构的基础。图像对象识别是在对公共安全图像特征进行分析的基础上，确定图像描述目标的类别。传统的图像对象识别过程可以概括为，首先提取图像的特征，如 SIFT、HOG、Haar-like 特征，在此基础上利用 AdaBoost、SVM、随机森林等方法将特征向量进行分类。随着深度学习的发展，图像对象识别的准确率大大提高，目前，基于卷积神经网络的图像目标检测和识别技术发展越来越成熟，在一些大型图像标准数据库如 ImageNet，Microsoft Common Objects in Context(MS-COCO)等取得了很好的识别效果。在公共安全领域，也广泛应用于城市交通对象识别、遥感城市对象识别等。具体的实现算法可分为三类：基于候选区域的目标检测与识别算法，如 R-CNN、SPP-NET 等；基于回归的目标检测与识别算法，如 YOLO、SSD 算法等；基于搜索的目标检测与

① 季培培，鄢小燕，岑咏华. 面向领域中文文本信息处理的术语识别与抽取研究综述［J］. 图书情报工作，2010(16)：124-129.

识别算法，如 AttentionNet、基于强化学习的算法等。

实体关系抽取是对多源公共安全大数据规范重构的重要基础，关联抽取的数量、质量直接决定着公共安全领域资源组织的全面性、准确性以及后继大数据处理过程的效果。实体关系抽取是在实体识别的基础上，从海量公共安全资源中抽取其中的实体关系，可以表示为三元组 $\langle e_1, r, e_2 \rangle$，其中 e_1 和 e_2 是实体，r 属于目标关系集 $R\{r_1, r_2, r_3, \cdots, r_n\}$，关系抽取的任务就是抽取关系三元组 $\langle e_1, r, e_2 \rangle$。与公共安全资源的实体识别类似，根据待抽取的公共安全资源类型可分化基于结构化或半结构化资源的实体关系抽取和基于非结构化资源的实体关系抽取。

结构化资源主要包括数据库系统，半结构化资源主要是百科词条。结构化和半结构化资源中抽取实体关系主要依据预定义的规则进行，其抽取过程较为简单，对于同等、层级及较为明确的相关关系(如因果、反义关系等)识别效果较为准确。非结构化资源主要是利用网络中分散的文本、图像资源进行实体关系提取。目前主流的实体抽取方法可分为有监督、半监督、无监督的关系抽取方式，随着深度学习研究的深入，深度学习方法逐渐代替传统机器学习方法成为实体抽取研究的热点和主流。有监督的关系抽取是将人工标注的数据进行模型训练，进行特定关系的识别和抽取，主要分为基于特征和基于核函数的方法。有监督的关系抽取需要大量人工标注的训练数据，虽然其结果具有较高准确率，但在其实现中更加耗时，由此提出半监督和无监督的实体关系抽取方法。半监督的关系抽取方法根据已知的关系类型，通过人工添加合适的实体对作为种子，利用模式学习方法进行不断迭代学习，形成关系数据集和序列模式，从而在一定程度上降低了对于人工标注语料的依赖。无监督的实体关系抽取则首选抽取实体及关系，在此基础上进行大规模冗余语料聚类，并进行关系标注。由于深度学习方法在特征提取和自动学习方面的优势，学者们逐渐将深度学习应用到实体关系抽取任务中。基于深度学习的公共安全实体关系抽取框架如图 3-6 所示。

基于深度学习的实体关系抽取可分为有监督和远程监督两类，有监督的实体关系抽取在完成实体识别的基础上直接利用人工标注数据进行实体间关系抽取，而远程监督的关系抽取是在缺少人工标注数据集的情况下进行的，因此需要对齐远程知识库将无标注的数据进行标注，再进行实体间关系抽取。在实体向量表示阶段，首先训练领域内所有实体转化为向量形式进行表示，同时计算每个实体所在的相对位置，形成实体的位置向量，将实体向量和实体位置向量作为实体的最终向量表示。特征提取阶段也是模型训练阶段，其输入为实体的

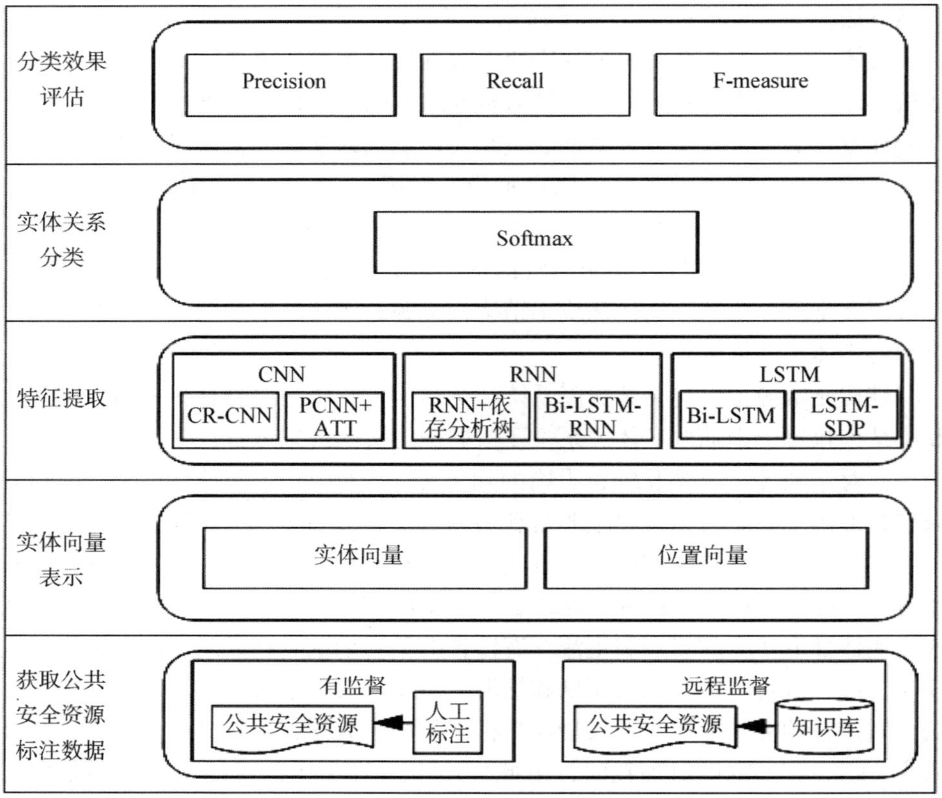

图 3-6　基于深度学习的公共安全实体关系抽取框架

向量表示，利用神经网络模型提取特征，常用的深度学习模型包括 CNN、RNN、LSTM 及基于这三类模型的扩展优化，如 Lin 引入 PCNN（piecewise CNN），对传统卷积神经网络的池化层进行改进，根据实体所在位置将句子切分成 3 段进行池化，从而得到更多和实体相关的上下文信息，同时采用注意力（Attention）机制，减少错误分类的产生，从而提高实体关系识别的准确率①。在关系分类阶段，需要根据预先设定的关系种类，将特征提取的结果输入非线性层完成分类，最终输出实体间的关系结果。最后进行分类结果的评估，实体关系抽取的评价指标包括准确率（Precision）、召回率（Recall）和 F 值（F-

① Lin Yankai, Shen Shiqi, Liu Zhiyuan, et al. Neural relation extraction with selective attention over instances [C]// Proc of the 54th Annual Meeting of the Association for Computational Linguistics, 2016: 2124-2133.

measure)，准确率是从查准率的角度对实体关系抽取效果进行评价。

(2)基于语义空间的规范重构

在语义空间对公共安全大数据进行规范重构是多源公共安全大数据分析和处理的基本要求，需要对抽取的公共安全领域实体及实体间关系进行明确定义和结构化描述，以实现机器可理解和跨系统互操作。在实现中，需要进行公共安全领域实体及关系的语义形式化表示，可以通过将领域实体关系与形式化语言结合实现，典型的形式化语言有 SKOS(Simple Knowledge Organization System，简单知识组织系统)和 OWL(Ontology Web Language，Web 本体语言)。SKOS 是由 W3C 提出和推荐使用的一种支持知识组织系统形式化的规范语言，它建立在 RDF 规范之上，常用于实现半形式化的简单知识组织系统在语义网环境下的应用①。SKOS 可以完成领域实体概念的定义、实体间关联的定义及关联体系的定义，是一种初级的领域语义描述语言，但其不能自定义概念类型和关联类型、概念属性和关联属性的功能，也不能提供自定义的推理功能，因此在时间中常用于将分类法、叙词表的形式化为与 RDF、OWL 兼容的概念模型②③，以机器可理解的方式在网络中利用这些概念体系。例如应用 SKOS 体系描述美国医学主题词表 MeSH④。OWL2 是由 W3C 提出和推荐使用的一种本体语言，用于带有形式化定义含义的语义网，可以实现领域概念和关系的定义。OWL2 语言中提供了较为丰富的概念实体类型、对应属性、关联类型及关联约束的定义，同时支持进行较为复杂的语义推理功能，因此更加适用于描述公共安全领域实体及实体间关系。公共安全领域实体关系与 OWL2 本体语言的转化如图 3-7 所示。

公共安全领域实体及关系到 OWL2 本体描述语言的转化是将公共安全领域实体和实体间关系映射到 OWL2 中的个体、类、数据类型及关系属性之中。

---

① 曾新红. 中文叙词表本体的形式化表示与 SKOS 的比较研究——以及对建立中文知识组织系统形式化表示标准体系的建议[J]. 中国图书馆学报，2010，(2)：99-106.

② 刘丽斌，张寿华，濮德敏，等.《中国分类主题词表》的 SKOS 描述自动转换研究[J]. 中国图书馆学报，2009(6)：56-60.

③ Panzer Michael，Marcia Lei Zeng. Modeling classification systems in SKOS：Some challenges and best-practice recommendations[C]. International Conference on Dublin Core and Metadata Applications. 2009.

④ Summers E D，et al. LCSH，SKOS and Linked Data[C]. International Conference on Dublin Core and Metadata Applications-Metadata for Semantic and Social Applications 22-26 September 2008，Berlin (DC-2008). Humboldt-Universität zu Berlin，2008.

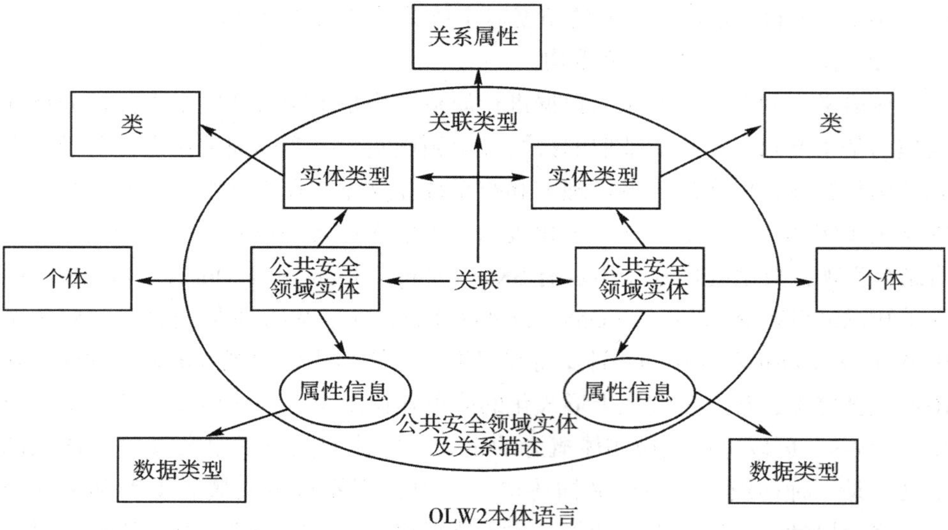

图 3-7 公共安全领域实体关系与 OWL2 本体语言的对应关系

其中，公共安全领域实体可转化为对应类中的个体，实体类型对应类，属性信息对应数据类型，实体间的关系类型则对应了关系属性，以此为基础，形成了公共安全领域实体关系的语义形式化表达。

3.2.2 多源大数据的交叉融合

多源大数据的交叉融合是公共安全大数据分析处理的关键环节，它在大数据规范重构的基础上实现大数据资源的分析、筛选和综合的过程。在整个信息系统中，由于各数据源的局限性，单一数据源只能反映目标对象的某一方面或几方面的特征，造成不同职能部门之间的基础数据资源存在数据不一致、数据不完整、数据信任等级低的问题，为了全面地了解目标对象，需要对各个信息源收集到的信息进行整合，消除其中的噪声和异常值，保留有价值的信息，从而最大限度地获取完整信息。

多源信息融合理论和技术研究最早可追溯到 1973 年美国国防部开展的多声呐信号融合系统的研究，研制出可以自动探测敌方潜艇位置的信息融合系统。随后，美国开发了多种军用信息融合系统，其中最典型的为战场管理和目标检测系统(BETA)，其应用进一步证明了信息融合的可行性和有效性，促进了多源信息融合领域的发展。20 世纪 80 年代，传感器技术的飞速发展使得军事系统中传感器使用数量急剧增加，美国国防部开始在军事领域中的指挥、控制、通信与情报(C^3I)系统中，使用多种传感器收集信息，将数据融合技术应用于C^3I系统中成为美国国防部的研究重点。美国三军政府组织实验室理事联合会(JDL)下C^3技术委员会(TPC^3)成立信息融合专家组组织和指导信息融合技术的发展。到80年代末期，已有一些信息融合系统可以实现各种军用传感器数据的有效融合处理。1996年，美国在原有的C^3I系统的基础上加入计算机，建立以信息融合技术为核心的C^4I系统。在21世纪初，提出建立C^4ISR系统，其中S和R分别表示侦测和侦查，形成了集战场感知、信息融合、智能识别、武器控制等技术为一体的自动化军事指挥综合电子信息系统，受到世界各国的高度重视。因此，信息融合技术最初出现于军事领域，并得到广泛应用。随着信息融合理论和技术研究的不断深入，其应用不断辐射到智能交通、航空、环境监测、公共安全、物流等其他领域。其中，在公共安全领域中，由于公共安全管理相关的信息来源广泛，如在自然灾害应该管理中，需要集成各类才情现场信息收集系统、已建立的基础地理信息库、各类传感器、灾害地区人员、设施基本信息库等，各类数据的表现形式多样，包括文本、图像、视频、表格等，且格式存在不同，应用信息融合技术可以综合多个来源的信息，将多源信息在时间或空间上的冗余或互补依据某种标准进行组合，从而获得一致性的描述，提高获得信息的可信性，扩展信息的时间和空间覆盖范围。

多源信息融合的目的为将不同来源、不同类型的信息经过特征处理后，利用相关技术有效融合起来，得到更加完整、准确的信息，从而全面、客观地反映目标对象。进行公共安全大数据交叉融合过程中，实体链接技术为最主要的技术受到人们的广泛关注。

实体链接主要解决多源数据资源的相似实体识别，并对相似实体建立数据关联的问题。实体链接通过将实体链接到知识库中的特定词条，从而解决实体中的歧义和同义问题。公共安全不同职能部门中的数据资源由于存在本体不一致问题，同一主题相似实体的概念、属性的语义表达，实体分类体系和标准都不同，如何建立跨系统、跨平台的实体链接机制，实现同一主题的相似实体的智能识别，并进行实体的语义消歧，是实现大数据融合的关键。

实体链接的流程可以概括为实体识别、候选实体生成和实体消歧三个环节，其中实体消歧是其中的核心问题①。目前实体消歧的算法可以分为两类：

① 林泽斐，欧石燕. 多特征融合的中文命名实体链接方法研究[J]. 情报学报，2019，38(1)：68-78.

单实体消歧方法和集成实体消歧方法。其中单实体消歧是对待消歧文本中的每个实体进行独立消歧，并没有考虑待消歧文本中实体间的联系，其基本思路为将待消歧文本中实体与候选实体进行比较，筛选出与之相似程度最大的候选实体作为实体链接的目标。典型的单实体消歧方法有三种：

(1)基于概率生成的实体消歧方法

Han 提出了一种基于概率生成的方法实现实体消歧①。分别计算候选实体 e 出现在某页面中的概率、候选实体 e 出现在特定上下文中的概率、候选实体被表示为指定实体的概率，将三者相乘，得到指定实体与候选实体间的相似度，计算公式为(3-1)：

$$P(m,\ e)=P(s,\ c,\ e)=P(e)P(s\mid e)P(c\mid e) \tag{3-1}$$

其中，$P(e)$表示候选实体 e 出现在某页面中的概率，$P(s\mid e)$表示候选实体被表示为指定实体的概率，$P(c\mid e)$表示候选实体 e 出现在特定上下文中的概率。

最终选取与指定实体相似度最大的候选实体，计算公式为(3-2)：

$$e=\operatorname{argmax}\frac{P(m,\ e)}{P(m)}=\operatorname{argmax}P(e)P(s\mid e)P(c\mid e) \tag{3-2}$$

(2)基于排序学习的实体消歧方法

通过学习多种特征，得到各特征的权重分布，从而衡量指定实体与候选实体间的匹配程度，并进行排序，将排名最高的候选实体作为目标实体。Wei 等对实体知名度、语义联系度、语义相似度、全局主题一致性等特征进行线性组合，采用最大间隔方法训练各特征的权重，根据指定实体与候选实体间的相似度进行排序，并将指定实体链接到相似度最高的候选实体②。陈玉博等考虑了表层字面特征(基于编辑距离的相似度、基于 Dice 系数的相似度、基于向量空间模型的篇章级相似度、实体共现信息)、深层语义特征(实体流行度、基于维基实体的相似度)和空实体特征，共三类七种特征，运用 SVM 排序学习算法，训练特征权重，充分考虑候选实体自身的信息以及目标实体上下文内容与候选实体的语义相似度等信息，通过最大边缘方法，对候选实体进行排序，并

---

① Han X, Le S. A generative entity-mention model for linking entities with knowledge base [J]. Proceeding of Acl, 2011: 945-954.

② Wei S, Wang J, Ping L, et al. LINDEN: Linking named entities with knowledge base via semantic knowledge[C]// International Conference on World Wide Web, 2012.

将排序最高的候选实体作为目标实体的链接实体①。SVM 排序学习的优化函数和约束条件如公式(3-3)(3-4)所示：

$$\text{Min}: V(w,\ \varepsilon)=\frac{1}{2}\|w\|^{2}+C\,\varepsilon_{q.k} \tag{3-3}$$

$$\text{Subject to}: W(\varphi(q,\ q.\ e)-\varphi(q.\ e_k))\geqslant 1-\varepsilon_{q.k}\quad(\varepsilon_{q.k}\geqslant 0) \tag{3-4}$$

其中，V 为损失函数，W 为特征权重，C 为惩罚因子，ε 为松弛变量，$\frac{1}{2}\|W\|^{2}$控制模型的复杂度，$q.\ e$ 是目标实体的正确实体，$q.\ e_k$目标实体的其他候选实体。

(3) 基于深度学习的实体消歧方法

利用 CNN 等深度神经网络模型学习和训练多种特征，将目标实体和候选实体进行向量化表示，通过计算目标实体与候选实体间的相似度，选择与目标实体最为相似的候选实体进行匹配。Sun 等应用了卷积神经网络(CNN)和张量神经网络(NTN)，构建目标实体与候选实体间的语义匹配模型②。该模型分为两端，一段为目标实体及其上下文信息，另一端为候选实体。在目标实体及其上下文信息端，首先应用卷积神经网络将上下文信息转换为向量表达 V_c，同时将目标实体中的词向量取平均得到 V_m，其次，将 V_c和 V_m作为一个张量神经网络的输入得到目标实体端的向量 V_{mc}。在候选实体端，首先将候选实体中的所有词向量取平均得到 V_{ew}，将候选实体类别中所有词向量取平均得到 V_{ec}，其次，将 V_{ew}和 V_{ec}作为一个张量神经网络的输入得到候选实体端的向量 V_e。最后计算 V_{mc}和 V_e的相似度，并取相似度最大的候选实体与目标实体进行匹配。

单实体消歧的方法将文档中的所有目标实体分隔开，单独进行目标实体与候选实体的链接，并没有考虑同一文档中实体间的语义相关性。集成实体消歧方法将文本中的所有实体之间的联系考虑进来，对文本中不同实体之间的依赖关系进行建模，并将实体消歧转化为全局优化问题。因此，相对于单实体消歧方法，集成实体消歧方法具有更好的效果。集成实体消歧常基于图模型实现，即将文本中的目标实体及候选实体作为图的顶点，根据目标实体和候选实体间的链接关系或主题一致性构建图的边，再通过特定算法筛选出匹配概率最高的

① 陈玉博，何世柱，刘康，等. 融合多种特征的实体链接技术研究[J]. 中文信息学报，2016，30(4)：176-183.

② Sun Y, Lin L, Tang D, et al. Modeling mention, context and entity with neural networks for entity disambiguation[C]//Twenty-Fourth International Joint Conference on Artificial Intelligence, 2015.

候选实体①②。基于图的实体消歧步骤包括构造图模型和基于图模型的排序。

①构造图模型。实体消歧阶段中，首先构造无向图模型 $G(V, E)$，其中，V 用于存放顶点的集合，顶点集合中的元素为所有实体，既包括目标实体，也包括候选实体，E 用于存放边的集合，集合中的元素表示实体间的语义关联性。常用的构建边的方法包括使用谷歌距离或根据实体对应的维基百科页面之间的超链接指向关系确定两个实体间的关联度，其中，谷歌距离的计算公式为(3-5)：

$$\mathrm{NGD}(x, y)=\frac{\max\{\log f(x), \log f(y)\}-\log f(x, y)}{\log T-\min\{\log f(x), \log f(y)\}} \tag{3-5}$$

其中，T 是搜索引擎根据关键字找出的网页的数量，$f(x)$、$f(x)$ 分别表示关键词 x、y 命中的网页数量，$f(x, y)$ 表示同时包含关键词 x、y 的网页数量。当两个关键词总是同时出现在一个页面上时，这两个关键词的谷歌距离为 0，而当两个关键词从未同时出现在同一页面中时，它们间的谷歌距离则是无穷大。

基于命名实体维基百科页面间的链接关系计算实体间的关联度的计算公式为(3-6)：

$$\mathrm{REF}(e_i, e_j)=\begin{cases}1 & \text{if } e_i \text{ or } e_j \text{ refers to other}\\ 0 & \text{otherwise}\end{cases} \tag{3-6}$$

根据实体 e_1，e_2 的维基百科描述文本，判断两者间是否存在链接关系，如果存在，则这两个实体间的语义相关度表示为 1，否则为 0，当语义相关度表示为 1 时，两个实体间存在一条边。

②基于图模型的排序。在构建实体关联图的基础上，可采用 PageRank 算法获取目标实体与候选实体之间的相似度，并进行排序。PageRank 算法是实现网页重要性排序的一种算法，通过 PageRank 算法，可以计算图模型中两个节点间的相似性度，选取相似度最高的候选实体作为链接的目标。PageRank 算法是建立在随机游走模型基础上的，其基本原理为：首先对每个网页赋初始 PR 值(一般为 $1/N$，N 为网页的总数量)，然后进行递归运算更新每个页面的 PR 值，指导每个页面的 PR 值达到稳定状态。其计算公式为(3-7)：

---

① 张涛，刘康，赵军. 一种基于图模型的维基概念相似度计算方法及其在实体链接系统中的应用[J]. 中文信息学报，2015，29(2)：58-67.

② 张涛，刘康，赵军. 一种基于图模型的维基概念相似度计算方法及其在实体链接系统中的应用[J]. 中文信息学报，2015，29(2)：58-67.

$$PR(p_i)=\alpha(\sum_{p_j\in O_{p_i}}\frac{PR(p_j)}{L(p_j)})+\frac{1-\alpha}{N} \tag{3-7}$$

其中，O_{p_i}表示所有指向p_i页面具有出链关系的网页集合，$L(p_j)$表示页面p_j到其他页面的出链总数，N 表示图结构中所有的网页数量，α 表示阻尼系数，用于表示用户在到达某个页面后，以该页面为基础继续浏览新的页面的概率，$1-\alpha$ 表示用户停止在当前页面跳转到下一个新页面的概率。

在实际应用中，通常应用幂迭代法进行求解，步骤为：

$$\lim_{n\to\infty} A^n X \tag{3-8}$$

$$A=\alpha\times p+\frac{(1-\alpha)ee^{\mathrm{T}}}{N} \tag{3-9}$$

$$| X_{n+1}-X | <\varepsilon \tag{3-10}$$

其中，e^{T}为 n 维全 1 向量，α 表示阻尼系数，p 为概率转移矩阵，X 为节点 PR 值构成的向量，当满足$| X_{n+1}-X | <\varepsilon$ 条件时，算法迭代结束。

根据信息融合处理的层次，多源信息融合可以分为数据级信息融合、特征级信息融合和决策级信息融合三个层次。

多源信息由低层到高层，在不同层级上进行信息融合，每个层次上根据本层的特点进行数据处理，发布相应的控制命令，各层次之间相互影响，提供不同级别的数据服务。其中实体识别属于低级的融合，完成对底层数据的处理。行为分析处于中间层，完成对底层数据特征的提取。态势评估和威胁分析则是决策级融合，即高级融合，包括对全局态势的发展和局部形式的估计，是辅助决策过程中的重要内容。根据被融合信息的抽象程度和数据结果的不同，可以构建自底向上的“数据级—特征级—决策级”信息融合模式，如图 3-8 所示。

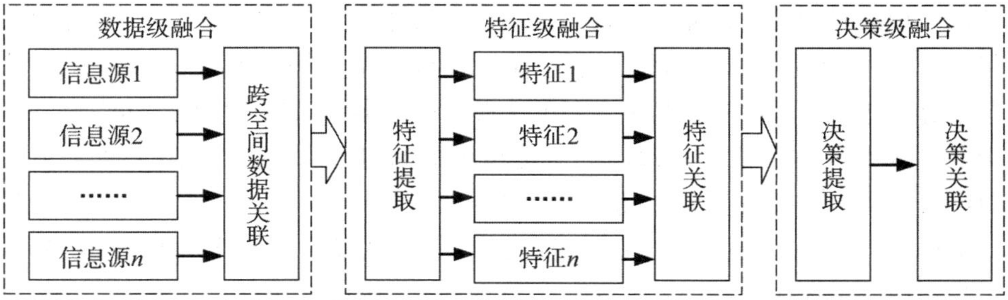

图 3-8　公共安全大数据多源信息融合模式

①数据级信息融合。数据级信息融合是指直接对来源于不同类型的传感器中的原始信息进行分析和处理。相对于特征级信息融合和决策级信息融合，数据级信息融合处于较低层次，但其能够提供较高精度的信息，且信息丢失或损坏程度最小。公共安全领域数据既包括网络中社交媒体数据，也包括物理空间中传感网络数据、用户社会行为数据，数据级融合就是将这些数据进行综合和分析。数据级融合的优点是数据量损失最少，能够提供数据层中的细微信息，具有较高的精确度。但其局限性也较为明显：①由于感知节点泛在分布的特性，感知信息具有多模态、数据量大和实时性特征，直接对采集的海量数据进行必然会造成数据处理代价高、时间长、实时性差的缺陷；②直接从各个信息源获取的数据具有不确定性、不完全性和不稳定性特征，导致存在一定程度的数据冗余和数据不一致，在进行数据融合时，需要对冗余和不一致数据进行识别和处理，具有一定的纠错能力。此外，数据级信息融合仅能将来源于同一传感器中的同质信息进行融合，异构信息不能在此阶段进行融合。在数据级信息融合阶段最常用的方法为加权平均法。加权平均法是最简单有效的融合方法之一，其过程为通过直接对每一个传感器上获得的信息进行加权平均，从而得到融合结果。其实现具有简单、快速的特点，并且可以有效抑制噪声数据，实现信息的实时处理，但融合的结果对比度较低，并且无法通过增大权重的方式反映某些信息的突出作用，此外人工设定加权系数也可能存在缺乏客观性的情况。为解决这类问题，一些学者对加权平均法进行了改进，提出了权重平均法、非线性模糊综合评价模型、基于客观评价系数的迭代融合方法等。

②特征级信息融合。特征级信息融合是在对原始信息进行特征提取，在此基础上对特征信息进行综合分析和处理。特征级信息融合属于中间层次的融合，其优点为既保留了一定程度的重要信息，又实现了信息压缩，有利于提高信息处理的时效性。特征级信息融合可以实现来源于异构系统中信息的融合，但无法对融合结果进行判断并进行决策。在特征级信息融合阶段最常用的方法包括分类法、聚类法等。其中，分类法通过训练集训练分类模型，再对测试集中的样本进行类别估计，常用的分类模型有 K 近邻(KNN)、决策树分类法(DTC)、朴素贝叶斯分类法(BC)等。以 KNN 为例，$X=\{x_1, x_2, \cdots, x_n\}$为待分类样本，$Z=\{z_1, z_2, \cdots, z_m\}$为训练样本，首先统一待分类样本与训练样本中的特征向量描述，然后根据计算待分类样本中的x_i与每一个训练样本点z_j之间的距离$\text{dist}(x_i, z_j)$，常用距离有欧式距离、马氏距离、曼哈顿距离等。从而选出 K 个与待分类样本x_i距离最小的训练样本作为待分类样本x_i的 K 个最近

邻，分布计算每一个类别的权重 P，计算公式如下：

$$P(x_i, C_l)=\sum_{j=1}^{K}P(z_j, C_l)Pw(z_j, C_l) \quad l=1, 2, \cdots, J \tag{3-11}$$

$$P(z_j, C_l)=\begin{cases}1 & z_j\text{是类别}C_l\text{的样本}\\0 & z_j\text{不是类别}C_l\text{的样本}\end{cases} \tag{3-12}$$

其中，$Pw(z_j, C_l)$是待分类样本点x_i的 K 个最近邻点中的训练样本点z_j将待分类样本点x_i分类到类别C_l的权重，$P(z_j, C_l)$为z_j是否采用类别C_l的样本。循环多次计算各类别的权重。最后根据类别权重大小，将待分类点x_i分类到权重最大的类别。

与分类法中训练样本的类别是已知的不同，聚类法不需要预先提供分类的类别，是一种无监督的学习方法，可以将训练样本划分为若干个集合，每个集合代表一个类别。常见的聚类法包括 K-means 法、层次聚类法(HM)、多阶段方法(MPM)。其中最经典的方法为 K-means 法的步骤为：

从样本集$X=\{x_1, x_2, \cdots, x_n\}$中任意选择 k 个对象作为初始聚类中心$M=\{m_1, m_2, \cdots, m_k\}$。

根据其与样本点到个聚类中心的距离将各样本点分到各集合之中，公式为：

$$x_i=\arg\min_j \| x_i-m_j \|^2 \tag{3-13}$$

重新计算各聚类中心$M'=\{m'_1, m'_2, \cdots, m'_k\}$，计算公式为：

$$m'_j=\frac{1}{x_j}\sum_{i=1, x_i\in C_j}^{n_j}x_i \tag{3-14}$$

其中n_j为第 j 个聚类集C_j中样本点的个数。循环迭代步骤②和步骤③，直到达到最大迭代次数或聚类中心不发生改变。

③决策级信息融合。决策级融合是高层次的信息融合，是在特征级融合中提取的目标对象的各类特征基础上，根据局部特征提取决策，并将其进行关联，完成决策层面上的融合。决策级融合是三层信息融合的最终结果，是直接针对目标对象的，其结果直接影响最终的决策水平。其优点是具有很高的灵活性，决策提取可以反映目标对象各个侧面的信息，当部分信息出现错误时，可以通过适当的融合，仍然得到正确的结果，具有一定的容错性。但由于决策级融合的数据损失最多，其精度较另外两级融合更低。决策级信息融合是在对多个来源信息的特征提取的基础上进行独立决策，根据不同来源信息的可信度分配进行综合处理，经过简单逻辑运算，得到比单一信息源的决策更加准确的结

果，形成最优决策。决策级信息融合是面向应用的信息融合。在决策级信息融合阶段最常用的方法包括贝叶斯推理法、D-S 证据理论等。其中贝叶斯推理法是利用贝叶斯构建使用概率的贝叶斯网络，根据网络中部分节点的先验概率对其他节点的概率分布进行调整，最终得到决策结果。D-S 证据理论的推理实现通过征集与建立基本信任分配函数，在此基础上对各证据赋予不同的基本信任质量，最后利用证据理论的组合规则实现不同证据的融合。贝叶斯理论需要有统一的识别框架、完整的先验概率和条件概率知识，只能将概率分派函数制定给完备的互不包含的假设。而 D-S 证据理论用先验概率分派函数去获取后验的证据区间，证据区间量化了命题的可行程度。同时可将证据分派给假设命题，提供了一定程度上的不确定性。

3.2.3 数据语义关联

公共安全大数据的语义关联是在对多源大数据规范重构和交叉融合的基础上进行的。公共安全数据来源广泛，包含政府部门、社会机构或组织以及个人的网络数据、设备监控(包括摄像头、传感器等)数据以及其他内部生成数据等。这造成了不同部门整合的数字资源内涵存在显著差异，不同部门对于同一事件或主体的数据描述不一，进行公共安全数据的规范重构及交叉融合实现了公共安全领域实体的抽取、规范化重构、领域内实体的语义消歧及数据冲突消解，但还存在有关特定主体的数据描述分散无连接问题，造成不同实体间语义层面的断裂。为实现公共安全数据的有效挖掘，需要建立公共安全领域数据语义关联，将领域内信息整合统一到同一语义空间，进而对公共安全领域目标(人、物)、时间、地点、行为、事件内容等事件实体进行挖掘处理和智能分析。

数据语义关联是实现公共安全资源间的语义映射、语义自动转化、语义推理的过程。通过将大数据资源映射到高层语义空间，实现统一的内容理解，并基于关系推演建立语义关联机制，将公共安全领域同一主题的不同部门数据资源进行数据间、信息间、知识片段间多类型、多维度、多粒度的语义关联。常用的语义关联技术包括基于本体的语义互联、基于关联数据的语义互联和基于知识图谱的语义互联。

(1)基于本体的语义互联

本体最初起源于哲学领域，用来表示世界的本源和存在的性质，其内涵为对世界上真实的事务存在做出的客观描述。今年来，本体的概念被引入到计算机科学、知识工程、信息科学等领域。通常情况下，本体针对某个特定领域中的概念，为其提供清晰的定义，同时提供概念的属性、概念间的关系，从而实现某一领域内人们的共识，方便领域知识的交流、共享和重用。从领域依赖程度可将本体划分为顶级本体、领域本体、任务本体和应用本体四类。其中顶层本体描述通用的常识和概念及概念之间的语义关系，因此顶层本体可以在多个领域之间广泛的使用。领域本体指一个特定领域内的概念及概念间的关系，描述了该领域范围内的共同知识。任务本体是描述解决某个特定任务的概念集合，应用本体是指针对具体问题的概念及概念间的关系，应用本体可以同时引用领域本体和任务本体中的概念。

公共安全领域资源语义互联可以采用基于顶层本体的方法进行。顶层本体与领域相独立，主要研究顶层通用的抽象知识概念(如时间、空间、事件等)，从而实现标准的跨领域本体构建，其中领域特殊知识本体可以由顶层本体衍生而来。顶层本体的建设能够推动公共安全跨部门数据共享及语义互联等。基于顶层本体的方法能够处理数据的标准化处理，从而实现语义关联和自动推理等。构建顶层本体需要大量知识积累和技术支持等，因而构建全面完善的顶层本体难度较大，且抽象性使其难以适用于个性化任务。由于顶层本体的标准性和独立性，基于顶层本体构建领域本体能够充分利用已有的本体框架，结合领域知识创建规范且符合特定目标的领域本体。

公共安全领域内涵丰富，覆盖经济学、心理学、信息科学、地理学等多学科内容，数据资源类别多样，由此形成了不同的领域本体，也提出了建立公共安全领域内不同本体间语义映射关系的需求。本体映射的实质为在两个分别属于不同系统或数据源的本体的实体间建立某种语义关系，可以表示为：

$$map:(O_1 \rightarrow O_2) \tag{3-15}$$

$$map(e_{i_1,j_1}) = e_{i_2,j_2},\ if\quad sim(e_{i_1,j_1},\ e_{i_2,j_2}) > \mu \tag{3-16}$$

其中实体e_{i_1,j_1}与实体e_{i_2,j_2}分别是本体O_1，O_2中的实体，如果实体e_{i_1,j_1}与实体e_{i_2,j_2}之间的语义相似度大于μ，则需要在实体e_{i_1,j_1}与实体e_{i_2,j_2}间建立映射关系，$sim(e_{i_1,j_1},\ e_{i_2,j_2})$表示实体间的相似度，$\mu$为阈值。

基于语义的公共安全领域本体映射首先需要对公共安全领域中相关概念进行提取，在此基础上计算概念间语义相似度，过滤掉大量相似度低的概念对，生成候选概念集合。在本体映射阶段，综合考虑两个本体中概念定义相似度、概念实例相似度和结构相似度，生成最终概念相似度结果，最后根据阈值输出本体映射结果，其过程如图 3-9 所示。

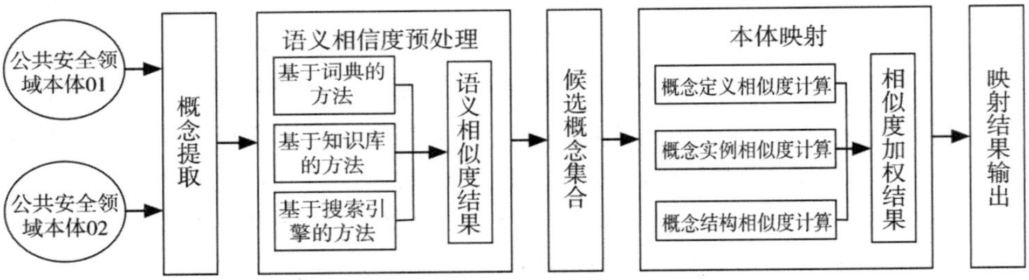

图 3-9　基于语义的公共安全领域本体映射过程

①本体概念提取和基于语义相似度的预处理。本体概念可以直接从本体结构中获取，也可以从与本体中概念相关联的公共安全资源文档中提取。在基于语义相似度的预处理阶段，需要计算两个本体中概念间的语义相似度，根据相似度计算结果，剔除相似度低的映射对，从而生成候选概念集合。常用的语义相似度计算方法包括基于词典的方法、基于知识库的方法和基于搜索引擎的方法。其中基于词典的方法以词典为基础，发掘词汇间的联系，常见的词典包括 WordNet、HowNet 等。基于知识库的方法是基于词典方法的扩展，利用知识库代替词典，常用的知识库有维基百科、百度百科等，值得注意的是，知识库中的辞掉数量庞大，词的结构也更加复杂，因此在进行语义相似度计算时，工作量也会增加。基于搜索引擎的方法的核心思想就是两个相似的概念往往会出现在同一个文档中，因此被共同搜索到的概率会更大，目前常用 Google 距离衡量两个概念间的语义相似度。

②本体映射阶段。本体映射阶段综合考虑了概念定义、实例和结构间的相似度，在此基础上加权得到最终两个本体中概念间的相似度结果，最后输出本体映射结果。

①本体间概念定义相似度计算。概念定义相似度既包括同义词集合的相似度，也包括概念特征集合的相似度，因此需要综合考虑这两个方面进行计算。同义词集合的相似度与特征集合的相似度的计算公式相同，如公式(3-17)所示：

$$\mathrm{sim}(A,\ B)=\frac{|a\cap b|}{|a\cap b|+\varphi(A,\ B)\left|\frac{a}{b}\right|+(1-\varphi(A,\ B))\left|\frac{b}{a}\right|}\tag{3-17}$$

其中，a，b 为概念 A 和 B 的同义词集或特征集合，$|a\cap b|$ 表示集合 a

和 b 的交集数量，$\left|\frac{a}{b}\right|$ 表示集合 a 中不属于集合 b 的元素的个数，$\left|\frac{b}{a}\right|$ 表示集合 b 中不属于集合 a 的元素的个数。通过计算，可以得到概念 A 和 B 同义词集相似度$\mathrm{sim}_{\mathrm{syn}}(A, B)$和概念集相似度$\mathrm{sim}_{\mathrm{char}}(A, B)$。$A$ 和 B 间概念定义相似度公式为：

$$\mathrm{sim}_{\mathrm{def}}(A, B)=\alpha\,\mathrm{sim}_{\mathrm{syn}}(A, B)+(1-\alpha)\,\mathrm{sim}_{\mathrm{char}}(A, B) \quad 0\leqslant\alpha\leqslant1 \tag{3-18}$$

②概念实例相似度计算。本体概念实例的相似度在可以反映异构本体之间的相似关系，其计算公式为：

$$\mathrm{sim}_{\mathrm{instance}}(A, B)=\frac{P(AB)}{P(AB)+P(A\bar{B})+P(\bar{A}B)} \tag{3-19}$$

其中，$P(AB)$表示概念实例由概念 A 和概念 B 共同拥有的概率，$P(A\bar{B})$表示概念实例属于 A 不属于 B 的概率，$P(\bar{A}B)$表示概念实例属于 B 不属于 A 的概率。$P(AB)$的计算公式为：

$$P(AB)=\frac{N(U_1^{A,B})+N(U_2^{A,B})}{N(U_1)+N(U_2)} \tag{3-20}$$

$N(U_1^{A,B})$表示本体O_1中 A 和 B 共有的实例数目，$N(U_1)$表示本体O_1中的实例个数，同理可得 $P(A\bar{B})$和 $P(\bar{A}B)$。

③概念结构相似度计算。两个本体间概念的相似度不仅需要考虑概念定义、实例间的相似度，还需要考虑其父概念、兄弟概念和子概念的相似度，由此提出了概念结构相似度计算。其中，父概念的相似度结合了概念实例相似度和同义词集的相似度，计算公式为：

$$\mathrm{sim}_{\mathrm{parent}}(A, B)=\mathrm{sim}_{\mathrm{base}}(A, B)=\beta\,\mathrm{sim}_{\mathrm{syn}}(A, B)+(1-\beta)\,\mathrm{sim}_{\mathrm{instance}}(A, B) \tag{3-21}$$

如果概念 A 和 B 的兄弟概念数目分别为 m 和 n，那么 A 的兄弟概念a_i与 B 的兄弟概念b_j的相似度为$BB_{ij}=\mathrm{sim}_{\mathrm{base}}(A, B)$，$A$ 的兄弟概念与 B 的兄弟概念可以构成矩阵 SB：

$$BB=\begin{bmatrix} BB_{11} & \cdots & BB_{1n} \\ \vdots & \ddots & \vdots \\ BB_{m1} & \cdots & BB_{mn} \end{bmatrix} \tag{3-22}$$

概念 A 与概念 B 间兄弟概念的相似度则为 BB 矩阵内所有元素的平均值，计算公式为：

$$\text{sim}_{\text{brother}}(A, B) = \frac{1}{m}\sum_{i=1}^{m}\frac{1}{n}\sum_{j=1}^{n} BB_{ij} \tag{3-23}$$

同理，可求概念 A 的子概念与概念 B 的子概念之间的相似度矩阵和概念 A 与概念 B 间子概念的相似度：

$$SS = \begin{bmatrix} SS_{11} & \cdots & SS_{1k} \\ \vdots & \ddots & \vdots \\ SS_{h1} & \cdots & SS_{hk} \end{bmatrix} \tag{3-24}$$

$$\text{sim}_{\text{son}}(A, B) = \frac{1}{h}\sum_{i=1}^{h}\frac{1}{k}\sum_{j=1}^{k} SS_{ij} \tag{3-25}$$

在获取父概念、兄弟概念和子概念的相似度的基础上，可以求出 A 与 B 的概念结构相似度：

$$\text{sim}_{\text{structure}}(A, B) = \gamma_1 \text{sim}_{\text{parent}}(A, B) + \gamma_2 \text{sim}_{\text{brother}}(A, B) + \gamma_3 \text{sim}_{\text{son}}(A, B) \tag{3-26}$$

其中，

$$\gamma_1 + \gamma_2 + \gamma_3 = 1 \tag{3-27}$$

④概念相似度的加权结果输出。本体间概念的相似度综合了概念定义、实例和结构相似度，可采用加权平均算法获得最终相似度值。

$$\text{sim}(A, B) = w_1 \text{sim}_{\text{def}}(A, B) + w_2 \text{sim}_{\text{instance}}(A, B) + w_3 \text{sim}_{\text{structure}}(A, B) \tag{3-28}$$

其中，

$$w_1 = \frac{\text{sim}_{\text{def}}(A, B)}{\text{sim}_{\text{def}}(A, B) + \text{sim}_{\text{instance}}(A, B) + \text{sim}_{\text{structure}}(A, B)} \tag{3-29}$$

$$w_2 = \frac{\text{sim}_{\text{instance}}(A, B)}{\text{sim}_{\text{def}}(A, B) + \text{sim}_{\text{instance}}(A, B) + \text{sim}_{\text{structure}}(A, B)} \tag{3-30}$$

$$w_3 = \frac{\text{sim}_{\text{structure}}(A, B)}{\text{sim}_{\text{def}}(A, B) + \text{sim}_{\text{instance}}(A, B) + \text{sim}_{\text{structure}}(A, B)} \tag{3-31}$$

(2)基于关联数据的语义互联

关联数据是语义网的一种实现方式，是由 W3C 组织提出的用于创建和连接网络中数据资源的技术规范，为各种资源建立可供机器理解的语义信息，建立语义层面上的互联网络。关联数据采用统一资源标识符(Uniform Resource Identifiers，URI)标识事物，并利用 HTTP 协议访问资源，其基本结构是资源描述框架(Resource Description Framework，RDF)三元组(包括主体、谓词、客体三个节点)，用于描述数字资源的概念、属性和关系并建立语义连接，其中主体和客体节点的 URI 用于资源标识，谓词 URI 描述主客体间的关系，谓词节点链接主客体，节点之间的有向弧表示语义 RDF 链接。RDF 链接是建立数据资源语义关联的主要方式，可分为关系链接、同一性链接和词汇链接三种。关联数据能够将分散的不同类型数据资源转化为独立可互联的 RDF 三元组，并结合本体映射、同一性解析、知识融合等方法建立泛在化的语义关联网络①。

利用关联数据实现语义关联的核心在于构建关联数据间的语义连接，其过程为：首先识别描述公共安全领域中相同对象的不同数据源中的实体，通过在不同数据源间设置 RDF 链接进行实体关联；其次，需要完成不同数据源间数据冲突检测和冲突消解；最后，采取推导传递法，借助多阶知识发现的理论，实现数据集内部关联数据的自动创建，从而丰富关联数据中实体间的关联关系②。

从总体上看，基于关联数据的公共安全资源语义互联框架可以分为五层，即数据层、标识层、逻辑层、描述层和应用层，如图 3-10 所示。

数据层位于最底层，是进行整个基于关联数据的公共安全资源语义互联实现的基础。相关数据为公共安全领域及其他相关领域的所有资源，既包括来源于部门系统数据库中的结构化的资源，也包括海量网络中半结构化、非结构化资源。将这些资源进行语义互联既可以实现领域内知识的关联，也支持跨领域资源的发现。

标识层位于数据层之上，其作用在于对数据层中资源进行标识，即利用关联数据中的 URI 对公共安全领域的实体及实体间关系进行标识。URI 为统一资源标识符，是某一事物的唯一标识，可以通过 URI 获取所标识的事物。公共安全领域中的各类资源，如文本、图像、视频等，都可以由 URI 进行标识。

逻辑层是在标识层的基础上构建公共安全领域关联内容和结果，通过 RDF 三元组建立领域资源间的相关关系。在 RDF 三元组中，实体间的通过 RDF 链接建立关联，主体、客体的 URI 标识对应的资源，谓词 URI 定义主体与客体间的关联关系。逻辑层中的 RDF 数据模型通过建立大量的 RDF 链接，将相关的 URI 关联起来，并通过三元组的形式提供了丰富的语义关联信息。

描述层是在公共安全资源经过逻辑层的结构化之后，用于对其内容进行更

---

① 贾君枝，李捷佳. 基于关联数据的语义互操作研究[J]. 情报理论与实践，2017，40(8)：131-134，111.

② 王忠义，夏立新，郑路，石义金. 数据集内关联数据自动创建方法研究[J]. 情报杂志，2014，33(1)：152-156.

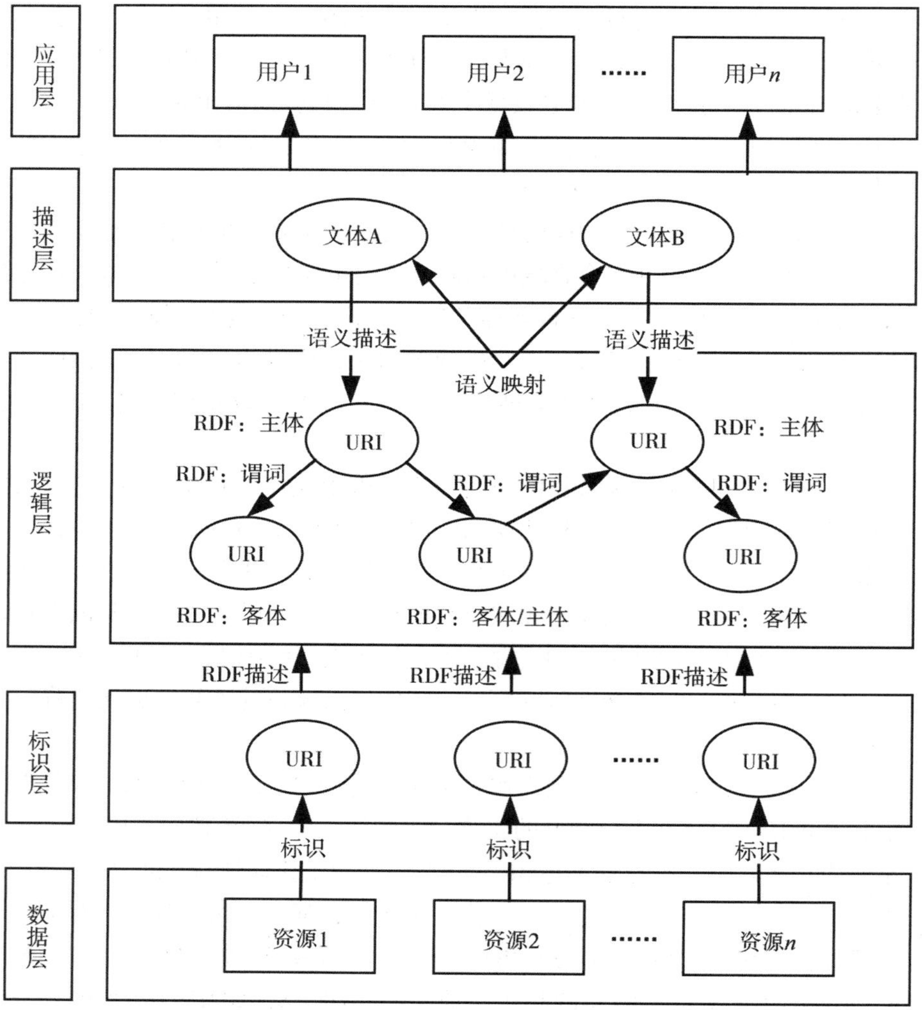

图 3-10　基于关联数据的公共安全资源语义互联框架

为细致的语义描述，形成公共安全领域资源中各实体、属性、实体间关系的语义描述。融合本体(如 RDFS、OWL 等)的关联数据能够规范化描述实体或属性以及推测数据关系。因此在描述层中，将关联数据与本体相结合，实现公共安全数据进行语义描述。同时，不同本体间也可以应用 RDF 技术建立映射关系，实现不同本体间的语义映射。

应用层是公共安全资源关联数据的发布与用户利用的阶段。公共安全资源关联数据的发布可以选择适当的发布工具对其进行发布，发布成关联数据之后，用户可以通过关联数据搜索、浏览器或开放接口获取利用，或一次为基础进行公共安全信息分析与预测。

基于关联数据的方法能够将公共安全领域中孤立的多源异构数据转化为语义互联的 RDF 链接网络。公共安全领域的特殊性和重要性使得数据资源处理任务更复杂，特定的领域知识是保障实体描述准确且有效的关键。结合公共安全领域本体不仅可以实现数据资源的专业化语义描述，还能够从事件特性、管控策略和舆情演化等多方面展开知识推理、建立语义链接从而完善语义网络结构。

(3)基于知识图谱的语义互联

知识图谱是语义网发展的一种表现形式，该方法采用图结构进行多类型数据存储，图节点代表实体或概念，边代表实体(概念)与实体(概念)之间的关系等，其本质是一种大型知识网络库。知识图谱的关键在于构建规范完善的领域本体以进行数据实体匹配，其中实体关系提取、知识融合、知识加工和知识推理等是知识图谱创建过程中的重要步骤。知识图谱实现了更深度的数据互联，能够处理复杂的语义关联信息，发掘信息之间的弱联系。随着大数据的发展，知识图谱研究吸引了大量学者关注。例如，用于支持搜索服务的谷歌知识图谱（Google Knowledge Graph）、维基协作式编辑知识库 Wikidata 和开放数据联盟维护的知识图谱云 Linked Open Data Cloud 等①。知识图谱主要应用于搜索领域，它能较好地解析搜索请求，并对其进行深层语义分析。

伴随机器学习与深度学习的发展，挖掘文本、音频、图片、视频等类型数据的潜在语义取得一定成果。公共安全领域中，不同类型事件的智能管控涉及多个部门，音频或视频监控数据、GIS 实时数据、网络文本数据及图片数据等均可以应用于公共安全知识图谱构建中，从而实现多源异构数据的语义互联。知识图谱依赖于当前自然语言处理及语义挖掘相关技术等，数据挖掘技术的限制会直接影响知识图谱实体(概念)关系的建立。面对指数增长的数据量，如何从海量数据中抽取有效的实体(概念)以及建立多层次的语义连接十分关键。

此外，由于公共安全数据类型多样，且具有时空演化特性，不同类型的数据并不是孤立的存在，不同数据之间存在具有实际意义的语义关联，如同一实

① 汤庸，陈国华，贺超波，彭博. 知识图谱及其在学术信息服务领域的应用[J]. 华南师范大学学报(自然科学版)，2018，50(5)：110-119.

体在连续时间中的运动具有关联性，不同实体在空间中的行为具有关联性，描述同一实体的不同维度属性也具有关联性。这些关联的组合可以产生丰富的语义信息，进而得出不同的推断，为用户决策提供支持。公共安全大数据涉及跨场景、跨媒体、多模态的大数据语义互联，需要建立复杂的数据关联关系。一般采用语义技术整合多源异构数据，从原有的结构化或非结构化数据中提取语义信息，通过统一的语义层建立数据间的关联关系①。

进行跨时空数据关联时，首先需要完成跨空间实体的识别与匹配。目标实体在不同空间中的活动具有连续性和相关性，如何识别匹配不同空间的同一实体成为建立跨空间数据关联的首要条件。在物理—信息—社会三元空间下，可建立目标实体的视觉特征、网络账户、位置信息的协同感知模型，在跨场景实体识别与追踪中，通过运动轨迹聚类自动学习视频监控网络的拓扑结构和连接关系，构建视觉感知网络，并根据图像特征组合和社会空间中用户的位置信息对跨场景运动目标进行识别和连续追踪②。在信息空间中，利用基于内容相似的实体匹配算法，根据目标实体在跨媒体网络数据的内容相似性同时结合社会空间中的目标用户的行为特征，进行实体识别与匹配。

在对跨空间实体识别的基础上，针对三元空间数据的跨时空关联特性，通过对目标实体和时间的抽象，可以构建以实体—时间为核心的关联关系，运用序列关联、交叉关联等技术，建立围绕特定目标或事件的跨时空信息关联。关联关系主要包括实体—属性、属性—属性和实体—关系—事件间的关联关系。其中，实体—属性间的关联可以通过建立三元空间协同互动感知的语义模型，对跨空间中目标对象或事件的信息属性、状态及角色进行挖掘，建立实体与信息属性间的关联关系。属性—属性关联是指建立反映同一实体对象的各种属性之间的关联关系，通过建立属性与属性间的关联关系，可以实现对应实体与群体间的互发现，进而实现三元空间社会网络的发现与挖掘。实体—关系—事件间的关联是建立在对跨空间感知数据的语义集成基础上的，通过从跨时空数据中提取与公共安全主题密切相关的目标实体、场景、行为、时间、关系等感知数据，进行知识描述、抽取并将其映射到高层语义空间，建立以实体—关系—事件为核心的语义描述体系，为进行全局态势评估与预测提供数据支持。

---

① 陈真勇，徐州川，李清广，吕卫锋，熊璋．一种新的智慧城市数据共享和融合框架——SCLDF[J]．计算机研究与发展，2014，51(2)：290-301．

② 张景雄，刘凤珠，梅莹莹，唐韵玮．空间数据融合的研究进展：从经典方法到扩展方法[J]．武汉大学学报(信息科学版)，2017，42(11)：1616-1628．

3.2.4 智能耦合技术

耦合(coupling)的概念最初提出于物理学之中，它表示多个物理量之间的共同作用。广义的耦合是指多个系统或运动在相互作用下产生协同放大效应的动态关联现象，其中子系统间的耦合作用强弱采用耦合度进行评估。信息耦合是指信息之间交互影响的因果关系链所构成的信息联系。任何一种信息都不会是孤立存在的，信息产生的过程必然会与其他信息产生各种各样的联系，这种联系就是耦合的基础。软件工程领域，软件结果中模块之间相互依赖的程度可以用耦合来衡量，类比到信息科学领域，不同部门间信息的相互交互影响程度可用信息耦合表示，部门间信息交互程度越紧密，信息耦合程度越高。

系统独立性、系统关联性、系统相互作用是耦合产生的必要条件。系统独立性是指多系统之间相对独立，不存在包含关系等；系统关联性是指多系统之间能够相互交流、传递能量或信息；系统相互作用是指多系统能够彼此影响、协同变化。根据信息耦合程度的大小，可以将信息耦合划分为内容耦合、公共耦合、外部耦合、控制耦合、标记(特征)耦合、数据耦合、非直接耦合等，耦合程度依次减小，如图 3-11 所示。

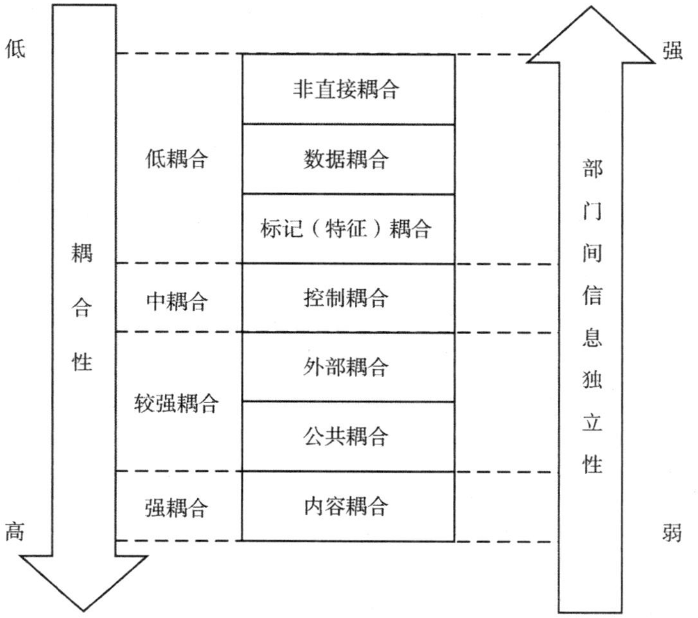

图 3-11 信息耦合的等级划分

不同的耦合程度具有不同的特点，由图 3-11 可知，内容耦合是耦合程度最高的，允许一个部门直接调用另一个部门的内部数据。公共耦合和外部耦合属于较强的耦合，其中公共耦合是指允许多个部门同时访问全局性的数据结构，外部耦合则允许多个部门同时访问同一个全局变量。控制耦合属于中等强度的耦合，控制耦合中，部门间的联系是控制信息，造成两个部门间并不是相互独立的，由于可以传递控制信息，部门间需要互相知道彼此的内部结构和运行情况。非直接耦合、数据耦合和标记(特征)耦合属于低强度的耦合，其中非直接耦合是指部门间不存在直接的数据联系。数据耦合则指在部门间可以进行如简单变量的数据传递，而对于数组、对象等较复杂的数据结构的数据传递，则需要进行标记(特征)耦合。

随着社会科学的发展，耦合被引入至经济学、信息科学等领域。系统耦合内涵进一步延伸，耦合度计算方法与领域特点紧密相关。公共安全领域覆盖多种类型的组织、机构、部门等，进行公共安全危机管控离不开跨部门的信息交互与协同合作，建立广泛的信息连接网络是进行公共安全事件管控的关键。考虑到公共安全数据的敏感性特点，在使用部分部门或组织的特殊数据时工作人员需要获取权限许可，且跨部门间信息的传递和互操作需要进行脱敏处理等。与此同时，随着用户隐私保护意识的增强，如何把握隐私保护与高效数据挖掘之间的平衡是公共安全智能管控中的要点。因而，立足于公共安全领域多部门间信息交互，公共安全领域的智能耦合是数据层面上的松散耦合，是服务于公共安全智能管控目标的数据智能耦合。

在公共安全领域各部门间数据耦合中，各公共安全部门间呈松散联盟状态，避免了传统的各部门系统分离、公共安全数据分布广泛不集中、数据使用规范不一致、跨部门信息交互烦琐且数据安全性低的现象。各部门间的信息交换通过数据实现，在数据耦合过程中，不仅仅是进行不同部门间数据的合并，而是服务于智能管控具体目标的数据有机结合。数据智能耦合需要公共安全领域各部门间协同合作，实现高效、安全、可信的公共安全大数据分析与资源集成管理。区块链技术的提出为实现这一目标提供了解决方案。

区块链可以看作为一种广泛参与的分布式记账方式，一种通过去中心化、去信任的方式集体维护一个可靠数据库的技术方案，可以帮助进行跨部门跨领域协作的工具。区块链中的“区块”指的是信息块，信息块中含有特殊的信息，即时间戳，通过时间戳可以实现不同的信息块间互联，形成的链式信息块即为区块链。从数据角度看，区块链是一种几乎不可能被更改的分布式数据库，区块间的链式链接机制和时间戳技术保证了区块链中的数据是可追溯的，数据由参与方共同维护，从而极大地保障了区块链中的数据不被篡改。

根据区块链运行和维护的公开程度不同，可以将其分为公有链、联盟链和私有链三类。其中公有链面向的是全体公众，任何人都可以根据规则自由介入网络之中，并且公有链是完全去中心化结构，没有相关管理机构、官方组织和中心服务器进行管理。公有链是最早的区块链，也是目前应用最为广泛的区块链。私有链一般建立于企业内部，只有企业内部人员可以参与，并且私有链运作的规则由企业内进行控制，对于一些权限，如修改、读取等只赋予少数节点完成。私有链具有部分去中心化的特性。联盟链既没有公有链那么开放，也不像私有链那么封闭，各个节点通常经由授权加入或者退出区块链之中。联盟链通过预先选定部分节点共同参与公示过程，从而共同作出决策，而其他节点可以进行交易，但不参与记账过程。

公共安全领域信息资源来源广泛，不同来源的数据具有不同利用价值，同时也存在着不同的安全性、敏感性要求，在运用区块链技术进行多源信息交互过程中，可以根据公共安全领域资源的特点，采用不同类型的区块链技术设计公共安全资源交互方式。对于不涉及敏感信息的资源，如政府公开信息、城市交通实时运行信息等，可以构建面向公众的公有链，使得公共安全部门、普通公众等广泛参与公共安全信息的搜集之中，允许并激励公众在公有链中发布、使用信息，鼓励运用公有链中的公共安全信息进行挖掘分析、预测，使得广大用户参与公共安全治理之中，提高公共安全领域信息服务质量。对于涉及公共安全危机管控的相关部门，各部门已经积累了一定数量的公共安全信息资源，这些资源具有较高的利用价值，在进行有效的公共安全领域信息服务时，需要对不同部门间的信息资源进行整合利用，其实现可以通过构建公共安全领域部门间的联盟链。在联盟链中，各预选节点为各公共安全部门的信息中心，如交通部门信息中心、公安部门信息中心、气象部门信息中心等，这些预选节点确定上传、查询数据是否有效，即参与共识、写入或修改区块链的过程，共同维护公共安全信息资源中心，其他节点如社会公众可以经由联盟授权的方式查询公共安全信息。这种基于联盟链的公共安全信息资源交互形式提供一个信任的公共安全大数据资源共享环境，同时保证了公共安全资源的安全性。公共安全领域资源可能包括敏感或涉密信息，如政府部门中的公民个人信息、公安部门信息等，对这些信息不加控制的关联共享存在着被不法分子窃取、利用的风险。因此，针对涉敏、涉密的公共安全信息资源，可以通过引入私有链，对其进行有限范围内的共享和利用。在私有链中，可以通过对涉及国家、社会及公众安全的信息进行加密处理，保障此类信息的安全同时设计细粒度访问控制策略，保障此类信息的利用安全。

这三种区块链管理方式为公共安全大数据资源管理提供了思路，针对不同用户需求及公共安全领域数据的特征，结合基于公有链的公开透明、联盟链的高效相应、私有链的安全保护特点，构成了基于区块链的公共安全大数据信息交互及资源管理体系。从技术的角度来看，无论是公有链，还是私有链、联盟链，所需的都不是单一的技术，而是加密技术、时间戳技术、共识机制、智能合约等多种技术组合，最终形成了一种新的数据记录、存储和表达方式。

①加密技术。在区块链中常用的保障区块数据完整性、安全性的技术包括哈希算法、非对称加密技术。其中哈希算法在区块链中应用广泛，哈希算法是一种只能加密不能解密的密码学算法，可以将任意长度的信息转换成一段固定长度的字符串。目前区块链中常应用的哈希算法为 SHA-256，256 表示对于任意长度的输入，输出结果的长度固定为 256 比特。一般来看，每一个区块头会经过计算生成一个哈希值，即区块哈希，代表这个去开的特定识别码，区块之间通过此号码互相连接，形成区块链的链式结构。当数据成功记录于区块链之中后，由于文件的哈希值是由哈希函数运算得来的唯一值，当原文件数据发生微小变化时，根据哈希函数输出的结果会随之产生巨大变化，进而导致整条链中数据发生改变，因此，哈希值可以保证区块链中数据不被篡改。此外，哈希值的优点还包括不可逆推性，即无法通过分析哈希值计算出源文件；和计算速度快，即哈希值的运算过程非常高效。

非对称加密算法常用的有 RSA 算法和椭圆曲线密码算法。RSA 算法是目前较为流行的公开密钥算法，其公钥和私钥是一对大质数，利用公钥的密文恢复对应明文需要分解者一对大质数的乘积，这在数学运算中是十分困难的，因此应用 RSA 算法进行加密具有很高的安全性。RSA 算法过程为：

选取两个大质数 p 和 q，为了保证安全性，p 和 q 要尽可能大；

计算公开模数 $n=p\times q$，计算欧拉数 $\varphi(n)=(p-1)(q-1)$；

随机选择正整数 e，满足 $1<e<\varphi(n)$ 且 $\gcd(e, \varphi(n))=1$，即 e 小于 $\varphi(n)$ 且 e 与 $\varphi(n)$ 的最大公约数为 1，e 为公开的加密密钥；

计算 d，d 为 e 与 $\varphi(n)$ 的模反元素，即 $de=1(\mathrm{mod}\varphi(n))$，$d$ 为保密的解密密钥；

进行加密变换：密文为 $c_i=m_i^e \mathrm{mod} n$，密文序列为 $c=c_1c_2\ldots c_i\cdots$

进行解密变换：明文为 $m_i=c_i^d \mathrm{mod} n$，明文序列为 $m=m_1m_2\cdots m_i\cdots$

由上述步骤可知，RSA 算法的安全性是基于分解大整数的难度，随着分解大整数技术的提升，为保障 RSA 算法的困难性，需要增加密钥的长度，密钥长度的增加必然导致加密和解密效率的降低，造成密钥麻烦、运算代价高等缺点。目前在区块链系统中更为常用的是椭圆曲线加密算法(Elliptic Curves Cryptography，ECC)，在公共安全领域之中，由于其具有处理速度快、安全性高、生成的公私钥方便、存储空间小的特点，在构建公共安全领域部门间的联盟链和涉密部门的私有链时，可以采用 ECC 算法进行加密，保障敏感的公共安全信息的保密性和完整性。椭圆曲线加密算法通过椭圆曲线方程式产生密钥，其加解密过程为：

选择一个大质数 p，确定有限域 GF(p)，选择 a，$b\in$ GF(p)，确定一条椭圆曲线 EP(a，b)，并取曲线上的一点 G 为基点；

随机选取整数 d 作为私钥，生成公钥 Q，$Q=dG$；

公开椭圆曲线 EP(a，b)和点 G、Q；

加密过程：$C_1=rG$，$C_2=M(rQ)$；(C_1，C_2)为密文；

解密过程：

$$M=C_2(\mathrm{rQ})^{-1}=C_2(C_1G^{-1}\mathrm{Q})^{-1}=C_2(C_1G^{-1}\mathrm{Gd})^{-1}=C_2(dC_1)^{-1}$$

②共识机制。共识是群体进行决策的过程，其实现通常表现为由群体成员提出一个方案，全体成员表决并同意支持一个决策，从而实现集体利益的最大化。在基于区块链的公共安全各部门信息交互中，各部门互联形成一个去中心化的分布式网络，每个部门都作为一个节点，处于平等地位，共同承担公共安全领域信息资源的传输、验证、存储等工作。在日常运行中，共识机制可以帮助各个部门快速达成一致，一般通过区块链的共识算法实现。

区块链的共识算法可以分为选举类、证明类、随机类、联盟类和混合类五种类型①。选举类共识是指在每一轮的共识中，通过选举的方式选出记账节点，典型的算法有实用拜占庭容错算法(PBFT)和 Raft 算法。证明类共识是指在每一轮的共识中，节点通过既定方法证明本身具有足够获得记账权的能力，从而确定最终记账权，典型算法有工作量证明算法(PoW)和权益证明(PoS)算法。联盟类共识是指在每一轮的共识中，首先选出代表节点，再通过代表节点轮流或竞争的方式决定记账权，如委托权益证明算法(DPoS)。随机类共识将随机算法引入记账节点选取的过程，通过随机数增加随机性，典型算法为 Ouroboros 共识算法。混合类共识是指选用多种共识算法选取记账节点，如采用 DPoS 和 BFT 共识算法。在这五类共识算法中，PBFT 具有较好的效率，资

---

① 袁勇，倪晓春，曾帅，王飞跃. 区块链共识算法的发展现状与展望[J]. 自动化学报，2018，44(11)：2011-2022.

源消耗较低，但在节点增多的情况下，其在各节点间共识的通信量也随之增大，造成共识时间和资源消耗的增多，因此不适用于具有大规模节点的公有链之中。PoW 较为简单易行，并且安全性高，但需要消耗大量的资源，PoS 算法相较于 PoW 算法节省了计算资源，但在安全性上有所减弱。DPoS 是在 PoW 和 PoS 基础上的改进算法，其共识的效率更高，且具有较高的安全性。Ouroboros 共识算法是将 PoS 算法与安全多方计算结合，增强了安全性。混合类共识算法则可以综合两种共识算法的优势。

根据以上对区块链共识算法的分析，面向公共安全大数据管理中不同管理目标，可以进行公共安全领域三种区块链中共识算法的选择。在构建面向公众的公有链时，考虑到公有链中节点数量庞大，信息资源交互需要具有较高的效率，并可以节约计算资源，应当选取 DPoS 共识算法保证公共安全资源管理分布式系统中各主机达成安全可靠的状态共识。而在构建公共安全领域部门间的联盟链和涉密部门的私有链时，考虑到链中数据的安全性需求较高，且联盟链和私有链的节点数量有限，可以选取 PBFT 共识算法。

③智能合约。智能合约是一种旨在以信息化方式传播、验证或执行合同的计算机协议，它允许在没有第三方的情况下进行可信交易，可以保障这些交易可追踪性和不可逆转性。智能合约的出现标志着区块链技术进入了新的阶段，利用智能合约技术，各公共安全部门可以实现去中心化的多方参与，并且在参与的过程中实现规则透明、操作不可篡改和协议自动执行，能够更好地适应现阶段公共安全领域复杂业务的处理，为公共安全大数据智能化管理提供便利。

智能合约通常采用确定的算法和确定的数据源进行设计，从而保证智能合约的确定性，并在设计时采用有限命令、准入限制、资源控制等方式保证合约的可终止性。当具体的事务传到智能合约之中时，合约会进行自动判断，如果该事务满足合约中的某个或某些条件，那么智能合约将自动进行相关操作，而不需要第三方加以干预。

从编程语言和运行环境角度划分，智能合约可以分为脚本型、图灵完备型、可验证合约型三种。其中比特币系统支持嵌入式脚本语言的智能合约。以太坊提供了一种基于图灵完备语言的智能合约平台，以太坊用户可以用特定语言编写智能合约代码，并编译成虚拟机内字节码运行。Kadena 项目则提供了一个可验证的智能合约系统，用来进行快速、安全可靠的商业应用操作，使用的编程语言为 Pact。从总体上看，脚本语言开发难度小，但其并不具备图灵完备性，因此由其编写的智能合约交易模式有限。以太坊采用轻量级的虚拟机能够减少资源的消耗，提升合约性能。Pact 语言采用嵌入式方式直接运行在区块链中并具有 keyset 公钥验证模式，能够实现几乎所有应用，同时在安全性方面，Pact 语言优于图灵完备语言。鉴于公共安全领域数据具有较高的安全性需求，在进行公共安全领域智能合约语言选择时，更偏向于 Pact 语言。此外，由于在区块链中，智能合约不需要第三方干预，支持自动执行，智能合约的安全性直接关系到系统的安全性，如果智能合约中的代码出现问题，必将严重影响整个区块链的安全，因此需要对待上链的智能合约代码进行仔细查验，避免常见的安全漏洞。

3.3 公共安全大数据存储技术

随着城市产生数据量的不断增加，公共安全数据资源的存储方式受到诸多研究的关注。公共安全数据量巨大，数据结构多样，要求能存储非结构化和结构化数据且能提高分析性能的大吞吐量。因此，公共安全大数据存储对公共安全事件的有效管控非常重要，通过数据存储技术防止数据丢失、篡改和窃取，保障数据的安全性、完整性和一致性，为数据分析和挖掘与应用提供数据支撑。

3.3.1 公共安全大数据存储规范

公共安全大数据存储与一般数据存储的不同之处在于：①数据量巨大且结构多样化。公共安全大数据不仅包含结构化数据，而且半结构和非结构化数据占比不断增加，数据分布更加广泛，占据的存储空间更大。② 对数据的安全性要求更高。部分公共安全数据涉及公众隐私、商业机密、国家安全，保证数据存储安全是维护公共安全的重要部分。③保障数据共享。公共安全事件的产生、防范、控制和治理等过程往往关联多个部门，消除信息孤岛，实现跨部门信息协同是公共安全发展的重要趋势。因此，公共安全大数据存储技术的选择，首先要保证数据的存储安全。公共安全大数据的数据量越大，在进行存储和传输时，数据丢失的概率越高，数据被篡改的可能性越大，且不易被发现。同时，部分公共安全大数据包含诸如公众隐私数据、企业内部数据和政府机构内部数据等，关系到公众、企业甚至城市公共安全，公共安全大数据存储要确保数据的安全和高效。一方面，公共安全数据量大，分布广泛，低效的存储方式不适合公共安全领域；另一方面，公共安全领域对数据处理效率要求比较高，比如交通、消防、安全生产、医疗等突发事件的应急管控，都需要在短时间内提供准确的数据作为决策支撑；如果数据存入和提取太耗费时间，则对公共安全突发事件治理和应急防范非常不利。公共安全大数据存储技术对数据的管理更需要实现智能化，数据管理人员只需控制上层逻辑存储架构，与底层物理存储设备的交互尽可能减少或避免，且存储系统应具有一定的自治能力。由于数据量非常大，导致底层物理空间管理更复杂，且效率低。公共安全大数据存储技术对数据的治理要求便捷、智能，对数据管理人员技术水平要求不高。一方面，公共安全相关的数据管理人员，不都是高端技术人才，且对数据存储的底层管理，还是非常困难。另一方面，通过管理上层的数据存储逻辑架构，能够提高数据的管理效率，减少对数据存储底层的操作，有利于数据存储技术和模式的推广应用。

公共安全大数据存储，不同于传统的数据库存储，如 MySQL、Oracle、MongoDB 等。大数据时代，公共安全大数据不仅包含结构化数据、半结构化数据还有非结构化数据。传统的关系型和非关系型数据库存储方式难以满足大数据环境下公共安全多源异构数据的存储需求。传统的数据存储方式对于公共安全部门小规模的数据存储管理依然较为实用的，但是在大数据环境下，公共安全大数据呈现多源异构、结构复杂等特征，因此探索与之相适应的公共安全大数据存储方式，在此基础上保障公共安全大数据资源的有效管理则显得尤为重要。

目前，云存储和网格存储技术，能够保障资源的读取方便、可修复、安全可靠，满足大数据环境下资源高存储量级和吞吐率的需求。云存储可借助集群应用、网格技术或分布式文件系统，整合网络中不同类型的存储设备共同提供大数据存储服务。Hadoop 是由 Java 开发的云计算开源架构，提供海量数据的高效存储；利用负载均衡(Load Balance)将任务合理分摊到多个服务器上执行，共同完成大数据运算任务。云存储支持大数据存储，具有可扩展、协同保存、快速备份、成本低、共享性高等特点，但也存在一定的数据安全威胁，适合对外部开放和安全等级低的数据存储和管理。网格存储以节点为基础，并在多个节点上进行存储管理和数据传输，具有高稳定性、可扩展性和安全可控性，是网格计算和服务的基础。网格计算能够将一项非常大的数据处理任务切分成小份，由不同的计算设备共同完成。网格存储提供一种高效智能的数据存储管理技术，使系统用户只需关注存储的逻辑镜像和存储空间的架构，而不必在意后端的物理储存设备。通过智能存储实现各类资源的自动优化、自动配置、自动保护和自动恢复功能。

云存储是云计算的基础，通过集群应用、网格技术或分布式文件系统等技术将网络中各种类型的存储设备集成起来，共同为用户提供数据存储和访问服务，保障大数据高效存储和协同共享。网格计算将分布在网络中的计算机集合起来，充分利用各个计算机的计算资源，以整合出一个强大的计算系统；网格存储则将网络中的存储系统进行了整合，并统一进行管理，通过单一的路径管理即可掌控所有的存储资源①，适合大规模同构、异构数据存储管理，具有高性能、安全性、可靠性、可拓展性等特征。采用哪种公共安全大数据存储方式，需要用辩证的视角进行选择。不同的存储方式所适用的数据对象不同，需要根据不同数据类型，选着合适的存储方式，提供安全、高效、智能的数据存储服务。在本节中，分别介绍基于 Hadoop 和网格技术的公共安全大数据存储方式，结合公共安全大数据存储管理需求，分析数据存储的特点、方式和过程；构建公共安全大数据存储体系框架，探讨不同存储方式存在的问题，并阐述其在公共安全领域的应用与发展。

3.3.2 基于 Hadoop 的公共安全大数据存储

大数据环境下，公共安全大数据存储的数据量大，结构复杂，分布范围广，对数据访问效率要求高，且能满足跨部门信息共享需求。云存储能够将海量的公共安全数据存储到各种分散的存储资源，提供高并发、高吞吐量的分布式数据存储和访问服务。通过云存储，公共安全相关人员可以随时随地进行数据的存储和访问操作，无须了解数据存储的具体物理存储空间，数据管理效率更高。Hadoop 作为云存储的开源框架，在各领域得到广泛应用。公共安全相关部门可以建立云存储平台，将公共安全相关数据存入云端，有利于数据共享，提高数据的读写效率。搭建公共安全云服务平台，通过云存储提供数据存储管理服务，依托云计算实现大数据的快速处理。云计算是一种分布式计算，能够将一个巨大数据处理任务进行划分，由不同的服务器设备完成数据高并发运算，并将结果返回，提高数据的处理效率。如果是传统的单机数据计算，对于 TB、PB 及以上级别的数据处理非常耗时，难以满足公共安全对高速运算的要求，影响突发事件的应急决策和及时防控。

(1) Hadoop 分布式存储

Hadoop 是由 Apache 基金会采用 Java 开发的开源分布式系统架构，用于海量数据的高效存储。通过搭建 Apache Hadoop 分布式存储系统，可利用简单的

① 仇德成，李向伟，王安，等. 网格存储关键技术综述[J]. 兰州工业高等专科学校学报，2006(3)：12-15.

编程模型，实现跨计算机集群对大规模数据进行分布式处理。Hadoop 分布式系统架构，使大数据处理引擎更接近底层数据存储，数据访问和处理效率更高。通过集成大量分散的计算机和服务器设备，提供高并发计算和海量数据存储服务。

传统的单机模式的数据存储和计算，对小规模数据进行分析处理尚可胜任，但是对于大数据存取效率低，且存储空间有限。基于 Hadoop 的云存储平台，充分利用分散低成本的设备资源，提供海量数据存储服务。系统通过 MapReduce 划分大数据处理任务，且每份任务(Map)由不同的设备节点处理并加载(Reduce)到数据仓库里。HDFS 分布式文件系统位于 Hadoop 架构最底层，用于管理所有存储节点上的文件。经过多年的发展，Hadoop 已经从 1.x 发展为 2.x，在 1.x 架构基础上添加了 Yarn 层。Yarn 提供了作业调度和集群资源管理的框架。MapReduce 建立在 Yarn 系统之上，由 Map、Reduce 和 main 函数构成，可并行处理大型数据集。Hadoop 提供大量的接口和抽象类，使得系统开发、程序的调试和性能度量更便捷。

HDFS 分布式文件系统负责 Hadoop 的底层存储，包括一个 NameNode 和多个 DataNode。NameNode 提供元数据服务，管理文件系统的命名空间，存放文件元数据，通常在单独机器上运行；维护着文件系统的所有文件和目录，及文件与数据块的映射；记录每个文件中各个数据块所在 DataNode 的信息，可控制所有文件操作。DataNode 用于数据块存储。因为只有一个 NameNode，所以 Hadoop1.x 版本会存在单点故障的问题①。在 Hadoop 2.x 版本可以存在两个 NameNode，以解决单节点故障问题。存入 HDFS 中的文件被切分成块，然后将这些块备份到不同的存储设备中。块的大小(1.x 版本默认为 64MB，2.x 版本为 128MB)和备份的数量在创建文件时由客户机根据需要设置。DataNode 响应来自 HDFS 客户机的读写请求和来自 NameNode 的创建、删除和复制块的命令。为使 NameNode 及时有效验证其他文件系统元数据和块映射，DataNode 需要定时向 NameNode 发送心跳(heartbeat)消息；一旦 DataNode 不能发出心跳消息，NameNode 便可及时进行修复处理，保障数据存取的稳定。

HDFS 支持以流的形式访问写入的大型文件，当数据管理人员通过客户机将数据文件存入 HDFS 时，需先将该文件暂时缓存到本地存储。如果缓存数据超过 HDFS 设置数据块大小，则向 NameNode 发送创建文件的请求。NameNode

① 梁满. 基于 Storm 实时日志分析存储系统的设计与实现[D]. 沈阳：沈阳师范大学，2017.

将以 DataNode 标识和目标块响应客户机，并通知保存文件块副本的 DataNode。当客户机向 DataNode 传输数据时，系统将立即通过管道方式将块内容转发给副本 DataNode，以保障数据块失效后可恢复。在最后的文件块发送完成之后，NameNode 将文件创建进行持久化元数据存储。

(2)基于 Hadoop 的公共安全大数据存储特点

Hadoop 云存储平台，可以构建在廉价的设备上，支持 TB、PB 级及以上的大数据存储，降低成本，提高容错恢复能力。基于 Hadoop 的云存储系统支持流式数据访问，数据存入之后可进行高效数据访问和处理。基于 Hadoop 的公共安全大数据存储具有如下特点：

①可拓展性。Hadoop 云存储可以实现分散设备节点连接，提供数据的分布式存储和计算任务，连接节点数量可以不断增加。基于 Hadoop 的公共安全大数据云存储，将公共安全相关部门采集的数据分布式存储到不同设备，通过增加连接设备扩充数据的存储空间，提高整体数据存储容量。

②高效。云计算是一种分布式计算，能够将一项复杂数据处理任务划分成许多小的任务，由不同的服务器设备进行数据运算，并返回最终结果，提高数据的运算效率。通过云存储提供高并发工作方式，数据的写入和读取速度更快。

③具有容错能力。构建 Hadoop 云存储，在进行公共安全大数据存储时，自动保存数据的多个副本①；当数据存储任务失败时，系统自动将任务进行再分配，具有较高的容错能力。目前 Hadoop 版本的 HDFS 拥有两个 NameNode，其中一个为 Secnodery NameNode，用于向 NameNode 提供映射，更新数据备份信息，在数据块失效是能够及时响应，克服单点故障的问题。

④数据共享。公共安全相关部门将各领域各部门数据存入云端，利用云存储对外提供的数据访问接口，其他部门或人员只需获取访问权限，即可访问相关数据。通过数据共享，消除信息孤岛，保障各部门能全面掌握公共安全突发事件的多维度信息，实现跨部门信息协同，提高突发事件的应急处理能力。

(3)基于 Hadoop 的公共安全大数据存储框架

为提高公共安全大数据资源管理效率，实现信息共享，促进跨部门协同，建设基于 Hadoop 的云存储平台。Hadoop 分布式存储架构的主要部分为 MapReduce、Yarn、HDFS、HBase、Hive 等，提供数据资源分布式存储和管理。Hadoop 云存储开放性比较好，数据访问透明，共享性高，适合存储开放

① 康毅. HBase 大对象存储方案的设计与实现[D]. 南京：南京大学，2013.

共享数据，且不涉及公众隐私和威胁公共安全的数据存储管理，基于 Hadoop 的公共安全大数据存储框架如图 3-12 所示。

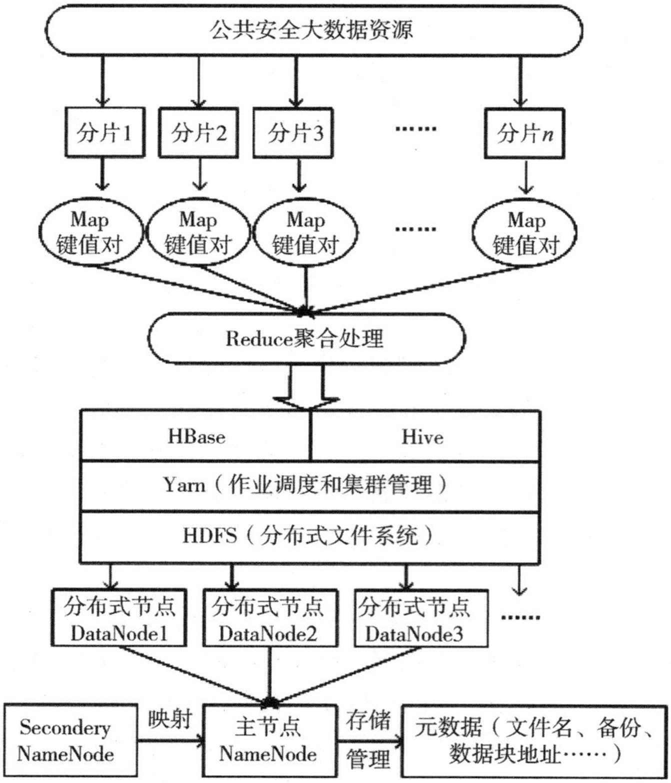

图 3-12　基于 Hadoop 的公共安全大数据存储框架

构建基于 Hadoop 的公共安全大数据存储平台，为公共安全大数据资源存储和管理提供保障。在进行公共安全大数据存储时，将数据文件进行分片，通过 MapReduce 进行加工处理。MapReduce 可分为 Map 和 Reduce 两个功能模块。通过 Map 接受一组数据并将其转换为一个键-值对列表，保证输入域中的每个元素对应一个键-值对；Reduce 接受 Map 产生的列表，然后根据它们的键(为每个键生成一个键-值对)缩小键-值对列表。HDFS 将数据进行分块，数据块大小可设置为 64MB 或者 128MB 等，HDFS 中只有一个 NameNode 用于存储元数据、DataNode 的位置信息、文件名等。为消除因 NameNode 引起的单点故障问题，HDFS 增加一个 Secondery NameNode 为其提供映射，备份相关数据。

当 NameNode 出现故障时，Secondery NameNode 能够快速提供备份，以修复故障。Secondery NameNode 单独运行在一个物理机上，每隔一段时间向 NameNode 发送备份信息。数据资源以 DataNode 分别存储到不同的设备中。一般大的文件被分成多个固定大小的数据块，当文件比较小，即小于一个数据块时，若要分配一个 DataNode，比较消耗储存空间。因此，HDFS 分布式文件系统比较适合处理大规模数据存储。

数据仓库工具 Hive 是可将结构化的数据映射成数据库表，可通过 SQL 进行数据查询。对于不熟悉 MapReduce 开发人员，可通过 Hive 将 SQL 操作转化成 MapReduce 任务。分布式数据库 HBase 介于 NoSQL 和 RDBMS 之间，主要存储非结构化和半结构化的松散数据，通过不断增加连接的服务器，提升其存储能力。HDFS 分布式文件系统将大数据文件分成若干数据块，备份到多个 DataNode 中。NameNode 记录 DataNode 的存储信息，数据访问请求经 NameNode 查找数据存储节点。Yarn 提供作业调度和集群资源管理，保障作业调度的高效稳定运行。

当用户要访问内部数据时，向通过外部接口向 NameNode 发送数据访问请求，NameNode 搜寻内部的元数据，找到文件存的 DataNode，将分布式存储的数据文件整合后传输给用户。HDFS 内部通信采用标准的 TCP/IP 协议，保障信息安全传输。基于 Hadoop 的云存储，为公共安全大数据进行云计算提供基础。公共安全相关部门通过将数据上传到云端，保障其他部门能够快速访问数据，促进信息共享。搭建云存储平台，依托云计算，将大规模数据处理任务自动分配给不同的服务器设备，提供高并发高吞吐的数据处理。

构建基于 Hadoop 的公共安全大数据云存储平台，利用 Hadoop 作为开源云计算编程平台在数据存储和处理的优势，采用 HDFS 分布式文件系统实现对公共安全大数据文件的存储和管理，并基于 MapReduce 分布式计算实现对公共安全相关数据存储和计算，通过 Yarn 系统保障作业调度和集群资源的高效管理。

在公共安全大数据采集、传输、存储、分析与挖掘、数据可视化和应用等过程中，公共安全大数据储存为中间环节，将采集的数据存储到特定空间，为数据分析和利用提供铺垫。公共安全大数据存储管理主要包括两个过程，即数据的存储和访问。通过 Hadoop 搭建公共安全大数据存储平台，提供大数据存储和管理服务，实现数据的快速储存和访问，依托云计算保证数据的高并发处理，提高大数据处理效率。

基于 Hadoop 的分布式数据存储，在地质数据管理，交通大数据存储与处理、智能电网数据存储等方面得到应用。同时，国内的 BAT 互联网企业，都已布局云计算，提供云存储服务。为推动云存储在公共安全领域的应用，朱月琴等①提出了一种基于 Hadoop 的地质大数据融合挖掘框架，采用 HDFS 技术实现多源异构地质文件的存储，并通过 MapReduce 实现对现有分析算法的并行化改造，所获取的结果通过 Hive 平台提供快速查询；郭晶晶②根据交通大数据的存储与处理问题，分析 Hadoop 数据存储平台及其优点，以及 HDFS 分布式文件系统及其架构，研究了基于 Hadoop 的交通大数据存储平台，并通过 HDFS 实现了交通大数据的存储管理；张少敏等③分析智能电网下海量数据的存储问题，结合智能电网应用环境的特殊场合，设计了一种基于 Hadoop 的智能电网数据安全存储方案，满足数据存储的安全性和完整性需求，并通过实验验证了对方案的有效性和可行性。

(4)基于 Hadoop 的公共安全大数据存储存在的问题

Hadoop 能集成低成本的设备提供数据存储，但是这些设备的安全性和抵抗外界攻击的能力难以保证。虽然分布式存储提高数据存储能力和容错性，但是，需要保障这些分散的设备安全性难度更大。通过 Hadoop 分布式存储，将公共安全大数据资源存储到低廉的设备上，并协同管理，但是低廉分散的设备维护成本和管理成本比较高。

基于 Hadoop 的公共安全大数据云存储平台，不适合小文件存储，因为 HDFS 数据块默认大小为 64MB(2.x 版本默认 128MB)，如果文件小于 64MB 的文件，会浪费存储空间，同时消耗 NameNode 内存。然而，在公共安全领域小部门单次产生的业务数据和临时事务数据存在小于 64MB 的情况。同时对小数据进行云计算处理，显然浪费资源且成本高。

Hadoop 早期版本只有一个 NameNode，存在单点故障的问题，一旦 NameNode 失效，整个存储平台就会瘫痪。虽然后期版本增设 Secondery NameNode，但是对于海量数据，划分后由大量的 DataNode 进行存储管理，存在故障的可能性依然存在。

HDFS 分布式文件系统不适合并发写入，不支持随时修改，可以叠加写

---

① 朱月琴，谭永杰，张建通，等. 基于 Hadoop 的地质大数据融合与挖掘技术框架[J]. 测绘学报，2015，44(S1)：152-159.

② 郭晶晶，梁英杰，严承华，等. 基于 Hadoop 的交通大数据存储系统的研究[C]//第 19 届中国系统仿真技术及其应用学术年会，2018.

③ 张少敏，李晓强，王保义. 基于 Hadoop 的智能电网数据安全存储设计[J]. 电力系统保护与控制，2013，41(14)：136-140.

入。因此，公共安全领域数据须是整理好的数据，或是不需要重复修改的数据利用 Hadoop 云存储平台进行数据存储；对不确定性数据或者需要不断修正的数据，则不适合使用 Hadoop 进行数据存储。

(5)基于 Hadoop 的公共安全大数据存储应用

公共安全大数据的储存是公共安全大数据分析与应用的基础。利用 Hadoop 提供公共安全大数据云存储，实现数据的共享利用，消除信息孤岛。在云存储的基础上，利用云计算实现公共安全大数据的高并发运算，提高数据处理效率。

对于气象数据、自然灾害数据、食品安全数据、消防数据、农业数据、网络数据、舆情数据、交通数据等，采用云存储，保障各部门都可以通过开放接口访问内部关联数据。在公共安全事件发生之前，各部门可以通过云提取其他部门数据，从多维度监测和收集的公共安全事件相关数据，及时采取预防措施，实现跨部门协同。如质检部门，提取工业生产数据，一旦发现异常问题，可及时进行食品质量检测，保障食品质量安全；消防部门获取气象数据和山林数据，及时预防山林火灾、泥石流等突发情况，提供预警和防范措施。在公共突发事件发生时，各部门能够快速调取其他部门采集整理的相关数据，从而协同调配，打破信息壁垒，整合各方资源以有效治理突发事件，将事件造成的影响和损失降到最低。公共安全突发事件发生后，将各部门收集的相关数据存储起来，以备后期的分析总结，挖掘更多有价值的内容。

目前 Hadoop 已经更新到了 3.x 版本，在之前版本的基础上做了一定的修复和提升。未来 Hadoop 分布式系统会越来越稳定、高效和安全，并得到更广泛应用。公共安全相关部门可以建设更稳健的大数据云存储平台，辅助公共安全大数据管理和应用。公共安全部门可以选择自建 Hadoop 云存储平台，也可以通过阿里云、百度云、腾讯云等获取云存储服务。对于经济、技术实力有限的区域机构可以采用第二种方法，但是对于省市甚至国家公共安全部门，自建公共安全大数据云存储平台是首要选择，不仅提高数据管理效率，更能保障数据安全共享，促进跨部门信息协同。

3.3.3 基于网格的公共安全大数据存储

公共安全大数据来源于政府的不同部门，包括公安、卫生、水利、环保、安监、社会综治、交通、城管、住建、旅游、人防、气象、国土、民政、林业、农业、食药监、质监等，以及制造、通信、电力、金融、服务等行业，跨部门跨行业特征明显。同时，公共安全大数据还延伸到网络环境、社会环境、非政府部门机构等，具有范围广、控制难度大、分散等特点。公共安全相关部门拥有大量的数据资源，且每时每刻都在产生，这些资源分布在不同的领域和部门，造成信息孤岛，数据共享难度大。采用网格技术将分散的资源整合起来，提供统一的访问接口，实现资源的共享利用，提高资源管理效率。

公共安全大数据存储系统需要解决数据量级高、结构复杂、管理难度大的问题。随着物联网技术的发展，智能移动设备的普及，图片、视频、音频等非结构化数据越来越多，交通数据、气象数据、消防数据、地理数据、自然灾害数据、网络数据等结构复杂、类型多样、数据量特别大，给数据存储管理带来沉重负担。泛信息时代，任何突发事件的产生都关系到多个部门，涉及多个参与主体，需要处理的数据量特别大，传统的数据存储系统难以胜任高并发、高吞吐量的海量数据存储。借助网格存储技术，充分整合各部门储存资源，实现资源的分布式存储和协同管理，依托网格计算，提高数据的处理效率，保障数据存储安全。下面将介绍网格技术相关概念，分析网格存储的特点，结合公共安全大数据资源管理需求，建立基于网格的公共安全大数据存储体系框架，为大规模公共安全大数据处理、分析与应用提供数据存储环境支撑。

(1)网格存储

对于网格技术的研究要比云计算早。网格技术包括网格计算、网格存储、网格服务，且存储网格是基础。网格技术曾被认为是互联网技术的第三次浪潮，受到国内外高度重视。网格是一种信息社会的网络基础设施，它将实现互联网上所有资源的互联互通，包括计算资源、存储资源、通信资源、软件资源、信息资源、知识资源等①。到目前为止，虽然已经提出许多网格体系结构模型，但最具代表性的是五层沙漏模型和开放网格体系结构(OGSA)②。五层沙漏模型比较简洁，分为构造层、连接层、资源层、汇聚层和应用层，是最早提出的网格体系结构。该模型以协议为中心，强调服务与API和SDK的重要性。OGSA开放网格体系结构则是以服务为中心的，并得到广泛应用。OGSA在五层沙漏结构的基础上，结合网络服务技术提出来的，能够解决标准服务接口的定义和协议的识别问题③。该体系结构的提出将网格技术从科学和工程研

---

① 区永强. 基于网格的混合神经网络计算平台研究与实现[D]. 广州：华南理工大学，2010.

② 梁川. 农业数据网格中数据挖掘系统构建研究[D]. 北京：中国农业科学院，2009.

③ 王非. 基于网格技术的多Agent分布式排课系统模型的研究与设计[D]. 大连：辽宁师范大学，2009.

究领域，扩展到其他更广泛应用领域。

网格将改变传统的 Client/Server 和 Client/Cluster 结构，形成新的 Pervasive/Grid 体系结构，使用户把整个网络视为一个巨大的计算机，并从中享受一体化的、动态变化的、可灵活控制的、智能的、协作式的信息服务。由于单台计算机设备难以处理大规模数据，因此，网格计算得到发展；通过整合分散的低廉设备提供高性能数据计算。网格储存是网格计算的重要基础，提供大规模数字资源的存储和管理。网格计算的根本特征不是它的规模，而是消除资源孤岛，使在不额外购买新设备的情况下，充分发挥现有资源的潜力。

网格计算可分为计算网格、数据网格、信息网格、服务网格、知识网格、语义网格和智能网格等。网格要解决的共同问题是分布的、海量的资源共享和计算，其中数据与存储虚拟化是网格计算的基础，称为网格存储①。网格存储为网格计算、网格服务提供基础，主要有两种典型的网格存储架构，即 NetApp 网格存储层次结构和惠普的智能网格存储架构②。网格存储推动大规模数字资源共享，通过分配资源操作和访问权限，实现跨部门、跨地域信息共享和资源协同管理。由于网格存储是分布式的，整合分散在不同地理位置的各类设备资源，提供大数据存储和管理，保障数据的安全，使资源得到充分共享和高效利用。网格技术集成现有的网络安全技术，并解决在大规模、动态资源共享环境下的安全问题。网格资源分散在不同地域，一方面由其拥有者提供维护和管理，另一方面服从网格系统的统一调度和管理。网格存储的安全高效，在于对带宽和连接设备要求很高，采用安全的数据传输通道，并进行数字加密。凭借网格存储技术优势，可在公共安全领域发挥重要作用。

(2)基于网格的公共安全大数据储存特点与要求

基于网格的公共安全大数据储存具有固有的特征，因此而决定了基本的网格存储框架。

①信息共享。公共安全大数据存储要求网格储存系统能够提供信息共享服务，消除信息孤岛。数据采集的意义在于使用，只有数据被不同部门从不同角度加以分析应用，为公共安全部门决策提供数据支撑，才能发挥充分发挥数据的价值。跨部门信息共享，多部门互联互通，是公共安全的发展趋势。大数据

① 黄河清，宋晓华，曹元大. 网格存储中的自适应负载平衡策略[J]. 北京理工大学学报，2007(4)：318-321.

② 曾红伍. 网格存储技术在数字图书馆中的应用[J]. 软件导刊，2009，8(1)：122-124.

时代，数据无处不在，且数据来源和采集方式更多，部门之间的相互影响、相互作用的程度不断加强。建设大数据存储平台，是促进信息共享主要的方式。网格存储提供统一的数据访问接口，当不同部门获得授权访问后，可以读取指定的数据内容，而数据的操作权限受到严格控制。

②可拓展性。网格储存可集成分散的设备资源，以节点的形式接入。因为任何接入的节点都要进行审核认证，其可拓展性不如云存储。但是，能够满足对公共安全大数据进行存储，节点可拓展性比较强，存储空间可不断增加。同时，在节点设备出现故障时，能够及时响应，由新的备用节点接入代替。

③安全性。网格存储不仅集成了分散的设备资源，而且集成多种网络安全技术，为数据传输存储提供安全保障。网格存储有严格的授权、认证和访问控制机制，数据传输时采用数字加密；设置防火墙，防止外界攻击。数据传输采用光纤等安全通道，数据传输效率更高，保障数据的安全性和完整性。同时，网格存储借助实时入侵检测，能够及时对恶意攻击做出响应和防范。

④稳定性。网格存储设置负载均衡，保障每台设备不会超负荷运行，在进行资源调配存储时，会考虑到设备的存储空间和性能。网格存储采用生命周期管理，在数据无效或者被新的数据替代及失效的地址索引，这些生命结束的数据将被剔除，将存储空间留出来，保障数据之间的关联都完整有效。

⑤可用性。网格存储系统将每个连接节点提供多个信息传输通道，保障存储设备节点之间的稳定通信，出现故障更易于维护，提高存储系统性能。网格环境下的公共安全大数据存储位置透明、数据透明，充分屏蔽了底层物理空间存储位置不同的问题，对数据进行虚拟化管理，简化了对数据的底层操作。网格存储有效集成了分散的存储设备，融合多种网络安全技术，提供统一的数据访问接口，由管理员设置访问权限，数据存储管理更智能高效。

(3)基于网格的公共安全大数据存储框架

公共安全相关部门根据需要建设基于网格的数据存储平台，实现数据共享、高效存储和访问，提高数据治理效率，保障数据的安全性。构建基于网格的公共安全大数据存储框架分为构造层、连接层、存储管理层和应用层等，如图 3-13 所示。

①构造层。在构造层集成各类存储资源，为公共安全大数据网格存储体系提供了物理存储空间和逻辑存储系统。其中存储设备包括磁盘阵列、磁盘库、光盘库等，为公共安全大数据存储提供物理存储空间；存储系统包括 DAS(Direct Attached Storage，直接附加存储)、NAS(Network Attached Storage，网络附加存储)、SAN(Storage Area Network，存储区域网络)、IP 存储和集群存

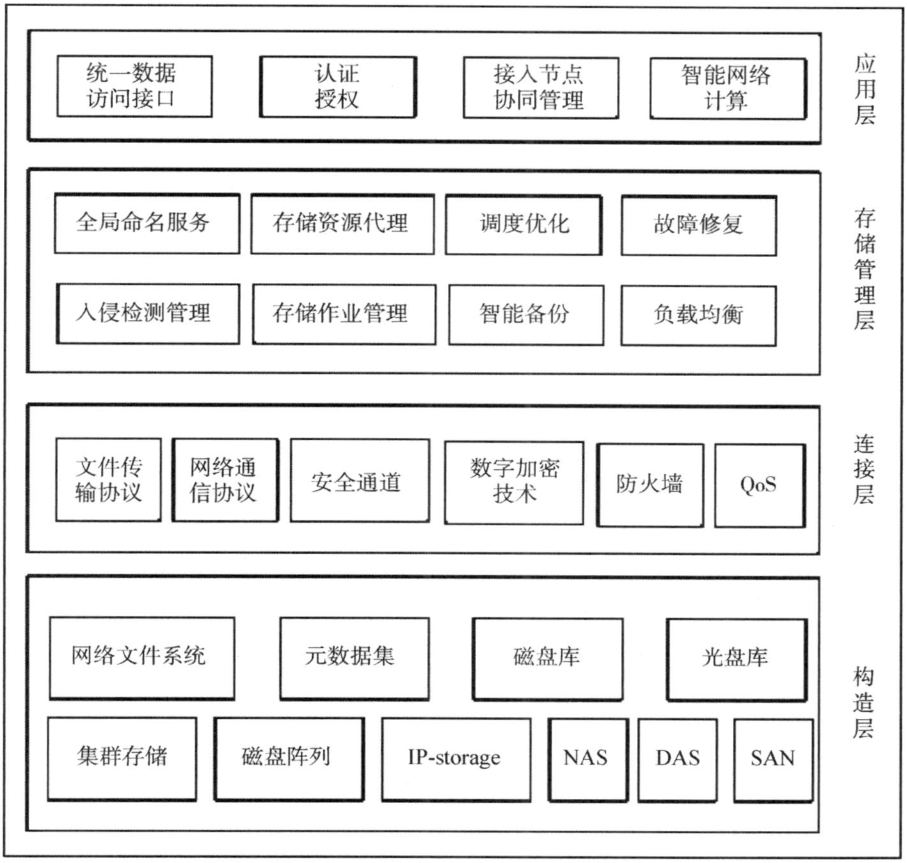

图 3-13 基于网格的公共安全大数据存储框架

储等；网格文件系统和元数据集提供对公共安全数据的逻辑存储管理。网格存储集成了 DAS、NAS、SAN 等存储系统优势，具有大容量、高性能、容错性和网络化等特点。

②连接层。连接层为网格存提供安全的通信保障，数据传输遵循文件传输协议，网络通信协议。数据传输采取安全通道且能快速传输，如光纤通信；数据传输是采取加密传输，保障数据传输过程中被篡改和泄露，保障数据的完整性和安全性。为系统设备安装防火墙，防止外界的攻击、窃取或破坏存储的数据。在数据存储时进行 QoS 入侵检测，保障系统通信环境的安全。网格存储技术对数据的安全性和完整性非常重视，为公共安全领域大数据资源安全管理提供底层保障。

③存储管理层。公共安全大数据网格存储，对底层数据的存储进行智能调配，使用户无须关心底层数据的储存，只需进行逻辑层存储架构。存储管理层提供全局命名服务、存储资源代理、自动调度优化、故障修复、入侵检测管理、存储作业管理、智能备份、负载均衡等，保障公共安大数据资源的管理更加安全、高效、智能。存储资源代理技术在解决空间数据的高效存取和一致性方面具有显著优势，它是网格中的一个中间件，是网格中的空间数据管理核心，通过元数据目录提供访问空间数据的统一视图和接口，通过副本技术提供就近访问空间数据的方法。通过全局命名服务、存储资源代理、存储作业管理等，使得数据管理员对数据的操作更便捷。通过调度优化、故障修复、智能备份、负载均衡，确保数据存储的高效性和稳定性。通过入侵检测管理，及时响应处理外界恶意入侵，保障存储系统的安全稳定运行。

④应用层。公共安全大数据网格存储系统对外提供统一的数据接口。通过接口访问内部数据，保障数据的共享利用，提高对数据访问的监管和控制力度。任何访问数据的用户都要经过认证和授权，只有通过审核获取指定数据访问权限，才可以读取内部数据。接入节点管理，不断扩展网格存储空间，保障存储系统的可拓展性，用于海量数据的存储管理。网格存储系统集成了存储资源、计算资源等，能够借助网格计算，将大规模数据处理任务进行划分，由分散的空闲设备提供高并发运算，提高公共安全大数据处理效率。

(4)基于网格的公共安全大数据资源调度与分配

基于网格的公共安全大数据存储，实现高效的资源调度和分配，如图3-14所示。用户 U1 向服务器 A 发送存储资源请求，服务器 A 从域内搜寻是否有符合用户 U1 需求的存储资源。如果查询到该资源存储在节点 1 中，则服务器将通知用户 U1，由 U1 和节点 1 直接通信，进行资源快速传输。

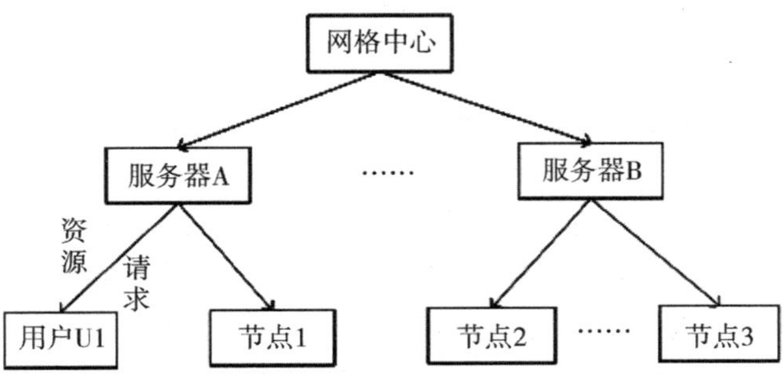

图 3-14　基于网格的公共安全大数据资源调度与分配

当服务器A从自身域中未能找到符合用户U1的请求资源时，服务器A将向网格中心发送请求。网格中心在其他域服务器中查询是否有符合的存储资源。如果存在服务器B中有存储相关资源的节点，则将该节点与用户U1建立连接，提取存储资源。如果这个网格存储系统中没有用户U1所请求的资源，则返回U1请求资源不存在的通知。

(5)基于网格的公共安全大数据存储存在的问题

网格存储具有严格的认证授权，对数据存储的安全传输、通信、入侵检测、防火墙、数字加密等技术要求高，保障数据的安全性和完整性；但建设成本高，不适合小规模数据使用。

由于网格存储建设成本高而且需要通过维护保障设备的安全性和稳定性，对设备和网络安全技术要求也比较高，不适合个人和小组织机构使用。

网格存储不适合对大规模公众进行开放共享，如此不仅增加节点管理难度，维护难度大，管理成本高，而且信息安全难以保障。

网格存储系统的搭建比较复杂，而且为保障设备的稳定运行和可靠性，资源处理任务被协调分配，使得设备存储和运算能力不能完全发挥。

网格存储集成各类储存系统和分散的设备资源，为保障整体数据的存储安全，要确保各系统设备的安全稳定，相对于传统完全集中式数据存储设备维护管理难度更大。

(6)网格存储在公共安全领域应用

网格存储的安全性和可靠性更高，适合海量数据的安全存储，在公共安全相关部门，提供安全性要求比较高的大数据存储和管理。网格存储对用户访问数据有严格的认证授权和访问控制机制，对数据存储和传输的安全性和完整性提供保障。

网格存储发展时间要比云存储长，在政府、科研机构、高校等机构得到应用。网格存储的安全性和稳定性不断加强和提高，能够对公安数据、防恐数据、医疗卫生数据、安防数据、工业安全生产数据、人口数据、军事数据等，进行高效安全存储，保障数据的安全性、完整性和一致性。公共安全大数据在不同部门产生和流通，需要跨部门信息协同共享，但是有些数据资源是不可对外公开的，或者对外公开会威胁到公共安全，造成严重后果；同时，要抵抗外界入侵，防止数据被破坏和泄露，如公安大数据、个人医疗数据、部门核心技术数据、防恐数据、军事数据等。因此，对于这类数据需要采用网格存储，保障数据的安全性、保密性。公共部门收集了犯罪人员的数据、案件数据、监控数据，这些数据是不能对外公开，而且要严格控制数据的访问，防止外界入侵和破坏。保障数据的安全性，是维护公共安全和稳定的必要条件。因为公安部门收集了很多人员的隐私信息、犯罪记录等，一旦泄露或被窃取，将严重危害公共安全。同时，医疗卫生部门存储的用户检查数据、影像数据、生病记录等，对病人隐私和正常生活紧密相关，这些数据是需要严格保管的。医疗数据可在医疗机构之间进行数据的共享，用于疾病治疗和病情诊断，同时用于各种疾病的科学研究，提供疾病防范和治理的方法和技术，推动医学进步。由于医院等部门需要管理海量的影像数据，要求存储系统满足高吞吐、可拓展和容错能力，黄正东等①构建网格存储系统，为医疗影像数据提供存储环境。

网格存储可用于防恐数据的安全存储。现实中，防恐数据从采集、传输、存储，需要确保数据的安全性和保密性，防止数据被窃取。若反恐数据被恐怖分子通过各种方式窃取或破坏，将严重影响对恐怖事件的控制与防范，威胁到公众生命安全。因此防恐数据要严格保密，而且数据分析和处理要高效，以及时对恐怖事件和行为进行防范和控制，维护公共安全和秩序稳定。网格存储提供大数据存储和高吞吐访问的同时，采取通信传输、安全加密、入侵检测、认证授权、防火墙等安全技术和措施，保障数据资源的安全调度和存储管理。在网格存储的基础上，利用网格计算，提高大数据的处理效率，节约防恐部门应急响应时间。

3.3.4 公共安全大数据资源存储体系

公共安全大数据来源于不同部门，数据的开放共享不能等同视之。针对不同类型数据，提供合适的资源存储管理方式，提高资源管理效率和质量。为保障公共安全大数据的安全存储和高效管理，合理利用数字资源，构建了公共安全大数据资源存储体系，如图 3-15 所示。

根据各类公共安全大数据特点采取不同的存储技术，保障公共安全大数据的智能化管理和安全存储。对于临时事务数据，如大多数以二维表形式的数据采用关系型数据库（如 MySQL、Oracle），对于键值对、文档、图片等形式数据采用 NoSQL 非关系型数据库（如 MongoDB）提高数据的存储效率，保障数据的快速处理和直接分析计算。对于交通、自然灾害、消防、农业等大规模开放共享数据采用基于 Hadoop 的云存储平台，存储各类结构化、非结构化数据，保障数据的长期存储和高吞吐访问，依托云计算提供高效的联机事务处理、数据

---

① 黄正东，王光华，郭雪清. 网格存储与 PACS 存储设计[J]. 医疗设备信息，2005(8)：15-16.

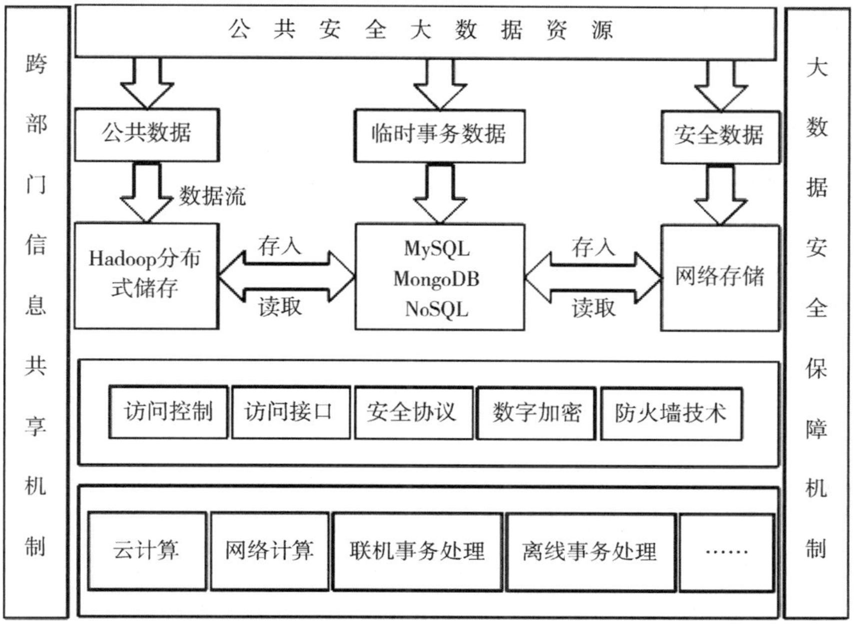

图 3-15　公共安全大数据存储体系

挖掘与分析等。公安、防恐、安防等数据对存储安全的要求更高，采用网格存储保障相关部门之间进行数据共享和协同管理，其他部门访问数据有严格的访问控制权限，同时数据进行数字加密处理。在技术方面，网格存储安全等级比云存储要高，且人员管理方面，对网格存储的数据管理人员管理制度更加严格。

对于大规模的视频、图像、音频在传统的关系型和非关系型数据库都难以存储，且单台存储设备难以满足需求。如交通监控视频数据、医疗影像数据、气象数据、遥感数据等一般数据库难以存储，且运算处理效率低。这部分数据可采用云存储和网格存储，提供安全数据存储和大数据处理。基于 Hadoop 的分布式存储系统可叠加写入且不支持随时修改，而网格存储允许数据的修改操作，数据管理更灵活。

公共安全大数据存储的安全保障，要设置数据访问权限。通过数据接口访问内部数据，保障数据的安全性，且易于管理控制。数据传输和存储是紧密相关的，一方面是跨部门进行数据的传输，保障数据传输安全对数据存储至关重要；另一方面，采取基于 Hadoop 的云存储和网格存储都是提供分布式存储架构，充分集成分散的设备资源提供大规模数据的储存与处理，各设备资源之间进行数据流的传输，需要保证数据传输的安全性、完整性和高效性。通过安全传输协议，进行数据的加密传输，防止外界窃取、篡改，保障数据的传输安全。对于安全性要求比较高的数据存储，要进行数据的加密处理，存储设备设置多重安全等级高的防火墙，抵挡黑客攻击和病毒入侵，保障数据的存储安全。

公共安全大数据存储管理，不仅从技术上保障数据的存储安全，而且要从管理上提供安全制度保障。公共安全大数据管理人员，负责数据的存储和管理，严禁对外界泄露内部数据，同时在数据出现问题，或者被外界攻击时能够及时处理并反馈，保障数据安全。数据管理人员应严格记录数据的存储、操作和访问行为，确保数据的规范使用和正常访问；定期维护存储设备，检测设备漏洞，及时更换老化设备；存储设备出现任何问题都要找到问题的源头，为后期防范和管理提供参考。在实际公共安全大数据存储管理过程中，技术方面的保障容易开展和实施，而从管理的角度保障数据存储安全是比较困难的，需要公共安全相关部门制定合理的管理制度，提高相关人员数据安全意识，保障数据安全存储和规范操作。公共安全大数据的有效治理，要从技术和管理层面同时着手，维护公共安全大数据的存储安全，为公共安全大数据共享利用提供基础。

公共安全大数据价值的充分发挥和有效利用，不仅是将数据存储起来，更重要的是通过数据存储平台，促进数据共享，消除信息孤岛，实现跨部门信息协同。跨部门信息协同，需要先制定数据共享机制，保障数据在不同部门之间安全有效流通，明确数据的使用范围和访问权限。数据共享不代表数据可以任意访问，而是在跨部门信息共享机制的约束下，保障数据的安全规范使用，防止数据的泄露、篡改、丢失等问题的出现。即使是部分公共安全数据可对外共享，任何个人或机构获取相关数据，也需进行严格的审核，并签署相应的数据安全使用协议。通过公共安全大数据共享，有利于推动技术进步，为公共安相关部门提供各类突发事件应急解决办法。公共安全大数据不仅在内部用于对公共安全事件的分析和处理，发现数据中的规律和模式，为决策提供数据支撑；而且在外部进行数据共享，发挥外部从事公共安全相关研究的科研机构、高校等人才和技术优势，为公共安全的治理和防范提供助力。

3.4 公共安全大数据分析与挖掘

在完成了数据的采集、处理和存储等数据管理过程后，基于生命周期理论的公共安全大数据管理中一个重要环节就是公共安全大数据的分析与挖掘。数据的内在价值和特征规律只有在分析与挖掘之后才能充分体现，否则数据就是杂乱无序的字符。只有进行大数据的分析与挖掘，才能找到大数据中蕴含的公共安全事件全貌，发现问题的突破口，或者提供更好地解决方案和改进策略，提升公共安全的治理和管控效率。分析挖掘生产数据能够控制生产数量和库存，优化产业链布局。分析挖掘安全生产事件的整个过程，能够发现事件发生的规律找到问题的关键所在，找到解决方案，保障安全生产。同时，加强对生产质量的管控，调整生产条件，如温度、气压、设备参数、原料数量、人员调配、安全风险、布局等一切能够影响生产质量和效率的因素，并保证生产的安全稳定运行。由于网络舆情影响网络环境和社会环境的有序稳定，所以需要对采集的网络舆情数据进行分析挖掘，找到问题的突破口，以及网络舆情的发生的机理、演化过程、对用户的影响及从兴起到暴发并消亡的整个生命周期，有利于网络舆情的治理和管控。例如，网络谣言产生后，追溯网络谣言的源头、传播条件、从哪些角度影响公众决策，在谣言暴发前期如何衡量谣言的破坏程度并做出预警。只有进行充分的数据挖掘，分析网络谣言的特征和演化规律，从而识别网络谣言，并对网络谣言进行评估，衡量网络谣言对公共社会的危害。从以往的网络谣言治理的经验中找到合适的应对方法，及时控制，使网络谣言的影响降到最低。分析挖掘交通数据能够找到交通事故的频发区域，从而重点标注，提供更多的交通安全资源(设备、人员等)，避免交通事故的发生。通过分析交通数据，能够挖掘用户的驾驶习惯，从而制定安全保护措施；并根据交通情况判断道路车流量，指挥交通疏导，保障交通安全。分析自然灾害数据，如地质、建筑物、山体滑坡等，预测安全隐患，给公众提供预警。对金融数据分析能够掌握金融规律、预测金融风险、打击金融犯罪等。

公共安全大数据分析和挖掘对公共安全防范和治理具有现实意义，是从公共安全大数据中发掘更有价值的信息，从而更好地指导决策提升效率。公共安全的有效治理需要对公共安全大数据进行分析，挖掘数据背后的公共安全事件的客观规律，选择最优的治理办法，使公共安全大数据的价值得到充分发挥。公共安全数据分析涉及数据挖掘、深度学习、语义分析、社会网络分析、时序差分分析、时空轨迹分析、语音/图像识别等技术。当然，数据的分析与挖掘方法不限于以上所举，需要视公共安全事件的具体情况而定，根据目标和需求找的适合的方法，为公共安全决策提供有效指导。

3.4.1 数据挖掘

数据挖掘是指从海量的数据中发现隐含的知识以及规律的过程，是信息检索、数据库、机器学习、人工智能、现代统计学等学科和技术快速发展的产物。在大数据背景下，利用数据挖掘技术进行公共安全领域研究主要包括文本挖掘、网络攻击检测、风险评估、谣言识别、涉恐分析、舆情监测、反洗钱、时空轨迹分析、情感分析、图像识别、语音识别、社交网络分析等。

数据挖掘是从海量数据中挖掘隐含的、未知的、对决策有潜在价值的关系、模式和趋势，并利用这些知识和规则构建决策支持模型，提供预测性决策支持的方法、工具和过程。数据挖掘的基本任务包括分类与预测、聚类分析、关联规则、文本挖掘等①。通过数据挖掘工具，公共安全相关机构和部门能够获取数据的内在价值和规律，从而为决策提供有效的指导或参考。充分利用数据挖掘相关方法，提高公共安全管理效率和质量，保障公共社会的安全和稳定。

(1)分类

分类是构造一个分类模型，输入样本的属性值，输出对应的类别，将每个样本映射到预先定义好的类别。分类模型是建立在已有类标记的数据集上，属于有监督的学习。主要分类算法有回归分析、决策树、人工神经网络、贝叶斯网络和支持向量机等。回归分析可预测属性与其他变量之间的相互依赖的定量关系，是最常用的统计学方法。回归分析包括线性回归、非线性回归、Logistic 回归、岭回归、主成分回归、偏最小二乘回归等。

分类常用于对数据进行划分，归属特定类别，或者预测特定对象的属性特征。在道路交通路线规划、医疗诊断、疾病预测、人脸识别、欺诈监测、金融风险检测等具有实用价值。数据分类包括两个阶段：学习阶段和分类阶段。在学习阶段，建立描述预先定义的数据类或概念集的分类器。分类阶段则是将未知类别对象属性数据输入分类器，从而判断该对象的归属类别。

公共安全大数据分析可通过分类进行安全事件的预测，比如生产部门能够根据产品属性判断产品质量；根据库存信息制定库存管理办法；通过对路线进行分类选择，制定最优的物流路线；通过采集生产参数预测危险事件的发生可能性。采集影响道路交通相关因素，如上班时间、车流量等，判断道路交通的畅通情况。通过收集整理犯罪分子的属性特征构建画像，从而识别犯罪分子。可通过对金融数据建立分类器，以预测金融欺诈和风险等问题。分类方法可以有多种方式，这里介绍常用的决策树、神经网络、贝叶斯分类、支持向量机等

---

① 谢邦彦. 整合数据挖掘与 TRIZ 理论的质量管理方法研究[D]. 北京：首都经济贸易大学，2010.

方法。

①决策树归纳。决策树归纳是指从有类标记的训练元组中学习决策树。决策树是一种类似于流程图的树结构，其中每个内部节点表示在一个属性上的测试，每个分支代表测试的一个输出，而每个叶节点都对应一个类别。决策树的最顶层节点是根节点。决策树分类器的构造不需要任何领域知识或参数设置，可以处理高维数据。用树的形式表示公共安全相关数据内容更加直观，易于理解。决策树归纳能够进行快速的学习和分类。决策树分类器具有非常高的分类准确率，但是最终的分类效果还是取决于数据质量的优劣。决策树归纳算法已经成功地应用于公共安全的很多领域。如医疗领域，通过对疾病的症状进行决策树分类，从而判断各类疾病之间的症状关系，划分疾病种类，从而对症下药。在制造和安全生产领域，可以通过对原产地、生产部门、库存、质检、物流、生产商、供应商、分销商等各个因素，划分各类商品的类别，根据决策树模型进行商品溯源，特别是食品溯源，有助于保障食品的安全。决策树归纳应用于金融分析，优化资金配置，提供最优的投资方式和选择投资对象；通过决策树归纳分析，可以划分各类金融行为，从而挖掘金融欺诈、洗黑钱等异常行为。同时，决策树分类方法还被应用于气象、分子生物等多个方面。

决策树归纳方法在分类、预测、规则提取等领域有着广泛应用。20 世纪 70 年代后期和 80 年代初期，机器学习研究者 J. Ross Quinlan 提出了 ID3 算法以后，决策树在机器学习、数据挖掘领域达到了快速发展。Quinlan 后来又提出 C4.5，成为新的监督学习算法。1984 年，几位统计学家提出了 CART 分类算法。ID3 和 CART 算法几乎同时被提出，但都是采用类似的方法从训练样本中学习决策树。ID3 算法的核心是在决策树的各级节点上，使用信息增益方法作为属性的选择标准，来帮助确定生成每个节点是所应采用的合适属性。

C4.5 决策树生成算法使用信息增益率来选择节点属性。C4.5 算法克服 ID3 算法存在的不足，ID3 算法只适用于离散的描述属性，而 C4.5 算法既能够处理离散的描述属性，也可以处理连续的描述属性。CART 决策树是一种十分有效的非参数分类和回归方法，能够处理分类变量和连续变量，用基尼增益作为信息增益的度量。以 ID3 算法为例，其具体流程：首先，对当前样本集合计算所有属性的信息增益；其次，选择信息增益最大的属性作为测试属性，把测试属性取值相同的样本划分为同一个子样本集；最后，若子样本集的类别属性只含有单个属性，则分支为叶子节点，判断属性值并标上相应的符号，然后返回调用处；否则对子样本集递归调用本算法。在实际应用中需要根据样本数据的特点选择决策树算法。由于数据中的噪声和离群点，使得决策树构建过程中存在过拟合的问题。剪枝方法还是处理过拟合问题的有效方法，即通过统计度量剪掉不可靠的分枝。根据构建决策树的先后将剪枝方法分为先剪枝和后剪枝。通常剪枝后的决策树更小、更简单且易于理解。

在判断金融借款人风险等级时可建立决策树进行分析。如根据借款人的性别、年龄、学历、收入水平、信用等级等构建简单的决策树。收集充足的借款人样本数据，计算所有属性的信息增益，若子样本集的类别属性只含有单个属性，则划分为叶节点，判断属性值后返回上级；否则，递归调用决策树算法，直到形成每个叶节点都不可分的完整的树状结构。最后从树的根节点到每个叶节点进行规则抽取，如{(年龄：25～45，学历：本科以上，收入：5000～10000，信用等级：中)→低风险}。

②人工神经网络。人工神经元是对自然神经元接受信息号并作出响应的整个过程模拟的算法模型。神经元通过树突上的突触接受信号，当信号超过某个阈值时，神经元细胞就会被激活，从而执行相关指令。而且，轴突发射信号可能被其他突触接受，使得别的神经元被激活。人工神经元模型是对自然神经元的复杂结构进行简化处理，并通过函数处理神经元的信号传递。人工神经元模型包括代表多个突触的多个输入，为每个输入分别赋予不同的权重代表信号的强度，然后通过函数运算决定是否激发神经元，最后还有一个函数计算人工神经元的输出。通过把人工神经元融合一起，用于复杂信息处理。权值越大表示输入的信号对神经元影响越大。权值可以为负值，表示输入信号收到了抑制。通过调整权值可以得到固定输入下需要的输出值。调整权重的过程称为“学习”或者“训练”。单个神经网络结构如图3-16所示。

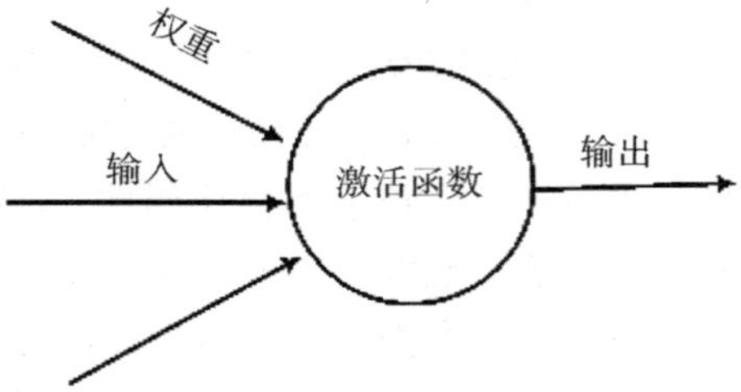

图3-16　单个神经网络结构图

人工神经网络可看作与人的神经网络结构和功能相似的信息处理系统，是将人脑神经元网络抽象成某种简单模型，按不同的连接方式组成的网络。在模式识别、智能机器人、自动控制、预测估计、生物、医学、经济等领域，人工神经网络已成功地解决了许多常规算法难以解决的实际问题。模式识别是通过对表示事物或现象的各种数据进行加工处理，实现对实物或现象的总结、描述、识别和解释。基于人工神经网络的模式识别方法逐渐取代传统的模式识别方法，被广泛应用到文字识别、语音识别、图像识别、人脸识别、动作识别、工业故障检测、医疗诊断等。

人工神经网络中，神经元处理单元可表示不同的对象，网络中处理单元包括输入单元、输出单元和隐含单元，如图 3-17 所示。输入单元用于接收信号与数据；输出单元实现系统处理结果的输出；隐含单元是处在输入和输出单元之间，从系统外部观察不到的单元。神经元间的连接权值反映了单元间的连接强度，网络处理单元的连接关系中完成信息的表示和处理。

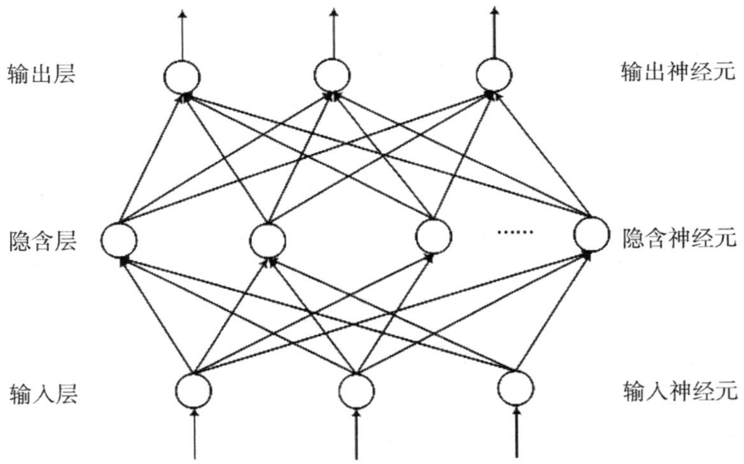

图 3-17　人工神经网络结构

人工神经网络具有分布存储、并行处理、自学习、自组织以及非线性映射等特点，克服了传统的基于逻辑符号的人工智能在处理非结构化信息方面的缺陷①。同时，将神经网络与神经网络与遗传算法、模糊逻辑、专家系统、分形理论、小波分析等其他方法融合，能够发挥更强大的应用效果。

大数据时代，公共安全系统要处理的问题越来越复杂。人工神经网络能够

① 刘昶伶. 银行信用卡操作风险研究[D]. 衡阳：南华大学，2010.

模仿人的思维方式，处理复杂流程问题，具有较高的容错性、鲁棒性和自组织性。因此，人工神经网络常用于军事领域的智能仪器、自动故障诊断和报警系统，并用于公共交通、安防、消防预警、安全生产、智能管控等各个方面。人工神经网络用于疾病检测，症状分析，为医疗诊断提供决策支持。目前已基础医学和临床医学得到成功应用，如生物信号的检测、病理分析、医学专家系统等。传统的专家系统通过知识推理进行医疗诊断，事先把专家的经验和知识以规则的形式存储起来，形成知识库。但是，当知识数据量非常大时，它的工作效率会比较低。神经网络能够进行非线性并行处理，可提高系统的知识推理效率。

通过人工神经网络进行经济领域的价格预测。采集影响价格波动的因素，如收入、国民生产总值等，建立价格波动预测模型，可对商品价格进行科学预测。风险是指在从事某项特定活动的过程中存在的不确定性。风险管控最重要的就是进行风险识别与评估，从而提供风险防范或治理对策。可根据风险的来源和其他影响因素，建立金融风险预测和识别模型，并通过大量数据训练模型参数，提高风险预测和识别准确率。根据模型预测和识别的风险类型，提供相应的风险防范对策。由于人工神经网络具有独特的模型结构和非线性模拟能力，以及高度的自适应和容错特性，在控制系统中具有应用优势。利用人工神经网络能够提高控制系统的自适应学习能力，从而提高控制器性能。

神经网络在交通运输系统中也被广泛应用。随着人口数量的不断增加，交通运输问题是公共安全研究重点之一。智慧交通是解决该类问题的重要办法，有助于缓解道路压力、避免交通拥堵和踩踏事件的发生。大数据时代，可获得的交通数据不管是数量还是数据类型都是非常丰富且复杂的，为神经网络模型训练提供数据基础，能够提高交通系统的智慧化水平。目前，人工神经网络应用范围涉及无人驾驶、道路导航、故障检测、物流管理、交通流量预测、交通控制等领域。

③贝叶斯。贝叶斯网络又称为信度网络，是贝叶斯方法的拓展，对不确定知识表达和推理中最有效的理论模型之一①。相比于人工神经网络，贝叶斯分类方法更易于适用和推广。通过掌握事件的发生概率，对不确定的事件进行概率计算，能够帮助人们分析不确定性事件的规律，为决策提供参考。当样本数据量非常大时，这种概率估算的准确率是比较高且可信的。经典的贝叶斯公式是：

---

① 白春红. 基于领域本体的语义图像检索研究[D]. 重庆：重庆大学，2012.

$$P(B_i \mid A)=\frac{P(B_i)P(A \mid B_i)}{\sum_{j=1}^{n} P(B_j)P(A \mid B_j)} \tag{3-32}$$

公式中，事件 B_i 的概率为 $P(B_i)$，事件 B_i 已发生条件下事件 A 发生的概率为 $P(A \mid B_i)$，事件 A 发生条件下事件 B_i 发生的概率为 $P(B_i \mid A)$。

贝叶斯网络本身是一种不定性因果关联模型，与其他决策模型不同，是将多元知识图解可视化的一种概率知识表达与推理模型，描述了网络节点变量之间的因果关系及条件相关关系。贝叶斯网络具有强大的不确定性问题处理能力。通过用条件概率表达各个信息要素之间的相关关系，能在有限的、不完整的、不确定的信息条件下进行学习和推理。贝叶斯网络有效地进行多源信息表达与融合，可将故障诊断与维修决策相关的各种信息纳入网络结构中，按节点的方式统一进行处理，能有效地按信息的相关关系进行融合。

不管是日常生活还是工程研究，都会涉及知识推理，以处理不确定性问题。不确定性推理在公共安全领域发挥重要作用。为了提高推理的准确性，人们引入了概率理论，且最早由 Judea Pearl 于 1988 年提出的贝叶斯网络实质上是一种基于概率的不确定性推理网络，用来表示变量集合连接概率的图形模型，提供一种表示因果信息的方法①。当时主要用于处理人工智能中的不确定性信息。随后逐步成为处理不确定性信息的主要方法，并且在公安、防恐、工业控制、医疗诊断等领域得到了重要的应用。

贝叶斯理论作为一种基于概率的不确定性推理方法，在处理不确定信息的公共安全智能系统中已得到应用，涉及医疗诊断、商业风险检测与分析、统计决策、专家系统、学习预测等。贝叶斯理论在反恐方面具有重要应用价值。由于暴力恐怖活动影响恶劣，在案件发生前获取涉恐情报，提供有效的反恐预警具有重要意义。可用于情报分析的数据挖掘分类方法很多，包括分类决策树、最近邻分类器、神经网络、支持向量机等。与其他分类方法相比，朴素贝叶斯分类器对情报分析人员计算机水平要求非常低，更容易普及和推广。贝叶斯分类需要获取已知条件概率，当反恐样本数据库足够大时，计算出的条件概率是比较准确的。

朴素贝叶斯分类器要求反恐情报数据不同的属性之间满足独立性，或者相关度非常小，对分类结果影响较小。在反恐情报分析中，可采用计算机分析和人工分析相结合的方式，首先通过计算机筛选出风险级别较高的人员，然后利

① 扈倩倩. 商业银行操作风险度量方法研究[D]. 青岛：青岛大学，2010.

用有限的人力资源对筛选出的数据进行重点分析。因此，可以通过调高概率阈值的方式抵消属性相关性对结果的影响。当不同数据属性之间的相关性较大时，可以进行数据归约。对连续涉恐属性的归约，可采用回归分析或计算协方差等方式实现；对离散属性的归约，可以只考虑相关属性中最重要的属性，即与涉恐最相关的属性。例如，待判定人员 A 的属性信息为："涉嫌洗钱，(31岁)中壮年，戴特殊标记物品，参加非法集会"。分别计算三种类别的条件概率，判定概率较大的类别：

P(涉恐等级=1 | A)= P(涉恐等级=1)×P(特殊行为轨迹=涉嫌洗钱 | 涉恐等级=1)×P(年龄层=中壮年 | 涉恐等级=1)×P(特殊外表/穿着=戴特殊标记物品 | 涉恐等级=1)×P(非法集会=参加 | 涉恐等级=1)；

P(涉恐等级=2 | A)= P(涉恐等级=2)×P(特殊行为轨迹=涉嫌洗钱 | 涉恐等级=2)×P(年龄层=中壮年 | 涉恐等级=2)×P(特殊外表/穿着=戴特殊标记物品 | 涉恐等级=2)×P(非法集会=参加 | 涉恐等级=2)；

P(涉恐等级=3 | A)= P(涉恐等级=3)×P(特殊行为轨迹=涉嫌洗钱 | 涉恐等级=3)×P(年龄层=中壮年 | 涉恐等级=3)×P(特殊外表/穿着=戴特殊标记物品 | 涉恐等级=3)×(非法集会=参加 | 涉恐等级=3)。

通过计算等式(1)(2)(3)的结果，哪个级别的概率最大，即可判定 A 的涉恐等级。

④支持向量机。支持向量机是一种通过某种非线性映射，把低维的非线性可分转化为高维的线性可分，在高维空间进行线性分析的算法。支持向量机是一类按监督学习方式对数据进行二元分类的广义线性分类器，其决策边界是对学习样本求解的最大边距超平面。SVM 是具有稀疏性和稳健性的分类器，通过铰链损失函数计算经验风险，并在求解系统中加入了正则化项以优化结构风险。SVM 可以通过核方法进行非线性分类，是常见的核学习方法。SVM 是 1964 年提出的，在 20 世纪 90 年代后得到快速发展并衍生出一系列改进和扩展算法，在图像识别、图像分类、文本分类等模式识别问题中得到应用。

分类与预测模型对训练集进行预测而得出的准确率并不能很好地反映预测模型未来的性能，为了有效判断一个预测模型的性能表现，需要一组没有参与预测模型建立的数据集(称为测试集)，并在该数据集上评价预测模型的准确率。模型预测效果评价，通常用相对/绝对误差、平均绝对误差、均方误差、识别准确度、精度、召回率、ROC 曲线和混淆矩阵等评价方法。其中受试者工作特性(Receiver Operating Characteristic，ROC)曲线是一种非常有效的模型评价方法，可为选定临界值给出定量提示。将灵敏度(Sensitivity)设在纵轴，1-特异性(Specificity)设在横轴，可得出ROC曲线图。该曲线下的积分面积大小与每种方法优劣密切相关，反映分类器正确分类的统计概率，其值越接近1说明该算法效果越好。混淆矩阵(Confusion Matrix)是模式识别领域中常用的表达形式。它描绘样本数据的真实属性与识别结果类型之间的关系，是评价分类器性能的常用方法。

分类算法在公共安全领域应用广泛且比较成熟。公共安全工作人员能够根据决策树、支持向量机、贝叶斯网络、人工神经网络等分类方法，对公共安全领域中的安全事件分析和维护公共社会安全稳定，具有重要意义。在构建分类器时，还需选着合适的评估标准，以直观反映分类效果，并不断优化分类器。但是，分类毕竟只是对有标识类别数据进行学习分类和预测，对于没有标识类别的数据或者部分没有标识就难以胜任。因此，需要聚类或者其他数据挖掘算法完成。

(2)聚类

公共安全大数据中有些数据并没有标记，在进行类别划分时需要进行聚类分析。聚类是一个把数据对象集划分成多个组或簇的过程，使得簇内的对象具有很高的相似性，但与其他簇中的对象不相似。通过对数据进行聚类分析，可洞察数据的分布，观察每个簇的特征。公共安全大数据需要通过聚类来了解各个对象之间的群体关系。聚类能够对没有标识的对象类别进行分类，是一种无监督学习算法。通过对数据对象之间属性进行相似性计算后，进行类别的划分。保障类别之间差异性尽可能大，类别内的差异性尽可能小。聚类还用于离群点的检测，通过聚类找到偏离整体类别的对象或群体，从而判定这些对象的特征，常用于金融欺诈、异常检测、网络故障等。通过对群体的划分，公共安全相关部门能够对其服务主体进行描述，掌握服务对象群体特征，从而有助于公共安全突发事件的防控。通过群体划分能够识别异常群体，对于防恐、舆情监测、驾驶行为、安防等方面有重要应用。

公共安全大数据挖掘对聚类的要求：①可伸缩性。许多聚类算法在小型数据集上运行良好，但是，对于大型公共安全数据包含数据量特别大，而且维度高，在进行聚类时结果的偏差就会比较大，需要高度可伸缩性的聚类算法，且运算效率非常高。②处理不同类型属性的能力。大多数聚类算法是针对数值属性进行运算，但是公共安全领域要求聚类算法能够处理其他类型的数据，如二元、标称的、序数的，或者多种数据类型混合的情况。同时，聚类算法要能够对图、序列、图像、文本等复杂类型数据进行聚类的能力。③可解释性和可用性。通过聚类算法对数据进行分析挖掘是为了指导决策，要求聚类结果具有可解释性、可用性。公共安全工作人员能够通过聚类结果快速了解数据对象的关系，并且能够直接运用该结果。

进行聚类运算需要合适的相似性度量方法，计算个体之间的距离。常见的相似性度量方法有欧氏距离、曼哈顿距离、切比雪夫距离、余弦相似度、皮尔森相似度、Jaccard 相似度、汉明距离等。其中切比雪夫距离主要表现为在多维空间中，对象从某个位置转移到另外一个对象所消耗的最少距离，可以简单的描述为用一维属性决定某对象属于哪个簇。Jaccard 相似度常用于二值型数据的相似度计算。汉明距离可以描述为将同等长度的字符串由其中一个变换到另一个的最小替换次数，主要是为了解决在通信中数据传输时，改变的二进制位数，也称为信号距离。

聚类算法种类很多，可根据聚类思想划分为基于划分的聚类、基于层次的聚类、基于密度的聚类、基于网格的聚类和基于模型的聚类等方法。其中，基于划分的聚类算法主要有 K-means，K-medoids 等。层次聚类试图在不同层次对数据集进行划分，从而形成树形的聚类结构。数据集划分可采用自底向上的聚合策略，也可以用自顶向下的分拆策略。自底向上的凝聚方法，如 AGNES；自上向下的分裂方法，如 DIANA。基于密度的聚类假设聚类结构可根据样本分布的紧密程度确定。从样本密度的角度考察样本之间的可连接性，并基于可连续样本不断扩展聚类簇以获得最终的聚类结果。基于密度的聚类算法，如 DBSACN，OPTICS 等。除了以上聚类方法，还有基于网格和基于模型的聚类方法。

通过聚类可进行离群点检测，常用于工业生产中异常检测、故障识别等；对时空数据进行聚类，可用于解决交通拥堵、人流分析、交通规划等。聚类用于目标人群定位，在精准营销、犯罪分子识别、舆情管控等发挥重要作用。聚类用于图像分割、文本挖掘、语音识别等技术应用。聚类分析仅根据样本数据本身将样本分组，保障组内的相似性高，组间差别大。常用的聚类评估指标有 purity 评价法、RI 评价法和 F 值评价法等。

(3)关联规则

由于公共安全事件之间存在关联关系，只有掌握各个事件之间的内在联系才能更好地进行公共安全治理。通过关联规则分析，一方面从整体视角找到解决问题的方式方法；另一方面能够根据事件之间的关系，在一种事件发生时，及时预防另一件事件的发生。因此，关联规则在公共安全领域发挥重要作用。

关联规则分析是数据挖掘中常用方法之一，用于从数据集中挖掘出事物之间的关联关系，这种关系通过聚类和分类是很难找到的，隐藏在数据中难以直接观察。常用的关联规则算法有 Apriori、FP-Tree、Eclat 算法和灰色关联法。Apriori 关联规则最常用也是最经典的挖掘频繁项集的算法，其核心思想是通过连接产生候选项集及其支持度，然后通过剪枝生成频繁项集。FP-Tree 是针对 Aprioria 算法的固有的多次扫描事务数据集的缺陷，提出的不产生候选频繁项集的方法。Eclat 算法是一种深度优先算法，采用垂直数据表示形式，在概念格理论的基础上，根据前缀的等价关系将搜索空间划分为较小的子空间，提高搜索效率。灰度关联法是分析和确定各因素之间的影响程度或是弱光个子因素或子序列对主因素或母序列的贡献度的一种分析方法。

通过关联规则分析方法能够找到公共安全事件之间的关联关系，从而从多角度思考和解决公共安全方面的问题。比如，在医疗领域，病人有多重症状，而一种症状比较容易发现，另外一种或多种症状不容易发现，但是这几种症状的关联性特别强，可通过一种症状推断其他症状存在的可能，从而有针对性的检查，有利于疾病预防和治疗。在网络舆情方面，制造舆情的人员通常是由多种动机的，收集和整理对这些人员的数据，通过关联规则分析网络舆情制造者的行为特征，以及挖掘影响群众思考和决策的因素。在火灾、地震、洪水、泥石流等灾害发生后，会产生连锁反应，即一个事件可引发多个安全事件的产生。通过关联规则挖掘这些事件的关联度，有助于应对多类安全事件。通常火灾发生，可能会造成交通拥堵、人员被困、电力中断、环境污染、消防人员调配、医疗救助、交通工作人员调配等，挖掘事件之间的关联关系，有助于火灾发生时各部门之间有效协同调配，并做出及时响应。道路交通方面，如果设置收费关卡，就需要设置减速带、拦截装置、设置路标、警示牌等。通过挖掘驾驶人员的驾驶行为和习惯，以及交通安全行驶规则制定合理的措施，有助于保障道路交通的安全顺畅，给驾驶人员提供安全舒适的驾驶体验。公共安全需要从多角度挖掘影响公共安全有序稳定的各种因素，以及保障公共安全的各种方案和策略，协调各参与主体发挥最大效能，维护公共安全。

在进行关联规则分析时，需要先选择频繁项集评估标准。常用的频繁项集评估标准有：支持度、置信度和提升度。

支持度是指几个关联的数据在数据集中出现的次数占总数据集的比重，公式如(3-33)所示：

$$\text{Support}(X,\ Y)=P(XY)=\frac{\text{number}(XY)}{\text{number}(\text{AllSamples})} \tag{3-33}$$

置信度是指一个数据出现后，另一个数据出现的概率，或者说数据的条件概率，公式如(3-34)所示：

$$\text{Confidence}(X \Leftarrow Y) = P(X \mid Y) = P(XY)/P(Y) \tag{3-34}$$

提升度是表示含有 Y 的条件下，同时含有 X 的概率，与 X 总体发生的概率之比，公式如(3-35)所示：

$$\text{Lift}(X \Leftarrow Y) = P(X \mid Y)/P(X) = \text{Cofidence}(X \Leftarrow Y)/P(X) \tag{3-35}$$

Apriori 算法是常用的发现频繁项集的一种方法。其原理是：如果一个项集是频繁项集，则它的所有子集都是频繁项集；如果一个集合不是频繁项集，则它的所有父集(超集)都不是频繁项集。关联分析的目标是发现频繁项集，即发现满足最小支持度的所有项集；发现关联规则，即从频繁项集中提取所有高置信度的规则。

(4)文本挖掘

公共安全大数据不管是动态数据还是静态数据，都包含大量的文本数据。前面的分类、聚类常用于处理数值型数据，而大量的文本数据需要进行文本挖掘。这里文本数据即使直接得到的原始文本信息，有包括从图像、音频、视频等数据中提取的语义文本信息。文本挖掘指的是从文本数据中获取有价值的信息和知识，是数据挖掘方法的一种。文本挖掘中最基本的应用是实现文本的分类和聚类，前者是有监督的挖掘算法，后者是无监督的挖掘算法。文本挖掘是涉及内容比较多，如信息检索、机器学习、数据挖掘、自然语言处理、统计分析、概率论等。文本分类是一种典型的机器学习方法，主要分为训练和分类两个阶段，可通过统计方法或机器学习来实现。文本聚类是一种无监督式机器学习方法，用于提取与某文档相似的一批文档，提高文档收集整理效率，使决策者能够获取更多有价值的信息内容。文本聚类可对数据量比较大的文档进行概括整理，根据文档相似度进行文档归类划分，提高文档的阅读效率，避免浏览大量无关内容。

公共安全领域知识库、数据库，都离不开信息检索。信息检索能够提高相关知识内容的提取效率，借助计算机系统快速从海量的知识库中搜索用户需要的知识内容，节约人力查找的时间，提高工作效率。文本挖掘还用于信息抽取，是将原始文本输入信息抽取系统中，通过对文本内容进行挖掘处理，剔除无关内容后，整理成规范的易于理解的文本结构输出。自动文摘是利用计算机自动地从原始文档中提取出文档的主要内容。通过文本挖掘技术可以实现自动文摘，提取反映原文本主题和关键内容的短文本，提高用户对文本的阅读效率。在公共安全治理和管控中，决策者需要及时快速地了解文档的主要内容，并作出有效决策，避免阅读大量无关文本信息。自动文摘能够生具有概括性的短文本，将文档的主要内容呈现给决策者，节省阅读文档的时间。

公共安全领域的相关知识需要向公众普及和教育，提高公众的参与度，增强公众的公共安全意识，提升公共安全防控的效率和质量。为满足公众对公共安全知识的学习需求，需要自动问答系统提高工作效率。自动问答是指对于用户提出的问题，计算机可以自动地从相关资料中求解答案并做出相应的回答。自动问答系统一般包括3个组成部分：问题分析、信息检索和答案抽取。自动问答可用于应急咨询、公共安全教育和培训、紧急事件处理办法、自然灾害科普、医疗防疫、农业咨询等。

文本挖掘的步骤为获取文本、文本预处理、文本的语言学处理、特征提取、分类聚类、结果可视化等①，如图3-18所示。获取文本和文本预处理这里不做解释，主要介绍文本的语言学处理。文本的语言学处理主要进行分词、词性标注、去除停用词和特征提取。

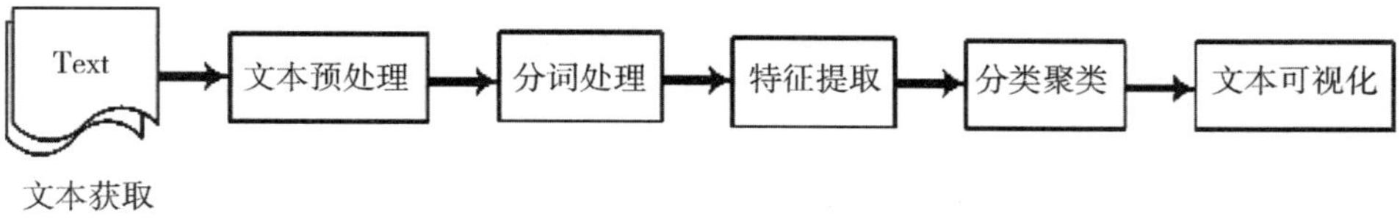

图3-18　文本挖掘处理过程

分词是将连续的字序列按照一定的规范重新组合成词序列的过程。对英文进行分词比较简单，可通过英文中的空格进行划分；对中文就比较困难，因为中文没有明显的分隔符，而且有大量的语气词和修饰词。目前，对中文进行分词的算法包括最优匹配法、机械匹配法、最大匹配法、双向匹配法和逆向匹配法等，还可使用词性标注的方法进行中文分词。目前，在中文分词方面，做得比较好的分词器哈尔滨工业大学语言技术平台、复旦大学的分词器、斯坦福大学的自然语言处理套件都有很高的准确率和速度，被很多机构、学校以及企业使用②。提取文本特征要既能保留文本的信息，又能反映它们的相对重要性。

① 李琼阳. 一种改进的朴素贝叶斯算法在垃圾短信用户识别中的应用[D]. 广州：华南理工大学，2017.

② 袁海，陈康，陶彩霞，等. 基于中文文本的可视化技术研究[J]. 电信科学，2014，30(4)：114-122.

将提取的文本特征构建针对每个特征的空间向量。获取文本特征向量后，可通过各种算法进行挖掘，比如文本分类，可选择分类算法。如果进行文本聚类，则选择聚类算法。最后一步是可视化展示，通过合适的可视化图形生动形象展示，让人更容易理解文本要表达的本质内容。文本可视化最常用标签云图，如图 3-19 所示。

图 3-19　公共安全标签云

提取文本内容后，可进行词频分析，使用 TF-IDF 方法，通过 LDA 算法提取主题词，从而获取事件内容主题，有助于快速了解事件主要内容和特征；或者结合情感词典，进行情感分析，获取用户的情感特征，分析公共安全事件的影响和演化规律。同时，文本情感分析可用于识别谣言、舆情监测、民意调查等。文本挖掘的局限在于，该方法主要针对的是文本数据，一方面网络环境下，用户会选择使用图像、表情包等表达自己的情感。另一方面，文本挖掘的内容局限性，如重要内容可能用户不会反复提起，无关内容比较多。因此，文本挖掘应与其他方法结合使用，如图像识别、语音识别等。

综上，数据挖掘的基本任务包括利用分类与预测、聚类分析、关联规则、文本挖掘等方法，为公共安全相关部门机构提取数据中蕴含的价值，有助于公共安全防控与治理。数据挖掘就是从海量数据中挖掘隐含的、未知的、对决策有潜在价值的关系、模式和趋势，并利用这些知识和规则构建决策支持模型，提供决策支持的方法、工具和过程。通过数据挖掘，公共安全相关机构和部门就能数据的内在价值和规律，从而为决策提供有效的指导或参考。充分利用数据挖掘相关方法，提高公共安全管理效率和质量，保障公共社会的安全和稳定。

3.4.2 深度学习

大数据时代，公共安全领域产生的数据更加复杂，遇到的问题不是通过简单的数据挖掘可解决的。一方面，数据的维度非常高，传统的数据挖掘不能有效处理；另一方面，大数据环境下，公共安全领域产生的动态静态数据量比较大，相互之间的联系更加复杂，不仅是数值、文本等简单的数据类型，还包括图像、视频、音频等复杂结构数据。因此，需要功能更加强大的深度学习完成对复杂数据的分析与挖掘。深度学习是由人工神经网络演变而来，经历了从感知机的提出到神经网络的发展，再到深度学习成功应用。1957 年，Rosenblatt 首次提出感知机算法，掀起了神经网络发展史中的第一个高潮。1986 年，反向传播算法的提出和多层感知机的应用成功解决了非线性分类难题。2006 年，Geoffrey Hinton 教授首次提出了深度学习的理念，为人工智能的发展提供动力。2016 年，谷歌研发的 AlphaGo 战胜围棋选手李世石。深度学习之所以能取得如此巨大的成功，除了算法的不断完善，一方面，随着计算机技术的不断发展，计算机的存储能力和计算能力不断提升，提高了模型的训练速度；另一方面，大数据时代使得海量训练数据的获取成为可能，为深度学习模型训练提供数据基础。

深度学习是机器学习的进阶，建立具有阶层结构的人工神经网络，使得人工智能水平明显提升。由于阶层人工神经网络能够对输入信息进行逐层提取和筛选，因此深度学习具有表征学习能力，可以实现端到端的监督学习和非监督学习。深度学习所使用的阶层人工神经网络具有多种形态，其阶层的复杂度被通称为“深度”。按构筑类型，深度学习的形式包括多层感知器、卷积神经网络、循环神经网络、深度置信网络和其他混合构筑。深度学习使用数据对其构筑中的参数进行更新以达成训练目标，该过程被通称为“学习”。常见的学习方法为梯度下降算法。

相对于普通神经网络，深度神经网络有较多的隐含层，可从输入中提取特征和计算复杂的函数。在应用方面，深度学习被用于对复杂结构和大样本的高维数据进行学习，研究领域包括计算机视觉、自然语言处理、生物信息学、自动控制等，且在图像识别、机器翻译、自动驾驶等取得成功。传统的专家系统使用大量“If - Then”规则，是一种自上而下的模式。而人工神经网络是模仿大脑的神经元之间传递和处理信息的一种自下而上的模式。深度学习可以理解为在神经网络的基础上增加更多隐含层，提高对复杂数据的分析处理能力。由于技术的进步，技术设备性能的不断提升，使得深度学习算法的效率得到提升，应用范围更加广泛。在语音识别方面，可利用深度神经网络学习语音特征，提高模型训练效率和语音识别准确率。在国际上，IBM、谷歌等公司都快速进行了深度神经网络语音识别的研究，并取得成效。国内方面，以阿里巴巴、科大讯飞、百度、中科院等为代表，也在研究用于语音识别的深度学习模型。在自然语言处理方面，深度学习主要应用于机器翻译以及语义挖掘等方面①，目前已经建立了词袋模型、word2vector 模型等。

深度学习常用的经典算法模型，包括 RNN 循环神经网络、LSTM 长短期神经网络、CNN 卷积神经网络等。这些算法模型不仅在公共安全领域发挥重要作用，而且在其他领域也具有不可替代的应用价值。

(1) RNN

循环神经网络(RNN)是指一个随着时间的推移，重复发生的结构。在自然语言处理、语音图像等多个领域均有非常广泛的应用。RNN 网络和其他网络的不同在于 RNN 能够实现某种"记忆功能"，能够有效进行时间相关数据的分析。RNN 能够像人的大脑一样对处理过的信息留存记忆，而其他类型的神经网络却无法完成。循环神经网络的原理并不十分复杂，只有简单的输入、输出和网络状态参数。一个典型的 RNN 神经网络如图 3-20 所示：

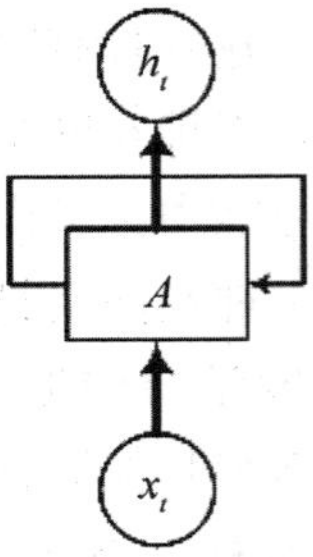

图 3-20　RNN 神经网络结构

RNN 网络包含一个输入 x、输出 h 和神经网络单元 A。与普通的神经网络不同，神经网络单元 A 不仅连接输入和输出，且存在自连接形成回路。这种网络结构就揭示了 RNN 的特性：上一个时刻的网络状态信息将会作用于下一个时刻的网络状态。RNN 网络还能够以时间序列展开，如图 3-21 所示。

① 杨贺. 深度学习算法的研究及心音深度识别系统的构建与优化[D]. 南京：南京邮电大学，2016.

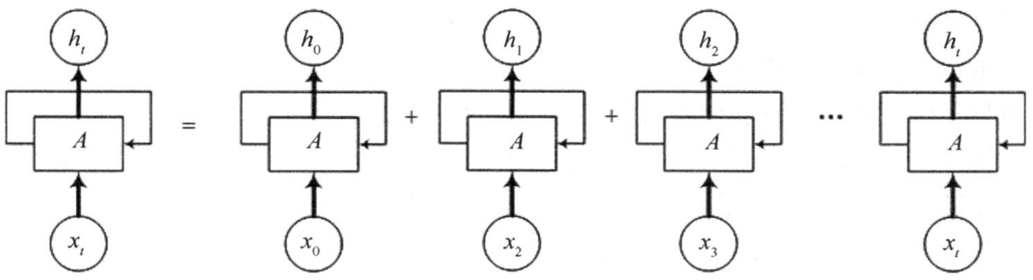

图 3-21 基于时间序列的 RNN 网络结构

图中等号左边是 RNN 的简化形式，等号右边的等价 RNN 网络中最初始的输入是 x_0，输出是 h_0，这代表着 0 时刻 RNN 网络的输入为 x_0，输出为 h_0，网络神经元在 0 时刻的状态保存在 A 中。当下一个时刻 1 到来时，此时网络神经元的状态不仅仅由 1 时刻的输入 x_1 决定，也由 0 时刻的神经元状态决定。以后的情况都以此类推，直到时间序列的末尾 t 时刻。循环神经网络比较适合于序列输入，如语音、文本序列。在训练过程中，由于序列数据都比较大，再按时间进行划分，数据的维度就非常高，导致循环神经网络会存在梯度消失和维度爆炸问题。循环神经网络具有记忆性、参数共享并且图灵完备，能以很高的效率对序列的非线性特征进行学习。循环神经网络在自然语言处理，例如语音识别、语言建模、机器翻译等领域有应用，也被用于各类时间序列预报或与卷积神经网络相结合处理计算机视觉问题。

循环神经网络的权重系数是共享的，即在一次迭代中，循环节点使用相同的权重系数处理所有的时间。与前馈神经网络相比，权重共享显著降低循环神经网络的参数量，增强了网络的泛化能力。同时，权重共享确保循环神经网络可以提取序列中随时间变化的动力特征，因此在学习和测试不同长度序列时具有稳定性。一个循环单元间完全连接的循环神经网络可按任意精度逼近任意非线性系统。在此基础上，任何图灵可计算函数都可以由有限维的全联接循环神经网络计算，因此循环神经网络是图灵完备的。在时间序列建模的观点下，循环神经网络是一个无限冲激响应滤波器，而其他应用于序列数据的权重共享模型是有限冲激响应滤波器。

循环神经网络在 21 世纪初成为重要的深度学习算法之一，其中双向循环神经网络和长短期记忆网络是常见的循环神经网络。自然语言数据是常见的序列数据，因此循环神经网络可以发挥优势。在语音识别中，有研究使用 LSTM 单元构建的双向深度循环神经网络成功进行了英语文集 TIMIT 的语音识别，其识别准确率超过了同等条件的隐马尔可夫模型和深度前馈神经网络。在字符层面的语言建模中，将循环神经网络与卷积神经网络相结合并取得了良好的学习效果。循环神经网络也是语义分析的工具之一，被应用于文本分类、社交网站数据挖掘等场合。循环神经网络与卷积神经网络结合可用于计算机视觉，通过卷积神经网络对包含字符的图像进行特征提取，并将特征输入 LSTM 进行序列标注，实现字符识别。包含循环神经网络的编程模块有 TensorFlow、Keras、Thenao 等。

在公共安全中的生物研究方面，深度循环神经网络被用于分析各类包含生物信息的序列数据，有关主题包括在 DNA 序列中识别分割外显子和内含子的断裂基因、通过 RNA 序列识别小分子 RNA 等。在地理环境方面，循环神经网络用于对时间序列变量进行建模和预测。在公共安全气象预报方面，可将地面遥感数据作为输入，使用循环卷积神经网络进行天气预报。

随着社会经济的高速发展，公共安全城市交通拥堵问题越来越严重，交通管理面临巨大挑战。传统的交通管理模式难以解决交通拥堵问题，道路改造效果不明显，而智慧交通是治理汽车尾气排放污染、缓解交通拥堵的关键，能够减少交通事故发生。准确的交通流量预测是确保智能交通系统成功部署的前提，一方面为出行者提供实时的交通信息，从而帮助他们更好地规划路径，另一方面为管理者提供交通数据实时分析，进行定点定时道路管控，缓解道路拥堵，防止踩踏事件的发生。王体迎①等提出一种基于门限递归单元循环神经网络的短时交通流量预测方法，可不依靠先验知识，有效利用“序列信息”建模。通过对加拿大大不列颠哥伦比亚省的真实交通流量数据进行建模分析，并对比在不同滞后时间的输入数据下该方法的预测效果，然后将其与差分自回归移动平均模型(ARIMA)和支持向量回归(SVR)预测模型的预测结果进行了对比。实验结果表明该方法预测效果良好，其平均绝对百分误差比 ARIMA 与 SVR 分别平均降低了 74.72%和 12.15%，预测值和实际交通流量吻合度高。

互联网时代，由于公共安全网络舆情预测对指导政府工作，维护社会稳定具有很高的现实意义，一直是公共安全领域研究工作的关注重点。但是网络舆情演化趋势复杂，影响因素众多，前人工作多考虑了单变量因素，忽视了多因素对趋势的影响，且传统模型对非线性场景的预测很难收到较好效果。孙靖超②

---

① 王体迎，时鹏超，刘蒋琼，等. 基于门限递归单元循环神经网络的交通流预测方法研究[J]. 重庆交通大学学报(自然科学版)，2018，37(11)：76-82.

② 孙靖超，周睿，李培岳，等. 基于循环神经网络的网络舆情趋势预测研究[J]. 情报科学，2018，36(8)：118-122，127.

等设计一种基于循环神经网络的自适应学习率的网络舆情模型，根据舆情数据特点选取了多种特征构建循环神经网络序列生成模型，针对模型收敛困难的问题，通过连续最优掷币策略自适应调节学习率来提高训练速度和预测精度。

(2)LSTM

LSTM长短期记忆网络，是一种时间循环神经网络，适合处理并预测时间序列中间隔和延迟相对较长的重要事件①，已经在公共安全领域得到广泛应用。通过LSTM可以准确高效进行图像分析、图像识别、语音识别、机器翻译、控制系统、文档摘要、交通流量分析、疾病预测、异常检测等任务。在2015年，谷歌通过基于CTC训练的LSTM程序大幅提升了安卓手机和其他设备中语音识别的能力。腾讯云语音识别系统中和苹果的iPhone在QuickType和Siri也使用LSTM。谷歌还利用LSTM进行图像字幕生成、电子邮件自动回复，提高谷歌翻译的质量。

LSTM与RNN的区别主要就在于它在算法中加入了一个判断信息有用与否的“处理器”，这个处理器作用的结构被称为cell。一个cell当中被放置了三扇门，分别是输入门、遗忘门和输出门。当信息通过输入门输入LSTM的网络中，根据定义的规则来判断输入信息是否有用。如果该信息有用，就会被继续处理，并通过输出门输出，如果没有用则通过遗忘门被遗忘。经过实践的检验，LSTM能够有效解决长序依赖问题，而且普适性非常高。在公共安全领域，LSTM被广泛用于医疗、工业生产、异常检测、交通、自然灾害预警、网络舆情等方面。李峰等②提出一种基于心电数据相邻数据点斜率的心电图异常检测方法。他们使用国际权威心电数据库四类共计1600条数据对神经网络进行训练，使用课题组采集的四类共计1491条心电数据进行算法验证。实验结果表明，LSTM方法准确率可以达到97.0%，且具有良好的可靠性与适用性。

公共安全工业生产装置通常设置传感器报警阈值进行报警，但是对处于报警阈值以下的时间序列异常难以及时捕捉。基于统计的传统检测方法在解决时间序列异常检测上存在很大挑战，为此，窦珊③等提出基于LSTM时间序列重建的方法进行生产装置的异常检测，首先引入一层LSTM网络对传感器数据的

---

①　张晋晶. 基于随机梯度下降的神经网络权重优化算法[D]. 重庆：西南大学，2018.

②　李锋，王泽南. 基于RNN的心电信号异常检测研究[J]. 智慧健康，2018，4(31)：5-8.

③　窦珊，张广宇，熊智华. 基于LSTM时间序列重建的生产装置异常检测[J]. 化工学报，2019，70(2)：481.

时间序列进行向量表示，采用另一层 LSTM 网络对时间序列进行逆序重建，然后利用重建值与实际值之间的误差，通过极大似然估计方法对该段序列进行异常概率估计，最终学习异常报警阈值实现时间序列异常检测；采用 ECG 测试数据、能源数据与危险品储罐传感器数据进行了仿真实验，验证了该方法在不同长度的数据上的有效性。

在全球气候动态变化背景下，台风及其引发的强风、暴雨和风暴潮的频率增大，台风灾害对沿海地区造成的损失加大，严重威胁着人类社会的生命和财产安全。中国是一个自然灾害频发的国家，特别是台风灾害，发生频次高、破坏程度大、影响范围广。每次强台风的登陆伴随的强风大雨都会造成大量建筑物坍塌、交通电力系统瘫痪，经济损失巨大。台风路径信息具有很强的时间关联性，普通循环神经网络很难处理序列长时间的依赖问题，而且当序列长度超过一定阈值时，模型变得不稳定，在训练时还会出现梯度消失或梯度爆炸问题。徐高扬①等提出了长短时记忆网络的台风预测模型，如图 3-22 所示。

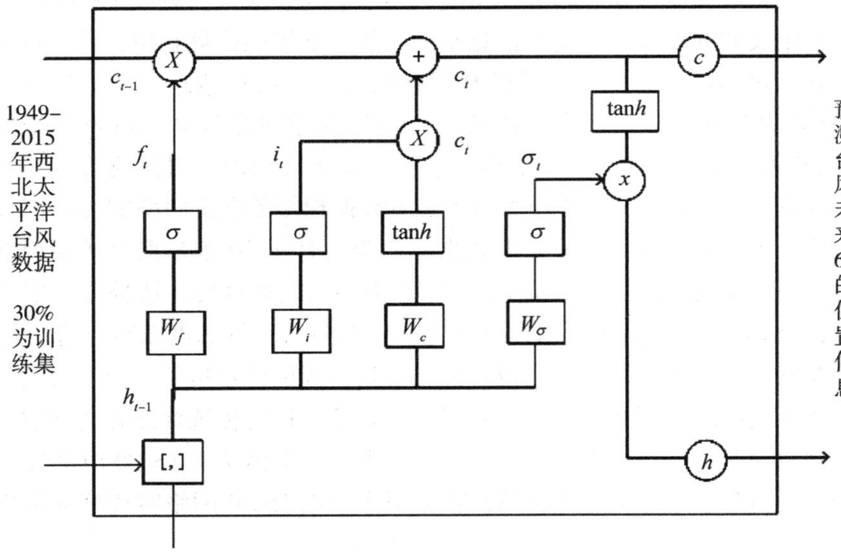

图 3-22　台风预测 LSTM 模型网络结构

① 徐高扬，刘姚. LSTM 网络在台风路径预测中的应用[J]. 计算机与现代化，2019(5)：64-68，73.

通过采集1949—2015年西北太平洋台风数据，进行数据预处理，计算台风之间的相似度，并按照降序排列，选择前30%台风作为训练集，利用LSTM模型进行训练，得出台风分类器。通过普通循环神经网络和长短时记忆网络模型训练并预测台风未来6h的位置信息，对比后发现普通循环神经网络对路径波动较小的台风有较好的预测效果，但是路径波动较大时预测效果比较差。长短时记忆模型更加复杂且记忆更多历史信息，预测效果更好。相比于传统单纯利用台风之间的相似性预测台风未来路径信息，结合相似性和LSTM网络各自优点，可有效地提高台风路径预测精度，为相关部门进行台风风险决策提供依据。（图中f_t表示遗忘门，i_t表示输入门，o_t表示输出门；W_f、W_i和W_o分别是它们的权重；h_t表示t时刻的输出，c_t表示t时刻单元状态，σ表示sigmoid激活函数，tanh表示双曲正切激活函数。）

（3）CNN

卷积神经网络（CNN）被广泛应用于图像处理和语音识别的判别模型。图像是由一个个像素组成的，每个像素具有红、绿、蓝三种颜色值，使得一个1024×1024的图片可展开为1024×1024的矩阵表示。如果采用传统的神经网络处理，构建神经网络的参数会非常多，模型复杂度特别高，训练效率大大降低。卷积神经网络是一种特殊的深度神经网络，能够有效处理像图像这种类型的数据。卷积神经网络是从信号处理发展成对图像信号处理上，成为一种专门处理具有矩阵特征的网络结构处理方式。卷积神经网络是由输入层、卷积层、池化层、全连接层和输出层构成。卷积神经网络在卷积层中使用卷积而不是矩阵乘法。卷积层获取输入图像并提取图像特征；池化层用于缩小在卷积时获取的图像特征；全连接层用于对图像进行分类。在实际应用中，卷积神经网络模型的构建过程是在输入层之后周期性地使用卷积和混合池化，然后是全连接，最后完成输出。

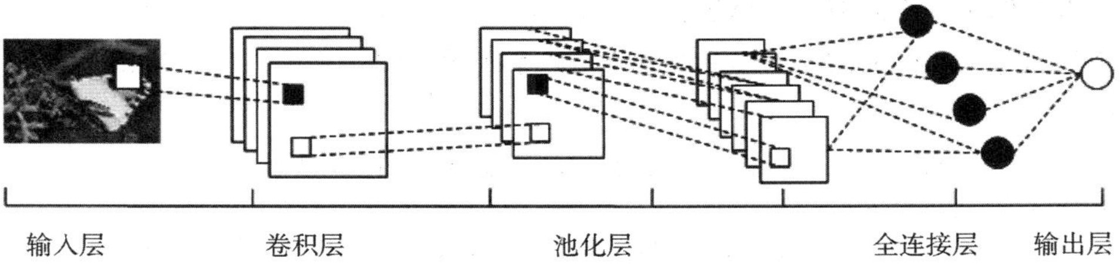

图3-23　卷积神经网络（CNN）结构

图3-23为常见的CNN结构图。为了提高图像处理的效率，减少模型复杂度，最大程度上保留图像的特征，CNN模型在构建时采取了局部链接、权值共享、池化三种特殊处理方式。局部链接是指每个神经元与其上一层的输入单元是局部区域连接。因为图像是由像素点构成，每个像素点与周围相邻区域的像素点存在联系，通过局部链接达到描述图像像素点的区域关系，避免全局链接带来的大量参数，降低模型复杂度。经过层层局部链接，最后将局部神经元进行整合，能够描述图像的全局特征。为了提高模型的训练效率，CNN中的每一层神经元都共享权值。一个图像往往包含多种不同特征，CNN网络中每层神经网络具有多个卷积核分别提取不同特征。通过权值共享，不同的神经元都可以对不同特征进行响应，无须关注该特征在原图像中的位置。为了保障提取的图形特征不受位置、尺寸、旋转角度等影响，在CNN模型中通过平均池化或最大池化对特征图进行聚合统计，去除特征图中的部分噪声，缩小特征图的尺寸。CNN处理数据是一种分而治之的思想，对于大规模复杂数据的处理，可以通过增加模型的层数来实现。

公共安全大数据中包含大量的图像类型数据，利用CNN提高该类数据处理的效率，挖掘数据中的特征和复杂模式。在公共安全领域的实际应用中，CNN在图像处理或特征提取方面占据优势，常与其他方法混合使用。王梦来①等提出一种基于CNN和轨迹分析的监控视频事件检测方法；利用CNN网络准确地检测拥挤场景中的行人和具有关键姿态的个体事件，同时引入轨迹分析方法检测群体事件。在生产过程中，工件会出现磨损和缺陷问题，严重影响生产的效率和质量，且存在安全隐患。为了快速准确的检测工件缺陷，乔丽②研究基于CNN的工件缺陷检测方法并完成系统设计，通过缺陷检测结果、检测精度和检测速度三个方面验证该系统的有效性和可行性，缺陷检出率达到93.3%。

用户伪装入侵检测技术作为一种主动式安全防护技术，在公共安全方面发挥重要作用。面对海量网络数据及复杂高维入侵行为特征等安全挑战，传统检测技术存在建模能力不足及“维数灾难”等问题。因此，王毅等③提出一种结

① 王梦来，李想，陈奇，等. 基于CNN的监控视频事件检测[J]. 自动化学报，2016，42(6)：892-903.

② 乔丽. 基于CNN的工件缺陷检测方法研究及系统设计[D]. 武汉：华中师范大学，2016.

③ 王毅，冯小年，钱铁云，等. 基于CNN和LSTM深度网络的伪装用户入侵检测[J]. 计算机科学与探索，2018(4)：575-585.

合卷积和长短期记忆的统一网络框架(CNN-LSTM)的内部用户伪装入侵检测方法，如图 3-24 所示。该方法具有较强的学习能力，能自动学习数据的表征而无须人工提取复杂特征，在面对复杂高维的海量数据时具有较强的潜力。实验结果表明，该方法具有更高的检测率及更低的检测代价，其性能胜过多个基线系统。

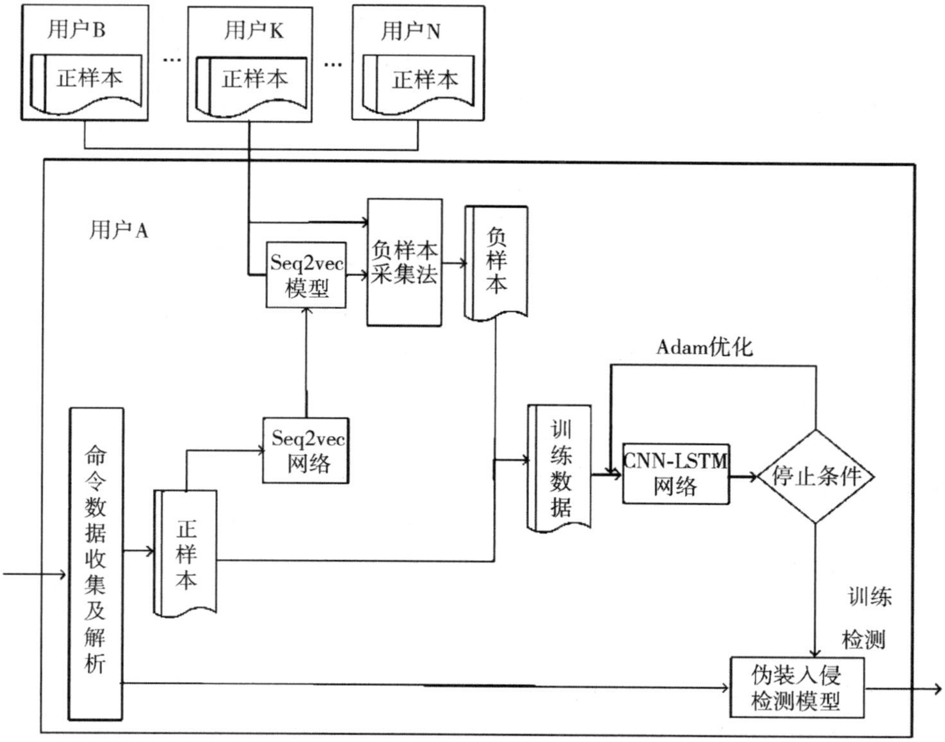

图 3-24　基于 CNN-LSTM 的伪装入侵检测框架

深度学习的典型代表包括循环神经网络、长短期记忆神经网络和卷积神经网络，在复杂高维数据处理方面得到广泛应用，如图像分类与识别、视频分类、序列生成、图像和视频处理、文本分类、语音处理、语音识别、目标识别、人脸识别和验证、行为轨迹分析、机器翻译、机器人、故障检测等。因此，深度学习能够用于公共安全领域的交通、防控、公安、安防、医疗、防疫、生产、网络舆情等多个领域。针对深度学习模型的设计开发，有大量的开源库和框架可供使用，如 Python 编程语言构建的 Theano、Tensorflow、

PyTorch、PyBrain、Caffe 等。深度学习在许多领域取得了巨大的成功，但还有很长的路要走，需要更多人的努力。

3.4.3 语义分析

在编程中，语义分析是审查源程序有无语义错误。在社会网络分析中，语义分析是一种用来获得和理解文本信息的技术。语义分析是人工智能的重要技术方法，用于知识推理、语音识别、图像和视频语义分析与理解等。对于不同的语言单位，语义分析的任务各不相同，在词的层次上是进行词义消歧；在句子层面上是语义角色标注；篇章层面上是指代消歧，也称共指消解。

词是表达特定含义的最小语言单位，是构成句子的基本单位。通过词的相互连接和组织排列，可构成表达特定含义的句子。因此，对词义的消歧是理解句子和篇章语义内容的前提。词义消歧有时也称为词义标注，是为了确定一个多义词在给定上下文语境中的具体含义。根据训练数据的是否被事先标注，可将词义消歧的方法分为有监督和无监督两种消歧方法。只有识别词在上下文语境中的含义，才能进行准确的语义分析，获取整个句子或篇章的语义内容。对于多义词的消歧，需要根据该词的上下文判断，相当于对词进行分类处理。有监督词义消歧既是根据上下文和标注结果进行分类。而无监督词义消歧通常被称为聚类任务，使用聚类算法对同一个多义词的所有上下文进行等价类划分。除了有监督和无监督的词义消歧，还可使用基于词典的消歧方法。

语义分析过程与文本挖掘类似，文本挖掘是为了提取特定的文本内容，语义分析是在提取文本内容后进行语义挖掘和分析解释。语义分析需要先进行文本预处理。文本预处理第一步是进行文本分词。分词的方法有基于字符串匹配的分词方法，此方法按照不同的扫描方式，逐个查找词库进行分词；全切分方法，先切分出与词库匹配的所有可能的词，再运用统计语言模型决定最优的切分结果，可以解决分词中的歧义问题；由字构词的分词方法，可以理解为字的分类问题，也就是一个词的开始、中间、结束，以及单个字的词。前两种方法在工业界用得比较多，最后一种方法因为采用复杂的模型，虽准确率相对高，但耗时较大。分词之后，得到独立的词。接着根据需求是否对词进行标注，从而选择进行有监督或无监督的词义消歧，最后根据词的语义和上下文语境判断句子或篇章的语义信息。

通常对文本分词后，需要计算每个词的权重，赋予关键词更高的权重。词的权重划分在文本检索、文本相关性、核心词提取等任务中都有重要作用。Tf-Idf 是一种最常见的划分权重的方法。另外，给词划分权重的方法有 Okapi，

MI，LTU，ATC，TF-ICF等。

互联网技术的发展和智能手机的普及，互联网成为民众获取信息的重要来源，成为人们传播信息和表达观点的渠道，也成为舆情产生和扩散传播的空间。了解社情民意，关注舆情动向，对于促进社会和谐稳定、推动社会民主与法制建设具有重要意义。由突发事件引发的网络舆情信息主要为文本，因此，万源①将文本分类技术、语义分析、波动性的统计分析等技术用于网络突发事件的分类、网络舆情信息的情感倾向性分析及舆情演变的波动性分析。现有的舆情监测系统在采集、检索和分析模块中都是采用基于统计和特征关键词的方法，忽视了文本中的语义信息，导致分析结果的不精确，刘恒文②将本体论和语义分析相关技术引入网络舆情监测领域来提高网络舆情监测系统的性能。

公安智能语义分析就是对多维度数据进行整合，从中提取出犯罪要素，再运用语义智能分析将案件进行分类审查。互联网的发展，给社会进步带来了几乎无限的可能性。人工智能更是提高社会的智慧化水平，将人类从繁重危险的工作中解脱出来。语义分析是人工智能的重要分支，涉及语言学、计算机语言学、机器学习以及认知语言等多个学科，在图像识别、语音识别、智能控制系统等多个领域得到应用。近些年随着物联网、大数据等新技术的突破，国家政策的大力推进，安防行业呈现快速发展态势，其中视频监控逐渐成为行业发展的关注点。视频技术成为安防行业的核心，并逐步实现与其他领域产品相融合。随着物联网、大数据、云计算的发展，智能监控装置随处可见，广泛应用在安全生产、交通、安防、消防等领域。对监控视频内容的分析，越来越受到重视。对监控视频的图像内容识别和语义分析，能够提供预警。语义分析技术可在图像及图像语义内容之间建立映射关系，使计算机能够从人的视角观察和理解图像所表达的语义信息，提高图像识别的准确率，并作出精准判断。通过建立人类活动的模型，准确判断人类在视频监视图像中的各种活动信息，公安数据语义分析结构如图3-25所示。

在公共安全领域，公安多年积累的实战经验与技术算法如何相互转换，是最大的行业难点。公安知识图谱通过数据采集、数据处理、数据库重构、知识转化和实战应用五个步骤，运用分布式存储、关联算法、语义分析等技术，以

---

① 万源. 基于语义统计分析的网络舆情挖掘技术研究[D]. 武汉：武汉理工大学，2012.

② 刘恒文. 基于网络语义挖掘的舆情监测预警研究[D]. 武汉：武汉理工大学，2010.

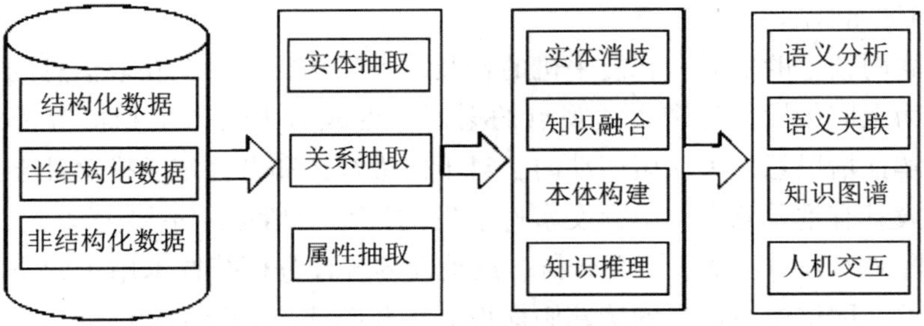

图 3-25　公安数据语义分析结构图

及大量的公安专家团队与技术人员配合，来实现技术与业务的深度融合。视频语义分析是图像内容分析的一种，能够像人一样理解图像内容，并用易于理解的语言表述出来。通过自然语言处理技术，帮助决策者自动化处理海量文本数据，提升文字处理效率和文本挖掘深度。同时，利用自身在智能安防领域的资源优势，将语义分析技术与智能安防相结合，让智慧语义分析技术在未来安防领域发挥更大作用，提升公民的安全感。

3.4.4　社会网络分析

网络用于描述事物之间的各种关联，社会网络是由各种社会关系构成的结构。社会网络分析(Social Network Analysis，SNA)问题起源于物理学中的适应性网络，是 20 世纪 70 年代以来在社会学、心理学、人类学、数学、通信科学等领域逐步发展起来的分支，通过研究网络关系，把个体间关系、微观网络与大规模的社会系统的宏观结构结合起来，进而对社会结构进行量化分析。汤汇道①认为社会网络分析就是包括测量与调查社会系统中各部分(“点”)的特征与相互之间的关系(“连接”)，将其用网络的形式表示出来，然后分析其关系的模式与特征这一全过程的一套理论、方法和技术。社会网络分析为公共安全大数据分析与挖掘提供分析社会关系和结构的系统性方法。人在公共社会中，是相互作用相互关联，分析人在社会中的关系和关联结构，能够为公共安全的治理提供帮助。社会网络分析家 B. 韦尔曼(Barry Wellman)指出：“网络分析探究的是深层结构——隐藏在复杂的社会系统表面之下的一定的网络模式。”通过分析社会系统中的深层机构，可解释政治、经济、社会、管理等方面存在的问题。

① 汤汇道. 社会网络分析法述评[J]. 学术界，2009(3)：205-208.

社会网络是由节点之间相互关联形成的关系结构。节点通常指社会中的人、公司、机构等，代表社会的组成单位；节点之间有关系纽带连接，关系是多种多样的，如领导关系、合作关系、血缘关系、竞争关系等。最基本的社会网络结构是二元关系结构，由两个节点组成，是分析各种社会关系的基础。社会网络模型是由代表节点的点和代表关系的线构成的网络图。社会网络分析的基础是矩阵和图，通过矩阵描述社会网络结构和关系，更易于定量分析和计算机处理，一般用(0，1)表示节点之间的社会关系(0代表没有直接关系，1代表有直接关系)。图是用来直观表示社会网络的工具，易于理解和分析。

社会网络分析将微观的个人、群体与宏观的社会网络结构结合在一起进行研究，相比于传统的社会分析仅从微观层面研究社会问题，社会网络分析更加系统和完整的分析社会主体和结构。社会网络分析不仅可以分析国家和政府层面的网络关系结构，而且可以分析部门或社区内部的网络关系机构。

根据构建的社会网络模型，可对个体、群体或整个网络进行中心性(度)分析。通过计算个体或群体在网络中周围连接节点的个数占整个网络节点的比例衡量其重要程度和整个网络的集中趋势。社会网络中不同节点在关系纽带连接时形成紧密联系的子群体，对这些子群体进行凝聚子群分析，能够挖掘子群形成的规律和特点，获取有价值的模式和知识。通过核心—边缘分析，明确哪些节点处于网络的核心位置，哪些节点处于网络的边缘位置。因此，社会网络分析常用于舆情热点分析、社交网络分析、引文分析、竞争分析、金融欺诈识别、资源聚合和知识管理等。

为推动全球化经济发展，构建人类命运共同体，中国积极推动与周边国家的自由贸易，并在区域经济协调发展起到重要作用。梁经伟①等从城市群的角度运用社会网络分析法对中国—东盟自贸区空间经济联系进行研究，从度、入度、出度3个角度对自贸区内的44个城市建立网络模型分析城市之间的复杂关系；通过对网络图进行中心度分析，判断城市的经济辐射范围；利用核心—边缘分析对自贸区内44个城市划分；利用K-plex算法进行凝聚子群分析。结果表明自贸区内城市之间存在密切的联系，核心城市群与边缘城市群圈层明显，中国在自贸区内扮演着重要角色，带动了区域经济的发展。

---

① 梁经伟，文淑惠，方俊智．中国-东盟自贸区城市群空间经济关联研究——基于社会网络分析法的视角[J]．地理科学，2015，35(5)：521-528.

互联网时代，网络成为人们交流和发表观点评论的重要场所，同时成为舆情传播的主要渠道。舆情管控是公共安全领域的研究热点，积极应对网络舆情，进行网络舆情管控是相关部门的重要责任。只有了解网络舆情的演化机理和特征，才能更好地防控网络舆情的传播，将网络舆情的影响降到最低。为此，王旭①根据社会网络分析原理，从整体网、局部网及个体网三大视角进行了突发事件网络舆情传播的定量化的测度分析，解释其内在的结构特征与演变规律，并运用多维量表分析原理，验证了舆情传播互动矩阵的有效性。高海涛②等以高校大学生群体为研究对象，以新浪微博"笑脸墙迎新生"为研究话题，通过社会网络分析法分析微博舆情传播特征、过程、规律，并验证了该法在微博舆情传播研究中的有效性和实用性，同时提出网络舆情传播监管的相关策略。

3.4.5 时序差分分析

在对公共安全大数据进行分析和挖掘时，面临大量时间序列数据。对时间序列数据的分析，一方面是为了找到隐含在历史时间序列中的规律和模型；另一方面通过对历史时间序列的分析与建模，预测该序列未来的值和规律，为决策提供参考。

时间序列模型构建，可利用平滑法削弱短期随机波动对序列的影响，常用于趋势分析和预测；趋势拟合法是将时间作为自变量，相应的序列观察值作为因变量，建立回归模型。线性回归模型包括 AR 模型、MA 模型和 ARMA 模型等。

对于时间序列数据的分析需要先进行数据预处理，即检验时间序列数据的平稳性和纯随机性。如果是纯随机性序列(白噪声序列)，说明序列数据之间没有任何关系，可通过自相关系数判断，自相关系数等于或接近于零，则认为该时间序列是纯随机性序列，无须进行序列分析。平稳性检验是通过时序图和自相关图检验时间序列是否平稳。时间序列在某一常数附近波动且波动范围有限(有常数的均值和方差)，不受周期性延迟的影响，可认为该时间序列是平稳序列。对平稳的时间序列常采用拟合平稳序列的模型，如 AR、MA、ARMA

---

① 王旭. 基于社会网络分析法的突发事件网络舆情传播研究[D]. 黑龙江大学，2017.

② 高海涛，徐恺英，张琦. 社会网络分析视域下微博舆情传播模式及监管策略研究[J]. 情报科学，2018，36(5)：144-148.

模型等。如果是非平稳时间序列，即序列的均值和方差不稳定，可运用平稳时间序列的方法转变成平稳序列处理，或通过差分运算将非平稳时间序列转化成差分平稳序列，常使用 ARIMA 模型进行分析。时间序列数据分析流程，如图 3-26 所示。

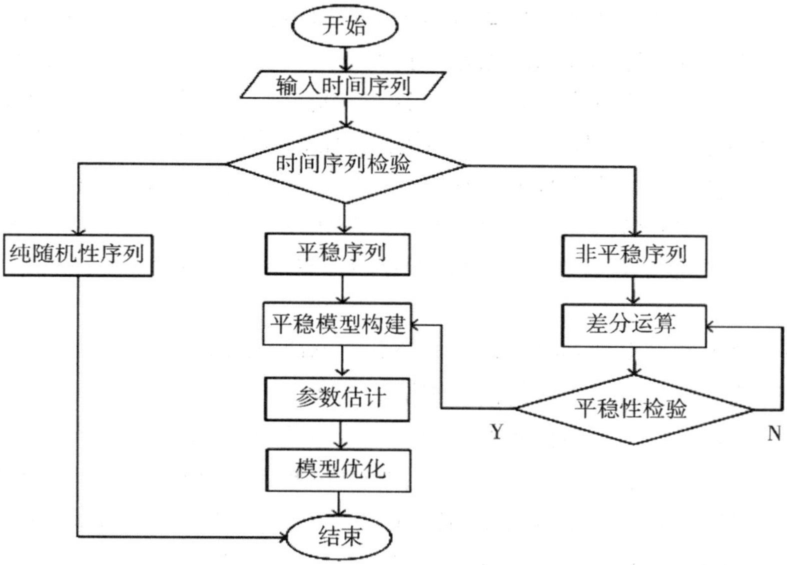

图 3-26 时间序列数据分析流程

时序差分是对时间序列进行差分处理的过程。通过差分可以将任何非平稳的时间序列整理成平稳的序列，发现序列中存在的异常点，从而分析该时间点或时间段事件的状态。在公共安全领域不管是动态数据还是静态数据，都是为了反映事物的真实状态。数据挖掘往往遇到时间序列上的不规则，难以发现问题的原因，通过时序差分分析提供一种序列稳定的办法，将有问题的异常点凸显出来，或者发现事物在平稳序列上的规律，为决策提供指导。包含时间序列的公共安全数据，时间将是以重要维度，如交通数据、生产数据、业务流程数据、事件流、资金流、气象数据、舆情数据、信号识别与检测、金融数据等，与时间有着密切关系，时序差分分析提供了一种新的数据分析方法和解决问题的思路。

时间序列分析可在经济问题分析中起到重要作用，如预测 GDP 能够为区域经济发展提供参考。陈聪聪①以山东省的1975—2013年GDP数据和第三产业产值为研究对象，构建时间序列分析模型：ARIMA模型和ARIMAX模型；经过数据整理、平稳性检验、模型的识别、参数的估计及模型的检验等步骤后对模型进行拟合；结果表明预测值和真实值非常吻合，真实值均落在预测值的95%置信区间内，且预测值与真实值的相对误差在2%以内。

目前，人们的生活和工作及机器的正常运转，离不开电力供应，电力正常供应是维护公共秩序和稳定的保障。我国电网覆盖面广，结构复杂，通过人力维护线路正常稳定成本高、效率低，且非常危险。为了提高电网监控智能化，韦杏秋等②提出基于时序差分算法的线损异常识别优化模型，识别异常线路和异常点；历各线路的线损数据，利用自适应差分算法判别各线路的线损率波动是否正常，提取异常线路集，通过时序差分化发售电数据的平滑性质和前后关联性质，识别定位异常数据在时序序列上的位置，为电网监控智能化提供帮助。

公共卫生突发事件和疫情防控是公共安全研究的重点，通过对疾病进行监测提供防范措施是应对疾病传播和扩散的有效方法。只有在疾病暴发前期提供防范，才能将疾病的影响控制到最低。疾病发生和症状表现与时间存在关联，为了有效预测疾病症状达到预警目的，杨娟③提出用ARIMA模型和指数平滑模型对症状发展做出定量预测预报，收集了杭州市中小学生2009年8月31日—2010年6月30日(2009年第36周—2010年第27周，共44周)8种监测症状的数据，以周为时间单位分析预测发热、咳嗽等代表症状出现的人次数。研究结果显示指数平滑法的预测效果好于ARIMA模型，但拟合精度不如ARIMA模型；ARIMA法更全面，考虑多种因素。通过有效预测症状监测数据，能够及时发现突发公共卫生事件的发生并发出预警，进而采取应对措施，降低疾病暴发带来的死亡率和巨大经济损失。

中国是雷电频发的国家，特别是夏秋季节，雷暴天气严重影响人类生命和财产安全。通过对对雷电进行预测，提早做好防范措施能够降低雷暴天气对人

---

① 陈聪聪. 基于ARIMA模型和ARIMAX模型的山东省GDP的预测与分析[D]. 济南：山东大学，2016.

② 韦杏秋，陈俊，龙东，等. 基于时序差分算法的线损异常判别优化研究[J]. 科技通报，2017，33(3)：100-103.

③ 杨娟. 时间序列分析方法在杭州市中小学生症状监测中的应用[D]. 杭州：浙江大学，2011.

们生产生活的影响。王强①对晴天和雷暴天气分析大气电场时序差分的基本特征，并结合 SAFIR3000 闪电定位观测数据，对典型雷暴过程下的电场时序差分分析，选取有雷暴发生和无雷暴发生的预警应用个例进行分析验证，发现电场时序差分分析能够在一定程度上提高雷电预警效率。

综上，时序差分分析在经济领域、电网智能化、公共卫生、雷电灾害预警方面起到重要作用，为公共安全大数据分析时间序列数据提供技术工具，促进公共安全事件的防范与治理。

3.4.6 时空轨迹分析

时空数据包括 GPS 数据、手机通信数据、公共刷卡数据、货币流动数据及社交媒体签到数据等。这些数据从不同角度记录了公众日常生活的出行位置序列，具有潜在的时间、空间维度及社交维度上的分布特征，隐藏人类活动的各种规律。在现实生活中，可通过 GPS 获取车辆的位置信息、移动状态、驾驶轨迹等；通过智能监控器采集和追踪人或者物体的行动状态、活动区域等。通过物联网技术，采集大量来自外界的人或物体的时空轨迹数据，从而发掘时空轨迹数据中有价值的信息，为公共安全治理提供参考。如利用 GPS、交通监控器等，采集车辆时空轨迹数据，分析车辆出行规律、活动范围、拥堵或交通事故原因等，为交通规划和管理提供实时动态的决策指导。

时空轨迹可看作在时空组成的四维空间中的点构成的线。几乎所有事物可从时间和空间维度进行刻画，确定事物的运动状态。对时空轨迹数据进行分析，可采用监督学习和无监督学习方法。通过对各领域产生的时空轨迹数据进行聚类分析，提取相似群体的轨迹特征和不同群体轨迹的差异，并发现有价值的模式。以交通疏导为例，分析车辆在同一短道路相同时间出现的频率，可以判断交通拥堵路段和拥堵时间等，并在相关路段加设交通疏导装置或定时安排指挥人员。通过监督学习模型预测人或事物下一时刻的具体位置和运动状态；预测人的活动轨迹，判断某个区域的人流量，在达到某个阈值时可限制相关人员的进入，从而防止踩踏拥堵情况的发生。

时空轨迹数据中蕴含的潜在关联关系，需要通过关联规则进行分析。利用物联网、社交网络、智能移动设备等采集人或事物的时空轨迹数据，挖掘不同人或事物之间时空轨迹的关联关系，具有现实意义。如挖掘嫌疑人与受害者的

---

① 王强，王建初，顾宇丹. 电场时序差分在雷电预警中的有效性分析[J]. 气象科学，2009，29(5)：657-663.

时空轨迹关联关系，判断嫌疑人是否跟踪受害者，提供锁定犯罪嫌疑人的证据，有利于案件的侦破。通过对时空轨迹数据进行挖掘分析，提取关键信息来直观反映其中的问题，即形成轨迹特征的内在规律，以找出有效解决方法；补充历史轨迹的具体内容并对轨迹的未来趋势进行预测，提取轨迹语义内容以便于理解和应用。时空轨迹数据挖掘关键技术，如图 3-27 所示。

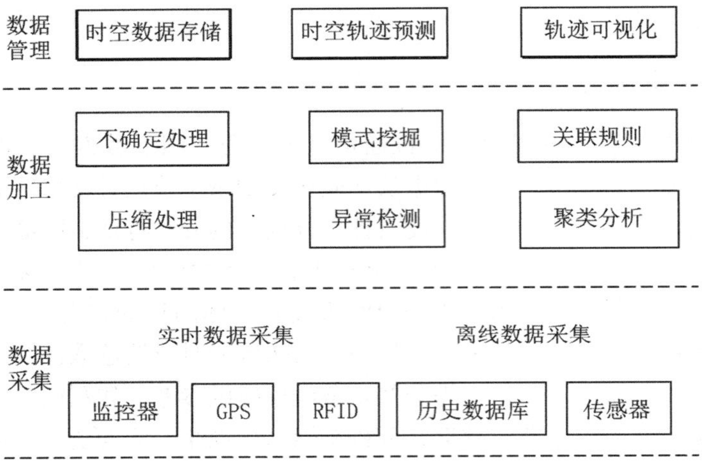

图 3-27 时空轨迹数据挖掘关键技术

时空轨迹数据采集包括实时数据采集和离线数据采集，涉及监控器、RFID、GPS、传感器等技术，还可从历史数据库中直接提取。时空轨迹数据通常具有动态、多源、异构等特点，数据准备期间需要数据转换、信息融合等处理。时空轨迹数据存在不确定性，一方面采集时空轨迹数据存在间断、传输时延、数据丢失等情况，导致数据的不确定性；另一方面，时空轨迹数据存在噪声、采集数据受到外界干扰导致数据失真。因此，需要对时空轨迹数据进行不确定性处理，提高数据质量。时空轨迹数据的不确定性是难以避免的，但要尽可能降低，可通过对大量轨迹中相同或近似的轨迹片段相互补充来消除轨迹的不确定性①。由于时空轨迹数据相比于一般数据维度更高、数据量更大，需要进行压缩处理，降低数据的维度。时空轨迹数据挖掘分为模式挖掘、关联规则、聚类分析、异常检测等。模式挖掘是为了找到人或事物在特定的时空环境

① 周欢，王海涛，钟之阳，等. 时空轨迹数据智能处理与模式挖掘技术研究[J]. 电信快报，2018(7)：12-16.

下的运动轨迹模式；关联规则能够挖掘不同对象在时空轨迹上的关联关系；时空轨迹聚类分析能够对不同类别对象进行群体划分，挖掘相似群体的时空轨迹特征和不同群体间的时空轨迹差异；异常检测是对时空轨迹出现异常的对象进行识别，常用于物流中商品的错误运输识别、生产流程中的异常操作、驾驶路线错误提示等。时空轨迹数据管理包括时空数据的存储，时空轨迹预测和时空轨迹可视化展示。

大多数时空数据挖掘是面向具体领域或应用的，除了采用传统数据驱动的方式进行数据挖掘，还需要利用领域知识对数据挖掘算法进行时空和语义扩展，在满足用户需求的同时兼顾算法复杂度。如在智能交通系统中，结合路网空间拓扑关系，可以对位置、轨迹、流量、拥堵状态等动态交通数据进行时空相似性、关联性等分析，从而获得时空分布状态、时空关联规则、时空演变趋势等知识。交通数据时空轨迹分析应用框架，如图 3-28 所示。

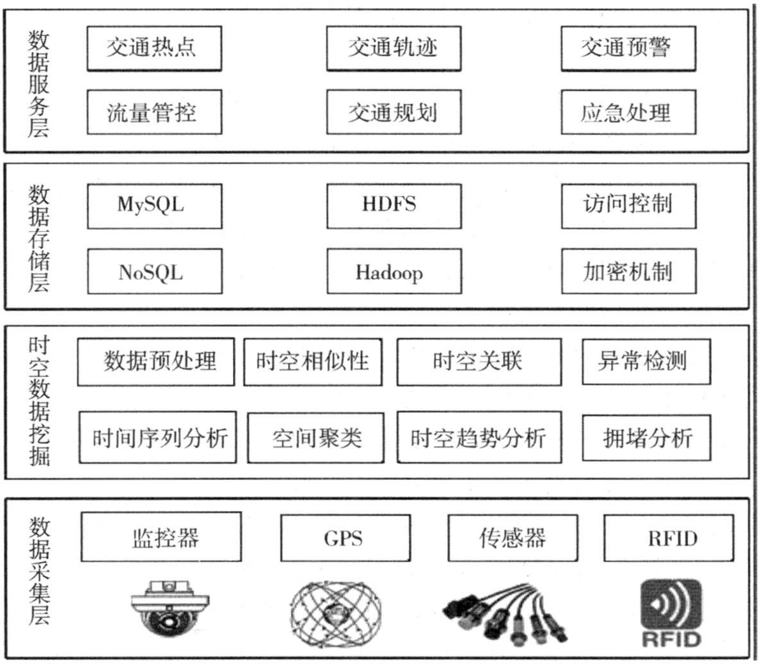

图 3-28　交通数据时空轨迹分析及应用框架

时空轨迹数据在人类出行行为预测、犯罪控制、交通物流、军事战争、应急疏散管理、空气质量管理以及城市模拟规划等各个领域都有广泛的应用前景，充分挖掘公共安全时空轨迹数据，保障人们的出行安全和生活便利。利用视频监控的记录内容，还原犯罪嫌疑人的活动轨迹，研究犯罪嫌疑人的作案动机、作案目的等。在犯罪证据缺失的情况下，犯罪嫌疑人在现场周围活动的轨迹信息，将是反映该嫌疑人与本案有因果关系的最有利证据。利用时空轨迹信息开展侦查工作、侦查取证以及实现对犯罪嫌疑人的排查追踪，有利于打击犯罪维护社会和谐与稳定。

3.4.7 语音识别

公共安全大数据分析与挖掘，需要对音频数据进行处理分析。语音识别系统能够对采集的音频数据进行加工处理，提取音频特征，识别音频的内容和来源，并做出判断和响应。语音识别技术或自动语音识别(Automatic Speech Recognition，ASR)，目的是让机器能听懂人类的语音，是一个典型的交叉学科任务，涉及模式识别、信号处理、物理声学、生理学、心理学、计算机科学和语言学等多个学科。在公共安全领域，语音识别技术发挥重要应用。如安防方面，通过语音识别控制门的开关，提高安全性和便捷性；公安方面，利用语音识别技术，根据监控视频中的声音、通话声音判断犯罪嫌疑人；通过语音识别进行在线实时翻译；在工业生产领域，通过语音识别系统控制设备的运行，比手动操作更安全快捷；利用语音识别进行语音搜索，提高知识搜索效率；通过语音识别技术远程控制机器人，完成人类无法进行的危险工作，如高温、高压、辐射等特殊环境的生产操作。

语音识别技术的研究最早是在20世纪50年代。语音识别的方法包括基于隐马尔可夫模型的方法、平均频谱法、多变量自回归法、矢量量化法，以及深度学习方法。随着互联网技术、多媒体技术和智能移动设备的发展，语音数据来源广泛，数据量非常庞大，使得大规模语料的语音识别模型快速发展。大量的音频数据资源为复杂语音识别模型训练提供数据基础，提高模型的识别效果和泛化能力。同时，针对特殊语言和复杂环境中的语音识别是语音识别技术研究的关注点，如方言、藏语、彝语等。语音识别分为定向语音识别和非定向语音识别。定向语音识别是针对部分特定人群的语音识别，识别准确率较高，但适用范围较小。非定向语音识别，可对任何人发出的语音进行识别和处理，该类语音识别模型训练难度大，识别准确率受各种因素的影响较大。

目前国内在语音识别方面应用比较出色的有科大讯飞、腾讯语音识别、百度语音识别、IBM语音识别等。腾讯云提供实时语音识别，对实时音频流进行识别，可应用于语音输入、语音机器人等实时音频流场景；基于多种序列神经网络结构(LSTM、Attention Model 和 DeepCNN)，采用 Multitask 训练方法，结合 T/S 方式，在通用以及垂直领域有业内领先的识别精度。

语音识别在很多领域得到成功应用，但是语音识别还存在一些问题需要解决。在公共安全领域语音识别的准确率、效率要非常高，比如通过语音识别判断犯罪嫌疑人，从海量通话语音中识别目标对象；现实生活中，方言随处可以听到，且种类繁多，是语音识别面临的挑战；在特定语音识别方面，同一个人在不同年龄段和状态下声音会发生变化，识别准确率可能会降低。

3.4.8 图像识别

公共安全大数据涉及大量的图像数据，需要图像识别技术获取图像内容，为数据分析和利用提供基础。图像识别是指利用计算机对图像进行处理、分析和解释，以识别各种不同模式的目标和对象的技术。进行图像识别需要先获取图像资源建立图像资源库，当要识别指定图片时，提取该图片的特征信息，与建立好的图像资源库进行匹配，达到识别图像的目的。图像识别系统要模仿人对图像内容的观察与理解，通过对图片信息的层层处理，提取图片中的关键内容，用以判断目标对象。图片是由像素点组成，每个像素按 RGB 三种颜色组成，红色是(255，0，0)、绿色是(0，255，0)、蓝色是(0，0，255)。一张 1024 * 1024 的图片，相当于 1024 * 1024 个像素点拼接的矩阵。图片在计算机中存储是以矩阵的形式，不能直接判断图片的内容，需要进行图片的处理，提取图片的特征后与建立的图像资源库进行特征匹配，从而判断图片的具体内容。

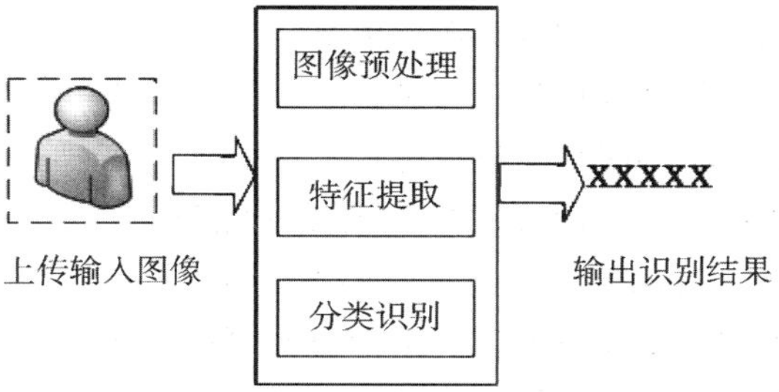

图 3-29 图像识别过程

图像识别的发展经历了文字识别、数字图像处理与识别、物体识别三个阶段。经历了由简单到复杂、由低水平向高水平方向发展的过程。目前图像识别已经广泛用于指纹识别、人脸识别、交通标志识别、车辆识别、植物识别、手势识别、机器视觉等。图像识别过程可以分为图像数据获取、图像处理和图像分类，如图 3-29 所示。公共安全领域对图像数据的获取，可以来自摄像头、监控器、互联网平台、社交网络、自建图像库等。图像处理过程包括预处理、特征提取。图像数据预处理是为了去除无关信息，如背景、噪声点，提高图像质量。图像预处理方法是先对图像进行灰度处理形成灰度图，再对灰度图进行二值化、增强、去噪和分割处理。特征提取是将高纬度的图像特征转换成低纬度的新特征，方便进行图像类别的划分。图像特征提取可分为底层特征提取和高层特征提取。底层特征提包括颜色、形状、纹理等稳定特征。其中，颜色特征具有旋转不变性、平移不变性和尺度不变性，是非常稳定的图像特征。表示颜色特征的方式有颜色直方图、颜色矩、颜色熵等。高层特征是在底层特征的基础上，通过数据挖掘和机器学习技术得到图像的高层语义特征，如空间关系语义、对象语义、情感语义、行为语义、情景语义等。图像分类识别是根据图像的特征进行类别划分，从而判断图像内容。图像识别采用的方法有基于概率的贝叶斯分类法、支持向量机分类法、模板匹配法、集成学习法、深度学习法。

贝叶斯分类法是通过对图像特征进行计算，根据后验概率判断图像特征属于某个类别，从而识别图像内容。但是，对于海量的相似图像如指纹，差别不大，分类效果不明显。

支持向量机分类法是利用超平面根据图像特征划分类别，对于处理底层特征分类效果比较好，容易受图像平移、旋转、放缩等影响。

模板匹配法，需要先建立图像模板，在识别新图像时，只需将新图像与不同的模板进行匹配，即可识别该图像的类别。

集成学习方法是利用多种分类器进行学习，达到比单个分类器更好的分类效果，如 Boosting、Bagging 和随机森林。

深度学习方法在图像处理方面具有很强的优势，特别是 CNN 卷积神经网络，CNN 模型提取出的图像特征具有位移不变性、尺度不变性和旋转不变性。随着网络层数的增加可提取越来越复杂抽象的模式，非常适合进行图像识别和分类处理。目前很多高识别率的图像识别算法都是基于深度学习的。

图像识别在公共安全的多个领域得到实际应用。通过遥感卫星采集地面图像可用于地质研究、资源勘探、气象预警、自然灾害预测等；在军事领域可用于目标侦察、无人机等。公安部门可以利用图像识别犯罪现场的指纹、印章、监控视频中的人脸识别；消防领域应用图像识别火苗、烟雾等自动开启灭火装置并发出预警；工业生产领域，通过机器人进行产品的识别，自动完成部分生产运输环节。图像识别在金融领域用于人脸识别、人脸支付、身份证审核等。目前，视频直播领域发展十分迅猛，通过图像识别判断主播的穿着是否暴露，是否涉黄、符合规范等，节省人力审查的成本，提高审查效率，维护公共网络秩序。

人脸识别技术在公安部门得到广泛应用。大数据时代，公安部门积累了大量的图像资源，给人脸识别模型训练提供样本数据基础。利用人脸识别及时进行犯罪嫌疑人抓捕，通过监控视频，识别犯罪嫌疑人，获取其出现的时间和地点。利用人脸识别技术进行人员身份审核，根据目标的人脸与犯罪嫌疑人进行对比，确定人员身份。人脸识别技术可用于车站、地铁站、机场、超市等的关键出入口识别犯罪分子或恐怖分子，从而安排公安人员进行重点人员筛选排查。公安智能化管理采用的人脸识别技术要求更高。因为公安对人脸识别需要对比一个城市甚至整个国家的嫌疑人照片，数据量特别大，对识别的效率和精度要求比较高。人脸识别系统在部分工作上将公安、安全部门从以往的“人海战术”中解脱出来，提高国家和社会的治安管理能力，达到威慑犯罪、惩治罪犯、维护社会稳定、保障国家安全的目的。

3.5 公共安全大数据可视化

公共安全大数据在分析与挖掘的基础上，需要进一步进行可视化，一方面公共安全大数据量级高、结构复杂、维度高，很难直接观察数据的内在特征和规律；另一方面，分析处理后的公共安全大数据需要进行直观的展示，才能使决策者快速感知数据的全貌，从而做出正确的决策。公共安全数据可视化能够将复杂、高维度的数据进行优化处理，以适合人理解和阅读的形式进行展示，数据之间的关系和特征更加可视可感。公共安全大数据可视化是公共安全大数据处理的最后一个阶段，即将原始数据或加工处理的结果和处理过程进行直观表示，更易于人的阅读和理解，以最简洁的方式与决策者建立紧密联系，从而更快认识公共安全数据内在的关系和特征。数据可视化包括原始数据可视化、分析与挖掘结果可视化、分析过程和模型可视化及可视化设备环境。公共安全大数据可视化内容分为文本可视化、时空数据可视化、多媒体数据可视化等。公共安全大数据可视化媒介设备包括客户端、移动终端、虚拟场景等。这里客户端更多的是指公共安全指挥中心的电脑、指挥装置等。随着智能移动设备的普及，公共安全人员可以通过智能移动终端进行数据的信息和决策部署、更加便捷高效。智能移动设备可以是可穿戴设备、智能手机、平板、导航设备、探测设备等。对于比较复杂的环境可以通过虚拟场景的形式进行可视化。虚拟场景能够展示更多的信息内容，更注重身临其境，了解现场的具体环境后提供准确的决策。虚拟场景能够同时展示时间、空间、人物、事件、温度、气压等多种维度信息；模拟火灾现场的场景、人员流动场景、消防设备布局、建筑物虚拟空间结构、周围环境等多种场景状态，为火灾防范和救援提供最优的决策参考。

可视化(Visualization)是利用计算机图形学和图像处理技术，将数据转换成图形或图像在屏幕上显示出来，并进行交互处理的理论、方法和技术。它涉及计算机图形学、图像处理、计算机视觉、计算机辅助设计等多个领域，成为研究数据表示、数据处理、决策分析等一系列问题的综合技术。可视化技术把复杂的数据以文字、图形、图像等形式展示给工作人员，极大提高对数据的理解速度，从而提高工作效率。

数据可视化主要借助于图形化手段，清晰有效地传达与沟通信息。数据可视化要精简、能够反映数据的客观规律和本质特征，将数据以易于理解且直观可视的形式展示给决策者。数据可视化与信息图形、信息可视化、科学可视化以及统计图形密切相关。大数据环境下，不同行业和领域对数据分析的要求不同，且数据量大、维度更高、结构更复杂，如果不采取可视化，无法看到数据全貌，更无法提供决策指导。同时，通过可视化技术能够增强对数据的理解、便于探索和交流，提高决策效率。

公共安全大数据可视化不同于传统的可视化技术，一方面在于公共安全大数据包括结构化数据、半结构化数据和非结构化数据类型，而传统的可视化技术主要针对的是结构化数据，数据维度较低，多以二维平面的形式展示，对于半结构化和非结构化数据难以适用，在维数爆炸的情况下不能很好地表示数据的规律和本质特征；另一方面，大数据环境下公共安全数据量巨大，多源数据存在交叉和融合，对系统响应的实时性要求更高，公共安全事件及其衍生的网络舆情的传播和演化具有突发性和时效性，如果数据分析结果和原始数据的可视化速度慢，将不能展示数据全貌，容易耽误和误导决策，这将不利于实现公共安全事件的有效管控和治理。泛信息时代，公共安全大数据可视化涉及文本数据、多媒体数据、时空数据及其他数据。可视化技术是按数据的类型决定，不同的数据类型选择不同的可视化方式，同时要考虑决策用户的需求和任务目标。因此，应构建与之相适应的公共安全大数据可视化方式，综合应用现代信息技术，包括 AR、VR 和其他可视化技术。大数据环境下，公共安全大数据可视化不仅在客户端，而且在移动端如移动设备、可穿戴设备等进行分析结果的实时、动态展示，实现数据的随时随地监控；同时借助物联网、虚拟现实等技术，通过营造虚拟场景形式展示数据对象，给决策用户呈现立体可感、多维可视、自适应的数据可视化空间，实现人与数据的动态交互。

3.5.1 文本可视化

文本可视化既包括公共安全大数据以文本的形式进行可视化，也包括针对文本数据的可视化。公共安全数据以文本的形式的数据内容比较多，通常文本数据是对目标属性的直观刻画，能够起到描述的作用。文本数据内容丰富，通过对文本数据的可视化，使得决策者能够较为直观地发现文本数据的关系和本质特征。文本数据量大，内容抽象，而进行可视化后可呈现出不同规律和特征。文本可视化技术综合了文本分析、数据挖掘、数据可视化、计算机图形学、人机交互、认知科学等学科的理论和方法，是人们理解复杂的文本内容、结构和内在的规律的有效手段。大数据时代，公共安全领域数据维度更高、数据量更大，使得人们对数据的理解更加困难。传统的文本分析技术只能帮助人们简单的整理和提取文本信息，无法满足人们对获取信息快捷高效，易于理解和阅读的需求。文本可视化技术可以将复杂晦涩难懂的文本以可视化的图像、符号等展示出来，提高视觉感知，快速理解文本数据中蕴含的关键信息。

文本可视化建立在自然语言处理的基础上，只有对文本数据进行充分的分析与挖掘，才能提取出文本的关键信息和主题思想，以可视化的形式实现人机交互。文本分析包括实体识别、关键词抽取、词频分析、主题分析、情感分析等。文本处理过程包括预处理、特征提取、可视化展示。文本预处理包括文本分词、抽取、归一化等，获取文本词汇和关键信息。特征提取时，从分词中选择能够表示文本主要内容的关键词，建立词向量空间模型。结合主题模型提取文本主题，或利用情感分析模型进行文本情感分析，需要根据任务需要进行文本分析。最后，将文本分析处理结果进行可视化展示，实现动态的人机交互，提高文本阅读和理解效率，发现文本数据中隐含的关键信息和内在规律。

文本可视化可以包括以下几个过程：数据采集、文本预处理、文本分析、视觉呈现和交互等。其中，数据采集是从而公共安全部门内外部和互联网环境中采集需要的文本数据；文本预处理则是对文本进行的各种操作，包括分词、去停用词、提取关键词等自然语言处理；文本分析主要进行文本挖掘、文本聚类、词频统计、关联映射、情感分析等，提取文本的隐含特征和规律，方便从不同视角理解文本内容；视觉呈现则是选择适合的图形或图表将可视化文本呈现出来的过程，需要考虑的因素包括文本的数量、元素和效果等；交互则是指人机交互，添加用户对数据图形的操作功能，实现互动、动态展示。文本可视化的基本框架，如图 3-30 所示。

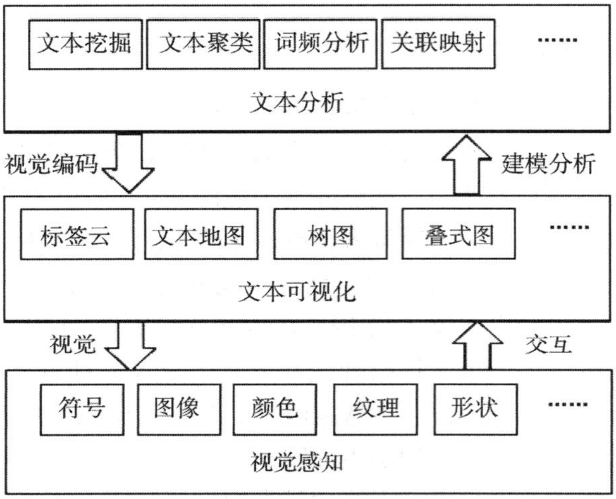

图 3-30　文本可视化框架

为了提高文本可视化的效果，选择合适的视觉编码，将文本数据生动形象的展示出来。对文本进行视觉编码主要包括文本内容和文本关系。其中，文本内容的视觉编码包括尺寸、颜色、形状、纹理、字体等；文本间关系的视觉编码包括网络图、维恩图、树状图、坐标轴等。在实际操作中，可通过词的大小表示该词在文中出现的频率，用颜色区分不同的实体，以提高用户对文本信息的理解和认识。为了用户能够快速理解文本信息的特征和规律，通常系统可根据用户需要进行动态交互，如调整窗口大小、亮度、字体转换等。

根据文本可视化对象的不同，文本可视化包括文本内容可视化、文本关系可视化及多层面信息可视化。文本内容可视化能够快速展示文本内容的重点，主要方法包括基于词频的可视化和基于词汇分布的可视化。基于词频的可视化是将文本看成词汇的集合，用词频表示文本的特征。常用的统计词频的方法是 TF-IDF，并通过标签云进行可视化展示。标签云将关键词按照一定的顺序和规律排列，如频度递减、字母顺序等，并以文字的大小代表词语的重要性。基于词汇分布的文本可视化反映了词汇在文本中的分布情况，主要应用于查询任务。通常是将去掉停用词后的词汇建立索引，图形化地展示用户输入的查询词在文本中的分布情况。如反映词汇分布的可视化软件 Tilebars，结合主题特征的 TopicIslands、添加时间维度的 ThemeRiver、动态变化的 MemeTracker 以及主题分类的 NewsMap 等①。

文本关系的可视化是为了理解文本内容和内外关系，发现文本的潜在规律。文本关系包括文本内在关系和外在关系。文本内在关系体现文本内在的结构和语义关系，通常使用网络图、后缀树、链路图等进行可视化展示。文本外在关系反映文本间的引用关系、网页的超链等直接关系以及相似主题等潜在关系。通过聚类算法用来呈现主题分布，并展示与特定主题相关的关键词，主要应用于信息检索、主题检测、焦点演变等方面。文本主题分析可选择基于统计的方法和基于特征降维的方法，如基于 LDA 主题分析。可通过高维 SVM 表示文本，将高维特征向量投影到 2D、3D 能表示的维数，再进行可视化展示。降维方式包括基于奇异值分解的潜在语义索引、主成分分析、多维尺度分析等。

多层面信息的可视化是从多个维度提供用户理解文本的深层特征和规律。如在文本可视化的基础上考虑时间和空间维度信息。通过添加时间维度，可以发现文本内容在时间变化上的规律。为了更好地将文本内容和时间相结合进行可视化展示，可在文本可视化时，引入时间轴，按时间顺序进行排列。将标签云与时间结合，或者选择叠式图、螺旋图等呈现包含时间的数据。添加时间维度后的文本可视化展示类型有两种：静态展示与动态展示。文本的静态展示是将关键词按时间分布，如按顺序展示 TimeMines、结合标签云展示 SparkClouds，还有聚类树展示、叠式图展示等；文本信息动态展示是指以动画或具有更新性能的展示方法，研究信息的传播、流动规律。文本可视化结合空间维度，可在三维坐标空间展示文本内容，或者在地理坐标图上展示不同地区文本信息的特征规律。通过设定字体大小代表不同空间该词出现的频率，用不同的颜色代表不同的主题等，增强文本的可读性。

文本可视化形式包括标签云图、文本地图、树图（TreeMap）和叠式图（ThemeRiver）等，如表 3-3 所示。标签云能够将所有文字降序排列，对于每一个文字首先将其随机放置在中心线附近，如果其与已经放置的文字重合，则以从内到外的螺旋线路径继续检测是否与已有文字重合，指导将其成功放置在空

① 袁海，陈康，陶彩霞，等. 基于中文文本的可视化技术研究[J]. 电信科学，2014，30(4)：114-122.

白区域，在重合测试中，递归地将词语的边界框分成更小的矩形，使得较小的文字能够嵌在较大的文字的空隙中。标签云其常用的工具有 Wordle、SparkClouds。文本地图能够根据文本和聚类的相似度决定点与点、点集合与点集合的距离，相似度越高，距离越近。树图的构建时，在绘制出最外层的矩形即树结构的根节点后，递归地细分内部空间成矩形块，每一层节点的子节点都递归划分各自的父节点，各个矩形块的面积由其所占权重决定。叠式图的绘制，根据每个主题在离散时间上的权值进行插值，插值函数需要满足在极值点导数为零的约束条件。

文本可视化的评价，主要进行可用性测试，保障可视化的内容和形式能够在公共安全领域应用。同时，需要进行可用性检查，分析文本可视化技术能否真实反映文本数据的特征和内在关系。为了检验文本可视化技术的实用性，还需在具体的应用场景进行测试，并与原始数据进行对比。

表 3-3　文本可视化工具的比较①

可视化技术	数据对象	文本分析技术	交互功能	常用工具
标签云	文本关键词	词袋模型	无	Wordle、SparkClouds
树图	数据层次关系	标注统计	有	Treemap、NewsMap
关联关系	多层面信息	命名实体	有	FactAtlas、CiteSpace
时间序列	事件、时间	流式统计	有	TimeMines、TimeFlow

新闻报道是在各个时间点上形成的、反映重要社会事件的文本。随着互联网的飞速发展，在网络上获取新闻报道已成为现代人的日常生活的一部分，只阅读个别新闻，甚至一组新闻报道，无法看到新闻事件的整体面貌，不能客观判断新闻事件的真实性。刘晓娟等②总结归纳文本可视化基本方法，并且结合成功的应用，提出应用在单个新闻事件、同时发生的新闻事件和先后发生的新闻事件上演变的可视化形式；综合利用基于词频、语义、聚类、时间序列的可视化技术对新闻事件演变过程进行可视化展示。

---

① 袁海，陈康，陶彩霞，等. 基于中文文本的可视化技术研究[J]. 电信科学，2014，30(4)：114-122.

② 刘晓娟，陈嘉勇，刘世希. 文本可视化在新闻事件演变中的应用[J]. 图书情报工作，2010，54(18)：67-71.

3.5.2 时空数据可视化

时空数据可视化是对具有时间和空间维度的数据进行可视化。这种可视化需要考虑到时间和空间因素。具有时间和空间维度的数据在公共安全领域有交通数据、气象数据、自然灾害数据、遥感数据、公安数据等。所有具备时间和空间维度的数据可进行时空数据的可视化。常见的时间数据，如年代、时期、时刻等，常见的空间数据，如地形地貌、山体、海洋、建筑、气候、交通、人口流动等。时间与空间共同组成四维空间，构成宇宙的基本结构；时间与空间都不是绝对的，根据广义相对论，在不同的相对数据或不同时空结构的决策点，测量的时间流逝是不同的。

大数据环境下，时间不再是一个普通的属性。时间和空间是联系在一起的，时空坐标是描述时空事件的统一维度。时间的密度特征表现为离散型、紧凑型和连续型。时间具有多标度性，又称为时间分辨率或时间粒度，在不同的领域，或同一领域的不同应用，时间标度都是不一样的。时空数据中的时间结构包括线性结构、循环结构、分支结构、多维结构。时间的线性结构是指时间是一条没有端点，向过去和将来无限延伸的线轴，除了与空间一样具有通用性、连续性和可测量性外，还具有运动的不可逆性(或单向性)和全序性；循环结构反映了时间的周期性、稳定性，与时间的线性结构不可分割，形成了现实世界在继承中的发展；分支结构分为单向分支结构和双向分支结构，分别反映了具有不同的历史时间结构和未来时间结构的多个目标现象的实际结构，其中各分支具有两两正交性；多维结构是同一目标的演变经历，从不同时间角度来看，体现为时间的多维结构。时间可以分为绝对时间和相对时间。绝对时间是指世界公认的时间，在任何地方都能被识别，并且不需要转换，可直接表示。相对时间指的是为了方便表示、记录和研究，从某一固定时间点为基准，经过一段时间后，得到的时间差值。

空间数据的量级随着时间的累积变得越来越庞大，数据背后隐藏的信息更加难以被发掘。为了发掘目标对象在时间和空间维度上的特征规律，需要进行数据可视化，直观地将时空数据特征展示出来，方便用户的认识和理解。通过时间序列突出对象在时间维度的特征规律。通过三维视图展示空间上的实物特征。时空数据可视化，不仅是展示时空数据的分析和挖掘结果，而且能够表现时空数据原始特征。由于时空数据的数据量大、维度高，需要进行降维处理，一方面提高模型训练速度和效率，另一方面在进行数据可视化时，决策者更易于理解，发现时空数据的本质特征和隐含规律。

通常对空间数据的可视化，一方面，可通过降维处理，将高维的时空数据映射到二维平面展示；另一方面，可直接通过 AR 或 VR 技术展示高维时空数据。时空数据最重要的是表现出时间和空间维度信息。时空数据可视化，往往先进行时间序列分析、空间特征分析和时空轨迹分析等。时间序列可利用时序差分分析法、LSTM 长短期记忆网络、RNN 循环神经网络，分析时间序列上目标对象的状态和规律；空间特征分析，可采用分类和聚类方法，分析目标对象在空间上的分类规则以及群体划分情况，检测离群点，预测目标对象的时空轨迹。通过物联网技术采集时空数据后，进行时空数据挖掘、模式识别、时空轨迹聚类、时空数据关联、异常数据检测等，再选择适合的二维或三维模型图展示。最终表达时空数据的轨迹特征、时空数据的聚类结果、关联关系、异常时空数据点预测等。

时空数据可视化是对时空数据对象的直观展示，通过图像、视频、3D、AR/VR 等方式展示时空维度数据。最重要的是表达时空数据分析和挖掘的结果，描述时空数据的隐含模式规律。时空数据可视化有益于对公共安全中交通流量分析、气象环境分析、自然灾害预警等，帮助解决交通拥堵、交通规划、预防拥堵踩踏、气象预警、自然灾害防范等问题。

3.5.3 多媒体数据可视化

随着时代的发展，多媒体数据(图像、音频、视频等)充斥在各领域和行业。公共安全大数据中部分数据是以多媒体数据形式存在的。公共安全大数据可视化不仅对文本数据、时空数据可视化，多媒体数据可视化也是公共安全大数据可视化的重要部分。多媒体数据本身具有较好的可视化效果，但是仍存在冗余、噪声、理解困难、耗时等问题。因此，多媒体数据也需要进行可视化表示，只是多媒体数据不像其他数据那么复杂。同时多媒体数据的可视化会用前面提到的文本可视化、图像识别、语音识别等技术。一方面通过可视化技术将多媒体数据转换成相关业务人员或决策者可以理解和快速阅读的形式进行展示。另一方面，则是进行原始数据的表示，但由于原数据如图像、音频、视频等内容量大，结构不统一，可能需要优化处理后展示。

大数据时代，多媒体数据所占的比重不断增加。公共安全各个领域产生的数据不仅仅是文本和数值型数据，多媒体数据占据重要组成部分。多媒体数据常见于网络环境、交通、生产、气象、消防、医疗、娱乐等各个领域，在进行可视化时需要高度重视。并且多媒体数据中蕴含的信息量更大，价值密度低。这些数据并不能直观表示其内在价值，而且在阅读信息时太耗费时间和人力。

比如公安人员通过监控视频找到嫌疑人，需要观看大量的视频记录，而且视频时间比较长。可利用数据转换，将多媒体数据转换成更简洁明了的适合各行业阅读的形式进行表示。通过数据可视化充分凸显出数据的价值，且在公共安全领域的安全事件需要实时检测和监督，及时进行数据可视化能够帮助决策者快速了解事件动态，从而及时防控和治理。

多媒体数据主要是图像、音频和视频。图像数据可视化，可以直接展示，或者通过图像数据处理、图像识别技术、特征提取、语义分析、挖掘图像语义信息后，进行文本可视化展示。音频数据可视化，经过语音识别，提取语音文本内容，再通过文本可视化表示。视频数据可视化，根据需要删除无关部分视频，即视频剪辑，或者进行视频编辑，添加标注说明等，方便公共安全工作人员的理解。同时，视频数据相当于多图像集数据，因此视频可视化相当于对图像数据可视化，但是要加上时间维度。多媒体数据可视化框架，如图 3-31 所示。

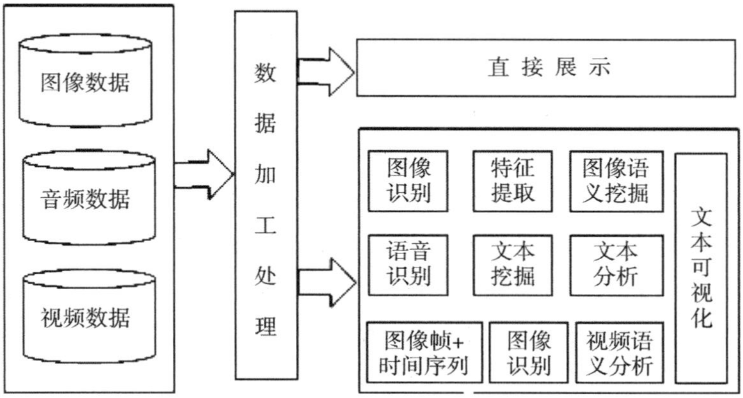

图 3-31 多媒体数据可视化框架

3.5.4 AR/VR 技术

AR/VR 技术作为一种可创建和体验互联网世界的技术，已得到广泛应用，在公共安全大数据管理和安全保障也具有不可缺失性。

(1)虚拟现实

虚拟现实技术(VR)是一种可以创建和体验虚拟世界的计算机仿真系统，它利用计算机生成一种模拟环境，使用户沉浸到该环境中。虚拟现实技术借助计算机技术及硬件设备，使人可以通过感官，全方位感知虚拟的世界。在虚拟世界中的人与人、人与环境可以自由地交互，产生仿佛和真实世界一样情节化的事件和数字化的特性，并可以在时间、空间上超越真实世界①。随着计算机硬件发展，在三维图形处理以及各种外接体感设备的提升，虚拟现实技术日趋完善，用户可以置身于计算机所表示的三维空间数据库环境中，并可以通过眼、手、耳等感知对象的真实状态。虚拟现实可用于公共安全知识教学，使新学员可以快速学习理解公共安全知识、设备的操作与使用、技术规范等。随着技术的发展和延伸，这种虚拟现实的应用模式还可推广应用到市政设施、公安消防应急、城建档案管理等方面。

目前国外对虚拟现实技术应用非常成熟，比如公共安全领域。国外政府机构和安全部门利用虚拟现实技术模拟自然灾害、反恐行动、突发事件推演、火灾救援、交通疏导等，培养应急人员的决策和应对突发事件的能力。为维护公共安全和秩序稳定，将虚拟现实技术用于构建公共安全模拟系统，如加拿大奥运会、雅典奥运会反恐模拟系统，美国纽约、曼哈顿、丹佛等城市安全防范模拟系统；澳大利亚地铁及城市铁路部门共同开发了城市铁路模拟系统等，可以模拟在各种危机情况下，如何安全疏散确保安全运营②。虚拟现实技术提供了可视化的场景，使人能够通过特定的设备，直观感受虚拟现实环境的状态和变化规律，找到应对特定环境下的问题处理办法。通过模拟现实场景，提供感知环境变化的渠道，实现人与环境的动态交互。由虚拟现实营造公共安全突发事件场景，提供应急人员熟悉突发事件的机会。突发事件尚未发生，没有相关的数据做参考，应急人员只有通过不断的模拟演练，才能找到处理突发事件的最优方案，培养应急能力。这种虚拟演练模式，不会造成严重损失，成本低，可重复操作，有效丰富应急人员的临场经验。

公共安全大数据可视化能够让数据所描述的事物和环境以简单可视的形式展示给决策者，提供熟悉数据背后事物的规律和特征，找到应对事物特征变化的方式方法。通过大数据可视化，提高人对数据的认识和理解。在公共安全领域，数据可视化主要是为决策提供指导，防止事件向不可控、产生严重影响的方向发展。虚拟现实技术提供一种特殊的数据可视化方法，让人身临其境，感

---

① 宛军. 虚拟现实技术在公共安全中的应用与开发[J]. 中国公共安全，2014(15)：143-145.

② 王冠虎. 基于虚拟现实技术的消防安全系统的研究与开发[D]. 天津：天津大学，2007.

知事物和环境的变化，是通过一般数据难以描述和表示的。公共安全领域重在防范突发事件的产生。通过虚拟现实进行应急突发事件的模拟演示，如工厂发生爆炸、列车相撞、踩踏、交通拥堵等事故发生，有助于找到问题的源头，以及事件发生后的演化过程，探索防范措施和应对突发事件的调度策略，预防事件的发生或事件发生时将损失降到最低。

通过虚拟现实技术进行公共安全事件的模拟演练，打破时空限制，多部门协同演练，提高应对突发事件的能力。在虚拟场景下进行模拟演练，相关人员可以自定义演练的内容，随时进行，且不会像真实场景中出现错误后造成严重后果。受训人员可以自发地进行多次重复演练，不受外界干扰和约束，增强演练效果。

虚拟现实技术提供人与环境动态交互的工具，为相关人员模拟高危险的虚拟环境，提高其应对复杂环境的能力。通过虚拟现实技术在计算机上真实展现应急指挥车设备的维修过程，增强设备寿命周期各阶段关于维修的各种决策能力，包括维修性设计分析、维修性演示验证、维修过程核查、维修训练实施等。

利用虚拟现实技术进行工业仿真，指导生产。工业仿真是对工业生产的各个环节、设备使用、安全规范、协同调配进行模拟真实应用场景的系统平台。员工可以通过工业仿真平台学习机器的使用规范、操作流程、安全常识等，随时可以重复学习，保障生产的效率和人身安全。领导人员可以通过工业仿真平台合理调配生产材料、人员安排、消除安全隐患，提高生产质量和效率。工业仿真的优点在于，不需要对员工进行专门的培训和教育，系统可以重复利用和优化，节约经济成本；通过工业仿真进行安全调度，模拟生产中的安全事故，提供合理的应急预案，防止事故发生时没有应对策略，造成严重损失。

虚拟现实技术应用在反恐、突发紧急事件中①，具有非常高的经济价值和实用价值。一方面，公共安全突发事件演习要花费大量资金，尤其是当演习规模增加时，费用的消耗非常大；另一方面，应急演习中很容易造成人员伤亡，环境破坏，影响周边正常秩序，设备也容易造成意外损坏，可谓成本高昂；而数字化演习完全可以避免以上弊端，降低演练成本。数字化技术可以模拟一切事物和环境，是传统演练根本无法达到的。可以将情节要素等素材直接取材于真实事件，并建立数据库，不断丰富扩大。通过系统引擎的排列、组合，整合为更加丰富的内容情节。虚拟现实技术提供了长期、便利的训练方法。反恐军

① 丘京松. 虚拟现实技术在公共安全、突发紧急事件中的应用前景[J]. 警察技术，2005(1)：47-49.

事行动、城市警察等危险的工作需要对人员进行很长时间的心理、身体、战术等多方面的训练。而能力的提升需要反复练习，数字化技术方便、快捷，在任何地点、在任何时间都可以完成训练。通过虚拟现实技术可以反复分析、评估方案的实施效果，及时纠正疏漏，进行策略评估，选择最佳方案。

通过虚拟现实，向公众提供应急教育，培养公众的安全意识，科普应急处理知识，提高个人在突发事件中的心态和自保的能力。数字化教材生动形象地向公众传输安全常识，如地震、火灾逃生、心肺复苏、灭火器使用方法、安全生产知识、食物中毒处理办法等，提高公众学习和理解效率。除此之外，虚拟现实技术在工程规划、桥梁设计、医疗诊断、资源开采、城市规划等领域得到实际应用。目前，虚拟现实技术还是用在企业和部门机构，没有得到广泛普及，一方面，是对技术水平要求较高；另一方面，是相关平台和设备比较昂贵。

(2)增强现实

随着公共安全领域研究的不断深入，人们不进行希望通过虚拟现实观察事物，更需要将虚拟的事物和真实环境进行叠加融合，实现人与场景的全方位立体互联，动态感知与交互。增强现实技术能够将虚拟场景与真实场景智能融合，使人观察和认识虚拟事物和真实事物并无区别，具有很强的沉浸感和代入感。增强现实（Augmented Reality，AR）是在用户观察到的真实自然环境中添加计算机生成的文字、图像、3D 模型等信息的技术，将计算机生成的虚拟信息叠加到用户所在的真实世界的一种新兴技术，是虚拟现实技术的一个重要分支。增强现实技术把原本在现实世界的一定时间空间范围内很难体验到的实体信息，通过现代化的科学技术，模拟仿真后再叠加，将虚拟的信息应用到真实世界，达到超越现实的感官体验①。增强现实要比虚拟现实更易于人与周围环境的交互，观察事物的视角更全面，对环境的感知更和谐自然。

增强现实具有三个重要特征②：①虚实融合，即虚拟物体与真实世界共存于用户观察视场内；②实时交互，即用户可与真实世界甚至虚拟物体进行实时的自然交互；③三维注册，即虚拟物体与真实世界精确地对准。增强现实技术包含了多媒体、三维建模、实时视频显示及控制、多传感器融合、实时跟踪及

① 乔秀全，任沛，商彦磊. 关于增强现实技术潜在发展方向的思考[J]. 中兴通讯技术，2017，23(6)：37-40.

② 罗斌，王涌天，沈浩，等. 增强现实混合跟踪技术综述[J]. 自动化学报，2013，39(8)：1185-1201.

注册、场景融合、人机交互等新技术与新手段。

增强现实技术提高了人类对现实世界的感知能力，提供了人类与世界沟通的新的方式。与虚拟现实不同，增强现实技术利用三维跟踪注册技术来计算虚拟物体在真实环境中的位置，将计算机中的虚拟物体或信息带到真实世界中实现对现实世界的增强。近年来，增强现实技术被应用广泛应用于工业维修、影视娱乐、医疗手术、军事、教育培训等多个领域，并逐渐成为下一代人机交互技术发展的主要方向①。

增强现实技术是一种允许计算机生成的虚拟图像实时精确覆盖在实体对象之上的完全式沉浸技术。实现增强现实的关键要素：第一，计算机，可以后台运算渲染图像；第二，跟踪模块，实时跟踪用户位置，确保图像与真实世界精确配准；第三，摄像机，实时反映真实环境；第四，展示设备，最终交互结果的呈现平台。因此，增强现实可以为用户带来一系列新体验，如体验基于真实环境的虚拟模型；提供多种观察体验视角；感受现场真实的自然环境；获取更多额外信息等。

AR 系统中关键技术是跟踪定位技术和显示技术。跟踪定位技术分为视觉跟踪、传感器跟踪、混合跟踪(视觉和传感器结合跟踪)三类②。显示技术可分为投影显示、视频透视式头盔显示、光学透视式头盔显示和屏幕显示四类③。显示技术决定了用户使用增强现实应用的沉浸感、体验感等因素。

通过增强现实技术能够实现人与环境的动态交互，把虚拟的图像、视频、文字、符号等自然地叠加到真实环境中，营造一种沉浸式的临场体验。相比于虚拟现实营造的完全虚拟的场景，增强现实能够将虚拟场景进一步与真实场景叠加融合，使得用户对虚拟事物的感知与真实事物的感知原则上没有区别，更加和谐自然。为了提高人与环境的自然交互，促进虚拟场景与真实场景的无缝融合，三维空间注册技术、人机交互技术和 3D 展示技术发挥重要作用。三维空间注册技术的作用是获取并计算虚拟场景中实物和真实场景中实物的坐标和对应关系，从而将虚拟物体正确投射到真实物体的适当位置，营造虚拟场景与

---

① 王宇希，张凤军，刘越. 增强现实技术研究现状及发展趋势[J]. 科技导报，2018，36(10)：75-83.

② 关媛元，王喆. 增强现实技术发展及应用综述[J]. 计算机产品与流通，2019(1)：98.

③ 关媛元，王喆. 增强现实技术发展及应用综述[J]. 计算机产品与流通，2019(1)：98.

真实场景无缝融合的状态。为了提高增强现实的效果，通过人机交互技术捕获人的情绪、手势、动作等，实现场景与人的互动，使得场景更加真实可感。由于人可以在真实场景中四处移动，观察物体的各个角度，因此需要 3D 展示技术，将营造三维立体的虚拟物体与真实物体进行融合，使得虚拟场景更加逼真。同时，利用智能光照和立体环绕声，使虚拟场景和物体的光照色彩与真实物体更加匹配，场景中的声音与现实环境中的声音融合，提升虚实融合的效果。

增强现实能够将虚拟场景与真实场景进行融合，把虚拟物体叠加到真实物体上，从而提高人对环境的感知与认识。增强现实技术在公共安全领域发挥重要作用，不仅和虚拟现实有相同的应用领域，在一些特殊领域要比虚拟现实技术更具优势。如医疗、设备故障维修、道路设计、城市规划等。在医疗领域利用增强现实进行病人诊治，将采集的病人器官图像建立三维模型，投射到病人的身体上，从而方便医生进行病理分析，找到病源所在。同时，可以利用增强现实技术对手术进行导航，通过增强现实能够提供器官的具体位置、形状，在进行手术操作时，显示器官的状态，防止操作失误。在对工业设备和仪器进行维修时，通过可穿戴设备，在设备上叠加维修指导信息，帮助维修人员进行准确操作。通过对设备仪器建立 3D 投影，了解设备仪器的内部结构、零部件构成，方便进行拆解和组装。智能设备和精密仪器都比较复杂，零部件比较多，维修比较困难，严重阻碍正常生产且存在安全隐患。对设备和仪器的维修和检测是工人每天必须完成的任务。利用增强现实技术能够投射设备运行状况、操作指南，及执行某项操作会产生的结果，都可以进行虚拟展示，且效果逼真，大大提高工作效率，防止因操作失误带来的严重后果。增强现实可用于道路、桥梁涉及和城市规划。如将设计的道路模型叠加到真实环境中，用以评估该设计方案的优劣和对周边环境的影响；构建桥梁三维模型，利用增强现实技术将虚拟桥梁模型融入河流之上，使决策者能够事先了解桥梁建设效果，从而调整优化。

AR 技术提供人与场景动态交互的全新方式，增强虚拟物体与真实环境的融合，使人对事物的感知和理解更加方便快捷。因此，AR 技术在公共安全领域拥有巨大的应用潜力，同时以公共安全领域的特殊性，为 AR 技术的发展提供充足的数据资源和技术支撑。随着智能设备技术的不断提升，算法模型的优化，促进 AR 应用的发展，为安全生产、灾害救援、医疗、公安、消防、模拟训练等许多领域带来更多便利。

3.5.5 传统数据可视化

对于数值型数据进行可视化展示常用的传统数据可视化方法是统计图。统计图是根据统计数字，用几何图形、事物形象和地图等绘制的各种图形，具有直观、形象、具体等特点。统计图可以使复杂的统计数字更加简单形象，使人一目了然，便于理解和比较。因此，统计图在数据可视化和数据分析方面占据有重要地位，并得到广泛应用。在对数值型数据进行可视化时，不仅要选着合适的统计图，同时要对数据进行考察和分析，以达到直接快速表示数据特征的展示效果。统计图常与统计表结合使用，统计表最能直接反映原始数据的维度和内容信息。在数据量和维度不是特别高时，优秀的统计表也能够反映数据的特征和基本规律。

通过统计图对数据进行可视化分析不仅用于探索性数据分析，还用于检验假设、模型选择、统计模型验证、估计量选择、关系确定以及离群点检测方面，以深入认识数据集。此外，在沟通过程中，统计图是快速说明数据规律和特征的工具，给人以直观的感受，具有说服力。通过统计图，发现数据内部结构，检查统计学模型假设，并展示分析结果。

统计图是利用点、线、面、体等绘制成几何图形，由图形、图号、图目、图注等组成，包括条形统计图、扇形统计图、折线统计图、象形图等，能够表示各种数量间的关系及其变动情况。统计图的主要用于描述数据的总体结构，数据对象之间的对比关系、分布情况、周期规律、波动情况，反映数据质量和特征规律等。在公共安全部门进行业务数据可视化分析时，常用的统计图有条形统计图、扇形统计图、折线统计图和网状统计图。但大数据环境下，传统的数据可视化方式，还不足以展示高纬度复杂类型数据。

3D 模型图能够展示建筑物模型、工厂生产流程、海洋截面、山体模拟等可视化。通过 3D 模型充分展示目标的三维信息，给决策者提供直观的感受，相对于数字、文本及二维图形要更加形象。但是大数据环境，数据量非常大、维度更高，使得原有的统计图和 3D 模型图都不能够很好地表示出数据的全貌。在公共安全相关的行业和部门，都有不同的业务职能，可通过流程图、思维导图的可视化方式，展示目标对象的详细内容。数据可视化不仅体现在对数据内容的可视化，且能够对业务数据、操作流程等进行可视化。在不同的行业部门对于业务流程的可视化方式也不同，如金融行业有具体的计量模型图，工业生产有具体的操作流程图、建筑行业的工程图都是对行业目标对象的可视化方式。大数据环境下这些可视化方式依然具有极高的实用价值。其实大数据环境下的可视化就是要相关的决策人员能够快速了解目标对象的具体状态，提升公共安全决策的效率和观察的准确性。总之，不同的公共安全领域的模型图都是为了将该领域的数据内容以领域可读的形式表示，有助于专业人员的认识和理解，从而更好地指导决策。

3.5.6 公共安全大数据可视化设备

公共安全大数据可视化涉及客户端、移动端和虚拟场景，实现中的设备保障具有重要性和不可缺失性。

①客户端。在客户端进行数据展示是公共安全机构和部门常用的可视化方式。将数据分析和挖掘结果经过电脑、显示屏等进行实时或离线展示。数据存储在后端数据库，经过数据分析展示数据的可视化结果，并通过计算机进行调整数据可视化的形式。如展示二维的统计图、三维的模型图，或者同时展示多种数据可视化图表；即可进行实时数据的检测和动态展示，又可以对离线数据进行分析和可视化。客户端可视化的优势：数据运算能力强，可视化方式多，可多界面同时展示，人机交互能力强。

②移动端。随着移动终端设备的普及，移动端的数据可视化得到快速发展。移动端可视化是通过移动智能设备展示数据可视化结果。移动端包括移动手机、平板、智能可穿戴设备等。移动端数据可视化能够帮助决策者随时随地看到数据的变化，如交通数据流量可视化、工业生产数据可视化、金融数据分析、气象数据等，实现数据的远程监控和观测。通过移动端进行数据可视化，更加轻便、远程监控、不受时间地点的限制。缺点设备性能低、界面较小、运算能力差。

③虚拟场景。虚拟场景能够同时展示时间、空间、人物、事件、温度、气压等多种信息；模拟火灾现场的场景、人员流动场景、消防设备布局、建筑物虚拟空间结构、周围环境等多种场景状态，为火灾防范和救援提供最优的决策参考。虚拟场景可以通过 AR/VR 营造多维度数据可视化空间，使得数据特征和关系更加易于理解和感知。通过场景馆营造虚拟场景，进行数据可视化，更加生动形象的展示数据的全貌，人与场景之间可以实现动态交互。虚拟场景可视化，实现数据的智能化展示。不同的决策者有不同的需求偏好，借助场景馆能够展示数据可视化的形式，符合决策者的阅读偏好和理解能力。虚拟场景对设备性能要求高，可以展示数据的高纬度特征，人机交互性能高，可视化能

力强。

小　结

在大数据智能化管理模型构建的基础上，本章以科学研究第四范式理论为指导，遵循公共安全大数据管理的生命周期，分别从公共安全大数据采集、数据处理、数据存储、数据分析与挖掘和数据可视化等不同阶段，深度探索相应阶段大数据智能化管理的关键技术，以期突破大数据技术的瓶颈问题，为大数据智能化管理的理论模型实现提供有力的支撑。

公共安全大数据采集是进行公共安全防范和治理的第一步，也是关键一步，获取精准全面的公共安全数据能够实时掌握公共领域的动态，为公共安全防范和治理提供数据基础。公共安全大数据采集过程，涉及各主体之间的信息数据传递，技术只是提供重要的采集工具，仍须建立一种协同模式，增强各主体之间的信息交互，形成多元主体协同，打破单一主体结构复杂、信息共享难度大、数据不兼容等制约公共安全数据有效采集的困境。同时，采集全面的公共安全数据，必然涉及公众隐私、信息安全等问题，针对这类问题既要从技术层面提供支持，又要从管理和法律法规层面提供保障。

在公共安全大数据处理阶段，首先对采集的多源异构大数据资源进程规范重构，包括多源异构数据抽取和基于语义空间的规范重构两部分；接着，进行多源大数据的交叉融合，实现大数据资源的智能分析和筛选；再就是，建立公共安全领域数据语义关联，即通过将大数据资源映射到高层语义空间，实现统一的内容理解，并基于关系推演建立语义关联机制，将公共安全领域同一主题的不同部门数据资源进行数据间、信息间、知识片段间多类型、多维度、多粒度的语义关联；最后，探索公共安全领域中的智能耦合技术，即采用区块链实现各类大数据资源的动态耦合，为公共安全事件智慧管控的实现提供资源智能管理服务。

在公共安全大数据存储阶段，根据不同部门的各类数据安全和应用需求，搭建基于 Hadoop 的云存储和网格存储系统，保障数据的安全存储，实现信息的跨部门协同共享，借助云计算、网格计算进行大数据处理，为大数据分析与挖掘奠定基础。

公共安全大数据分析涉及数据挖掘、深度学习、语义分析、社会网络分析、时序差分分析、时空轨迹分析、语音/图像识别等技术，不同的行业和领域对数据分析的要求和业务需求不同，使得数据分析和挖掘的视角亦不同。因此，公共安全大数据分析应面向公共安全具体领域，以领域用户的需求和业务目标为导向，根据具体应用对象和领域特征进行数据分析和挖掘，使得分析结果能够为决策用户充分理解和辨识。

大数据可视化是公共安全大数据智能化管理最后一个阶段，不仅能够展示多维度信息，而且将事件的发生以多维度情景展示的形式进行可视化，并自动整理数据的可视化结构、内容、元素，动态调整可视化界面的维度。决策用户将不仅能够通过视觉观察数据，而且将通过全面调动人的感知器官，感知和洞察数据的维度和动态变化。因此，大数据可视化技术能够建立用户与数据之间的紧密联系，直观、高效地获取数据的内在关联和特征，使得决策用户对复杂动态的公共安全态势有直观清晰的认知，从而为研判公共安全事件提供决策支持。

4 公共安全大数据资源的跨部门交互

在智能化管理的基础上，公共安全大数据资源需要进行跨部门信息交互，以实现不同职能部门的协同调配与集成服务。针对目前职能部门信息化建设采用“中心化”的体系架构，导致不同部门存在数据资源无法进行有效共享和交互的问题，本章首先分析职能部门跨部门信息交互的需求，在此基础上提出去中心化的公共安全跨部门信息交互模式；进而，以顶层设计作为公共安全跨部门信息交互实现的指导思想和方法论，引入区块链技术，研究基于区块链的公共安全跨部门信息交互体系构建，包括基于区块链的信息交互体系结构和信息交互协议设计；最后，将基于区块链的跨部门信息交互体系应用于实际公共安全领域中，从安全生产、疫情防控以及自然灾害救援三个领域进行案例分析。

4.1 公共安全大数据资源的跨部门交互需求与模式

在公共安全领域，长期以来相关职能部门的数据资源管理建设采用中心化体系架构，即采用所谓“烟囱式”系统建设，采用的设计模式按照软件项目开发流程和标准执行，即当职能部门提出公共安全管理业务需求，信息资源管理围绕着本部门的应用开展，贯彻着需求分析、设计、开发、测试和应用整个信息资源建设周期。从某种程度上看，职能部门的信息资源管理平台的上线都预示着一座新的烟囱矗立而成，而这种完全基于业务需求建设系统的方式已经成为 IT 系统的标准流程。从职能部门局部视角和范围上看，这种信息化建设模式将工作重心放在部门内部信息资源建设和管理上，一方面能够基本满足职能部门的内部业务需求，另一方面却受到以信息资源为中心的传统理念的影响和部门本位思想的严重束缚，部门和部门之间的信息交互和共享却没有得到应有的重视。

4.1.1 公共安全大数据跨部门交互需求

随着大数据时代的到来，公共安全大数据呈现出数据量巨大而且信息类型多样、复杂的特征，数据被相关职能部门、企业和个人用户大规模地生产，造成了数据洪流。目前公共安全职能部门这种数据资源管理的"中心化"建设模式已不适应公共安全大数据资源的管理，导致部门之间的信息交互困难，不同部门的数据资源无法进行有效交互和共享，这对公共安全突发事件管控是非常不利的。基于此，公共安全大数据资源的跨部门信息交互需求包括以下几个方面：

①避免部门资源的重复建设，减少信息交互的费用。传统公共安全"中心化"体系结构采用"烟囱式"模式管理和使用数据资源，导致大量的数据资源和业务功能在各个职能部门信息系统中同时存在，仅从数据管理和运维两方面成本投入的角度来说，重复投资和重复建设情况较多，相关数据管理的平台设备利用率不高，资源浪费严重。因此，在大数据环境下，如何更好地整合和优化部门之间的信息资源和业务功能，避免部门资源的重复建设，打通这些"烟囱式"系统之间的连接，提高部门交互效率并减少交互费用，成为跨部门信息交互的需求之一。

②实现跨部门的信息共享和服务重用。当前职能部门信息资源开发利用水平较低，信息资源仅局限于本单位的应用，大量信息资源无法发挥应有价值和作用，难以满足不同职能部门的业务协同需求，不同部门的数据资源无法进行有效共享和交互，存在"数据孤岛"和"数据壁垒"等问题。因此，如何构建有效的数据资源管理模式，贯彻打通公共安全领域相关职能部门之间的纵向(上级到下级)和横向(同级的跨领域、跨行业部门)网络连接，实现跨部门的信息共享和服务重用，将数据和服务流向最需要它们的地方，充分体现数据和服务的价值成为跨部门信息交互的需求之一。

③信息交互的高效和数据安全。在公共安全大数据资源跨部门信息交互的过程中，涉及不同职能部门之间的应急联动，如何减少信息交互时间，提高信息在不同部门、企业之间的交互效率，实现公共安全突发事件的实时管控，是跨部门信息交互亟待解决的关键问题；同时在跨部门信息交互中，如何有效防止数据的泄露和丢失，保障数据存储和传输的安全，亦是跨部门信息交互的需求之一。

④基于信息交互的跨部门协同调配与集成服务。跨部门信息交互的目标是实现不同职能部门、组织的信息资源和服务的协同，通过信息交互实现数据资

源跨系统协同，实现不同部门应用系统之间的数据流动、分布式资源集成揭示、多部门应急联动及资源调配，为决策指挥中心提供数据资源的集成服务。因此，在信息交互过程中如何实现数据资源的跨部门协同调配与集成服务亦是跨部门信息交互的需求之一。

4.1.2　去中心化的公共安全跨部门数据交互模式

“去中心化”的本质是一种开放、共享的思想。实际上，互联网、物联网、共享经济等新兴概念都体现了去中心化的思想，只是在不同领域有不同的外延。互联网的本质是实现信息的去中心化：早期的互联网(Web1.0)实现了信息在全球范围内的瞬间传递，打破了信息不对称的壁垒，拉近了人与人之间的距离；随着 Web2.0 时代的到来，网络内容不再仅仅由专业网站或特定人群产生，而是全体网民共同参与、权级平等的共同创造的结果，任何人都可以在网络上表达自己的观点或创造原创内容，互联网信息得到进一步的开放和共享，即去中心化。物联网(Internet of Things，IoT)概念最早由麻省理工学院的 Kevin Ashton 提出，2010 年我国的政府工作报告中将物联网定义为：通过信息传感设备，按照约定的协议，把任何物品与互联网连接起来，进行信息交换和通信，以实现智能化识别、定位、跟踪、监控和管理的一种网络；可见，物联网是互联网的一种延伸和扩展，其信息开放和共享的对象拓展到了实体物品。“共享经济”的提出体现了物品所有权的去中心化：共享经济将交易重心由取得物品的所有权转移至物品的使用权，通过开放和分享物品使用权，实现物品使用权的灵活配置、利用效率的提高、生产要素的社会化和经济的高质量发展。

随着“互联网+”的推进和智慧城市的建设，去中心化的大数据资源管理模式正在逐渐拓展到城市发展中各个社会领域。在公共安全领域，构建分布式、跨部门的大数据资源管理体系架构，采用高度自组织、自运行的机制，即使数据资源在没有中心化管理和控制的情况下也能够实现各个职能部门安全、高效地进行信息协同和交互，解决传统数据资源管理中存在的资源重复建设、数据壁垒和数据孤岛等问题。在“去中心化”的数据资源管理体系架构中，整个系统是一个去中心化、智慧型的数据管理和服务体系，各个职能部门信息系统仅是体系架构中的一个节点，而不再是信息提供和管理的中心，体系架构中的各个节点地位对等，并以公共安全管控决策人员需求为导向，通过数据融合、数据关联和服务重用，实现跨部门、跨层级、跨业务的信息交互和协同管理，为决策中心数据分析和突发事件管控提供数据支撑。

去中心化的跨部门信息交互系统以公共安全管控决策人员需求为导向，整个信息交互系统是一个去中心化、智慧型的数据管理和知识服务体系，其中“去中心化”体现在以下三个方面：

①公共安全数据资源管理体系架构的去中心化。各个职能部门信息系统仅是整个体系架构中的一个节点，而不再是信息提供和管理的中心，体系架构中的各个节点地位对等，所有节点都可以成为数据资源的使用者、传播者或提供者，实现信息交互过程的“点对点”对等传输和数据资源的高度共享。由于去中心化体系架构中数据资源的高度共享和自由传输，如何实现跨部门信息交互的安全和可信是需要解决的重要问题，系统需要保障信息交互过程的可追溯性、可审计性，防止数据资源管理中的数据侵权行为。

②信息服务过程的去中心化。在去中心化的数据资源体系架构中，公共安全信息服务可以采用“松耦合”方式进行业务融合和服务过程的可重用，即各个部门系统建立在共享服务体系上，以服务封装或服务调用的方式实现不同系统之间的业务融合和服务重用。通过构建共享服务体系，能够将各个部门的业务模块和服务功能进行融合和重用，从而有效实现信息服务过程的去中心化，降低了不同系统间实现业务交互所带来的集成和协同成本，为实现不同职能部门的协同调配与集成服务提供有力的支撑。

③去中心化体系架构的生态运作。公共安全大数据资源管理采用去中心化的数据资源管理体系架构，要实现整个体系架构的正向循环和运作，需要一定的竞争机制和激励机制，如图 4-1 所示。去中心化体系中职能部门的信息协同服务需求是核心驱动力，在管控过程中部门首先提出协同服务请求，通过一定的竞争机制，系统识别与该部门需求最为匹配的资源节点，通过点到点的传输完成信息知识的交互；将所有信息的交互过程记录到一个去中心化的数据库中；引入一定的激励机制，用于鼓励和约束节点参与区块链验证和记账过程。

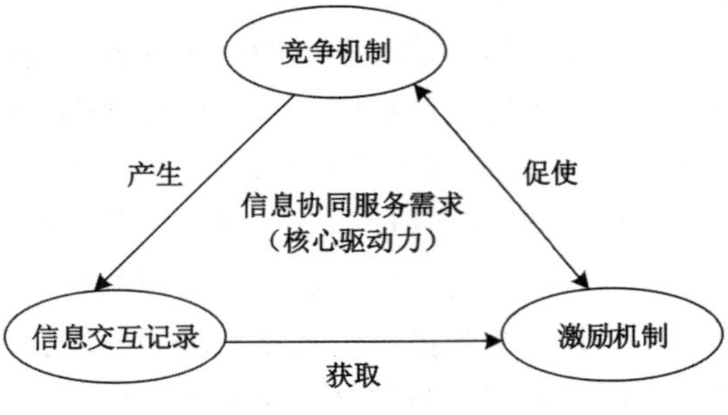

图 4-1　去中心化的跨部门信息交互生态运作流程

激励措施包括荣誉激励、信用激励、物质奖励等手段，促使系统中的各个部门积累更多的数据资源储备以获取竞争优势，而为了获得更多的数据资源储备，部门用户将不断提交协同服务需求，产生更多的点对点信息交互记录，从而逐渐形成换一个正向循环、积极运作的公共安全跨部门信息交互生态系统，使得即使在没有中心化数据资源管理机构的组织下，整个系统也能够得到自然运作和发展，实现各个职能部门安全、高效地信息协同和交互。

值得注意的是，这种“去中心化”体系架构仅仅只是从技术视角上实现职能部门之间的资源共享和跨部门信息交互，打通职能部门间因“条块分割”导致的“数据壁垒”问题，但从行政管理视角上必须由政府相关监管部门进行统一的集中化管理，将分布式、去中心化的数据资源管理体系纳入集中式的行政管理体制之中，供政府决策中心进行协同调配和集成服务，即实现“去中心化”公共安全数据资源管理体系架构和“中心化”行政管理体制的辩证统一，从而能够更好地实现决策中心对公共安全大数据资源的“中心化管控”。

4.2 基于区块链的公共安全跨部门信息交互设计

去中心化应用的实现需要区块链技术的支持。本节首先以顶层设计作为公共安全跨部门信息交互实现的指导思想和方法论，进而引入区块链去中心化技术，以区块链作为公共安全跨部门信息交互实现的主要技术，构建基于区块链的公共安全跨部门信息交互体系，包括基于区块链的信息交互体系架构和信息交互协议设计两方面，旨在实现公共安全跨部门信息交互中数据资源管理去中心化和生态运作，为职能部门跨部门信息交互提供数据资源共享、高效且安全的可重用服务，为实现大数据资源跨部门信息协同调配与集成服务提供支撑。

4.2.1 顶层设计指导下的跨部门信息交互设计

顶层设计构架为跨部门信息交互设计提供了一个基本框架，在这一框架下数据形态的信息资源得以在部门应用中有序流通。

(1)顶层设计构架与要求

顶层设计，顾名思义就是从顶层、全局进行设计。目前，顶层设计已经广泛被各个行业所使用，顶层设计成为许多研究者的研究方向。顶层设计也受到了国家层面的重视，国务院前总理温家宝在政府工作汇报中强调深化改革要“更加重视改革顶层设计和总体规划”。对于顶层设计，不同的研究者给出了不同的定义。王欢喜认为顶层设计代表的是一种系统论思想和全局观念，通常是指从全局视角出发，围绕某个对象的核心目标，统筹考虑和协调对象的各方面和各要素，对对象的基本架构及要素间运作机制进行总体的、全面的规划和设计①。郭路生等认为顶层设计指运用系统论的方法，从全局的角度，对设计对象或领域的各个方面、各层次、各要素进行统筹规划，以高效地实现整体目标②。杜链从系统科学的角度讨论“顶层设计”的思路和方法，将“顶层设计”看作是识别系统类型和系统层次的方法论③。孙俐丽认为顶层设计即是从需要解决的问题出发，将总问题分解为若干相对独立的子问题，子问题再逐级分解直到可以很容易地解决等。④

顶层设计的要求有 3 个：①顶层决定性，顶层设计统揽全局具有决定作用，低层级的设计目标和任务都是围绕顶层规划展开的；②整体关联性，顶层设计理念强调各要素之间有机联系、相互协调匹配，为整体目标服务；③可操作性，顶层设计要切合实际，表述简洁明确，具有实践可行性⑤。

(2)基于 EA 理论的顶层设计方法论

总体架构(Enterprise Architecture，EA)，是近年来国际上普遍采用的 IT 规划、管理和复杂系统设计与实施方面的理论、方法和工具⑥。EA 被广泛应用于企业或组织的信息化建设当中，是实现顶层设计的方法论。

随着信息技术的不断深入应用，企业或组织中的信息系统也越来越复杂，这就导致了业务需求和信息系统的严重不平衡。而造成这种不平衡的原因是：大多数信息系统的发展只考虑了眼前的利益，而没有站在全局的角度进行宏观调控。因此，在 20 世纪 70 年代中期，美国军方开始组织研究信息化整合、信息资源共享及资源节约方面的技术，顶层设计架构就是在此基础上发展起来的

---

① 王欢喜，王璟璇. EA 在电子政务顶层设计中的应用[J]. 图书情报工作，2012，56(3)：140-144，148.

② 郭路生，刘春年. 基于 EA 的公共文化服务大数据应用体系顶层设计研究[J]. 图书馆学研究，2019(5)：31-37.

③ 杜链. 顶层设计的思路与方法——城镇信息化战略研究[J]. 电子政务，2016(6)：80-88.

④ 孙俐丽，吴建华. 关于国家数字档案资源整合与服务机制顶层设计的初步思考[J]. 档案学研究，2016(1)：57-61.

⑤ 孙俐丽，吴建华. 关于国家数字档案资源整合与服务机制顶层设计的初步思考[J]. 档案学研究，2016(1)：57-61.

⑥ 王欢喜，王璟璇. EA 在电子政务顶层设计中的应用[J]. 图书情报工作，2012，56(3)：140-144，148.

一套理论①。不同的研究者对 EA 概念有着不同的定义。Zachman 首先提出了顶层设计框架(EA)，它是一个描述 EA 的蓝图，描述了构成信息系统的全部要素以及它们之间的关系。美国管理和预算办公室(Office of Management and Budget，OMB)将 EA 定义为业务和管理流程与信息技术之间当前和将来关系的显式描述和记录。OPEN GROUP 认为 EA 是理解组成企业或组织不同的元素，以及这些元素之间的关系。

EA 在顶层设计中应用最为成功的当属美国的联邦体系架构(Federal Enterprise Architecture，FEA)。FEA 是在 EA 的理论基础上发展起来的，用于指导美国实施电子政务的概念化框架。参考模型是 FEA 的核心，分别从绩效、业务、服务、数据和技术 5 个角度勾画出 5 个详细的模型，作为联邦政府的顶层架构②。

(3)顶层设计的规划与实现

顶层设计因其全局性、系统性的指导整体规划，被国内研究者应用于各个领域。孙俐丽③等针对我国档案资源数字化过程中缺少宏观调控，对顶层设计用于档案资源数字化进行了研究，构建了“国家数字档案资源整合与服务机制的顶层设计方案”。在此指导下，又建立由“国家数字档案资源调查方案、整合模式、服务机制、保障体系”构成的普遍适用的国家数字档案资源整合与服务的框架。刘密霞④等通过分析阐述电子政务演化的规律，详述了信息资源共享的标准方法——顶层设计架构和互操作框架；论述了“十二五”期间国家政府信息化工程信息共享和业务协同的方法，最后提出了基于 EA 的中国电子政务信息资源共享方法的思路。郭路生⑤等基于 EA (总体架构)对公共文化大数据应用体系进行顶层设计，通过分析我国公共安全大数据应用的现状及存在的问题，将顶层设计理论应用其中，搭建了基于 EA 理论的公共文化大数据应用

---

① 刘密霞，丁艺. 基于顶层设计的电子政务信息资源共享研究[J]. 电子政务，2014(9)：84-90.

② 王欢喜，王璟璇. EA 在电子政务顶层设计中的应用[J]. 图书情报工作，2012，56(3)：140-144，148.

③ 孙俐丽，吴建华. 关于国家数字档案资源整合与服务机制顶层设计的初步思考[J]. 档案学研究，2016(1)：57-61.

④ 刘密霞，丁艺. 基于顶层设计的电子政务信息资源共享研究[J]. 电子政务，2014(9)：84-90.

⑤ 郭路生，刘春年. 基于 EA 的公共文化服务大数据应用体系顶层设计研究[J]. 图书馆学研究，2019(5)：31-37.

体系基本框架，并阐述了各个要素之间的关系。杨俊丽①通过梳理国内外对学科服务的研究，提出顶层设计是解决当今学科服务难题的关键选择和迫切需要。基于顶层设计理念，构建了“纵向规划、横向协同”的顶层设计体系，旨在解决高校图书馆学科服务存在的问题，并推动学科服务的快速发展。陆小敏②等在分析了智慧城市的内涵、愿景、特征和需求的基础上，设计了由城市基础要素体系、运行管理体系、公共服务体系、技术支撑体系、法律保障体系、评估体系等六大体系构成的智慧城市顶层设计总体框架。

(4)基于顶层设计的公共安全跨部门信息交互

在大数据时代下，公共安全各部门应当突破传统业务割据和信息孤岛限制，实现跨部门的智能耦合和协同服务。传统的公共安全职能部门各自为政、缺乏信息交互，条块分割明显。目前，虽然部分职能部门已经实现了内部的信息协同，但对于实现跨部门的信息协同还存在一定的问题，如全国、全省没有统一规划，均由各个地方机构协同，全国、全省的“公共安全信息孤岛、数据壁垒”问题仍然存在；另外，目前公共安全信息交互没有将社会公众、企事业单位等个人或组织考虑进来。这些问题均说明实现我国公共安全跨部门信息交互缺乏宏观上的整体规划。

为了解决上述问题，确保实现公共安全各部门纵向和横向的信息交互，我们将顶层设计理念应用于基于区块链的公共安全跨部门信息交互中。顶层设计理念从全局出发，自顶向下设计基于区块链的公共安全跨部门交互体系架构，为实现公共安全跨部门信息交互提供战略思想，解决当前我国公共安全部门存在的信息孤岛、数据壁垒问题。

利用顶层设计理念指导基于区块链的公共安全跨部门信息交互的意义在于：①确保基于区块链的公共安全跨部门信息交互的宏观性、顶层性。顶层设计从顶层出发，强调全局和整体，提供宏观指导性和整体规划。开展顶层设计的目的就是为了从宏观上实现公共安全跨部门信息交互以及实现信息的整合和有效利用。②顶层设计为基于区块链的公共安全跨部门信息交互提供整体框架。顶层设计思想考虑了构成跨部门信息交互体系的各个要素，以及各个要素之间的关系。通过这些要素之间的关系，指导构建基于区块链的公共安全跨部门信息交互体系，为实现跨部门信息交互提供框架指导。顶层设计将各个要素

---

① 杨俊丽. 高校图书馆学科服务的顶层设计研究[J]. 现代情报，2016，36(4)：48-51.

② 陆小敏，陈杰，袁伟. 关于智慧城市顶层设计的思考[J]. 电子政务，2014(1)：15-22.

整合在统一的体系框架中，容易达成共识，促进实现信息的整合和公共安全跨部门信息交互。③顶层设计为基于区块链的跨部门信息交互的落地实施提供方向。顶层设计的思想，不仅要考虑顶层性，也要考虑到设计的清晰性和可实施性。在利用顶层设计进行跨部门信息交互体系框架设计时，需要将该体系架构是否可实施考虑进去，为其落地实施提供方向。

顶层设计理念应用于公共安全跨部门信息交互中，要做到以下几点：①对象多样化。顶层设计中的“顶层”指的是从顶端对全局进行设计，而不是对象上的最顶端。因此，顶层设计中的对象可以是国家层面、省市等层面。②规划整体性。基于顶层设计的信息交互要从全局、整体出发，跳出视野局限性，从更广阔的的角度进行设计。③包含要素全面性。顶层设计从顶端进行设计，其要素不仅要包含公共安全跨部门信息交互的业务要素，也要包含实现跨部门信息交互的技术要素，甚至要包含设计对象的外部环境影响等要素。同时，在顶层设计中也要考虑这些要素之间的相互联系。

4.2.2 区块链与公共安全信息交互设计

近年来，对区块链技术的研究与应用已成为当下热点①。2016 年，工业和信息化部发布了《中国区块链技术和应用发展白皮书》(以下称为白皮书)，总结了区块链发展现状和趋势，分析了核心关键技术及典型应用场景，提出了我国区块链技术发展路线图和标准化路线图等相关建议②。白皮书的发布，加速了区块链技术在我国的发展，也让区块链技术在物流、金融、电子政务等方面被广泛应用。

(1)区块链的技术发展与特点

对于区块链这一概念，许多相关研究者都给出了定义。区块链这一概念最早由中本聪在比特币白皮书中提出③。何蒲认为区块链是指一种电子记录形式的账簿，其中每一个区块是账簿的一页，从第一页“链接”到最新一页④，而

① 高国伟，龚掌立，李永先. 基于区块链的政府基础信息协同共享模式研究[J]. 电子政务，2018(2)：15-25.

② 周平，杜宇，李斌. 中国区块链技术和应用发展白皮书[R]. 北京：工业和信息化部，2016.

③ 中本聪. 比特币白皮书：一种点对点的电子现金系统，2008[EB/OL]. [2019-01-10]. https://www.8btc.com/wiki/bitcoin-a-peer-to-peer-electronic-cash-system.

④ 何蒲，于戈，张岩峰，鲍玉斌. 区块链技术与应用前瞻综述[J]. 计算机科学，2017，44(4)：1-7，15.

这些区块一旦确定，便不能再改变。塔林认为区块链是一个去中心化的分布式数据库，具有不可逆、无法篡改、匿名性、去中心化、可追踪、数据全员参与共同维护等特性①。虽然不同的学者给出区块链定义有所不同，但其本质是一致的，即区块链是一个去中心化基础架构和分布式计算范式，本质上是一种分布式数据库，依靠参与方共同维护，且无法篡改，安全性高，为中心化系统中普遍存在的成本高、效率低、数据存储不安全等问题提供了解决方案。

区块链之所以被广泛应用在各个领域，离不开其自身具有的特点。区块链具有以下特点：①去中心化。在整个区块链中，各个节点的功能是对等的，具有均等的权利和义务，不需要依赖第三方。区块链采用分布式计算和存储，脱离了中心化管理，做到去中心化管理。② 去信任。区块链采用分布式存储的方式，多个节点共同维护区块链，并且采用非对称加密技术、哈希算法等技术来保证各个节点的权益以及数据的安全。这些技术和方法使得区块链上的各个节点之间，即使没有信任基础，也可以进行信息交互，做到真正地去信任。③不可篡改、高安全性等。区块链采用非对称加密技术，公钥加密，私钥解密，黑客很难攻克，从而保障了各职能部门区块信息的安全。区块链的共识机制，使得要想篡改区块信息，必须拥有全网51%的算力，而这对目前的技术来说很难实现。区块链的每个节点都拥有区块链的完整数据，且数据一致，即区块链数据备份。因此一个节点出现故障，不会导致信息的失效，也不会导致其他节点的运行，仍可以从其他节点获取相关信息，保障信息安全。

(2)区块链分类应有

根据区块链应用范围，可以将区块链从架构上分为三种类型：公有链、联盟链、私有链②。

公有链中所有节点对任何人开放，所有人都可以随时加入，每个节点平等，都具有交易权和记账权。由于公有链的完全开放性，使得其需要使用工作量证明来保证公平。工作量证明需要通过大量的算法计算，需要消耗大量的资源，提高篡改成本。这就导致使用公有链，虽保证了信息的安全和公平性，但却牺牲了效率。

私有链用于特定机构的内部数据管理，只有机构内部人员才可以参与，常

---

① 塔琳，李孟刚. 区块链在互联网金融征信领域的应用前景探析[J]. 东北大学学报(社会科学版)，2018，20(5)：466-474.

② 中国电子技术标准化研究院. 区块链参考架构[C]. 中国区块链技术和产业发展论坛，北京，2017.

用于企业等组织中。并且私有链仍是由单个中心节点控制，虽提高了运作效率，且可以实现更好的权限控制，但失去了一定的公平性。

联盟链介于公有链和私有链之间，仅部分人参加，并选取某些节点作为记账人，而其他节点只有交易权而无记账权。各个节点通常有对应的实体机构组织，通过授权加入或退出区块链系统，因此联盟链节点之间的数字身份互相知晓，提前达成共识。由于不需要所有节点验证，因此联盟链的效率高于公有链。联盟链也因由某些节点共同参与验证、记账，保存了一定的去中心化特性，从而保证了相对的公平。

表 4-1 为三种类型的区块链的对比。

表 4-1　公有链、联盟链和私有链的对比

区块链的关键特征	匿名性	去中心化	集体维护	开放程度	效率	公平性
公有链	√	√	√	开放式	低	高
联盟链		部分	√	半封闭式	中	中
私有链				封闭式	高	低

(3)区块链技术架构与设计模型

区块链具有去中心化、去信任、不可篡改、高安全等特点，离不开区块链技术原理。袁勇等认为区块链技术的基础架构模型由数据层、网络层、共识层、激励层、合约层和应用层组成①。区块链的技术架构模型如图 4-2 所示。区块链的核心技术主要包括：分布式存储、加密算法、共识机制、智能合约等。这些技术共同实现了区块链数据系统的共同维护、高安全、去信任、透明化。

数据层是区块链的物理表现，主要包括区块数据、链式结构、哈希算法、Merkle 树、时间戳、非对称加密等技术要素。该层次采用的是“区块+链”的数据结构，由区块头和区块体组成。区块头中包括了当前区块链的版本号、前一区块的哈希、时间戳和随机数等。而区块体中包含了各种数据。区块链利用了非对称加密技术，对这些数据进行密码学算法处理。

① 袁勇，王飞跃. 区块链技术发展现状与展望[J]. 自动化学报，2016，42(4)：481-494.

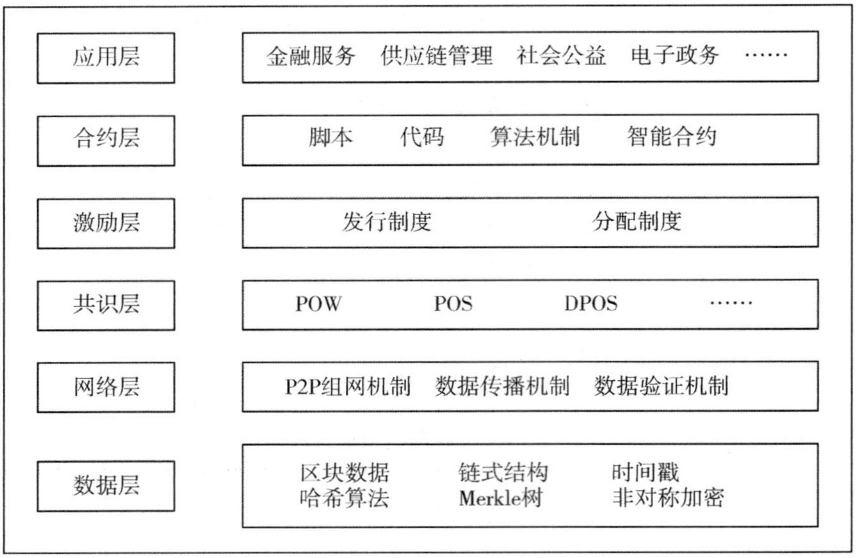

图 4-2 区块链技术的基础架构模型

网络层是区块链的工作机制。网络层包括 P2P 组网机制、数据传播、验证机制等。网络层采用的是 P2P 网络，每个参与的节点地位相等，并且通过扁平拓扑结构进行相互间的联系。产生交易的节点会将交易区块广播到全网中，其他节点收到该交易区块后会对其进行有效性验证。验证成功的区块会由某个节点将其记录在区块链上，其他节点进行同步更新，保证区块链的一致性，实现信息的协同。数据验证机制可以防止一些不法分子的恶意篡改，保证了数据信息的不可篡改性。

共识层包含了共识算法和共识机制，能让高度分散的节点在去中心化的区块链网络中高效地针对区块数据的有效性达成共识。共识机制主要有工作量证明机制(POW)、权益证明机制(POS)、授权股份证明机制(DPOS)等。POW 共识的核心是通过各个节点的算力竞争来保证数据的一致性。算力强大的节点就有很大可能性获取区块记账权。其缺点是强大的算力，需要消耗大量的资源，造成资源浪费，降低区块链效率。POS 共识解决了 POW 造成的能源浪费问题，通过最高权益来获取区块记账权，即拥有某种特定数量信息的所有权越高的节点，则获得记账权。DPOS 共识与“董事会决策”类似。即通过投票等方式，在所有节点中选取部分节点，并由这些节点来轮流进行区块记账。DPOS 减少了参与验证和记账的节点数量，不需要所有节点都来进行验证，减少验证时间，从而可以快速实现共识验证。

激励层主要包括经济激励的发行制度和分配制度。区块链需要参与的节点共同维护，共同验证，完成记账过程。而节点参与验证的动力是自身利益的最大化。因此，区块链需要激励机制来鼓励和约束节点参与区块链验证和记账过程。激励措施包括荣誉激励、信用激励、物质奖励等手段。

合约层包含各种脚本、代码、算法和智能合约，是区块链可编程的基础。智能合约是一种计算协议，可以将业内规则转换为在区块链平台自动执行的合约①。智能合约可以用于编程和操作数据，合同和协议都可以进行数字化处理，并写入智能合约中。在区块链运行当中，如果达到智能合约触发的条件，智能合约将会被执行；智能合约一旦被执行，将不能终止。在区块链系统建立之前，各个节点之间可以将相关协议智能合约化。那么在区块链系统运行过程中，一旦触发智能合约执行的条件，则会自动执行合约的内容，此过程由计算机自动执行，而不需人为控制执行。智能合约的存在，可以提高区块链系统的效率。

应用层是区块链应用于各个领域的接口，其封装了各种应用场景和案例。区块链技术通过接口可以应用在金融服务、供应链管理、社会公益、电子政务等方面。

4.3 基于区块链的公共安全跨部门信息交互组织

公共安全是经济社会正常运行和可持续发展的重要基础。频繁发生的公共安全事件在一定程度上破坏了社会的稳定，损害公共利益，挑战了政府的治理能力，同时也反映了当前我国公共安全治理模式的一些问题。因此，如何有效地应对公共安全事件，降低公共安全事件带来的影响，是政府相关职能部门亟须解决的问题。

4.3.1 基于区块链的跨部门信息交互安全部署

当前我国的公共安全治理遵循“统一领导、综合协调、分类管理、分级负

① 张岩，梁耀丹. 基于区块链技术的去中心化数字出版平台研究[J]. 出版科学，2017，25(6)：13-18.

责、属地管理为主”的原则①，形成“条块分割”的治理模式。这种治理模式带来的问题是：涉及的部门各自为政，导致各个部门虽然拥有大量相关的信息，但部门之间信息交换困难，资源整合不足；同时容易造成“信息壁垒”和“信息孤岛”的现象，导致传递的信息有误、传递信息延迟等问题。

实现公共安全跨部门信息交互，使得各个部门实现信息协同和信息一致性，通过数据和信息的交互和共享，充分发挥公共安全数据资源的最大价值。因此，公共安全跨部门信息交互是推动大数据驱动的公共安全突发事件管控的前提和基础，是高效地进行公共安全突发事件治理的有效手段，同时也为政府职能部门公共安全事件治理带来了新的路径和方法。

然而，目前公共安全跨部门信息交互仍然存在较多问题，例如各部门之间相互信任难、隐私保护薄弱、数据存储高风险、数据交换的实时性不高、数据不一致性(各个部门存储的数据格式可能不一样，导致数据格式的多样性)等，导致公共安全跨部门信息交互面临巨大的困难和挑战。因此，如何有效实现公共安全跨部门信息交互，在此基础上进行部门之间数据资源的协同调配和集成服务，是当前公共安全职能部门亟待解决的关键问题。

区块链具有去中心化、去信任、高安全等特点，区块链被广泛应用于电子政务、金融、物流等各个领域。区块链的这些特点，也可以解决目前公共安全跨部门信息交互的问题。基于区块链的去中心化体系架构为构建实时性、高安全、去信任、数据一致性的公共安全跨部门信息交互平台提供了崭新的思路和实现路径。因此，本节尝试将区块链应用于公共安全跨部门信息交互中，其理论价值和实践意义表现为如下几个方面：

① 解决“信息孤岛”“信息壁垒”问题，促进数据资源的共享。区块链采用分布式存储的方式，利用 P2P 网络进行职能部门相互间的联系，任意两个节点都可以在去信任的前提下进行信息的交换，打破了传统公共安全事件治理中“信息孤岛”“信息壁垒”的问题。无须信任即可交换信息以及激励机制的设置促使各个职能部门参与到区块链中，促进公共安全数据资源的共享。

② 保障信息安全。区块链具有去中心化的特点，多个职能部门共同维护一个可靠数据库，避免了将数据存储在中心机构会发生的风险，即一旦中心机构遭到外界恶意攻击，信息将会失效和泄露。区块链采用非对称加密技术、哈希算法等技术保障数据在传输过程中的安全。并且区块链采用数据备份的方

① 周芳检，何振. 大数据时代城市公共安全应急管理体制创新思路[J]. 云南民族大学学报(哲学社会科学版)，2017，34(2)：94-100.

式，各个节点中都保存了相同的完整区块链数据，即使一个节点失效，其他节点可以继续运行。在公共安全事件治理中，信息的实时性对决策的制定有很大的影响。区块链采用智能合约技术，实现协议等的自动执行，从而实现了信息交互的实时性。区块链应用于公共安全跨部门信息交互保证了信息安全、实现了信息交互的实时性，更好地为治理公共安全事件提供服务。

③ 提高公共安全事件治理效果和效率。区块链实现了信息共享，将各个部门的信息结合起来，满足公共安全信息需求，提高了公共安全事件治理效果。区块链中任意两个节点之间都可以进行联系，省略第三方中心机构环节，节约了公共安全信息交换的时间，提高了效率。

④ 可拓展性好。信息共享的范围越大，信息的利用率就越高。区块链做到了让信息的采集、更新、交换共享均在同一条链上执行；如果有其他机构想要加入区块链，只要通过接口接入链接即可，方便又高效。

综上可以看出，区块链技术基于其去中心化、不可篡改、可追溯等特性，将区块链技术作为公共安全跨部门信息交互的底层技术核心架构，对于促进不同部门间的数据融合、数据关联和服务重用，打通部门间因“条块分割”导致的“数据壁垒”问题，从而实现跨部门、跨层级、跨业务的资源共享和信息交互具有很大帮助。但是，区块链这种“去中心化”概念仅仅只是从技术角度对数据管理体系架构进行特征描述，并不是职能部门组织管理体制上的“去中心化”。首先，区块链技术通过分布式账本技术、智能合约和 P2P 网络技术建立起共识机制，同时形成可记录、可追溯、可确权、隐私保护等的技术约束力，并由时序交易串接起来的区块链构成信息执行证据的载体，从而用以构建政府职能部门之间的实时信息交互机制，从技术角度上构建数据资源分布式、去中心化的体系架构；在此基础上，这种分布式、去中心的体系架构从行政管理视角上必须进行统一集中管理，即必须将分布式、去中心化的体系架构纳入集中式的行政管理体制之中，由政府相关监管部门进行统一的集中化管理，即完成区块链技术的“去中心化的同时再中心化”的过程。

因此，基于区块链的“去中心化”大数据资源管理体系架构和“中心化”行政管理体制进行有机结合和辩证统一，能够更好地实现决策中心对公共安全大数据资源的“中心化管控”，从而在重大突发事件中能够快速、有效地进行跨部门、跨层级、跨业务的信息交互和协同，实现部门间信息协同共享的扁平化、高效性、安全性、可信性，保障职能部门之间建立起公开透明的沟通机制，及时获取信息防患于未然，保障在公共安全相关领域我国体制机制优势的充分发挥，推动重大突发事件“全国一盘棋”的制度构建。

4.3.2 基于区块链的跨部门信息交互的体系构架

基于区块链的跨部门的交互建立在信任和安全基础之上，设计的概念模型、流程和协议是其中的关键。

(1)基于区块链的信息交互概念模型

我们采用联盟链的形式构建基于区块链的公共安全跨部门信息交互的概念模型，如图4-3所示。在该模型中，参与节点之间通过点对点的方式进行链接，从而实现任意两个节点之间都可以进行信息交互，即实现公共安全跨部门的信息交互。该联盟链主要有采用P2P网络实现数据的传播，非对称加密技术保障数据的所有权和安全性，共识机制和智能合约技术实现对数据的验证、上链等操作，并采用分布式存储，使得每个联盟节点都可以通过备份的方式存储相同的区块账本，从而实现公共安全跨部门的信息交互和信息协同。

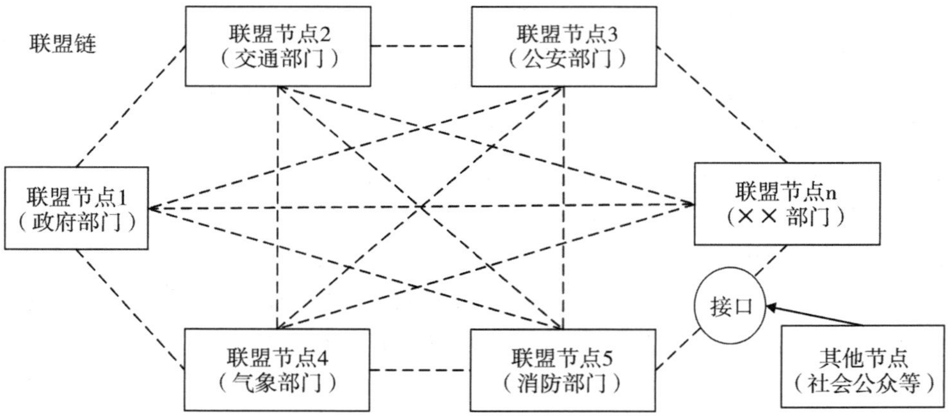

图4-3 基于区块链的公共安全跨部门信息交互概念模型

由于该模型采用的是联盟链的形式，因此在联盟内部首先要确定多个预选节点和记账人。预选节点主要负责区块是否能够生成，即各部门进行上传数据、查询数据等的操作是否有效。记账人主要负责将预选节点认证过的区块写入区块链账本中，记账人可以由预选节点经过共识机制选择，也可以由联盟确定。对于联盟节点中的其他节点只能进行查询等操作，不能参与共识以及将区块写入区块链的过程。在该联盟链中，联盟节点即是预选节点，参与区块链的验证、共识等任务。联盟节点主要包括维护公共安全的各部门业务中心，如政府机构业务中心、交通业务中心、公安业务中心、武警业务中心、消防业务中心等部门业务中心。其他节点通过接口的形式，加入联盟链中。其他节点主要包括社会公民、企事业、非营利性组织等个人或组织，这些节点只有通过联盟节点的授权才能进行查询相关信息、提供相关信息等操作，而且不能参与区块链验证、共识等操作。

该联盟链的可拓展性比较好。因为采用分布式结构，因此当其他职能部门想要加入该公共安全跨部门信息交互联盟链时，首先需要经过联盟节点的授权，一旦授成功即可加入联盟链，且不会对其他节点造成影响。

(2)基于区块链的公共安全跨部门信息交互的流程

基于区块链的公共安全跨部门信息交互流程主要包含两个方面：共享信息和查询信息。

其中，共享信息指的是各个职能部门将自己所拥有的信息进行上链操作，共享给其他部门使用的过程，包括存储、更新、删除信息。这里，重点介绍存储信息的流程，如图 4-4 所示。

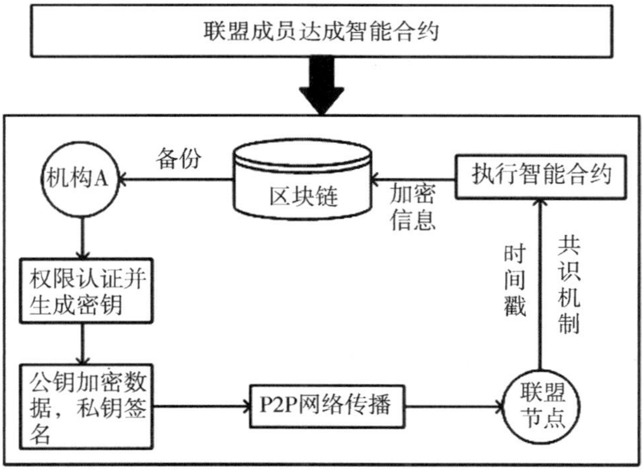

图 4-4　基于区块链的存储信息流程

其中联盟成员达成智能合约是进行该流程的基础。基于区块链的存储信息流程主要包括以下几个步骤：

①权限认证并生成密钥。当某一机构 A 想要共享自己所拥有的信息时，首先区块链将对机构 A 的权限进行认证，如是否被授权加入该区块链等。如果认证成功，则该节点将产生一对密钥，包括私钥和公钥。

②公钥加密数据，并用私钥签名。在①的基础上，机构 A 对需要存储的信息用公钥进行加密，并用私钥对其进行签名，利用非对称加密技术可以保障信息的安全性。

③P2P 网络传播。机构 A 将已经加密过的信息通过 P2P 网络传播给联盟节点，以进行验证和存储。

④执行智能合约。联盟节点通过共识机制选出记账人，记账人对接收到的信息添加时间戳。然后通过执行智能合约自动化将加密过的信息存储到区块链中。最后联盟链中的各个节点通过备份的方式，更新新的区块链，从而保持各个节点信息的一致性和协同性。

查询信息指的是某一机构使用其他机构信息的过程。只有经过机构授权的节点才可以对该机构的信息进行查询。基于区块链的查询信息流程如图 4-5 所示，其中联盟成员达成智能合约是进行该流程的基础。

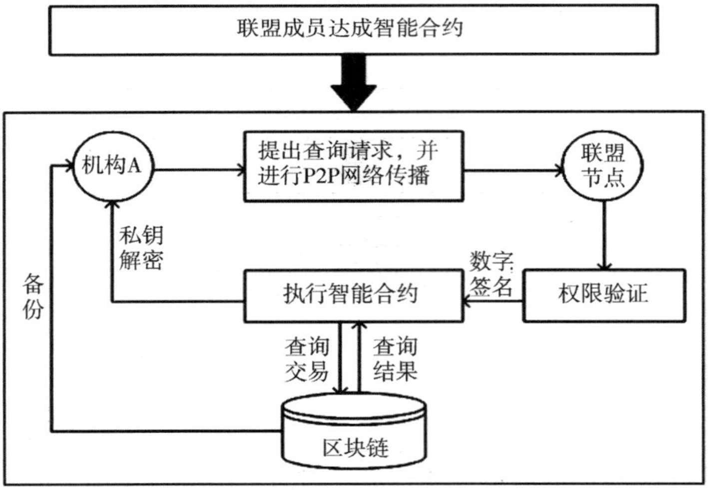

图 4-5　基于区块链的查询信息流程

查询信息的流程主要包括以下几个流程：

①提出查询请求，并进行 P2P 网络传播。首先，需要查询信息的机构提出查询请求，并将查询请求通过 P2P 网络传播到联盟节点。目的是为了进行权限等验证。

②权限验证。机构 A 提出查询请求，并传播给联盟节点后，联盟节点会

对该机构进行权限认证，如是否被授权等。如果该机构有权限查询，则联盟节点会进行数字签名，并进行 P2P 传播给相关节点，进行下一步骤。

③执行智能合约。联盟链通过执行智能合约自动化执行查询交易和返回查询结果的操作。当联盟节点数字签名之后，智能合约自动执行，向区块链中查找机构 A 所需要的信息，然后将查询到的结果返回给机构 A。机构 A 接收到联盟链返回的结果后，利用私钥进行解密，以得到所需的信息。当该过程执行完成后，智能合约触发，自动将该过程进行上链操作。最后，其他节点自动更新备份区块链，保证信息的一致性和协同性。

(3)顶层设计指导下的公共安全跨部门信息交互体系架构

顶层设计思想从全局性、系统性来规划战略目标。顶层设计的真正含义是将整个参与公共安全的机构看作一个整体，而不是对单个机构进行设计。顶层设计在各个分系统实施之前就进行总体架构分析和设计，从而使各个分系统有着统一的标准和语言①。顶层设计指导各职能部门去与其他部门进行信息共享和互操作，从而实现跨部门的信息交互，解决信息壁垒等问题，实现公共安全信息价值最大化。将顶层设计思想应用于基于区块链的公共安全跨部门信息交互体系中，从顶层、全局指导跨部门进行信息交互，促进信息交互与共享。

顶层设计指导下的公共安全跨部门信息交互总体思路。顶层设计从全局性指导各部门进行跨部门信息交互，将业务和技术结合起来，共同实现战略目标。实现公共安全跨部门信息交互，可以有效地进行各公共安全部门信息的协同，满足公共安全治理的信息需求，从而降低公共安全事件对整个社会带来的危害和影响，包括根据大量的信息对公共安全事件进行事前预防准备、事中控制，以及事后监控等。

构建基于区块链的公共安全跨部门信息交互体系的战略目标是高效、实时、安全地进行跨部门信息交互，从而为处理公共安全事件做准备。因此，在将顶层设计思想引入其中时，所有的要素都要围绕着该战略目标展开工作。

用顶层设计思想指导基于区块链的公共安全跨部门信息交互体系的构建要做到以下几点：①确保“顶层”思想。体系架构中各要素要围绕“高效、实时、安全”地进行公共安全跨部门信息交互的战略目标展开工作。以该战略目标为约束，约束各个要素之间的行为以及之间的关系。②明确各要素以及各要素之间的关系。在“顶层”思想的指导下，要明确体系架构中的各要素，包括各要

① 裘江南，叶鑫，李平安，孙德福. 电子政务顶层设计模型 GEA 及其应用[J]. 情报杂志，2009，28(8)：153-158.

素的具体任务、各要素之间的关系、各要素的层级结构等。③在该体系架构的指导下，公共安全跨部门信息交互理论研究能够应用于公共安全相关领域实践中，包括安全生产、疫情防控、自然灾害救援等不同领域。

公共安全跨部门信息交互体系构建。实现公共安全跨部门信息交流，可以保证公共安全各部门的信息协同，从而高效地应对公共安全事件治理。区块链技术的出现，为实现去中心化、高安全、去信任的公共安全跨部门信息交互带来了新的思路和方法。顶层设计思想，是从全局性、系统性的角度出发，以系统的战略目标为顶层，并分析其包含的要素以及要素之间的关系。顶层设计思想为实现基于区块链的公共安全跨部门信息交互提供了指导思想。利用顶层设计思想构建基于区块链的公共安全跨部门信息交互体系架构，自顶向下地分析了每个组成要素，为实现基于区块链的跨部门信息交互提供理论指导框架。基于顶层设计思想，通过分析基于区块链的公共安全跨部门信息交互流程、区块链技术架构等，将基于区块链的公共安全跨部门信息交互体系架构分为基础设施层、数据层、网络层、技术层、应用层五个层次结构，构建的体系架构如图4-6所示。

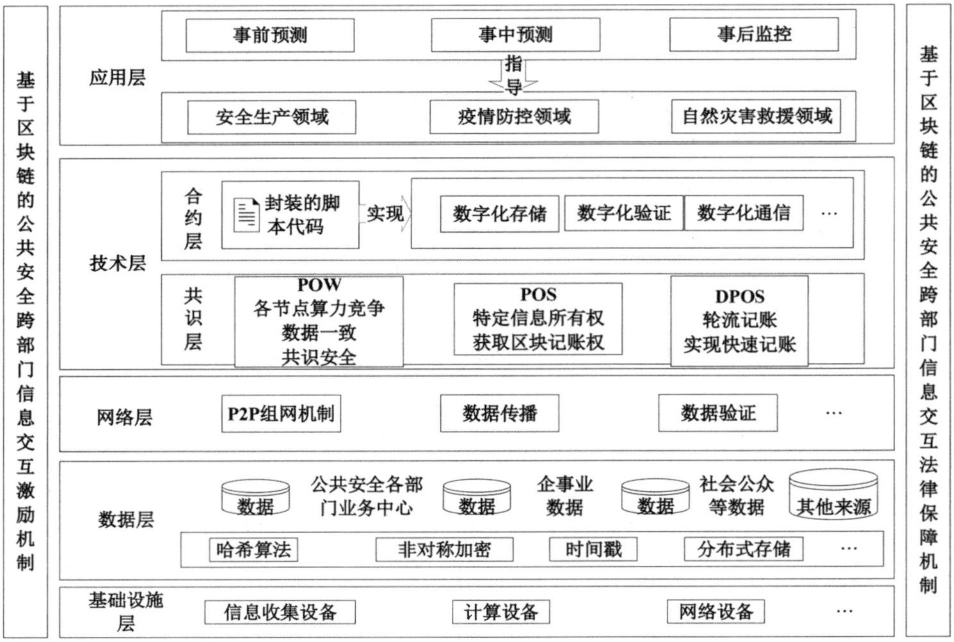

图4-6 基于区块链的公共安全跨部门信息交互体系架构

①基础设施层是基于区块链的公共安全跨部门信息交互的物质基础，是其重要的物理空间组成部分。基础设施层主要包括三个方面：信息收集设备、计算设备、网络设备。

信息收集设备主要包括传感器、视频监控系统、地理定位系统等设备。随着大数据时代的到来，数据采集应用开始普遍适用，且信息技术和数据采集技术在不断地发展和成熟。而在基于区块链的公共安全跨部门信息交互中，数据是基础，收集数据是必不可少的过程。信息技术和数据采集技术的发展为公共安全跨部门信息交互提供了新的思路和方向。信息的快速、实时收集是保证公共安全事件有效治理的基础，公共安全服务是在信息的基础上进行的。且公共安全服务涵盖了医疗、政府、通信、教育等各个方面，涉及了不同领域的不同数据①。因此，基础设施层的设计要求基于区块链的公共安全跨部门信息交互机构构建高效、快速、灵敏性高的基层信息收集系统。在公共安全事件发生之前就通过各种物理设施对相关数据、信息进行感知并收集，从而为各种公共安全服务提供实时、有价值的信息。例如，有关部门通过温度传感器监控相关设备的温度，收集温度信息，为是否需要在温度过高时关闭相应设备做准备，防止因温度过高而造成的公共安全危害。交通部门等通过视频监控系统监控在节假日或高峰期，各路况和人流情况，并及时将收集到的信息进行共享，从而减少类似上海黄浦外滩踩踏事件的发生。公安等部门通过地理定位系统发现可疑人士的位置移动，并实时进行共享，从而很大程度上避免人为公共安全事件的发生等。

除了信息收集设备，基础设施层还应包括计算设备和网络设备等。计算设备为基于区块链的公共安全跨部门信息交互系统提供计算环境。网络设备为基于区块链的公共安全跨部门信息交互系统提供网络通信环境，如网卡、路由器、交换机等。

②数据层是基于区块链的公共安全跨部门信息交互系统的数据中心，利用区块链数据存储的相关技术存储大量不同来源的数据，是进行公共安全跨部门信息交互的信息保障。数据层中存储的数据来源包括公共安全各部门业务中心、企事业数据中心、社会公众、其他来源。其中，公共安全部门中心数据包括政府、公安、交通、气象等公共安全部门业务中心提供的各种数据信息，例如公安部门提供各种嫌疑人士的资料、交通部门提供的路况信息、气象机构提

---

① 段滁. 大数据技术下的公共安全信息共享[J]. 电子技术与软件工程，2018(18)：197.

供的天气预测信息等。企业数据包括各种企业单位、非营利组织提供的相关信息。例如，制造业提供的各种机器使用年限，规避因大型机器造成的公共安全危害。化工企业提供的易燃易爆品使用方法，以及化工品造成危害时的处理方法等。将社会公民加入基于区块链的公共安全跨部门信息交互系统中能够提高公共安全服务的效果，并使公民养成公共安全意识，在某种程度上规避公共安全事件带来的危害。社会公民数据是指社会公民提供的相关数据。例如在公共安全事件发生时，处在公共安全事件周围的公民可以提供监控死角的地方的相关情况信息，增强公共安全事件治理的效果。

上述的各种数据信息都是存储在区块链上的，因此这些数据要遵循区块链数据存储技术。包括哈希算法、非对称加密、时间戳、分布式存储等。①哈希算法将原始数据通过哈希算法的计算，得到处理过的数据信息，并将这些处理过的信息进行上链，保障了数据的安全性和不可篡改性。②非对称加密采用私钥和公钥的加密算法，私钥解密、公钥加密，保障数据安全的同时，也保证了数据的所有权归属问题，只有经过数据所有者授权的机构才能够查看相关数据。区块链利用数字签名技术也保障了数据的完整性和不可抵赖性。机构通过公钥生成交互地址，在进行交互时，利用私钥进行签名，从而使其产生不可抵赖性。③时间戳即对区块添加上链的时间节点，记录了当前区块上链的时间，使得数据更加容易追溯，保证了区块数据的不可篡改性和不可伪造性。④区块链采用分布式存储技术，每个机构都有相同的区块链账本，即使一个机构存在故障或者退出区块链，对该区块链的运行都没有影响。分布式存储也解决了中心化公共安全跨部门信息交互系统存在的问题。例如，对于中心化公共安全信息交互系统来说，如果存在恶意攻击该系统中心节点的行为，那么在该中心节点的所有信息可能会泄露，整个系统可能会停滞，为公共安全服务带来不可估量的危害。但是，对于基于区块链的公共安全跨部门信息交互系统来说，即使一个机构受到攻击，其他机构也不会受到影响；同时采用了非对称加密等技术进行数据保护，攻击者也不能得到具体的区块信息，保证了公共安全信息的高安全性。因此，基于区块链的公共安全跨部门信息交互体系的数据层具有高安全性、鲁棒性。

③网络层是基于区块链的公共安全跨部门信息交互系统的工作机制。网络层是跨部门信息交互各个节点进行通信的基础，只有通过该层次的相关技术各个节点之间才可以进行相关通信，构成交互。网络层包括 P2P 组网机制、数据传播、即时通信等。P2P 组网机制的应用使得基于区块链的公共安全跨部门

信息交互系统呈现扁平化组织结构，任意两个节点之间都可以进行信息交互。对比中心化公共安全信息系统，P2P 组网机制的信息交互更快速。传统的中心化公共安全信息系统需要将所有信息存储在中心信息机构中。一个部门如果需要另一个部门的信息，首先需要信息所有权的部门将信息存储在中心信息机构中，然后该部门再通过中心信息机构查询相关信息，过程复杂且效率低。对于 P2P 组网机制来说，任意两个机构之间都可以直接进行信息交互，省略了与中心信息机构进行交互的过程，过程简单且高效。

当两个机构进行信息交互时，产生信息交易的机构会将交易区块通过 P2P 网络传播到全网中，其他机构收到该交易区块后会对其进行有效性验证。验证成功后会经过 P2P 网络传播给其他机构，并且验证成功的区块会由某个机构将其记录在区块链上，其他机构通过备份的方式进行同步更新，保证了区块链的一致性，实现信息的协同。

④技术层是实现基于区块链的公共安全信息交互的主要技术层次。技术层的构建，保证了基于区块链的公共安全信息交互系统的智能化，提升了信息交互的效率。技术层主要采用了共识机制和智能合约两种技术。

共识机制即所有参与的节点按照一定的规则共同维护区块链，使各个节点高速有效地达成共识。区块链的共识机制主要包括工作量证明机制（POW）、权益证明机制（POS）、授权股份证明机制（DPOS）。POW 共识的核心是通过各个节点的算力竞争来保证数据的一致性。算力强大的节点就有很大可能获取区块记账权。其缺点是强大的算力，需要消耗大量的资源，造成资源浪费，降低区块链效率。POS 共识解决了 POW 造成的能源浪费问题，通过最高权益来获取区块记账权。即拥有某种特定数量信息的所有权越高的节点，则获得记账权。DPOS 共识与“董事会决策”类似。即通过投票等方式，在所有节点中选取部分节点，并由这些节点来轮流进行区块记账。DPOS 减少了参与验证和记账的节点数量，从而可以快速实现共识验证。

合约层是实现区块链系统灵活编程和操作数据的基础，其中封装了各种脚本、代码、智能合约。智能合约是一种计算协议，可以将业内规则转换为在区块链平台自动执行和合约。智能合约可以用于编程和操作数据，合同和协议都可以进行数字化写入智能合约中，且智能合约一旦被执行，将不能终止。在区块链系统建立之前，各个应急职能部门和机构之间可以将相关协议智能合约化。在区块链系统运行过程中，一旦触发智能合约执行的条件，则会自动执行合约的内容。智能合约的存在，可以提高区块链系统的效率。例如，在基于区块链的跨部门信息交互系统中，可以利用智能合约实现自动化验证、自动化存储、自动化通信等操作。通过将验证、存储等过程数字化，在信息交互系统中进行该过程时触发智能合约执行机制，自动化执行这些过程，从而使公共安全跨部门信息交互系统智能化，提升信息交互的效率，并且避免了人为验证和存储过程中可能出现的失真行为。

⑤应用层是公共安全跨部门信息交互系统与外界连接的接口，该层负责将基于区块链的公共安全跨部门信息交互系统应用于实际公共安全服务中，为公共安全事件的治理提供新思路和新路径。

基于区块链的公共安全跨部门信息交互可以有效且快速地辅助决策部门进行公共安全治理。公共安全治理分为事前预防、事中控制、事后准备三个阶段。基于区块链的公共安全跨部门信息交互系统可以应用于这三个阶段：①事前预防阶段。公共安全机构（如政府、公安部门、交通部门等）通过日常风险监测获得相关信息。这些信息在经过联盟节点相关验证后（确定信息的有效性、无重复性）后，由共识机制选出的区块记账人将该区块信息记录在区块链中，实现信息的共享和协同。信息的拥有者可以对其他节点机构进行授权。相关机构在接收到大量信息后，通过数据分析、数据挖掘等技术发现信息的价值；在此基础上进行风险预测，并针对这些风险做出应急方案准备等。②事中响应阶段。各个机构将事发中的实时信息在区块链中进行共享，实现机构之间的信息协同，保持信息一致性。相关机构在得到实时信息后，在区块链系统中进行历史公共安全事件匹配，并及时做出有效的应急决策，如根据距离、灾害程度、救援效率等对灾害地区进行救援和资源配送。③事后恢复阶段。相关机构对此次救援活动的成效进行检测，了解恢复程度；对该次灾害进行总结，并通过区块链系统进行存档，以便为以后同类型灾害事件应急管理提供参考。

⑥基于区块链的公共安全跨部门信息交互整个系统是在激励机制和法律保障机制的指导下进行的。

激励机制可以激励公共安全各职能部门、企事业单位、社会群众等积极参与到公共安全跨部门信息交互中，促进基于区块链的公共安全跨部门信息交互系统的实施。常采用的激励机制包括通过法律规定、责任义务分配机制，规定约束各个机构去维护和参与基于区块链的公共安全跨部门信息交互系统。对于积极参与并提供相关公共安全信息的社会公民和企业，可以给予相应的物质奖励。对提供信息较多，完成验证和记账较优秀的机构，可以进行表扬、给予优秀机构的称号等。

法律保障机制为基于区块链的公共安全跨部门信息交互系统提供法律保障，确保其实施的合法性、法律认可性等。构建基于区块链的公共安全跨部门信息交互系统必须有法律保障机制。这就需要政府部门等对现行法律法规进行评估，并补充促进基于区块链的公共安全跨部门信息交互发展的相关法律法规，加强其应用的相关条例，在法律法规层面提供与区块链技术相适应的制度政策，从而为公共安全信息交互系统的实现提供法律保障。

4.3.3 基于区块链的信息交互协议

前面已经详细介绍了将顶层设计思想应用于公共安全跨部门信息交互系统中，并构建基于区块链的跨部门信息交互体系架构。在大数据时代，进行公共安全跨部门信息交互可以构建政府部门快速联动行动体系，积极推动组织公众参与，最大程度发挥公共安全信息的价值①。而利用顶层设计思想指导基于区块链的公共安全跨部门信息交互体系架构的构建，可以从顶层、全局性的角度实现去中心化、高安全、去信任的公共安全跨部门信息交互，为公共安全跨部门信息交互提供新的方法和路径。那么，在基于区块链的跨部门信息交互系统中，各部门之间的数据通信应该遵循怎样的协议呢？

协议，是指通信双方必须共同遵守的一组约定，例如如何互相识别并建立数据连接等。只有遵守这个约定，双方之间才能相互通信交流。著名的 TCP/IP 是应用于因特网（Internet）的通信协议，它通过分层模型将不同层的协议集合起来，构成协议簇的统称，从而指导计算机节点进行网络通信。这里，我们将借鉴分层思想，并在已构建的公共安全跨部门信息交互体系架构基础上，采用分层方法进行基于区块链的跨部门信息交互协议设计。

基于区块链的跨部门信息交互协议是用来规范信息交互过程中数据格式、语义内容的一种约定，是各个部门和机构建立数据交换和通信的桥梁。信息交互协议的设计会影响到信息交互的数据吞吐量、速度以及整个系统运行的效率。基于区块链的跨部门信息交互协议分层架构如图 4-7 所示。

从图 4-7 可以看出，本节将基于区块链的公共安全跨部门信息交互协议分层架构设计分为 4 层，包括数据层、网络层、技术层和应用层。其中，数据层针对信息交互系统中的数据做了一系列约束。如对数据的表现形式做了约定，

① 段滁. 大数据技术下的公共安全信息共享[J]. 电子技术与软件工程，2018(18)：197.

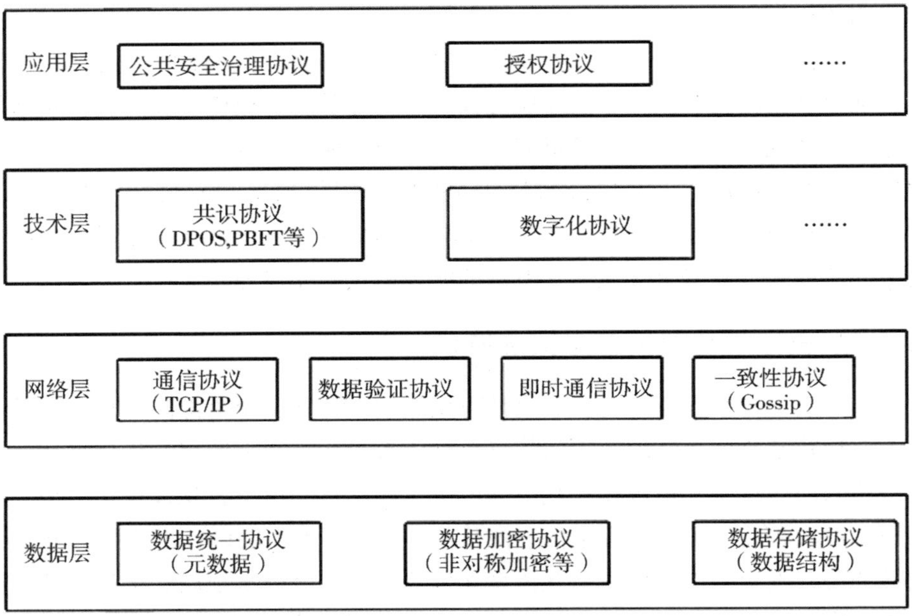

图 4-7 基于区块链的公共安全跨部门信息交互协议分层架构

为保障数据安全做了约束，对数据的存储(包括区块数据结构)等进行一系列约定等。网络层对应基于区块链的公共安全跨部门信息交互体系的网络层，主要包括不同部门节点之间如何通信、数据如何进行传输，以及在分布式存储的基础上，如何保证各个部门节点之间数据的一致性等协议设计。技术层是对基于区块链的公共安全跨部门信息交互系统中主要技术进行的约定，是实现基于区块链的公共安全跨部门信息交互的基本保证，没有技术的实现，该系统就无法与实际公共安全服务联系起来。因此参与该系统的各个机构都要遵循这些技术的约束，而且需要保证这些技术在一定基础上是可以实现的。技术层主要对共识机制和智能合约两个主要的技术进行协议设计。应用层协议用于规范公共安全突发事件的治理流程，以及其他机构通过接口加入区块链时，如何规范联盟链对该机构所进行的授权流程等，从而实现跨部门信息交互系统在公共安全具体领域中的应用。

通过对基于区块链的公共安全跨部门信息交互协议分层架构的设计，指导基于区块链的公共安全跨部门信息交互系统的实施，能够保障系统实施的安全性、有效性以及高效性，最终实现去中心化、去信任、高安全、不可篡改的公共安全跨部门信息交互，从而解决当前跨部门信息交互难、信息壁垒、条块分割的公共安全现状，为公共安全突发事件治理提供更好的信息服务。

(1)数据层

数据层是对基于区块链的公共安全跨部门信息交互系统中的数据进行的一系列约定，包括数据统一协议、数据加密协议、数据存储协议。

①数据统一协议。数据统一协议是对系统中数据的表现形式进行的约定，即对异构信息资源进行一体化处理。其主要用到元数据技术，因为在数据层包含了不同来源的数据，如公共安全各部门数据、企事业数据、社会公民等数据，这些不同来源的数据表现形式各异，对于有相同功能的数据可能会有不同的数据格式。异构信息的存在会造成信息的难以理解和难以合并，从而会阻碍各部门的信息交互。因此，解决信息异构问题是十分必要的。数据统一协议通过使用元数据技术进行语义协同，从而实现异构信息的统一表示，解决异构信息带来的信息交互问题。

元数据是描述和规定数据特征、相互关系以及相应操作的数据集合①。元数据的映射可以将系统间具有相同功能而元数据格式不相同的元素建立映射关系，实现语义层面的互操作②。元数据的基本特点有：①元数据一经建立，便可进行共享。元数据的结构和完整性依赖于信息资源的价值和使用环境；元数据的开发与利用往往处于不断变化的分布式环境中，任何一种数据格式都不可能完全满足不同部门的差异性需求。②元数据首先是一种编码体系，是用来描述数字化信息资源，特别是网络信息资源的编码体系，这导致了元数据和传统数据编码体系的根本区别；元数据的最为重要的特征和功能是为数字化信息资源建立一种机器可理解框架。因此，将元数据应用于基于区块链的公共安全跨部门信息交互中能促进数据的交叉使用并增强系统的互操作性，从而促进各部门之间纵向和横向的信息交互。

②数据加密协议。为了保障基于区块链的公共安全跨部门信息交互系统中数据的安全性，在数据层中设计了数据加密协议。数据加密协议主要用来保障数据的安全性和不可篡改性，主要采用非对称加密算法、哈希算法等。参与联盟链系统的每个机构或用户通过非对称加密算法产生公钥和私钥。公钥用来对机构或用户将要存储的信息或交易进行加密处理。私钥用来对信息进行解密处理，或者对信息交易进行数字签名。哈希算法对每个存入区块链的数据进行处

① 林海青. 数字化图书馆的元数据体系[J]. 中国图书馆学报，2000(4)：59-64，69.

② 曾子明，王婧. 基于顶层设计的智慧反恐情报服务及保障研究[J]. 情报杂志，2017，36(8)：18-22.

理，可以快速地检验交易数据的完整性。对于存储在区块链上的数据都要遵守数据加密协议，即都要进行非对称加密算法和哈希算法的处理，从而保证信息的安全和不可篡改。

③数据存储协议。数据存储协议主要是不同部门和机构对区块数据结构所进行的约定。对区块数据结构进行统一处理，可以提高信息交互系统的效率，从而保证数据的规范性。在基于区块链的公共安全跨部门信息交互系统中，区块数据结构分为区块头和区块体两部分。

区块头中包括前一区块的哈希值、随机数、时间戳、Merkel 根哈希，主要用来连接前后区块以及快速验证信息的完整性。区块体中包含了进行交易的信息，包括需要存储的公共安全信息、需要查询的公共安全信息等。这些信息可能是文本信息、音频信息、视频信息、图片信息等。在区块体中也借鉴了区块链中区块体的结构，将区块信息进行哈希处理，以便能够快速验证信息的完整性。基于上述描述，对区块数据结构进行设计，如图 4-8 所示。

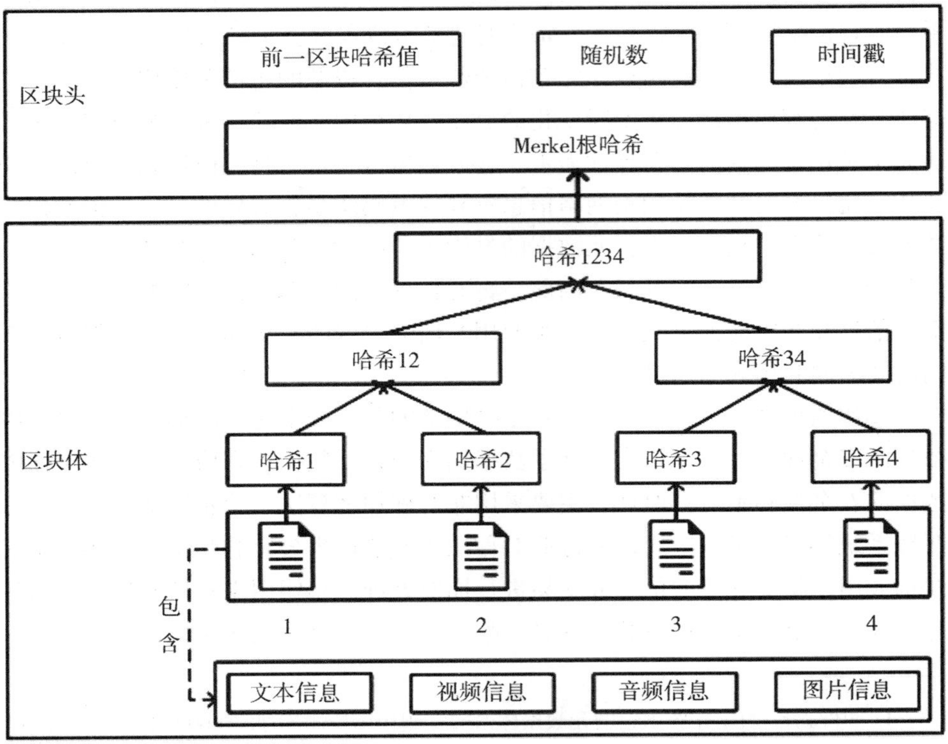

图 4-8　区块数据结构

区块数据结构包括区块头和区块体两部分。对于需要上链的信息，包括部门和机构所需存储的信息，以及进行信息交易的信息等，这些信息都需要经过区块结构的设计才能存入区块链中。该协议保障了区块链中区块数据结构的统一性、标准化，是区块相连的基础，也为快速进行数据完整性验证提供了实现方法，最终提高存储和查询的效率，提升整个系统的效率。

另外，根据数据层协议的设计，数据在进行区块上链的操作前，需要经过一系列的处理工作。这些处理工作，使得数据具有高安全性、完整性和结构统一性等。本节对数据的这些处理工作以流程图的形式表示出来，以便于更好地理解数据的处理工作和数据层协议。其流程图如图 4-9 所示。

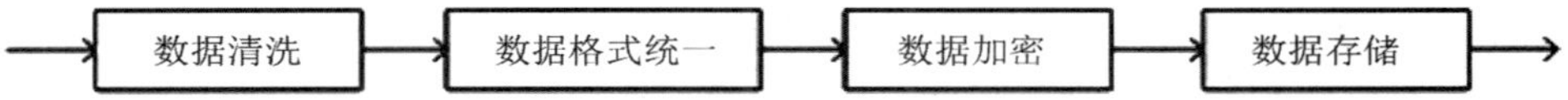

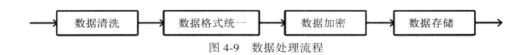

图 4-9　数据处理流程

在数据处理流程中，首先对需要存储的数据进行数据清洗处理，去除噪音、异常值以及不可靠的数据。对清洗过的数据，进行数据格式统一操作。即利用元数据技术对异构信息进行语义协同处理，从而实现异构信息的统一表示。然后利用哈希算法、加密算法对数据进行加密处理，公钥加密，私钥解密和签名，保障数据的安全性、完整性和不可抵赖性。根据数据加密处理，然后基于区块数据结构对数据进行处理，进行数据结构的统一化处理，并形成区块，为数据存储做准备。将形成的区块在联盟系统中进行传播、验证，最终实现数据的存储和利用。经过数据处理流程，对数据进行一系列处理，促使各职能部门和机构能够更好地利用公共安全信息、促进跨部门信息交互，从而提供更高效的公共安全突发事件管控服务。

(2)网络层

网络层是机构之间进行通信、数据传输，以及数据验证的基础，主要包括用于规范节点之间的数据通信与传输，以及对于分布式存储来说，如何保障各个部门节点之间数据的一致性等内容。具体来说，网络层协议主要涉及通信协议、一致性协议、数据验证协议、即时通信协议。

①通信协议。通信协议是对不同部门和机构之间如何进行数据通信和传输而进行的约定和规范。基于区块链的信息交互系统采用 P2P 组网机制，促进了任意两个机构之间都可以进行通信，提高了机构之间的信息交互的效率。在基于区块链的公共安全跨部门信息交互系统中，主要通过 TCP/IP 协议来进行

通信。当某个机构或者用户需要存储或者查询相关信息时，都需要与其他机构进行通信，包括将机构生成的区块进行传播、验证后的区块进行传播等。

TCP/IP 是用于因特网的通信协议。它通过分层模型将多个协议结合起来，构成协议簇的统称，从而用于计算机之间的数据通信。基于区块链的信息交互系统中机构之间进行通信的物理设备基础是计算机，可以将 TCP/IP 协议应用于机构之间的数据通信。例如，当机构需要存储信息时，在生成区块后，就需将生成的区块进行全网传播，传播到其他机构进行验证，并采用 TCP/IP 协议实现不同机构间的数据通信。

②数据验证协议。数据验证协议是对基于区块链的公共安全跨部门信息交互系统中需要上链的区块数据进行的约定和规范。对于需要上链的所有区块数据必须要经过验证过程才能进行上链操作。验证过程包括对区块数据的完整性、合理性、权限性等进行验证。例如，某部门 A 想要将一些公共安全信息在区块链上进行存储，通过一系列的数据处理操作形成区块后，利用 P2P 网络进行全网传播。随后联盟节点将对这些区块数据进行验证，包括区块结构是否规范，区块数字签名是否正确，区块内容是否已经进行过上链操作，时间戳是否合理等验证。只有对这些方面都进行验证，且验证成功的区块数据才能被联盟节点传播给其他节点，并进行上链准备。否则，上链操作将被终止。数据验证协议保障了数据的合理性、完整性以及安全性，从而保障跨部门信息交互过程的有效进行。

③即时通信协议。在公共安全跨部门信息交互中，各机构之间不仅有数据交换的事务性过程，还有一个部门向另一个部门发送实时通知的操作，或者是两个部门之间就交易达成之前进行的多次协商等，通信机构并不想对这些数据进行全网传播或者部分数据不想进行上链操作①，此时就需要即时通信协议。即时通信协议为两个部门的信息交互之间提供点对点保密通信以及更为灵活的互操作性。即时通信协议的存在，丰富了基于区块链的公共安全跨部门信息交互系统的通信方式，满足部门之间的通信需求，实现了部门间的实时通信，也使得各个部门在信息交互过程中的互操作性更为灵活。

④一致性协议。在基于区块链的跨部门信息交互系统中，因其采用分布式架构，因此如何保持信息交互过程中信息的一致性是首要解决的问题。如果不能保证信息交互过程中信息的一致性，基于信息一致性的其他交易也无法完

① 余益民，陈韬伟，段正泰，赵昆. 基于区块链的政务信息资源共享模型研究[J]. 电子政务，2019(4)：58-67.

成。Gossip 协议是 P2P 网络的核心技术，是为一些弱化了一致性的应用场景设计，用来实现节点间的信息同步，解决分布式架构中信息一致性的问题。Gossip 协议不能保证"某个时刻"所有机构都保持信息一致性，但能保证各个机构最终的信息一致性。

Gossip 协议的流程为：①首先某个机构有存储或查询相关信息的需求，需要将其更新到其他节点。②然后该机构会随机选择周围的几个机构基于 TCP/IP 协议进行消息传播。③其他机构在收到消息后，会重复进行②步骤。④直至所有的机构都收到该消息，从而保证各机构信息的一致性。

Gossip 协议有简单、易扩容、去中心化、容错等特点，与区块链的特点相匹配。因此，将 Gossip 协议应用于基于区块链的公共安全跨部门信息交互系统中，以保证跨部门信息交互过程中各部门的信息一致性。

(3)技术层

技术层是对基于区块链的公共安全跨部门信息交互系统中主要技术进行的约定，是实现基于区块链的跨部门信息交互的基本保证，没有技术层协议的设计与实现，信息交互系统就无法应用于公共安全相关领域中。因此参与该系统的各个机构都要遵循技术层协议的约束，而且要保证相关技术在一定基础上是可以实现的。技术层主要对共识机制和智能合约两个主要的技术进行协议设计。

①共识协议。共识协议是对区块链中共识机制进行的约定。共识机制是区块链系统中各个节点达成一致的策略和方法，应根据系统类型及应用场景的不同灵活选取①。根据区块链的选择和应用场景的不同，共识机制的选择也不一样。共识机制主要可以分为：基于计算资源类共识和基于投票类共识②，主要包括 POW、POS、DPOS、PBFT 等。在前面章节已经介绍过 POW、POS、DPOS 几种共识算法。因为基于区块链的公共安全跨部门信息交互系统采用的是联盟链，具有联盟链性质，因此主要选择基于投票类共识算法，如 PBFT、Raft 等。本节主要介绍 PBFT 共识算法。

PBFT(实用拜占庭容错)，是常见的基于投票类的共识算法。PBFT 是采用投票机制，且少数服从多数的方式来选取领导者进行记账的一种共识算法，

① 工业和信息化部信息化和软件服务业司. 中国区块链技术和应用发展白皮书，2016[EB/OL]. [2019-6-10]. https://max.book118.com/html/2018/0207/152210345.shtm.

② 余益民，陈韬伟，段正泰，赵昆. 基于区块链的政务信息资源共享模型研究[J]. 电子政务，2019(4)：58-67.

但其可以容忍少数拜占庭节点。该共识算法允许强监管节点的存在，强监管节点拥有更多的权限，可以进行权限分级。PBFT 算法的性能更高，耗能更低。PBFT 共识算法在每轮区块记账过程中，由全网节点共同筛选出领导者，这些领导者有权限将区块进行上链操作等。PBFT 可以容忍少数拜占庭节点，可以允许 33%的节点进行作恶，即其容错性为 33%。PBFT 可以应用在许多场景中，在区块链场景中，一般适合于对强一致性有要求的私有链和联盟链场景。

在区块记账的过程中，基于区块链的公共安全跨部门信息交互系统共识层采用基于投票类的共识算法，如 PBFT 共识算法，选出区块记账人，以进行区块记账。使用共识算法使得系统中各个节点快速达成一致，为基于区块链的公共安全跨部门信息交互系统服务。

②数字化协议。数字化协议主要针对智能合约提出的约定。智能合约中封装了各种脚本、代码，是将各种协议、合同数字化，并以编码的形式实现的技术。智能合约使得区块链系统具有智能性，只要智能合约条件触发，不用人为进行操作，计算机可以实现一系列计算和操作，如数字化验证、数字化区块存储过程等。但是，智能合约的编码实现存在一定的困难，且智能合约一旦条件触发，是不能终止的，错误的触发智能合约可能会造成严重的问题或连锁反应。因此，数字化协议约定需要做到以下几点：①智能合约的实现必须是可行的，不能实现的智能合约不会起到任何作用。②智能合约的编写需要反复进行测试，降低出错的概率。③在智能合约的编写前，要做好充分的容错机制，应用系统化的手段保证智能合约的正常进行。

(4)应用层

应用层用于规范公共安全突发事件的治理流程，以及其他机构通过接口加入区块链时，如何规范联盟链对该机构所进行的授权流程等，从而实现跨部门信息交互系统在公共安全具体领域中的应用。应用层协议主要包括：

①公共安全治理协议。公共安全治理协议服务于公共安全突发事件管控中，提升政府职能部门公共安全治理的能力。基于区块链的公共安全跨部门交互系统可以促进职能部门之间的信息交互，进而实现各部门的信息协同和服务集成。在大数据时代，如何利用大数据资源实现公共安全突发事件的智能管控，是公共安全治理协议亟待解决的关键问题。利用大数据资源，实现基于跨部门信息交互的公共安全治理流程如图 4-10 所示。公共安全职能部门通过信息交互系统获取海量数据后，需要对这些数据完成数据清洗、数据挖掘等智能化处理，从而挖掘大数据所蕴含的有价值、与公共安全管控所需的相关知识；然后决策者根据这些知识制定出合适的公共安全治理决策，包括如何实现公共

安全突发事件的事前预防、事中控制、事后监控等；在公共安全事件治理完成后，相关人员需要对本次治理事件进行经验总结，防范下次同类公共安全事件的发生。这些经验总结、历史案例也都需要存储在区块链中，为公共安全治理和突发事件智能管控提供决策支持。

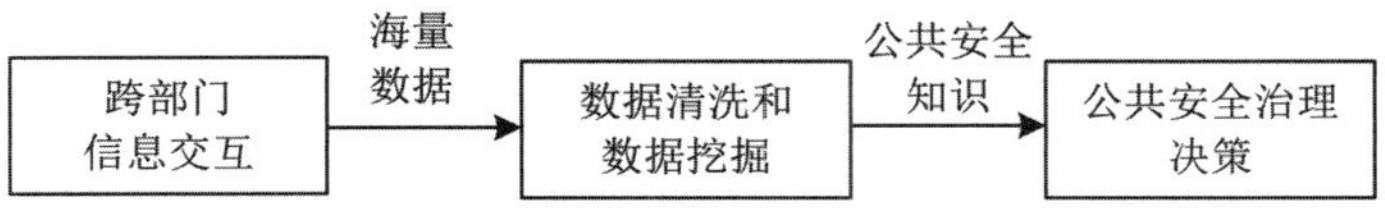

图 4-10　公共安全治理流程

②授权协议。授权协议是针对组织或个人加入联盟链系统以及信息拥有者对查询其信息的组织或用户进行授权而设计的约定和规范。对于新机构加入联盟链的授权，是为了保证系统的平衡和安全性，防止恶意组织或用户的加入所导致的对系统平衡的破坏。对于查询权限的设置，是为了保证信息拥有者的所有权。

当新组织或个人想要加入联盟链系统时，该组织或个人首先通过接口向基于区块链的公共安全跨部门信息交互系统发送请求；然后，联盟链中的联盟节点对该组织或个人的身份进行验证，如其身份是否合法、有效等；如果验证成功，则对该组织或个人进行授权操作，即其有权利加入联盟链系统，成为联盟系统的一个节点，并参与联盟系统的相关操作，如果验证不成功，则不予授权，驳回请求。其流程图如图 4-11 所示。

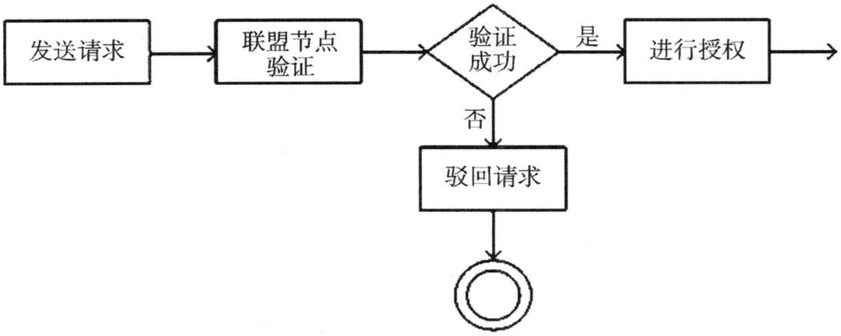

图 4-11　新节点加入联盟链系统的流程

例如，当机构 A 想要查询机构 B 的相关信息时，会发送查询请求。如果机构 B 允许机构 A 查询相关信息，则会对机构 A 进行授权操作；否则，不予授权。然后联盟系统会对机构 A 的查询请求进行一系列验证，如果机构 B 对机构 A 进行了授权，联盟系统将会验证成功，那么联盟系统会将机构 A 所需的信息发送给 A，满足机构 A 的信息需求；否则，则驳回查询请求。该协议的制定，保护了信息所有者对信息的所有权，在一定程度上可以激励机构加入联盟系统。

应用层负责将联盟链系统与实际应用进行结合，指导联盟系统应用于各种公共安全的场景和领域。因此，应用层还应封装其他各种公共安全应用场景，如公共安全服务协议等。限于篇幅，本节仅探索了应用层中公共安全治理协议以及授权协议，旨在为应用层其他协议设计提供参考和借鉴。

4.4　公共安全大数据资源的跨部门信息交互案例分析

在 4.3 节，我们讨论了基于区块链的公共安全跨部门交互系统，包括体系架构和协议设计。在基于区块链的公共安全跨部门信息交互体系中，应用层负责实现跨部门信息交互系统在具体公共安全领域的应用，提供了跨部门信息交互系统与实际应用领域的接口。公共安全跨部门信息交互体系的研究，归根结底是将其应用到实际的公共安全突发事件管控服务中。因此，将基于区块链的跨部门信息交互体系应用于实际公共安全领域中，从安全生产、疫情防控以及自然灾害救援三个领域进行案例分析。

4.4.1　安全生产领域中的跨部门信息交互

安全生产是国家的一项长期基本国策，是保护劳动者的安全、健康和国家财产，促进社会生产力发展的基本保证，也是保证社会主义经济发展，进一步实行改革开放的基本条件。安全生产需要多个机构或个人协同合作，共同实现安全生产，包括政府机构、企业、监管部门、社会媒体、广大人民群众等。

安全生产过程离不开各部门之间的信息交互，如相关机构制定生产标准，并与政府、企业等进行信息交互；监管机构监管生产过程，并与企业进行信息交互；企业将生产经验进行共享等。信息交互对于实现安全生产有着重要的作用，将区块链应用于安全生产中的信息交互，能够实现快速、安全、去信任的信息交互，提高安全生产资源的利用率，增强突发事件的管控能力，提高安全生产的管理水平。安全生产领域中的跨部门信息交互模型如图 4-12 所示。

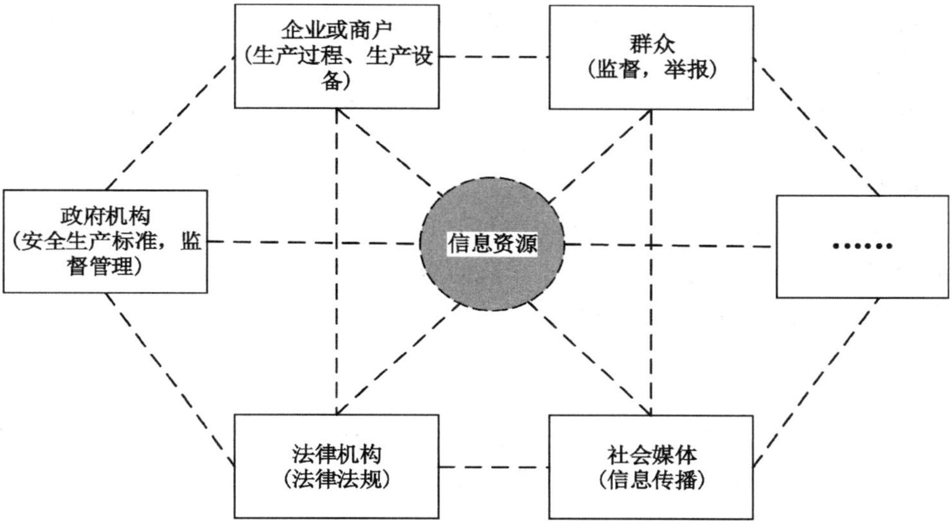

图 4-12 安全生产领域中的跨部门信息交互模型

生产安全领域的跨部门信息交互涉及的组织或个人包括政府机构(包括职能部门、监管部门等)、企业或商户、群众、法律机构、社会媒体等。安全生产标准由国家安全生产监督管理总局制定并共享，由各级政府推广实施，引领各个生产企业和商户执行。监管机构对整个生产过程进行监督管理并将部分监督结果共享，对于不合标准的生产，及时进行交互并给予修正或终止。企业或商户是生产过程中的重要组织，是进行安全生产的主要参与者。企业和商户需要将其生产设备型号、生产原料等文件交由相关部门进行检验和评估，不得使用报废、不合格设备，不得使用不达标、有害材料。企业或商户还需对整个生产过程进行监控，及时发现潜在问题，并及时和有关部门进行信息交互，得到及时处理。法律机构主要制定与安全生产有关的法律法规并进行共享，如对于使用违规材料的企业或商户进行罚款等处罚。通过法律法规的制定，约束企业或商户进行合理、安全的生产，约束相关政府部门严格遵守自己的职责，不可进行包庇，保障广大消费者的利益。群众在生产过程中，也可以对其进行监督，对于那些不合法的生产行为，一旦发现通过系统及时上报相关部门，由相关部门进行治理。同时，社会媒体需要将这些法律法规和政策信息在区块链中进行传播，让更多的群众和企业商户知晓，并将传播效果和群众的反映反馈给相关部门。

基于区块链的跨部门信息交互是为了保障生产过程的安全进行，减少因生产过程中事故的发生带来的危害，并保障人员的安全、减少财产的损失。跨部门信息交互实现信息整合和信息协同，并指导生产过程安全进行，减少安全生产突发事件的发生。将整合、协同的信息应用于安全生产突发事件治理中，包括生产前预防、生产中控制、生产后监管，指导并监管整个生产过程的实施，保证安全生产的实施。安全生产领域的跨部门信息交互，实现了多元共同协作进行安全生产事件的治理，能够提高安全生产数据资源的利用率，实现突发事故的智能管控，以及提高安全生产事故的治理能力。基于跨部门信息交互的安全生产治理流程如图 4-13 所示。

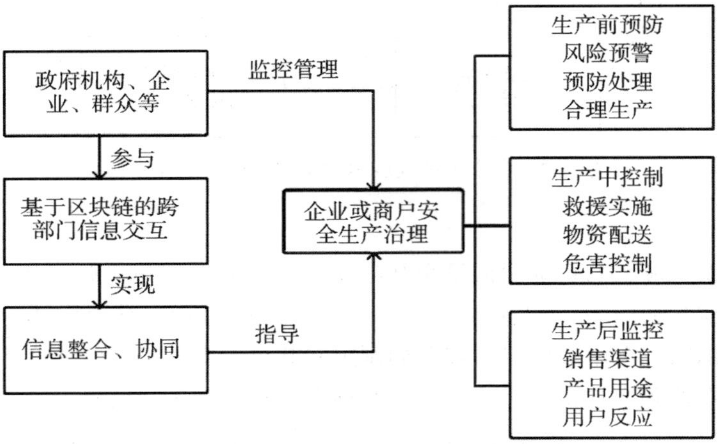

图 4-13 基于跨部门信息交互的安全生产治理流程

其中，政府机构、企业或商户、群众等组织和个人通过参与基于区块链的公共安全跨部门信息交互系统，将自己所拥有的信息或者与安全生产治理相关的数据资源进行共享，实现信息的整合和协同。在基于区块链的跨部门信息交互系统中，相关组织和个人可以及时、去信任地查询所需要的相关安全生产信息，提升安全生产治理能力，同时，政府机构、企业或者商户、群众等在安全生产过程中均有监督职能。在生产过程中，如果存在违规、不合法的操作，相关组织和个人通过信息交互系统可以及时举报，有关监管部门勒令企业进行整改，从源头规避潜在的安全生产事故。跨部门信息交互系统可以应用于生产前预防、生产中控制、生产后监控三个不同阶段：①在生产前进行预防，通过各部门的信息交互，整合各方面数据资源，找到在生产过程中可能存在的风险因素，进行风险预警；并制定有效的治理方案，减轻风险所带来的危害和影响；同时，相关部门要严格审核企业或商户的生产流程，做到合理生产、不违规生产。②在生产中进行控制，如果发生安全生产突发事件，企业或商户、群众等要及时向有关部门上报情况，救援机构根据事故的特征，立即制定治理方案；同时，从信息库中找出与该事故类似的事故解决方案，并予以实施。如果没有类似的情况，相关部门要根据经验、信息的掌握、事故的情况、救援资源的状况等信息因素，快速制定救援方案，包括如何进行救援，物资配送情况等，及时止住突发事件危害的蔓延，避免更多人员伤亡和财产的损失等。③ 在生产后进行监控，企业或商户需要了解产品的销售渠道，防止因销售渠道不当，导致产品带来的危害。例如，高危化工产品在运输过程中，不加以防范可能会引起爆炸等危害。企业或商户以及相关部门要监控消费者使用产品后的反应情况，并及时向各部门进行信息交互。如果消费者使用产品出现不良反应或者发生安全事故等，企业或商户以及相关部门要及时检查问题，严重的情况下停止生产该产品；同时需要将相关不良反应或者事故告知社会媒体等，经由社会媒体向大众进行传播，提高大众的防范能力。

4.4.2　疫情防控领域中的跨部门信息交互

疫情防控的任务是通过疫情监测和现场调查，收集疫情发生、发展的数据，分析疫情分布的规律，探究疫情流行的因素①。对于疫情防控来说，信息的及时传递和处理是十分必要的。目前，我国对于满足疫情防控中信息需求的研究主要采取构建信息平台的方式，即通过构建信息资源数据中心来解决信息需求。这种以中心化方式建立的信息平台存在安全性和时效性的问题。基于区块链的公共安全跨部门信息交互具有去中心化、去信任、高安全、不可篡改等特点。在基于区块链的信息交互体系构建基础上，我们对疫情防控领域中的跨部门信息交互进行探讨。

疫情防控需要政府、疾控机构、医院、卫生中心、制药厂等组织共同参与，需要及时调动和协调这些不同部门和机构各自拥有的信息，制定出有效的疫情防控决策。疫情防控需要对疫情的监测结果、医疗资源、疫苗情况等信息，有效地进行各部门的信息交互，为疫情防控提供所需信息，能够有效地进

① 林盾，李建生，张伟平. 重大疫情应急响应信息平台建构研究[J]. 现代教育技术，2009，19(11)：123-126.

行疫情预防和疫情治理。在疫情防控中，基于区块链的公共安全跨部门信息系统解决了政府、卫生机构、疾控中心、医院等组织之间信息共享困难的问题，能够促进这些组织有效地进行信息交互。同时，政府职能部门利用信息向公众进行健康教育的科普，疾控机构需要制定防控知识，制定防控决策并进行共享，医院需要将其拥有的医疗资源进行分享，卫生中心需要进行卫生监控，并将监控情况进行共享，制药厂需要根据各种信息制作研发疫苗和药品，并将其拥有的药品和疫苗的用途进行共享。各个机构在疫情防控中都起到很重要的作用，只有各个机构积极参与疫情防控并共同协同合作，才能更有效地进行疫情防控。疫情防控领域中的跨部门信息交互模型如图 4-14 所示。以本次新冠肺炎疫情防控为例，区块链可以赋能公共卫生运作体系，实现公共卫生跨部门信息交互的扁平化、高效性和协同性。具体来说，包括重大疫情“防范”和“治理”两方面。从“防范”视角上，区块链可以使医生在链上快捷获得所有医疗机构和患者的医疗信息，公共卫生管理机构可以对链上存储的医疗大数据进行智能分析，对传染病暴发这类疫情突发事件进行提前预警；从“治理”视角上，区块链系统可以将全国同类疫病信息快速整合，让高端医疗资源和上级机构迅速指导制定治疗和控制事件的方案，而不是等待当事医院逐层上报，实现公共卫生跨部门、跨层级的扁平化、高效性管理，缩短面向重大疫情的公共卫生事件治理时间，提高公共卫生治理效率。

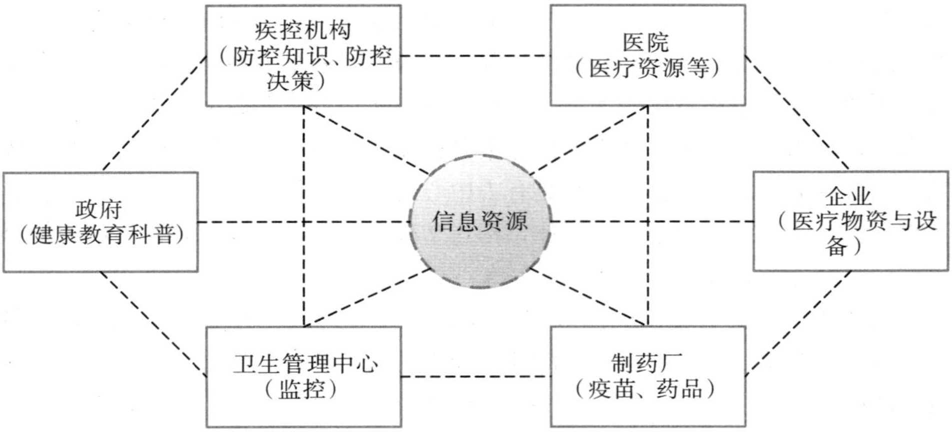

图 4-14 疫情防控领域中的跨部门信息交互模型

基于区块链的公共安全跨部门信息交互系统的构建，实现了疫情防控领域各组织之间的信息交互，解决了信息壁垒、信息交互不及时等问题。疫情防控领域的跨部门信息交互系统为疫情防控提供所需要的各种信息，在疫情发生时，及时进行信息交换和协同，并对疫情信息进行综合处理，从而实现疫情事件的有效防控，降低疫情发生时带给国家和公众的灾害，保障社会的稳定和发展。

4.4.3 自然灾害救援领域中的跨部门信息交互

自然灾害救援的主体呈现多元化特征，包括政府机构、气象、地震、交通、消防、公安、企业、非营利组织、社会媒体、公民个体等组织或个体。政府机构在自然灾害救援中处于主导地位，其通过自然灾害发生的情况，结合多方资源，制定合理的应急救援策略，及时下发命令，使各机构能够有序地进行救援工作，解决自然灾害带来的危害，及时防止自然灾害造成的伤害蔓延。气象、地震组织可以提供自然灾害来临前、中、后的气象数据，以及是否会发生余震等信息。交通、消防、公安为自然灾害救援服务，疏通交通情况、及时向灾害地区进行人力、物力救援。非营利组织自发向受灾地区提供帮助，包括物资、人力，为自然灾害的救援提供帮助，加快自然灾害的救援，避免更多的伤害造成。企业、公民个体可以自发向灾害地区捐赠钱财、物资等。社会媒体起到传播自然灾害情况的作用，及时将灾害情况传播给公众，使公众了解灾害情况，做好防范准备。因此，自然灾害主体的多元化，使得多方组织和个人共同合作治理自然灾害，并制定有效的应急救援方案，降低自然灾害发生带来的损失。

信息是多元化组织进行合作的基础，没有多元主体之间的信息交互，就不能保证主体之间的有效合作，不能有效地进行自然灾害救援。跨部门信息交互是自然灾害应急救援的生命线，可以确保获取信息、共享信息的及时性和准确性，包括上下级命令的交互、各组织之间的信息交互、灾情信息的及时发布传播等。近几年来，我国自然灾害救援逐渐趋向多元化，将多个机构和部门结合起来共同治理自然灾害，已取得了很大的成果。然而，我国的多元化主体共同治理的自然灾害应急救援管理中，还存在各主体之间信息交互的问题，包括信息不对称、信息沟通缺乏交互性、信息传递滞后、信息发布不充分①。信息不对称指的是在自然灾害救援中，一些前线救援团队可能谎报、虚报受灾情况，导致信息不对称，政府下达的救灾命令可能因信息的不准确性而脱离实际，造

① 张力文，陈琳. 自然灾害应急管理信息沟通协调机制研究[J]. 四川行政学院学报，2015(6)：66-70.

成资源的浪费。信息沟通缺乏交互性指的是因我国政府职能部门之间缺乏互动性，平时各部门各司其职，条块信息交互难，造成信息壁垒等问题。这导致在自然灾害救援中，因信息沟通的不及时，信息的不完整性，造成救援行动的偏差。另外，目前很多救援信息只能由政府传播给大众，大众无法将相关信息反馈给相关部门。信息传递滞后是指前线救援人员因缺乏信息交互平台而不能将前线信息及时传递给相关部门，政府机构也不能将救灾行动及时传递到灾区，从而延误了救灾的最佳时期。信息发布不充分是指相关政府部门因信息交互困难，而不能将灾区情况、救灾情况等及时与社会媒体进行交互，从而导致社会媒体不能将充足的灾区信息发布出去。信息发布不充分，可能会谣言四起，引起社会群众的恐慌。

基于区块链的跨部门信息交互系统，可以实现去中心化、去信任、高安全的跨部门信息交互，解决自然灾害救援中存在的跨部门信息交互难、信息交互不充分、信息交互不及时的问题。这可以满足自然灾害救援行动中的信息需求，制定有效的自然灾害应急救援决策，减轻因自然灾害带来危害，保障人身安全和财产安全。自然灾害救援的跨部门信息交互模型如图 4-15 所示。

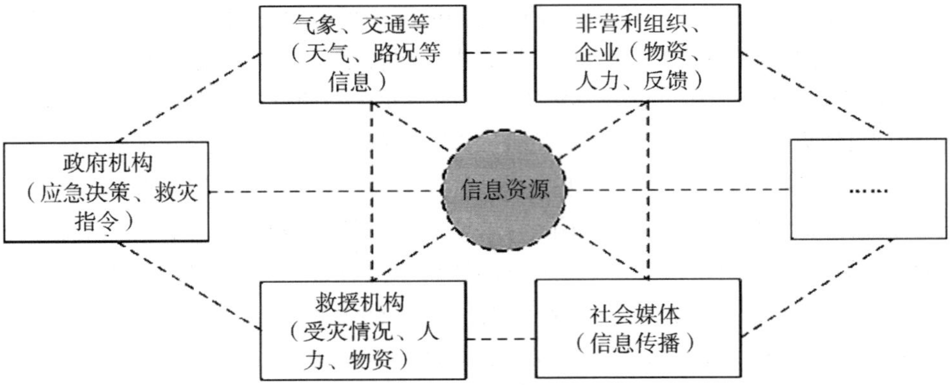

图 4-15 自然灾害救援领域中的信息交互模型

通过基于区块链的自然灾害救援信息交互模型，各组织机构或个人之间可以进行及时、有效地信息交互，解决我国当前自然灾害救援中信息交互难的问题。在该模型中，政府机构在自然灾害救援中，通过与救援机构、气象交通等部门和机构进行信息交互，收集灾区状况、天气路况信息、以及物资信息等数据，制定应急救援决策，并进行救灾指令的下达。气象、交通等机构通过系统向政府、救援机构等共享天气情况、路况信息，为应急救援路线的合理规划提供帮助。救援机构向政府机构提供前线灾区受灾情况，并向政府机构提供物资、人力信息，以保证政府能够合理调配救援资源。非营利组织、企业或个体将其可以提供的物资、人力信息提供给政府机构，政府机构结合救援机构提供的信息，向灾区进行物资配送，人力分配。社会媒体将政府机构、气象交通等提供的灾区受灾情况、救援情况，以及灾害是否会再次发生等信息传播给广大群众，让社会公众知晓更多的信息，做好防范准备，并自愿为灾区提供援助等。在自然灾害救援领域，及时、有效地跨部门信息交互也可以为灾前预防提供智能服务。在自然灾害发生之前，气象部门预测台风、暴雨等自然灾害的发生，地震局进行地震预测，并将预测结果及时向政府相关部门进行反馈。相关部门在得到预测结果后，及时制定防范措施和救援策略，并经社会媒体向社会公众进行信息传播，让公众及时进行防范。

小　　结

本章针对传统公共安全职能部门"中心化"信息建设的弊端，提出了去中心化的公共安全跨部门信息交互模式。去中心化信息交互模式的实现需要区块链技术的支持，基于此，本章以顶层设计作为公共安全跨部门信息交互实现的指导思想和方法论，以区块链作为公共安全跨部门信息交互实现的主要技术，构建基于区块链的公共安全跨部门信息交互体系，包括基于区块链的信息交互体系架构和信息交互协议设计两方面，旨在实现公共安全跨部门信息交互中数据资源管理去中心化和生态运作，为职能部门跨部门信息交互提供数据资源共享、高效且安全的可重用服务，为实现大数据资源跨部门信息协同调配与集成服务提供支撑。最后，将基于区块链的跨部门信息交互体系应用于实际公共安全领域中，从安全生产、疫情防控以及自然灾害救援三个领域进行案例分析。

基于区块链的公共安全跨部门信息交互可以解决当前我国公共安全跨部门信息交互过程中存在的数据交互不充分、不及时、信息壁垒等问题，满足公共安全治理的信息需求。将基于区块链的公共安全跨部门信息交互系统应用于公共安全不同领域，解决了公共安全相关领域的信息交互问题，为突发事件管控提供智能服务，减轻公共安全突发事件所带来的危害。因此，本章研究对基于去中心化模式的跨部门信息交互模型和实现进行了初步探索，研究过程和方法为公共安全领域去中心化信息建设相关研究提供了有益的参考和借鉴。

5 公共安全大数据资源的协同调配与集成服务

在公共安全大数据资源跨部门信息交互研究的基础上，本章探索公共安全大数据资源的协同调配方法与集成服务。具体来说，本章首先从技术层面研究跨系统信息交互及资源协同调配，构建公共安全大数据资源跨系统协同技术架构；接着从管理视角设计有效的跨部门信息资源协同组织方案，以便在部门内与部门间进行最大程度上的信息互换和重用，为进行公共安全事件态势分析、预测、应急管理提供参考；而后，构建了多元信息协同感知模型，实现公共安全领域信息跨空间协同感知；在此基础上，分别从云计算和网格技术两方面探索了公共安全大数据协调调配平台的构建模型；最后，提出协同调配基础上的公共安全大数据信息集成服务。

5.1 基于跨部门信息交互的大数据资源协同调配构架

大数据时代，公共安全管理的主体不再局限于政府部门，需要包括非政府组织、社会化媒体、社会公众等社会力量的广泛参与。其应对方式也从原有的公共安全事件发生后的处置转变成公共安全领域多元信息协同分析及资源调配，进行大数据环境下公共安全信息的监测、分析、预警及响应。为实现公共安全大数据资源的协同调配，首先需要构建跨部门信息资源协同调配基础，即从技术及管理角度设计公共安全大数据资源跨系统协同架构，在此基础上，进行多元信息协同感知模型构建。

5.1.1 跨部门信息资源协同调配基础构建

公共安全是国家安全的重要组成部分，党的十九大报告将坚持总体国家安全观作为坚持和发展中国特色社会主义的14条方略之一，在此基础上对公共安全和应急管理工作提出了具体要求，即以总体国家安全观为统领，推动公共安全体系建设，有效遏制重大公共安全事故。保障公共安全与提高社会管理的科学化水平、实现公共安全大数据资源调配是当前和未来一段时间我国的重大战略需求，其实现需要解决的关键问题可以概括为复杂感知数据的高效处理、语义理解及动态资源协同调配。从公共安全角度来看，就是将海量庞杂、异质多源、复杂时空交互的跨部门公共安全感知数据进行组织，经过大数据分析提炼出可理解的信息情报和知识资源，从而服务于公共安全态势的实时监控、危机预警和应急方案制定，在此基础上进行全行业跨部门资源协同调配，实现行业资源统一管理、策略下发和动态资源调配。

公共安全事件的管控涉及多个部门，如在自然灾害救援领域，为实现有效的风险预警、合理的资源调配和及时的救援，需要工业和信息化部、自然资源部、交通运输部、水利部、卫计委、统计局、气象局、地震局等多个部门的数据集成和分析，在此基础上，国家减灾委办公室、应急管理部进行统一组织和协调，进行自然灾害防治和救助工作。在海量数据集成分析和跨部门资源调配过程中，体现了战略、资源、技术、人员、流程等多要素的协同。协同环境是跨部门资源协同调配的必要条件，任何事物都不可能脱离其所处的环境孤立的存在，因此协同环境对资源协同调配的实施具有直接的影响。广义的协同环境包括人文环境、政策环境和技术环境，公共安全领域中的协同也主要从这三个方面进行。①人文环境。人文环境主要是进行人员的协同，包括行业内人员的结构和技术素质，不同部门中的人员结构和技术水平会存在差异，在进行跨部门资源协同调配时，需要综合考虑各部门工作人员的实际情况，制定统一的标准，实现公共安全相关资源调配时的人员协同。②政策环境。政策环境包括国家机构及行业制定的政策法规等，公共安全管理离不开国家政策和法律规范的指导，为应对公共安全威胁，党和政府在不同时期采取了一系列的政策措施，已有的法律法规包括《突发事件应对法》《食品安全法》《消防法》《安全生产法》《自然灾害救助条例》《生产安全事故应急条例》《危险化学品安全管理条例》《突发公共卫生事件应急条例》等，这些法律法规为应对公共安全事件提供了指导，有助于实现复杂公共安全事件和公共危机处理中资源的高效调配。③技术环境。技术环境包括基本的技术基础、维护成本等，目前的协同技术是以网络技术为基础，强调基于互联网的跨区域、跨部门的协同，第二代互联网的互动性使其成为协同软件的应用平台，群组通信技术、协同系统的安全控制技术，协同应用共享技术，应用系统开发环境与应用系统集成技术等技术的普及为跨系统协同服务的实现提供了支撑。此外，流程管理的思想为公共安全大数据资源管理提供了思路。流程管理旨在规范工作的流程，促进业务的发展。在应对公共安全突发事件时，各部门数据的集中分析和资源调配过程中，每一环节都关系到最终应急处理的效果，因此在以流程为主导的资源协同调配系统中，流程成为串联各项管理事务的主线，按照数据分析处理及资源协同调配的顺序，进行面向流程的管控。

为应对大数据环境下公共安全危机的管控和资源协同调配，在实施过程中，需要从总体上进行规划，将原有的中心化信息交互模式转化为去中心化的公共安全跨部门信息交互模式，以此为基础，对大数据资源协同调配基础进行规范和重构。协同调配基础可以概括为管理层面的规范化和技术层面的规范化。

在公共安全大数据资源调配中的技术协同构架中，需要多个政府及企业信息服务系统的资源和服务的协同，构建支持资源跨系统协同调配的技术架构，实现应用系统之间的数据流动、分布式资源集成揭示、多部门应急联动及资源调配。公共安全领域中各部门信息系统采用的体系结构、实现语言、交互协同及对外提供的集成点会存在不同，相应的资源建设情况也存在差异，造成一定的资源交叉建设、跨源数据不一致现象及数据可信性问题。这些都导致跨系统的协同服务技术实现存在复杂性，为实现公共安全大数据资源协同调配，通常将各部门信息服务系统间的协同划分为多个层次进行，每个层次采用不同的技术协调，形成整体的技术协同构架。根据信息服务系统的层次结构，可以将其分为四个层次，从下到上依次是网络层、数据层、功能服务层和应用层，如图5-1所示。

(1)网络层

网络层处于系统的最底层，提供基本的网络传输功能，能够为跨系统资源调配平台和各部门信息系统之间的通信解决资源和服务调配问题。跨部门资源协同调配需要克服各政府部门专网、外网、相关企业网络、互联网、物联网等系统的基础软硬件、操作系统、通信模块异构等方面的障碍。网络层的目标为实现异构系统间的高效互联和及时通信，同时由于不同机构间信息资源建设过程中，可能存在涉及国家秘密、工作机密和内部敏感的权益分配等资源，因此在进行网络层通信互联时，需要根据不同密级的信息资源交互需求，构建部门信息资源交互及调配的内网和外网。在技术实现中，一般可采用网络通信协议，也可以直接调用相关协议的API实现网络中的通信互联。网络层为不同系统间的连接提供了传输通道，其实现分为同步和异步两种。同步传输要求在

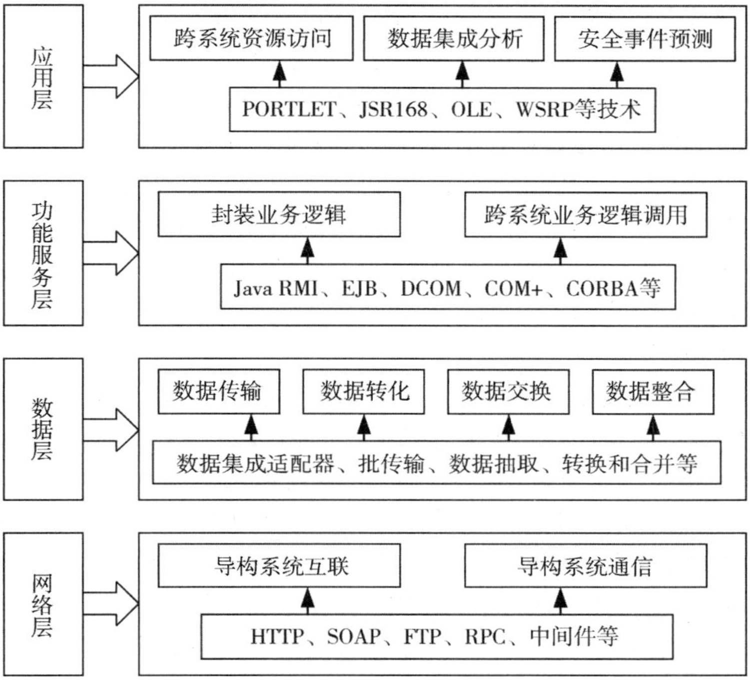

图 5-1　公共安全大数据资源跨系统协同技术架构

通信之前建立和维护通信通道，因此传输通常为请求/应答模式，典型的技术包括 HTTP、SOAP、FTP、RPC、中间件等。异步传输体现了信息发送者与接受者间的松耦合特征，发送者可以不间断地发送消息，接受者可在另一端间断接受消息。异步传输依靠消息中间件和消息队列作为系统之间的中介，消息队列能够管理会话、路由、审核数据流等，更适合多对多的集成，而同步管理则是进行点对点的信息集成。

(2)数据层

数据层处于网络层之上，主要实现不同信息系统间数据的传输、转化、交换和整合等功能，此外，还需要解决应用系统访问、语法、语义等方面的问题，最后形成一个异构的资源联合体，以便实现跨系统数据集成分析和资源调配服务。数据层需要的协同技术包括数据集成适配器、批传输、数据抽取、转换和合并等。数据集成适配器通过采用直接访问各类数据库、调用各数据库 API 等方式实现数据访问。批传输技术能够实现不同系统间的数据快速传输，是进行公共安全数据跨系统调配的基础。数据抽取、转换和合并技术则是将源数据进行集成并转化为新的集合，实现异构资源（如关系型数据库、文件数据库等）的整合和重组。通常包括各系统内数据库资源抽取、元数据抽取和规范、数据集成三个方面，即首先通过数据集成适配器收集来自不同系统数据库中的数据，其次应用元数据收割协议（OAI-PMH）实现不同系统元数据的采集和整合，并提供统一的格式进行数据间的交换，最后形成统一的数据集合。值得注意的是，由于不同机构间的公共安全数据库可能存在交叉建设，因此在进行多源数据资源整合过程中，需要采用重复数据删除技术进行数据去重处理，采用可信度判断技术对不同来源数据的可信度进行鉴别①②③。

（3）功能服务层

功能服务层主要是对系统的业务逻辑进行规划，从而保障各信息系统间业务逻辑的共享。本层的核心在于使用分布组件封装服务系统的业务逻辑，可以支持跨系统间业务逻辑调用。常用的协同技术包括 SUN 公司的 Java RMI、EJB，微软公司的 DCOM、COM+和 OMG 组织的 CORBA 等。这些技术一定程度上缓解了跨系统间业务逻辑协同技术问题，但面对异构系统间的应用仍然存在不足，如 DCOM、COM+技术在微软平台中得到广泛应用，但在非微软平台中的作用非常有限。Web Service 技术的发展使得异构系统间的互操作成为可能，它是一种基于标准的 Web 协议的可编程组件，通过开放一系列 API，开发人员在进行异构系统间服务调用时，可通过 Web 调用这些 API 集成服务。这些调用是在消息机制和标准的 Web 协议之上的，因此具有跨平台、跨语言、松散耦合、方便进行数据共享、可扩展性强、没有网络基础设施的限制等特点，能够支持跨平台公共安全服务的调用。

（4）应用层

应用层主要为用户提供统一的界面，通过将相对分散的各部门信息系统组成一个统一的整体，保障用户可以通过统一的平台界面获得跨系统资源访问、公共安全数据集成分析、预测及预警等服务。应用层支持跨系统的登录方式，并采用统一授权的方式进行访问控制。已授权用户通过统一交互界面获取相关

---

① Jiang T, Chen X, Wu Q, et al. Secure and efficient cloud data deduplication with randomized tag[J]. IEEE Transactions on Information Forensics and Security, 2017, 12(3): 532-543.

② 熊金波，李素萍，张媛媛，等. 共享所有权证明：协作云数据安全去重新方法[J]. 通信学报，2017，38(7)：18-27.

③ 张云璐，刘咏宁，谢铭，沈阳，李石君. 基于 FOAF 演化博弈的网络资源可信度判别[J]. 计算机研究与发展，2011，48(S3)：334-342.

服务。在实现过程中，平台在根据用户的要求，可以自动调用来自不同子系统中的应用程序，从而避免不同应用程序之间的切换。目前采用的技术包括PORTLET、JSR168(Java Specification Request，JSR)、OLE(Object Linking and Embedding，对象连接与嵌入技术)、WSRP（Web Service for Remote Portlets，远程门户网站 Web 服务)等。

此外，公共安全资源配置是实现各领域信息资源的跨部门、跨平台整合、共享、交换和应用的系统工程，通过对总体公共安全态势的分析，进行统筹全局的资源调配，对应的资源协同调配平台是一个“逻辑上高度集中，物理上高度分布”的大系统。在进行资源跨部门集成过程中，需要完成基于异构系统的信息资源实时交换，实现开放的跨平台资源共享和利用，其技术实现必须有一整套完善的标准规范作保证。目前各部门系统都有着各自的相关标准，但专门针对面向行业的基础平台建设的技术标准体系还未形成，这在一定程度上制约了公共安全资源协同配置的开展。特别是在元数据方面，由于各系统的元数据规范、资源分类、资源标识存在技术差别，元数据描述规则、核心元数据与资源分类标识规则的不统一，导致了实现跨平台的元数据整合的困难。由此可见，统一规则、协调各系统现有标准规范，特别是协调现有的各种元数据标准和资源分类标识标准，建立科学、完善的标准体系是推进公共安全领域资源协同配置实现的基本保障。具体而言，标准体系的建立应根据公共安全数据的特征及跨部门公共安全资源协同调配的整体规划，体现一体化的建设思路，从元数据、资源分类、资源标识、数据查询检索、资源评估监测、资源访问控制与安全管理等方面需要出发，形成满足公共安全资源协同调配体系建设需求的技术标准规范。

5.1.2 跨部门信息交互大数据调配体系构架

公共安全大数据资源的协同调配不仅需要在技术层面上实现跨系统信息交互及资源协同调配，而且需要根据技术协同过程，设计有效的跨部门信息资源协同组织方案，以便在部门内与部门间进行最大程度上的信息互换和重用，为进行公共安全事件态势分析、预测、应急管理提供参考。大数据环境下，实现公共安全领域资源协同调配需要整合政府机构、行业自治组织、公众与媒体等多方面的力量，设计合理的协同组织体系使多方参与形成合力。各类主体在资源协同调配组织中的定位为政府主导，行业组织协同，公众及媒体参与监督，形成统一、高效、综合、权威的公共安全大数据资源调配管理体系，如图 5-2 所示。

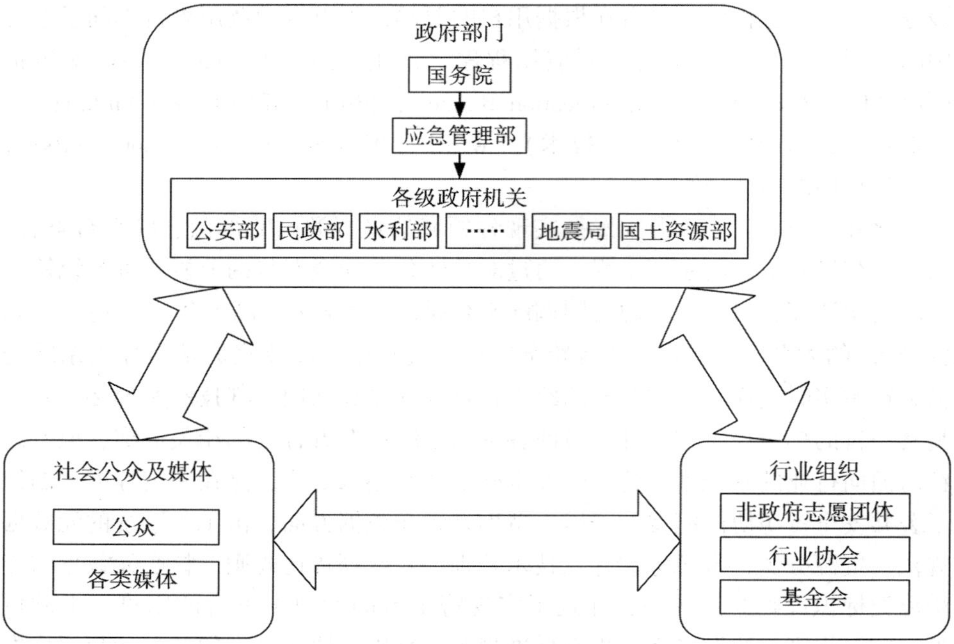

图 5-2　公共安全大数据资源调配管理体系

(1)公共安全资源调配中的政府主导

政府在公共安全与应急管理领域的作用处于主导地位，在进行资源配置中，政府的主要职责是做好顶层设计，并通过与行业组织、公众媒体的协同，实现公共安全突发事件应急管理和资源合理调配。目前，国家应对公共危机的总体预案、部门预案和专门预案越来越系统，体现在政府部门内的纵横向分工，更加注重区域—垂直政府间、政府部门间的权责划分及关系处理。

为防范、化解重特大安全风险，健全公共安全体系，整合各方面资源，2018 年 3 月中共中央印发《深化党和国家机构改革方案》中明确提出组建应急管理部。方案提出将国家安全生产监督管理总局的职责，国务院办公厅的应急管理职责，公安部的消防管理职责，民政部的救灾职责，国土资源部的地质灾害防治、水利部的水旱灾害防治、农业部的草原防火、国家林业局的森林防火相关职责，中国地震局的震灾应急救援职责以及国家防汛抗旱总指挥部、国家减灾委员会、国务院抗震救灾指挥部、国家森林防火指挥部的职责进行整合，组建应急管理部，作为国务院组成部门。应急管理部的成立有利于打破之前分灾种、分部门的公共安全事件应急处理造成的职权分散、各职能部门缺乏协同配合的局面，推动政府部门主导的资源合理配置和跨部门协调合作，形成统一指挥、专常兼备、反应灵敏、上下联动、平战结合的中国特色应急管理体制。同时，根据我国《突发事件应对法》中“分级负责和属地管理为主”的应急管理原则，在进行公共安全管理时，将应急管理全过程主体责任逐层落实。根据突发公共事件的客观属性，形成大部分一般公共安全事件依靠各级政府组织解决，应急管理部进行统一响应和支援，超出地方政府应对能力的，由国务院领导，应急管理部作为指挥部，进行统一的应急处置，协调相关部门和地方机构，开展应急资源调配工作。

在国家层面上，国家建立应急管理部统筹公安部、民政部、国家减灾委等中央政府职能部门的资源管理职能协同，打破原有的部门壁垒。在地区层面上，根据公共安全事件的影响范围，可设立区域型资源协同调配管理机构，实现地区的管理。也可以根据在特定公共安全领域设立行业协会，各行业的信息资源协同调配由行业协会统一管理。此外，为加强资源配置的监督管理，还应对公共安全资源调配进行监督，保证资源配置过程中的合规性。各级政府部门公共安全资源协同调配体系如图 5-3 所示。

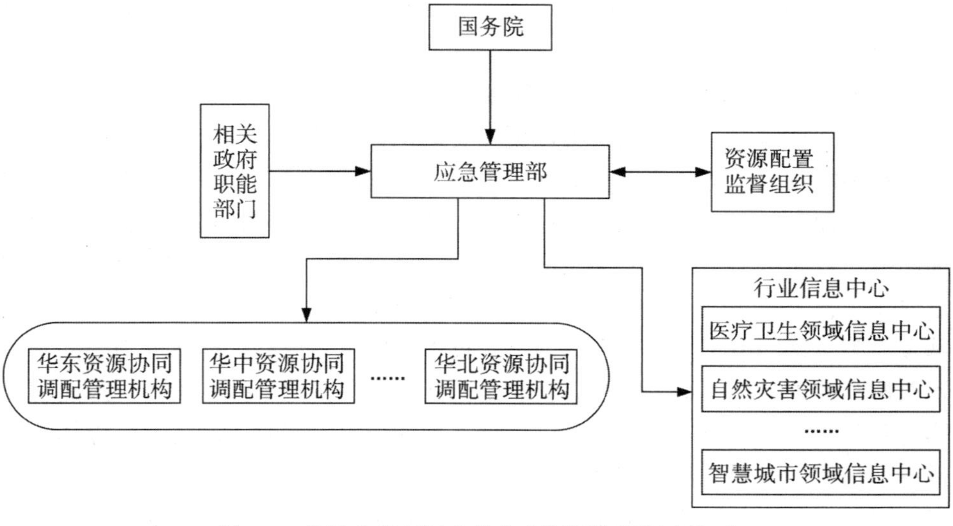

图 5-3　各级政府部门公共安全资源协同调配体系

由图 5-3 可知，各级政府部门公共安全资源协同调配体系的建设和管理是由国家应急管理部负责，在政府部门的统筹规划下，立足于公共安全资源全局建设，通过对现有政府、行业组织中系统间的互联互通，整合各地区、各行业的优势信息资源，构建面向公共安全领域的资源协同配置基础平台，从总体上实现公共安全领域资源在国家层面的集中共享与利用，地区、行业层面的分布开发与建设在政府主导下的公共安全资源配置还需要注重政府部门与行业组织、社会公众及媒体间的协同。政府部门与行业组织间的协同体现在公共安全突发事件管理的各个阶段。在公共安全危机监测工作中，行业组织更贴近行业的现实情况，其信息来源更加广泛，通过将其反馈给政府部门，有助于进行公共安全信息的全面搜集，为安全态势动态分析和预警做准备；在公共安全危机预警工作中，预警平台将各种来源的信息进行有效整合分析，根据指标体系的对比进行态势判断，同时发布预警信息，行业组织可作为政府部门的补充，利用其更接近行业和民众的特点，可以更为广泛、快速和准确地传达预警信息；在公共安全危机应急管理中，行业组织可以充分发挥其自主性、积极性和独立性，在政府部门的指导下展开救助，同时及时搜集应急管理中的信息并将其反馈给政府部门，以便政府部门根据具体情况进行应急策略的及时调整。政府部门与社会公众及媒体间的协同方面，通过建立有效的政府部门与社会公众间的协同机制，鼓励公众通过正当渠道和方式获取信息并反映问题。此外，媒体在参与公共安全危机应急管理时需要做到对政府工作进行监督和将公众信息及时反馈政府。

(2)公共安全资源调配中的社会协同

大数据环境下，公共安全管理更加复杂化，并具有不确定性，单一的政府主导并不能有效进行公共危机治理。为切实履行政府部门职责，有效进行公共安全资源配置，需要建立包括行业组织、社会公众与媒体在内的社会化协同管理网络。行业组织是公共安全管理的重要补充力量，具有弥补“市场失灵”的重要作用，公共安全领域的重要行业组织包括非政府志愿者团体、行业协会、基金会等，这些组织具备一定的人员、技术、信息等优势，因此成为公共安全资源调配的重要协同组织。社会公众是公共安全危机的直接相关者，最能直接感受到公共危机的影响和相应危机处理方案的效果，同时，网络时代媒体的力量逐渐强大，表现为传播信息量大、公众覆盖率高、影响面广、冲击力强等特点。因此，公众和媒体则主要通过监督参与其中，共同构成公共安全大数据资源调配管理体系。

行业组织与公众、媒体间的协同体现为多种形式的协作和监督。与政府相比，行业组织更能够代表社会各阶层的利益，更贴近于群众，可通过建立广泛的公众意见反馈通道进行及时沟通。当发生公共安全突发事件时，公众可以通过各种渠道向相关组织反映，行业组织捕捉到有关危机征兆时，一方面及时向政府部门反映，另一方面进行紧急处理，发动本地民众进行防灾、减灾、救灾活动。行业组织也可通过宣传教育、集体培训、定期演练等方式提高公众危机意识和危机处理能力。此外，两者的协同也表现为公众和媒体对行业组织的监督，防止行业组织滥用紧急处理权力，促使其更好发挥行业组织的作用，以应对公共危机管理中的各种问题。

5.2 基于多元信息协同的公共安全大数据交互模型

从总体上看，公共安全数据广泛存在于物理空间、网络空间和社会空间之中，这三种空间既相对独立又相互关联。传统的协同感知主要解决单一空间的信息集成和协同调配问题，随着信息技术的发展，协同感知逐渐融合了来自不同数据空间的感知信息，实现了多元空间下安全大数据的融合和协同感知。2006 年美国科学院(NAS)在《美国竞争力计划》中首次提出信息—物理融合系统(CPS)，实现了信息空间和物理空间的融合。随着互联网+、物联网、云计算等技术的发展，人在计算系统中的作用越来越重要，大量用户利用移动设备作为感知单元，通过物联网和移动互联网进行协同，构成了社会空间网络。同时，信息空间、物理空间与社会空间通过人机协同计算、跨空间的实体匹配、跨空间的数据关联等技术，将多元空间信息无缝联合，形成更复杂的信息-物理-社会融合系统(CPSS)①。

5.2.1 多元信息协同下的公共数据整合

公共安全数据广泛分布在物理、信息和社会三元空间之中，为全面、动态地获取公共安全数据，实现公共安全领域中的信息监测、分析、预警及响应等服务，需要建立面向三元世界的信息协同感知模型，挖掘不同空间数据之间的关联关系，实现跨空间感知数据的协同计算。三元空间信息协同感知模型是建立在单一空间内感知数据的整合基础上的，即物理空间感知数据的整合、信息空间感知数据的整合和社会空间感知数据的整合。

① Fei Y, Yu Z, Chen H, et al. Cyber-physical-social collaborative sensing: from single space to cross-space[J]. Frontiers of Computer Science, 2018, 12(7): 1-14.

(1)物理空间感知数据的整合

物理空间中主要通过各种类型的传感器将物理世界的物理量转换为数字量。在物理环境中，大量的传感器组成传感网络对物理环境的变化进行监控，如广泛存在的视频监控终端、温湿度传感器、有毒气体检测器等，这些传感器以无线通信的方式组成传感网络，协同完成对公共安全领域中的物理环境和对象的监测感知，传感器网络对感知数据进行融合处理，并通过通信网络传输到指定终端。

在进行物理空间感知数据的整合过程中，应充分利用物理空间泛在的传感网络，实现公共安全领域中场景、对象、行为、时间等内容的主动感知和场景分析、事件态势分析与社会关系分析。具体内容包括异构感知数据的融合和跨场景感知数据分析两个方面。在异构感知数据的融合方面，公共安全领域中的物理空间感知数据主要依赖于分布广泛的无线传感器网络，不同类型的传感器具有不同的感知能力，提供同构或者异构的数据，其中同构数据主要来源于相同类型的传感器节点，异构数据则来源于不同类型的传感器。公共安全领域中的物理空间数据较为复杂多样，如在城市突发事件管控中，需要实时获取来自城市交通视频监控、城市环境信息监测等不同类型传感网络，因此需要进行异构感知数据的有效融合。在异构数据融合过程中，需要结合不同类型的感知数据的特点，提取与公共安全事件相关的物理参数，实现多通道信息采集和异构网络集成。在跨场景感知数据分析方面，公共安全态势感知是对公共安全多元主体进行长期跟踪和监控的过程，涉及跨时间、跨地域物理空间数据的关联聚合，因此需要面向大范围动态场景进行公共安全数据的协同分析，有效提取物理空间中关联公共安全事件的场景、目标和行为、事件等高层语义信息。具体内容包括面向大范围动态场景的高精度三维重建，运动目标的多视角检测与跟踪，结合场景动态建模和多目标跟踪的大范围动态场景高层语义理解与融合，面向大范围动态场景理解的因果推理算法等。

(2)信息空间感知数据的整合

信息空间中的感知数据广泛存在于各种类型的网站之中，具有开放性、时效性、互动性、跨媒体、非结构化等特点。随着社交网络的兴起和移动终端设备如智能手机、视频摄像机等的流行，用户可以方便地在网络中发表文字、图像、视频、音频等各种类型的信息，极大地丰富了信息空间中的数据。这些数据中隐含了与公共安全相关的信息，可以通过将纷繁庞杂的跨媒体感知数据映射到高层语义空间，实现感知数据的内容理解和信息聚合，自动捕捉苗头性、敏感性、倾向性的网络舆情信息。

信息空间感知数据的整合需要对海量多源的跨媒体复杂网络数据进行融合，在此基础上进行多维度事件关联和突发事件演化分析，有助于及时发现公共安全问题、预测发展态势，实现公共安全隐患的预警预报。具体内容包括信息空间感知数据的主动获取、信息空间突发事件发现与演化分析、跨媒体感知数据分析及关联挖掘三个方面。信息空间感知数据的主动获取方面，需要实现新闻、论坛、社交媒体、微博等多通道网络信息的主动采集，应用动态网页采集与解析技术、网页结构化特征抽取技术等，实现海量网络信息采集，同时在信息源、页面、内容等多个层级采用增量化获取和优化调度，提高信息空间感知数据获取的效率。信息空间突发事件发现与演化分析是在获取海量数据的基础上，发现突发话题、分析其演化规律并进行预测的过程。通过提取时序突发特征检测局部突发话题，并将关联话题合并形成全局突发事件的发现，同时利用动力学理论分析网络信息的时序关联和动态演化规律，建立公共安全事件的多视角演化规律和发展趋势预测模型。跨媒体感知数据分析及关联挖掘方面，由于不同类型媒体数据的特征存在差异，需要根据不同媒体数据的特征提取表达倾向性的特征，构建面向信息空间的观点信息结构化表示模型，同时结合不同媒体的观点表达倾向性、公共安全领域差异性，从多立场、多视角分析信息空间感知数据，并结合观点的时空特性分析其变化趋势及观点间的关联关系。

(3)社会空间感知数据的整合

物理与信息空间更关注计算、通信和控制，而在公共安全领域，更多问题需要考虑人类和社会特征，如在智慧反恐领域，群体的参与可实现敏感事件的实时感知和多角度呈现，有利于对敏感事件的预警和及时响应。因此需要将社会空间中的感知数据进行整合，考虑人的参与和感知。可穿戴技术的发展扩展了传统传感器节点的范畴，随着智能手机、手表以及智能眼镜等具有感知计算功能的便携设备的普及，每个携带这类设备的用户可以被视为感知节点，通过感知任务的分发和感知数据的收集，实现大规模复杂社会感知任务，即通过构建移动群智感知框架，解决社会空间的协同感知问题。

在进行社会空间感知数据整合过程中，需要通过移动终端设备获取社会感知数据，在此基础上分析群体间的社会化交互。具体内容包括社会空间感知数据集成和复杂用户群体关系挖掘两个方面。社会空间感知数据集成可通过群智感知完成，群智感知是结合众包思想和移动设备感知能力的一种新型数据获取模式，通过将感知任务分发给网络中的个体或群体，帮助专业人员或群众收集数据、分析信息和共享知识，具有部署灵活经济、感知数据多源异构、覆盖范围广泛均匀等特点。在进行用户感知数据收集时，还需要注意感知数据可靠性问题，一方面可以采用信用规范对各感知节点用户加以限制，另一方面则可通过采用相关的算法验证数据的可靠性。复杂用户群体关系挖掘方面，由移动传感器收集到的数据往往呈现出不同维度的特征，如时间、空间和社会属性，这些基于用户行为的属性具有紧密的关联关系，因此需要对不同属性数据的关联和相互作用规律进行挖掘，结合用户的社会关系，进行大规模群体事件的检测和识别。

5.2.2 协同感知场景下的数据交互实现

单一空间的感知数据仅仅反映了目标对象在该空间的特征，并不能提供全面、详细的感知对象信息。公共安全领域的数据具有跨空间、数据海量复杂、感知对象种类繁多等特征，因此需要构建多元信息协同感知模型，实现公共安全领域信息跨空间协同感知。三元空间信息协同感知模型包括跨空间数据感知、协同分析与处理、应用服务三个模块，如图 5-4 所示。

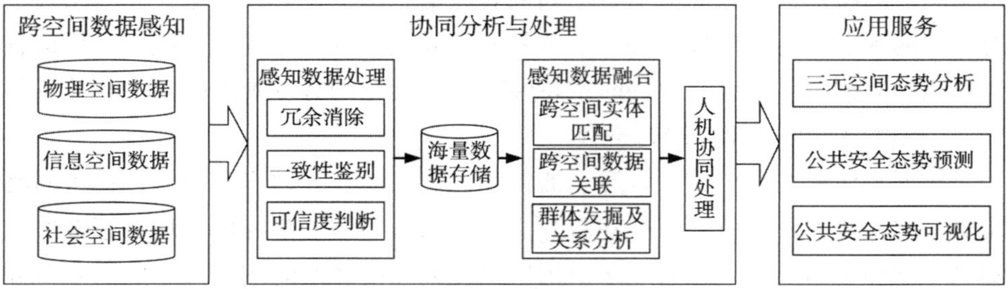

图 5-4　三元空间信息协同感知模型

(1)跨空间数据感知

跨空间数据感知模块是对物理、信息和社会空间的感知数据进行采集，为公共安全数据的协同分析做准备。不同空间中的感知数据特征不同，对应的感知数据采集方法也存在差异，对于物理空间中的感知数据，主要通过各种类型的传感器进行采集和集成，网络空间的感知数据主要通过网页解析和采集技术实现，社会空间数据则主要采用移动传感器进行收集，采集方法包括离线感知和在线数据生成两种。最后形成了对应的物理、信息和社会感知数据库。不同感知空间反映了目标对象的不同方面，互为补充，这种跨空间的数据采集可以从多个角度描述目标对象，实现目标的完整刻画。

(2)协同分析与处理

在获取跨空间感知数据的基础上，需要对跨空间感知数据进行融合、分析与处理，为公共安全事件预测及危机处理提供数据支持。其过程包括感知数据处理、海量数据存储、感知数据融合及人机协同处理。

感知数据处理包括冗余消除、跨源感知数据一致性鉴别和数据可信度判断三个方面。同一空间中，采集的数据往往会存在语义和内容上的冗余，为有效收集和处理数据，可采用重复数据删除技术消除冗余数据。同时，由不同来源获取的同一数据可能会相互冲突，如一组位置相近的传感器返回不同的识别结果、不同网站中抓取的同一对象数据存在偏差等，因此需要对跨源数据进行一致性鉴别，常用的方法包括基于统计的数据不一致发现和基于规则的数据不一致自动发现。造成感知数据的不一致性的原因多样，如传感器读取数据错误、用户生成虚假社交数据等，因此需要对不同来源数据的可信度进行判断。在对传感网络中数据可信度判断时，通常采用相关算法保证数据的可靠性①。网络中信息可信度评估可通过提取用户特征和信息特征，构建网络信息可信度评估模型实现②。

在对三元空间感知数据进行采集和处理的基础上，需要对其进行存储。公共安全领域数据具有海量混杂、种类繁多的特点，如城市反恐领域中，各地分布的众多视频监控终端、网络中计算机、用户的智能手机及便携设备共同组成了庞大分布式感知信息网络，每时每刻都返回大量的数据。这些数据的存储和计算需要更高的技术支撑。云计算的发展为跨空间海量感知数据存储提供了新的思路，其海量数据存储、高强度计算、高可靠性、动态资源调配、按需服务等特性可以很好地满足公共安全领域海量感知数据存储和计算需求，因此可将云计算技术应用于海量公共安全数据存储过程中。

感知数据融合是将来自不同空间的感知数据关联并分析的过程，其内容包括跨空间实体匹配、跨空间数据关联和三元空间协同的群体发掘与关系分析三个方面。跨空间实体匹配是识别不同空间中同一实体的过程，常用方法包括基于网络拓扑结构的实体匹配和基于内容相似性的实体匹配两种③。基于网络拓

---

① 刘小久，袁丁，梁瑷云，严清. 基于BP网络判断传感器数据可信度研究[J/OL]. 计算机应用研究，2019(9)：1-3.

② 赵文军，陈荣元. 社会化媒体中的在线信息可信度评估模型研究[J]. 情报理论与实践，2015，38(12)：68-72.

③ 李娜，金冈增，周晓旭，郑建兵，高明. 异构网络中实体匹配算法综述[J]. 华东师范大学学报(自然科学版)，2018(5)：41-55.

扑结构的实体匹配根据不同空间中与已知对象的直接或间接关系，挖掘实体间的潜在特征；基于内容相似性的实体匹配则根据实体在不同空间中产生内容的相似性进行实体匹配。跨空间数据关联是将目标对象在不同空间中产生的数据相互关联的过程。目标对象在某一空间的活动也可能影响其在其他空间的行为，如社会热点的发生会同时反映在网络媒体和线下群体行为之中，有效挖掘跨空间数据的关联关系成为跨空间协同感知的关键。可通过构建跨空间模型，将行为与交互信息转换为语义描述文本，挖掘跨空间信息交互与行为的关联关系。三元空间协同的群体发掘与关系分析是以用户为中心，综合其在物理空间中的生物特征数据、信息空间中的用户行为数据和社会空间中的交互数据，建立社会实体和关系的跨空间映射，实现三元空间实体和社会关系的发掘、协同识别和验证。

人机协同处理是将人的智能与机器有机结合，实现相辅相成、共同促进的效果。在公共安全数据分析中，人类与机器各有优势，人类在进行特征识别与决策制定中具有不可替代的作用，而机器则在存储、计算海量数据时具有更大的优势。因此在进行三元空间数据协同分析时，需要协调人与机器间的关系，采用专家干预优化机器学习的过程，有效利用用户行为数据指导机器学习模型，实现人机协同处理。

(3)应用服务

应用服务模块是对跨空间协同分析与处理结果的展示与应用，包括三元空间态势分析、公共安全态势预测、公共安全态势可视化展示等。三元空间态势分析和公共安全态势预测是在跨空间感知数据协同分析的基础上，挖掘和提炼多粒度、多角度分析结果，实现社会安全态势的协同监控和预警。公共安全态势可视化展示则是应用可视化技术，面向公共安全领域特点和公共安全决策支持需求，构建人机交互可视化平台，展示多视角、可视化公共安全情报。

5.3 公共安全大数据协同调配平台构建

公共安全大数据协同调配平台是实现公共安全大数据管理与服务的重要保证，其构建关键在于对分布广泛、海量、异构的公共安全信息的有效集成和协同调配。云计算和网格技术的发展为公共安全大数据协同调配平台构建提供了解决思路。其中，云计算通过提供资源聚合、虚拟化、按需供给和灵便使用的服务模式，为广大用户提供高效、低成本的存储与计算服务①②。而网格技术强调资源的共享，通过使用中间件技术屏蔽不同系统间的异构性，从而在网格系统中，任意节点都可以作为请求者请求使用其他节点的资源。从总体上看，云计算和网格都可以看成分布式计算所衍生出来的概念，都是为了让资源能够对用户透明，方便资源的调配，提高资源利用率。但在实践中，云计算一般是为了通用的应用设计的，可以支持广泛的 Web 应用，具有更强普适性。而网格的构建大多针对某一特定任务需要，通常作为一种面向特殊应用的解决方案，如已经完成或正在进行的生物网格、地理网格、国家教育网格等各种不同的网格项目，因此具有较高的针对性和安全性。

公共安全领域包括自然灾害、城市事故灾害、公共卫生、社会安全等，其数据来源广泛，包括政府部门、社会机构及个人的数据、设备监控数据及其他形式的数据。不同行业的信息服务需求及信息资源的安全性具有不同的要求，如社会安全领域信息分析与突发事件管控涉及公安部门、交通部门等部门信息资源的协同，这些部门的信息资源较为敏感，该领域的大数据协同调配平台设计需要具有较高的安全性和行业针对性，因此可以基于网格实施，而对于某些信息资源敏感性较低的公共安全领域行业，则可采用更加通用的云计算构建协同调配平台。

5.3.1 基于云计算的公共安全大数据协同调配模型

公共安全风险管理，要求打破各部门间的壁垒，对海量公共安全数据进行整合分析，实现公共安全事故的监测、预警和响应，达到减灾、控灾和救灾的目的。其过程必然涉及跨部门公共安全数据集成分析与资源协同调配。随着物联网、网络通信技术的飞速发展，由各种传感网络采集的公共安全相关数据出现指数级增长，且各部门间信息资源存在交叉建设、高度分散等问题，在进行公共安全信息资源跨部门集成分析时，需要面临大规模数据计算、海量信息资源存储与分析问题。云计算的出现和发展为管理海量复杂公共安全资源提供了新思路和方法，它通过网络连接将大量计算资源进行统一管理和调度，构成一个虚拟计算资

① Bayramusta M, Nasir V A. A fad or future of IT?: A comprehensive literature review on the cloud computing research[J]. International Journal of Information Management, 2016, 36(4): 635-644.

② 张建勋，古志民，郑超. 云计算研究进展综述[J]. 计算机应用研究，2010，27(2)：429-433.

源池，用户可以根据需求获取相应的计算能力、存储空间和软硬件服务。

云计算是由分布式处理、并行处理和网格计算发展来的新兴计算模型。与传统 IT 服务相比，云计算具有超大规模、泛在接入、虚拟化、高可靠性、按需自助服务、快速伸缩的特点①②③④。其中，超大规模是指云平台拥有庞大的服务器，可以支持超大规模的计算；泛在接入是指用户能够通过标准接入机制，利用计算机、移动电话、平板等各种终端设备通过互联网随时随地使用服务；虚拟化是指用户可在任意位置从云中获取资源或服务，无须了解具体资源或服务的位置；高可靠性是指云端通过提供完善的容灾备份方案提高服务的可靠性，即使在突发事件下，如共享资源被意外删除或发生硬件崩溃等现象，依然可以保障服务的正常进行；按需自助服务是指云计算客户能够无须或在较少云服务商的人员参与下，根据自身需要获得所需的计算资源，如自助确定资源占用时间和数量；快速伸缩性是指客户可以根据需要快速、灵活、方便地获取和释放计算资源，而且对于客户来讲，这些资源是“无限”的，能在任何时候获得所需资源量。这些特点使得云计算在进行公共安全大数据存储、分析中具有极大优势，可以将其运用于公共安全大数据资源协同调配之中。

根据云计算提供服务类型的差异，可将其分为软件即服务(Software-as-a-Service，SaaS)、平台即服务(Platform-as-a-Service，PaaS)和基础设施即服务(Infrastructure-as-a-Service，IaaS)三种服务模式。在 SaaS 模式下，云服务商向用户提供的是运行在云基础设施之上的应用软件。客户不需要购买、开发软件，可利用不同设备上的客户端(如 Web 浏览器)或程序接口通过网络访问和使用云服务商提供的应用软件。用户无须对软件进行维护，云服务商负责管理和维护软件，同时提供软件的离线操作和本地数据存储服务。在 PaaS 模式下，云服务商向客户提供的是运行在云计算基础设施之上的软件开发和运行平台，如标准语言与工具、数据访问、通用接口等，用户可利用该平台提供的资源开发和部署自己的软件。在 IaaS 模式下，云服务商向用户提供服务器、存储、

---

① 中国信息安全研究院有限公司等 GB/T 31167-2014. 信息安全技术云计算服务安全指南[S]. 北京：中国标准出版社，2015.

② CSA. Security Guidance for Critical Areas of Focus in Cloud Computing (V 3.0) [EB/OL]. [2019-05-23]. https://cloudsecurityalliance. org/guidance/csaguide. v3. 0. pdf.

③ Mell P, Grance T. The NIST definition of cloud computing[J]. National Institute of Standards and Technology, 2009, 53(6): 50.

④ 刘田甜，李超，胡庆成，等. 云环境下多副本管理综述[J]. 计算机研究与发展，2011，48(S3)：254-260.

网络等基础资源，用户可在这些资源上部署或运行操作系统、数据库和应用软件等。

构建公共安全大数据协同调配平台时，由于 IaaS 仅提供基础设施，因此更倾向于采用 PaaS 和 SaaS 服务构建协同调配模型。其中采用 SaaS 服务构建的公共安全大数据协同调配模型，其定位为：相关的大数据分析处理功能全部由云服务商实现，应用中心只需向云服务商提供所需基础数据，即可获取服务。采用 PaaS 服务时，云服务商需要提供支持公共安全大数据分析和资源协同调配的算法工具，各级应用中心可以根据实际需求开发软件和应用，更具多样化和灵活性。因此基于 PaaS 的公共安全大数据协同调配模型架构较为合理。基于 PaaS 的公共安全大数据协同调配云服务模型架构如图 5-5 所示，可分为基础环境层、协同调配支持层、云平台管理模块、统一接口层、云服务层和终端应用层。

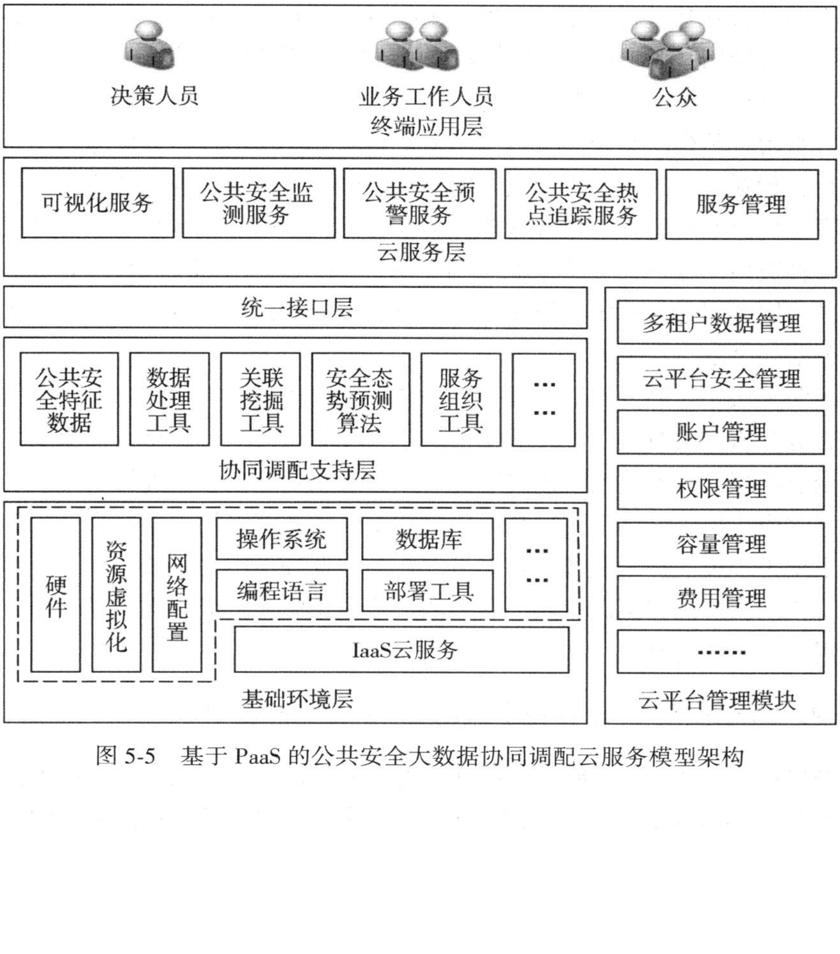

图 5-5　基于 PaaS 的公共安全大数据协同调配云服务模型架构

基础环境层。基础环境层用于提供基于 PaaS 的公共安全大数据协同调配云服务运行所需的软硬件环境。基础环境层的构建可以由 PaaS 云服务商直接构建，也可以基于 IaaS 云服务构建。其中，由 PaaS 云服务商直接构建时，需要完成包括硬件设备、进行资源虚拟化、配置网络、平台运行所需的操作系统、数据库、编程语言、系统部署工具等基础开发环境配置。在基于 IaaS 云服务构建模式下，PaaS 云服务商无须关注硬件的配置及其虚拟化，以及基础网络的配置，只需要通过 IaaS 服务的采购确保这些资源到位，并保障质量即可。

协同调配支持层。基于 PaaS 的公共安全大数据协同调配云服务不仅提供基础的系统开发环境，还可以提供一些统一支持工具或算法，为公共安全大数据资源协同调配提供支持。这些工具或算法支持集中于协同调配支持层之中，包括基本的公共安全特征数据、数据处理工具、关联挖掘工具、公共安全态势预测算法、基于协同调配的公共安全服务组织工具等。在进过模块化基础上，方便不同平台对其进行调用，此外，也可以在其基础上进行二次开发，方便不同资源中心应用基于 PaaS 的公共安全大数据协同调配云服务时，结合自身实际和特点进行功能的筛选和个性化服务的定制。

云平台管理模块和统一接口层。云平台管理模块的作用为保障云平台的正常运行，包括各种支撑云平台运行的基础功能，如多租户数据管理、云平台安全管理、用户账户管理、权限管理、容量管理、费用管理等。统一接口层则是通过各种类型的接口连接基于 PaaS 的公共安全大数据协同调配云平台与云服务层。云服务层通过调用各类接口，获取云平台的工具支持，从而提供各种类型的公共安全信息服务。

云服务层。云服务层通过云平台中一系列的接口，提供面向公共安全领域安全态势分析和决策支持的一体化信息服务和典型的服务包括可视化服务、公共安全监测服务、公共安全预警服务、公共安全热点追踪服务等。

终端应用层。终端应用层是面向公共安全领域最终用户的层次，其面向的用户主要为决策人员、业务工作人员、社会公众等不同类型的用户。值得注意的是，不同用户拥有不同权限，获取的最终应用服务也会存在差异，因此需要注重用户权限的管理。

5.3.2 基于网格的公共安全大数据协同调配模型

网格技术是 20 世纪 90 年代中期发展起来的面向互联网的信息技术，它的开创者 Ian Foster 对网格的定义为“在动态、多机构参与的虚拟组织中的一个协调的共享资源和求解问题的过程”。Foster 规定网格需要具备三个条件：①协调非集中控制的资源。网格需要集中整合各类资源，这些资源分布于网络中不同节点，而同样，资源的使用者也可能位于网络中的不同位置，网格需要处理这种分布式环境下的资源协同调配问题，综合考虑用户获取资源时的安全、使用费用和权限问题。②使用标准的、开放的、通用的协议和接口。网格的建立是在多种协议和接口之上的，这些协议和接口解决了用户身份认证、授权、资源存取等问题，具有标准化、开放化和通用性的特点。③获得非凡的服务质量。网格支持资源的协同调配，满足不同使用者对资源服务的各种要求，这种服务的质量应该是优秀的。由此可见，网格的本质是分布性和信息资源共享。分布性是指物理特征，网格环境下的信息资源广泛分布于各节点之上。信息资源共享则是网格服务的要求，通过将分布于各节点上的部分或全部资源调用到合适的计算节点，进行数据分析处理后将结果返回给用户，这种资源调配的目的是实现信息资源共享。

(1)协同调配模型结构

网格技术主要包括网格计算和信息网格。其中，网格计算是一种分布式计算基础设施，通过网络连接不同地理位置中的各类计算机、数据库等相关设备，形成相对透明的虚拟计算环境，实现广泛、协同的资源共享和问题求解。目前网格计算技术已经在医学、地理信息系统、军事、公安部门等多个领域得到应用，不仅可以实现计算资源的高效利用，而且可以实现各部门中资源的协同调配，为信息资源分析、管理提供有效支持。信息网格则是利用现有的网络基础设施、协议规范、数据库等技术，构建智能信息平台，从而为用户提供一体化信息服务。用户可以通过网格门户(Portal)，得到所需的信息资源，从而大大降低网站创建及提供服务的成本。同时，如 XML、SOAP、UDDI、WSDL 等信息网格的重要协议，渐渐成为各平台的基本协议。

公共安全数据的跨部门集成分析与资源协同调配可以利用网格技术连接各个存储节点，根据具体需求进行各节点资源的动态调配和分析，实现跨部门信息资源的协同管理。网格技术采用的五层沙漏结构，即构造层、连接层、资源层、汇聚层和应用层，在公共安全资源协同调配时，以协议为中心，每一层具有不同的协议定义，构成了基于网格的体系结构。同时，针对部分公共安全部门(如公安部门)中资源较为敏感的特点，对其在跨部门协同调配过程中的安全进行保障，如图 5-6 所示。

网格构造层的功能为控制局部的资源，并向上层提供这些资源的接口。构造层由各种物理资源构成，公共安全领域中的网格构造层包括各部门数据库资

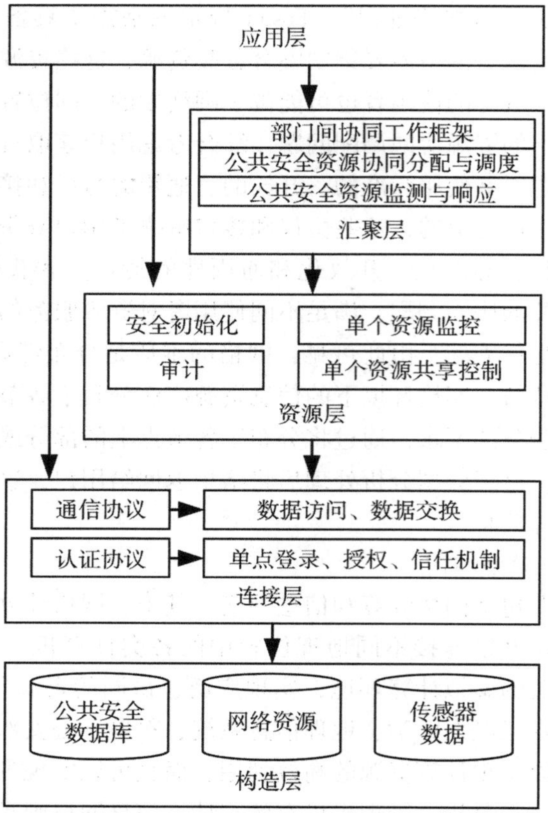

图 5-6 基于网格的公共安全资源调配中的五层沙漏结构

源、网络资源、传感器数据等。

网格连接层的功能是实现构造层资源之间的通信和数据交换，其中包含通信和认证协议。通信协议能够支持构造层资源交换数据，包括数据访问、数据交换等。认证协议是在通信服务基础上提供的用于识别用户和资源的安全机制，通过单点登录、用户授权、信任机制等方法，保障用户安全和用户访问公共安全领域资源的安全。

网格资源层的功能是实现单个的局部资源的共享，全局的资源分析则由汇聚层实现。资源层建立在连接层之上，为单个资源共享时的安全启动、监控制定协议。定义的协议包括安全初始化、单个资源的监控、单个资源的共享控制、共享资源审计等。

网格汇聚层的主要功能是协调各种公共安全资源的汇聚和共享，主要描述资源间的共性特征，而不涉及资源的具体特征。汇聚层可以实现更加高级的应用和面向特定领域的应用，包括定义部门间协同工作框架、资源的协同分配与调度服务、资源监测与响应服务等。

网格应用层存在于虚拟组织环境之中，可以调用其他层次中的服务，从而满足应用需求。如通过调用汇聚层服务，获取公共安全资源发现服务，从而为公共安全信息分析与决策提供支持。

采用五层沙漏结构的网格技术，用户可以访问分布于不同地理位置的公共安全信息资源，利用网格结构共享计算资源、存储设备等，从而解决公共安全数据分析与处理问题。但其核心思路是以协议为中心的体系结构，大量协议的使用方便了资源共享的同时，也限制了网格的发展。随着技术的发展，下一代网格体系结构在五层沙漏结构的基础上，融合了 Web Service 技术，形成了开放网格服务结构 OGSA(Open Grid Services Architecture)，提出了以服务为中心的思想和网格服务的概念。OGSA 体系结构中的网格服务是动态的、可扩展的，支持通过统一的接口管理和使用网格服务，可以对网格系统中的各部件进行组合，满足不同的需求。OGSA 体系结构的共享范围比五层沙漏结构更加广泛，其提出的基于网格服务的概念可支持异构平台系统间的资源管理，通过对不同服务的集成，实现部门间的合作，同时可以保证较高的安全性和可靠性。

网格系统将位置分散、异构、动态变化的公共安全资源与服务进行有序管理，其过程涉及对各部门资源的管理、访问、调度和监控等，同时在进行资源访问和调度时保证系统的容错性和资源的安全性。因此在设计基于网格的公共安全大数据协同调配模型架构时，需要充分考虑以下问题：

①元数据管理和服务。由于公共安全领域信息网格需要将各个部门间信息系统的数据进行整合，其过程必然涉及元数据的处理和管理。元数据管理通过对公共安全数据的命名、描述、收集和组织，实现资源的管理。元数据可以分为系统元数据、复制元数据和应用元数据三种，其中系统元数据用于记录网格中的结构信息，实现网格互联，控制存储系统的容量和优化资源使用的策略。复制元数据为记录与数据有关的信息，如相关资源与具体存储系统之间的映射关系等。应用元数据指记录与具体应用相关的文件逻辑结构。为实现公共安全资源的快速定位和访问，网格系统需要对异构数据库中的名称、属性及其关系进行规范化处理，定义全局的实体命名方式，对资源存储位置进行管理，同时规范网格系统的资源安全、用户授权、访问控制等信息，最后采用统一的结构描述公共安全领域元数据。

②数据访问服务。公共安全资源存储于不同地理位置之上，且存储形式和

存储格式也各不相同，因此在进行基于网格的公共安全资源协同调配时，需要采用相关技术实现不同类型资源的有效集成和快速访问。其实现方式可以通过分析公共安全资源的共性特征，抽象形成通用的数据访问模型，为异构的公共安全系统提供统一的数据访问接口。在网格系统中，进行不同节点的数据访问过程可以看成映射的过程，即将用户的请求转换为指令映射到物理数据库中的具体操作，实现相关数据存储、检索等功能。在实现中，网格通过数据访问界面向目标用户展示所需数据，数据访问界面通过控制虚拟数据库完成对物理数据库的控制，虚拟数据库与物理数据库通过映射建立关联关系，最终实现整个网格系统中的数据访问。

③数据高效传输。网格的建立需要高速传输的网络作为支持，因此需要设计高效的数据传输机制，保证网格中数据的可靠、高效地传输。在进行数据传输机制设计时，需要满足以下功能：①高速数据传输，可以通过设计通用协议支持广泛的数据传输；②分块数据和部分数据传输，数据的并发传输具有更高的效率，因此需要设计多个分数据块传输方案，在发送方将数据分块并发传输，在接收方将分块的数据汇总后形成完整的数据集，同时将用户常用的数据进行集中存储，方便用户及时调用；③数据传输的完整性检测和恢复，支持可靠、可重启、断点续传功能，在接收方对数据的完整性进行校验，及时发现错误，并对传输错误的数据进行恢复。

④网格系统中资源的优化调配。在网格系统中，由于资源分布于不同网格之中，服务的请求也来源多方，造成资源调度中存在配置优化的问题。当用户对网格中资源发起请求时，系统首先需要将用户请求的资源与可用资源进行匹配，当多个用户同时发出请求时，则需要统筹安排多个请求，对资源进行优化配置，根据请求的优先级和用户的级别进行排序，从而有序安排多个请求。此外，还需要设计对应的远程执行机制保证异地系统的远程启动和任务执行，支持实时监控、收集和查询各系统信息，进而控制分布于不同地理位置的系统。

(3)公共安全大数据协同调配的技术实现

在综合考虑网格系统中元数据管理和服务、数据访问服务、数据高效传输及资源的优化调配的基础上，针对公共安全资源的特点，可以构建基于网格的公共安全大数据协同调配模型架构，如图5-7所示。从总体上看，基于网格的公共安全大数据协同调配模型具有五层结构，分别为网格资源层、网格中间件层、网格服务层、网格支撑环境层和网格应用层。网格支撑环境层作为整个网格系统运行的基础，对其他各层起到支撑作用，网格资源层、网格中间件层、网格服务层和网格应用层各自具有不同的作用，并通过向上层提供接口，接受上层对本层服务的调用，支持上层功能的实现，共同构成网格环境下公共安全资源协同调配模型构架。整个模型通过向上层用户屏蔽分布的、异构的公共安全部门中信息系统之间的差别，在统一界面上进行的集成服务，实现了广域环境下的公共安全信息资源的协同调配。

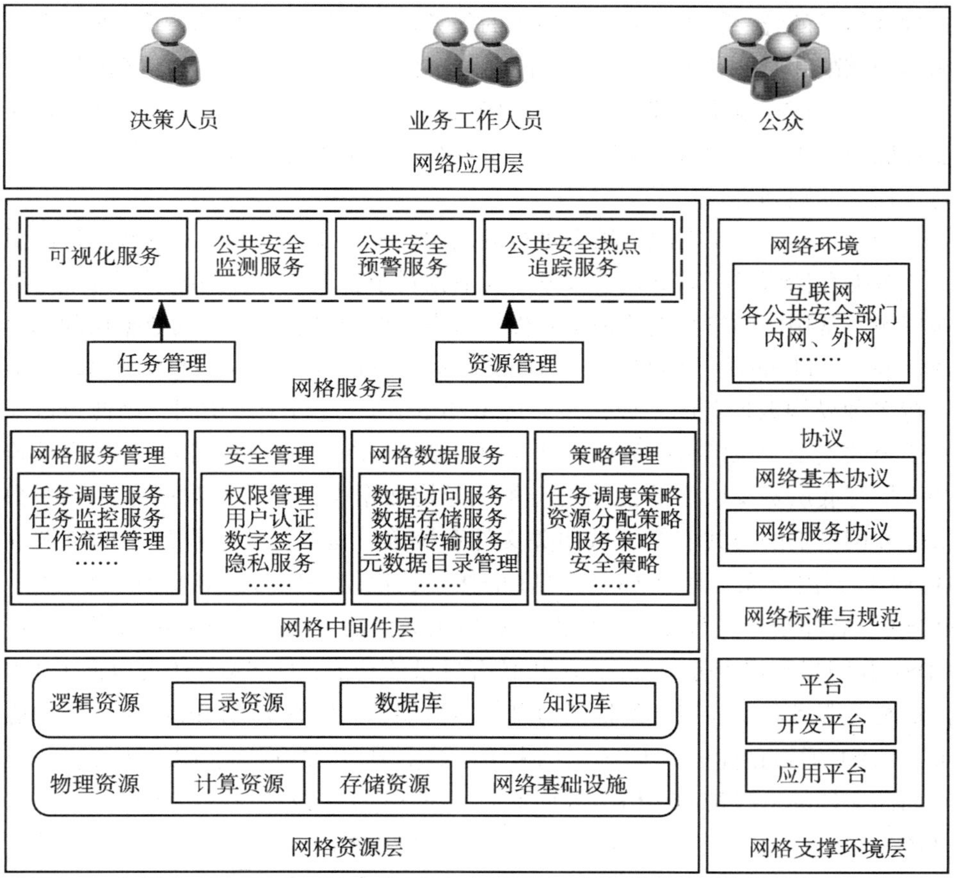

图 5-7 基于网格的公共安全大数据协同调配的技术实现

网格资源层。网格资源层处于整个模型的最底层，是网格系统的基础，主要实现资源的封装功能。网络资源层主要由物理资源和逻辑资源构成，其中物理资源包括计算资源、存储资源、软件资源、网络基础设施等。逻辑资源是在物理资源之上，利用物理资源抽象形成的抽象服务，主要包括目录资源、数据库、知识库等。网格资源层中的公共安全信息资源具有多源异构的特征，为实现资源的广泛共享，需要对其进行规范化。因此在网格资源层中，还需完成对资源的统一和规范化描述，根据网格服务的规范，进行资源的封装和接口的设计，形成网格服务，并通过映射形成网格服务目录，从而屏蔽不同来源资源的异构性，为网格环境下资源的共享做准备。

网格中间件层。网格中间件层在模型中处于核心地位，旨在整合异构资源达到逻辑上的统一，并设计一个通用的服务接口，保障网格环境下公共安全资源协同调配和服务的实现。在中间件层主要实现网格服务管理、网格数据服务、安全管理和策略管理。其中，网格服务管理主要包括任务调度服务、任务监控服务、工作流程管理服务等，负责进行网格服务运行的调度和管理，保障各项任务的顺利进行。

网格数据管理是对底层数据进行规范化处理，通过提供统一的数据访问服务、数据存储服务、数据传输服务、元数据目录管理等，访问底层资源层中异构资源。常用的网格数据管理中间件技术为开放网格服务架构的数据访问和集成（Open Grid Service Architecture Data Access and Integration，OGSA-DAI），能支持多种异构数据源的集成，并通过 Web Service 进行统一访问，因此可以应用于公共安全领域网格的数据管理之中。基于 OGSA-DAI 的网格作为中间件连接上层与底层资源层中的公共安全领域异构数据库，如关系数据库、XML 数据库和网格上的公共安全领域相关文件系统等，这些异构数据库中的资源在 OGSA 框架内集成，通过 OGSA-DAI 的接口，以统一的方式访问异构资源①。OGSA-DAI 主要有三种接口，即网格数据服务注册 GDSR、网格数据服务工厂 GDSF 和网格数据服务 GDS。GDSR 具有目录的功能，OGSA-DAI 可以向 GDSR 注册相关服务和对应服务的描述信息，客户端也可以查询 GDSR 找到所需的服务。GDSF 通过创建一个 GDS 实例来访问特定类型的数据库，GDS 则提供了一个面向文档的形式访问网格中数据资源。OGSA-DAI 技术通过将异构资源、数据统一起来，用定义和识别服务接口问题代替系统间互操作问题，从而屏蔽了底层信息，实现公共安全领域跨平台信息的访问和互操作。目前，OGSA-DAI 技术在公共安全领域的一些项目中得到应用②，如关于气象与环境信息的数据

---

① MaoZhen LI，Mark Baker 著. 网格计算核心技术[M]. 王相林，张善卿，等译. 北京：清华大学出版社，2006：126.

② Mario Antonioletti，Malcolm Atkinson，et al. The Design and Implementation of Grid Database Services in OGSA-DAI[EB/OL]. [2019-08-16]. http://www.nesc.ac.uk/events/ahm2003/AHMCD/pdf/156.pdf.

网格项目 SIMDAT 中，建立虚拟全球信息系统中心(V-GISC)，用以欧洲环境监测。基于 OGSA-DAI，V-GISC 建立了统一数据访问平台，为平台用户提供一个统一的外部接口，通过对不同气象系统信息资源的协同调配，实现了在统一界面上查找、获取、共享各种形式的气象资源，推动了欧洲气象行业资源的交换与整合，有利于气象信息的发现和预测①。

安全管理是对网格系统的安全进行监控，包括用户身份认证、权限管理、数据加密、安全审计等。在进行用户身份认证时，目前多采用“用户名+密码”的单点登录认证方式②，为保障用户身份安全，可采用多重身份认证机制，如生物认证技术、动态电子口令系统认证方式、基于智能卡的认证方式等，进一步完善用户身份信息的验证，从而保证网格系统的安全性。在进行权限管理时，应用权利描述、许可授权、使用控制等技术对用户权限进行明确声明，采用基于属性的加密技术，即以属性为公钥，将密文或用户私钥与属性相关联，从而支持灵活的访问控制策略③。同时，用户的权限由对应资源与用户权限许可证中权限记录共同决定，当对应资源更改时或不符合权限许可证中规定时，需要对用户原有的权限进行更新或撤销，以保障用户在网格中利用资源的安全。在对公共安全资源进行加密时，可根据公共安全资源的敏感性和重要性对其进行分级加密，对于不同安全等级的公共安全资源采用不同的加密策略保障其安全。安全审计要求定期对公共安全资源进行安全性检验，根据审计的记录检查系统的安全性，做到及时发现安全漏洞并进行补充。

策略管理是对整个网格系统中公共安全资源的调配和服务策略进行的有效管理，对服务策略的管理是实现公共安全大数据协同调配的重要保障，具体包括任务调度策略、资源分配策略、服务策略、安全策略等。这些策略是动态变化的，其设定根据服务的重要程度、资源分布等因素共同决定。

网格服务层。网格服务层位于网格中间件层之上，针对公共安全领域用户信息需求，开发相应的专用服务和工具，能够通过网格化封装被上层网格应用层使用。对应的服务包括可视化服务、公共安全监测服务、公共安全事件预警

---

① SIMDAT-Data Grids for Process and Product Development using Numerical Simulation and Knowledge Discovery[EB/OL]. [2019-08-16]. http://www.hlrs.de/news-events/events/2006/metacomputing/TALKS/simdat_clemens_august_thole.pdf.

② Radha V, Reddy D H. A survey on single sign-on techniques[J]. Procedia Technology, 2012, 4(11): 134-139.

③ 关志涛，杨亭亭，徐茹枝，等. 面向云存储的基于属性加密的多授权中心访问控制方案[J]. 通信学报，2015，36(6)：116-126.

服务、公共安全热点追踪服务等，这些服务均以网格服务的形式向上层提供。网格服务层所提供的各种公共安全服务由任务管理和资源管理共同保证，其中任务管理包括公共安全服务的发现、服务访问、任务分解、任务实现、资源调度等内容，资源管理则包括资源监控、资源描述、资源有效配置等。任务管理和资源管理共同作用，通过接口获取下层资源和向上层提供统一服务，保障了基于网格的公共安全大数据服务的顺利进行。

网格应用层。网格应用层是不同用户访问公共安全网格系统的入口，通过统一界面，获取协同调配平台中的各项服务。从总体上看，应用层提供的应用服务可以分三个层次，即基础应用、高级应用和个性化应用。其中基础应用主要针对公共安全行业基础业务，如安全监控、系统运行控制、日常业务管理等方面。基础应用通常面向公共安全行业业务工作人员或普通公众进行。高级应用则是在基础应用之上提供的高级服务，包括公共安全大数据分析、公共安全事件预测、复杂公共安全问题求解等，针对的人群主要为公共安全领域决策人员，其服务的目标为辅助决策人员进行决策。网格环境下的公共安全领域个性化应用是针对行业用户的个性化信息需求设计的，是在基础应用和高级应用基础上，针对细分群体的个性化需求制定的服务，可以在原有通用的应用基础上进行二次开发，使得页面设计、服务内容满足公共安全行业用户的需要。

网格支撑环境层。网格支撑环境层作用于整个网格系统中的所有层次，其作用主要有，为网格系统中的资源共享、信息协同、资源调配等提供基础的运行和处理环境。网格支撑环境层主要由网络环境、协议、网格标准与规范、平台构成。其中，网络环境由于采用 OGSA 的架构，对应的网络运行环境由互联网、各公共安全部门的内网、外网等共同组成。协议主要由网络基本协议和网格服务协议组成，网络基本协议包括 HTTP 协议、FTP 协议等基本协议对层级间通信进行规范化，网格服务协议包括 WSRF 和 SLA 协议。网格标准与规范是网格环境下资源利用与服务实现需要遵守的要求，一般包括 WSRF 的规范和公共安全行业信息服务的规范。WSRF 规范包括 Web 服务资源属性（WS-ResourceProperties）、Web 服务资源生命周期管理（WS-Resource Lifetime）、可更新的 Web 服务引用（WS-Renewable References）、Web 服务组（WS-Service Group）等，公共安全行业信息服务规范包括公共安全系统互操作规范、系统设计规范、安全规范等。平台包括网格系统开发平台和网格系统应用平台，网格系统开发平台可以采用 Globus Toolkit 实现，Globus Toolkit 是一个面向公众的支持网格应用的开放结构、开放服务资源和软件库集合，可以为构建网格应用提供中间件服务和相关程序库。从总体上看，网格支撑环境层为构建基于网格的公共安全大数据协同调配模型提供了技术保障和物理支持，是整个模型构建的基础。

5.4 协同调配基础上的公共安全大数据信息集成服务

公共安全大数据资源协同调配是建立在行业内信息资源技术及管理层面的规范化之上的，以此为基础提供信息集成服务。虽然各系统用户的信息需求存在差别，但在跨系统信息需求和集成服务要求却存在相似之处，推进了公共安全大数据资源集成服务的发展。

5.4.1 以用户为中心的公共安全信息集成服务的形成

公共安全大数据资源的跨部门协同调配打破了原有的组织、地区的界限，形成了面向公共安全行业整体的集成服务模式。根据公共安全大数据集成服务的出发点和侧重点不同，大数据集成服务可以概括为以资源为中心的信息集成服务、以技术为中心的信息集成服务、以机构合作为中心的信息集成服务和以用户为中心的信息集成服务四种。

以资源为中心的信息集成服务是面向公共安全大数据资源的，通过对公共安全相关资源的采集、融合与集成分析，提供面向公共安全领域全局的态势分析和决策支持服务。这种信息集成服务模式更关注公共安全领域信息资源的建设与管理，强调资源来源全面，更适合宏观层面的资源整合和分析，其缺点也很明显，用户作为集成服务的直接应用者，较少参与公共安全领域资源的组织之中，只能被动获取相关服务，造成集成服务的针对性不强的情况。以技术为中心的信息集成服务主要关注信息集成技术的研发和应用，旨在通过技术创新，实现基于技术的服务功能整合。这种集成服务模式更加强调信息技术集成，实现异构系统的互操作、跨系统信息检索等功能，有利于实现公共安全信息资源跨系统深加工和不同系统间技术的共享。但用户仍然较少参与到以技术为中心的信息集成服务之中，只能被动接受已有的技术和服务，且由于各类技术的运用也对用户的操作产生壁垒，可能存在部分用户不适应当前的技术环境问题。以机构合作为中心的信息集成服务是以各公共安全部门间的合作为基础，达到部门间公共安全大数据资源的共建、服务和技术的共享、人员的互补，发挥行业整体的作用，从而增强单个部门的信息服务能力，但其实现过程中仍然缺乏对用户需求的深入理解。为更好地实现公共安全领域信息服务，满足各类用户信息需求，需要在公共安全领域各部门合作的基础上，提供面向用户的服务拓展。

以用户为中心的信息集成服务是以用户个性化信息需求为导向的公共安全资源动态集成服务。更强调不同用户的个性化需求，通过全方位分析具有公共安全信息需求的各类用户特征及所需要的信息服务层次，进行公共安全大数据资源集成信息服务的功能定位。在此基础上，在公共安全信息资源组织中确立信息资源整合架构，基于整合平台进行面向用户的服务业务设计与重组。以用户为中心的信息集成服务构架如图 5-8 所示。

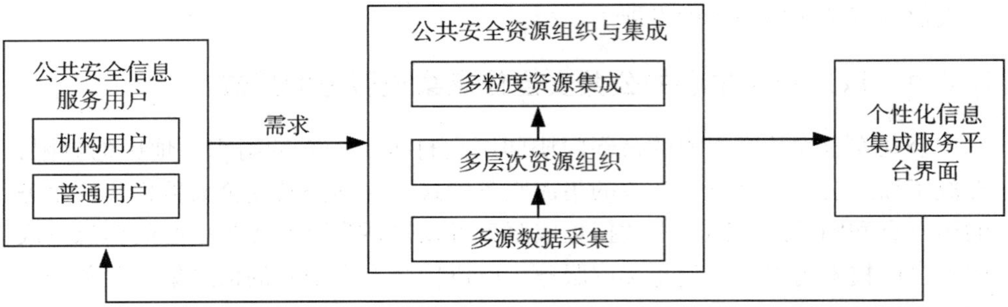

图 5-8　以用户为中心的信息集成服务

用户参与的公共安全信息资源组织与集成可以满足不同层次用户的信息需求，最后将信息集成服务与个性化服务相结合，在统一界面进行展示，形成个性化信息集成服务。其中，公共安全信息服务用户既包括政府、各行业机构用户，也包括普通用户，不同用户的内在知识、所处环境等不同造成其对公共安全信息服务的需求层次存在差别，为有效满足各类用户的信息需求，需要在公共安全资源组织与集成阶段进行多粒度资源集成。其步骤为，首先对来源广泛的公共安全数据进行采集，形成原始公共安全数据集。其次，进行公共安全大数据层次挖掘，建立各个层次内和层次间的信息关联。最后，形成由粗到精多粒度的公共安全资源集成模式，如数据级集成、特征级集成和决策级集成，满足不同类型用户的信息需求。个性化信息集成平台通过提供统一界面，支持不同用户对集成服务的获取。在整个个性化信息集成服务过程中，用户通过提交信息需求，系统根据需求设计集成服务，同时，用户在利用服务的过程中，会产生新的需求并进行反馈，这一完整的闭环作用过程有助于实现集成服务的不断改进。

从以上对不同类型集成服务的比较分析可以看出，以资源为中心的、以技术为中心的、以机构合作为中心的和以用户为中心的集成服务都能在一定程度满足用户的服务需求。并且各种信息集成服务模式之间存在交叉，如以用户为中心的公共安全信息集成服务也会涉及资源集成与技术集成，同时也可能提出机构合作的服务集成要求。但从总体上看，公共安全领域信息集成服务正朝着以用户为中心的全方位信息集成服务方向发展。

5.4.2　面向用户的公共安全大数据资源集成服务内容

现阶段，公共安全领域信息集成服务除了传统的信息发布、资源导航等基本服务外，融入以用户为中心观念和资源集成技术，形成了新型公共安全大数据资源集成服务内容，包括集成化公共安全信息动态发布服务、实时态势分析与预测服务、集成化公共安全信息检索服务和。

(1)集成化公共安全信息动态发布服务

目前，公共安全信息服务正朝着集成化、实时化发展，公共安全大数据管理系统在对来源广泛的公共安全信息集成化处理后，对其进行针对性、实时的定向发布，即集成化公共安全信息发布应能自动根据公共安全数据库中数据的更新情况和分析结果，动态发布相关内容，并及时提供公共安全信息服务。集成化公共安全信息动态发布的流程如图5-9所示。

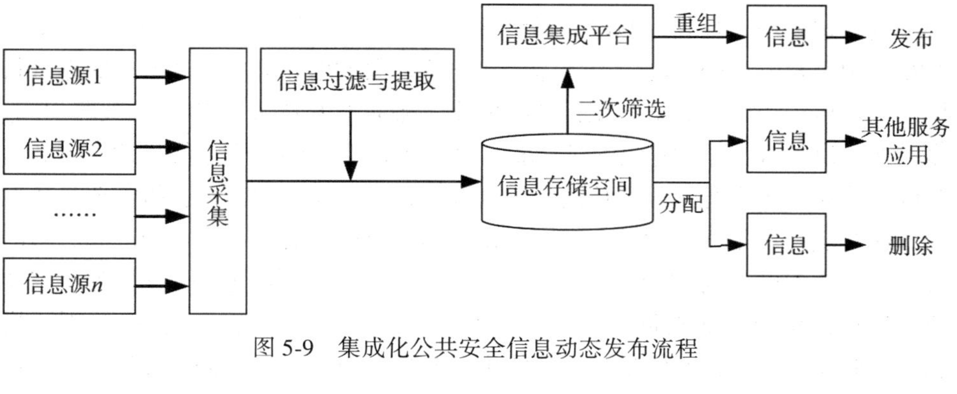

图5-9　集成化公共安全信息动态发布流程

首先，利用信息采集技术自动获取实时的、广泛分布于相关网络的信息，在此基础上对信息进行预处理，包括内容过滤与提取，筛选出与公共安全领域相关的信息，并将其存储于动态信息存储空间，如动态数据库之中。其次，进行二次筛选，将符合公共安全信息集成发布需求的信息传入信息集成平台，对信息进行重组后将其发布；对于没有通过二次筛选的信息，可以根据其内容和价值进行分配，其中不具备很强的重要性，但存在部分参考价值的信息，可以将其转移到其他系统中使用或转入备用数据库并进行备案，为未来可能的应用做准备；而对于部分未通过二次筛选，且准确性无法保障的信息，则需要进行删除处理。

(2)实时态势分析与预测服务

在公共安全大数据资源集成服务的推进过程中，各个政府部门、行业组织及媒体公众都可能是协同网络中的节点，产生与公共安全领域相关的、具有时间和空间特性的信息，这些信息相互关联、互为补充，形成实时的态势分布图。实时态势分析就是通过识别态势信息中的目标实体，建立目标实体—关系的跨空间映射关系，形成安全态势图，反映全局的安全态势状况。态势预测是依据历史态势信息和当前态势信息对未来态势的变化趋势进行预测，使决策者能够提前掌握相关情况，为制定准确、合理的决策提供依据。

公共安全大数据分析是进行态势分析与预测的重要环节，分析的方法与技术的选择直接影响最终决策的科学性和合理性。传统的安全监测和分析多是基于特征的安全监测，多数组织依靠安全工具完成，并依赖于具备专业技能和丰富经验的信息安全分析人员。随着互联网、物联网时代的到来，公共安全领域数据不断激增，安全分析工具已经不能满足现今公共安全数据采集和处理的需要，由分布广泛的传感网络、各类公共安全相关网站传来的数据远远超过了传统工具处理范围，且其上升趋势仍将继续，安全分析技术严重影响了安全威胁监测、预警及响应的速度，因此需要建立符合大数据环境的公共安全数据分析模式。与传统的数据分析相比，公共安全大数据分析需要收集和处理跨空间、多模态、海量数据，并进行快速分析，从而形成实时的安全态势描述，以此为基础对未来态势进行预测。从技术角度来看，公共安全大数据分析需要具备两个方面特点：一是能够满足大规模数据处理。目前，需要收集、处理和分析的公共安全数据已达到 TB 至 PB 级的数据，包括网络数据包、用户行为、空间位置信息、视频终端数据等，涉及文本、图形、图像、视频、音频等不同模态，因此需要具备处理海量数据的能力。此外，公共安全大数据分析可能会部署于分布式体系之中，底层技术需要适应分布式数据分析的实现。二是能够提供智能决策支持。公共安全大数据分析和处理的目标是为决策提供支持，从海量数据中挖掘出不同的信息组合，发现威胁并及时做出预警。因此，公共安全大数据分析需要对跨空间数据进行关联挖掘，在此基础上建立行为模型，从而监测异常行为并进行预警。

(3)集成化公共安全信息检索服务

集成化公共安全信息检索服务是在公共安全信息集成与服务的基础上，满足用户的一站式信息检索需求，实现公共安全信息跨平台、多模态的检索。集成化公共安全信息检索需要面向用户需求，实现异构数据库中数据集成检索，其中需要解决的问题如下：

①公共安全资源分布的相对分散对共享的影响。不同公共安全部门可能采用不同的标准开发本部门的信息服务平台，在资源跨部门协同调配和集成服务的环境下，各部门希望通过互相交流实现资源的广泛共享。然而异构系统和数据库间缺乏统一标准，造成了资源共享、共建的困难，无法进行公共安全领域资源的综合利用。集成化公共安全信息检索可以实现异构系统、数据库间的信息交换，进而促进公共安全领域信息资源的综合开发利用和资源共享、共建体系的建设。

②用户集成化信息检索需求问题。大数据环境下，公共安全领域用户所需信息常常分布于不同平台的数据库之中，为得到更为全面客观的信息，用户需要在多种数据库中进行检索并整合不同检索结果。同时，不同数据库中分布的信息资源内容存在不同侧重，由于时间、精力有限，用户需要选取合适的一个或几个系统进行分别检索，这也造成了用户在对多种数据库、媒体方式、分布式体系结构等进行选择时产生困难。为切实满足公共安全领域用户信息需求，需要设计一站式公共安全信息检索服务，在统一平台完成公共安全行业信息集成检索和不同系统信息检索结果的融合展示。

新技术的发展和信息共享共建的观念转变促进了集成化公共安全信息检索的实现，具体包括标准化推进、数据库建设、网络检索工具的发展等。

标准化推进。实现公共安全跨系统信息检索离不开相关标准与协议的支持，包括元数据同步、系统互操作协议、信息检索协议和开放统一资源定位符(OpenURL)等。其中，协调现有公共安全部门系统的各种元数据标准对标准化推进具有重要作用，可以通过采用Z39.50、OAI-PMI等元数据收割协议对不同信息系统进行元数据收割，在此基础上对收割的元数据进行分析，并完成元数据的处理、整合，定义各系统中元数据与目标元数据间的映射关系，从而实现跨系统公共安全资源的整合。最后利用OpenUrl，实现对不同公共安全部门的多个数据库的统一检索。

数据库建设。融合各政府部门数据库、行业组织数据库、网络平台的公共安全数据统一检索平台，应具备对多源感知数据的整合功能。为了实现公共安全资源的共建共享，有必要从联合目录编制出发推进行业数据库的建设。同时，面向对象的技术、中间件技术、动态数据库访问技术等的发展，也为分布式环境下不同数据库间的互联和跨操作系统的交互服务创造条件。

网络检索工具的发展。传统的独立搜索引擎由于其覆盖范围有限，不同搜索引擎的接口异构，造成检索结果单一、检索速度慢等情况。为满足海量、跨系统公共安全信息资源检索需求，提出了元搜索引擎的方案进行公共安全信息资源的检索。元搜索引擎通过屏蔽各个独立搜索引擎的位置、接口等细节，提供了统一的信息集成界面。在其运行时，元搜索引擎首先获取用户的检索请求，同时将其提交给不同的独立搜索引擎进行检索，最后将各检索结果进行去重、筛选和统一排序，并以统一的格式展示给公共安全领域用户。

集成化公共安全信息检索是在公共安全资源跨系统整合的基础上实现的，体现了公共安全领域信息资源服务中的服务方式集成化、管理方式灵活化、检索结果智能化和检索过程个性化的特点。在未来的发展中，可以继续针对当前公共安全领域信息检索的问题和不同类型用户的信息检索需求，探讨多媒体信息检索、分布式信息检索和智能检索的设计，实现面向用户的公共安全领域信息集成服务的功能拓展。

小　　结

公共安全大数据资源的协同调配和集成服务是实现公共安全大数据智能化管理的重要内容。在研究中，本章从基于跨部门信息交互的大数据资源协同调配方法入手，从技术和管理角度探讨跨部门信息资源协同调配基础构建，并构建了多元信息协同感知模型。在此基础上，设计公共安全大数据协同调配平台，根据不同公共安全领域信息服务需求及信息资源安全性要求的差异，选择对应的公共安全大数据协同调配模型，即基于云计算的公共安全大数据协同调配模型和基于网格的公共安全大数据协同调配模型。最后进行公共安全大数据信息集成服务，分析以用户为中心的公共安全大数据资源集成服务的形成和面向用户的公共安全大数据资源集成服务内容。

6　基于公共安全大数据管理的突发事件智能管控

在跨部门信息交互和协同调配的基础上，研究基于公共安全大数据管理的突发事件智能管控，包括智能管控体系构建，以及突发事件网络舆情管控的智能技术和方法，这是公共安全大数据智能化管理研究的最终目标。基于此，本章首先从智慧城市视角构建了城市突发事件智慧管控体系；接着将社会计算理论方法引入到突发事件情报服务中，构建了以大数据为驱动，以社会计算理论方法为手段，面向突发事件事前风险预控、事中协同救援、事后恢复重建全阶段的突发事件智能情报服务体系，并探讨了智能情报服务体系在突发事件智能管控中的应用；进而提出基于熵理论的突发事件网络舆情管控，从理论视角为突发事件网络舆情管控提供支撑；在此基础上，运用机器学习技术，从技术视角系统地研究突发事件管控中的网络舆情热度趋势预测、微博情感分析以及网络谣言识别等，有效识别还原突发事件的发展过程，实时把控网民情感状况，减少突发事件对社会的负面影响，对于辅助相关职能部门进行突发事件网络舆情管控提供了有益的参考和借鉴。

6.1　智慧城市视角下突发事件智慧管控体系的构建

近年来，中国城市化进程的不断加快，然而经济快速发展的时期，也是社会矛盾较为集中的时期。城市规模的快速扩大，加之城市管理体系的不完善，导致城市安全事故频繁发生，如 2014 年上海外滩跨年夜时发生的踩踏事件，2015 年天津滨海新区火灾爆炸事故等，这些突发事件给城市带来了巨大的损失。可以说，城市突发事件已经成为一个亟待解决的问题，严重威胁到城市经济的发展、居民日常生活以及社会秩序的稳定。

国家对于城市安全预警情报体系的建设一直给予了高度重视。“十三五”规划强调“建立风险识别和预警机制，以可控方式和节奏主动释放风险”①。2015年9月，国务院印发《促进大数据发展行动纲要》，要求加快大数据部署，加强顶层设计和统筹协调，推动政府信息系统和公共数据互联开放共享。近年来，关于智慧城市的构建也成为研究的热点和城市的发展方向，然而在具体实践中，仍存在诸多问题。如政府各职能部门之间缺乏及时有效的沟通，各部门的数据分散、自治，形成了众多的“信息孤岛”等②，严重制约了政府对突发事件的及时管控。因此，构建能够融合城市各职能部门信息的情报体系具有迫切的需求和现实意义。在智慧城市的背景下，我们提出应从新的视角思考城市安全的管控和预防。对于城市突发事件，应将研究重点从事件发生后的应急救援转移到事件发生前的预警与防控，即真正实现突发事件的防患于未然。本节从情报和数据的角度寻求解决方案，剖析了城市突发事件智慧管控情报体系构成要素，在此基础上构建了城市突发事件智慧管控体系，强化用情报解决城市公共安全问题的意识，促进政府各部门信息、大数据智能管理技术与智能管控情报中心的有效融合。

构建智慧情报体系可以加强政府部门间信息的交互，提高情报资源的利用率。国外情报体系的构建已经经历了较长时间。美国是世界上情报体系最为发达的国家，在“9·11”事件以后，美国对维护国家安全稳定的情报和信息的利用予以了高度重视。美国情报体系高度集中，由15个分属于各行政部门的联邦级情报机构组成，并由国家情报总监(DNI)领导，对国家情报统一管理③。为避免重复投资、重复建设、信息孤岛、效益低下等问题，美国政府开始研究并实施跨部门的数据资源管理机制，比如国土安全部强调跨部门数据的存储和互操作技术，促进数据在部门之间的信息交互④。英国为加强政府公共部门之间数据和信息的互操作性，英国首席技术官委员会制定了“政府跨部门总体架构”开发了xGEA参考模型，通过一套共同认可的术语和定义促成各协作部门

---

① 李纲，李阳. 智慧城市应急决策情报体系构建研究[J]. 中国图书馆学学报，2016(5)：39-54.

② 李纲，李阳. 关于智慧城市与城市应急决策情报体系[J]. 图书情报工作，2015(4)：76-82.

③ 胡雅萍，金灿. 关于构建协同高效的政府情报机构的思考[J]. 情报杂志，2016(2)：1-6.

④ 美国的情报机构. 百科观察[2013-06-19]. [EB/OL]. [2015-05-28] http://toutiao.baike.com/article-1198453.html.

之间的交流①。近年来，国内政府也展开了相关尝试，北京市公安局建立了公共安全大数据资源管理平台，通过网格计算等技术对数据资源进行实时获取、存储与处理，确保不同安全防控部门的应急协同。湖南省应急办构建基于云计算的公共安全大数据资源平台，整合包括公安，消防，医疗，市政，应急灾害处理等多部门的信息资源，实现基于云平台的海量数据存储和计算。但是在大数据环境下，传统的信息系统、数据库技术已经不能满足对海量异构数据进行分析的要求，海量数据的存储，异构数据的耦合都是城市公共安全情报体系要解决的问题，然而国内针对城市突发事件情报体系构建的研究还存在较多不足。

城市安全作为影响城市稳定，保障居民生命和财产的重要因素，是建设智慧城市的重要模块，应该得到首要关注。现阶段针对城市突发事件智慧应急的研究更多关注于突发事件发生后相关部门如何进行协同应急联动，而对于突发事件的事前预警则较少提及。要最大程度减小城市突发事件带来的危害，真正实现智慧城市，应将研究重心转移到突发事件的事前预测。本节关注于整合利用城市每天产生的大量情报资源，对这些信息资源进行智慧管理，实现城市突发事件的智慧管控，进而将可能发生的事故灾害消除在萌芽状态。国内针对城市突发事件的情报体系建设尚处于初始阶段，本节研究城市突发事件智慧管控情报体系，面向城市层面提出基于情报处理的突发事件预警体系架构，是在国内智慧城市背景下针对城市安全问题的补充与完善。

6.1.1　突发事件智慧管控情报体系构成要素

城市突发事件智慧管控情报体系以情报资源为中心。围绕对情报资源的处理过程，本章节解构出该智慧管控情报体系包括资源要素、技术要素、机构要素等三个基本要素，如图 6-1 所示。资源要素实现城市安全相关情报数据的收集，而技术要素对收集的海量数据进行挖掘分析，机构要素对情报资源加以使用进而指导实践。

(1)资源要素

实现城市突发事件智慧管控与预防的前提是对海量情报数据进行整理与分析。资源要素是指感知城市数据的各类基础设施、服务平台，包括监控设备、交通刷卡系统、通信系统、物联网系统等。资源要素将城市运作状况数字化并

① 王璟璇，于施洋等. 电子政务顶层设计：国外实践评述[J]. 电子政务，2011(8)：8-18.

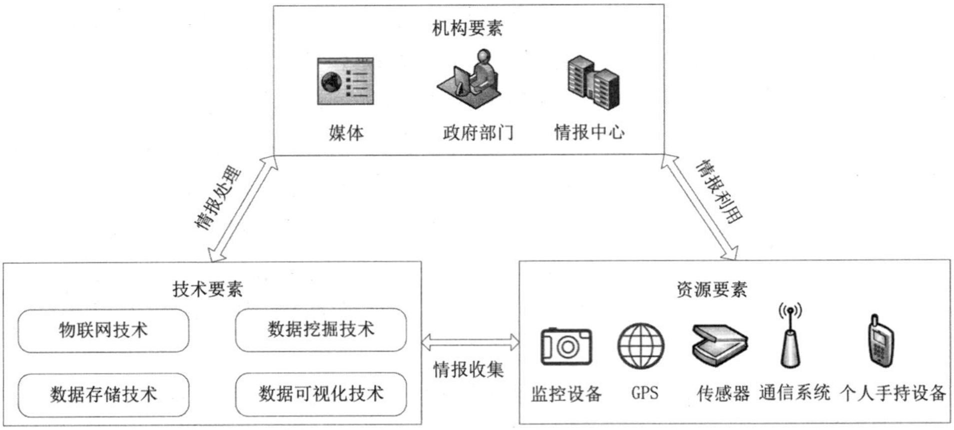

图 6-1　城市突发事件智慧管控情报体系要素构成

将其串联在一起，形成城市立体的数据网，同时城市基础设施的持续完善最终可以将城市打造成全方位互连的网络体系。通过资源要素感知整个城市动态，为情报中心进一步的分析与预测提供数据支持。

(2)技术要素

技术要素贯穿城市突发事件智慧管控的整个过程，需要综合运用多种技术和方法：物联网技术、数据存储技术、数据挖掘技术、数据可视化技术等。物联网技术通过射频识别、扫描器、全球定位系统等传感设备，将客观实体与互联网连接，进行情报数据的交换和通讯；由于大数据存在的4V特点，即数据体量巨大、数据类型繁多、价值密度低和处理速度快，因此需要有效的数据存储技术诸如NoSQL技术、云存储技术等，以适应对城市产生的海量异构、半结构以及非结构化数据进行存储的需要；此外，对存储在数据仓库中的数据要用相关数据挖掘技术进行处理分析，数据挖掘技术是指从大量有噪声模糊随机的数据集中识别有效、潜在有用以及可理解的模式的非平凡过程，包括神经网络、机器学习、数理统计等方法；在最后的智能管控阶段，为了让情报体系的使用者得到更加直观明了的结果，需要运用数据可视化技术，即借助图形化手段更为清晰有效地传达信息。

(3)机构要素

参与到城市突发事件智慧管控过程中的主体包括三个类别：城市突发事件智能管控情报中心、政府部门、大众媒体。智慧管控情报中心的决策者、情报人员对中心数据进行收集、分析、评估与利用，与政府职能部门实现信息共享并紧密配合，同时将发现的异常情况及时披露给民众和媒体，使其有足够时间做好应对准备；政府部门参与城市突发事件的智能管控预防以及应急救援，情报中心将城市异常情况传达到政府相关部门，相关部门及时部署有效措施防控突发事件的发生；媒体在突发事件管控中起着重要的舆论导向作用，媒体对于事件的报道应做到透明、及时、准确，有效安抚民众情绪，以免造成更大伤害。

6.1.2 突发事件智慧管控情报体系框架

成功的协同机制有赖于规范的运作流程和跨组织的协作能力，解决异构系统之间的差异和互操作性①。为实现各机构数据的实时共享和交互，本节以智能管控情报中心的情报处理流程为线索，结合突发事件管控情报系统的功能特点与结构要素建立了城市突发事件智能管控情报中心。突发事件智能管控体系框架如图 6-2 所示，总体分为五层，分别为：情报感知层、情报管理层、情报交互协同层、情报挖掘层以及智能管控层。

(1)情报感知层

情报感知层是实现城市突发事件预警的基础部分，通过感知层采集城市各个区域的实时数据，为城市突发事件的预警和决策提供大量情报资源。情报数据主要来自三个方面，一是城市的物联网系统，如全球定位系统(GPS)、射频识别(RFID)、部署在城市各条街道以及居民区的视频监控系统、图像采集系统等，以及城市的信息基础设施，包括蜂窝移动通信系统和公交卡系统，比如实时监控公交和地铁的刷卡系统可以及时识别人流密集区域；二是居民手持设备，智能手机的使用渗透进人们生活的各个方面，每个人每时每刻都在产生着数据，情报中心对个人手持设备数据的有效使用可以更全面地感知城市；三是社交媒体数据，社交网站在反映大众舆情、暴露热点事件等方面起着越来越重要的作用。

(2)情报处理层

情报数据处理层对感知层收集的数据进行存储和数据预处理。传统的数据库或者数据仓库技术已经不能满足跨源交互系统对海量半结构化以及非结构化数据的存储，传感器收集到的数据包括视频、图像、音频数据等大量非结构化数据，云计算的出现在很大程度上解决了这些数据的存储和处理问题。云平台

① 张铠麟，王娜，等. 构建协同公共服务：政府信息化顶层设计方法研究[J]. 管理世界，2013(8)：91-100.

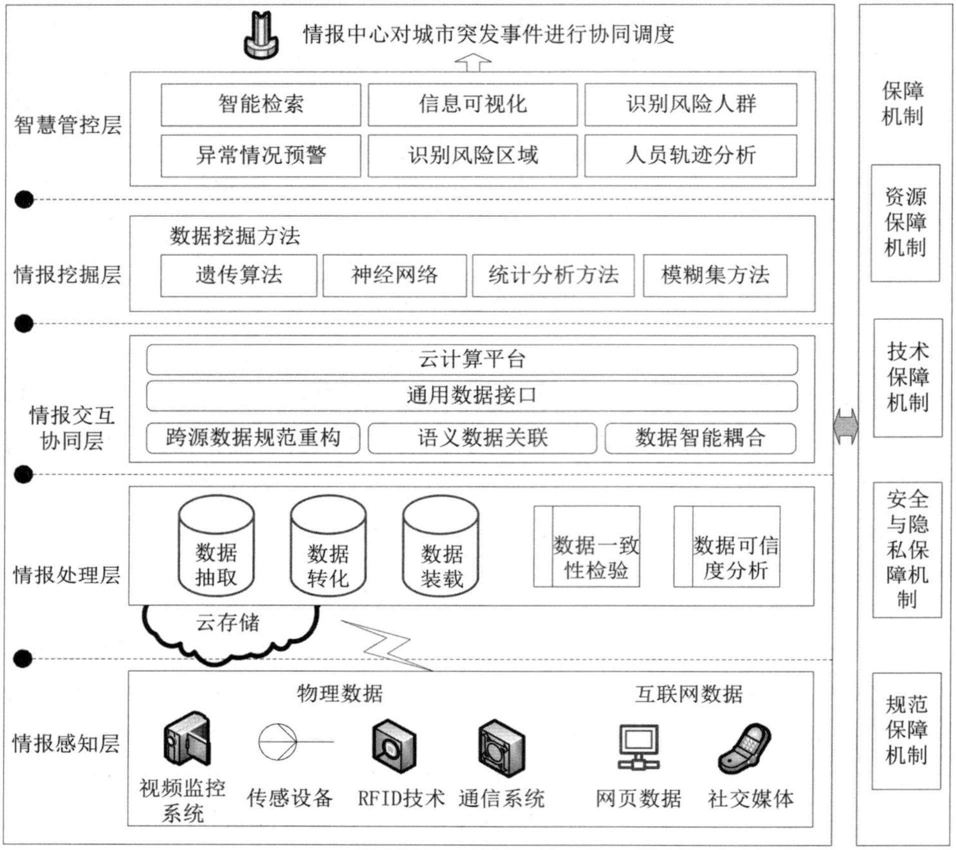

图 6-2　城市突发事件智慧管控情报体系框架

因其分布式存储和动态可伸缩的虚拟化资源，成为城市信息化建设中更经济、便利的选择。分布式基础架构 Hadoop 的核心之一分布式文件系统 HDFS，具有高容错性和高伸缩性等特点，为非结构化和半结构化数据提供存储。另一核心分布式编程模型 MapReduce 方便用户将程序运行在分布式系统上，可以充分利用集群计算，为海量数据提供计算。在这一阶段需要进行数据预处理过程（ETL），预处理过程包括数据的抽取、转换、装载。此外，由于数据管理层的数据是感知层通过各个渠道获取的，其中难免会存在虚假信息，需要对这些来源不同的大量数据进行可信度分析，还可能出现情报中心和部门之间以及政府各部门之间数据格式不一致，语义不一致等问题，需要进行数据一致性处理。情报数据管理层清除噪声数据，以满足情报数据挖掘层的需要。

(3)情报交互协同层

交互协同层将来自不同部门的异构数据进行有效融合，城市突发事件智慧管控需要智能技术，如规范重构技术对不同数据源中分布式异构无序资源规范化；建立基于语义的数据关联，构建基于领域本体的语义数据关联模型，语义映射方法将公共安全大数据资源映射到高层语义空间中，实现统一的内容理解和语义上的互联；通过耦合技术将各类情报资源智能耦合，在信息耦合理论的基础上，提出基于语义社区发现的智能耦合技术，实现跨源数据资源的动态耦合，进而提高不同政府部门间数据资源的有效获取与协同的效率。

(4)情报挖掘层

情报数据挖掘是实现城市突发事件预测和智能管控的重要部分，通过对数据的处理和分析，进一步为突发事件的预测提供支持。数据挖掘技术是进行数据利用和知识发现的核心关键技术，许多已有的机器学习算法、统计分析方法，以及神经网络方法可用于城市突发事件的预测，比如关联分析、回归模型、聚类算法、时空分析、趋势分析等。关联分析方法用来发现隐藏在海量数据中的有意义的联系，并用关联规则表示。利用关联分析的多层、多维等规则，可以对数据进行全方位的分析处理，有助于情报人员从多个视角观察分析数据。回归分析用来描述两种或两种以上相互依赖的变量之间的数学关系，通过线性回归、非线性回归、回归曲线等方法，分析突发事件情报数据的内在规律，对未来可能发生的事件进行预测。聚类分析是数据挖掘最常用的方法之一，利用文本挖掘、语义分析等挖掘技术将语义相同或相似的城市突发事件信息聚集在一起，主题聚类的方法可以对数据进行有效的整理，方便数据分析人员对数据本质的认知。此外，城市的数据会随着时间(年、月、季)的变化产生周期性变化，时空分析可用来分析突发事件和时间变化之间的联系，比如在犯罪预测领域，会使用季节效应方法、广义加性效应的时空模型等进行犯罪时空分析①。趋势分析方法可在完成其他数据挖掘过程之后进行，用来发现事物发展的趋势。城市产生的数据属性差别很大，包括轨迹数据(人的移动)，流数据(交通流量)，以及社交网站上的文本、视频、图像数据等②，需要综合多种数据挖掘方法发现隐藏的知识指导实践。

---

① 吕雪梅. 美国犯罪情报预测分析技术的特点——基于兰德报告《预测警务》的视角[J]. 情报杂志，2016(7)：7-12.

② 郑宇. 城市计算概述[J]. 武汉大学学报(信息科学版)，2015(1)：1-13.

(5)智慧管控层

智慧管控层实现与情报中心数据管理人员进行直接交互，其中又包括两个层面，一是突发事件监控预测层，其主要功能是实现情报产品的可视化，提供智能检索、信息建模、信息可视化等服务，方便数据分析人员进行实时查询、建模、分析，为突发事件的预测提供支持。如城市危险品存放点周围环境的实时监控、及时识别风险区域、发现城市异常情况等，进而提前采取相应预防措施，避免事故灾害的发生；二是应急响应调度层，即情报中心在突发事件发生后能在最短的时间内收到事故信息，依据知识库知识储备，结合专家意见，并且综合事故危害程度、环境、人力、物资等各方要素积极迅速做出救援决策，避免二次伤害的发生，将事故造成的危害与影响降低到最小。

6.1.3 突发事件智慧管控保障体系

城市突发事件职能管控情报体系的有效安全运作还需要一定的保障机制，包括资源保障、技术保障、安全与隐私保障、规范保障等四个方面。通过城市基础设施等资源保障可以为突发事件预测提供数据支持；大数据存储、挖掘技术在大量无序数据资源中提炼有效的知识信息；安全与隐私保障机制一方面保证云平台数据的安全性，另一方面保护个人隐私数据不被泄露；规范保障对数据交换标准、情报资料使用规范、部门协同规范等进行定义。

(1)资源保障

对城市突发事件进行预测，需要大量的数据资源作为前提和保障。能够获取城市各个方面大量数据是进行数据挖掘和分析的基础，而智慧城市基础设施的建设极大地提高了情报中心获取城市数据的能力。智慧城市建设中的安置的情报采集点，比如监控器、通信网络、GPS 全球定位系统、交通系统，以及各类实时感知设备等，为城市突发事件情报数据的获取奠定了基础。城市数据感知基础设施的不断完善，有助于提供全面的城市感知和控制网络，有利于实现情报网络的移动化、泛在化，为城市突发事件情报中心进行预测提供更为全面、系统和翔实的情报数据。

(2)技术保障

在技术保障上，一方面，物联网技术渗透入各个行业；另一方面，云计算技术提供面向各个物联网行业应用的集成，面向用户和终端提供整体的智慧城市应用服务。本节中涉及的技术可归纳为五个方面，分别是大数据收集技术、大数据管理技术、大数据挖掘技术、信息可视化技术和信息安全技术。大数据收集技术即通过城市基础设施感知、获得城市数据，主要包括利用物联网技术，射频识别技术、通信技术等。大数据管理技术包括对各种不同属性数据的处理，情报中心收集各种属性、格式相差很大的数据，需要对这些数据进行综合处理来获得更有效的分析结果，这个过程需要数据智能耦合技术、异构数据集成技术等技术的支持。在对海量异构数据进行清洗整理后，需要通过挖掘算法实现知识发现，大数据的挖掘技术包括聚类算法、分类回归、关联分析、时空序列分析等。为了将抽象的信息以直观的方式传达给用户，需要可视化技术的保障，可视化技术依赖于计算机图形学的三维表现技术，现在迅速发展的虚拟现实技术也将极大促进可视化的发展。可视化技术是解释大量数据最有效的手段，进而方便情报中心数据分析人员快速获取、理解信息。

(3)安全与隐私保障

云平台有计算能力强，成本低廉等优点，然而“云安全”方案缺乏一定的行业统一标准，云服务相关技术存在一定安全隐患，尤其是城市公共安全情报体系涉及大量政府内部数据，可能包括国家绝密级、机密级和秘密级信息，或者是不对社会公众开放的敏感信息①，因此要确保数据的安全性。

云存储安全：存储在云端的城市安全数据需要严格的数据保障机制。一方面对云端数据进行备份，建立灾备中心，方便数据丢失后快速找回和恢复；另一方面对云端数据进行加密处理，保障数据机密性，预防黑客攻击；制定物理设备、情报数据的安全管理方案和标准，建立监控平台实时监控网络设备、服务器等各项资源。

数据访问安全：对情报中心信息机密等级进行划分，设置相应用户权限，包括用户身份识别、接入控制、内容安全、业务响应及时性及可恢复性、记录所有接入行为等五个维度，对用户的数据访问行为进行严格把控。

用户隐私保护：情报中心通过个居民手持设备收集的情报数据可能会涉及个人隐私，因此要通过一系列方法保证个人隐私不被泄露。包括隐私加密算法、数据失真、限制发布等隐私保护技术②。如利用自动脱敏技术将敏感信息自动替换，脱敏后的信息无法追溯到具体个人，不再涉及公民隐私。

(4)规范保障

城市突发事件情报体系的建设涉及多个部门，各个部门要分工明确，权责

① 于茜，孙福权，程勖. 基于物联网的城市突发事件智能处理系统[J]. 辽宁工程技术大学学报(自然科学版)，2012(3)：374-378.

② 李晖等. 公共云存储服务数据安全及隐私保护技术综述[J]. 计算机研究与发展，2014(7)：1397-1409.

分明，才能避免出现互相推脱，情报数据流通不畅的现象，保证情报体系的顺畅运作。因此需要对工作流程、部门协同规范进行整体统筹，在法律法规的保障和工作细则的指导下，使得各职能部门之间紧密配合，让城市突发事件情报体系得以高效运转。对于突发事件情报中心的信息安全，不仅要有技术手段的支持，也需要法律规范的保障。传统的城市突发事件的管理制度并没有关注智慧管控情报体系的规范，为保障关键情报资料的安全，对于情报资料的使用途径、使用权限应该制定完备的管理制度，进行规范与监督。

6.2 基于社会计算的突发事件智能管控及情报体系构建

为了实现高效、准确、实时的应急管控，本节从大数据时代下突发事件应急管控的新需求出发，将社会计算理论方法引入突发事件情报服务中，构建了以海量社会数据为驱动，以社会计算理论方法为手段，面向突发事件事前风险预控、事中协同救援、事后恢复重建全阶段的突发事件智能情报服务体系，并以上海外滩踩踏事件为例，探讨了智能情报服务体系在突发事件智能管控中的应用。

6.2.1 社会计算与突发事件管控

大数据时代下，社会数据的爆炸式增长为社会问题研究提供了庞大的数据基础和新的研究方向。由于突发事件的破坏性强和波及范围大等特点，突发事件管控成为复杂社会问题研究的重点关注对象。而传统的社会研究方法无法有效处理海量数据，社会计算成为解决复杂社会问题的有效渠道。如何让社会计算服务于突发事件管控工作是大数据时代复杂社会问题研究的重要议题之一。

(1)社会计算概念模型

1994年，Schuler首次提出社会计算的概念，他认为："社会计算可以是任何一种类型的计算应用，以软件作为媒介进行社交关系的应用"①。随着社交网络以及社会媒体等社会化信息平台的飞速发展，社会数据不断增长，个人及群体之间的交互方式和社会行为发生变化，社会计算的相关研究逐步推进。Wang认为社会计算是一个拥有较长历史的新领域，它是信息技术和人类社会

① Schuler D. Social computing[J]. Communications of the ACM, 1994, 37(1): 28-29.

研究两个学科的交叉产物①。Dryer 把“社会计算”用于指代人类的社会行为以及人类和计算技术交互的相互作用②。大数据环境下，物联网、云计算等信息技术的成熟使得高效全面地收集、处理和分析海量多源异构的社会数据成为可能。区别于传统的社会研究，社会计算的核心在于尽可能收集广泛数据，以数据为驱动挖掘隐含的相关关系，旨在社会问题和计算技术间架起桥梁③。社会计算运用先进的信息技术和社会理论方法定量计算复杂社会系统，剖析社会行为，发现社会规律。

(2)社会计算与突发事件管控的相关性

社会计算是一种基于社会科学和计算技术的一种理论和方法论体系，其关键在于借助人工智能、数据挖掘等计算方法和复杂系统、风险社会、协同学、4R 危机管理等社会理论从而深入地时认识和改造社会，解决政治、经济、文化等复杂社会问题④。随着物联网、云计算、社会网络和移动传感设备等信息技术的发展，个人或群体在物理空间和虚拟空间中留下的痕迹数据迅速增长和积累，对物理空间和虚拟空间环境要素的动态监测也成为可能。为解决拥有海量数据的社会问题，社会计算逐渐成为各界关注的热点。

根据《中华人民共和国突发事件应对法》规定，突发事件是指突然发生，造成或者可能造成严重社会危害，需要采取应急处置措施予以应对的自然灾害、事故灾难、公共卫生事件和社会安全事件。突发事件发生的时间和地点难以预测，事件演化的结构变化多样，一旦爆发对社会的正常运转造成严重的负面影响。传统社会科学研究指出，突发事件的演化和控制与情景要素⑤和信息传播网络⑥密切相关。但其研究方法主要是运用社会科学理论展开定性分析，缺乏数据支撑的精准实践指导。

---

① Wang F Y, Carley K M, Zeng D, et al. Social computing: From social informatics to social intelligence[J]. IEEE Intelligent Systems, 2007, 22(2).

② Dryer D C, Eisbach C, Ark W S. At what cost pervasive? A social computing view of mobile computing systems[J]. IBM Systems Journal, 1999, 38(4): 652-676.

③ 王飞跃，曾大军，毛文吉. 社会计算的意义，发展与研究状况[J]. 科研信息化技术与应用，2010，1(2)：3-15.

④ 孟小峰，李勇，祝建华. 社会计算：大数据时代的机遇与挑战[J]. 计算机研究与发展，2013，50(12)：2483-2491.

⑤ 马骁霏，仲秋雁，曲毅，等. 基于情景的突发事件链构建方法[J]. 情报杂志，2013，32(8)：155-158.

⑥ 武澎，王恒山，李煜. 突发事件信息传播超网络中枢纽节点的判定研究[J]. 管理评论，2013，25(6)：104-111.

大数据时代下，突发事件的情景信息、网络信息以及社会个人和群体的行为信息隐藏在社会网络的各个角落。随着信息技术的发展，大数据采集和分析技术加速升级。因此，为了科学地解决社会问题，维护社会政治经济秩序，将社会计算融入突发事件管控十分必要。面对海量多源异构数据，社会计算能够高效准确地对突发事件中各要素状态信息进行处理和分析，为突发事件各项工作提供理论指导和技术支持。

(3)社会计算在突发事件管控中的应用

当前环境下，数据的体量大、产生速度快、种类繁多，但是价值密度低。社会计算方法能够辅助突发事件管控工作从纷繁复杂的数据池中挖掘出有价值的突发事件信息和知识，并据此制定和修正突发事件管控策略，指导突发事件各时期工作。

突发事件是受时空条件约束的诸多因素相互作用的复杂系统，具有一定的结构并表现出特定的行为①。突发事件管控是社会公共安全事件治理的重要组成部分，是一项包含多主体、多部门、多系统的复杂协同工作。又因为公共安全事件内容与“风险社会”理论契合度高②，“复杂系统”理论是社会治理的重要理论指导③，而4R危机管理理论对危机事件的前期风险评估、中期危机识别和后期风险排查均具有一定的指导意义④，所以社会计算在突发事件管控中的应用主要体现在运用协同学理论、复杂系统理论、风险社会理论、4R危机管理理论等社会科学理论方法对突发事件的系统要素及其相互作用关系进行识别和处理，突发事件管控主要分为突发事件情景信息管理、突发事件网络舆情管控和突发事件应急方案知识发现三部分工作，如图6-3所示。

突发事件情景信息管理指的是情景数据采集、处理、存储和分析等过程。该管理过程贯穿突发事件事前、事中和事后全过程。突发事件情景是某一时刻，在一定范围区域内，所有客观事物表现出来状态的集合⑤。为了采集全面

---

① 裘江南，师花艳，叶鑫，等. 基于事件的定性知识表示模型[J]. 系统工程，2009，27(10)：1-8.

② 曹惠民. 风险社会视角下城市公共安全治理策略研究[J]. 学习与实践，2015(3)：98-105.

③ 范如国. 复杂网络结构范型下的社会治理协同创新[J]. 中国社会科学，2014(4)：98-120.

④ 希斯. 危机管理[M]. 北京：中信出版社，2004.

⑤ 马骁霏，仲秋雁，曲毅，等. 基于情景的突发事件链构建方法[J]. 情报杂志，2013，32(8)：155-158.

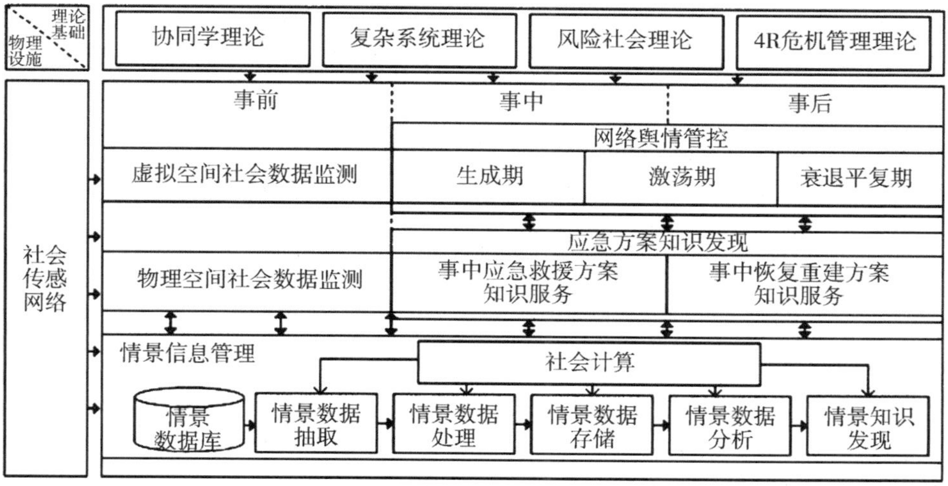

图 6-3　社会计算在突发事件管控中的应用

的情景数据，突发事件管控需要构建覆盖物理空间和虚拟空间的社会传感网络。突发事件的信息质量和情绪张力决定网络舆情的发展态势①。网络舆情生命周期可分为生成期、激荡期和衰退平复期三个阶段②。突发事件应急管控应对突发事件引发的舆情信息进行监测、采集、处理和分析，合理利用其中有价值的信息辅助制定应急方案，提高应急管控效率，维护政府公信力。突发事件应急方案知识挖掘的数据基础由实时情景监测数据、突发事件管控的经验数据以及社会各界相关专家知识数据库组成。利用人工智能、数据挖掘等社会计算方法对海量数据进行特征识别，挖掘社会个人和群体在突发事件前后的行为反应、信息需求、情感需求等知识，从而为突发事件应急方案中人员疏导、物资调配等详细内容制定提供有效指导。

6.2.2　面向突发事件智能管控的情报体系需求分析

依照《中华人民共和国突发事件应对法》规定，县级以上地方各级人民政府分别建立了突发事件信息系统。但是各信息系统的数据格式和系统接口等不

---

① 张淑华. 节点与变量：突发事件网络“扩音效应”产生的过程考察和一般模式——基于对“鲁山大火”和“兰考大火”的比较研究[J]. 新闻与传播研究，2016(7)：60-76.

② 张玉亮. 基于发生周期的突发事件网络舆情风险评价指标体系[J]. 情报科学，2012，30(7)：1034-1037.

一致导致系统之间无法顺畅连通，突发事件管控机制在实施过程中也欠缺规范统一的考核机制。研究显示，传统突发事件组织机构只有在突发事件发生时才启动工作，且缺乏对突发事件数据的监测和收集①。突发事件情报的采集、共享和储备工作较为欠缺，而数据的质量、数据的处理和分析直接决定了突发事件情报服务的优劣。以上海外滩踩踏事件为例，政府部门在风险评估与预警、应急联动、信息共享与传送和应急人力配置方面的工作中存在严重不足②。结合社会计算的特征和突发事件管控的目标，突发事件情报服务的需求主要体现在以下三个方面。

(1)广范围数据采集

大数据时代突发事件情报服务的顺利开展依赖于广泛、实时、准确的数据采集。广泛的数据采集是为突发事件应急管控提供详细明确的数据基础。它要求突发事件情报服务应当通过传感设备、计算机、视频监测系统、交通监管系统等形成的社会传感网络尽可能采集线上和线下全面详细的数据，同时也需要采集已存在于图书馆、档案馆以及其他部门或组织机构内的突发事件知识或历史数据等。实时的数据采集是针对突发事件的随机性和多变性而产生的信息需求。实时的数据能够在第一时间反映出突发事件演变与发展的更新状态。突发事件中个人或群体之间的相互作用错综复杂，准确的数据采集工作可以确保数据源和数据内容的清晰明确，且不会造成误解。

(2)跨系统数据关联

突发事件应急管理中的情报孤岛现象阻碍了情报服务的发展。以往突发事件情报工作中，政府部门、企事业单位、科研机构等不同组织之间保存的突发事件情报数据相互孤立，同组织内部的数据也因业务和系统差异无法有效共享。为了融合多源异构的突发事件数据，数据管理可以运用 URI 和 RDF 对不同组织内收集的突发事件的灾害原因、灾害范围、受灾群体、事件演化机制、应急应对模式以及其他突发事件相关内容进行统一描述和定位。大数据时代下，突发事件情报服务立足于跨部门、跨系统的业务和信息协同合作，通过为不同系统提供了标准的数据关联机制，数据关联保障了数据内容的完整性。

---

① 徐绪堪，钟宇翀，魏建香，等. 基于组织—流程—信息的突发事件情报分析框架构建[J]. 情报理论与实践，2015，38(4)：70-73.

② 卢文刚，蔡裕岚. 城市大型群众性活动应急管理研究——以上海外滩“12. 31”特大踩踏事件为例[J]. 城市发展研究，2015 (5)：118-124.

(3)多维度数据分析

继数据采集和数据关联后，突发事件情报服务的重要步骤在于数据分析。突发事件情报服务与常规工作情报服务存在一定的差异性：突发事件情报服务的历史突发事件数据和知识储备不充分。这是因为突发事件的产生发展趋势与当时的物理环境和社会环境紧密相关，类别相同的突发事件少。因而，突发事件情报服务的数据分析过程应尽可能利用人工智能、数据挖掘等最新信息技术以及社会科学方法从突发事件海量数据储备中挖掘其中潜在的多维度的、有价值的情景演化知识和情景应对策略知识。在有关政府部门的管控战略指导下，突发事件情报服务将数据分析结果以可视化的方式呈现出来，为应急管控提供参考。

6.2.3 基于社会计算的突发事件智能情报体系构建及应用

基于社会计算的突发事件智能情报服务是大数据时代下突发事件应急管控的新模式。大数据时代下突发事件情报服务需要进行广范围数据采集、跨系统数据关联和多维度数据分析，这也是“互联网+”社会下国家公共安全智能管控和社会计算应用于应急管控的新需求。情报是突发事件应急管理各阶段的关键要素①，社会计算视角下的突发事件智能情报服务是以风险社会为背景，结合复杂系统学、协同学和4R危机管理理论，在社会传感网络、No-SQL和云计算等信息技术的支撑下，充分调动政府、社会组织、社会公众多主体对突发事件事前、事中和事后全过程要素进行科学协同管理的复杂系统工程，其体系架构如图6-4所示。

风险社会是指以风险为显著特征的社会形态，而风险是对事件发生的可能性及后果不确定性的描述②。突发事件的风险表现为突发事件爆发和演过的不确定性，通过情景要素实现风险的量化分析等。复杂系统理论强调采用整体论和方法论来分析子系统之间的相互作用及其与大系统之间的层次关系等③。上海外滩踩踏事件应急管控工作由多部门协同开展，涵括从事前人流监测预警至事后人员救援及抚慰等多阶段目标。从复杂系统、协同学和4R危机管理理论

① 林曦，姚乐野．我国突发事件应急管理的情报工作现状与问题分析[J]．图书情报工作，2014，58(23)：12-18.

② 张成福，陈占锋，谢一帆．风险社会与风险治理[J]．教学与研究，2009，5(6).

③ 卢文刚．城市地铁突发公共事件应急管理研究——基于复杂系统理论的视角[J]．城市发展研究，2011，18(4)：119-124.

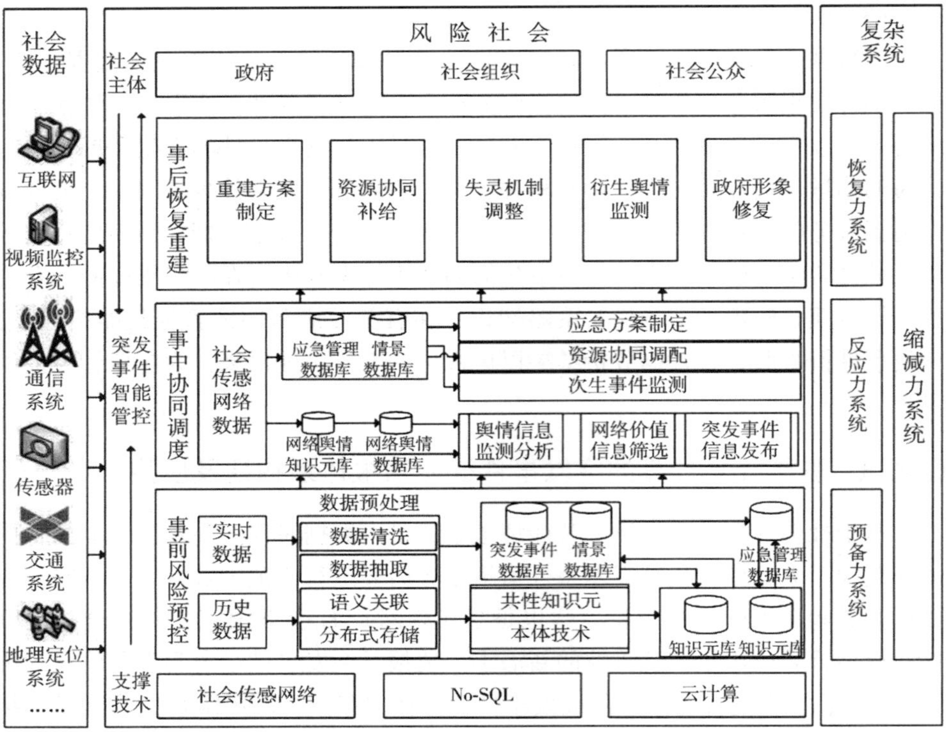

图 6-4 社会计算视角下的突发事件智能情报体系架构

出发，多主体、多目标的突发事件智能情报服务作为一个基于多方协同合作的复杂大系统，可分为事前风险预控、事中协同救援、事后恢复重建三阶段，其子系统可分为缩减力系统、预备力系统、反应力系统和恢复力系统四部分，其中缩减力系统贯穿于突发事件管控全阶段，承担风险知识支持和风险评估功能；预备力系统服务于突发事件事前预控阶段，其核心在于事前的风险预案管理及风险预警；反应力系统面向事中阶段，实现应急协同调度和网络舆情管控；恢复力系统作用于突发事件事后阶段，重点是恢复重建方案管理和网络舆情后期管控。

(1)缩减力系统

上海外滩踩踏事件事发当晚，在外滩区域、地铁站等区域人员流量显著高于平均水平，而黄浦公安分局等部门对此风险评估不足，这也反映出政府部门对突发事件管控的危机准备仍存在问题。缩减力系统是突发事件应急管控工作的核心组成部分，其工作内容核心在与为突发事件智能管控提供风险知识准备，从而对情景数据进行风险评估。

风险知识准备是指借助本体技术和共性知识元模型①从分散在政府机构、专业研究机构等组织中的突发事件知识、文档、案例、模型等历史数据中抽取出知识元，并构建相应的突发事件知识元库，包括情景知识元库、网络舆情知识元库、突发事件知识元库、应急管理知识元库。共性知识元K_m模型如下：

$$K_m = (N_m, A_m, R_m) \tag{6-1}$$

其中N_m为事物概念或属性名，A_m为属性状态集合，R_m为$A_m \times A_m$的映射关系集。在突发事件智能情报服务中，情景知识元库是指各类客观事物在一定时间和区域的状态特征。在上海外滩踩踏事件中，其情景知识元库中属性名集合包括交通状况知识元、公共区域知识元等。交通状况知识元属性状态集合包括交通工具、交通线路、车流信息、人流信息等。公共区域知识元属性状态集合包括公共场所名称、公共场所位置、人流信息、场所最大人员容纳量、场所安保设施等，而公共区域知识元的映射关系包含陈毅广场、浦东陆家嘴、道路交通等的关联关系。

网络舆情知识元库中属性名集合包括社交网络知识元和社会媒体知识元等，其中社交网络知识元属性状态集合包括上海地区人员发布消息的位置信息、时间信息、消息数量、消息内容的情感强度等。通过属性状态间的映射关系分析信息传播模式和公众在线互动模式，从而实现突发事件主题追踪、敏感话题识别、舆情报警等。

突发事件知识元库属性名包括自然灾害、事故灾难、公共卫生事件和社会安全事件四类事件及分支事件，其属性状态因事物的特异性各有差异。上海外滩踩踏事件属于社会安全事件分支下群体性事件中的踩踏事件，据此提取突发事件知识库中踩踏事件知识元，其属性状态集合包括踩踏事件发生地、时间、伤亡人数、疏散状况、救援状况等。

应急管理知识元库包含应急方案知识元和应急资源保障知识元。上海外滩事件中应急方案知识元可分为事前踩踏事件预案知识元、事中应急调度知识元、事后恢复重建方案知识元；其应急资源保障知识元可分为应急人力资源保障知识元（公安警察、医疗救援团队）和应急医疗物资保障知识元等。

突发事件智能情报体系的基础是情景要素的智能管理。在知识元库的基础上，智能情报服务根据知识元的属性状态集合及映射关系构建情景数据库、网

① 王宁，郭玮，黄红雨，等. 基于知识元的应急管理案例情景化表示及存储模式研究[J]. 系统工程理论与实践，2015，35(11)：2939-2949.

络舆情数据库、突发事件数据库和应急管理数据库，并由社会传感设备采集的实时情景数据存储至数据库中。例如，智能情报服务体系采集上海南京东路地铁站、陈毅广场周边道路、外滩源区域道路的人员流量数据，将数据进行清洗、抽取等预处理后存储至相应的交通状况数据库中，抽取知识元库中属性状态的映射关系，对突发事件全过程情景数据进行风险评估。上海外滩跨年夜当晚，通过监测陈毅广场、外滩源周边地区、南京东路地铁和社交网络消息的关联关系，智能情报服务体系能够通过人员流动数据评估潜在的人流对冲风险，并根据诱发的潜在突发事件危害程度和影响范围等将其划分成4个风险级别，分别为一级(特别严重)、二级(严重)、三级(轻微严重)、四级(一般)。

(2)预备力系统

上海外滩踩踏事件中，黄浦区外滩风景区管理办公室未依法制定应急预案，面对突发事件时执行力不足。预备力系统服务于突发事件事前预控阶段，它主要辅助政府部门开展实施风险预案管理和风险预警。

风险预案管理包括风险预案制定、人力资源调配、物资保障等，风险预案管理系统以社会群体行为特征为出发点，借助突发事件知识元库和应急管理知识元库，根据不同级别的风险预警预先制定救援及重建方案，并将其存储至应急管理数据库中。其内容包括救援队伍组成与职能分工、应急救援物资和应急处置装备管理调配、安全撤离路线制定、应急通信系统维护重建等。

风险预警是利用RFID标签、热传感器、红外传感器、微波传感器、地理信息系统、社交网站、社交媒体、交通监测系统、视频监控系统等共同构成的社会传感网络进行各类情景知识元属性状态的实时监测，并将采集的数据存储至相应的数据库。综合实时状态数据和突发事件情景预警阈值分析后，政府部门应通过平台向相关部门及公众发布预警信息，当潜在风险被排除时立即解除警报。上海外滩跨年夜活动中，在监测到人员流量超过外滩可容纳人数且可能形成人流对冲时，政府部门应当通过微博、在线媒体、广播、论坛、门户网站等多种形式向公众发布潜在踩踏事件预警信息，及时引导人员疏散；另一方面，黄浦区政府应向黄浦区外滩风景区管理办公室、黄浦区市委、黄浦区公安局等多个部门发布预警信息，各部门依照风险预案做好风险管理相关人力资源和物资的准备。

(3)反应力系统

陈毅广场踩踏事件发生时，民警在进入踩踏现场的过程中遭遇大规模人流阻碍，花费时间远超于正常时间。在救援过程中人员持续往事发位置流动，最终通过原始的齐声喊叫才得以延缓人流的涌动趋势，从中体现出政府部门的事中应急管控存在诸多问题。反应力系统则是在突发事件发生过程中启动服务，它的核心功能在于应急协同调度和网络舆情管控。

应急协同调度根据实时监测的情景状态数据以及历史应急方案知识针对性的展开应急救援指挥调度。首先，平台依据社会传感网络采集的信息结合突发事件知识元库确定突发事件的类型，同时将采集的数据处理后传输存储至突发事件数据库。其次，在风险预案的基础上，平台利用实时监测数据、应急管理知识元库和情景知识元库制定针对性应急方案。一方面政府有关部门及单位、中国人民解放军、中国人民武装警察部队、民兵组织、社会组织等按照应急方案的具体策略迅速组织救援队伍抵达危险区域营救受害人员、控制危险源并封锁危险区域。根据受害人员需求调拨和配送应急物资、准备应急设施和避难场所；另一方面仔细审查实时情景状态异常数据，避免发生次生灾害事件。在监测到踩踏事件发生时，黄浦区市政府和黄浦区公安局风部门立即组织民警和医护人员携带专业装备和物资立即赶往事发地点，并协同指挥外滩区域周边的交通状况从而引导人员有秩序疏散，由医护人员对伤亡人员实施抢救。与此同时，相关政府部门应密切关注南京东路、陈毅广场和外滩源的实时情景属性状态数据，预防因踩踏事件引发群体性斗殴、建筑物失火等事故。

网络舆情是指在突发事件发生发展演化过程中，网络媒体和网民群体在互联网上发布、收集、分析和交流信息的集合①。网络舆情管控工作需先利用社交网络分析、聚类分析、主题监测等方法挖掘突发事件中新的有价值的知识，并存储至网络舆情知识库。网络舆情管控工作主要分为三部分：①舆情信息监测分析。智能情报服务应利用社会计算方法对微博、贴吧、BBS、在线新闻媒体等网站上发布信息的内容、数量、转发、浏览、回复等数据进行意见领袖挖掘、网络结构分析、情感分析等，积极引导网络舆情。②网络价值信息筛选。网络舆情中包含大量的位置信息、现场伤亡状况信息、损坏设施信息、物资需求信息等，智能情报服务平台从海量的舆情数据中筛选、清洗出对应急救援有价值的信息，同时判别信息的有用性和真实性，为应急策略制定和调整提供有效建议；③突发事件信息发布。网络舆情主体存在“信息饥渴”现象②，政府相关部门应利用智能情报服务平台在第一时间发布准确可靠的突发事件描述信

① 康伟. 基于SNA的突发事件网络舆情关键节点识别[J]. 公共管理学报，2012，9(3)：101-111.

② 张玉亮. 突发事件网络舆情的生成原因与导控策略——基于网络舆情主体心理的分析视阈[J]. 情报杂志，2012，31(4)：54-57.

息及救援信息，并及时处理虚假信息，安抚公众恐慌情绪，提高政府的公信力，谨防虚假信息破坏正常网络秩序。

(4)恢复力系统

恢复力系统作用于突发事件后期，即突发事件危害得到控制，实时情景要素监测数据基本恢复正常的事后阶段。此时，重点工作内容是受灾人员和受灾区域的事后恢复重建方案管理以及网络舆情后期管控。

恢复重建方案管理是指智能情报服务平台以社会传感网络和现场救援队伍收集的现场数据为基础，结合专业人士知识对受灾人员的生理和心理状况、受灾区域以及事件应急管控机制进行分析评估，进行人员、物品、资金的协同调度补给，制定重建方案和工作总结，并按照恢复重建方案补偿、抚慰、安置受灾人员，及时恢复受灾区域的交通、通信、供水等公共设施。上海外滩事件后期，上海市卫生计生委等部门协同合作为伤员及家属提供心理辅导和抚慰金救助，帮助伤员家庭从踩踏事件中恢复，重新配置外滩陈毅广场区域的安保人员，并调整外滩区域管理流程及信息传送方式。与此同时，政府部门应总结并妥善修复踩踏事件前中期失灵应急机制，包括信息发布机制、人员流量及公众网络行为风险监测机制、应急处置机制等。

网络舆情后期管控的工作重点是网络谣言等负面信息和衍生舆情的监测和预警①和政府形象修复巩固。在对网络舆情数据进行预处理后，借助社会计算分析在线用户行为和信息传播规律。例如，在踩踏事件发生后，利用贪婪分割法分析公众的周期性在线消息浏览行为，采用随机游走算法探索社会网络用户间的影响模式并寻找意见领袖，与其协商辅助政府发布正面的事后重建信息。通过深入研究网络舆情的发展态势，政府部门应及时删除有关踩踏事件中的虚假消息并发布官方辟谣声明，总结此次事件中各部门在风险评估和应急处置方面的不足之处，修复和巩固黄浦区政府、黄浦区公安局、上海外滩景区管理办公室等部门形象。

6.2.4 突发事件智能管控情报服务中的关键问题

面向社会计算的突发事件智能情报服务的核心是利用社会计算理论方法解决突发事件复杂系统问题，从而为应急管控提供高效、准确、实时的情报服务。大数据时代为智能情报服务提供了丰富的数据积累和先进的信息技术支持

① 兰月新，曾润喜．突发事件网络舆情传播规律与预警阶段研究[J]．情报杂志，2013，32(5)：16-19.

等，但智能情报服务云平台的顺利构建和实施仍面临诸多问题，本节主要从数据管理技术和法律法规两方面展开讨论。

(1)数据管理技术问题

突发事件智能情报服务依靠完备的数据采集、清洗、抽取、转换、传输、存储、分析全生命周期管理，其关键问题主要体现在以下四个方面：①数据共享问题。在大数据环境下，结构化、半结构化、非结构化数据混杂，格式多样，语义鸿沟问题长期存在。又因为政府、企事业单位、学校研究院等机构的职能业务和系统硬件等各不相同，语义一致性和跨系统的数据访问控制等问题使得数据共享难度加大。②数据实时分析。社会传感网络采集的数据体积大、更新速度快。为了保障服务的实时性，智能情报服务需要实现数据高速缓存和传输，对云计算的计算端I/O性能要求高。③数据长期保存问题。数据分析过程中，突发事件的历史数据是知识发现的重要数据支撑，因而数据的长期保存十分关键。随着信息技术和软硬件设备的更新，不同平台间数据的迁移转换、存储介质的寿命等问题均面临新的挑战，数据长期存储的统一标准确立问题亟待解决。④个人隐私保护问题。在海量社会数据采集和应用过程中，平衡个人隐私保护与突发事件应急管控的需求是智能情报服务不可忽视的部分，制定并运行数据脱敏处理等隐私保护机制和严格规范的数据访问机制必不可少。

(2)法律法规问题

智能情报服务是以数据为驱动的跨部门协同合作服务。数据共享、人员及物资等资源的统一调配是情报服务复杂系统顺利运行的关键保障。当前，政府部门间的信息孤立问题显著，数据共享法规制度亟待完善。确立规范明确的部门共享数据类型及范围等基础条例、共享数据用途说明、数据责任制度和数据保护制度是实现跨部门数据共享的重要法律保障。人员及物资等资源的统筹调配是应急管控法规的重要组成部分，但目前各级人民政府有关部门制定的突发事件应急管控法规存在固化现象，无法满足大数据环境下实时响应和灵活管控的迫切需求。法规对应急管控指挥机构的具体职能和权责的划分不清晰，从而在随机性强的突发事件面前显露出指挥机构反应迟缓、业务分离等问题，应急管控效率低。智能情报服务也是以社会计算等先进信息技术为手段的数据智能管理服务。一方面，数据智能分析需获取大量网络数据，但关于数据的具体法律内涵、互联网数据的主权归属和互联网社会的法律关系等法律问题尚不健全，网络数据获取和使用过程中问题频出。另一方面，在数据智能管理过程涉及的数据传输、数据分布式存储、数据访问、数据删除、数据使用等操作亟须相应的法律法规保障其安全性。

6.3 基于熵理论的突发事件网络舆情管控

突发事件网络舆情对于突发事件的态势演变、应急处置等造成较大影响，尤其是当今社交媒体时代下的网络舆情所产生的影响更甚。例如，从众心理引发的情绪失控、言论偏激等非理性行为可能会诱发线上线下联合共振的大规模群体性事件等，对人民群众的生命财产安全产生了极大的威胁，严重危害了社会的和谐稳定。因此，洞悉和把握突发事件网络舆情的演化机理，在此基础上进行网络舆情的管控和治理，有助于政府相关部门降低突发事件舆情所造成的负面影响，避免更大的危机。基于此，本节从信息供需的角度，运用系统科学的熵理论，将受到影响且有信息需求的公众视为突发事件舆论场系统的内部组成部分，媒体和政府视为系统外部环境，探索基于熵理论的突发事件网络舆情的演化机理；在此基础上通过对突发事件舆论场系统熵变速度的切片分析来推断当前网络舆情演化所处的大体阶段，并进行针对性的管控，为相关职能部门进行突发事件管控提供参考。

6.3.1 突发事件舆论场系统

突发事件虽涉及利益群体多且杂，但影响舆情演化的主要因素可以归纳为政府、媒体、大众①，且各方主体间相互影响和非线性作用，三者在这个复杂博弈过程②均扮演着重要的角色，三方主体间交互博弈的具体情况如图 6-5 所示。

在突发事件演变过程中，大众通过不同的媒介载体表达自己对突发事件的观点、态度和看法，这种由不同倾向性群体意见间相互作用所形成的场域即突发事件舆论场③。突发事件舆论场是一个复杂系统④，受突发事件影响并引发

---

① 龚花萍，陈鑫，高洪新. 突发事件预警及决策多信息系统的协同架构模型研究[J]. 情报科学，2016，34(12)：31-34.

② 董凌峰. 基于 SD 演化博弈的网络舆情形成阶段主体研究[J]. 情报科学，2018，36(1)：24-31，44.

③ 李江静，徐洪业. 互联网舆论场演化机理视角下的主流意识形态建设[J]. 江海学刊，2017(5)：64-70.

④ 张旭阳，李丹珉，谢耘耕. 媒介、网民、政府在舆情事件中的参与角色与作用研究——基于 3600 起舆情事件的实证分析[J]. 新闻界，2018(6)：56-63.

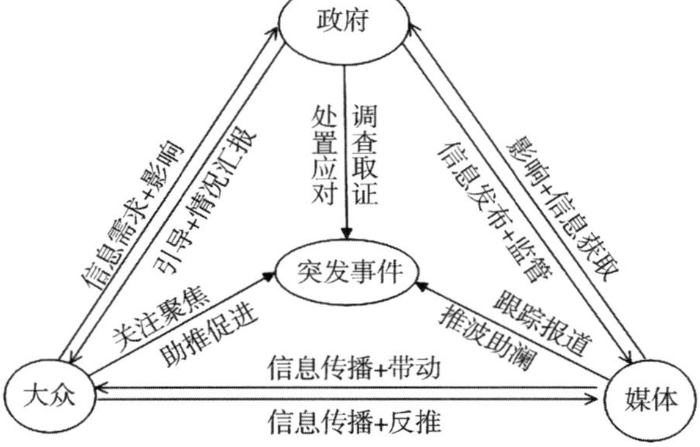

图 6-5 突发事件舆情演化中三方主体的交互与博弈关系

关注的公众是其最主要的内部组成部分，政府和媒体可视作该系统的外部环境。突发事件舆论场系统是开放而非封闭孤立的，在舆情演化过程中，该系统时刻与外部环境进行着物质、能量尤其是信息的交换；从突发事件爆发开始，整个舆论场系统处于远离平衡的状态，系统不能保持稳定，系统混乱度和无序度不断增加；且该系统内部的各大众关注者间的相互作用和影响是复杂的，而非简单的线性关系；舆情演变过程中包含一系列对平衡状态偏离的涨落①，如每当相关部门发布一次新的调查进展时，都会引起该舆论场系统较大的波动。

在突发事件舆情的整个演化过程中，作为舆论场系统中重要组成部分的大众，除物质和能量外，其最主要的需求为信息，并且不论是媒体或政府，其主要职能之一也是提供信息，所以信息流动成为该舆论场系统与外部环境除物质能量交换外最主要的交互方式，具体如图 6-6 所示。为简化分析与处理过程，在后文的分析中只考虑各要素间的信息流动。

突发事件舆论场系统的总熵变可由公式(6-2)表示：

$$\mathrm{dS} = d_i S + d_e S \tag{6-2}$$

式(6-2)中的$d_i S$为舆论场系统内部不可逆过程的熵增，恒有$d_i S>0$；$d_e S$为系统从外界获得的熵流，可正可负，故整个系统的总熵变 dS 也可正可负。在这里，$d_e S$的正负主要受到信息需求方(主要是关注突发事件的大众)的需求与供给方(主要是政府和媒体)的供给之间信息缺口大小的影响。若存在信息

① 冯瑞，冯少彤. 溯源探幽：熵的世界[M]. 北京：科学出版社，2016：23-25，122-124.

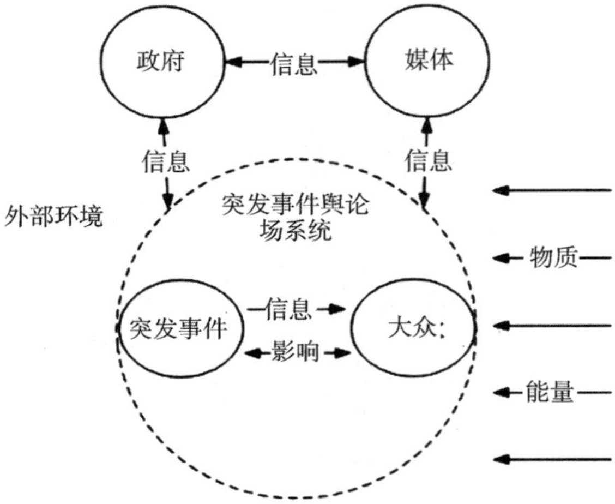

图 6-6 突发事件舆论场系统与外部环境

缺口即提供的信息不能满足需求，则会向该舆论场系统流入正熵流，使系统的总熵值进一步增大，舆论场系统变得更加混乱；反之不存在信息缺口即供给大于需求，有盈余的信息作用于该系统，根据负熵理论及“信息就是负熵”的论断，此时向该系统中流入负熵流，系统总熵值减小，突发事件舆论场系统变得有序。

6.3.2 突发事件网络舆情的演化机理分析

突发事件网络舆情管理具有公共性和确定的及时性，其演化机理的分析在于厘清其中的基本关系，以公共舆情出发保障公共突发事件信息安全。

(1)基本描述

突发事件舆论场系统的主要信息需求方为受事件影响并关注该事件的大众，而媒体和政府则是主要的信息供给方。假设该舆论场系统在开始时的总熵值为 ε(常数且值很小，系统处于低熵稳定状态)，在 t 时刻的关注人数为 n，第 k 个大众关注者的信息需求量为$D_k(t)$，$k=1, 2, \cdots, n$，则该突发事件系统在 t 时刻的信息总需求可以表示为$f_D(n, D_k(t))$，不难得出，该时刻关注人数越多，每个关注者的信息需求量越大，$f_D(n, D_k(t))$越大，即$f_D(n, D_k(t))$与关注人数 n、不同关注者的信息需求量$D_k(t)$成正比，且有$f_D(0, 0)=0$。

假设在 t 时刻有 m 个信息供给方，其中 a 和 b 分别表示政府的信息发布渠道数和关注该突发事件的媒体平台数目，$a+b=m$ 且有 $m \leqslant n$；$O_i(t)$和$M_j(t)$分

别表示第 i 个政府信息发布渠道和第 j 个媒体平台的信息供给量，$i=1$，…，a，$j=1$，…，b，则在 t 时刻的该系统的信息总供给为 $f_S(a, b, O_i(t), M_j(t))$，不难得出，信息发布渠道或媒体平台数目越多，每个渠道或媒体平台的信息供给量越大，$f_S(a, b, O_i(t), M_j(t))$ 越大，即 $f_S(\quad)$ 与政府信息发布渠道数、媒体平台数、各信息发布渠道的供给量和各媒体平台的信息供给量之间成正比，且有 $f_S(0, 0, 0, 0)=0$。

则该时刻突发事件舆情系统的信息缺口为：

$$\Delta f=f_D(n, D_k(t))-f_S(a, b, O_i(t), M_j(t)) \tag{6-3}$$

该信息缺口会影响流入该突发事件舆论场系统的熵流，且二者为正相关，二者之间的关系用式(6-4)表示：

$$S_e(t)=h(\Delta f)=h(f_D(n, D_k(t))-f_S(a, b, O_i(t), M_j(t))) \tag{6-4}$$

式(6-4)中的 $h(*)$ 为单调增函数，且有 $h(0)=0$。当信息缺口 $\Delta f>0$ 且越大，即政府和媒体的信息供给小于大众的信息需求时，此时舆论场系统会因为信息不充沛而变得更加混乱，流入系统的熵流为正，舆论场系统总熵值增加；反之，当 $\Delta f<0$ 且越小，即政府和媒体的信息供给大于大众的信息需求时，此时流入系统的熵流为负，舆论场系统变得有序，总熵值减小。

假设该突发事件舆论场系统内部不可逆的熵增 $S_i(t)$ 随时间变化的趋势满足式(6-5)，$\varphi(*)$ 为单调增函数，表示该舆论场系统不可逆的熵增随时间逐渐增大，且恒有 $\varphi(t)>0$。

$$S_i(t)=\varphi(t) \tag{6-5}$$

则该突发事件舆论场系统在 t 时刻的总熵值 $S(t)$ 为：

$$\begin{aligned} S(t)&=S_e(t)+S_i(t)+\varepsilon=h(\Delta f)+\varphi(t)+\varepsilon \\ &=h(f_D(n, D_k(t))-f_S(a, b, O_i(t), M_j(t)))+\varphi(t)+\varepsilon \end{aligned} \tag{6-6}$$

在 t 时刻系统的总熵值的变化速度 $v(t)$ 为：

$$\begin{aligned} v(t)&=S'(t)=S'_I(t)+S'_e(t)=[h(\Delta f)]'+\varphi'(t) \\ &=\varphi'(t)+h'(\Delta f(t))*(f'_D(n, D_k(t))*D'_k(t) \\ &\quad -f'_S(a, b, O_i(t), M_j(t))*(O'_i(t), M'_j(t))) \end{aligned} \tag{6-7}$$

(2)突发事件舆情的演化机理

突发事件在 t_1 时刻爆发前，由于 $\varphi(t)$ 的存在，舆论场系统的总熵值会缓慢增加，但由于突发事件处于萌芽阶段，信息需求方的大众对其难有察觉即 $n\approx 0$，基本没有关于该突发事件的信息需求即 $D_k(t)\approx 0$，作为信息供给方的政府和媒体同样不会提供与其相关的信息即 $(a, b)\approx(0, 0)$，$(O_i(t), M_j(t))\approx(0, 0)$，整个突发事件舆论场系统的信息供需处于动态平衡中，则根据式

(6-3)有：

$$\Delta f_1 = f_D(n, D_k(t)) - f_S(a, b, O_i(t), M_j(t)) \approx 0, \ t<t_1 \tag{6-8}$$

由式(6-4)至式(6-6)可得在该时刻舆论场系统的总熵值：

$$S(t) = S_i(t) + S_e(t) + \varepsilon = h(\Delta f_1) + \varphi(t) + \varepsilon \approx \varphi(t) + \varepsilon, \ t<t_1 \tag{6-9}$$

再由式(6-7)可得，系统总熵值的变化速度为：$v(t)=\varphi'(t)>0$。整个舆论场系统在突发事件爆发前虽然表面平静，但系统内部的各种熵增不断叠加，致使整个舆论场系统的风险持续积累，系统开始变得越来越无序。

舆论场系统在经过一段时间的累积后，在t_1时刻被突发事件触发，突发事件的爆发引起了社会的广泛关注和议论，即突发事件关注人数 n 突然激增，且此时的大众对突发事件的起因、经过等表现出浓厚的兴趣，需要大量的信息来满足自己的好奇心，即每个大众关注者的信息需求量$D_k(t)$较大；同时，媒体平台受到大众关注者的带动也参与到突发事件的追踪调查中，即 b 与$M_j(t)$开始增加，部分媒体为了吸引大众的注意力而对舆论主题进行刻意渲染形成关注聚焦，再次促进了大众对事件的关注，继续增大 n 和$D_k(t)$；但政府相关部门则需要一定的时间进行调查和取证，所掌握和提供的信息比较少，即 a 与$O_i(t)$均较小，政府渠道和媒体平台所能提供的相关信息无法满足大众关注者的信息需求，即：

$$f_D(n, D_k(t)) \gg f_S(a, b, O_i(t), M_j(t)), \ t \geqslant t_1 \tag{6-10}$$

由式(6-3)知，$\Delta f_2>0$，此时流入系统的熵流为正，由式(6-4)得流入系统的正熵流为：

$$S_e(t) = h(\Delta f_2) = h(f_D(n, D_k(t)) - f_S(a, b, O_i(t), M_j(t))), \ t \geqslant t_1 \tag{6-11}$$

再根据公式(6-5)和(6-6)可得舆论场系统的总熵值为：

$$S(t) = h(f_D(n, D_k(t)) - f_S(a, b, O_i(t), M_j(t))) + \varphi(t) + \varepsilon, \ t \geqslant t_1 \tag{6-12}$$

则此时的系统总熵值变化速度可由公式(6-7)计算得出：

$$v_1(t) = h'(\Delta f_2) * (f'_D(n, D_k(t)) * D'_k(t) - f'_S(a, b, O_i(t), M_j(t)) * (O'_i(t), M'_j(t))) + \varphi'(t), \ t \geqslant t_1 \tag{6-13}$$

因为 $h(*)$为单调增函数且 $\Delta f_2>0$，所以$h'(\Delta f_2)>0$；又因为 $a+b \ll n$，$D_k(t) \gg (O_i(t), M_j(t))$，所以$f'_D(n, D_k(t)) > f'_S(a, b, O_i(t), M_j(t))$；且此时大众信息需求增长速度要远远大于政府和媒体的信息供给速度，所以$D'_k(t) > (O'_i(t), M'_j(t))$；又因为$\varphi'(t)>0$，故有

$$v_1(t) = h'(\Delta f_2) * (f'_D(n, D_k(t)) * D'_k(t) - f'_S(a, b, O_i(t), M_j(t)) *$$

$$(O'_i(t), M'_j(t)))+\varphi'(t)>0, \ t \geqslant t_1 \tag{6-14}$$

随着突发事件的持续发酵，更多的大众开始关注该突发事件，关注度提升，即 n 进一步增大。大众关注的焦点开始变得多样而非局限于了解事件的起因和进展；随着政府和媒体对突发事件相关信息的不断披露，部分大众和媒体会基于该突发事件来反思或聚焦存在的深层社会矛盾①等，这需要相关部门提供“高质且有针对性”的信息予以回应，所以此刻$D_k(t)$虽然会继续增加，但大众对信息“重质轻量”的需求让增速开始放缓。与此同时，相关部门在经过调查后，逐渐掌握了大量可靠的信息，能够供给的信息越来越多，即 a 与$O_i(t)$开始加速增加，媒体平台传播的信息的总量和种类也更加丰富，迅速增加 b 和$M_j(t)$，此时虽然信息缺口 $\Delta f_3>0$，但 $\Delta f_3<\Delta f_2$，信息缺口开始慢慢缩小，即

$$f_D(n, D_k(t)) \geqslant f_S(a, b, O_i(t), M_j(t)) \tag{6-15}$$

随着政府相关部门更加深入的调查以及媒体平台的多渠道发布信息，在某一时刻t_b，该舆论场系统的信息供给量与信息需求量达到相等，即：

$$\Delta f_3 = f_D(n, D_k(t)) - f_S(a, b, O_i(t), M_j(t)) = 0, \ t = t_b \tag{6-16}$$

由于$\varphi'(t)>0$，仍有$v_2(t)>0$，但$v_2(t)<v_1(t)$，$t>t_b$。舆论场系统总熵值仍然继续增加，但增加的速度开始减缓。

从t_b时刻开始，政府和媒体对于该突发事件的信息供给量开始慢慢超过大众的信息需求量，$\Delta f_4<0$，即有盈余的信息作用于舆论场系统，流入的负熵流使其变得有序，n 在一定范围内波动，$D_k(t)$也在某一范围波动或缓慢增加，$f'_D(n, D_k(t)) * D'_k(t) - f'_S(a, b, O_i(t), M_j(t)) * (O'_i(t), M'_j(t))>0$，但$h'(\Delta f_4)<0$，所以有：

$$c = h'(\Delta f_4) * (f'_D(n, D_k(t)) * D'_k(t) - f'_S(a, b, O_i(t), M_j(t)) * (O'_i(t), M'_j(t)))<0, \ t>t_b \tag{6-17}$$

然而，由于流入该系统的负熵流还不足以抵消系统内部不可逆的熵增即$c+\varphi'(t)>0$，所以系统总熵值仍会缓慢增加，但增加的速度越来越慢。直至某一时刻t_m，流入舆论场系统的负熵流可以完全抵消系统内部不可逆的熵增，此时舆论场系统总熵值增加的速度减为零，即：

$$v(t_m) = h'(\Delta f_5) * (f'_D(n, D_k(t_m)) * D'_k(t_m) - f'_S(a, b, O_i(t), M_j(t)) * (O'_i(t_m), M'_j(t_m))) + \varphi'(t_m) = 0 \tag{6-18}$$

由式(6-7)知此时舆论场系统的总熵值为：

① 李超民，何宛怿. 网络舆情与网络舆论的内涵阐释、演化机理及应对方法[J]. 晋阳学刊，2018(2)：81-89，110.

$$S(t_m)=h(\Delta f_5)+\varphi(t_m)+\varepsilon=h(f_D(n,\ D_k(t_m))-f_S(a,\ b,\ O_i(t),\ M_j(t)))+\varphi(t_m)+\varepsilon \tag{6-19}$$

且此时亦为该突发事件舆论场系统总熵值达到最大值的时刻，因为从t_m时刻开始，该舆论场系统的熵值变化速度开始小于零，舆论场系统总熵值会因盈余信息流的流入而开始减小。

$$v_3(t)=h'(\Delta f)*(f'_D(n,\ D_k(t))*D'_k(t)-f'_S(a,\ b,\ O_i(t),\ M_j(t))*(O'_i(t),\ M'_j(t)))+\varphi'(t)<0,\ t\geqslant t_m \tag{6-20}$$

随着相关部门披露了事件的重要信息，以及媒体平台的广泛传播，大众关注者的信息需求可以得到充分满足，自此$D_k(t)$和n开始减小，而信息供给方尤其是相关部门会继续密切关注事态变化，a，b，$O_i(t)$，$M_j(t)$均维持较高水平，信息缺口$\Delta f_6<0$，且$\Delta f_6<\Delta f_5$，有多余的信息(负熵流)作用于该舆论场系统，系统有序度提升，总熵值减小，即：

$$S(t)=h(f_D(n,\ D_k(t))-f_S(a,\ b,\ O_i(t),\ M_j(t)))+\varphi(t)+\varepsilon\leqslant S(t_m),\ t\geqslant t_m \tag{6-21}$$

直到t_2时刻，相关部门通报了该突发事件最终的处置结果和相关数据后，部分大众和媒体获得了自己想要了解的信息而不再关注，n与b均减小，$D_k(t)$加速减少；而剩下的部分大众和媒体也会随着时间的推移或其他热点事件的注意力分化①而逐渐减少关注，n与b再次减小；但政府相关部门出于职责或保险起见，仍会在较长时间里对其保持较高的关注，并且利用其手上掌握的充沛信息进行针对性的供给，即a与$O_i(t)$基本保持不变或缓慢减小。信息缺口$\Delta f_7<0$，且$\Delta f_7<\Delta f_6$，政府和部分媒体平台向该舆论场系统持续地输入负熵流，使其变得更加有序，舆论场系统总熵值加速减小，即：

$$v_4(t)=h'(\Delta f_7)*(f'_D(n,\ D_k(t))*D'_k(t)-f'_S(a,\ b,\ O_i(t),\ M_j(t))*(O'_i(t),\ M'_j(t)))+\varphi'(t)<v_3(t)<0,\ t_2<t \tag{6-22}$$

最终在某一时刻t_3，此次突发事件造成的影响完全消失，n，$D_k(t)$，b，$M_j(t)\approx 0$，政府相关部门也不再关注该突发事件的动向，a与$O_i(t)$减为0，整个突发事件舆论场系统重新达到动态平衡，此时舆论场系统的熵增全部来自系统内部不可逆的熵增，且熵增速度很小。

$$S(t)=S_i(t)+S_e(t)+\varepsilon\approx h(0)+\varphi(t)+\varepsilon=\varphi(t)+\varepsilon,\ t>t_3 \tag{6-23}$$

$$v_5(t)=\varphi'(t),\ t>t_3 \tag{6-24}$$

---

① 杨维东，曹兰. 社交媒体时代突发事件的舆情治理新范式[J]. 传媒，2018(13)：64-67.

因此，突发事件舆论场系统在舆情演化过程中的总熵值变化为：在$0\sim t_1$期间，该舆论场系统的总熵值以$\varphi'(t)$的速度缓慢增加；当$t_1\leqslant t<t_b$时，舆论场系统总熵值开始以速度$v_1(t)$迅速增加；当$t_b\leqslant t<t_m$时，以速度$v_2(t)$继续缓慢增加且$v_2(t)<v_1(t)$；直至t_m时刻，达到舆论场系统总熵值的最大值$S(t_m)$，此时$v(t_m)=0$；此后当$t_m<t<t_2$时，系统总熵值以速度$v_3(t)$开始逐渐减小；当$t_2\leqslant t<t_3$时，该系统总熵值以速度$v_4(t)$开始迅速减小至t_3时刻且$|v_3(t)|\leqslant|v_4(t)|$；最后从$t_3$时刻开始，舆论场系统总熵值维持一个较低的水平，形成新的动态平衡。整个舆论场系统总熵值的变化如图 6-7 所示(曲线的斜率表示舆论场系统总熵值在舆情演化过程中变化的速度)。爆发前，舆论场系统随着深层风险因素的积累而缓慢变得混乱无序，爆发时加速变得混乱；相关部门的逐步介入和引导让混乱度缓慢增加，最终从某一时刻开始，在持续负熵流的作用下开始变得有序；并且当大众关注者失去兴趣时，在充沛信息流的作用下加速变得有序，直至该突发事件造成的影响完全消除，形成一个新的低熵稳定状态。

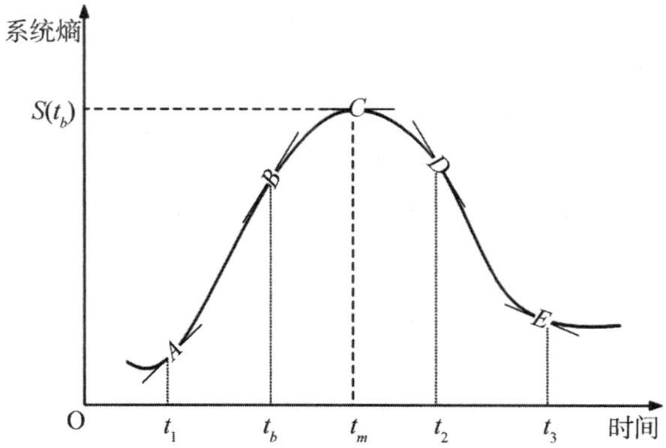

图 6-7 突发事件舆论场系统的总熵值变化曲线

6.3.3 突发事件网络舆情管控

在对突发事件网络舆情进行管控前，必须对当前网络舆情演化所处的阶段有清晰的认识，然后才能进行针对性且高效的管控。从图 6-7 中不难发现，在突发事件舆情演化过程中，突发事件舆论场系统的总熵值变动有五个关键的时间节点，分别为：熵增突变点t_1、熵增减缓点t_b、熵增速度零点t_m、熵减加速点t_2和新平衡形成点t_3。具体的特征有如下几种：

A 点之前的斜率很小，即熵增速度很小，*A* 点之前为潜伏期；

在 *AB* 段的斜率为正且大于 *A* 点之前的斜率同时大于 *BC* 段的正斜率，即 *AB* 段的熵增速度为正，且熵增速度同时大于 *A* 点之前的速度以及 *B* 点之后的熵增速度，*AB* 段为舆情的爆发期；

C 点的斜率为零，*C* 点之前的斜率为正，*C* 点之后的斜率为负，且越接近 *C* 点，斜率的绝对值越小(越接近零)，即 *C* 点之前熵增速度为正，*C* 点之后熵增速度为负，*C* 点是表明舆情开始好转的关键点。因为 *C* 点只出现于 *BD* 段内的某个时刻，只是一瞬，实践中把控难度大，所以不宜以 *C* 点为节点再将 *BD* 段分为 *BC* 段和 *CD* 段两小段，而应将二者合为一段均看作扩散期，即 *C* 点开始虽然熵增速度为负，但由于大众依然在等突发事件官方的调查和处理结果，相关的讨论和信息需求仍在，所以 *CD* 这段并不能算作消退期，仍是扩散期；而 *D* 点时相关部门公布了处理结果，大众得到了自己想要的信息，大众对该突发事件的兴趣丧失，不再关注，*D* 点之后开始真正进入消退期，因而将包含 *C* 点的前后斜率绝对值较小的一段 *BC* 段和 *CD* 段均看作扩散期，即 *BD* 段为舆情的扩散期；

D 点之后的 *DE* 段斜率为负，且绝对值要大于 *D* 点之前 *CD* 段的负斜率的绝对值，即 *D* 点之前的熵减速度小于 *D* 点之后的熵减速度；*E* 点后的斜率绝对值很小且趋近于零，*E* 点之前的斜率为负且绝对值很大，即 *E* 点之前 *DE* 段的熵减速度很大，*E* 点之后熵变速度很小，*E* 点为新平衡形成点，*DE* 段为消退期。

所以由以上的熵变特征分析知，可通过对突发事件舆论场系统熵变速度的切片分析来推断当前网络舆情演化所处的大体阶段。

①潜伏期。突发事件网络舆情还未爆发，故很容易判断，且此时系统总熵值的熵增速度很小。困难的是预测突发事件舆情最终是否会爆发，以及什么时候进行预警并采取措施以避免舆情爆发。

可以通过计算时刻 t 的突发事件舆论场系统总熵值，并根据此刻的关注人数、媒体平台数计算出此刻的系统理论上能保持稳定状态的最大熵值$S(t)_{\max}$，然后计算此时刻舆论场系统相较于最大熵稳定状态的偏离程度 σ。由最大熵理论①可知，该时刻舆论场系统的最大熵状态是舆论场系统中的每个关注者的信

① 冯瑞，冯少彤. 溯源探幽：熵的世界[M]. 北京：科学出版社，2016：23-25，122-124.

息需求占总需求的比率相等均为$\frac{1}{n}$时，即此时未形成较为强烈的信息需求点，各种信息需求相互制衡，此时系统处于最大熵状态，也为最稳定的状态。也就是说，舆论场系统的总熵值理论上的最大值为：$-\log_2\left(\frac{1}{n}\right)=\log_2(n)$，所以最终在$t$时刻舆论场系统相较于稳定状态的偏离程度$\sigma$可由式(6-25)计算。

$$\sigma=\frac{S(t)}{S(t)_{\max}}=\frac{h(f_D(n,\ D_k(t))\text{-}f_S(a,\ b,\ O_i(t),\ M_j(t)))+\varphi(t)+\varepsilon}{\log_2(n)} \tag{6-25}$$

预警阈值γ可以根据个人经验以及历史突发事件网络舆情的爆发临界值来综合确定，σ值越小，表明偏离程度越大，系统风险越大，越容易产生群体极化等非理性现象。当偏离程度接近或低于预警阈值即$\sigma\approx\gamma$或$\sigma\leqslant\gamma$时，此时需要采取相关措施进行应对，以最大限度地避免网络舆情猛烈爆发，如针对大众关注的兴趣点或议论焦点，进行调查并提供权威的信息以消除公众的无端猜疑等，将舆情危机消除于萌芽中。当偏离程度远大于预警阈值即$\sigma\gg\gamma$时，只需继续保持观察、留意其自然发展趋势即可。

至于其他时期，可以通过切片计算该时刻的突发事件舆论场系统的熵变速度，计算公式见式(6-26)，然后用这个速度与之前的舆论场系统熵值变化速度的历史集合$\{v(t)_{\text{ago}}\}$进行对比，推测目前所处的大体阶段。

$$v(t)=\frac{S(t+\Delta t)-S(t)}{\Delta t} \tag{6-26}$$

式中的Δt是指切片的时间跨度，由系统的熵值计算粒度决定，如0.5小时、1小时、3小时等。

计算出该时刻的熵变速度后，可以反推舆情演化所处的大体阶段，具体有：

(1)$v(t)>0$且$v(t)\geqslant\{v(t)_{\text{ago}}\}$，则此时处于网络舆情的爆发期；

(2)$v(t)>0$且$v(t)<\{v(t)_{\text{ago}}\}$，则此时处于网络舆情的扩散期；

(3)$v(t+\Delta t)\leqslant v(t)<0$且$\{v(t)_{\text{ago}}\}$中存在$v(t)_{\text{ago}}=0$，则此时仍处于扩散期；

(4)$v(t)<0$且$v(t+\Delta t)<v(t)$且$\{v(t)_{\text{ago}}\}$中存在$v(t)_{\text{ago}}=0$，此时处于网络舆情的消退期。

在明晰了突发事件网络舆情演化所处的大体阶段后，可以进行针对性的管控，具体如下：

②爆发期。突发事件网络舆情爆发后，应立马追踪调查突发事件，并以最快的速度将官方调查结果提供给大众，此时舆论场中信息的种类和来源存在较大差异，大众难以判断真假，大众最缺乏的是权威的官方信息，所以在迅速调

查掌握了突发事件的相关信息之后，应该立刻提供给大众并时刻监控舆情动向，缩小信息供给的信息缺口，利用持续的负熵流降低舆论场系统的熵增速度，加速熵增速度零点t_m的到来。

③扩散期。随着突发事件更多信息的披露，大众基于突发事件引起的讨论多样且深刻，会发散突发事件舆情的话题，对突发事件理性且健康的讨论有助于突发事件的妥善解决，并形成有益的经验教训，甚至是推动社会的进步发展。但此时要防止子话题的舆情失控，或者被不法分子利用而产生更加严重的次生舆情。可以基于熵理论计算每个分散话题下的兴趣点的火热程度以及情绪倾向，然后与最大熵的稳定状态进行比较，判断是否有可能引发次生舆情，后续处理方法同潜伏期。所以此阶段的管控重点是防止次生舆情的爆发，同时对舆情的发散话题进行一定的引导，使其朝着变好的方向演化。

④消退期。消退期的管控跟潜伏期类似，区别在于潜伏期中的突发事件舆情还未爆发，而消退期则是已经爆发且舆情已经演化至末期。所以该阶段，重点是避免已经解决了的突发事件舆情在新的诱导因子下“死灰复燃”，要持续实时监控舆论场系统熵变是否朝着变好的方向发展，即熵变速度是否一直为负，即是否向突发事件舆论场系统持续输入降低系统总熵值的信息流，直到此次突发事件的网络舆情完全平息，形成新的低熵稳定状态。

6.4 基于 BP 神经网络的突发传染病网络舆情管控

网络舆情热度研究是一门涉及情报学、统计学、传播学等多学科交叉融合的研究领域。当前，国内外学者针对网络舆情热度的研究分为定性研究、定量研究以及定性定量相结合方法，其中，定性研究包含网络舆情热度发展演变规律、特征、热度评价指标体系建立等，定量研究包含最优化模型、系统动力学模型、马尔可夫链模型等。其中，突发传染病舆情同其他类型突发事件舆情相较而言，具有爆发性、演变不确定性、负面倾向性等特征。由于涉及公众的健康和生命安全，社会公众高度关注致病原因、每日新增病例数、死亡率、治愈情况等与之相关的信息。相关消息一旦发出就会掀起网络舆情的浪潮，引起整体舆论环境的波动，其舆情发展的管控已经成为应急管理的一个重要组成部分。基于此，本节将突发传染病舆情热度趋势预测问题转化为模式分类问题，并尝试引入 BP 神经网络对舆情热度趋势做预测。首先，构建面向微博的舆情热度评价指标体系，基于信息熵确定各个指标的权重，再利用加权求和的方法得到热度值，然后求出舆情热度趋势值并进行分类，接着引入BP神经网络理论，从新浪微博收集“MERS病毒卫生突发事件”相关数据，对突发传染病的舆情热度趋势进行预测，探讨该方法的可行性和有效性。

6.4.1 网络舆情热度评价指标体系构建

建立一个科学合理的评价指标体系是衡量网络舆情热度的基础，并非指标越多越好，关键在于能否定量化反映网络舆情热度的实质。本节借鉴相关文献①②构建的微博舆情指标，从原创微博发布量(A)、转发量(B)、评论量(C)、点赞量(D)等四个指标来描述微博舆情热度。这些数据以天为单位进行统计，其与时间的对应关系见表6-1。

表6-1 突发传染病微博舆情数据统计表

时间(T)	原创微博A_1	原创微博A_2	…	原创微博A_n
1	$b_{1,1}c_{1,1}d_{1,1}$	$b_{1,2}c_{1,2}d_{1,2}$	…	$b_{1,n}c_{1,n}d_{1,n}$
2	$b_{2,1}c_{2,1}d_{2,1}$	$b_{2,2}c_{2,2}d_{2,2}$	…	$b_{2,n}c_{2,n}d_{2,n}$
…	…	…	…	…
m	$b_{m,1}c_{m,1}d_{m,1}$	$b_{m,2}c_{m,2}d_{m,2}$		$b_{m,n}c_{m,n}d_{m,n}$

第i天的原创微博发布量由式(6-27)表示：

$$A_i = n \tag{6-27}$$

第i天的转发量由式(6-28)表示：

$$B_i = \sum_{j=1}^{n} b_{i,j} \tag{6-28}$$

第i天的评论量由式(6-29)表示：

$$C_i = \sum_{j=1}^{n} c_{i,j} \tag{6-29}$$

第i天的点赞量由式(6-30)表示：

① 屈启兴，齐佳音. 基于微博的企业网络舆情热度趋势分析［J］. 情报杂志，2014，33(6)：133-137.

② 王新猛. 基于马尔可夫链的政府负面网络舆情热度趋势分析——以新浪微博为例［J］. 情报杂志，2015，34(7)：161-164.

$$D_i = \sum_{j=1}^{n} d_{i,j} \tag{6-30}$$

由以上公式可以推出第 i 天微博舆情热度 $H(i)$ 的表达式为：

$$H(i) = W_1 \cdot A_i + W_2 \cdot B_i + W_3 \cdot C_i \tag{6-31}$$

其中，$W_k(k=1, 2, 3, 4)$ 分别为原创微博发布量、转发量、评论量、点赞量的权重，为了更加便于计算，A_i、B_i、C_i、D_i 需根据式(6-32)进行归一化处理。

第 i 天微博舆情热度趋势值的表达式为：

$$\overline{H(i)} = H(i+1) - H(i) \tag{6-32}$$

6.4.2 计算舆情热度评价指标权重

本节利用信息熵①确定各项指标的权重，计算步骤如下：

(1)设有 m 个评价对象(天数)，n 个评价指标，构造的原始指标矩阵为 $X=(x_{i,j})m\times n$，由式(6-33)表示：

$$X = \begin{bmatrix} x_{1,1} & \cdots & x_{1,n} \\ \vdots & \ddots & \vdots \\ x_{m,1} & \cdots & x_{m,n} \end{bmatrix} \tag{6-33}$$

(2)一般而言，不同评价指标的类型、量纲等往往存在差异，为了消除这些差异带来的影响，将其转化为无量纲、方向一致的标准指标值，本节采用极值法②对评价指标进行无量纲化处理：

$$\text{效益型指标：} y_{i,j} = \frac{x_{i,j} - \min(x_{i,j})}{\max(x_{i,j}) - \min(x_{i,j})} \tag{6-34}$$

$$\text{成本型指标：} y_{i,j} = \frac{\max(x_{i,j}) - x_{i,j}}{\max(x_{i,j}) - \min(x_{i,j})} \tag{6-35}$$

其中，$\max(x_{i,j})$、$\min(x_{i,j})$ 分别为指标评价值的最大值和最小值。

(3)计算第 j 项指标下第 i 个评价对象指标值的比重，由式(6-36)表示：

$$p_{i,j} = \frac{y_{i,j}}{\sum_{i=1}^{m} y_{i,j}} \tag{6-36}$$

---

① 魏志惠，何跃. 基于信息熵和未确知测度模型的微博意见领袖识别——以“甘肃庆阳校车突发事件”为例［J］. 情报科学，2014，32(10)：38-43.

② 朱喜安，魏国栋. 熵值法中无量纲化方法优良标准的探讨［J］. 统计与决策，2015(2)：12-15.

（4）计算第 j 项指标的熵值为：

$$e_j = -k\sum_{i=1}^{m} p_{i,j}\ln p_{i,j},\ k = \frac{1}{\ln m}(k > 0,\ 0 \leqslant e_j \leqslant 1) \tag{6-37}$$

（5）进一步对 $1 - e_j$ 归一化，得到第 j 项指标的熵权值为：

$$w_j = \frac{1 - e_j}{\sum_{j=1}^{n}(1 - e_j)} = \frac{1 - e_j}{n - \sum_{j=1}^{n} e_j}(0 \leqslant w_j \leqslant 1 \text{ 且} \sum_{j=1}^{n} w_j = 1) \tag{6-38}$$

6.4.3 BP 神经网络

BP 神经网络（Back Propagation Neural Network）基于梯度下降策略，通过反向传播来不断调整网络连接的权值和阈值，直到输出值与真实值的误差减少到可以接受的范围或预先设定的学习次数为止。BP 神经网络由输入层、隐含层、输出层组成，本节选取单隐层的三层 BP 神经网络来实现突发传染病舆情热度趋势的预测。其中输入向量为原创微博发布量、转发量、评论量、点赞量 4 个元素，所以输入层的节点数为 4。输出向量为微博舆情热度趋势值，本节将预测问题转化为模式分类问题，将微博舆情热度趋势值分为 6 类：$C1$ = 急速上升 = $[\overline{H(i)}\max/2,\ \overline{H(i)}\max]$，$C2$ = 明显上升 = $[\overline{H(i)}\max/4,\ \overline{H(i)}\max/2]$，$C3$ = 缓慢上升 = $[0,\ \overline{H(i)}\max/4]$，$C4$ = 缓慢下降 = $[\overline{H(i)}\min/4,\ 0]$，$C5$ = 明显下降 = $[\overline{H(i)}\min/2,\ \overline{H(i)}\min/4]$，$C6$ = 急速下降 = $[\overline{H(i)}\min,\ \overline{H(i)}\min/2]$，其中 $\overline{H(i)}\max$、$\overline{H(i)}\min$ 分别为微博舆情热度趋势值的最大值和最小值。在此基础上，分别用二进制 001、010、011、100、101、110 表示微博舆情热度趋势值的类别，所以输出层的节点数为 3，输出状态为：001、010、011、100、101、110，分别对应六种类别。对于隐含层节点数而言，若节点过多，则会致使网络复杂化甚至出现过度拟合的情况，若节点过少，则会致使结果不收敛，目前并没有一个理想的解析式可以用来确定合理的隐含层节点数，本节采用经验公式（6-39）得到隐含层节点数的估计值：

$$N = \sqrt{m+n} + \alpha \tag{6-39}$$

其中，m 为输入层节点数，n 为输出层节点数，α 为［1，10］之间的常数。BP 神经网络结构见图 6-8。

BP 神经网络标准学习步骤①如下：

① 赵志勇．简单易学的机器学习算法——神经网络之 BP 神经网络［EB/OL］．http://blog.csdn.net/google19890102/article/details/32723459，2017-09-01.

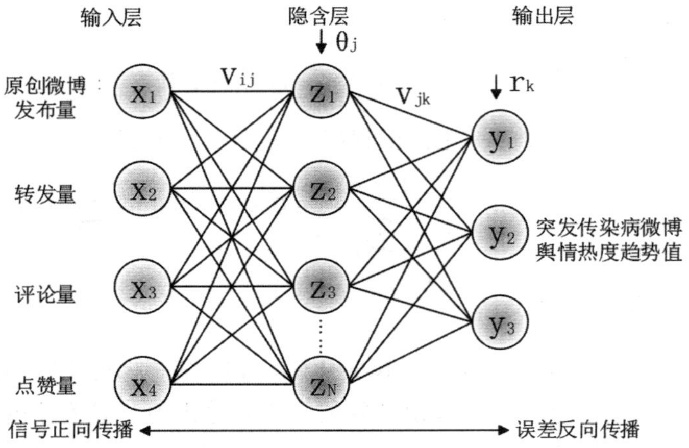

图 6-8　BP 神经网络结构

输入样本为x_i，对应的隐含层的输出和输出层的输出分别为z_j和y_k；V_{ij}是输入层和隐含层间的权重，V_{jk}是隐含层和输出层间的权重；θ_j、γ_k分别为隐含层和输出层阈值。

a. 将连接权值V_{ij}、V_{jk}以及阈值θ_j、γ_k随机初始化为[−1，+1]之间的值。

b. 根据公式(6-40)计算隐含层输出z_j。

$$z_j = f\left(\sum_{i=1}^{m} V_{ij}\, x_i + \theta_j\right) \quad j = 1,\ 2,\ \cdots,\ N \tag{6-40}$$

其中，N 为隐含层节点数；f 为隐含层激励函数，本节所选函数为$f(x)=\dfrac{e^x-e^{-x}}{e^x+e^{-x}}$。

c. 根据公式(6-41)计算输出层输出y_k。

$$y_k = f\left(\sum_{j=1}^{N} V_{jk}\, z_j + \gamma_k\right) \quad k = 1,\ 2,\ 3 \tag{6-41}$$

其中，f 为输出层激励函数，本节所选函数为$f(x)=\dfrac{e^x-e^{-x}}{e^x+e^{-x}}$。

d. 根据公式(6-42)计算误差：

$$e_k = t_k - y_k \tag{6-42}$$

其中，t 表示期望输出，y 表示实际输出。

e. 根据公式(6-43)(6-44)更新网络连接权值V_{ij}、V_{jk}。

$$V_{ij} = V_{ij} + \eta\, z_j(1 - z_j)\, x_i \sum_{k=1}^{3} V_{jk}\, e_k \tag{6-43}$$

$$V_{jk} = V_{jk} + \eta\, z_j e_k \tag{6-44}$$

其中，η 为学习率。

f. 根据公式(6-45)(6-46)更新阈值θ_j，γ_k。

$$\theta_j = \theta_j + \eta z_j(1 - z_j) \sum_{k=1}^{3} V_{jk} e_k \tag{6-45}$$

$$\gamma_k = \gamma_k + \eta e_k \tag{6-46}$$

g. 网络进行学习训练，使得实际输出尽可能地接近期望输出，直至达到最大训练次数或满足误差精度要求。

6.4.4 实验及结果分析

本研究通过 Excel 2007 软件完成描述性统计以及图形绘制，利用 MATLAB R_ 2016a 神经网络工具箱构建突发传染病舆情热度趋势预测模型。研究分为突发传染病舆情时间跨度选择、舆情热度数据收集、舆情热度数据预处理及清洗、舆情热度数据归一化处理等阶段，具体的流程如图 6-9 所示。

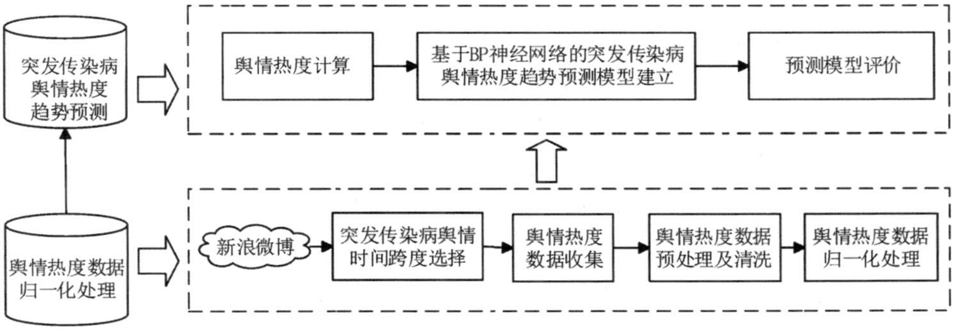

图 6-9 突发传染病舆情热度趋势预测流程

①突发传染病舆情时间跨度的选择。本节选取 2015 年上半年人民网舆情监测室广受关注的“MERS(中东呼吸综合征)病毒卫生突发事件”作为研究对象。根据人民网、中国新闻网关于中东呼吸综合征的新闻报道得出该突发传染病事件的进展如表 6-2 所示。

表 6-2 MERS(中东呼吸综合征)进展

时间	MERS 事件进展报道
2015. 05. 28	广东出现首例 MERS 疑似病例，韩国发热男子入境已被隔离

续表

时间	MERS 事件进展报道
2015. 05. 31	广东官方：接诊首例 MERS 患者救护车司机被感染是谣言
2015. 06. 11	一名中国人在韩国感染 MERS(首位)
2015. 06. 13	韩国 MERS 疫情出现首例第三代人传人感染者
2015. 06. 26	中国首例 MERS 患者痊愈回国
2015. 07. 03	韩国 MERS 存活的第一代患者全部治愈，确诊病例增至 184 例
2015. 08. 04	韩国 MERS 疫情致 36 人死亡后，韩国总统宣布撤换卫生部长
2015. 10. 01	韩国最后一名 MERS 确诊患者判定为完全治愈
2015. 11. 25	韩国最后一名 MERS 确诊患者死亡(10 月 11 日出现发热症状)
2015. 12. 24	韩国宣布 MERS 疫情结束，此次疫情共 186 人感染，38 人死亡

结合百度指数搜索指数的网民关注度时间变化趋势，到 2015 年 7 月 31 日，该事件基本平息，网民关注度降到与突发传染病暴发前持平的状态。因此，选取 2015 年 5 月 28 日至 2015 年 7 月 31 日为研究时间节点。

②舆情热度数据收集。本节利用 Gooseeker 爬取新浪微博上包含“MERS”词条的所有原创微博条目，具体字段包括：发布时间、博主名称、原创微博内容、微博网页、转发量、评论量、点赞量，共收集数据样本 56043 条。

③舆情热度数据预处理及清洗。对收集到的原创微博进行逐条筛选，剔除 232 条广告、重复的 1255 条记录、以及其他与 MERS 无关的 401 条微博，得到有效数据 54155 条，累计转发量 1316856 次，累计评论量 572759 次，累计点赞量 991963 次。然后，以天为单位，整理汇总每日微博舆情热度数据，得到 65 条结果如表 6-3 所示。

表 6-3　每日微博舆情热度数据

序号	时间	原创微博发布量	转发量	评论量	点赞量
01	2015. 05. 28	465	28131	10958	7284
02	2015. 05. 29	1308	95938	19061	27052
03	2015. 05. 30	3330	109948	33919	121904

续表

序号	时间	原创微博发布量	转发量	评论量	点赞量
04	2015. 05. 31	9431	213551	90099	188940
05	2015. 06. 01	4759	29486	20399	40555
06	2015. 06. 02	2817	188797	50634	84709
07	2015. 06. 03	2996	57244	37601	71484
08	2015. 06. 04	2842	155920	53580	105945
09	2015. 06. 05	2660	74825	36065	72362
10	2015. 06. 06	1471	15991	10993	25581
11	2015. 06. 07	1284	7725	6476	12230
12	2015. 06. 08	1509	30667	19079	28190
13	2015. 06. 09	1611	26475	17557	22286
14	2015. 06. 10	1726	34413	13977	12324
15	2015. 06. 11	1711	36632	15101	17821
……	……	……	……	……	……

④舆情热度数据归一化处理。本节中原创微博发布量、转发量、评论量、点赞量均为效益型指标，进行无量纲化处理，如表 6-4 所示。

表 6-4　微博舆情热度数据无量纲化

序号	时间	原创微博发布量	转发量	评论量	点赞量
01	2015. 05. 28	0. 047993205	0. 131688996	0. 121426748	0. 038404328
02	2015. 05. 29	0. 137502654	0. 449225207	0. 211381121	0. 143046196
03	2015. 05. 30	0. 352197919	0. 514833217	0. 376325226	0. 645145068
04	2015. 05. 31	1	1	1	1
05	2015. 06. 01	0. 503928647	0. 138034382	0. 226234749	0. 2145243
06	2015. 06. 02	0. 297727755	0. 884078467	0. 561884568	0. 44825341
07	2015. 06. 03	0. 316733914	0. 268023471	0. 417200457	0. 378246899
08	2015. 06. 04	0. 300382247	0. 730117401	0. 594589194	0. 560666134

续表

序号	时间	原创微博发布量	转发量	评论量	点赞量
09	2015. 06. 05	0. 281057549	0. 350354265	0. 400148758	0. 382894591
10	2015. 06. 06	0. 154809938	0. 074838087	0. 121815295	0. 135259461
11	2015. 06. 07	0. 134954343	0. 036128893	0. 071670423	0. 064585969
12	2015. 06. 08	0. 158844765	0. 143564936	0. 211580946	0. 149070197
13	2015. 06. 09	0. 16967509	0. 123934045	0. 194684666	0. 117817385
14	2015. 06. 10	0. 181885751	0. 161107235	0. 154941773	0. 065083558
15	2015. 06. 11	0. 180293056	0. 171498682	0. 167419709	0. 094181916
……	……	……	……	……	……

⑤舆情热度计算。计算得到原创微博发布量、转发量、评论量、点赞量对应的权重(保留小数点后 5 位)：$W_1=0.20364$，$W_2=0.28456$，$W_3=0.23797$，$W_4=0.27383$。计算微博舆情热度，结果如表 6-5 所示。

表 6-5　MERS 微博舆情热度

序号	时间	MERS 微博舆情热度
01	2015. 05. 28	0. 086660857
02	2015. 05. 29	0. 245312423
03	2015. 05. 30	0. 48446897
04	2015. 05. 31	1. 00005
05	2015. 06. 01	0. 254490092
06	2015. 06. 02	0. 568681963
07	2015. 06. 03	0. 343643907
08	2015. 06. 04	0. 56398168
09	2015. 06. 05	0. 357021939
10	2015. 06. 06	0. 118854669
11	2015. 06. 07	0. 072507156
12	2015. 06. 08	0. 164377249
13	2015. 06. 09	0. 148416243

续表

序号	时间	MERS 微博舆情热度
14	2015. 06. 10	0. 137580468
15	2015. 06. 11	0. 151151954
……	……	……

从图 6-10 可以看出，MERS 微博舆情热度的演变具有快速爆发、回落相对缓慢的特点，大致经历了萌动、加速、成熟、衰退四个阶段，基本符合网络舆情生命周期的特点。萌动期(5 月 28—30 日)，公众开始关注该突发传染病事件，舆情热度上升明显，此后，网络舆情热度进入短暂的加速期(5 月 30—31 日)，然后维持在成熟期(6 月 1—5 日)。特别地，在衰退期(6 月 6 日后)前期，出现明显的波动，体现为在 6 月 18 日和 6 月 26 日微博舆情热度剧增，出现两个小高峰，经过分析原创微博原文发现是因为在这两日，“为抢救韩国 MERS 患者广东 15 天花掉逾 800 万元”与“韩国籍 MERS 患者出院”两大话题引起网友广泛关注，致使微博舆情热度上升。

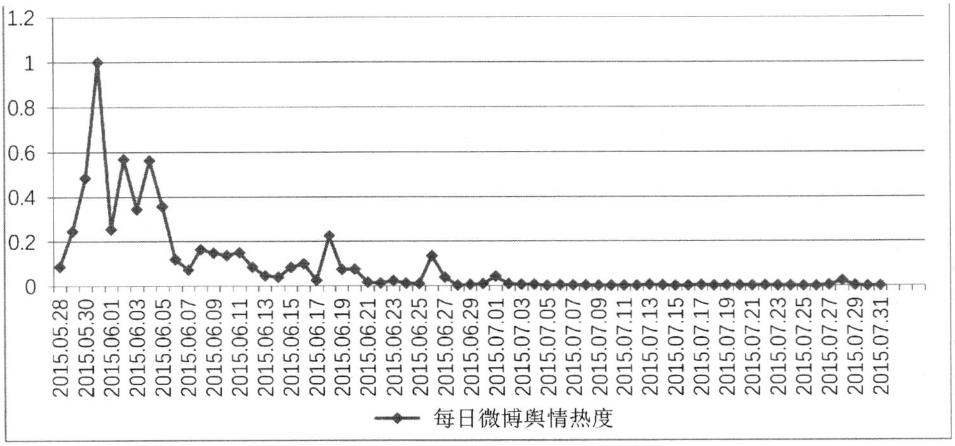

图 6-10 MERS 微博舆情热度曲线

根据公式(6-32)计算 MERS 微博舆情热度趋势值，再由上文关于类别的计算方法，将微博舆情热度趋势值分为 6 类，$C_1=[0.25779052,\ 0.51558103]$，$C_2=[0.12889526,\ 0.25779052]$，$C_3=[0,\ 0.12889526]$，$C_4=[-0.18638998,$

0], C_5 = [-0.37277995, -0.18638998], C_6 = [-0.745559908, -0.37277995], 计算结果如表 6-6 所示。

表 6-6 MERS 微博舆情热度趋势值

序号	时间	MERS 微博舆情热度	MERS 微博舆情热度趋势值	类别	二进制输出
01	2015.05.28	0.086660857	0.158651566	2	010
02	2015.05.29	0.245312423	0.239156547	2	010
03	2015.05.30	0.48446897	0.51558103	1	001
04	2015.05.31	1.00005	-0.745559908	6	110
05	2015.06.01	0.254490092	0.314191871	1	001
06	2015.06.02	0.568681963	-0.225038057	5	101
07	2015.06.03	0.343643907	0.220337773	2	010
08	2015.06.04	0.56398168	-0.20695974	5	101
09	2015.06.05	0.357021939	-0.23816727	5	101
10	2015.06.06	0.118854669	-0.046347513	4	100
11	2015.06.07	0.072507156	0.091870094	3	011
12	2015.06.08	0.164377249	-0.015961007	4	100
13	2015.06.09	0.148416243	-0.010835775	4	100
14	2015.06.10	0.137580468	0.013571487	3	011
15	2015.06.11	0.151151954	-0.066551899	4	100
……	……	……	……	……	……

⑥BP 神经网络参数设置。隐含层和输出层的传递函数均采用双曲正切 S 型函数"tansig"，训练函数采用 Levenberg-Marquardt 反向传播算法训练函数"trainlm"①，训练目标误差为 0.005，学习率为 0.05，最大训练次数设置为 1000。各训练参数设置如表 6-7 所示。

① 陈明. MATLAB 神经网络原理与实例精解 [M]. 北京：清华大学出版社，2013：95.

表 6-7 训练参数设置

N	训练参数	参数值
1	隐含层传递函数	tansig
2	输出层传递函数	tansig
3	训练函数	trainlm
4	性能函数	mse
5	显示间隔时间	net.trainParam.show = 100
6	目标误差	net.trainParam.goal = 0. 005
7	学习率	net.trainParam.lr = 0. 05
8	最大训练次数	net.trainParam.epochs = 1000

⑦突发传染病舆情热度趋势预测。本节将 2015 年 5 月 28 日至 2015 年 7 月 23 日之间的数据作为训练样本。根据隐含层节点数，将 α 进行逐个试验，先设定初始隐含层节点数为 3($\alpha=1$ 时)，然后训练 10 次，去掉最大和次大误差，取剩下 8 个误差的平均值并记录下来，再设置隐含层节点数为 4……一直到取隐含层节点数为 12($\alpha=10$ 时)，得到不同隐含层节点数下网络训练平均误差见图 6-11。

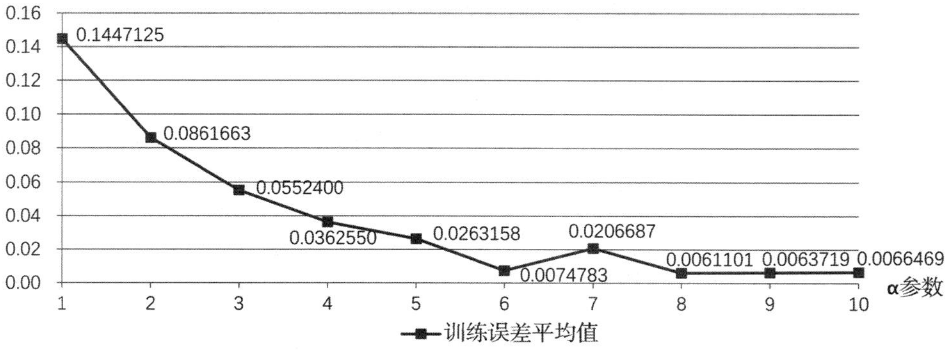

图 6-11 BP 神经网络训练平均误差

从图 6-11 可以看出，随着隐含层个数的增加，训练样本的 mse 平均值基本呈下降趋势。当 $\alpha=8$ 时，即隐含层节点数 $N=10$ 时，网络误差最小。因此，本节所建 BP 神经网络拓扑结构为“4-10-3”，将隐含层为 10 中训练误差较小、预测结果准确率较高的 BP 神经网络结构的参数保存。经过 141 次迭代，达到最小误差值 0. 005848，网络训练提前停止，其训练结果混淆矩阵如图 6-12 所示。

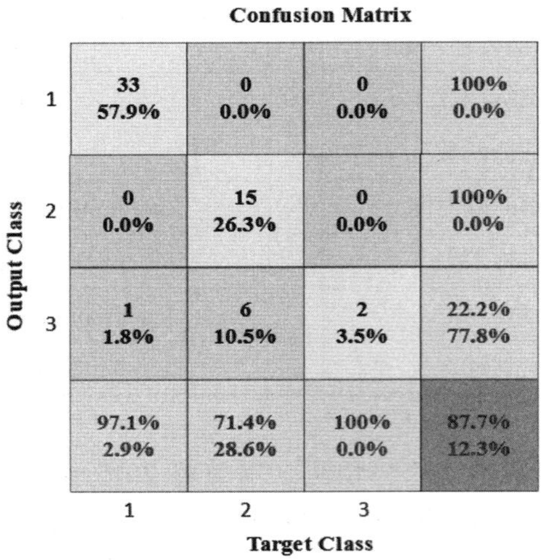

图 6-12　训练结果混淆矩阵

从图 6-12 可知，57 个训练样本的准确率为 87. 7%，说明该模型的训练结果较为理想。基于此，通过训练好的网络预测 2015 年 7 月 24 日至 2015 年 7 月 31 日 MERS 舆情热度趋势值，对应的预测结果如表 6-8 所示。

表 6-8　MERS 微博舆情热度趋势值预测结果

序号	时间	预测值	预测类别
58	2015. 07. 24	011	3
59	2015. 07. 25	011	3
60	2015. 07. 26	011	3
61	2015. 07. 27	011	3
62	2015. 07. 28	100	4
63	2015. 07. 29	100	4
64	2015. 07. 30	011	3
65	2015. 07. 31	100	4

⑧突发传染病舆情热度趋势预测模型的评价。将预测得出的 MERS 微博舆情热度趋势值的类别与实际类别进行误差分析，如表 6-9 所示，模型预测结果的混淆矩阵如图 6-13 所示。

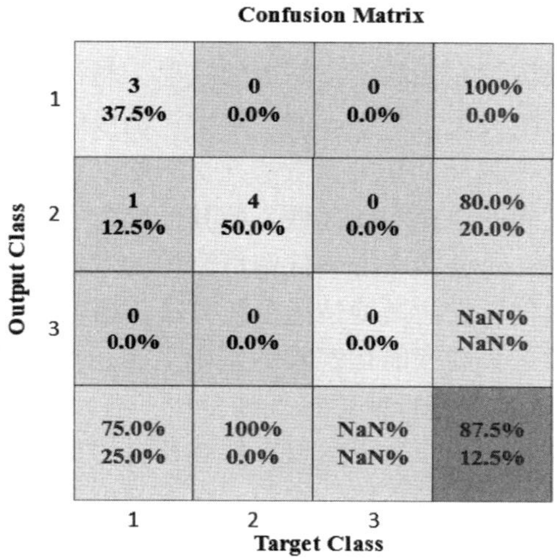

图 6-13 模型预测结果混淆矩阵

表 6-9 微博舆情热度趋势预测模型误差分析

序号	时间	实际类别	预测类别	正确与否
58	2015. 07. 24	4	3	错误
59	2015. 07. 25	3	3	正确
60	2015. 07. 26	3	3	正确
61	2015. 07. 27	3	3	正确
62	2015. 07. 28	4	4	正确
63	2015. 07. 29	4	4	正确
64	2015. 07. 30	3	3	正确
65	2015. 07. 31	4	4	正确

由表 6-9 的误差分析以及图 6-12 的混淆矩阵可以看出，基于 BP 神经网络预测的 MERS 微博舆情热度趋势的类别后 7 个与实际相符，只有第一个类别预测有偏差，准确率达到 87. 5%，预测结果较为理想。说明基于 BP 神经网络模

型的突发传染病舆情热度趋势的预测是可行的。

6.5 面向突发事件管控的微博情感分析

网络舆情是社会舆情在互联网空间中的映射，是社会舆情的直接反映，其形成迅速，对社会影响极大，其中虚假、暴力、消极的网络舆情对社会稳定和公共安全的影响也越来越大。其中，微博社交网络平台作为网络新媒体的主要代表，由于其传播发布的快速和便捷性，使其已成为一种非常重要的社会舆情信息来源和传播途径，是公共安全事件舆情管控的主要对象。基于此，本节探索了三种面向突发事件管控的微博情感分析方法，研究目标和思路是在针对微博舆情数据进行有效采集和智能化管理的基础上，运用相应的机器学习(深度学习)技术对微博舆情数据进行情感挖掘和分析，有效识别还原事件的发展过程，实时把控网民情感状况，减少突发事件对社会的负面影响，相应研究方法对于辅助相关职能部门进行网络舆情管控，在此基础上提供智能决策支持提供有益的参考和借鉴。

6.5.1 基于 LDA 主题识别和 Adaboost 多特征组合的微博情感分析

近年来社会化媒体快速发展，越来越多的网络用户选择在社交网络平台如微博、论坛、购物网站等表达个人意见和情感倾向。微博因其传播速度快、社会影响力大而成为网民信息传播、信息获取的重要渠道①。对于一些群体性的公共事件，网民倾向于在微博上表达自己的看法和意见。这类事件往往持续时间久，关注人数多，在网络用户中影响巨大，人们通过网络传达出的情感形成社会舆论，可能会影响事件的发展，甚至可能影响相关个人或组织的决策②。微博中这些大量碎片式的用户生成信息可以反映事件的演化过程和公众情感的波动情况，在微博中跟踪这些突发事件的讨论话题，对微博评论进行分析，可以还原事件的发展过程，实时把控网民情感状况，减小公共突发事件对社会的负面影响③。因此对微博文本进行情感分析可以辅助政府进行网络舆情监测，

---

① 何跃，朱灿. 基于微博的意见领袖网情感特征分析——以“非法疫苗”事件为例[J]. 数据分析与知识发现，2017，1(9)：65-73.

② 徐健. 基于网络用户情感分析的预测方法研究[J]. 中国图书馆学报，2013，39(3)：96-107.

③ 崔安颀. 微博热点事件的公众情感分析研究[D]. 北京：清华大学，2013.

维持社会稳定。

自然语言处理技术近年来快速发展，越来越多的研究者关注于网络用户的情感分析。自然语言处理技术在用户情感分析上取得了较好效果，但仍有许多不足，现有研究更多从文本、句法结构等角度考虑而忽略了深层语义信息。本节为提取更恰当的微博情感倾向特征和模型，以 2017 年发生的微博热点事件章莹颖案为例，在分析微博评论特点的基础上，用 LDA 文档主题生成模型提取微博文本的深层语义特征，对微博正文进行语义降维，将爬取的微博正文聚合为几类主题，基于此构建微博评论情感分析的主题特征，与情感特征、句式特征等融合，借助 AdaBoost 集成分类方法对微博评论情感倾向进行识别，将 SVM 与朴素贝叶斯方法与其进行性能对比，最后对三种分类器在情感倾向识别任务的性能进行评估。

(1)微博用户情感倾向识别模型和方法设计

本节构建的情感分类模型如图 6-14 所示，包括 4 个步骤：

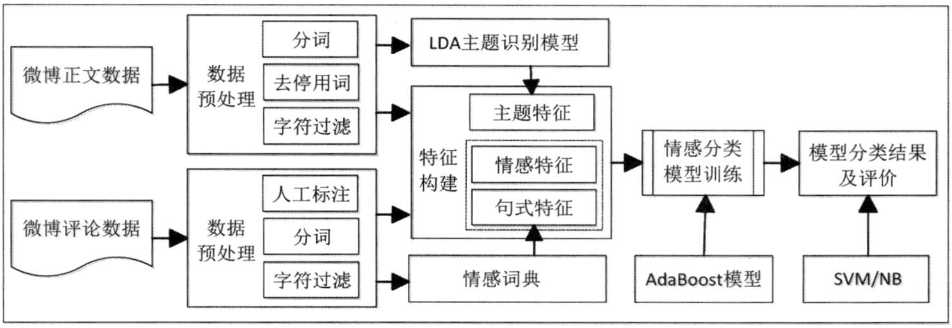

图 6-14　情感倾向识别模型设计

数据采集与预处理，从微博平台获得所需数据，删除无关文本，对正文及评论文本分别进行预处理，包括分词、字符过滤、标注情感倾向等；

利用 LDA 主题模型提取微博文本主题特征；

构建情感词典，提取情感特征与句式特征；

使用 AdaBoost 训练模型，得到分类效果最好的特征组合，最后用支持向量机(SVM)和朴素贝叶斯(NB)为基准分类器评估模型性能。

①数据采集与预处理。通过爬虫软件获取新浪微博平台文本数据。数据预处理过程包括去除无关字符、文本分词、去停用词等。微博内容包含大量“#话题#”、url 以及“@用户”等特殊符号，这些信息中并不包含用户信息，而且

可能成为下一步分词、主题建模以及情感分类工作的噪声，对结果产生负面影响①。因此在进行分词前应过滤掉微博内容中的无关字符。本节通过正则表达式提取文本内容，并使用 Jieba 分词包对微博文本进行分词。为降低无关词干扰，对照停用词表去除文本中没有意义的词。此外，对微博评论数据的情感倾向进行人工标注，将预处理后的数据存放在本地数据库中，进行下一步分析。

②LDA 主题识别模型。潜在狄利克雷分布模型(Latent Dirichlet Allocaion)是 Blei 等在 2003 年提出的文档生成模型②，其在语义挖掘领域得到了广泛应用。LDA 模型是一个多层的贝叶斯网络模型，包含文档、主题、词三层③。其主要思想是将每个文档看作所有主题的一个混合概率分布，将其中的每个主题看作在单词上的一个概率分布。LDA 模型中一条文本生成的过程如下④：

对于文档 d，从 Dirichlet(α)抽样得到$\theta(d)$；

对于主题 z，从 Dirichlet(β)抽样得到$\varphi(z)$；

对于每个单词 wi 及所属主题 zi，从多项式分布θ中抽样得到 $zi=P(zi \mid \theta)$，从多项式分布φ中抽样得到 $wi=P(wi \mid zi, \varphi)$。

以 LDA 模型为代表的主题模型广泛应用于文本挖掘领域的研究中。利用主题建模挖掘出的主题可以帮人们理解海量文本背后隐藏的语义，也可以作为其他文本分析方法的输入，完成文本分类、话题检测、自动摘要等多方面的文本挖掘任务。本节将 LDA 识别的主题类别作为微博用户情感分析的输入。

使用 LDA 主题模型需要确定最优主题数目，本节采用主题相关性 Topic Coherence 指标评价 LDA 建模的主题质量⑤。Topic Coherence 指标通过计算一个主题中高分词语之间的语义相似性得到主题得分，本节用 Mimno 等提出的

---

① 唐晓波，朱娟，杨丰华. 基于情感本体和 kNN 算法的在线评论情感分类研究[J]. 情报理论与实践，2016，39(6)：110-114.

② Blei D M，Ng A Y，Jordan M I. Latent dirichlet allocation[J]. Journal of Machine Learning Research，2003(3)：993-1022.

③ 张培晶，宋蕾. 基于 LDA 的微博文本主题建模方法研究述评[J]. 图书情报工作，2012，56(24)：120-126.

④ 唐晓波，向坤. 基于 LDA 模型和微博热度的热点挖掘[J]. 图书情报工作，2014，58(5)：58-63.

⑤ Stevens K，Kegelmeyer P，Andrzejewski D，et al. Exploring Topic Coherence over Many Models and Many Topics[C]//Proceedings of the 2012 Joint Conference on Empirical Methods in Natural Language Processing and Computational Natural Language Learning，Jeju Island，Korea，2012.

UMass 主题相关性评价方法来评估主题质量①。

$$\text{coherence}(V) = \sum_{(v_i,\ v_j) \in V} \text{score}(v_i,\ v_j,\ \in) \tag{6-47}$$

V 是描述某个主题的词语集合，$\in$ 是一个平滑因子以确保返回的得分是一个实数。

$$\text{score}(v_i,\ v_j,\ \in) = \log \frac{D(v_i,\ v_j) + \in}{D(v_j)} \tag{6-48}$$

公式(6-48)是 UMass 度量标准的分数计算方法，其中 $D(v_i,\ v_j)$ 指包含词语 v_i 和 v_j 的微博正文数量，$D(v_j)$ 表示包含词语 v_j 的微博正文数量。本节用 Topic Coherence 得分确定最合适的主题数量。

③基于 AdaBoost 的情感分类特征选择以及词典构建。特征选择是使用 AdaBoost 分类器实现分类的重要环节，分类结果的准确程度很大程度上依赖于特征选择的合理性。本节选择的特征包括主题特征、情感特征、句式特征。

心理学相关研究提出情感感染理论，认为人们会自动模仿和合并他人的语言、非语言信息，因此情感觉察者会融入情感传递者的情感②。Facebook 的一项用户研究表明，快乐和悲伤的情感在社交网络上能更持久地传播。一条热点事件微博往往有成千上万条评论，这些评论会影响后来的信息接收者的情感。因此本节认为同一个主题下的评论会具有相似的情感状态，进而提出将微博文本的主题作为情感分类的特征变量输入。

情感特征用情感词来衡量，情感词指能明显表现积极或消极态度的词语，情感词的使用最能直接反应用户的情感状态③。在情感词典的构建中，本节主要参考 HowNet 整理的情感词典。在 HowNet 词典中，情感词被整合在正面/负面情感词语、正面/负面评价词语等 4 个文档中。但由于近年来网络词语发展迅速，产生了大量新词汇，为提高文本分析的准确率，对中文版 HowNet 词库进行更新，原始词库共计正向情感词 4566 个，负向情感词 4370 个，本节过滤

---

① Mimno D, Wallach H M, Talley E, et al. Opitimizing Semantic Coherence in Topic Models [C]//Proceedings of Conference on Emperical Methods in Natural Language Processing, 2011: 262-272.

② Blei D M, Ng A Y, Jordan M I. Latent dirichlet allocation [J]. Journal of Machine Learning Research, 2003(3): 993-1022.

③ Freund Y, Schipare R E. A Decision-Theoretic Generalization of On-line Learning and an Application to Boosting [C]//Proceedings of the 2nd European Conference on Computational Learning Theory, 1995: 23-37.

其中情感倾向不明显的词语，人工补充添加一些网络新词，合并词典中的情感词和评价词，最后共有 4493 个正面情感词，4256 个负面情感词。部分新添加的情感词如表 6-10 所示。

表 6-10　添加的部分情感词

类别	示　　例
正向情感词	赞、骄傲、厉害、膜拜、大神
负向情感词	喷、辣鸡、垃圾、脑残、差评、炒作、屌丝、键盘侠、细思极恐

句式特征中包含了否定词和转折词，否定词的使用能够表达用户的主观态度，并且可能改变整个语句的情感倾向，比如“她的家人不知道怎么样了，一点儿都不人性化，别跟我提什么不交代没法定罪”，否定词的连续使用致使整个句子情感倾向呈负向。本节收集了一些常用的否定词来辅助文本的情感倾向分析，表 6-11 中列出了部分否定词。复合句间的关联词语包括递进连词、并列连词、转折连词等，递进连词和并列连词不会改变语句的情感倾向，但转折连词的出现能够明显改变句子的情感倾向。比如“尽管不符合逻辑，但仍然希望她还活着”。因为转折词的出现，该文本情感倾向可以归类为正向。因此转折词在整个语句情感倾向的判断中起着至关重要的作用。表 6-12 列出了部分转折词。否定词共计 255 个，转折词共计 17 个。

表 6-11　部分否定词表

不	勿	非	没	未	无
休	甭	不该	不好	没有	绝非

表 6-12　部分转折词表

但	但是	然而	却	可是	不料
不过	偏偏	否则	毕竟	可惜	只是

综上所述，本节选择主题、情感、句式等特征为特征输入变量训练模型，表 6-13 阐释了特征表示以及计量方法。

表 6-13 构建模型选择的特征类型及含义

特征类型	特征表示	含义	特征度量
主题特征	主题类别	该条评论所属主题类别	topic=i，(i=0，1，2，…)
情感特征	正向情感词	一条评论中包含正向情感词个数	pos=n，(n=0，1，2，…)
	负向情感词	一条评论中包含负向情感词个数	neg=n，(n=0，1，2，…)
句式特征	否定词	一条评论中包含否定词数量	nw= n，(n=0，1，2，…)
	转折词	一条评论中包含转折词数量	adv=n，(n=0，1，2，…)

④基于 AdaBoost 的情感分类模型训练与评估。AdaBoost 分类算法由 Freund 和 Schipare 提出①，是集成算法 Boosting 中最优秀的一种，有坚实的理论基础，因为其泛化错误率低，性能稳健等优势在实践中得到了很好的推广和应用②。算法将多个弱分类器结合，可获得比单一学习器显著优越的泛化性能。其核心思想是针对同一个训练集训练多个分类器，然后将这些弱分类器集合起来，最终得到一个高性能的强分类器，如公式(6-49)所示。

$$H(x) = \mathrm{sign}\left(\sum_{t=1}^{T} \alpha_t h_t(x)\right) \tag{6-49}$$

其中，T 为基学习器数量，α_t 为第 t 个弱分类器的权重，h_t 为进行训练的弱分类器。

在用户情感分类模型中，以决策树作为 AdaBoost 的基学习器，将标注后的微博评论数据作为初始训练集训练 T 个基学习器，根据基学习器的表现对训练样本分布进行调整，分类错误的样本加大其对应的权重，降低正确分类样本的权重，得到新的样本分布，将修改权值的样本分布送给下层分类器进行训练。重复进行，直到基学习器数目达到事先指定的 T 值，得到 T 个弱分类器，最后将这 T 个弱分类器按相应权重融合(Boost)起来，作为最后的决策分类器。以支持向量机和朴素贝叶斯方法为基准分类器进行对比实验，评估模型分类

① 曹莹，苗启广，刘家辰，等. AdaBoost 算法研究进展与展望[J]. 自动化学报，2013，39(6)：745-758.

② Yin P，Wang H，Guo K. Feature-opinion pair identification of product reviews in chinese：A domain ontology modeling method [J]. New Review of Hypermedia and Multimedia，2013，19(1)：3-24.

效果。

(2)实验结果及分析

以北京大学留学生章莹颖在美国失踪案为例，该事件持续时间长，多次登上微博热搜，引起了国内网民的广泛关注。数据爬取过程及预处理分为两个阶段：

第一阶段以“章莹颖案”为关键词爬取2017-06-11到2017-11-06的热点微博共计688条，数据包括微博内容、发布机构、发布时间、点赞数、转发数等，预处理过程包括对微博文本去除无关字符、进行文本分词、去停用词，主要用来提取主题特征；

第二阶段为对热点微博进行LDA建模后根据选择的微博主题爬取对应的微博评论，获得2400条评论数据，包括评论内容、评论人、评论人数等。在筛选删除原始数据中的缺失、冗余、无关数据后，最终得到1426条评论数据，本节对评论数据的预处理包括人工标记情感倾向，过滤无关字符串，文本分词，对评论中的情感词、否定词、转折词等对照情感词典进行计数。

实验语料如表6-14所示。

表6-14 实验语料统计结果

主题	Topic_1	Topic_2	Topic_3	Topic_4	Topic_5	Topic_6	合计
正向	158	68	36	169	44	20	495
负向	99	157	217	70	181	207	931
合计	257	225	253	239	225	227	1426

①主题特征提取。依据公式(6-49)计算出主题个数在2~30区间内主题相关性(Topic Coherence)的值，实验结果如图6-15所示，横轴表示主题个数，纵轴表示TopicCoherence值。可以看出，随着主题个数的增加，TopicCoherence值逐渐减小且趋于稳定。但主题数越多，LDA模型计算代价越大，也容易过拟合①。在主题个数为18时，产生一个局部极小值，因此综合TopicCoherence值和主题数量，本节选择18作为LDA模型的主题参数值。

① 张志飞，苗夺谦，高灿. 基于LDA主题模型的短文本分类方法[J]. 计算机应用，2013，33(6)：1587-1590.

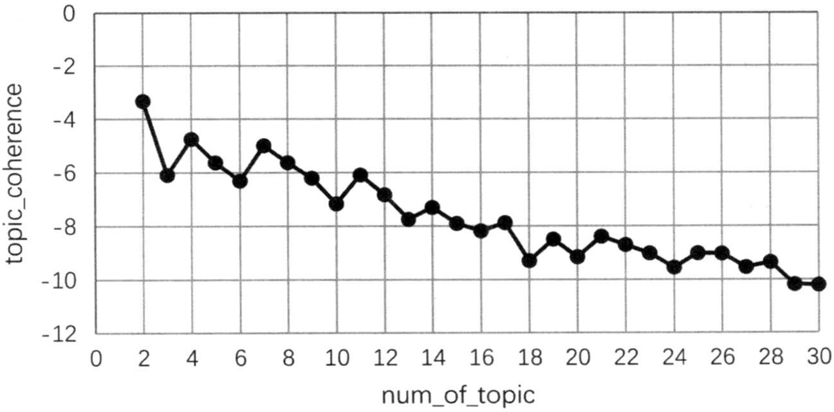

图 6-15 主题数-主题相关性

确定主题个数后，将预处理后的微博正文数据集用于 LDA 模型训练，利用 LDA 模型训练得到 18 个主题，在 18 个主题中选择意义明确、容易解释且处于事件不同阶段的 6 个主题用于下一步的情感分析。这 6 个主题选取概率值最高的前 6 个词表示，如表 6-15 所示。

表 6-15 LDA 提取的主题词分布

主题	Topic_ 1	Topic_ 2	Topic_ 3	Topic_ 4	Topic_ 5	Topic_ 6
主题词	交流 0.0300 失联 0.0244 厄巴纳 0.0201 签 0.0193 租房 0.0192 硕士 0.0180	小镇 0.0367 塞勒姆 0.0360 女孩 0.0314 此前 0.0139 伊利诺伊州 0.0139 曾见 0.0138	联邦调查局 0.0548 死亡 0.0476 一名 0.0473 男子 0.0428 逮捕 0.0412 涉嫌 0.0393	警察 0.0418 模糊 0.0413 震惊 0.0398 画像 0.0396 林宇辉 0.0318 手绘 0.0237	网站 0.0190 疑犯 0.0182 变态 0.0165 潜入 0.0137 呼吁 0.0127 会员 0.0119	捐款 0.0503 家人 0.0305 质疑 0.0265 回应 0.0223 用法 0.0194 用于 0.0166
主题含义	事件发生背景	受害人出现地点	嫌犯逮捕	手绘嫌犯画像	变态网站	回应捐款质疑

这些主题词能较清晰地反映微博主题，在这6个特定主题下，可以找到能反映主题的相关微博。选取相应的微博正文并抓取其微博评论，选择的部分微博文本如表6-16所示。

表6-16 选择的微博文本示例

主题	微博文本
Topic_1(事件发生背景)	【急转！北大女硕士赴美国交流时失联，目前已超50小时】章莹颖，女，25岁，中大本科、北大硕士、中科院助理研究员，于今年4月前往美国UIUC伊利诺伊大学厄巴纳-香槟分校交流。当地时间9日，小章外出签租房合同时失联，目前已报警
Topic_2(受害人出现地点)	在一个名为塞勒姆(Salem)的小镇，多名目击者声称在这里看到过章莹颖。塞勒姆镇位于章莹颖失踪地点伊利诺伊大学香槟分校西南约200公里。章莹颖的家人在Salem当地沿街走访，有7个人分别向家人证实了他们曾见过章莹颖
Topic_3(嫌犯逮捕)	美国联邦调查局已经逮捕一名涉嫌绑架中国访问学者章莹颖的27岁男子。联邦调查局表示，相信章莹颖已经死亡
Topic_4(手绘嫌犯画像)	6月23日，中国警察林宇辉根据非常模糊的监控画面，手绘出“章莹颖失踪案”嫌犯，逼真程度震惊美国警方。7月1日，嫌疑人已被美国警方抓获
Topic_5(变态网站)	【记者潜入“全球第一变态网”提章莹颖被封号】近日，#北大女硕士在美失联#案引发国内外广泛关注，此案中，一个涉嫌教唆疑犯进行绑架的变态网站也引起了大家注意。据悉，此网站有500多万名会员，多名会员从网站学到“技术”后犯下重罪，记者潜入网站，发帖问章莹颖案就被“踢出”
Topic_6(回应捐款质疑)	【章莹颖家属已募得14万美元，款项用途悄然变更遭质疑】章莹颖在美失踪70多天，当地时间22日下午举行的新闻发布会上，介绍了章家人几天前向特朗普提交的请愿信内容，以及募集到的14.4万美元捐款主要用途及使用情况说明。但有不少捐款网友留言对筹款上限一再提高表示了质疑

②多特征的 AdaBoost 模型。为研究各特征变量对情感分类效果的影响，本节选择不同的特征组合构造模型并用 AdaBoost 算法进行训练和测试，由此选出最好的特征项组合方式。模型 1 包含主题特征，模型 2 包括情感特征，模型 3 为主题特征和情感特征的组合，模型 4 包含情感特征和句式特征，模型 5 包括主题特征、情感特征和句式特征，如表 6-17 所示。将 1426 条评论数据以 7∶3 的比例分为训练集和测试集，然后用相关指标评价分类结果。

表 6-17 模型-特征变量

模型	主题特征	情感特征	句式特征
1	√		
2		√	
3	√	√	
4		√	√
5	√	√	√

评价二分类模型性能的常用指标为正确率 P(Precision)、召回率 R(Recall)、F1 值以及 AUC 值。Precision 指模型对关注类的正确分类的文本数占测试集该类实际文本数的比例，Recall 指关注类的正确分类文本数占测试集中分到该类的文本数量的比例。F1 值是一个综合度量指标，是准确率和召回率的调和平均值，AUC 为 ROC 曲线下的面积。F1 和 AUC 值越高，分类器分类效果越好。AdaBoost 模型不同特征组合实验结果如表 6-18 所示。

表 6-18 AdaBoost 模型不同特征组合实验结果

模型	Precision	Recall	F1-score	AUC
1	74.808%	75.248%	66.667%	0.752
2	81.887%	78.150%	71.146%	0.781
3	84.512%	83.160%	77.778%	0.832
4	84.283%	78.651%	72.131%	0.787
5	83.313%	82.282%	76.471%	0.823

从表6-18可以看出在5个模型中，模型3在准确率、召回率、F值以及AUC值均有最好的结果。说明主题特征在用户情感倾向分类的判别中起到正向作用。句式特征，即句中转折词、否定词的加入对情感分类效果与仅使用情感词相比有少量提升，与模型3中使用情感特征和主题特征相比，句式特征的加入甚至对结果有负向干扰作用。句式特征效果不好的原因可能有两个：其一，用出现次数来统计否定词、转折词的方法不够合理；其二，原始数据中句式特征出现大量空值，对实验结果产生影响。

③AdaBoost算法分类性能比较。为评估AdaBoost在情感倾向识别问题中的性能，选择支持向量机(Support Vector Machine)和朴素贝叶斯(Naïve Bayes)分类算法为基准分类器，进行性能比较，绘制ROC曲线并计算AUC值以评估模型分类效果。将模型3包含的特征，即主题特征和情感特征变量作为三种分类算法的输入特征变量。利用十折交叉验证法将样本数据分为10份，对每份数据计算AUC值，对10次计算的结果取平均值，绘制平均ROC曲线。支持向量机属于非概率分类器，通过构造一个超平面来实现良好的分类划界，在解决小样本、非线性及高维模式识别问题中表现出许多特有的优势①，本节使用基于线性核函数的SVM进行模型训练。朴素贝叶斯算法实现容易且速度较快，适合处理大规模数据②。模型训练结果如图6-16所示。

图6-16横轴表示假正例率(False Positive Rate，FPR)，表示将样本中反例被判别为正例的概率，纵轴表示真正例率(True Positive Rate，TPR)，表示样本中正例被模型识别为正例的概率，ROC曲线即在一系列不同阈值下计算对应的FPR和TPR值③。ROC曲线可平衡准确率和召回率，是实验准确性的综合代表。ROC曲线下的面积即为AUC值，AUC值在0.7到0.9之间表示实验准确性高。图6-16中AdaBoost模型的AUC值达到0.82，说明预测效果良好，而支持向量机和朴素贝叶斯方法得到的AUC值分别为0.65和0.68，说明在本实验中分类效果较差。综上所述，AdaBoost在以主题和情感词为特征变量输入时的微博用户情感倾向分类中有较好表现，能够较为准确地识别用户情感倾向。

---

① 王义真，郑啸，后盾，等.基于SVM的高维混合特征短文本情感分类[J].计算机技术与发展，2018，28(2)：88-93.

② 贺鸣，孙建军，成颖.基于朴素贝叶斯的文本分类研究综述[J].情报科学，2016，34(7)：147-154.

③ 周志华.机器学习[M].北京：清华大学出版社，2016.

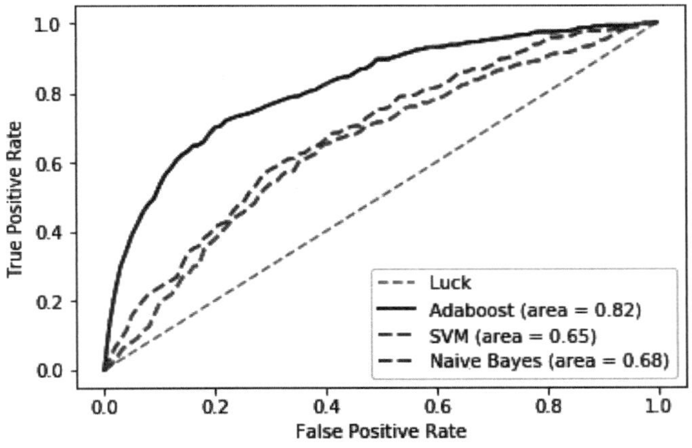

图 6-16 ROC 曲线

6.5.2 融合演化特征的微博情感分析

快速发展的互联网及不断加深的自媒体应用服务，为舆情传播提供了载体和平台，微博如今已成为公众自由传递信息、表达情感观点以及诉求的重要途径。不难发现，用户情感的表达不仅影响信息传播的广度及深度，还会迅速感染其他用户的情绪从而促进网络舆论的爆发。近年来，公共安全事件爆出后，其发展及演进受网络舆情的影响越来越大，特别是事关公众人身安全的破坏性事件，例如 2017 年 11 月爆出的红黄蓝幼儿园涉嫌虐童事件，已在微博上产生了近 9 亿条数据。由于此类事件的信息不对称造成舆论不断发酵，在某种程度上引起了不小的社会恐慌，并对政府公信力有一定影响，目前已受到政府或企业等组织管控部门的广泛关注。

在公共安全事件相关网络舆情传播的生命周期中，往往存在着不同潜在主题①。网民在事件发生的同一时间段或同一主题下所表达的情感存在一定的协同性与规律性。根据此类事件自身演化特点，结合时序特征与潜在主题特征进行深度情感挖掘，有利于更精确地协助各需求部门施行形势研判、战略引导、预警与决策机制。然而目前情感分析研究多专注于浅层文本特征、情感特征，少有针对公共安全领域提取个性化、领域化特征的研究，情感分析的精确度与

① 敦欣卉，张云秋，杨铠西. 基于微博的细粒度情感分析[J]. 数据分析与知识发现，2017，1(7)：61-72.

稳定性还有待提升。此外，基于 XGBoost 适用于微博短文本中低维特征空间情感分析的特点，本节拟使用 LDA 与 XGBoost 构建微博舆情情感分析模型，以红黄蓝幼儿园涉嫌虐童事件为例，融合深层演化特征、情感特征以及浅层文本特征构建多层次特征，使用集成分类器 XGBoost 进行情感极性识别，最后选取 SVM、随机森林这两类数据挖掘算法为对照组，评估 XGBoost 在情感识别中的有效性。

(1)公共安全事件微博情感分析集成模型

本研究以公共安全事件为例，构建公共安全事件微博情感分析集成模型如图 6-17 所示，主要包括数据获取与预处理、特征提取与选择、集成情感分析模型构建及评估三个模块。首先从微博平台爬取相关语料集，对其进行筛选、清洗、分词等预处理。然后分别通过公共安全领域化情感词典提取情感特征，python 软件进行标注提取词性特征，爬虫软件获取微博语料发表时间特征，LDA 主题模型提取潜在主题特征。通过不同层次特征的组合实验选取情感分析精度最高的特征组合，最后结合人工标注的情感倾向性构建 XGBoost 集成分类模型，并以 SVM、RF 为对照组进行模型评估。

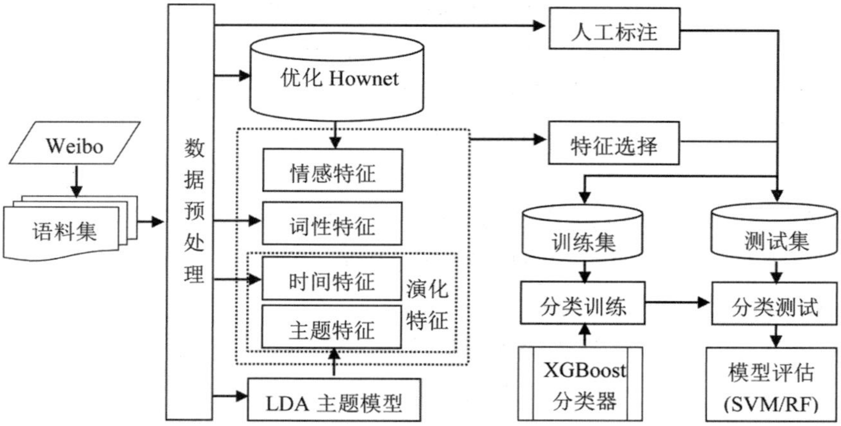

图 6-17 面向公共安全事件网络舆情情感分析集成模型

①数据获取与预处理。本研究利用爬虫软件爬取某一公共安全事件微博文本及相关数据集合 S0，为了提高微博情感分类性能，筛选出无重复有效语料集合 S1，剔除 S1 中的噪声信息如停用词、HTTP 链接、@ 用户 ID、hashtag 等，并进行分词等预处理，最后对 S1 情感倾向性进行人工标注得到矩阵 Wb。

②融合演化特征的多层次特征组合。特征选择对情感分类结果影响重大，本研究中多层次特征主要包含情感特征、词性特征、演化特征。词性特征提取后将其扩展为多维向量，再融合情感特征以及深层演化特征中的潜在主题与发布时间构成向量空间，形成更有效的融合特征模板。以下详细展示各特征提取与实现：

①词性特征。由于微博文本140字符限制，微博语句句法结构严重缺失，本节将词语作为最小单元，对词性特征进行提取。通过分析发现，语料存在大量公共安全相关动词、形容词、名词。其中动词例如：发声、造谣等；形容词例如：深刻、放心等；名词例如：幼儿园、法律等。本研究结合公共安全事件微博语料表达特点，选取语料中的动词、形容词、名词作为微博文本的浅层文本词性特征，以弥补句子结构特征的稀疏，通过 Python 语言可实现提取。

②情感特征。大部分情感分析任务使用通用基础情感词典就能满足需求。但是，特定领域的情感分析任务的解决，涉及情感分析的准确性、适用性以及权威性的提高，就需要对通用基础情感词典进行补充和完善。本研究以知网 Hownet 中文情感词典为基础，结合红黄蓝幼儿园涉嫌虐童事件微博语料作为语境，分别对褒贬义词典、程度副词词典、标点符号词典、连词词典以及否定词词典进行了相应人工补充，以提升其时效性和适用性。

此外，标点对语料情感倾向性及其情感强度影响较大，例如："红黄蓝事件就这么销声匿迹了"，用"！""？""～"修饰其表达分别是愤慨、质疑以及愉悦，并且情感强度有所变化。因此本节根据情感语境构建了标点符号词典，最终情感词典规模、样例及其权重如表6-19所示。

表6-19 修改后情感词典详情

词典资源类型	规模(个)	样例(权重)
褒义词典(Pos)	5490	发声(1)、正能量(1)、顶顶顶(2)
贬义词典(Neg)	6032	蓝瘦香菇(1)、打脸(1)、黑(2)、呵呵(3)
程度副词词典(Adv)	121	及其(2)、非常(1.75)、较为(1.5)
标点符号词典(Pun)	22	！(2)？(1.5)、～(1.2)
连词词典(Conj)	31	总之(3)、然而(2)、但(2)、就是(1.5)
否定词典(Denial)	71	木有、白、甭、从未、难以

本研究通过改进之后的情感词典获取语料有效信息，结合情感倾向性强度计算公式即可抽取每条微博文本情感倾向性综合得分 S，情感强度计算公式如公式(6-50)所示。例如："红黄蓝，合一起就是黑!"中，连词 Conj"就是"权值为 1.5，无程度副词 Adv，标点符号 Pun"!"权值为 2，无否定词 Denial，贬义词 Neg "黑"权值为 2，最终情感倾向性权值为 1.5 * 2 * (0-2) = -6；如"最起码红黄蓝事件她发声了、正能量"分句数 i = 2，分句 1 中褒义词 Pos"发声"权值为 1，分句 2 中"正能量"权值为 1，即最终情感倾向性权值为 (1-0)+(1-0) = 2。

$$S = \sum_{i=1}^{n} \text{Conj} * \text{Adv} * \text{Pun} * (-\text{Denial}) * (\text{Pos} - \text{Neg}) \tag{6-50}$$

③演化特征。本研究中演化特征包含主题特征与时间特征，可分别通过 LDA 主题模型与爬虫软件实现提取。其中，LDA 主题模型具有优秀的降维能力和扎实的概率理论基础，使其在短文本主题挖掘中具有很大的潜力①。大量研究证实 LDA 主题抽取的效果与潜在主题数目 K 值有直接关系，主题抽取的结果对 K 值非常敏感，本节使用 Perplexity 困惑度指标确定最优潜在主题数 K，困惑度最早由 Blei 等作为评价模型好坏的标准,，困惑度越低，话题拟合性越好②。困惑度计算如公式(6-51)(6-52)所示。

$$\text{perplexity}(D) = \exp\left(- \frac{\sum_{d=1}^{M} \log(P(w)_d)}{\sum_{d=1}^{M} N_d} \right) \tag{6-51}$$

$$p(w) = p(z \mid d) * p(w \mid z) \tag{6-52}$$

其中，M 为文本数，N_d为文本 W 的长度(即单词个数)，$p(w)$指的是测试集中每个单词出现的概率，$p(z \mid d)$表示的是一个文档中每个主题出现的概率，即 LDA 模型生成的. theta 文件，本节主题特征抽取即通过此文件实现。$p(w \mid z)$表示的是词典中的每一个单词在某个主题下出现的概率。

综上，本节选取的三大特征、特征内容及其描述如表 6-20 所示。本研究将每一个浅层词性信息扩展为多维向量，融合深层演化特征等构成向量空间，最后通过 XGBoost 集成分类模型实验，以 Auc 值为评估标准，评估每个特征的

---

① 陈晓美，高铖，关心惠. 网络舆情观点提取的 LDA 主题模型方法[J]. 图书情报工作，2015，59(21)：21-26.

② Blei D M，Ng A Y，Jordan M I. Latent dirichlet allocation[J]. Journal of Machine Learning Research，2003，3(Jan.)：993-1022.

贡献度并确定最优特征组合。

表 6-20 情感倾向性分析特征及描述

特征序号	特征类型	特征内容	描述
1	词性特征	动词个数	该条微博所含动词个数
		形容词个数	该条微博所含形容词个数
		名词个数	该条微博所含名词个数
2	情感特征	情感词典加权评分	综合该条微博正负情感词、程度副词、否定词、连词与标点的加权情感分值
3	演化特征	主题类别编号	该条微博所属主题类别
		时间编号	该条微博发表距事件发生天数(2017 年 11 月 23 日为编号 1)

(2)集成情感分析模型构建与评估

公共安全事件情感分析较一般领域而言，需要有更高的准确性和稳定性用以辅助决策。因此，本节拟选用 XGBoost——一种基于梯度 Boosting① 的集成学习算法进行情感分类，目前被广泛用于图像识别②、商业营销预测③、电子商务商品推荐④等方面。鉴于其具有高准确度和可扩展性的特点，本节将其应用到微博情感分析研究中提出集成情感分析模型。其中 XGBoost 算法步骤可表述如下：

① 目标函数

$$\zeta(\phi) = \sum_i l(\hat{y}_i,\ y_i) + \sum_k \Omega(f_k) \text{where} \Omega(f) = \gamma T + \frac{1}{2}\lambda \mid w \mid^2 \quad (6\text{-}53)$$

---

① Gómez-Ríos A, Luengo J, Herrera F. A Study on the Noise Label Influence in Boosting Algorithms: AdaBoost, GBM and XGBoost[C]// International Conference on Hybrid Artificial Intelligence Systems. Springer, Cham, 2017: 268-280.

② 杨灿. 基于 XGBoost 的遥感图像中道路网络的提取[J]. 微型机与应用, 2017, 36(24): 28-31.

③ 徐彬心. 基于优化的 XGBoost 模型的商业银行电话营销效果分析[D]. 兰州: 兰州大学, 2017.

④ 张昊, 纪宏超, 张红宇. XGBoost 算法在电子商务商品推荐中的应用[J]. 物联网技术, 2017, 7(2): 102-104.

② 训练目标函数

$$\zeta(t)=\sum_{i=1}^{n} l(y_i,\ \hat{y}^{(t-1)}+f_t(x_i))+\Omega(f_t) \tag{6-54}$$

③ 目标函数泰勒二阶展开并移除常数项

$$\zeta(t)\cong\sum_{i=1}^{n}(l(y_i,\ \hat{y}^{(t-1)}+g_i f_t(x_i))+\frac{1}{2}h_i f_t^2(x_i))+\Omega(f_t)$$

$$\text{where}\quad g_i=\delta_{\hat{y}^{(t-1)}}l(y_i,\ \hat{y}^{(t-1)})\quad\text{and}\quad h_i=\delta^2_{\hat{y}^{(t-1)}}l(y_i,\ \hat{y}^{(t-1)}) \tag{6-55}$$

$$\hat{\zeta}^{(t)}=\sum_{i=1}^{n}(l((g_i f_t(x_i))+g_i f_t(x_i))+\frac{1}{2}h_i f_t^2(x_i))+\Omega(f_t) \tag{6-56}$$

④　求出目标函数最优解

$$\tilde{\zeta}^{(t)}(q)=-\frac{1}{2}\sum_{j=1}^{T}\frac{\left(\sum_{i\in g_i}g_i\right)^2}{\sum_{i\in I_j}h_j+\lambda}+\gamma T \tag{6-57}$$

在微博情感集成分析模型中，以CART分类树作为XGBoost的基学习器，如公式(6-53)所示，k为CART分类树数量，将微博语料的标注及其特征作为数据集训练k个基学习器，第i个基学习器都是着重对前$i-1$个基学习器的残差(与预测值与标注值的差值)进行学习，并运用贪心算法获取最优切分点进行t次迭代减小残差以得到最优拟合。XGBoost通过正则化控制模型复杂度、防止过拟合，并内置交叉检验，由此得到的第k个基学习器即为最终决策分类器。

从上述步骤可知，XGBoost在优化目标函数的同时做了预剪枝，考虑了训练数据为稀疏值的情况，即本研究中某特征对微博情感识别的偏离性影响，使情感预测预测结果更准确。最后，本节以支持向量机与随机森林两种方法作为基准分类器对比实验结果，评估模型分类效果。

(3)实验结果及分析

本节以较具代表性且影响广泛的公共安全事件——红黄蓝幼儿园涉嫌虐童事件为例，利用火车头LocoySpiderV9.6网络爬虫软件爬取2017.11.23—2017.12.31以“红黄蓝事件”为关键词搜索的相关新浪微博数据，获得微博语料共计3188条，数据包括发布ID、发布时间等。经过筛选和过滤，删除重复和客观性无效评论后，最终得到2313条微博数据，使用布尔值对此数据微博内容的情感倾向性进行人工标注，得到正性语料1056条，负性语料1256条。最后使用python语言的jieba依赖库对微博文本进行分词，对照哈工大停用词表去停用词以及去除微博文本特有@ID、HTTP链接等噪声。

①情感词典评估。本研究针对选取案例环境，对知网hownet情感词典进

行了扩充及修改，以提升情感词典的领域针对性。情感词典评估实验以情感倾向性权值为特征，基于 XGBoost 进行，评估结果如表 6-21 所示，正性、负性语料在精确率、召回率与 F1 值指标中，改进后情感词典识别效果均优于原情感词典。其中准确率提升了 9.1%。

表 6-21 情感词典评估

实验组	情感词典	类别	Precision	Recall	F1	Accuracy
1	知网 hownet 情感词典	正性	0.66	0.68	0.67	0.716
		负性	0.76	0.74	0.75	
2	改进后情感词典	正性	0.75	0.83	0.78	0.805
		负性	0.86	0.79	0.82	

②主题特征与时间特征分析。本研究 LDA 主题模型超参数取值为 $\alpha=50/K$，$\beta=0.01$，设置 Gibbs Sampling 抽样的迭代次数为 1000，每个主题下词语个数为 20。本节使用 Perplexity 困惑度指标确定最优主题数 K，困惑度如公式(6-51)(6-52)所示，通过 matplotlib 绘制 $K\in[2, 20]$、间隔为 1 条件下困惑度曲线如图 6-18 所示，$K\in[10, 90]$、间隔为 10 条件下困惑度曲线如图 6-19 所示。图 6-18 中，困惑度曲线呈下降趋势，$K=11$ 之后趋近平缓，$K=16$ 处困惑

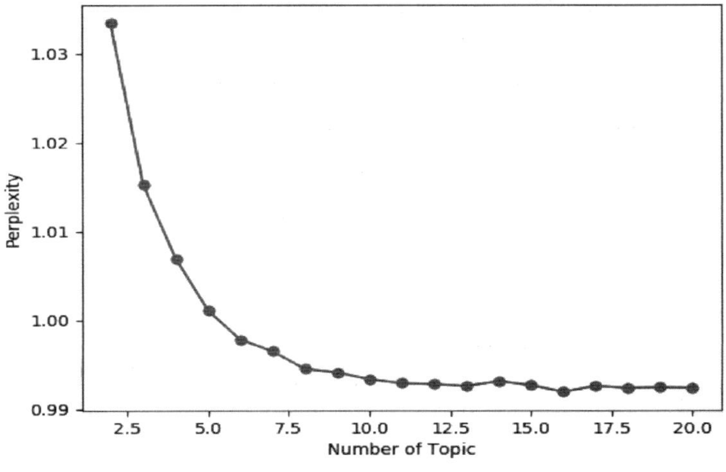

图 6-18 $K\in[2, 20]$间隔为 1 条件下 LDA 主题聚类模型的困惑

度取得最小值 *0. 99192*。图 6-19 中，$K\in[10,\ 20]$，困惑度整体呈下降趋势；$K\in[20,\ 90]$，困惑度呈上升趋势。综上，选取最优主题数 $K=16$ 进行之后的主题特征提取、特征组合评估实验与模型评估实验。

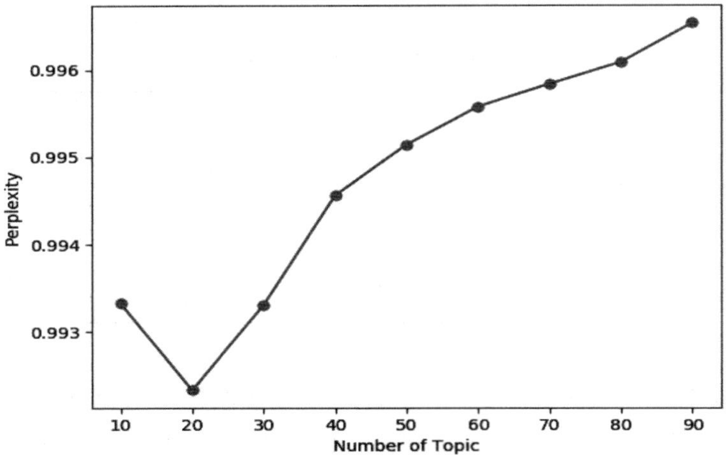

图 6-19 $K\in[10,\ 90]$间隔为 10 条件下 LDA 主题聚类模型的困惑度

本节从 16 个主题中随机选取 6 个主题进行特征词及演化差异展示。最终迭代得到主题和特征词概率如表 6-22 所示。主题识别的实验结果中基本可看出微博网民较关注的部分主题，例如：Topic1 主要是与选取案例相关的事件；topic4 主要是警方通报调查结果，证实家长造谣；Topic5 主要是《熔炉》《素媛》等相关电影引发大众对善良美好的希冀。通过实验数据的解析，表明该 LDA 主题模型中主题与主题之间存在显著性水平差异，通过关键词可较好表示主题。每个主题正负性情感微博占比如图 6-20 所示，每个主题中正负性情感差异显著，存在一定的规律性。如 Topic3 的正性微博仅有 21. 4%，Topic5 正性微博占比则达到 66. 8%。

表 6-22 主题类簇下的特征词分布

Topic1	Topic2	Topic3	Topic4	Topic5	Topic6
社会 0. 0173	孩子 0. 0656	媒体 0. 0293	造谣 0. 0241	世界 0. 0325	热搜 0. 0337
世界 0. 0146	幼儿园 0. 0271	事情 0. 0116	家长 0. 0211	电影 0. 0199	猥亵 0. 0120

续表

Topic1	Topic2	Topic3	Topic4	Topic5	Topic6
江歌 0.0140	教育 0.0183	调查 0.011	幼儿 0.0197	希望 0.0183	微博 0.0117
发生 0.0136	家长 0.0173	真相 0.0095	视频 0.0171	熔炉 0.0177	希望 0.0110
保姆 0.0136	虐童 0.0164	孩子 0.0083	孩子 0.0169	改变 0.0103	关注 0.0110
善良 0.0108	保护 0.0160	民警 0.0079	硬盘 0.0127	美好 0.0093	明星 0.0078
希望 0.0106	儿童 0.0156	舆论 0.0075	警方 0.0104	嘉年华 0.0091	发声 0.0067
法律 0.0865	希望 0.0097	新闻 0.0068	评论 0.0104	素媛 0.0081	虐童 0.0067
道德 0.0077	父母 0.0088	证据 0.0068	微博 0.0092	颜色 0.0073	地狱 0.0067
纵火案 0.0075	幼师 0.0061	谣言 0.0059	通报 0.0088	善良 0.0067	话题 0.0067
……	……	……	……	……	……

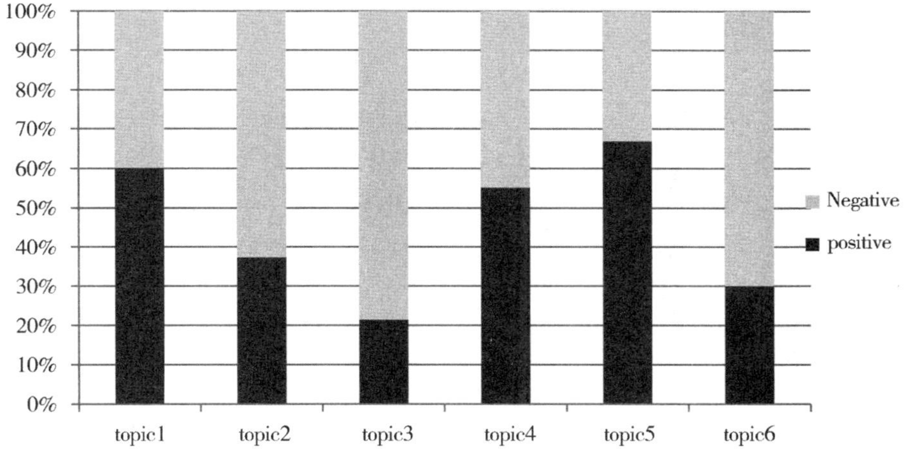

图 6-20 每个主题中正、负性微博占比

实验共爬取自事件爆出开始的 39 天微博数据，为更直观地显示事件演化差异，本研究参考文献①②依据微博每天发布相关微博数量将时间划分为六阶

① 易臣何. 突发事件网络舆情的演化规律与政府监控[D]. 湘潭：湘潭大学，2014.

② 陈福集，张燕. 基于 E-Divisive 的网络舆情演化分析[J]. 情报杂志，2016，35(4)：75-79.

段，演化时间划分如表 6-23 所示。每个阶段发布微博的主题占比如图 6-21 所示，起始阶段微博网民主要关注 Topic1 与 Topic5，衰退、反转阶段 Topic2 则成为热点，平息阶段成为 Topic3 在整个过程中最集中发声的阶段。每个主题的正负性情感占比差异与每个阶段各主题分布差异可验证情感分析模型中加入演化特征的合理性。

表 6-23 演化时间划分

时间（2017 年）	11.23-11.28（标注 1-6）	11.28-11.30（标注 6-8）	11.20-12.3（标注 8-11）	12.3-12.5（标注 11-13）	12.5-12.16（标注 13-24）	12.16-12.31（标注 24-39）
演化阶段	起始	爆发	衰退	反转	再次衰退	平息

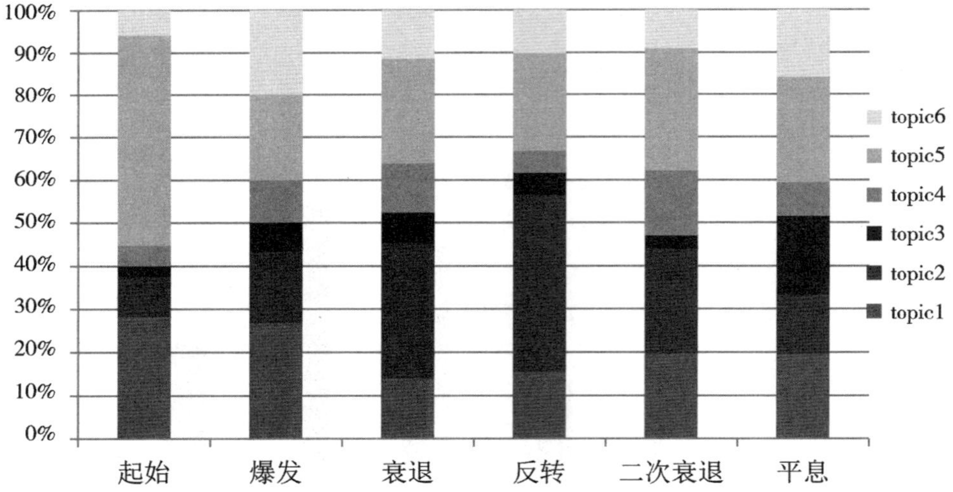

图 6-21 不同演化阶段主题分布占比

③多层次特征组合评估。为验证深层演化特征的实际贡献度，探索最优特征组合，以下以 XGBoost 为分类算法对不同组合特征进行评估，基于本研究对象为特定公共安全事件微博语料，本节对 XGBoost 算法参数进行经过五折交叉验证调优，部分参数如下所示：learning_rate = 0.01，n_estimators = 1000，max_depth = 7，min_child_weight = 6，gamma = 5，subsample = 0.8，colsample_bytree = 0.68。评估实验结果如表 6-24 所示。对比实验组 1、2 可知，加入浅层词性特征对情感分类准确度有一定提升；由实验组 1、3 可得演化特征使得准确率提

升 4.1%，该特征使得情感分析更具有针对性。综合来看，第 4 组实验准确率最高，结合深层演化特征与传统浅层词性特征、情感特征的多层次特征组合表现更优。

表 6-24　不同特征组合实验结果

实验组	特征组合	类别	Precision	Recall	F1	Accuracy
1	情感特征	正性	0.75	0.83	0.78	0.805
		负性	0.86	0.79	0.82	
2	情感特征+词性特征	正性	0.74	0.85	0.79	0.810
		负性	0.87	0.78	0.82	
3	情感特征+演化特征	正性	0.79	0.87	0.83	0.846
		负性	0.89	0.83	0.86	
4	情感特征+词性特征+演化特征	正性	0.81	0.86	0.83	0.850
		负性	0.89	0.85	0.87	

④模型结果评估。本节构建的情感分类模型主要从集成的角度采用多层次特征组合与集成分类器 XGBoost，从国内外情感分析研究发现支持向量机(Support Vector Machine)、随机森林(Random Forest)①也有较出色的分类效果。本节拟采用表 7 中的实验组 4 特征组合，即情感特征+词性特征+演化特征，进行三组实验评估模型，评估结果如表 6-25 所示。实验结果表明本节构建情感分析模型比 SVM、RF 表现更优，实验组 1 中 SVM 的综合指标最低，作为分类性能尚可的分类器，与集成学习模型还是存在差距。对比实验组 2、3，RF 在各方面指标上稍有逊色，相比于其他算法，RF 不用特征选择，且能够处理高维数据，但噪声会让其分类上过拟合。而 XGBoost 则具有较强的鲁棒性和稳定性，正负性语料 F1 值均高于 RF。

① 邓生雄，雒江涛，刘勇，等. 集成随机森林的分类模型[J]. 计算机应用研究，2015，32(6)：1621-1624.

表 6-25 对比模型实验结果

实验组	方法	类别	Precision	Recall	F1
1	SVM	正性	0.63	0.84	0.72
		负性	0.84	0.63	0.72
2	RF	正性	0.81	0.78	0.80
		负性	0.84	0.86	0.85
3	XGBoost	正性	0.81	0.86	0.83
		负性	0.89	0.85	0.87

通过实验结果还可发现，实验组 1 中正负性情感评估基本持平，实验组 2、3 对于负性情感分类指标明显要高于正性情感。究其原因，是网民对于此类公共安全事件的负性情绪词的使用更为明显与激烈，而正性情感的表达更含蓄且表达方式更为多样，因此会出现负性情感识别普遍更为精准的情况。综上，本节将深层演化特征融入传统特征组合，基于集成分类器 XGBoost 构建的情感分析模型在公共安全事件微博情感分析精准性上有更优表现。

6.5.3 基于深度学习的微博情感分析

微博舆情情感分析已经成为公共突发事件管控的一个重大范畴，如何识别微博情感倾向，由此洞察微博用户对突发热点事件的真实态度和观点，进而对微博舆情有效监测、预警及疏导，对微博舆情生态系统的良性发展具有重要意义。与此同时，在公共安全舆情分析领域中对微博数据进行情感分析具有重要的代表性和可迁移性，可为公共突发事件管控提供形势研判、预警与决策支持。

目前已有的微博情感分析方法主要分为基于情感词典的方法和基于机器学习的方法，前者十分依赖于情感词典的构建，后者则需要人工选择文本特征，同时还易丢失文本的语法语义信息。虽然近年兴起的深度学习方法能较好地弥补传统情感分析方法的缺陷，却大多默认微博情感极性与其中词、句极性的统一性与一致性，致力于将单条微博作为整体进行研究，分析粒度局限于词或字，通过改进各类特征提取方法来提升情感分析精度，而忽视了同一条微博中两种情感极性词、句子共存时对于微博情感倾向性界定的影响，缺乏对微博从词到句子、从句子到微博整体这种多层粒度文本结构和情感结构的有效关注，而不同情感粒度单元中的情感侧重点各不相同，往往会影响整体情感的判断。

基于此，本节提出一种基于深度学习的微博情感分析方法。具体来说，在词向量 Word2vec 处理的基础上，以词、句子为最小单元，结合双层注意力机制和 Bi-LSTM 深度学习算法构建分别对词级、句子级语义加强关注的分层情感分析模型，以一种特征加权的方式界定情感倾向性，综合局部来考虑微博整体的情感倾向性，为公共安全领域微博情感分析提供更准确的方法模型。

(1)微博情感分析模型

微博情感分析在大数据场景下进行，模型选择与技术路线确定具有针对性。

①模型技术路线。本研究模型的技术路线如图 6-22 所示，主要包括微博数据采集与处理、模型训练及测试、模型评估及结果分析三个部分。

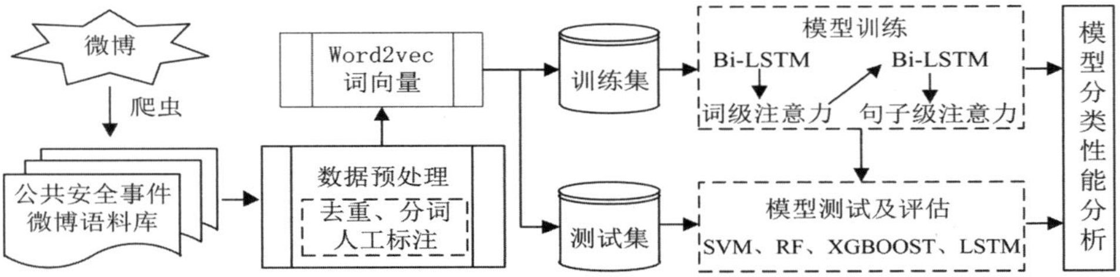

图 6-22 模型技术路线

数据采集与处理：本研究拟以时间顺序为依据从微博平台爬取某一特定公共安全事件微博文本，构建公共安全微博舆情语料库。首先筛选出无重复有效语料并过滤无效字符后，对其进行情感倾向性人工标注以及后续分词处理，最后通过 Word2vec 训练该微博语料的词向量模型。

模型训练及测试：将通过词向量表示后的数据集输入模型，训练测试融合双层注意力的 Bi-LSTM 模型，并进行参数调优。

模型评估及结果分析：以准确度 Acc 为评估标准，选择 SVM、RF、XGBOOST 以及 LSTM 为四个对照实验组，评估并分析各模型的微博情感分析性能。

②基于双层注意力和 Bi-LSTM 的模型。为了实现对指定突发事件微博的情感分析准确度的提升，加强对文本分层结构信息的关注，本研究构建了融合双层注意力的 Bi-LSTM 模型，模型体系结构见图 6-23，假设微博训练集有 K 条微博语料，每条微博含有 M 个句子，任意一条句子有 N 个词。本研究构建

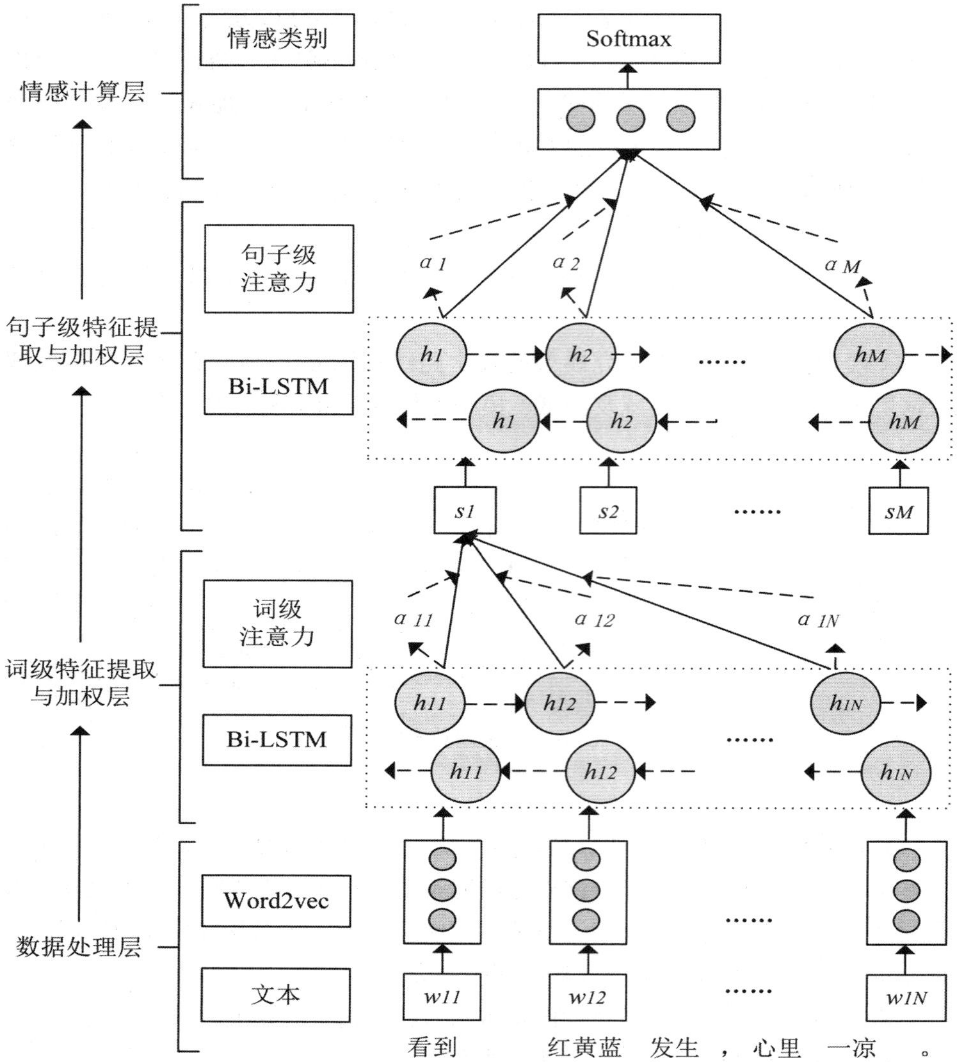

图 6-23 基于双层注意力的 Bi-LSTM 模型体系结构

的情感分析模型主要包括以下四个层：

数据处理层：通过词向量 Word2vec 将预处理之后的微博语料进行数字化表示。

词级特征提取与加权层：以词为最小单位，利用 Bi-LSTM 获取该词所在句子的文本特征，随后引入 Attention 机制判别每个词级特征的重要性并赋予每个词相应权重。

句子级特征提取与加权层：以句子为最小单位，微博中的每条句子都要经过数据处理层以及词级特征提取与加权层，随后利用 Bi-LSTM 获取整条微博的文本特征，随后引入 Attention 机制判别每个句子级特征的重要性并赋予每个句子相应权重。

情感计算层：通过全连接层结合上述加权特征，利用 Softmax 激活函数进行整条微博的情感计算，得到该微博的最终情感分类。

数据处理：本研究首先爬取微博数据构建公共安全微博舆情语料库，进行去重、过滤以及分词等预处理，预处理后的文本语料还需要进行数学化处理，使用数字符号的表示方法作为 Bi-LSTM 神经网络的输入。由于词向量可表示语言的深层语义，用稠密的向量解决了传统 one-hot 表示带来的维度灾难和词汇鸿沟问题①，因此，本研究拟采用目前训练词向量最高效的工具之一 Word2vec 算法来进行语义表达。

具体来说，词向量处理过程首先是通过公共安全微博语料库中的词去重来建立词向量词典，即词与数字相对应的哈希表，如语料库为“不要让我失望，红黄蓝会有结果的，千万要有结果”，则词向量词典为“1-不要，2-让，3-我，4-失望，5-红黄蓝，6-会有，7-结果，8-的，9-千万，10-要，11-有”。那么其他微博预料即可用数字向量表示，如“红黄蓝千万不要有结果”表示为“5，9，1，11，7”。设语料库中任意一条微博 k 中有 M 条句子，N 个词语，表示为 $k=\{w_{11}, w_{12}, \cdots, w_{mn}\}$ 输入神经网络层提取特征前，将每个词都会映射到一个 x 列 1 行的 x 维的向量 e 上，则微博 k 在情感分析单元为词时可用数字表示为 $k=\{e_{11}, e_{12}, \cdots, e_{mn}\}$，情感分析单元为句子时表示为 $\{\{e_{11}, e_{12}, \cdots, e_{1n}\}, \{e_{21}, e_{22}, \cdots, e_{2n}\}\cdots, \{e_{m1}, e_{m2}, \cdots, e_{mn}\}\}$。

Bi-LSTM 特征提取：长短期记忆神经网络（Long Short Term Memory network，LSTM）是循环神经网络（Recurrent Neural Network，RNN）②的一个变体，首次由 S. Hochreiter 和 J. Schmidhuber 于 1997 年提出③。由于增加了门限机制，LSTM 获得了较强的长距离语义捕获功能和记忆能力，同时克服了 RNN

① 闫琰. 基于深度学习的文本表示与分类方法研究[D]. 北京：北京科技大学，2016.

② Graves A, Mohamed A R, Hinton G. Speech recognition with deep recurrent neural networks[C]// Proceedings of the 2013 IEEE International Conference on Acoustics, Speech and Signal Processing. IEEE, 2013: 6645-6649.

③ Hochreiter S, Schmidhuber J. Long short-term memory[J]. Neural Computation, 1997, 9(8): 1735-1780.

梯度消失、梯度爆炸的问题，因而在文本分类和序列建模中得到了广泛应用。本研究使用的 LSTM 单元见图 6-24，主要包含 4 个神经网络层以及 3 个门——遗忘门、输入门和输出门。

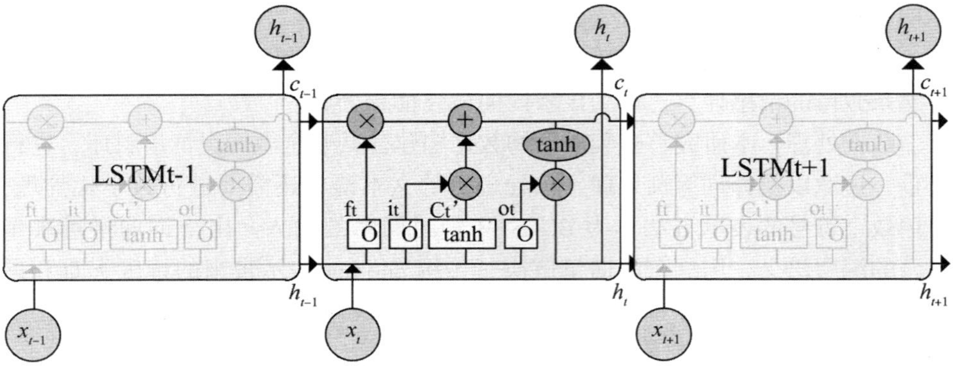

图 6-24　LSTM 神经单元

“遗忘门”f_t 通过 sigmoid 函数输出计算结果 $r \in [0,\ 1]$，来判断对上个 LSTM 单元输出结果 h_{t-1} 如“开心”这个情感状态的保留情况，1 表示“完全保留”，0 表示“完全舍弃”。其中 sigmoid 函数如公式(6-58)所示，f_t 表达式如公式(6-59)所示。

$$\mathrm{sigmoid}(x) = \frac{1}{1+e^{-x}} \tag{6-58}$$

$$f_t = \mathrm{sigmoid}(W_f \cdot [h_{t-1},\ x_t]) + b_f \tag{6-59}$$

“输入门”Ct 如公式(6-60)(6-61)(6-62)所示，C_t 结合“遗忘门”保留部分、丢弃值 i_t 以及替补丢弃值候选内容 C_t' 来更新神经单元。当一条微博文本中产生情感的变化转折时，更新内容的效果更显著。

$$i_t = \mathrm{sigmoid}(W_i \cdot [h_{t-1},\ x_t]) + b_i \tag{6-60}$$

$$C_t' = \tanh(W_C \cdot [h_{t-1},\ x_t]) + b \tag{6-61}$$

$$C_t = f_t \cdot C_{t-1} + i_t * C_t' \tag{6-62}$$

“输出门”输出结果 h_t，计算过程如公式(6-63)、(6-64)所示，通过 sigmoid 函数选择输出部分，结合 tanh 函数实现输出，tan$h$ 函数表达式如公式(6-65)所示。

$$O_t = \mathrm{sigmoid}(W_o \cdot [h_{t-1},\ x_t]) + b_0 \tag{6-63}$$

$$h_t = O_t * \tanh(C_t) \tag{6-64}$$

$$\tanh(x)=\frac{\sinh(x)}{\cosh(x)}=\frac{e^{x}-e^{-x}}{e^{x}+e^{-x}} \tag{6-65}$$

其中，W_f、W_i、W_c、W_o和b_f、b_i、b_c、b_o分别表示权重参数和偏置项，·为点乘操作。

由上可知，LSTM 通过记忆元件来解决长距离依赖问题，但 LSTM 是一种前向传播算法，对微博文本特征提取问题而言，除序列前值会影响情感分析结果外，序列后值也会产生影响，特别是针对公共安全这类具有时序演化特点的事件，还需要综合后向传播算法进行学习。因此本研究在对微博文本的语义信息进行特征提取时采用双向长短期记忆网络(bidirectional long short term memory，Bi-LSTM)模型①，综合前向传播算法和后向传播算法从而同时捕获上下文语义信息，如公式(6-66)所示。在情感分类任务中，该模型常被用于学习文本的上下文语义特征，然后依据特征对文本作情感分类，如 Meisheri H 等②人使用 Bi-LSTM 完成文本情感分析并取得了较好效果。

$$H_t=\left[\overrightarrow{\mathrm{LSTM}(x_t)},\ \overrightarrow{\mathrm{LSTM}(x_t)}\right] \tag{6-66}$$

其中，H_t表示 Bi-LSTM 提取文本特征向量，$\overrightarrow{\mathrm{LSTM}}$表示前向传播 LSTM，$\overrightarrow{\mathrm{LSTM}}$表示后向传播 LSTM，$x_t$表示 t 时刻的输入节点。

双层注意力机制学习特征权重分布：注意力机制（Attention Mechanism)模拟人脑注意力的特点，核心思想是：对重要的内容分配较多的注意力，对其他部分分配较少的注意力，最早于 20 世纪 90 年代中期在视觉图像领域提出，而后 Google Mind 团队 2014 年发表的论文③则让其受到了学者们的诸多关注，使得注意力机制成为目前深度学习的最新趋势。随后 Bahdanau 等④首次将注意力模型引入自然语言处理领域，显著提升了神经机器翻译性能，该模型也成为现在大多数用于机器人短文本对话、文本摘要生成、文本分类、句法分析等注

---

① Schuster M，Paliwal K K. Bidirectional recurrent neural networks[J]. IEEE Transactions on Signal Processing，1997，45(11)：2673-2681.

② Meisheri H，Ranjan，Dey L，et al. Sentiment extraction from Consumer-generated noisy short texts[C]// 17th IEEE International Conference on Data Mining（ICDMW）. 2017 17th IEEE International Conference on Data Mining Workshops（ICDMW 2017). New Orleans. 2017：399-406.

③ Mnih V，Heess N，Graves A，et al. Recurrent models of visual attention[C]. Advances in Neural Information Processing Systems 27（NIPS 2014），2014：2204-2212.

④ Bahdanau D，Cho K，Bengio Y. Neural machine translation by jointly learning to align and translate [J]. Computer Science，2014（5).

意力模型的基础。

对于微博文本情感分析，除了需要提取文本特征来考虑上下文语义关系，还要体现出哪些词语对于句子情感的表现更加重要，以及哪些句子是该条微博情感表达的主要部分，同时对于情感表现重要的词句需要赋予更高的权重。因此，本研究引入双层注意力机制加强对微博文本的分层结构的关注。双层注意力机制中基本计算如公式(6-67)(6-68)(6-69)所示，其体系结构如图6-23所示，分别以词和句子为最小情感分析单元，两种分析粒度具体形式见数据处理中词向量表达式，通过Bi-LSTM提取词、句子两个级别的微博文本特征H_t，分别结合Bi-LSTM输入门中的更新权重向量W_c，通过sigmoid函数获取H_t的隐藏单元u_t。随后利用softmax函数计算得到词级、句子级注意力权重矩阵a_t，最终的词级、句子级注意力权重特征表示v通过结合权重矩阵a_t以及微博文本特征H_t得到，通过此阶段计算可分别获得词级、句子级权重特征表示。

$$u_t = sigmoid(W_C H_t + b_w) \tag{6-67}$$

$$a_t = softmax(u_t) \tag{6-68}$$

$$v = \sum a_t H_t \tag{6-69}$$

其中，u_t为Bi-LSTM输出H_t的隐藏单元，随机初始化并在训练过程中不断学习，a_t为注意力向量，v为经过注意力机制的最终输出向量。公式(6-68)中的softmax函数又称归一化指数函数，函数表达式如公式(6-70)所示，可将Bi-LSTM输出H_t隐藏单元向量u_t以及上下文向量u_w等比例压缩到[0，1]之间，且保证所有元素之和为1。

$$softmax(x_i) = \frac{e_j^z}{\sum_{i=1}^{n} e_i^z} \tag{6-70}$$

情感计算：为了进行微博最终的情感分类，本研究通过全连接层结合词级注意力和句子级注意力的输出向量v，输入softmax函数进行情感结果预测，分类预测结果如公式(6-71)所示。本研究利用公式(6-72)的二元交叉熵损失函数作为目标函数，采用反向传播机制对情感分析模型中的参数进行训练和更新，以最小化微博已知情感类别和预测情感类别的交叉熵。

$$Y = softmax(W_c v + b) \tag{6-71}$$

$$\text{loss} = \text{binary\_ crossentropy} = -\sum\sum y_i^{j'} \log(y_i^j) \tag{6-72}$$

其中，Y为情感预测结果矩阵，W_c与公式(6-61)、(6-66)中的W_c参数相同，b为偏置项。y为该条微博已知情感极性，y'为模型预测情感分类，i表示该条微博索引，j 表示情感类别索引。

(2)实验结果及分析

在实验结果分析中，我们进行了规范化的数据处理，分析结果如下：

①数据收集与预处理。2017 年 4 月，国务院办公厅正式下发《关于加强中小学幼儿园安全风险防控体系建设的意见》，《意见》提出要将中小学幼儿园安全作为公共安全综合治理的重要内容。基于此，本书以 2017 年 11 月微博爆发且影响广泛的红黄蓝幼儿园案件作为公共安全领域代表案例进行研究，利用火车头 LocoySpiderV9.6 网络爬虫软件按照时间顺序爬取 2017.11.23-2018.1.30 期间以“红黄蓝事件”为关键词搜索的新浪微博 31890 条，通过删除重复和客观性无效评论等预处理后，最终得到 19131 条微博数据，使用布尔值对此语料的情感倾向性进行人工标注，1 代表正性，0 代表负性，具体标注规则如表 6-26 所示，由三人进行标注复查以保证语料集的信效度。

表 6-26 人工标注情感分类规则

项目	标注人 A	标注人 B	复查人 C	最终标注值
标注值	1	1	—	1
	0	0	—	0
	1	0	1/0	1/0
	0	1	1/0	1/0

语料集标注后分类结果如表 6-27 所示，由于原数据中正负微博数量有明显差距，会影响模型训练以及后续的预测，本研究对积极情感语料采用过采样法处理，使两种极性语料数量达到平衡。

表 6-27 微博语料情感分布

情感词典	类别	数量	总计
原数据	正性	8816	19131
	负性	10315	
过采样	正性	10315	20630
	负性	10315	

其中标注后的微博数据样例如表 6-28 所示，针对公共安全事件发布的微博语料库中有褒中带贬的正性微博、有针对客观报道的发表情感观点的正性微博，有用反语讥讽的负性微博，也有一直做出肯定到最后提出质疑的负性微博。这些微博整体的情感观点很难根据某个词或某个句子来做出判断，具有较强领域性特点。

表 6-28 微博数据集样例

情感极性	微博语料文本
正性(1)	最近红黄蓝事件沸腾了，但热炸锅的背后是值得民众去深思。现在的幼师都 90 后独生子女多，也是宠着长大的，你觉得她有多少耐心对待小孩？加上幼师专业入门低，道德观念教育有多少？只有教育部门后期培训监督来提高她们工作道德和责任心。我觉得不管发生什么事，未雨绸缪，总好过亡羊补牢！和声讨伐！从另一个角度来看事情，也是好的
	做得好！自强!! 维权!!! //【红黄蓝在美集体诉讼正式爆发，首份诉讼已递交法院，更多诉讼还在路上】11 月 27 号，第一份针对红黄蓝的股东集体诉讼正式向美国纽约南区法院递交
负性(0)	只要涉及官员负面的删，只要涉及大牌明星的删，只要涉及红黄蓝的删。我见过一个人自欺欺人，现在也见过了一个社会自欺欺人。歌功颂德没毛病，提提意见有问题？随时随地删微博，一心一意唱赞歌。微博，你改名叫，删吧！
	红黄蓝就这么被压下去了？这是怎么了？反腐这么成功，经济也在逐渐强大，工业越来越发达，国际地位越来越高，为什么人性越来越泯灭呢？

对微博文本情感进行人工标注后，本研究使用 python 中的 jieba 依赖库对微博进行分词，调用 gensim 库自建微博语料集的词典并训练 Word2vec 词向量模型，词向量各属性详情如表 6-29 所示。随后训练微博情感分析模型是在深度学习框架 Tensorflow1. 8. 0 以及其封装接口 keras2. 1. 6 的环境下进行，训练集与测试集占比为 7：3，在模型训练中，本文采用 Dropout 技术和 L2 正则化来防止过拟合。

表 6-29 词向量属性取值

词向量属性	属性值
vocab_dim 向量维度	150
window_size 文本窗口	7
min_count 最小词频	5
alpha 学习率	0.025
词数量	11880

②实验参数设置。本文采用网格搜索法(grid search)①进行主要参数调节，获取模型的最优参数集合，模型参数取值及其说明如表 6-30 所示。

表 6-30 模型参数调节列表

参数	说明	取值范围	取值
Optimizer	优化器，用以计算更新模型参数	Rmsprop，adam，adamax，Nadam，sgd，adadelta	Nadam
batch_size	每批数据量的大小	8，16，32，64	32
Lstm_units	Lstm 隐藏层单元数	64，128，256	128
Maxlen	最大序列长度，长则截短，短则填充	[40，200]，间隔 20	100
Learning_rate	学习速率	系统默认值 0.01	0.01
Dropout	随机断开输入神经元的比例	系统默认值 0.5	0.5

其中，模型的部分超参数主要是来自先前论文研究中的经验，如学习速率、Dropout 比例。一些参数是由数据集的特性而设置，如最长序列长度取值范围根据微博长度统计得到。另外，还有部分参数根据模型训练和硬件的条件配置，如每批数据量大小、LSTM 隐藏层单元数以及优化器的选择。

③模型评估。本实验选择支持向量机(SVM)、随机森林(RF)、极端梯度提升算法(XGBoost)以及长短期记忆网络(LSTM)作为分类器设置四个实验对照组，使用同一词向量模型输出结果作为各个分类器的输入，采用 K 折交叉

① Lameski P，Zdravevski E，Mingov R，et al. SVM Parameter Tuning with Grid Search and Its Impact Onreduction of Model Over-fitting[M]// Rough Sets，Fuzzysets，Data Mining，and Granular Computing，Germany：Springer，2015：464-474.

验证(K=10)的方法进行训练测试，将样本数据分为10份，对每份数据计算评估指标值，对10次计算的结果取平均值得到最终评估结果，对本研究提出的微博情感分析模型(TA-Bi-LSTM)进行评估。评价微博情感二分类模型性能的常用指标有精确率（Precision，*P*）、召回率（Recall，*R*）、*F*1 值(F1-score)以及准确率(Accuracy，Acc)值。其中 *P* 指模型对预测为正性情感的样本中正确的比例，如公式(6-73)所示；*R* 指实际类别为正性情感的样本中被预测正确的比率，如公式(6-74)所示；*F*1 值是一个综合度量指标，是 *P* 和 *R* 的调和平均值，如公式(6-75)所示；Acc 是所有样本中预测正确的比率，如公式(6-76)所示。*F*1 和 Acc 值越高，模型情感分析效果越好。本研究分别以 *F*1 和 Acc 值为纵坐标绘制 *K* 折交叉验证中每次实验结果如图 6-25、图 6-26 所示。以 *P*、*R*、*F*1、Acc 为评估标准得到的最终模型十折交叉平均评估结果如表 6-31 所示。

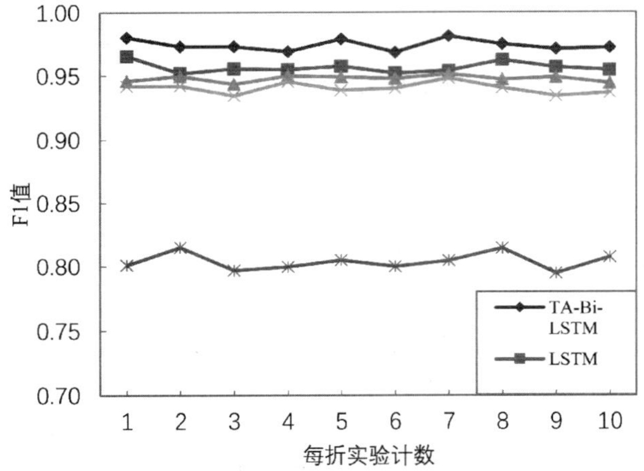

图 6-25　K 折交叉检验 F1 值实验结果(K=10)

$$P=\frac{\text{预测为正且实际为正样本数}}{\text{所有预测为正性样本数}} \tag{6-73}$$

$$R=\frac{\text{实际为正且预测为正样本数}}{\text{所有实际为正性样本数}} \tag{6-74}$$

$$F1=\frac{2*P*R}{(P+R)} \tag{6-75}$$

$$Acc=\frac{\text{预测正确样本数}}{\text{所有预测样本数}} \tag{6-76}$$

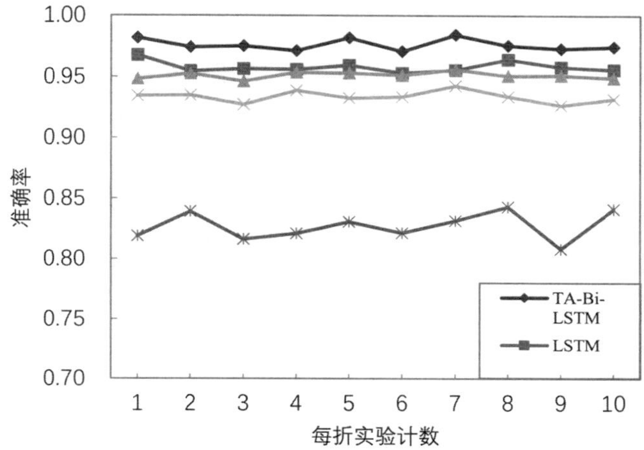

图 6-26　*K* 折交叉检验准确率 *Acc* 实验结果（*K*=10）

表 6-31　对比模型最终实验结果

实验模型	P	R	F1	Acc
SVM	87.76%	74.15%	80.38%	82.71%
RF	93.12%	94.91%	94.01%	93.37%
XGBOOST	94.34%	95.19%	94.76%	95.12%
LSTM	95.36%	95.92%	95.63%	95.81%
TA-Bi-LSTM	97.79%	97.01%	97.39%	97.62%

综合图 6-25、图 6-26 与表 6-31 实验结果整体来看，5 组实验在 K 折交叉检验中 F1 走势与 Acc 基本一致，最终结果显示深度学习分类 F1 值与准确率均高于机器学习算法。其中，三个机器学习实验组不同于传统机器学习人工构建特征组合，本研究是将词向量模型输出的整体词特征作为输入，且预处理中未去除停用词，该输入属于大规模高维数据，相比于 RF、XGBOOST，SVM 只会选择少数支持向量决定了最终结果，剔除了大量有用信息，从而使得最终情感分类 *F*1 值仅为 80.38%、准确度仅为 82.71%，均低于其他对照组。而 RF 不做特征选择，XGBOOST 具有并行处理功能，结合词向量处理，分类 *F*1 和 *Acc*

稍低于深度学习算法 LSTM，分别达到了 94.01%、94.76% 和 93.37%、95.12%，分类性能和效率都较强大。本研究提出的 TA-Bi-LSTM 结合公共安全事件微博情感结构特点，分类 *F*1 和 *Acc* 相比于深度学习 LSTM 模型提高了 1.76%和 1.81%。

由于对比实验中设置了各类机器学习算法和深度学习算法，为了充分探究在各个模型的性能，本研究将在其他处理步骤不变的前提下，以数据量为因变量探索训练集大小变化对于各个模型的影响。假设某次实验指定的数据量大小为 M，则正负情感语料各随机选择 $M/2$ 个。以 1000 为间隔，抽取 $M \in [1000, 20000]$，五种模型的 *F*1-score、*Acc* 值变化如图 6-27、图 6-28 所示。

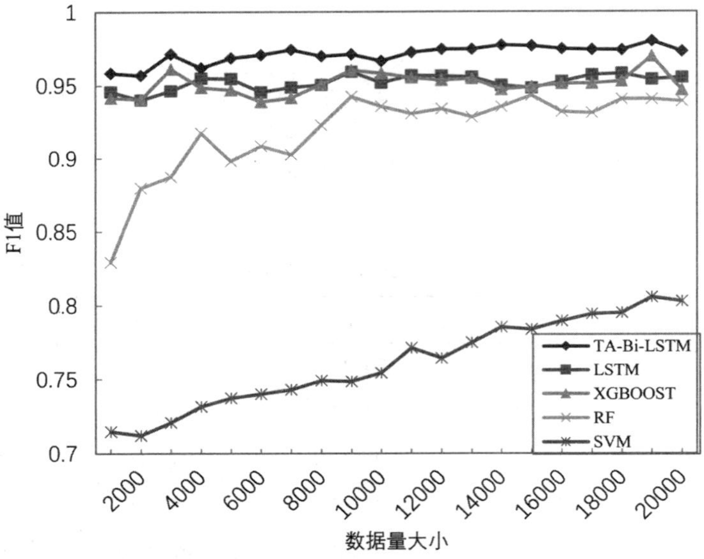

图 6-27　数据量对模型 *F*1 值的影响

从图 6-27、图 6-28 可以看出，SVM 对数据集的大小比较敏感，*F*1 和 *Acc* 分别攀升 8.80%和 12.7%，但相比于其他四中模型在此公共安全微博数据集分类任务上，SVM 上表现最差。RF 在数据量达到 8000 时，分类 *F*1、*Acc* 均趋向稳定，指标值保持在 90%以上。而 XGBOOST、LSTM 和 TA-Bi-LSTM 三种算法受数据量影响较小，*F*1 和 *Acc* 变化幅度在 4%以内，其中 TA-Bi-LSTM 最为平稳，*F*1 均值 97.10%、方差 0.0035%，准确率均值 97.21%、方差 0.0022%。总体来看，在数据量变化的情况下，深度学习模型分类性能仍好与机器学习分

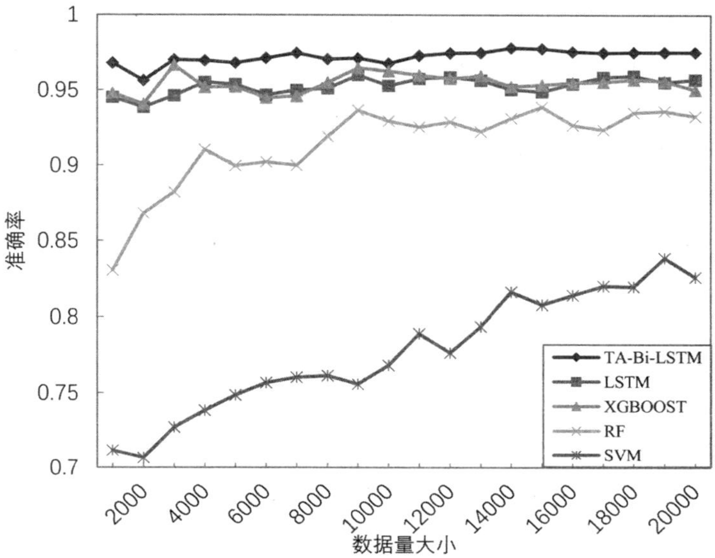

图 6-28 数据量对模型准确率 *Acc* 的影响

类模型，三种机器学习算法中 XGBOOST 模型表现最佳，与深度学习算法 LSTM 接近，本研究提出的 TA-Bi-LSTM 微博情感分类模型在 LSTM 的基础上，分类指标 *F*1 值、准确率 *Acc* 均得到了提升。

6.6 面向突发事件管控的网络谣言识别研究

在社交网络蓬勃发展的现代社会，便捷互联的社交平台成为网络谣言加速扩散的关键渠道。在官方信息缺失和知识不足的情况下，谣言能够在一定程度缓解人们的认知焦虑。谣言传播过程中，部分的谣言接受者会转为谣言的扩散者，谣言得以在用户的个人社交网络中继续传播，从而引发更广范围的人群恐慌或愤怒等负面情绪。然而，谣言的肆虐往往引发负面消极的网络舆论风波，对社会稳定和公民安全构成潜在的威胁，社交平台谣言识别工作急不可待。作为我国活跃的社交平台之一，微博汇集了大量碎片式用户生成信息。研究发现，造成较大社会影响的谣言大部分源自微博平台。为提高网络谣言识别的准确度，本节探索一种基于 LDA 和随机森林的网络谣言识别方法，并以 2016 年曝光的雾霾谣言为例，首先采用 LDA 主题模型提取微博内容的深层次语义主题特征，并构建用户可信度特征和微博影响力特征；其次，为研究各类特征指标在谣言识别中的作用，利用随机森林方法选取不同特征训练多类模型并进行性能对比；最后使用 Logistic 回归和支持向量机方法进行分类训练，将其作为评估随机森林谣言识别性能的基准分类器，利用 ROC 曲线评估和对比三类分类器在雾霾谣言识别问题上的性能表现。因此，本节研究为突发事件网络舆情管控和谣言智能识别提供了一种有价值的模式参考。

6.6.1 谣言识别模型和方法设计

在以往的谣言识别研究中，谣言内容的深层语义特征、传播用户可信度以及行为特征尚未得到很好的运用。因而本研究利用 LDA 主题模型提取微博文本主题作为谣言识别模型训练的文档-主题特征，结合用户可信度、微博影响力特征，采用随机森林方法实现谣言识别。微博谣言识别的方法如图 6-29 所示，共分为 6 步：①采集目标数据；②数据预处理，清洗无效数据，并进行数据变换；③采用 LDA 模型训练得到微博的主题分布；④构建特征变量，利用变换后的数据构建用户可信度和微博影响力变量；⑤随机森林谣言识别训练；⑥使用 SVM 和 LR 作为基准分类器评估模型性能。

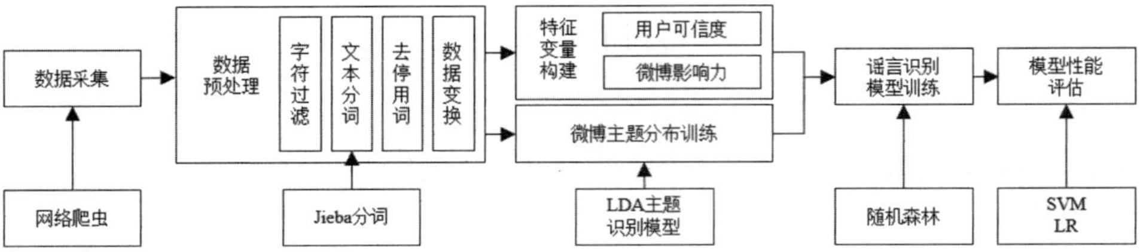

图 6-29 谣言识别方法设计

(1) LDA 主题模型

潜在狄利克雷分布模型（Latent Dirichlet Allocation）是 Blei 等人于 2003 年提出的一种文档主题生成模型①。由于 LDA 能够降低文本表示维度，在语义挖掘领域得到了广泛应用②。LDA 模型是一个三层贝叶斯网络模型，其核心思

① Blei D M, Ng A Y, Jordan M I. Latent dirichlet allocation[J]. Journal of machine Learning research, 2003, 3(Jan): 993-1022.

② 王理，谢耘耕. 公共事件中网络谣言传播实证分析——基于 2010—2012 年网络谣言信息的研究[J]. 上海交通大学学报(哲学社会科学版), 2014, 22(2): 86-99.

想是每个文档对应一个服从 Dirichlet 分布$\vec{\theta}$主题分布，每个主题对应的词分布服从 Dirichlet 分布$\vec{\phi}$，其中文档-主题分布 α 参数和主题-词分布 β 参数服从 Dirichlet 分布$\vec{\alpha}$，$\vec{\beta}$。

设采集 M 条微博文本，共有 N 个词，微博文本主题个数为 K；从 Dirichlet 分布$\vec{\alpha}$中取样生成微博文本的$\vec{\theta}$主题分布，根据主题分布，取样生成微博词对应的主题 z；从 Dirichlet 分布$\vec{\beta}$中取样生成微博主题的$\vec{\phi}$词分布，根据词分布，取样生成相应的词 w。模型不断重复上述过程，直至所有微博文本采样完毕，最终得到每条微博文本的主题分布及各主题的词分布。

LDA 主题模型是一种无监督模型，其中主题个数是模型重要的输入参数。本研究采用困惑度(Perplexity)确定文档的最优主题数目。困惑度是用于评估模型优劣的标准，可用于调节主题个数，其计算公式如下①：

$$\text{perplexity}(D) = \exp\left\{-\frac{\sum_{d=1}^{M}\log p(w_d)}{\sum_{d=1}^{M} N_d}\right\} \tag{6-77}$$

其中w_d表示词，$p(w_d)$表示文档中词的概率，N_d表示词的数量，M 表示文档的数量，D 表示文档中所有词的集合。

使用困惑度进行评估时，主题越多，困惑度数值会逐渐下降。而主题数越多，LDA 模型计算代价越大②。同时为了避免模型过拟合，应综合考虑选取困惑度数值和主题数目，选择困惑度最小和主题数最少的数值作为 LDA 模型训练的最优数目。

(2)随机森林

随机森林是一种集成分类算法，它是 Breiman 于 2001 年提出的由多颗随机采样变量和数据生成的分类树组成的分类器③，其分类结果取决于模型所有分类树中分类结果最多的类别。随机森林在处理缺失数据和不平衡数据时表现稳健，分类性能良好，且模型训练和分类的速度快④，因而在文本和语言处理

---

① Blei D M, Ng A Y, Jordan M I. Latent dirichlet allocation[J]. Journal of machine Learning research, 2003, 3(Jan): 993-1022.

② 张志飞，苗夺谦，高灿. 基于 LDA 主题模型的短文本分类方法[J]. 计算机应用，2013，33(6)：1587-1590.

③ Breiman L. Random forests[J]. Machine learning, 2001, 45(1): 5-32.

④ Breiman L. Statistical modeling: The two cultures (with comments and a rejoinder by the author)[J]. Statistical science, 2001, 16(3): 199-231.

等领域得到了广泛应用①。

在谣言识别模型训练中，随机森林从采集的全部实验数据中有放回的多次重复抽样作为模型的训练集，随后从实验数据的 M 个特征中随机选取 m 个($m<M$)，并确定最佳分裂方式。按照以上的子树生成模式不断生成新的子树形成随机森林，模型的最终分类结果由子树进行投票(少数服从多数原则)得到。

6.6.2 数据获取与处理

在数据获取与处理中，应强调处理环节的有序性和数据来源的可信性，从而确保数据结果分析的客观性。

(1)数据采集及预处理

本研究以我国生态保护部宣传教育中心和北京市环境保护宣传中心于 12 月 30 日联合曝光的 2016 年雾霾谣言和新浪微博的微博辟谣官方账号发布的辟谣微博作为谣言评判基准，采用爬虫软件爬取以关键词搜索的 2016 年新浪微博数据以及同时间范围内的非谣言微博，共采集到 1032 条微博数据，数据包含微博内容信息(文本内容、点赞数、转发数、评论数)和发布微博的用户信息(微博数、关注数、粉丝数)。在筛选删除原始数据池中的缺失、冗余和无关等数据后，最终获得 872 条有效数据。本研究根据曝光的雾霾谣言对采集的数据进行人工标注，其中谣言数据 351 条，非谣言数据 521 条，数据组成如表 6-32 所示。

表 6-32　实验微博数据组成

类别	关键词	数量
2016 年雾霾谣言数据	微距 雾霾	156
	肺泡 雾霾	149
	病菌 雾霾	46
2016 年雾霾非谣言数据	雾霾	521

① 邓生雄，雒江涛，刘勇，等. 集成随机森林的分类模型[J]. 计算机应用研究，2015，32(6)：1621-1624.

表 6-32 中“微距+雾霾”代表环保部门曝光的“网传视频用 4000 流明灯光微距镜头下显示出的北京雾霾。”“肺泡+谣言”是环保部门曝光的“80 个 PM2.5 微粒可以堵死一个肺泡”，“病菌+雾霾”是微博辟谣官方账号 2016 年 12 月 21 日曝光的“雾霾产生的病菌侵害主体为 12 岁以下的儿童”。

数据预处理包括无关字符过滤、文本分词、去停用词、数据变换。微博文本内容分词处理是运用 LDA 主题模型前的必要步骤。因为微博内容包含大量表情、url、标点和 hashtag、@ 等符号，在分词处理之前应过滤微博内容中的无关字符。因而本研究通过正则表达式从原始数据集中提取出文本内容，接着采用 Jieba 分词处理文本数据。分词后的数据中存在诸多停用词，为了降低主题无关词的干扰，本研究根据停用词表去除文本中没有意义的词。为了提高后续模型训练的有效性，本研究采用 z-score 对采集的 5 类数值属性(粉丝数、关注数、转发数、评论数、点赞数)进行规范化后用于模型训练①。在完成数据的预处理之后，将得到的分词结果保存在本地数据库中，以备后续分析使用。

(2)微博谣言识别特征构建

微博强大的社交功能使得用户能够更为简单快速地将信息分享给其他用户。在复杂的社交网络结构背后，微博信息的评论、转发和点赞等互动机制激励了更多用户参与社交，这也使得微博信息的覆盖范围进一步扩大，影响力也不断提高。当人们缺乏专业知识和官方渠道的信息时，谣言发布者则利用此时人们对未知事件的恐惧和焦虑心理传播谣言。结合 LDA 主题识别模型获得的文档-主题分布，本研究的数据变量如表 6-33 所示。其中$verify_i$表示用户u_i是否通过新浪微博个人认证，若通过，则$verify_i$为 1，否则为 0。

表 6-33 实验数据变量

特征	文档-主题分布			用户特征				微博特征		
特征指标	0	…	n	是否认证	粉丝数	关注数	已发微博	转发数	评论数	点赞数
变量	p_{mo}	…	p_{mn}	verify	follower	following	num	repost	comment	like

① Han J, Kamber M. 数据挖掘概念与技术[J]. 范明，孟小峰，译. 数据挖掘概念与技术，2001.

中文谣言特征研究发现大量发布谣言微博的用户极有可能是网络水军①，谣言信息则借助微博社交网络加速扩散，网络水军通常关注数多而粉丝数少②，因而粉丝数比关注数的比值能够较好地反应用户的可信度。又因为发表过较多微博的用户发布谣言的可能性小。因而本研究定义用户可信度 Reliability(*u*)为：

$$\text{Reliability}(u)=\log((e^{\text{follower}-\text{following}})+e^{\text{num}})+\text{verify} \tag{6-78}$$

其中 follower、following、*num* 分别是对粉丝数、关注数和已发微博数进行 z-score 规范化后的数值。用户可信度数值越大，表示用户的可信度越高。

本研究使用用户的粉丝数、转发数、评论数和点赞数作为影响力的评估指标，粉丝数越大，则该微博涉及的人群越多，转发数和评论数能够反应用户互动程度，而点赞在一定程度上显示出用户对内容的肯定和认可，因而将微博影响力 Influence(*t*)定义为：

$$\text{Influence}(t)=\log(e^{\text{follower}}+e^{\text{repost}}+e^{\text{comment}})+\text{like} \tag{6-79}$$

其中 follower、repost、comment、like 分别是对粉丝数、转发数、评论数和点赞数进行 z-score 规范化后的数值，其值越大，表示微博的影响力越大。

6.6.3 研究结果分析

研究结果分析中，我们进行了 LDA 主题识别、分类和模式化处理，从而保证了结果的可行性。

(1)LDA 主题识别

①主题个数的选择。本研究依照困惑度公式，计算出 2 到 30 区间内(间隔为 1)不同主题个数的困惑度数值，实验结果如图 6-30 所示。横轴显示主题个数，纵轴显示困惑度，从图中可以看出，随着主题个数的增加，困惑度波动变化。当主题个数为 7 时，存在一个极小值点。根据困惑度最小和主题个数最少的原则，本研究选取 7 作为 LDA 模型的主题参数值。

②LDA 主题分类结果。在确定最优主题个数后，将分词后的数据用于 LDA 模型训练，最终得到文档-主题分布和主题-词分布，本研究将获取到的 LDA 文档-主题分布作为谣言识别的文本深层语义特征。利用 LDA 模型训练得

① 刘知远，张乐，涂存超，等. 中文社交媒体谣言统计语义分析[J]. 中国科学：信息科学，2015，12：1536-1546.

② 袁旭萍，王仁武，翟伯荫. 基于综合指数和熵值法的微博水军自动识别[J]. 情报杂志，2014，33(7)：176-179.

到的7个主题结果如表6-34所示，各主题均选取前5个词表示。

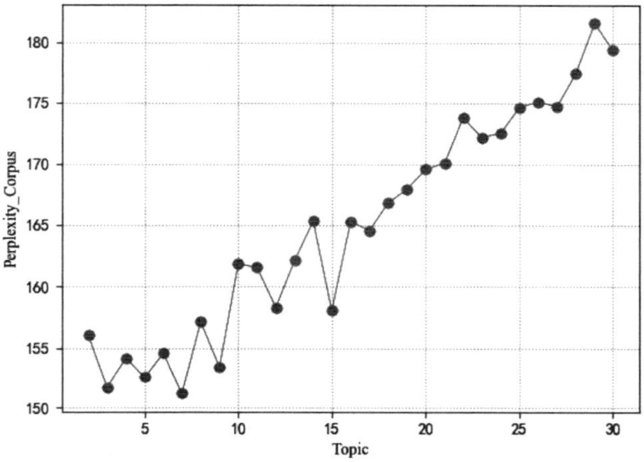

图6-30 Perplexity-Topic折线图

表6-34 主题词分布

主题0	淤血	心衰	呼吸道	直接	患者
概率	0.021	0.016	0.013	0.012	0.012
主题1	携带	病菌	专家	躲不开	传染性
概率	0.013	0.012	0.008	0.008	0.006
主题2	发烧	特征	病菌	以下	12
概率	0.022	0.021	0.014	0.013	0.012
主题3	疗法	肺里	吸到	网友	改变
概率	0.008	0.007	0.007	0.010	0.010
主题4	真相	焦点	心情	改变	或许
概率	0.005	0.005	0.005	0.004	0.004
主题5	微距	4000	流明	灯光	镜头
概率	0.033	0.031	0.029	0.028	0.027
主题6	堵死	肺泡	Pm2.5	环境	一年
概率	0.045	0.031	0.028	0.018	0.018

本研究随机选取 8 篇文档绘制文档-主题分布图，如图 6-31 所示。从图中可以看出所选文档的某一个或两个主题概率相比其他主题概率高，即文档均存在主要主题，说明模型较好实现了微博文本主题的划分。

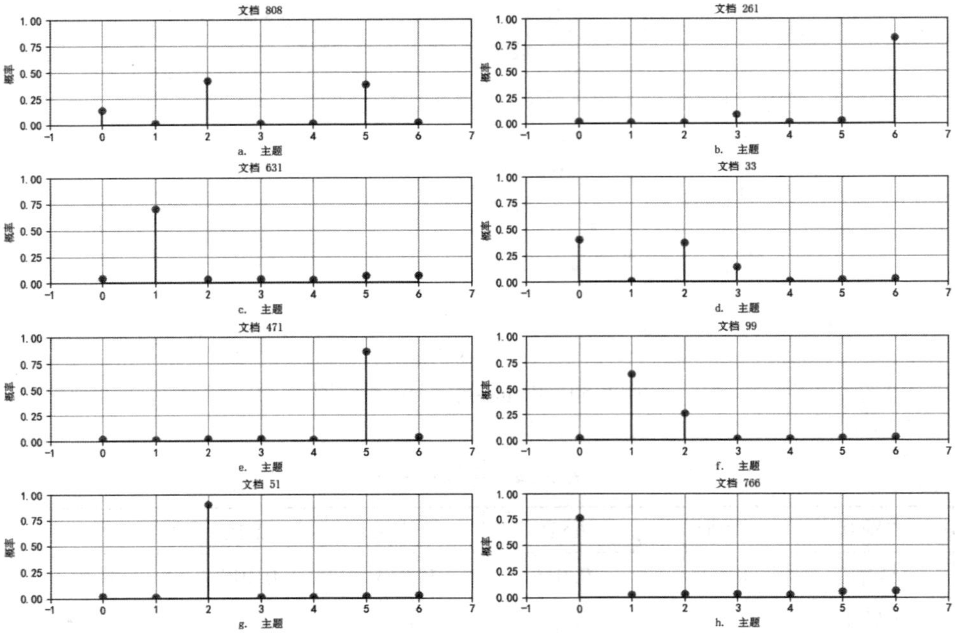

图 6-31　文档-主题分布

同时，本研究根据文档-主题分布计算了所有微博的主题概率的平均值，并将结果按升序排列，概率值依次为：主题 0：0. 155、主题 1：0. 078、主题 2：0. 115、主题 3：0. 104、主题 4：0. 079、主题 5：0. 220、主题 6：0. 248，如图 6-32 所示。横轴显示主题类别，纵轴显示概率值。其中主题 6 平均概率最大，其次是主题 5，主题 0、主题 2、主题 3、主题 4、主题 1。其中概率最高的两类主体：主题 5 和主题 6，通过对照表 2 和环保部门及微博辟谣曝光的雾霾谣言可知，主题 5 是有关微距雾霾的谣言(谣言一：微距镜头中的北京雾霾)，主题 6 是有关肺泡的谣言(谣言十：雾霾堵死肺泡?)。

(2)随机森林分类

为研究各特征变量对微博谣言识别的影响，本研究基于随机森林算法选择不同特征构造五个模型，并选取准确率、召回率和 F 值比较模型分类结果。

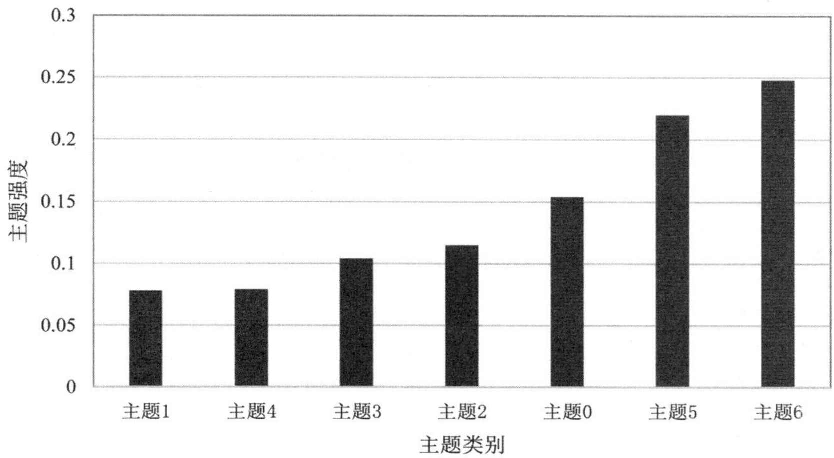

图 6-32　文档-主题平均概率

为评估随机森林模型在雾霾谣言识别的分类性能，本研究采用 SVM 和 Logistic 回归作为基准分类器与之对比，将 LDA 主题模型得到的文档-主题分布和用户可信度以及微博影响力指标作为各分类器的分类特征，使用 ROC 曲线评估分类器的表现。

①随机森林的参数调节。随机森林是由多个决策树组成的分类器。随机森林中的每颗决策树是一个弱分类器，而汇集多颗随机决策树分类结果使得模型的准确度和稳定性提高。为了有效调节模型的效率和速率，需要多次测试调整随机森林的关键参数。随机森林算法中重要的参数包括子树最大深度（max_depth）、最小样本划分数量（min_samples_split）、子树数量（n_estimators）、最小叶子节点数量（min_sample_leaf）。其中子树最大深度是指到子树叶子节点距离的最大值。最小样本划分数量指明当样本数小于最小值，则子树不再划分。最小叶子节点数量是指子树的末端节点个数的最小值，若子树的叶子节点小于该值则会被剪枝，其值越小越容易使模型受到噪声数据干扰，导致过拟合。本研究采用 10 折交叉验证的网格搜索方法调节随机森林的参数，并使用袋外分数（OOB score）和 AUC 值等来评估调参模型的优劣①，其中袋外分数反映了模型的泛化能力，两者数值越大，说明模型的性能越优。

②基于不同特征的随机森林模型。其中，模型 1 的训练集包含全部特征变

① 周志华. 机器学习[M]. 北京：清华大学出版社，2016.

量数据，模型 2 仅使用样本数据中的用户可信度和微博影响力特征训练，模型 3 仅使用文档-主题分布特征，模型 4 使用文档-主题分布和用户可信度特征变量，模型 5 使用文档-主题分布和微博影响力特征变量，如表 6-35 所示。

表 6-35　模型-特征变量

特征 / 模型	文档-主题分布 Distribution	用户可信度 Reliability	微博影响力 Influence
模型 1Model_1	√	√	√
模型 2Model_2		√	√
模型 3Model_3	√		
模型 4Model_4	√	√	
模型 5Model_5	√		√

针对每个模型选用基于 10 折交叉验证的网格搜索方法计算模型的最优参数。具体结果如表 6-36 所示。

表 6-36　模型最优参数

Parameter / Model	n_estimators	min_samples_split	max_depth	min_sample_leaf
Model_1	55	10	9	4
Model_2	45	190	7	3
Model_3	30	20	9	5
Model_4	70	10	9	4
Model_5	30	10	9	4

根据表 6-36 的参数训练随机森林模型，并使用 OOB Score、AUC、Precision、Recall、F-Score 评估采用不同特征的模型性能，结果如表 6-37 所示。

表 6-37 模型评估

	OOBScore	AUC	Precision	Recall	*F*-Score
Model_1	86.483%	0.924	93.010%	93.013%	92.990%
Model_2	64.834%	0.664	68.543%	69.072%	68.421%
Model_3	85.223%	0.897	89.714%	89.691%	89.185%
Model_4	85.682%	0.912	91.737%	91.753%	91.737%
Model_5	85.223%	0.920	92.545%	92.554%	92.534%

从表 6-37 中可以看出，仅使用用户可信度和微博影响力特征的模型 2 的所有评估值均显著低于使用了文档-主题分布特征的模型 1，说明使用 LDA 模型训练得到的文档-主题分布特征显著提升了随机森林在雾霾谣言识别中的分类效果。而模型 3 仅使用了文档-主题分布特征，其袋外分数数值小于模型 1，且在雾霾谣言分类的表现显著不如模型 1 性能优异。虽然模型 5 的袋外分数与模型 3 基本相等，但模型 4、模型 5 的 AUC 值、准确率、召回率和 F 值均略高于模型 3，说明用户可信度特征或微博影响力特征对于雾霾谣言识别起到了正向作用。模型 4 的袋外分数略高于模型 5 的值，但模型 4 的 AUC 值、准确率、召回率和 F 值均低于模型 5，说明在谣言识别中微博影响力特征相比用户可信度特征更有效。而模型 4、5 的各类评估数值均小于模型 1 的数值，说明用户可信度特征与微博影响力特征的共同使用对谣言识别的效果提升最佳。综上基于文档-主题分布特征、用户可信度特征和微博影响力特征的模型表现最优。

为详细探究基于 LDA 训练得到的文档-主题分类特征的各模型的变量对谣言分类的影响，本研究利用随机森林提供的特征选择方法计算模型 1、模型 3、模型 4、模型 5 中各特征变量的重要度。研究表明，平均精确率减少(Mean decrease accuracy)方法相比于平均不纯度减少方法(mean decrease impurity)效果更好①，因而本研究选择平均精确率减少方法衡量变量的重要度。平均精确率减少的主要思想是通过随机打乱原始各特征变量的值，计算乱序后的特征值对模型准确率的影响。若特征变量对模型分类越重要，则乱序后的数据会使模

① Wolfe F, Clauw D J, Fitzcharles M A, et al. The American College of Rheumatology preliminary diagnostic criteria for fibromyalgia and measurement of symptom severity[J]. Arthritis care & research, 2010, 62(5): 600-610.

型精确率降低越多。各类模型的特征指标重要度如图 6-33 所示。

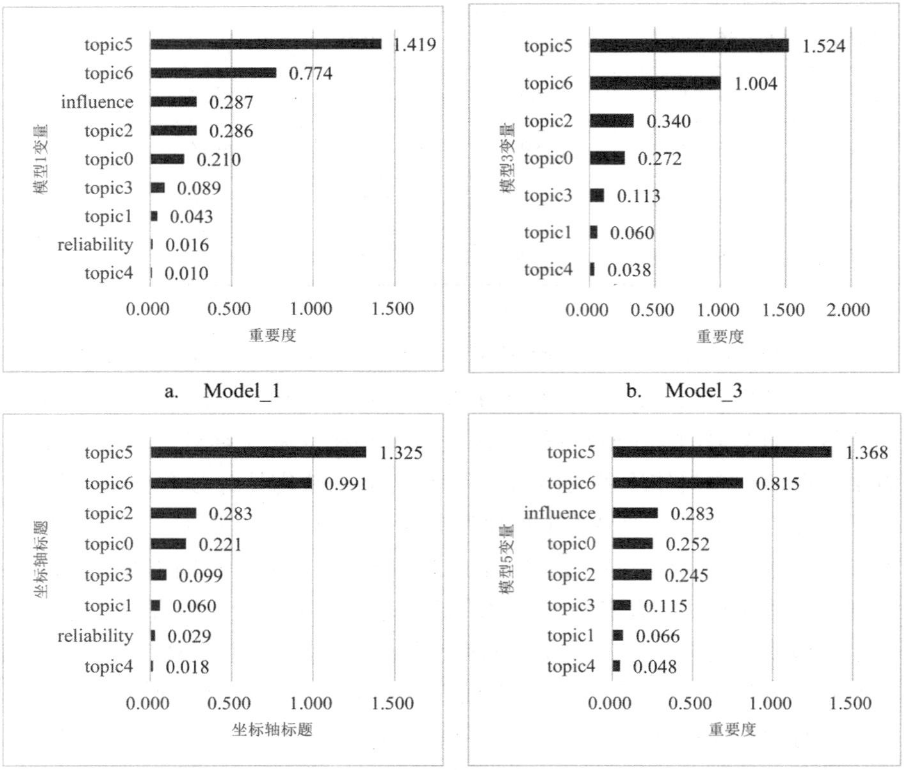

a. Model_1　b. Model_3　c. Model_4　d. Model_5

图 6-33　基于 LDA 的模型特征变量排序

由图 6-33 可以看出，主题 5、主题 6 在四类谣言识别模型训练中均起到了重要作用。在模型 1 和模型 5 的特征变量重要度条状图中，微博影响力特征重要度仅次于主题 5、主题 6；在模型 1 和模型 4 中，用户可信度特征重要度均大于主题 4 的重要度，说明论文构建的微博影响力和用户可信度变量对谣言识别是有效的。与此同时，模型 4 中主题 5、主题 6 的重要度比例(某特征变量重要度/所有特征变量重要度的和)分别为 43. 785%、32. 762%均大于模型 5 中相应的主题重要度比例 42. 844%、25. 538%。而模型 4 中用户可信度特征重要度比例为 0. 965%显著低于模型 5 中微博影响力重要度比例 8. 849%，因此微博影响力特征对谣言识别的性能提升作用高于用户可信度特征。

③随机森林分类性能比较。为了评估随机森林在雾霾谣言识别问题中的性能，本研究选择 SVM 和 Logistic 回归作为性能比较的基准分类器，使用 ROC 曲线进行分类模型效能评估。又因为基于 LDA 的随机森林谣言识别模型中，使用 LDA 文档-主题分布、用户可信度和微博影响力特征变量的分类器表现最优，所以将其作为随机森林、SVM 和 Logistic 回归的输入特征变量，并随机抽取 80%的样本数据作为模型的训练数据。SVM(Support Vector Machine)支持向量机是以统计学习理论为理论为基础的一种有监督学习模型，能够有效处理小样本、高维数据，拥有较好的泛化能力①。本研究使用基于高斯核函数的 SVM 进行模型训练，同样采用基于 10 折交叉验证的网格搜索方法确定模型的最优参数。罗吉斯回归是一种简单实用的广义线性回归模型，适合处理大规模数据，并且在二分类问题中得到了广泛应用，本研究采用基于 sigmoid 函数的 Logistic 回归方法进行模型训练。经过参数优化后的模型训练结果如图 6-34 所示。

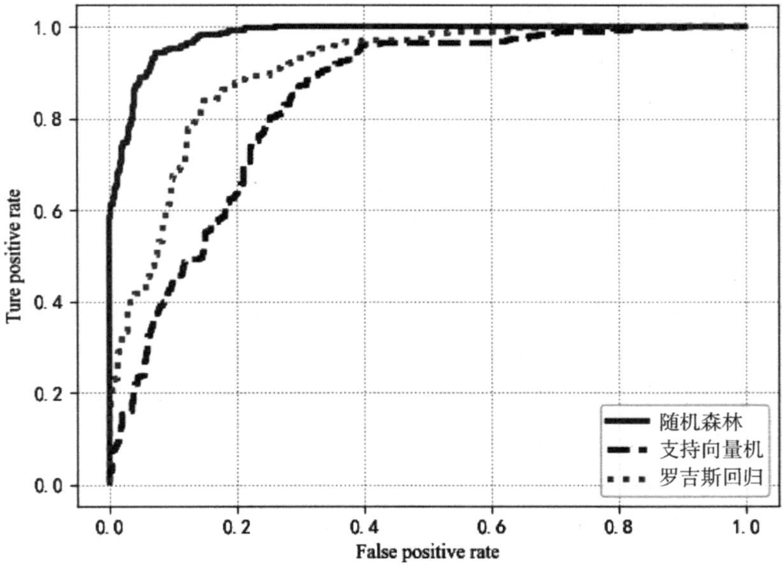

图 6-34 ROC 曲线

① 汪海燕，黎建辉，杨风雷. 支持向量机理论及算法研究综述[J]. 计算机应用研究，2014，31(5)：1281-1286.

图 6-34 中横轴是 FPR，纵轴是 TPR，实线表示的是随机森林，虚线代表支持向量机，点状线代表罗吉斯回归。在 ROC 曲线中越靠近左上角，则模型的性能越好。由图可知，随机森林的表现最优，其次是罗吉斯回归，最后是支持向量机。本研究分别计算了各模型 ROC 曲线下的面积(即 AUC 值)，随机森林的 AUC 值为 0.915，罗吉斯回归的 AUC 值为 0.827，支持向量机的 AUC 值为 0.767。综上所述，在使用主题-文档分布、用户可信度特征和微博影响力特征变量的分类器中，随机森林模型在雾霾谣言分类问题中表现优异，能够较为准确地实现谣言识别。

小　　结

城市公共安全是智慧城市建设的重要内容。在大数据管理的基础上，本章从情报体系视角上，提出了城市突发事件智慧管控体系，融合各职能部门数据以及网络舆情数据进行综合管控，及时发现城市公共安全异常，实现突发事件的智慧管控。同时，从应急管控的新需求出发，以社会计算理论方法为指导，构建了融合社会传感网络、No-SQL、云计算等先进信息技术的突发事件智能情报服务体系。

从信息理论视角上，本章基于熵理论从舆论场系统层面对突发事件舆情的演化机理进行了较为深入的探讨，明确舆论场系统的熵增不仅取决于系统内部的熵增，更受信息供需缺口的影响，即其会加速系统的熵增，让舆论场系统变得更加混乱无序。找到了突发事件舆情复杂多变的动态演化中的“不变”，即舆论场系统熵值变动的五大关键时间节点，启发相关部门的管控实践，即可估算舆论场系统不同时刻的总熵值变化，来推断舆情演化所处的大致阶段，进而实施针对性的突发事件网络舆情管控。

从信息技术视角上，本章运用机器学习技术，系统地研究突发事件管控中的网络舆情热度趋势预测、微博情感分析以及网络谣言识别等。首先，将 BP 神经网络应用到突发传染病舆情热度趋势的预测中，建立基于 BP 神经网络的突发传染病舆情热度趋势预测模型，并选取新浪微博“MERS 病毒卫生突发事件”的舆情热度数据进行实例分析，预测该突发传染病事件的发展趋势，研究结果为突发传染病微博舆情的管控提供决策支持；在此基础上，本章探索了三种面向突发事件管控的微博情感分析方法，研究目标和思路是在针对微博舆情数据进行有效采集和智能化管理的基础上，运用相应的机器学习(深度学习)

技术对微博舆情数据进行情感挖掘和分析，实时把控网民情感状况，实现突发事件网络舆情的有效管控，维护社会的和谐与稳定；最后，本章提出一种基于LDA的随机森林谣言识别方法，即基于LDA主题识别模型深入挖掘微博文本语义信息，获取文档-主题分布特征，将其与定义的用户可信度和微博影响力特征变量作为随机森林的输入变量进行分类训练，并进一步探讨了特征变量的重要度和模型性能，研究结果较为准确地实现了网络谣言识别，为公共安全职能部门网络舆情管控提供了有效的决策支持。

7　公共安全大数据管理的智能保障机制

公共安全智能化管理在技术实现的基础上，需要从技术规范和标准保障、职能部门管理模式创新、数据安全保障和公众隐私保护等方面研究公共安全大数据管理的智能保障机制。基于此，本章从以下方面展开研究：首先，探讨公共安全大数据管理的技术规范和标准保障机制；在此基础上，探索职能部门管理模式创新机制，提出组织重组与优化策略、大数据中心的建设思路；而后，研究数据安全保障机制，包括基于网格计算的数据安全保障和基于云计算的数据安全保障；最后，围绕公共安全大数据资源开发和利用过程中公众隐私泄漏的安全问题，将数据资源使用过程的安全保障与公众隐私保护作为一个关联整体，从政府部门与公众信息交互的视角研究公共安全保障的“公共性”与公众隐私的“个人性”之间的权益界定，在此基础上研究基于双方权益维护的公众隐私保护机制。

7.1　公共安全大数据管理的技术规范和标准保障

大数据环境下，公共安全的有序和稳定，离不开数据的有效采集、传输、处理、存储和利用。大数据时代，公共安全的各行业和部门产生的各类数据量级高，但是部门之间存在数据共享利用难度比较大、信息孤岛等问题，导致各部门之间的协同效果不佳，主要原因在于公共安全大数据在各个行业和部门没有具体的标准和规范。没有技术规范和标准体系做指导，使得数据从采集到应用都按各自的需求任意进行；部门之间数据不统一，适用性差、可拓展性弱、理解难度大；数据安全问题严重、侵犯信息隐私问题层出不穷；涉及保密信息，安全工作不到位，导致信息泄露。公共安全大数据管理的技术规范和标准制定，不仅要与大数据的技术规范和标准有共同之处，而且要具有公共安全的行业特征，符合行业发展的需要。

规范是调控人们行为的具有不同程度普适性的指示或指示系统。技术规范是调整人与自然关系的规范的总称，它是人类在长期与自然互动的过程中形成的、从人与自然的关系方面调控人类行为的具有稳定性、普适性的指示或指示系统①。公共安全大数据技术规范是指通过正确的管理和制度标准约束人的行为，保障公共安全大数据的合理获取和安全管理。公共安全大数据需要技术规范，促进各部门和行业的跨部门协同，保障公共秩序的稳定，其中技术规范涵盖公共安全大数据管理的全生命周期，贯穿数据采集、传输、处理、存储和利用等环节。公共安全大数据管理的技术规范，不仅在技术上严格规范数字资源的合理安全使用，同时在管理和制度标准上，进行规范和约束指导。

通过设定技术规范和标准，保障公共安全大数据的有效管理，使数据能够在各部门和行业得到充分利用。从国家层面，具备完善的技术规范，与国际接轨，促进技术进步和优势互补，学习其他国家在公共安全方面的管理和技术优势。拥有统一的技术规范和标准，能够保证相互之间在部分领域进行数据共享，促进科学进步，例如在疾病预防、自然灾害治理、环境污染、气候恶化等涉及人类发展的重要问题上进行数据共享，推动技术创新，为人类发展提供助力。从社会层面，制定公共安全大数据管理的技术规范和标准，能够促进行业之间的数据共享、信息协同，保障数据的适用性、安全性和可读性。在技术规范和标准保障下，各部门的数据资源能够在其他部门得到利用，并且能够读懂数据的含义。在进行数据处理时，减少在数据清洗加工方面消耗的时间，同时加强部门之间的协同工作，如气象和农业、消防和医疗救援等。只有进行技术规范和标准保障，才能使公共安全大数据的价值得到充分体现，保障信息数据的安全和正当使用。

公共安全大数据的合理使用和安全保障，是维护公共安全的重要部分。公共安全数据涉及公众隐私、企业竞争力、国家安全等各个层面，每个行业和部门虽然能够采集大量的数据，但要对数据的正当使用和安全保障负责。随着网络环境的开放和共享，数据安全和用户隐私问题变得日益严重。一方面，数据的过度收集和集中处理导致了数据的滥用、泄露、非法交易等；另一方面，多源数据关联分析正在严重威胁用户隐私②。国家高度重视大数据安全及其标

---

① 曹志平，徐梦秋. 技术规范的分类及其标准[J]. 自然辩证法研究，2008(6)：60-65.

② 王建民，金涛，叶润国.《大数据安全标准化白皮书(2017)》解读[J]. 信息技术与标准化，2017(8)：38-41.

准化工作。2015 年 9 月 5 日国务院发布《促进大数据发展行动纲要》，强调“完善法规制度和标准体系，科学规范利用大数据，切实保障数据安全”“健全大数据安全保障体系，强化安全支撑”。2016 年 12 月 27 日，国家互联网信息办公室发布《国家网络空间安全战略》，将“实施国家大数据战略，建立大数据安全管理制度，支持大数据、云计算等新一代信息技术创新和应用”写入其中①。

在公共安全大数据技术规范和标准制定同时，需要进行安全与发展两手抓，既保证公共数据安全问题，又要为公共安全大数据的应用提供充足的发展空间。公共安全大数据的技术规范和标准体系为公共安全大数据的开展与实施提供了指导和安全保障，使公共安全大数据资源的价值得到充分发挥。公共安全大数据安全标准是公共安全大数据标准体系的重要组成部分，对数据安全管理起到引领和指导作用。因此，加快推进公共安全领域大数据标准化工作，为大数据产业化发展和技术提升提供助力，营造安全、稳定、和谐、规范的大数据创新应用发展环境。党中央、国务院高度重视大数据安全及其标准化工作，为推动大数据安全标准化工作，全国信息安全标准化技术委员会下设的大数据安全标准特别工作组启动了《大数据安全标准化白皮书》的编制工作②。白皮书从法规、政策、标准和应用等角度，勾画出大数据安全的整体轮廓，综合分析大数据安全标准化需求，为我国后续的大数据安全标准化工作提供指导③。

7.1.1 公共安全大数据技术规范和标准化的需求分析

针对公共安全大数据管理的技术规范和标准化，将从国家层面、行业领域层面、公众层面进行需求分析。

(1)国家层面

公共安全大数据管理的技术规范首先应保障国家安全；在与国际接轨时，能够在管理和技术上汲取国外的长处，促进公共安全技术进步和管理创新；同时在针对各国及人类发展面临的重要问题上，推动技术研发、科学数据共享、

---

① 本刊编辑部.《大数据安全标准化白皮书(2017)》摘编[J]. 中国信息安全，2017(5)：76-79.

② 王建民，金涛，叶润国.《大数据安全标准化白皮书(2017)》解读[J]. 信息技术与标准化，2017(8)：38-41.

③ 本刊编辑部.《大数据安全标准化白皮书(2017)》摘编[J]. 中国信息安全，2017(5)：76-79.

标准制定等。公共安全技术规范要与国际标准接轨，而不是另辟蹊径。随着大数据、云计算、物联网、移动互联网的快速发展，公共安全相关数据的获取来源与渠道丰富多样，由于各类传感网络的部署，每时每刻产生大量的传感数据①。这些数据的充分合理利用，对国家发展有积极意义。公共安全与国家安全和稳定息息相关，公共安全大数据技术规范和标准化不仅为公共安全部门提供约束规范和发展指导，而且为其他行业的大数据应用和发展提供标准参考。同时，大数据应用是国家发展战略的一部分，制定技术规范和标准防止大数据的肆意发展，是对大数据产业稳定高速发展的重要保障。公共安全相关部门采集和管理的数据部分涉及国家安全、关键技术等，在政治上关乎社会稳定和国家形象，需要严格规范数据的获取和应用。

(2)公共安全领域层面

交通、医疗、农业、气象、海洋、卫生、公安、统计、金融等各行业或部门都具有大数据采集处理和应用的能力，但是需要进行技术规范，保障数据的合理采集、传输、处理、存储和应用。只有在完善的技术规范下，才能保障数据的管理有章可循，部门之间互通互联，在建设数据管理的相关系统或平台时，数据的互操作性才能有效提升。技术规范从整体上约束和指导大数据资源管理，提升公共安全系统的整体效能。任意组织或部门采集的数字资源在其他行业或部门都具有可读性、适用性和可拓展性。虽然信息数据的维度和内容不同，在格式和读取方式方面都能够在不同的领域适用。公共安全行业大数据涉及社会运行各个层面的数据，蕴含了众多特定的领域知识，需要制定标准化的应用流程，进行有效分析，充分挖掘数据的价值。在标准化建设中，应该重点关注应用领域特征和业务需求，促进跨部门数据共享和信息协同。

(3)公众层面

采集公共安全大数据，必然涉及对公众数据的采集，同时部分数据也涉及公众的隐私和信息安全，以及对企业数据的采集可能涉及企业之间的恶意竞争、核心技术的泄露等安全问题。需要技术规范在公共安全数据采集存储和传输上保障公众信息隐私安全。在对公众或企业甚至国家敏感信息采集上，根据行业需要采集必要的数据、脱敏脱密的或者已有的数据。在数据传输上，既要保证数据的高效传输，又要保证数据的安全性和完整性，主要在技术上提供安全保障。在存储方面，相对于普通商业大数据存储，公共安全大数据的存储在

---

① 王亚沙，赵俊峰. 大数据技术标准建设需求与规划探讨[J]. 信息技术与标准化，2015(9)：11-15.

技术保障和安全管理方面更加严格。在数据的使用上，不仅要管控和记录数据提取，而且要保证处理数据的人员不会泄露重要信息。公共安全大数据包含各行业主体信息和主体活动产生的信息，涉及公共安全及个人隐私，需要有效地保护。公共安全大数据技术规范和标准化，对公共安全相关部门的有效安全管理起到关键作用。由于公共安全数据涉及领域众多，其价值在于融合多个领域的数据进行互联共享。标准制定有利于完善对数据开放共享制度和规范管理流程，并为隐私数据和涉密信息提供安全保障。

公共安全大数据管理进行技术规范和标准化，一方面，驱动大数据技术在公共安全相关部门的应用，优势互补，促进新技术的推广；另一方面，有利于形成技术研发和应用的合力，推动和规范我国公共安全大数据产业的快速发展，建立完备、良性的公共安全大数据生态系统①。

7.1.2 公共安全大数据技术规范与标准建设

公共安全大数据技术规范与标准是不可分割的两个部分，在规范前提下的标准制定决定了基本的管理构架。

(1)公共安全大数据技术规范

技术规范和社会规范都是经过实践的检验，为人的生产生活与发展提供约束和指导，可以是明文规定也可以是口头相传。如设备使用规范、实验操作规范、驾驶规范都是在客观事实规律基础上为人的行为提供参考和指导。技术规范来源于人们对实物客观规律和经验的总结，具有科学性、指导性、安全性、普适性。公共安全大数据技术规范的制定，既要反映大数据技术的先进性，又必须与国家和行业发展的实际相结合，对公共安全的稳定和治理提供约束和指导。

技术是具体的、实践的、特殊的，相同的技术目标可以由许多不同的技术来实现②。而技术规范指导的范围是一个行业甚至更广。只有在某种技术得到推广、应用，为同行业的人所普遍接受和采用时，才能成为该行业的技术规范。技术规范是各种技术相互竞争，优胜劣汰的结果③。建立合理且有效的大

① 王亚沙，赵俊峰. 大数据技术标准建设需求与规划探讨[J]. 信息技术与标准化，2015(9)：11-15.

② 徐梦秋，曹志平. 技术规范的特征与内涵[J]. 自然辩证法通讯，2008(5)：44-50，111.

③ 徐梦秋，曹志平. 技术规范的特征与内涵[J]. 自然辩证法通讯，2008(5)：44-50，111.

数据管理及应用规范，是促进大数据资源价值充分发挥和产业稳定有序发展的基础。通过实施安全管理规范，要求大数据工作人员按照规范进行数据的科学管理和安全操作，完善责权分配机制，每个工作人员在拥有权利的同时承担相应的责任。制定和完善公共安全大数据技术规范，是为了约束大数据操作和使用行为，保证公共安全大数据得到充分利用和安全管理。

大数据技术能够将隐藏于海量数据中的信息和知识挖掘出来，指导人的行为决策，提高公共安全各个领域的管理效率。公共安全大数据行业应用分为面向工业制造、交通物流、金融、电信、能源、传媒等数据量大的行业领域；面向医疗卫生、社会保障、终生教育等民生服务领域；城市规划、智慧交通、公共安全等城市综合管理领域等①。大数据生命周期由数据的获取、数据预处理、数据存储、数据分析与可视化、大数据应用、数据安全等构成。公共安全大数据技术规范贯彻大数据生命周期。以数据获取环节为例，公共安全大数据采集主包括系统日志采集、网络爬虫采集、数据库采集、众包模式采集及其他方式采集。大数据采集过程中，数据源的智能识别、感知、适配、传输、接入，数据平台创建、数据模型整合和表示，以及数据存储路径、信息生命周期管理都应制定相应的规范。针对以上公共安全大数据应用的技术规范和标准应逐步建立和完善。

公共安全大数据技术规范包含大数据采集规范、应用规范、安全规范、人员管理规范、访问规范。公共安全大数据技术规范不限于以上所列，可以从不同的角度划分和制定，并在行业实践中会提出更多符合大数据技术发展与实践的其他技术规范。

①数据采集规范。公共安全大数据的采集，一方面，根据目标和需求，尽量采集必要的数据，减少无关数据的采集，保障采集对象拥有知情权，说明数据用途和安全保障。另一方面，采集数据要根据研究需要，在不影响分析结果的情况下，进行数据的脱敏脱密处理，保障数据的安全，避免机密信息和公众隐私数据的泄露风险。公共安全数据采集，采取合理的渠道和方式，做到精准全面，在不影响采集对象正常工作经验的情况下进行数据采集，并记录数据来源、采集方式、负责人信息、采集时间、采集对象等。

②数据应用规范。公共安全大数据的应用，一方面是公共安全相关部门内部使用，另一方面是对外开放共享。内部使用的数据往往是与公共安全部门业

① 肖筱华，周栋. 大数据技术及标准发展研究[J]. 信息技术与标准化，2014(4)：34-38.

务和工作需要进行数据的分析与应用，通常涉及信息机密和数据安全不易对外开放，或者对外开放没有实际意义。对于这类数据的应用，要在机构内部严格控制，按照机构数据使用规范进行。对外开放数据是能够对外提供更多有用价值，对维护社会公共安全有积极意义的数据内容，如食品安全数据、应急消防、自然灾害防治等。对外开放数据，也需要脱敏脱敏处理。不管任何数据的应用，都要以促进和维护公共安全为主导，促进行业发展，提升公共安全管理的效率和质量。

③数据安全规范。数据安全规范包括安全传输规范、安全存储规范、数据审核规范等。公共安全大数据传输规范要求数据的传输保证效率的同时，保障数据传输的安全性、完整性、一致性。如果是在局域网环境，则不要使用广域网进行数据传输。在进行数据传输，采用安全传输协议，保障数据传输的安全性。安全存储规范是对数据存储行为进行规范。公共安全大数据存储，根据数据安全保护需要，采用合理的安全存储方式。数据审核规范是对数据进行审核时的行为规范，保障数据质量和合理使用。评审根据数据使用方业务发展所需，提出数据需求，包括业务上明确需求目的、使用场景及范围、使用方责任人等，技术上明确数据内容、格式、周期、时段、紧急程度等①。同时，规范相关部门制定完善的数据安全问题应急措施。

④数据操作人员管理规范。公共安全大数据都有指定的数据管理人员，负责数据的操作和使用管理，确保数据的安全存储和合理应用。每个数据管理人员对其负责数据具有安全负有责任，任何对数据进行调取、分析、处理等操作的需要进行登记，保障数据每次的使用都能有专人负责。操作人员应严格按照业务需求执行对数据的操作，超出数据使用规范，必须进行申请并审核，说明数据用途，并签署相关安全保障协议，特别是设计商业机密和公众信息隐私的数据，需要严格管控。

⑤数据访问规范。公共安全大数据的调取需要制定授权访问规范，限定内部或外部人员访问数据的行为。只有获取相关指定权限，才能访问相关数据。数据的每次访问需要进行数据操作记录，以备查验。外部用户或部门机构获取公开信息不需要进行多重审核，但是对于敏感信息，需要进行申请，获取权

---

① 李静. 大数据安全管理规范及关键技术[J]. 信息与电脑(理论版)，2016(16)：144-146.

限。用户权限需经过申请、审批、开通、变更和删除等环节的相关操作①。用户访问数据提出申请，需要说明数据的用途、数据量、数据范围、申请人、责任人、协议等等。用户权限根据用户的具体需求，遵照最小权限原则进行授权和审批。尽管是公共安全部门之间的数据协同共享，也需要有数据访问规范，制定数据安全访问机制，保障数据的合理使用。

(2)公共安全大数据技术标准

公共安全大数据的可持续发展，需要发展大数据技术，支撑大数据标准的制定和落实。目前，信息技术标准不能满足公共安全大数据应用需求，需要对原有的技术标准和规范进行提升，以适应时代的发展和技术的进步。着重建立完善的公共安全大数据技术标准，有助于行业的发展，数据的有效管理。公共安全大数据技术标准的研制，允许分布式环境下数据的完整性验证、加密技术、数据溯源、安全标准、审核校验，能够对接云计算、区块链等新技术。同时加强网络安全保护，公共安全设施的数字化、智能化。

公共安全大数据技术标准是根据大数据技术标准化需求分析，规范数据采集、处理、分析、评估与可视化等。标准体系及相关标准的制定要适应国际先进技术的发展，并且符合我国实情，从而为行业大数据技术的发展提供动力和保障。目前我国大数据发展在基础技术与系统、分析方法与算法发展滞后且不均衡，应优先构建与我国发展现状相符合的大数据核心技术标准体系②。为推动公共安全大数据的发展，大数据标准化工作应加强元数据、工业大数据、食品安全大数据、交通大数据、医疗卫生大数据、公共数据开放共享、数据安全与隐私保护等方面的研究与应用，开展相关标准体系架构搭建和重点标准研制工作，并通过标准符合性测试以及相应的评价、认证等工作，全面提高数据质量③，提升数据服务能力，推动公共安全数字化、智能化、智慧化发展。公共安全大数据技术标准体系应符合国家对大数据标准体系的建设要求。在大数据标准体系的基础上，具由领域特性，引领和指导公共安全领域各行业大数据技术的发展。

---

① 李静. 大数据安全管理规范及关键技术[J]. 信息与电脑(理论版)，2016(16)：144-146.

② 王亚沙，赵俊峰. 大数据技术标准建设需求与规划探讨[J]. 信息技术与标准化，2015(9)：11-15.

③ 张群. 大数据标准化现状及标准研制[J]. 信息技术与标准化，2015(7)：23-26.

7.1.3 公共安全大数据的技术规范和标准架构

公共安全大数据管理需要标准体系的支撑，本节基于大数据技术相关标准的研究成果，从基础、技术、产品、应用等角度进行分析，形成公共安全大数据标准体系总体框架。

(1)国内外大数据标准化工作

随着大数据技术的不断发展与应用，大数据标准研制已经成为国内外各个标准化组织关注的热点，本部分对国内外已经开展的大数据标准化工作进行梳理，如表 7-1 所示。

表 7-1　国内外大数据标准化工作

国内外	标准化组织	内容
国外	ISO/IEC JIC1/WG9	ISO/IEC JIC1/WG9 大数据工作组于 2014 年 11 月成立，其工作重点包含：开发大数据基础性标准；识别大数据标准化需求；与大数据相关的 JTC1 其他工作组保持联系；与 JIC1 外其他大数据相关标准组织保持联系。目前，WG9 正在研制《信息技术大数据概述和术语(Information technology - Big Data – Overview and vocabulary)》等 6 项国际标准
	ISO/IEC JIC1/SC32	ISO/IEC JIC1/SC32 数据管理和交换分技术委员会(简称 SC32)是与大数据关系最为密切的标准化组织，下设 WG1 电子业务工作组、WG2 元数据工作组、WG3 数据库语言工作组、WG4SQL 多媒体和应用包工作组，其标准化技术内容包含：协调现有和新生数据标准化领域的参考模型和框架；负责数据域定义、数据类型、数据结构以及相关的语义等标准；负责用于持久存储、并发访问、并发更新和交换数据的语言、服务、协议等标准；负责用于构造、组织和注册元数据及共享和互操作相关的其他信息资源的方法、语言服务和协议等标准。SC32 现有的标准制定为大数据发展提供了良好基础
	ITU-T	目前，ITU-T 开展的标准化工作涵盖：高吞吐量、低延迟、安全、灵活和规模化的网络基础设施；汇聚数据机和匿名；网络数据分析；垂直行业平台的互操作；多媒体分析；开放数据标准等

续表

国内外	标准化组织	内容
国外	IEEE BDGMM	IEEE 大数据治理和元数据管理(BDGMM)于 2017 年 6 月成立，其期望的可交付成果包含：1)通过 IEEE 发起的研讨会和 Hackathons 或其他会议收集、分析和识别相关用例、要求和解决方案，并形成文档；2)基于文档更详细地框定问题、找出课题，形成白皮书；3)来自大数据元数据管理相关最佳实践的参考架构概念和解决方案；4)识别和启动大数据元数据管理相关的 IEEE 标准活动(包括建议的实践、指南)
	NIST	NIST(美国国家标准技术研究所)是最早进行大数据标准化研究的机构之一，其 2013 年 6 月创建的大数据公共工作组(NBD-PWD)最重要的输出为大数据互操作性框架(NBDIF)报告，这一报告目前有两个版本，已经发布的第一个版本包括定义、分类、用例和一般需求、安全和隐私、架构调研白皮书、参考架构、标准路线图这七个部分，第二个版本在上一版本的基础上又增加了两部分
国内	全国信标委大数据标准工作组	全国信标委大数据标准工作组于 2014 年 12 月 2 日正式成立，主要负责制定和完善我国大数据领域标体系，组织开展大数据相关技术和标准的研究，申报国家、行业标准，承担国家、行业标准修订计划任务，宣传、推广标准实施，组织推动国际标准化活动。目前已发布 9 项国家标准，20 项正在研制，6 项正在申请(如表 7-2 所示)
	全国信安标委大数据安全标准特别工作组	工作组正在研制的国家标准包含《大数据服务安全能力要求》《个人信息安全规范》《大数据安全管理指南》《数据安全能力成熟度模型》《个人信息去标识化指南》等

表 7-2　全国信标委大数据标准工作组标准研制情况

序号	标准号	标准名称	状态
1	GB/T 35295-2017	信息技术 大数据 术语	发布
2	GB/T 35589-2017	信息技术 大数据 技术参考模型	发布
3	GB/T 34952-2017	多媒体数据语义描述要求	发布
4	GB/T 34945-2017	信息技术 数据溯源描述模型	发布

续表

序号	标准号	标准名称	状态
5	GB/T 35294-2017	信息技术 科学数据引用	发布
6	GB/T 36073-2018	数据管理能力成熟度评估模型	发布
7	GB/T 36343-2018	信息技术 数据交易服务平台 交易数据描述	发布
8	GB/T 36344-2018	信息技术 数据质量评价指标	发布
9	GB/T 36345-2018	信息技术 通用数据导入接口规范	发布
10	20141201-T-469	信息技术 数据交易服务平台 通用功能要求	报批
11	20160597-T-469	信息技术 大数据分析系统基本功能要求	报批
12	20160598-T-469	信息技术 大数据存储与处理平台技术要求	报批
13	20171084-T-469	信息技术 大数据 系统通用规范	报批
14	20171083-T-469	信息技术 大数据 基于参考架构下的接口框架	草案
15	20171082-T-469	信息技术 大数据 分类指南	草案
16	20171081-T-469	信息技术 大数据 存储与处理系统功能测试规范	草案
17	20171065-T-469	信息技术 大数据 分析系统功能测试规范	草案
18	20171066-T-469	信息技术 大数据 面向应用的基础计算平台基本性能要求	草案
19	20171067-T-469	信息技术 大数据 开放共享 第 1 部分：总则	草案
20	20171068-T-469	信息技术 大数据 开放共享 第 2 部分：政府数据开放共享基本要求	草案
21	20171069-T-469	信息技术 大数据 开放共享 第 3 部分：开放程度评价	草案
22	20173818-T-469	信息技术 大数据 系统运维和管理功能要求	草案
23	20173819-T-469	信息技术 大数据 工业应用参考架构	草案
24	20173820-T-469	信息技术 大数据 产品要素基本要求	草案
25	20180988-T-469	信息技术 工业大数据 术语	草案
26	20182054-T-339	智能制造 工业数据空间模型	草案
27	20182053-T-339	智能制造 工业大数据平台通用要求	草案
28	20182052-T-339	智能制造 工业大数据时间序列数据采集和存储框架	草案

续表

序号	标准号	标准名称	状态
29	20182040-T-339	智能制造 多模态数据融合系统技术要求	草案
30	——	信息技术 大数据 面向分析的数据存储与检索技术要求	申请立项
31	——	信息技术 数据资源规划	申请立项
32	——	信息技术 政务信息服务共享评价标准	申请立项
33	——	信息技术 服务大数据 运维服务元数据	申请立项
34	——	数据管理能力成熟度评估方法	申请立项
35	——	企业主数据管理指南	申请立项

在数据管理方面，我国已经发布了 GB/T 36073-2018 数据管理能力成熟度评估模型(Data management Capability Maturity assessment Model，DCMM)这一国家标准，DCMM 整合了标准规范、数据管理模型、成熟度等多方面的内容，定义了数据战略、数据治理、数据架构、数据应用、数据安全、数据质量、数据标准、数据生存周期共 8 个能力域以及 29 个能力项，能够帮助组织发现自身数据管理存在的问题，为未来提出数据管理能力提升路线图。目前，该标准已在上海、深圳、贵州等地区进行推广，并应用于金融、通信等行业，有效提升了地方与行业的数据管理水平。

(2)公共安全大数据标准体系总体框架

2017 年科技部发布的《“十三五”公共安全科技创新专项规划》指出，加强标准化战略，借鉴国际公共安全标准体系，加快制(修)订公共安全领域产品、技术和服务标准，鼓励和支持国内机构参与标准国际化工作，提升自主技术标准的国际话语权，推动我国公共安全标准在相关国家实质性应用。结合国内外大数据标准化工作情况，根据公共安全大数据自身标准化特点、数据生命周期管理以及未来数据发展趋势，提出了公共安全大数据标准体系总体框架，包含基础标准、数据标准、技术标准、产品和平台标准、安全标准、质量标准、应用与服务标准，具体如图 7-1 所示。

①基础标准。基础标准为整个标准体系提供总则、术语等通用标准，目前，我国已经发布或正在研制的公共安全基础标准包含：基础设施监测预警系列标准、应急术语标准、应急平台系列标准、公众应急避险系列标准、应急演

练系列标准、应急物资分类及编码系列标准等。

②数据标准。该类资源包含数据资源、数据开放共享两部分，其中数据资源包括元数据、数据字典、数据目录等相关标准；数据开放共享标准主要针对我国国情制定相应的数据开放标准、顶层设计以及自下而上的执行标准等，对开放数据的内容、格式等进行规范，使数据得到更加广泛地应用。

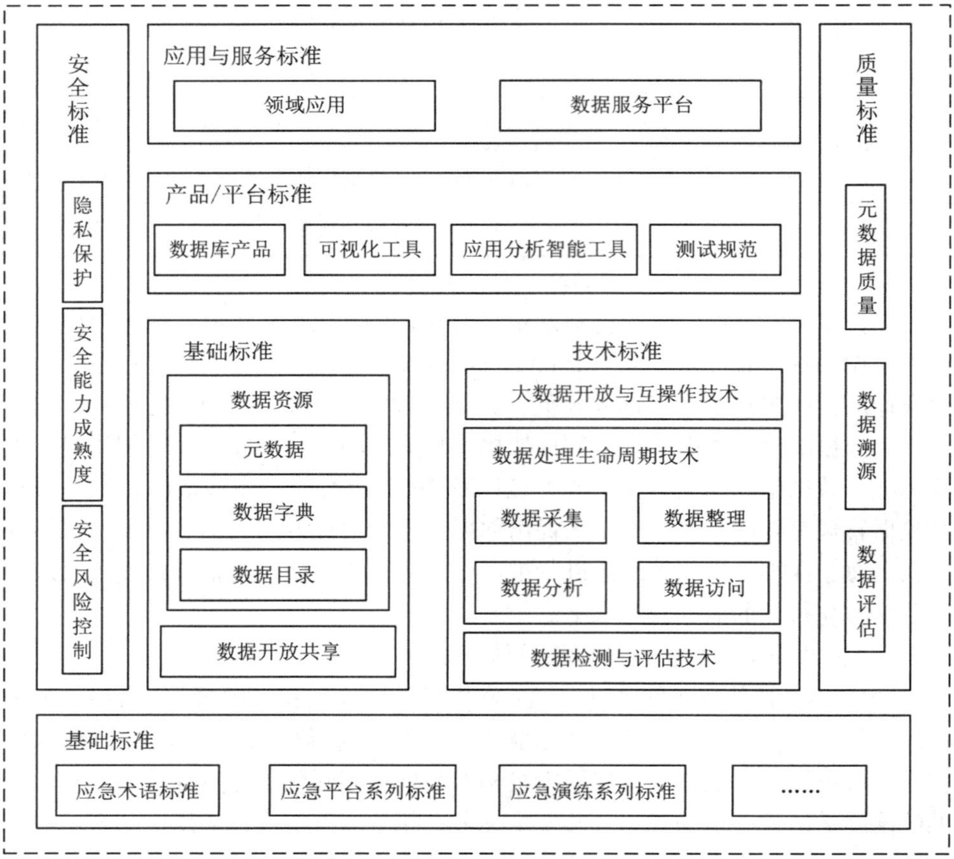

图 7-1　公共安全大数据标准体系总体框架

该类资源包含数据资源、数据开放共享两部分，其中数据资源包括元数据、数据字典、数据目录等相关标准；数据开放共享标准主要针对我国国情制定相应的数据开放标准、顶层设计以及自下而上的执行标准等，对开放数据的内容、格式等进行规范，使数据得到更加广泛地应用。

③技术标准。该类标准主要针对公共安全大数据相关技术进行规范，包括大数据开放与互操作技术、处理生命周期技术、数据检测与评估技术，其中大数据开放与互操作标准针对不同技术架构系统之间的互联进行标准制定；大数据处理生命周期技术标准包括数据获取、数据整理、数据分析、数据访问等阶段的标准化研制；数据检测与评估技术是针对数据本身、数据挖掘过程中的方法和工具进行风险、模型等方面的评估。

④产品/平台标准。该类标准主要针对公共安全大数据相关的技术产品和平台进行规范，包括数据库产品、可视化工具、应用分析智能工具、测试规范等，其中数据库产品标准从访问接口、测试要求等方面进行规范，为数据库管理系统进行数据分析提供支持；可视化工具标准对可视化展示工具的技术和功能要求进行规范；应用分析智能工具标准是对数据挖掘、OLAP 等商务智能工具的技术及功能进行规范；相应的测试规范标准是针对相关的技术产品和平台给出测试方法及要求。

⑤安全标准。安全标准作为公共安全大数据标准体系的重要部分，贯穿于数据整个生命周期。除了传统的数据安全和系统安全外，还包括隐私保护、安全能力成熟度、安全风险控制等方面。国家、社会、企业和个人的重要信息安全问题成为大数据信息安全的巨大挑战。制定面向公共安全相关部门信息采集和管控、敏感数据管理、数据交换标准和规则、个人隐私等大数据安全标准至关重要。

⑥质量标准。公共安全大数据价值的发挥离不开质量的保障。该类标准主要针对数据质量提出具体的管理要求，确保数据在采集、存储、利用等环节中的质量，并针对数据全生命周期进行规范化管理，主要包括元数据质量、数据溯源、数据评估等。

⑦应用与服务标准。该类标准主要从功能、开发、维护等方面对公共安全大数据所能提供的应用和服务进行规范，主要包含领域应用、数据服务平台等。其中领域应用指根据领域特性而产生的专用数据标准，如公共卫生领域、自然灾害领域；数据服务平台标准指针对大数据服务平台所提出的功能性、管理性标准。

(3)公共安全大数据标准制定相关建议

公共安全大数据标准具有对国际标准的适应性，因而存在着适应于国际的优化环境的问题，同时需要适应于未来新技术发展现状。

①具有领域和行业特色并与国际标准接轨。公共安全大数据管理标准要具有行业特征，公共安全涉及工业生产、金融、消防、交通、气象等多种部门。

不同行业对数据内容和形式的需求不同，数据的应用和重要性不同，导致数据标准化后可能不具有实际的应用价值，需要在总体标准体系下，向行业发展需要提供更细化、具体的技术标准保障。公共安全大数据标准要结合领域需求、行业需求，制定标准反馈机制，根据实际实施的情况衡量大数据标准的不足，从而不断调整，以符合实际需求。在标准的研制过程中，面向实用，与实际应用紧密结合，使得标准研制成果得到实际应用成效。公共安全大数据标准的制定，要与国际接轨，促进公共安全领域的研究，学习国外先进的技术和管理优势。多个国家之间，能够进行技术交流，提供科学研究的数据资源，促进公共安全在全世界的发展和进步。

②更加注重数据安全和隐私保护。公共安全大数据标准需要在大数据标准的基础上更注重数据安全。公共数据不仅关乎个人而且关乎企业和国家安全。在不同的公共安全部门要根据自身的情况落实大数据标准体系，促进自身的业务发展。公共安全大数据要根据数据的类型和内容区别保障数据安全，促进数据共享和价值的充分发挥。在当今开放的互联网环境下，数据堪比黄金，肆意采集公众个人信息和侵犯隐私问题越来越严重。目前，很多企业和平台非法收集用户个人信息、出卖用户信息、侵犯用户隐私、安全保障不完善甚至没有、滥用用户数据情况时有发生，公众个人隐私和合法权益受到严重侵犯。公共安全大数据技术规范和标准化，要加强个人信息保护相关的安全标准制定，明确跟人信息隐私和用户数据使用规范，严格约束数据的采集、处理、使用和信息披露。通过相关的大数据技术进行用户信息的脱敏和加密处理，评估数据安全等级，采取规范的安全保障措施，并进行安全风险评估，最大限度地保障用户合法权益和社会公共利益。

③积极宣传和教育，落实公共安全大数据标准。标准的制定不能当作摆设，如果没有相关部门和企业的遵守，那么标准的作用和意义就得不到充分发挥。制定和完善公共安全大数据标准的同时，更要注重对标准制度的落实。这种标准的落实和开展能够提升数据的管理和使用效率，保障公共安全大数据的安全和高效。而且，在技术规范和标准的实施过程中能够不断发现问题，从而完善标准体系的制定。在对公共安全标准的落实中，需要从教育方面落实，培养具备大数据素养的人才，能够学习和落实大数据标准。鼓励研发大数据关键技术系列标准以及重点领域大数据技术标准，优先应对需求迫切的领域与问题，并通过对标准的宣传推广获得持续反馈，不断完善、改进大数据技术标准体系及相关标准。

7.1.4 食品安全大数据技术规范和标准保障

食品安全(food safety)指食品无毒、无害，符合应当有的营养要求，对人体健康不造成任何急性、亚急性或者慢性危害。《中华人民共和国食品安全法》第十章附则第九十九条规定：食品安全，指食品无毒、无害，符合应当有的营养要求，对人体健康不造成任何急性、亚急性或者慢性危害。食品安全专门探讨在食品加工、存储、销售等过程中确保食品卫生及食用安全，降低疾病隐患，防范食物中毒的一个跨学科领域①。2013 年 12 月 23 日至 24 日中央农村工作会议在北京举行，习近平总书记在会上发表重要讲话。会议强调，能不能在食品安全上给老百姓一个满意的交代，是对执政能力的重大考验，食品安全首先是“产”出来的，也是“管”出来的。

民以食为天，食品安全问题关系到民生，是公共安全重要研究内容之一。大数据时代，食品数据采集和处理要包含食品的整个供应链，保障信息的准确和公开，促进食品的检测、管理和溯源查找。食品大数据需要进行标准化管理，保障数据从采集到应用整个生命周期能够规范化进行。确保食品数据的准确、完整、有效，保障数据的真实性，有利于进行食品信息的挖掘和分析，提升食品监管效率，降低食品管理成本。一方面，食品安全大数据能够反映食品的整个生产加工状态，代表食品的身份信息，需要进行采集和分析，以了解食品各环节生产安全和质量问题。另一方面，通过食品安全大数据能够分析在食品从原产地到消费者整个过程出现的问题，并及时处理，防患于未然。食品安全监测，需要全面详细的食品数据支撑。同时，通过食品数据可以进行食品溯源，不仅有助于消费者和相关部门了解食品的具体信息或进行监督检查，提高食品安全信息透明度，而且能够防止黑心商家进行食品仿造、逃避食品检测，避免三无食品进入市场，危害公众健康和生命安全。

为推动食品安全，国家高度重视大数据在食品安全管理中的应用。目前食品溯源已经取得比较好的效果，但是在众多食品类别中，还存在很多食品溯源不到位的情况。同时，跨境食品溯源还需要进行与其他国家的安全标准对接。这就需要国际食品安全标准能够在各国推广，保障跨境食品安全信息的公开透明和标准化。

①食品大数据采集标准。食品关乎民生，食品的安全生产和质量检测都能通过数据表示出来。食品数据采集需要全面准确，包括食品原产地信息、原料

① 杨雪. 基于贝叶斯统计的食品安全风险预测和控制[D]. 广州：华南理工大学，2012.

采集信息、生产加工数据、库存数据、质检数据、物流数据等设计供应链的整个环节，保证食品信息的可溯源，能够通过数据反映食品材料的安全指标。食品大数据采集要保证真实准确，保证食品原材料（养殖）种植、生产、加工、物流、存储、质检、分销等过程。食品信息溯源，任何环节出现问题可及时发现，并进行治理，从而保障食品供应安全。食品数据采集要符合食品质检和消费者审核需求，保证业务人员能够理解，且有能力获取。在农产品供应链，大数据可以通过有关环境因素的链接信息来预测病原体或污染物存在。

随着跨境电子商务的快速发展，消费者所需的食品不仅来自国内，而且可能来自世界各地。食品安全问题也是国际上的重要问题。不同国家在食品数据采集和应用的标准不同，会导致其他国家在进行食品数据库建设时存在壁垒。同时，为了方便进行食品安全检查，需要的食品相关数据可能其他国家并未要求，或者在进行食品信息入库时，数据形式和标准不同，数据可读性差，其他部门难以应用和有效理解。因此，食品安全大数据标准，需要与国际接轨，促进食品数据规范化和标准化，方便国际间的食品流通。

②食品安全大数据处理技术标准。采集并有效管理食品大数据，不仅能确保食品的安全生产，还能够分析食品加工的流程优化、质量管控和库存管理，物流优化，节约食品加工、生产、库存、物流、营销成本，提高食品安全生产效率，维护品牌声誉，应对食品安全突发事件等。食品数据处理具有严谨性和准确性，真实反映食品数据蕴含的食品从产地到消费者的整个状态。在食品安全性突发事件产生过程中，大量的样品被收集和分析，产生大量的数据和信息，这些数据和信息被用来鉴定突发事件的来源。对食品安全突发事件应急处理过程和效果进行评估，保障各类突发事件得到妥善处置。通过对食品安全大数据进行标准化处理，加强食品质量管控，健全食品安全应急处置体系。食品生产经营企业制定食品安全事故处置方案，定期检查本企业各项食品安全防范措施的落实情况，践行食品安全数字化标准，及时消除事故隐患。食品安全大数据处理技术标准，应落实到全舆情监测、研判、预警、评估与总结等工作机制和标准制度中。

③食品安全大数据安全标准。食品数据十分重要，通过制定食品安全大数据标准体系，保证数据的安全存储、传输，保证数据的完整性、安全性，防止数据被篡改、泄露和丢失。跨境电商的发展，使得食品溯源和跨境数据流通成为食品安全大数据研究的重点。为降低跨境数据流动潜在的安全风险，保障国家安全、公共利益和公民权益，在向国外提供国内食品行业部门或企业采集和产生的敏感信息及重要技术数据，需要按照国家相关部门制定的信息安全管理

办法进行安全评估和处理。食品安全大数据安全标准，要求食品安全数据进行加密处理，防止数据被篡改和失真，数据存储过程中不受外界的攻击，每条数据都能真实描述食品详细信息。对食品安全大数据进行安全传输，在进行跨境数据流通时，根据相关指标衡量数据的安全风险。保障食品数据的安全性和完整性，有利于进行食品溯源、质量检查、食品流通和安全生产。

④食品安全大数据应用标准。食品数据的应用包括食品溯源、营销推广、库存管理、物流优化、信息生产、质量评估、技术交流、品牌塑造等。数据的合理使用和安全存储，提供标准的数据接口，通过接口调取数据内容，保障数据的共享和安全性。食品安全数据合理开放应用能够保证食品安全，减少食品监管成本，降低食品监管难度。食品安全大数据可被供应链上的各部门查看，以了解食品的生产和安全状况，各部门和生产环节在食品安全生产的重要性。食品安全大数据的调取必须进行审核评估，保障数据的安全合理使用，特别是对食品生产的相关重要技术、专利、配方等要严格控制管理，防止数据泄露或别窃取。食品安全大数据涉及食品的相关信息可对外开放，以供消费者和审核部门读取。在食品安全大数据涉及个人隐私、企业核心技术、设备工艺等方面的数据需要制定访问控制机制和安全保障措施。任何机构或个人在进行食品安全大数据调取和研究，都需要向有关部门和数据管理机构申请，在食品安全大数据的使用范围之内进行数据的调取使用。

⑤食品安全大数据标准化建设的建议。为保障消费者权益，食品安全数据需要部分公开和披露。相关监管部门要求食品生产和加工部门公开食品的相关信息，用于审查和保障消费者的知情权。为了消除信息孤岛，建立食品安全大数据开放平台，供消费者和相关部门对食品信息的审查、监督和校验。通过食品安全大数据开放平台，打通消费者、厂商、原产地、供应链、分销渠道等环节、提高食品溯源效率和准确性，保障食品各环节的安全生产和流通。通过物联网技术、二维码技术、RFID 等，保证每个食品都有身份信息、严控质量关，食品数据实时可查，随时监控食品生产流通状态。

多部门协同控制食品安全，保障食品安全问题紧急预警、卫生部门、监管部门、食品安全部门等跨部门协同。建立食品安全大数据标准，保障食品数据的真实可靠和有效管理。通过对食品信息进行数字化、能够快速找到食品污染源、生产环节的问题、库存问题、物流故障等，有效解决食品安全问题。落实食品安全大数据标准，在食品出现安全问题后，追溯问题厂商、依法追究相关责任。最终目的是让厂商、质检、卫生等相关部门对其生产的食品负责，严格控制食品质量。

为促进食品安全，积极推动食品安全大数据技术规范和标准建设。加强食品安全大数据核心技术研究，提供完善的食品安全应急处理办法，保障食品供应链的有效开展。提升食品安全大数据共享相关标准制度，保障食品信息的透明。加快制定食品数据出境安全相关标准，保障跨境食品和商品信息溯源，数据有效沟通和开放共享；积极参与食品大数据安全国际标准制定，推动全球化食品安全。

7.2 公共安全大数据管理的职能部门管理模式创新保障

2.4 节构建了基于主权区块链网络的公共安全大数据资源管理体系，以实现集高效交互、隐私保护与权威可信于一体的公共安全大数据资源管理。在此基础上，本节从组织结构和运行机制上进行适配性的创新与重组，并提出公共安全跨部门大数据中心的建设思路，以保障基于区块链的资源管理体系从数据采集到智慧共用的全过程高效运作。职能部门管理模式上的创新，纵向上需要中央到地方上的分层监管，横向上要求公共安全职能部门之间进行有效协同贯彻，以分维度的方式保障跨部门数据资源共享模式的稳定性与通畅性，以统筹规划的视角保障大数据资源管理体系的规范性与安全性。

7.2.1 公共安全大数据管理的部门组织重组与优化策略

构建基于区块链网络的公共安全大数据资源管理体系，它是以主权区块链为基础，将面向大众的公共链、职能部门内部的联盟链和涉密部门的私有链有机统合起来，必然需要公共安全相关职能部门从组织架构、运作格局等管理模式方面进行与之相适应的创新与重组。

为了有效解决目前公共安全大数据资源管理体系的滞后问题，公共安全应急管理和治理机构可以分为“中央—区域—地方”三级，明确其具体的组织形式及职能，以此来引导各个层级公共安全治理合作网络中各个成员组织间的互动与协调，并在各个层级形成包括政府、企业和社会组织在内的全方位、立体化的合作网络①。通过该合作网络，可以综合整理相关信息，提升全网络识别灾害、预防潜在风险的能力，并在公共安全事件发生时能整合各方资源，实现统筹协调、宏观调度。总之，构建常设性、制度化的公共安全治理核心机构，

① 刘霞. 公共危机治理：理论建构与战略重点[J]. 中国行政管理，2012(3)：116-120.

能够解决公共安全突发事件发生时各个部门各自为政、互相推诿责任的弊端，也可以避免“交叉管理无人真管”的局面，使得各部门的公共安全信息资源实现价值最大化，不同层级的创新管理体系分别为：

①以国务院为主导，牵头组织不同部门或机构负责公共安全管理所涉及的一系列工作，充分发挥其宏观调控和协调沟通作用，实现跨部门、跨领域多源数据融合，克服重复建设、资源浪费和“信息孤岛”现象，最大程度上发挥公共安全大数据价值，提升政府服务能力。同时，以国务院为主导的管理模式将更为安全可控，如2.4节构建的基于主权区块链的公共安全大数据资源管理体系，就必须在国家主权与网络主权的监管下实施。另外，国务院可集中优势资源大力促进大数据、区块链等先进技术的应用，推动建立相关配套机制，如公共安全预警机制、公共安全监督检查工作制度、公共安全应急信息传递机制、社会机构的动员制度等。

②区域内政府关系的协调在公共安全治理中具有重大意义。公共安全事件的外部扩散性，决定了保障区域公共安全必须加强与周边城市经常性的沟通及有效性的合作，可以建立一个促进互动交流的、较为固定的组织模式和制度框架。具体的组织模式和制度化合作框架包括：由区域内各地方政府指派人员组建区域城市政府间的公共安全治理委员会，通过治理委员会对区域内各个政府的公共安全治理能力进行整合，形成治理的合力；通过构建区域内政府合作的法律体系，明确区域内城市政府的权力、责任以及合作的边界；通过构建定期的、常态化的信息沟通及协商机制，打破区域内城市政府间的信息障碍，进而促进区域内城市政府在公共安全事件应对上的“协同共治”。

③在地方层面建立公共安全管理领导小组，下设城市公共安全管理中心(或办公室)作为日常办事机构，领导小组由市党政负责领导任组长，城市公共安全相关部门领导任组员，形成公共安全领域城市级的跨部门协调管理机制。领导小组可以经常性地针对城市公共安全平台建设、数据采集与共享、数据分析与应用等内容召集专题工作会和决策部署，确保城市公共安全相关工作的开展得到充分重视和有力推进，决定城市公共安全建设重大问题，协调处理跨区、跨部门重大公共安全问题，组织指挥处理重大城市公共安全事件。城市公共安全管理中心执行领导小组决定的事项，编制部门规划，对城市公共安全进行职能管理、目标管理、过程管理和项目管理，遇重大公共安全危机时，保障贯彻领导小组的部署安排，实施统一的决策指挥①。

---

① 黄全义，夏金超等. 城市公共安全大数据[J]. 地理空间信息，2017(7)：1-5，9.

①重组职能部门的组织结构。重组职能部门的组织结构主要目标是有效提高职能部门的组织协调效率，标准化和规范化公共安全职能部门的组织架构，提升职能部门在大数据资源管理体系中的管理效率。首先，在各职能部门之间构建基于主权区块链网络的大数据管理体系框架，在区块链系统上分别设立各部门业务中心、联盟节点和中心数据库，完善联盟链接入的公共安全信息中心系统。各职能部门在国家主权监管的基础上根据双方的权利与职责协商出智能合约，选择中心部门作为区块链网络的共识节点，通过共识机制和智能合约进行协同共享，在各部门数据采集、数据处理、数据共享与知识应用等方面形成一套统一的标准规范。在规范化前提下，纵向关系上依据数据权限和隶属层级，完善链上链下数据流动的基础建设；横向关系上，设立标准化业务通道作为跨部门信息智慧共用的接口。同时，规范政府机构与非政府机构的协同合作，创建多元化合作模式，利用公共链的特征设立多渠道的建议讨论平台，集智广益，充分发挥体系中智慧共用的能效。

其次，在相关职能部门内部，为了响应以主权区块链为基础的三链合一大数据管理体系，各职能部门的业务数据中心首先应该设立部门内部信息处理的权责层级，权责以降序排列可以分为数据管控，数据治理和数据应用三层等级。其中数据管控与数据治理层与联盟链接入的公共安全信息中心系统相对接，数据应用层以公共链的系统为主。三层小组根据不同的职责与权力，以数据采集、数据处理、数据共享和数据应用的四个方面作为流程，参与到业务数据的管理之中。首先根据部门的业务特点和标准化的数据管理体制，数据治理小组负责收集数据和对数据进行初步清洗，主要涉及信息的收集、分类等规范化工作，其根据统一的数据规格标准对采集的数据资源进行整理，但不参与数据的流动与共享，根据数据管控小组的授权为数据管控小组负责。而数据管控小组则是部门所持公钥与私钥的主要掌管者，在国家主权的监管下，为链上数据的处理与链下数据的管理负责，按共识机制和智能合约的规则监管数据处理和共享的流程，对线上线下和不同链上的数据分离管理、实时校正，同时必须肩负严格把关数据流动与共享的职责和接受国家监管的义务。数据应用小组主要负责数据资源的共用层面，按智能合约使用整合完成的业务信息数据，处理智慧共用层的信息服务相关事宜，配合其他部门进行监控预测、应急响应和反馈管控。在“代码+法律”的监管下，各部门内部权责分明的工作结构，为部门业务数据中心对区块链数据管理体系的适应性提供有效的保障。

②健全奖惩制度。健全公共安全监管体系，需要完善对相关组织部门管控和指导的有效制度。结合区块链网络技术，设立和完善激励机制，通过物质激

励、荣誉激励、信用激励等多元化激励方式调动职能部门和社会各组织的积极性。将区块链网络技术的激励机制与政府奖励机制相结合，从政府对部门机构、政府对社会组织的多方位关系考虑，根据区块链网络体系的运行要求，设立相关具体职能部门的绩效管理，明确激励机制的实施原则。依据相关法律法规，保障部门机构之间智能合约中的激励条项，通过区块链网络数据的时间戳和业务表单，设立榜单、计分卡等绩效评估和审计机制，构建健全的激励体系。针对社会组织，政府既可以通过税收优惠等政策的物质激励手段，提高社会组织的参与积极性，降低政府公共安全管理的财政压力，同时通过声誉激励的方式加强合作，降低监管成本。同时，根据区块链网络中公共链所具有的优势，在为公众设立物质、荣誉、信用等奖励机制的同时，构建社会公众评估的第三方渠道，通过公共安全的需求方提高评估质量。

在构建的基于主权区块链网络的公共安全大数据资源管理体系中，公共安全职能部门承担着公共安全监管的职权，因此应推行组织机构和人员的问责制度，实现公共安全大数据管理工作的制度化，避免相关人员在危机事件应急管理工作中出现失职行为，明确失误应承担的责任，严格执行问责制度，保证权责一致的效果。另一方面，应通过指导和培训提高组织机构和人员对大数据信息管理规范的认识和适应能力，加强公共安全领域大数据资源的规范管理和体系优化。

③建设大数据中心。基于主权区块链网络的公共安全大数据资源管理体系，给职能部门提供了一种跨部门信息协同共享的数据管理新模式。为了减轻各职能部门在新管理体系中的工作负担，规范相关组织的信息管理工作，加快各机构对公共安全管理体系的适应速度，对大数据资源的汇聚与流动进行运维，城市公共安全大数据中心的建设尤为重要。由公共链、联盟链、私有链三条链组成的链网结构下，大数据中心主要以提供信息服务的方式维护私有链的涉密部门系统、联盟链的公共安全信息中心系统和公共链的安全部门系统，全面掌控区块链网络中的数据来源和数据流动，实现跨层级、跨部门的数据共享和业务协同管理。同时，大数据中心在公共安全信息资源管理体系构建中既能最大程度上实现消除部门“数据壁垒”的目标，也能够保障各部门实现跨部门的信息交互，这就要求制定和完善大数据中心运维管理策略，加强大数据中心管理的法制建设，明确其定位，建立健全的职责分工协调机制。

7.2.2　公共安全跨部门大数据中心的建设思路

公共安全大数据中心建设具有现实性，在充分保障需求的前提下应适应于大数据与智能技术的发展。

(1)保障需求

为了厘清具有高适应性的跨部门大数据中心平台的建设思路，本节基于构建的主权区块链网络的公共安全大数据资源管理体系，从公共安全数据采集、公共安全数据处理、公共安全数据交互以及公共安全数据智慧共用这4个方面来明晰公共安全数据管理对跨部门大数据中心的保障需求。

公共安全数据采集的保障需求。数据采集的第一个方面是城市物联网系统，随着我国智慧城市建设的不断深入，我国城市物联网应用发展形势向好，但是公共安全大数据管理体系对城市物联网应用的规模和深度具有更高的要求，包括能够应对更具要求性的设备管理、连接管理、数据处理等共性功能组件的需求，能够加速各行业、各领域物联网应用的开发和部署，并使其能够通过数据共享支撑应用发展，同时能够有效应对投资不足或项目运行技术和管理资源的缺乏。数据采集的第二个方面是通过大众个人手持设备与通信系统采集公众个人的多方位行为数据，城市个人及群体各种行为及活动产生的数据涉及城市公共安全的方方面面。大数据中心在建设过程中需划定合理的数据范围与分类，提高公众此类数据的信息采集的覆盖率与完整程度，同时此类数据采集经常涉及公民隐私问题，因此大数据中心应合理设置采集和存储权限，建立有效的采集监管机制。公共安全数据采集的第三方面是社交媒体与互联网的社情民意数据，要达成实时数据感应公众线上动态，要求公共安全大数据中心分化设立出高感应度的独立体系，能够更迅速地接入多部门、多领域、多结构的城市公共安全数据，在大数据平台上综合集中式和分布式的存储手段来采集具有潜在价值的各类数据，为城市公共安全智能分析提供数据资源。

②公共安全数据处理的保障需求。公共安全数据处理主要分为两个阶段：共识机制阶段和分链录入融合阶段。在共识机制阶段，首先需要公共安全组织部门设立统一的采集标准，与链上数据进行校对。为了满足数据达成公共链共识机制，需设立历史数据与实时数据不同的流程通道，明确多源数据的统一标准，区分不同时间性质的数据，对历史数据直接比对录入，对实时数据则进入数据清洗、数据抽取以及数据装载的流程。公共安全大数据中心需要配合相应的流程分化组织职能，严格遵守统一的数据处理标准，提高数据校验的效率。由于区块链网络中的公共安全大数据资源管理体系对数据的处理有着分类统一的要求，因此对于公共安全实时监控的高实时性要求而言，大数据中心根据自身信息特征来构建管理体系就显得尤为重要。进入分链录入融合阶段时，涉及公共安全的各组织部门和相关节点需要在国家网络主权的监管下，针对数据属

性向公共链、联盟链以及私有链发表数据。而由于链的性质的不同，不同部门需要根据三种类型的数据设立数据处理权限，这就要求在公共安全大数据中心的结构中有国家网络主权监管的直接介入，在进行有可能涉密的数据处理时，遵循严格的数据接触权限，在整个数据处理的流程中保障公共安全数据加工的规范性、流畅性和安全需求。

③公共安全数据交互的保障需求。一个领域的公共安全问题往往涉及多个职能组织部门，需要大数据中心进行协同才能解决问题，在基于区块链的公共安全大数据资源管理体系下，公共安全跨部门信息交互不再是仅仅依靠部门组织间的信任而进行的信息资源交换，而是所有信息节点面向区块链网络的 P2P 平等共享行为。构建基于区块链的信息交互体系对公共安全信息共享将产生直接的积极推动作用，因此大数据中心必须要设立多方位的激励机制来促进信息的交互与利用。同时，各组织部门进行信息交互的动力主要来自部门内部的需求和外部的压力①，在主权区块链的基础上构建了三种链型的区块链网络，这三种区块链分别对大数据中心提出不同的用户需求。首先，面向公众用户的公共链要求职能部门在保证信息交互受到监管、用户隐私受到保护、普适信息得到利用的前提下向大众公开与公众密切相关的数据资源。为了适配公共链的信息公开，公共安全大数据中心不仅需要对公共安全数据进行链上链下的统筹和按部门分类的发布，而且为了体现公共链技术可利用群体智慧的优点，公共安全大数据中心还需要与广大学者和普通用户建立交流通道，设立适当的物质激励、荣誉激励以及信用激励机制。同时，对于面向公共安全职能部门之间的联盟链，它的引入能够有效解决职能部门因条块分割而导致的"数据孤岛"问题，为了推进职能部门间海量数据的统一规范，实现信息实时提取和应用的高效，提升跨部门信息交互效率与服务质量，需要大数据中心设立有效且全面的激励机制。最后，在主权区块链的基础上引入面向公共安全涉密体系的私有链，该私有链具有特殊性，虽然不需要其针对信息共享动力设立激励机制，但是需要大数据中心建立相应规则、制定读写权限、发布交易权限等。因此，上述三种区块链根据不同数据受体发挥了各自的大数据资源管理优势，不同敏感程度信息得以实现安全公开、聚集群体智慧分析利用、跨部门高效交互以及隐私保护等功能。因此，公共安全跨部门大数据中心建设需要有明确的管理规范标准来保障三种区块链在大数据资源管理方面的高效运行，推动不同职能部门和公众

---

① 赖茂生，樊振佳. 政治利益对政府信息资源共享的影响分析：基于理性选择制度主义的视角[J]. 图书情报工作，2012(7)：112-116.

之间进行数据资源的高效协同和交互，聚集群体智慧进行智能分析，提升职能部门应急管理的决策能力。

④公共安全数据智慧共用的保障需求。公共安全数据智慧共用需要大数据中心根据不同信息受体所处的链块类型进行分类利用，提供数据保护与权威监管。从公共安全事件生命周期视角来看，在安全事件发生之前，相关职能部门设立合理的授权机制，向学者与商业机构等开放预警模型与方案的提交通道，同时完善职能部门内部的反馈预警机制，通过智慧检索数据实时监控异常，结合历史反馈数据与实时数据，分析公共安全态势，提升对公共安全事件的预警能力。在公共安全事件发生时，相关职能部门能够通过大数据中心跨链调取需求数据，同时大数据中心也需要设立各部门之间应急响应机制和直接的资源调配通道，并且建立职能部门间进行应急决策的优先秩序，以达到多方响应、决策迅速的即时应急效果。在公共安全事件发生之后，公共安全跨部门大数据中心应通过线上舆情和线下的搜集分析与预测，提出舆情管制决策方案。为此大数据中心需在突发事件发生后进行分析与预测，将所研判整合出的数据反馈给各链。为了达成这一良性的反馈循环，大数据中心需要建立跨部门统一的事故后检测标准、统一的专家通道和知识储备库，以此来共同聚合数据价值，保障各职能部门能够充分地参与公共安全数据的智慧共用。与此同时，公共安全数据的智慧共用实际上也是大数据中心为各职能部门提供的互利性质的激励反馈。

(2)大数据中心平台建设

公共安全大数据中心建设与运营必须相应的配套保障机制，充分发挥保障机制的导向作用和支撑作用，以确保平台规划建设协调一致和平台整体效能的实现。

①制定标准规范。明确数据资源分类分级标准，以此为依据制定数据资源管理规范。建立一套科学合理的公共安全数据分类体系，出台关于数据管理的基本标准和规范，涉及数据的采集、储存、评估、开放和共享的全生命周期。根据各类数据的敏感程度，将不同领域、不同格式的数据整合到一起，以资源目录汇编、资源整合汇聚、交换共享平台为三大标准步骤，坚持“一数一源”、多元校核，统筹建立公共安全大数据信息资源目录体系，实现管理对象分类，并形成分领域、分类型的数据资源目录清单，包括数据名称、数据格式、时效要求、提供方式和单位等。明确公共安全数据内容的原始责任部门，以区块链技术为依托构建共享交换大数据平台，通过多元的检索途径、分析工具与应用程序，方便用户查找和利用数据内容。

同时，明确数据采集更新主体，采集更新数据的种类、内容、方式、频率等；明确共享主体和共享责任，如按“谁掌握，谁授权”确定共享主体责任，明确共享手段，实现对公共安全专题数据进行多层次、多途径的共享授权和发布；严格制定数据安全保护规范，如进行用户身份的识别与授权、记录接入行为，把控运行环境，使用隐私加密算法、自动脱敏技术、限制发布、数据失真等隐私保护技术①，确保数据的存储和传输安全，实施数据审计、管理授权条例，保护公共安全数据不被非法获取和篡改。

②加强政府监管。主权区块链公开透明、可溯源防篡改以及高效运行的特点也为公共安全大数据资源管理需求提供了必要的技术支持②。政府主管部门应以主权区块链为基础，结合数据资源建设、数据开放共享等方面的需求，对公共安全大数据平台提出工作任务和阶段目标，并针对该项目制定配套的评价和审计机制，确保平台符合信息化顶层设计及主权区块链技术架构。统筹管理各部门数据需求，统筹推进平台与各级数据共享交换平台的对接，避免出现重复设置和机构臃肿的情况。在积极保证公共安全工作顺利推进的同时，落实国家信息安全与保密规定，制定风险防控管理措施，确保平台运营管理的规范与安全。

另外，政府主管部门需充分发挥监管职权，防范意外风险，保护数据物理安全。数据物理安全是指数据不能因存放数据的物理介质的损坏而损坏。公共安全大数据中心存放着海量数据，一旦遭到损坏，将产生不可估量的经济损失，甚至会直接危及社会公共安全。因此，政府应积极采取预防措施，包括制定物理设备的安全管理方案，配备安保人员及监控设施，对网络设备、服务器等资源进行实时监控，并配合应急警报系统，确保意外发生时能够迅速做出反应。同时建立灾备中心对公共安全数据进行备份，方便数据受损后可以快速恢复等。

③创建激励机制。首先，政府主管部门建立绩效评估体系。目前，公共安全大数据平台还没有建立起一套用于评价判断的完整体系，平台运行现状难以建立量化评估，政策成效不能得到及时反馈。因此，建立一套科学的公共安全大数据平台治理绩效体系，包括完善的数据上报、审核、考评和反馈机制，以

---

① 李晖，孙文海，李凤华，等. 公共云存储服务数据安全及隐私保护技术综述[J]. 计算机研究与发展，2014（7）：1397-1409.

② 汪传雷，万一荻，秦琴，等. 基于区块链的供应链物流信息生态圈模型[J]. 情报理论与实践，2017(7)：115-121.

此加强平台质量和服务管控，在保障公共安全大数据平台长效运行的前提下，促进各部门共治共享。科学构建公共安全大数据平台综合评价指标体系，开展公共安全大数据平台建设绩效综合评价工作，以数据的质量、完整性、上传及时性等为标准，建立各种参数的分析模型对考核内容进行全面量化，引导各部门积极参与公共安全大数据平台的建设，不断提升公共安全大数据平台应用绩效。

对于公共安全大数据平台绩效评估的结果应进行定期公示，并及时反馈给各参与部门，对于评估结果优秀的部门，应进行荣誉激励。例如，在大数据中心 Web 网站开辟专栏，设置荣誉榜，对排名靠前的部门进行公示表扬，连续多次登榜的部门可进行表彰并授予荣誉称号；在合理范围内，对优秀部门的服务需求进行优先处理等。建设基于区块链技术的公共安全大数据平台，需要作为节点的每一个职能部门积极配合，否则将无法达到预期成效。因此科学运用荣誉激励，不仅能向决策者及社会公众展示职能部门科学、有效地进行公共安全治理和管控水平，而且可以利用"成功强化效应"①激发部门参与大数据中心平台建设的积极性，促进大数据中心长久、高效地运行。

职能部门、企业和社会公众从大数据中心平台获取服务后，都可以以业务使用方的身份对服务提供方进行评价，评价满意度能够很好地从侧面反映职能部门的服务意识、社会责任和信用水平，因此可以直接对接政府行政考评系统，将其作为考核职能部门社会绩效的参考依据，给予相应的信用激励和行政奖励；另外，为大力鼓励社会主体参与大数据中心平台建设，扩大平台的社会影响力，可以将激励机制与社会信用体系相挂钩，对积极参与数据资源应用、在获取服务后及时做出评价反馈，并提出建设性意见的企业和社会公众可以给予奖励信用积分、提升信用评级等激励措施。因此，信用激励可以促进相应职能部门和社会主体积极参与大数据中心建设，及时发现数据资源建设过程中存在的问题，并予以修正和改进，从而提升数据资源的完整性和准确性。

公共安全大数据中心依托主权区块链网络架构体系，为创新物质激励提供了有力的技术支撑。在区块链技术构建下的新型数据账本中，通过给予用户一定额度的实际权益或可流通的加密数字权益证明（即通证）来激励用户进行数据分享。公共安全大数据中心以政府部门提供的数据为基础，同时也考虑将更多的社会主体吸纳为新的记账节点，尤其是大型企业在业务流程中产生和获取的公共安全信息，将为大数据中心的数据完整性提供有力的外部补充。因此，通过区块链系统的物质激励机制对记账人的劳动进行补偿，并允许其通过大数

① 龙健. 政府基础信息资源跨部门共享机制研究[D]. 北京：北京大学，2013.

据终端平台管理自身收益，既可以维持记账人持续工作的动力，又可以通过明确用户的数据收益权来激活用户数据市场；另外，大数据中心可以设置专项资金、制定专门奖励办法，按照贡献程度划分等级，对表现优秀的职能部门、企业和社会公众给予一定数额的物质奖励。另外，针对技术要求较高、涉及数据量庞大的服务需求，大数据中心出于成本考虑可收取一定费用，但对于以上优秀参与方，可适当减免费用，以示变相的物质激励。

公共安全大数据中心以服务为宗旨，因此主要采取正向激励措施，但为了维护平台的正常运营，负激励措施也是必不可少的保障手段。对于长期存在拒绝提供完整数据、蓄意降低数据质量等行为的部门，因其严重影响平台建设进程，在多次沟通和监督无效的情况下，可对其予以批评公示，并进行相应的行政处理；对于滥用平台资源的部门、企业和社会公众，应采取限制或取消其用户权限等措施；对于利用平台服务从事非法商业活动、侵犯他人隐私等违法行为，则应依法依规进行处理。

7.3 公共安全大数据管理的数据安全保障

来源与结构各异的公共安全大数据是实现公共安全智能化管理的基石，在公共安全智能化管理过程中起着重大的作用。公共安全的数据形式多样，视频、图片、网络文本、移动支付记录等都是有价值和意义的数据，这些数据每天都在大量产生，没有这些数据的支撑，公共安全智能化管理就是无本之木、无源之水。从海量的公共安全数据中可以提取到很多有价值的信息。例如，研究公共安全大数据的规律，可以提前预测出可能发生的高风险事件，对这些事件的发生概率进行计算并做好提前预防措施，就能将潜在的公共安全事件消除于萌芽阶段；在事故或灾难发生之后，依托于对公共安全大数据的分析和研判，相关职能部门可以实时掌控并处理过程中的风险和动向，并迅速找到应对措施，做出正确合理的决策。

7.3.1 基于网格计算的公共安全大数据安全保障

在当前信息化时代，所有数据包括用户信息都以电子化的形式存储在各种设备中，不论是个人隐私信息还是政府采集的公共信息，都需要得到安全保障，而一旦公共安全大数据管理系统中出现安全漏洞或者被恶意攻击造成信息泄露，对个人隐私安全保障和政府信息安全管理都是一个极大的威胁，也会对社会安全造成破坏和影响。因此，公共安全数据安全保障是公共安全大数据管理的后盾，同时也是公共安全大数据管理生命周期中不可缺失的一环。

公共安全大数据需要采用有效的措施来确保数据管理和数据共享过程的安全，其中数据的安全存储、安全访问控制、安全处理与备份是数据安全管理中最重要的几个阶段。对于体量大、类型复杂多样的数据，为了实现不同优先级和不同权限的共享资源，并达到节省时间和提高效率的目的，分布式计算的方式常常被采用。分布式计算是利用互联网上计算机节点的 CPU、GPU 的闲置处理能力来解决大型计算问题的一种科学计算方法，云计算和网格计算都属于分布式计算。在不同的应用环境下，需要综合考虑计算效率、计算成本、便利性等不同因素，并结合应用场景采用具体分布式计算模式，以保障大数据智能化管理中数据资源的安全。

(1)公共安全大数据与网格计算

公共安全大数据的体量大、来源多样、结构各异、输入输出快，对比于大数据的 4V 特征，公共安全大数据有以下五个特点：①数据量大。公共安全数据涉及多个管理部门和行业领域，互联网和新技术的发展也使数据的产生、分享和获取更加便利，具体到不同的事件中，这些数据还包括图片视频数据、网络文本等，随着时间的推移，数据量呈指数级的增长，而由于公共安全大数据的性质，部分数据需要长期保存，这些都使公共安全数据表现出体量超大的特征。②数据种类多。由于采集数据的渠道多样，公共安全数据大部分是以半结构化数据和非结构化的图像视频等形式存在，少部分为结构化数据，这些数据类型不同，语义与质量也截然不同。③数据变化快。从公共安全管理视角上看，生活在城市中的人每时每刻都在主动或被动地产生数据，在突发事件中，信息从产生到价值消逝的过程非常迅速，可供决策利用的时间很短，数据的生命周期短、更新快，这也为公共安全大数据管理的安全保障带来了难度。④数据价值密度低。尽管随着技术的发展和国家层面的布局，公共安全大数据的体量增长很快，但相应的数据价值却没有以同等比例增长，要挖掘出公共安全大数据的价值，需要对各部门的相关数据进行交互，并建立起相应的模型，才能最大限度地挖掘出公共安全大数据的价值。⑤数据安全保障要求高。公共安全大数据涉及人员多、范围广，由各种网络服务和数据应用支撑，一旦被攻击造成数据泄露或篡改，将会对公共安全造成极大的威胁，因此对公共安全大数据的保障要求很高。

网格计算是指在分布式计算资源的支持下以在线计算或存储的方式提供服务，网格计算把地理上分布的资源通过网络连接起来，这些资源将被看作一个整体来使用，不同地理位置上的计算资源则是网格上的一个个“节点”，这些高性能的网格“节点”是由高性能的计算机或集群式系统组成的，这样的构造使得网格网络上的计算和存储能力可以无限扩展，这使网格计算可以在多种场景中应用，包括地震预测、生物医学知识集成、大规模分布式计算、虚拟化服务、企业资源管理等，其中网格计算的主要应用之一是数据密集型场景。

早在20世纪60年代，互联网的先驱Licklider J C R就提出了网格计算的基本思想，他指出，通过对计算机网络的使用，世界上每个人能随处使用计算机和获取数据。从20世纪80年代至今，网格计算技术的发展经历了四个阶段。首先是元计算时代，在20世纪80年代到20世纪90年代，相比过去生命周期漫长的数据创建和消逝的过程，这段时期内产生的数据和信息都在呈指数级增长趋势，同时，计算机数量和各类光纤、带宽和磁盘存储容量等相关的基础设备也以正相关的比例增长，当时的计算机的资源利用与效率已经到了极致，因此分布式计算的方式被提出，将可以利用的空闲计算机通过互联网连接起来，以解决资源利用不均衡的问题并提高计算机的使用效率。在美国的I-WAY项目中，将位于17个不同地理位置的近百台计算机以互联网为连接手段组合成一个虚拟的大型超级计算机，进行大规模仿真模拟、协同工程、并行计算等科学研究，这就是网格计算的雏形。第二个阶段是处在20世纪90年代中后期的计算网格阶段，在这一阶段，“网格”的概念被提出，同时遍布世界范围的分布基础框架也逐渐被构建出来，目的是构造出一个集成的计算和协同环境，而计算网格的建立真正实现了分布式计算的主要优势，用户在使用网格计算的资源时，不受地理位置和使用设备的限制，可以方便快捷地获得在网格上共享的资源，分布基础框架的建立开发了网格中间件，用以屏蔽网格资源的异构性、动态性和扩展性，使网格上的共享资源服务更值得信任，以I-WAY项目为根源，很多软件项目或应用实验都是在此阶段发展起来的，如Globus、Legion等，这个阶段为之后网格计算的发展奠定了基础，目前大部分的网格计算应用都是以Globus工具包作为根基的。网格计算发展的第三阶段是在进入21世纪之后开始的，在2002年，IBM公司和Globus联合推出了开放网格服务体系结构（Open Grid Service Architecture，OGSA），这使得网格计算从以主机为导向逐渐转变为了以网络为导向，OGSA包含了基础的网格体系结构和Web Service技术，网格技术是网格计算的中枢系统，网格计算的发展都是基于网格技术的，只有通过创造良好的网格体系构造，才能使网格计算更深入地往良好的方向发展，因此尽管OGSA的中心思想是“Web Service”，网格体系的构建也是基础但不可或缺的，在OGSA的服务理念中，将一切都抽象为服务，包括计算机、程序、数据、仪器设备等，OGSA 是致力于使接口保持一致性以方便管理和使用网格技术，但是，Web Service 提供的大部分是永久性服务，而网格计算的应用场景很多都是生命周期较短的任务，旧的任务结束之后可以使用原有的网格计算继续进行新的任务，综合评估考虑网格计算和 Web Service 的特性，OGSA 在原有的 Web Service 服务概念的基础上，提出了“网格服务”(Grid Service)的概念，网格服务是用于解决服务发现、动态服务创建、服务生命周期管理等与临时服务有关的问题，网格服务可以做到多种多样的工作，这将通过对服务接口的不同界说来实现，在这个阶段，涌现了大量计算机行业的公司对网格计算的开发和使用，例如 Platform、Microsoft 等。目前网格计算发展最后一个阶段是网格技术与 Web Services 技术的融合，Web 服务资源框架(Web Services Resource Framework)包含了六个独立的部分，基于这个服务框架，开放网格服务基础设施(Open Grid Services Infrastructure，OGSI)被提出，OGSI 提出的目的是是为了向 OGSA 提供基础设施层，解决无状态的网格计算资源(OGSI 与其他网格计算的关系如图 7-2 所示)，虽然 OGSI 的概念被提出来了，但是在这一阶段中，基于 OGSI 的网格计算应用仍然较少。在实际应用中，使用较多的网格计算技术依然是分别发展与第二阶段与第三阶段的五层沙漏机构网格和 OGSA。

图 7-2 OGSI 与其他网格计算的关系

结合公共安全大数据数据量大、数据种类多、数据变化快、数据价值密度低、数据安全保障要求高五个特征，公共安全大数据对安全的需求包括：存储容量大、兼容性强、共享速度快、保密性要求高。在大部分公共安全事件及其安全保障中，涉及大量数据的存储、处理与交互，对于这些保密性要求高的数据，可以优先考虑使用网格计算来进行安全保障。

网格计算有许多共同的优势和特征，这些优势和特征使网格计算能为公共安全大数据的安全保障服务，包括：①有访问控制的资源共享，与用户直接从互联网上搜索自己需要的信息不同，网格计算最终能够实现应用层面的互通，也就是说用户可以直接从网格节点上获取共享的资源，而用户在访问网格上的资源是并不是开放了所有的权限，通过网格计算的安全保障机制可以实现有访问控制的资源共享。②协同工作，网格中的节点可以同时并行运行同一个任务的不同工作，也可以同时处理多个任务，从而达到提高效率和节省时间的目的，相比较于云计算，网格计算在实现资源共享方面，具有自治性和管理多重性。③动态性，网格计算能够提供动态的服务，它将世界各地的计算机联合起来，可以随时使用闲置资源，使网格资源能更加充分灵活地被利用，这些信息与数据也在不断地在网格节点中动态流动。④异构性，在公共安全应用中，需要存储和利用的数据包括结构化数据、半结构化数据和非结构化数据，这些数据类型和结构各异，涉及的管理范围不同，在网格环境中，对异构性的资源和数据兼容性很强，能够对异构数据进行读取和解析，再进行存储和共享。

当前使用较为频繁的网格计算体系结构有两种，分别是五层沙漏结构和开放网格服务体系结构 OGSA。网格计算的五层沙漏结构是一种以协议为中心的、可以实现动态共享和资源互操作的一种结构体系，五层沙漏结构是建立在协议基础上的一种可发展的共享关系，同时也能够实现进一步的扩展出新的共享操作。五层沙漏结构是一个沙漏状的模型体系，从底层至顶层依次是：构造层、连接层、资源层、汇聚层和应用层，如图 7-3 所示。

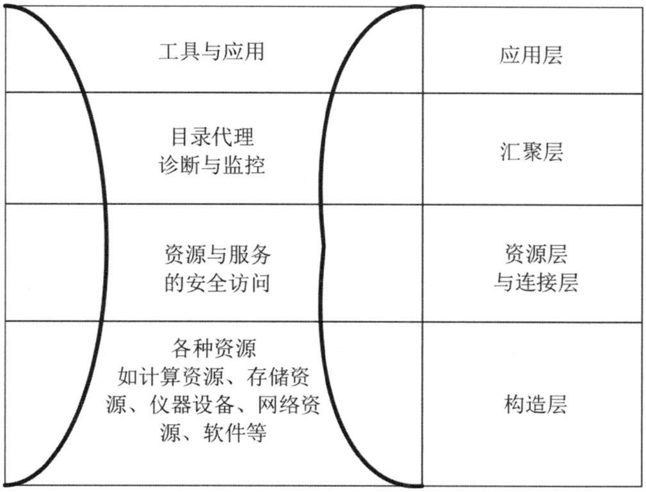

图 7-3　网格计算的五层沙漏结构①

① ［美］Francine Berman，都志辉（译）．网格计算：支持全球化资源共享与协作的关键技术［M］．武汉：华中科技大学出版社，2005.

最底层的构造层对应的是实体的物理构造，构造层的主要功能是对这些物理资源进行管理，然后在上层结构有需要时，操作和控制这些物理资源以满足需求。构造层的上层结构是连接层，连接层保证了数据和信息的安全流通和交换，连接层是构造层物理结构的保障，这是资源之间进行交互的前提，使资源与资源之间不再是相互独立的状态，而是能够通过连接层进行共享和互换。连接层的上层结构是资源层，资源层反映的是整体资源中的局部的特点，这些特点一般来说不是具象化的，在大部分的五层沙漏结构中，连接层与资源层共同保障了资源与服务的安全访问。资源层的上层结构是汇聚层，汇聚层的主要功能是将相互独立的资源汇聚集中起来，使这些资源可以表现为集中的资源来分配和管理。五层沙漏结构中最顶层的结构是应用层，应用层的作用是解决具象化的问题，这也意味着应用层面向的大部分是最终的用户，用户可以直接在应用层提交请求。

在五层沙漏结构中，底层结构是实体的物理资源，越是上层的结构越偏向逻辑，物理资源的位置、结构、使用方式等都不需要上层结构关心。关于五层沙漏结构中各层结构的具体描述如下：

①构造层：是五层沙漏结构中的底层，为局部资源在向上层结构访问的路径中提供了本地控制的接口和工具，同时构造层也能够对这些资源进行管理，包括存储控制、查询控制等。构造层拥有的资源包括存储资源、代码库等。

②连接层：是网格计算的基础，正是因为连接层的承前启后，才能实现网格节点间的信息资源的共享与传播和计算机之间的任务调度，同时连接层也能对这些服务进行访问权限的控制。在网格计算结构的总体流程中，连接层最重要的功能则是定义了在网络处理中需要的通讯机制和认证协议。

③资源层在连接层完成了网格节点之间的通信和认证之后，资源层可以在用户和网格资源之间建立起连接，可以完成安全控制、审核共享资源等操作，达到用户能在权限范围内利用和分享资源和服务的目的。资源层和连接层位于五层沙漏结构中瓶颈的位置，因此关于资源层和连接层的协议需要囊括各种不同结构数据的基本共享机制，这些协议集合要最大限度地控制数量和总体标准化，且位于更高层的应用层和汇聚层的协议要避免来自资源层和连接层的协议的影响。资源层和连接层这一核心部分尽管内核小，但它们在下游连接物理结构，在上游与用户操作直接相关。

④汇聚层：该层与资源层直接相关联，它的功能是将来自资源层的局部资源汇聚到一起，使网格中的各种信息和数据的资源能够在整个网格系统中进行共享和使用。

⑤应用层：该层对应的是网格计算中的开发环境，用户或管理员通过在应用层发布指令，可以使用分享资源和不同点服务，从而达到使用网格节点上的资源的目的。应用层主要面向的对象是使用者，用户无须了解网格计算的实体结构和内在逻辑。

网格服务体系结构 OGSA 的基本架构仍然是五层沙漏结构，但 OGSA 的核心理念是“Web Service”，即网络服务。在 OGSA 的体系中，所有的计算机、程序、实体设施、信息、共享资源等都不再是具象化的形象，这些都被抽象成一种概念，这种概念是围绕着服务、以服务为中心的体系构造。在这种理念下，原本五层沙漏结构的网格计算中资源层和连接层的主要功能得以更好地实现，网格可以通过有准则的一致的接口来管理和使用。网格服务(Grid Service)是 OGSA 的拓展，用以完成短期或临时的单项任务，同时网格服务的动态性更加良好，网格服务的服务创建、服务扩展、服务生命周期管理都更加灵活，网格服务的接口在一个任务使用完毕之后可以重新被定义，根据任务的不同网格服务可以提供不同类型的服务，网格服务可以简单地表示为“网格服务=接口/行为+服务数据”，这对于现在数据增长量快、数据变化多、数据结构种类多的公共安全大数据是一个良性的发展方向。在 OGSA 的服务中，网格服务的接口服务是所有接口中唯独必需的，其他的接口也可供选择但没有特定要求。

根据可提供服务的不同，OGSA 有三种不同的运行环境，根据运行环境的复杂程度排序，分别是简单运行环境、虚拟运行环境和组操作环境，在这三种运行环境中，可提供的网络服务由具体逐渐转向抽象。OGSA 可以看作是网格计算的扩展，发展于第二阶段的网格计算的主要应用场景在数据密集型的学术型研究问题上，OGSA 的服务对象更为广泛，涉及商业领域和社会经济活动范围，在这些环境中，资源的集成、分布和共享是需要加强注意的，解决这个问题的方法就是用可扩展且安全的分布式计算，OGSA“以服务为中心”的思想和以网络为中心的物理结构转变使网格计算的基础设施可以支持多个领域的应用，OGSA 也可以促进多企业之间的合作和资源共享，这种方式使得虚拟企业得以更好地建立和管理。如果基于 OGSA 的服务与应用可以进一步发展和完善，OGSA 自身也会从各个角度修补不足与漏洞，这也将间接促进网格计算的发展。

(2)基于网格计算的数据安全存储

在网格计算的环境中，网格使用者、管理者、服务提供者之间，共享的资源和操作的流程大部分都是在网络上完成的，因此在选择对这些数据和信息的安全保障时，需要考虑到在网格的基础上添加网络安全保障措施。

在公共安全大数据的生命周期中，在数据采集这一步骤完成之后，首先需要处理的是数据的存储问题。具体到网格计算中，基于它的五层沙漏结构，完成数据存储功能的是构造层，结合不同类型的公共安全事件中大数据的各种不同需求，网格计算需要在构造层对服务端文件和数据进行加密，目前采用较多的几种加密方式有密钥加密和数字签名技术等。

密钥加密是使用一定的算法将存储的数据由明文加密成为密文，经过这样的处理，就算网络被黑客攻击或由于安全漏洞造成数据泄露，能被看到的也只是加密过后的密文数据，在得到密钥之前，如果采用暴力破解的方式需要花费很长的时间才能将密文破解出来。现在采用的加密算法有两种，分别是对称加密算法和非对称加密算法。对称加密算法是指给数据加密和解密用的是同一个密钥，数据的发送方和接收方使用的算法是相同的，对称加密算法的加密和解密效率较高速度较快，但安全性不高，由于所有使用者拿到的密钥都是相同的，加密的数据被截获后，只要获取任何一个用户的密钥，就可以破解出数据内容，对称加密算法中使用的密钥越大密文越难被破解，而这种安全性是以效率为代价的，在对称加密中使用的算法主要有：DES、3DES、AES 等。非对称加密算法是指加密和解密过程用的是不同的密钥，它们分别是公钥和私钥，数据发送方使用公钥对数据进行加密，公钥是公开的，而数据接收方的私钥各不相同，每一个接收方的密钥只能解密发送给自己的数据，私钥由数据接收方保管，不需要通过网络传递，因此非对称加密的安全性很高，但使用非对称加密过程中，加密和解密所需要的时间就会比对称加密长，在非对称加密中使用的算法主要有：RSA、ECC 等。

数字签名技术是一种认证用户身份的技术，它是非对称加密算法和数字摘要技术结合的一种技术，将数据发送方的数字摘要用自身的私钥加密之后和原文共同发送给数据接收方，数据接收方可以用公钥解密数字摘要信息，下一步是数据接收方使用哈希函数对随数字摘要发送过来的原文进行处理，产生另一个数字摘要信息，将二者对比，如果这两个数字摘要是相同的，就能够证明数据接收方接收到的信息是正确的，没有被篡改过。在网上银行办理业务时，就经常需要用到数字签名的加密解密技术来验证用户的身份、保证信息的完整性和不可抵赖性。在数字签名中使用的算法主要有：密码生成算法、标记算法和验证算法。

在保障公共安全大数据存储安全的过程中，这几种方式可以相互结合，也可以结合外部的防护机制，例如建立一种可以跨域但是不会破坏本地防火墙控制策略的防火墙，这样可以提高加密算法的防护级别，提高网络安全性能，尽可能减少损失，提供更高效率的保障。

(3)基于网格计算的数据安全访问控制

在解决了公共安全大数据的存储问题之后，数据的共享和使用是直接接触到数据分享者和数据使用者的数据生命周期阶段，使用者在访问网格节点上的资源或使用某些服务时，会因为身份或需求的不同而被授予不同的权限，这需要利用访问控制的机制来实现管理员对使用者的权限控制，在网格计算的五层沙漏结构中，处理访问控制这一问题的是连接层和资源层。连接层定义了在网络处理中需要的通信机制和认证协议，资源层的作用是完成安全控制、审核共享资源等，通过连接层和资源层对数据的处理和控制，用户能在权限范围内利用和分享资源和服务。在所有存在多个用户操作的计算机系统中都需要用到访问控制，访问控制的作用是根据用户的身份来限制用户对某些资源的访问或者对某些控制功能的使用，同时可以限制非法访问，包括非法用户访问受保护的资源和合法用户访问没有权限的资源。

在公共安全事件中，所有信息完全数字化并存储在网格节点上，由于涉及数据交互、传播和共享，用户对信息的需求不同，每个人所能获得的信息权限也不同。随着各种公共安全风险日益增多，呈现出连锁反应、交织共振等特点，国际上灾害多发国家都先后采取不断加强综合应急管理部门的措施，我国在国家层面进行了机构改革，将原安全生产监督管理总局与多个部委的应急管理职能加以整合，成立应急管理部。各级地方政府也将很快成立相应的综合应急管理机构。与原来以各级政府应急管理办公室承担应急管理综合协调职能相比，此次机构改革所组建的综合应急管理部门为真正落实各项综合应急管理职能奠定了基础①。在安全生产、自然灾害和其他突发事件中，消防和医疗部门需要快速获得事件发生的时间、地点、伤亡人数等数据，政府的安全管理部门则需要统筹全局，需要访问的信息主要包括事件发生原因、影响范围、营救过程、处理方法、灾难预后工作等，新闻媒体部门对于这些事件的具体信息可以有一定范围内的知情权，需要对公众公示的信息则必须经过筛选，在这样的事件中，政府部门的访问权限最大，各方所需要的数据各不相同，救援方需要得知救援的范围、时间、地点等，政府和公众更关心这些时间产生的原因和背后的隐患。在疫情防控事件中，涉及的大部分是政府各部门的交互，经手和处理

---

① 李雪峰. 以机构改革为契机 构建公共安全治理新格局[J]. 行政管理改革，2018(7)：30-33.

这些信息的人员众多，根据具体情况，不同事情有不同的保密等级，用户的身份和所处部门不同，权限范围内能够接触到的信息也会不一样。在社会性事件中，公众会随着事件的发生、发展和变化发表舆情讨论，尽管普通民众是在访问控制中权限最小的群体，但舆情本质上是民意的一种综合反映，一旦民众知晓了超出他们权限的信息，比如一些关键信息或者容易引起舆论风向转变的信息，尤其是在言论相对自由且交互性强的互联网的社交平台中，极容易引起民意的突然爆发，造成不可预知的后果。

基于网格计算的针对公共安全大数据的访问控制有以下几种方式：

①身份认证：也叫作"身份验证"或"身份鉴别"，是指在计算机及计算机网络系统中确认操作者身份的过程，身份认证能够通过对用户身份的定位快速识别出该用户在此系统中的访问和使用权限，一定程度上杜绝假冒身份获得访问权限，保护了使用者的权限，规范了计算机系统的操作。在网格计算中，每一个用户的个人身份信息都是数据化的，身份认证的流程就是确定这个身份信息合法的过程。最普遍的身份认证方法是账号密码认证，由于静态的账号密码很容易被窃取，在账户登录时，短信密码和动态口令也常常被使用，除此之外，电子政务、网上银行等对身份认证安全要求较高的系统会选择使用 USB KEY，USB KEY 采用了软硬件相结合的方式，使用内置的密码算法来实现对用户身份的认证，随着现在移动网络和人工智能的发展，生物特征识别的方式也被用在了身份认证中，人类的很多生物特征，如 DNA、指纹、虹膜等都是独一无二的，因此生物特征识别身份的安全性很高，而由于技术的不完善，目前此方法广泛应用的场景仅仅在解锁电子设备、微型支付等方面。

②权限管理：用户在计算机系统中通过身份认证之后，在该系统内可以访问且只能访问被授权的资源，权限的分配一般由系统管理员操作。例如在公共安全大数据的管理中，根据存储资源的密级不同，权限不同的用户可以访问到的数据也不同，普通的民众只能看到事件的处理结果和官方公告，而管理公共安全的政府部门和相关机构可以了解事件的调查过程和深层次的背景，公安部门则有权限对网格节点上的数据进行修改增删和分享，这些就体现出了权限管理的作用。从控制力度的角度来说，权限管理可以分为功能级权限管理和数据级权限管理两类，从控制方向的角度来说，权限管理可以分为从系统中获取数据和向系统内提交数据两类。如果不合理分配权限管理，会使计算机系统存在安全漏洞，通过这些漏洞会造成系统被攻击，甚至对系统内的数据修改和删除，最终引发巨大损失。

③单点登录：在网格计算中，用户常常需要使用多个节点上的资源，如果

用户每访问一个应用系统就需要进行一次身份验证，将会给用户带来很多不必要的重复性操作和冗余流程，因此单点登录的模式被提出，使用单点登录的安全机制，用户在完成了一次身份验证之后，在一段时间内将不需要再次进行身份验证就可以访问网格内其他的应用系统，这种方式可以对账号进行统一管理，并简化身份验证的过程并保护账号和密码的安全。这种安全机制的问题在于需要提供一个跨应用系统的验证域联合和身份的映射问题，因此它对网格的要求是，实现能依据策略委托实体的权限。单点登录的方式可以提高效率并简化管理流程，但是这种跨系统的授权方式也有可能造成重要数据的泄露。

④数字证书有效期和更新：数字证书是在虚拟网络中标识用户身份所使用的解决方案，一般由权威公正的第三方机构签发，数字证书可以有效保证数据传输的保密性和数据共享的安全性。为了解决单点登录的方式和其他漏洞可能引起的风险，数字证书的有效期或者说生命周期需要被限制，因为一旦数字证书内的私钥被窃取，在有效期内数字证书就不再能带来安全的保障，缩短数字证书的有效期，可以有效降低用户被攻击的可能性。在数字证书过期之前，签发机构需要提前一段时间告知用户，让用户有充足的时间来更新或更换数字证书。

(5) 隐私策略：用户在网格上可以使用和分享数据，或接受提供的服务，在这个过程中，用户在注册、登录、利用资源等阶段中的每一步，都有可能被告知提供隐私授权，因此在网格计算访问控制的流程中，需要提前向用户声明相关的隐私策略，在用户隐私泄露或受到侵害时，需要及时采取相应的措施。

基于不同的具体网格环境，公共安全大数据的安全访问控制还可以通过其他的方式来保证，如动态信任域的建立、访问委托、授权、防火墙的通过、策略交换等。

(4)基于网格计算的数据安全处理与备份

在公共安全大数据被使用之后，数据的价值得到了运用，不同类型的数据在数据生命周期的最后一个阶段的管理方式是处理与备份，部分数据在使用之后失去了利用价值，需要进行回收，另一部分需要保留下来的数据则需要重新归档与备份。在网格计算中，数据处理与备份是通过汇聚层来实现的。在公共安全事件中，需要根据具体需求来判断哪些数据需要回收、哪些需要销毁、哪些需要存储、哪些需要列入高保密等级等。

对于没有保存价值的数据，需要制定相关的政策对其进行回收或销毁，并从各个应用系统中彻底清除，为了保证这些回收或销毁的数据不会与企业和政府的条例和法规相违背，科学和明确的数据回收或销毁规则是有必要的。

对于另一些需要长期存储或还有利用价值的数据，则需要运用合理的备份机制。数据存储在计算机系统中，可能会遇到各种突发情况导致数据丢失，如地震、火灾、山洪等自然灾害，停电、恐怖袭击等不可控的突发事件，黑客攻击、安全漏洞、人为故意或无意操作失误等网络安全事故，软硬件故障、系统故障等设备问题，因此需要将系统内的全部或部分数据备份，即将这些数据复制到其它的存储介质中，这种方式只能防止操作失误等人为故障，而且一旦需要从备份中还原数据，需要花费的时间会很长，随着技术的发展和互联网的广泛应用，网络备份逐渐被采用，网络备份一般通过专业的数据存储管理软件结合相应的硬件和存储设备来实现。

在网格计算中，常用的备份方法有包括定期磁带备份、远程数据库备份、日志备份、远程镜像备份等。主要的数据备份方式有：①完全备份，数据使用完全备份的时候，每一个数据都会被复制到备份上，如果在两个备份时间点内，数据没有发生增删变更，备份数据就可以完整还原原数据，这种方式虽然能够写进所有数据，但是在下一次系统备份时，每个文件依然会被重新读出、写入，耗时长效率低且备份占据的内存很大。②增量备份，是通过备份上次备份完成后发生修改的数据来完成备份目的，在进行增量备份之间，系统通过查看需要备份的文件的最后修改时间是否与备份中的文件一致来判断是否需要更新备份，如果最后修改时间比备份中的要晚，那么表明此文件在上次备份之后被修改过，需要重新备份，如果最后修改时间没有变动，则此次不需要备份。增量备份常常与完全备份同时使用，完全备份的备份间隔较长，增量备份的使用频率比完全备份要高，它可以将上一次完全备份之后发生改变的文件全部重新备份。增量备份的优势在于它的速度比完全备份快得多，占的存储空间也比较少，劣势在于使用增量备份还原系统文件的效率较低。③差异备份，和增量备份一样，差异备份也是完全备份的一种辅助，不同的是差异备份的方式是在一次完全备份之后，如果一个文件被更新过，那么在下一次完全备份之前的每一次差异备份时，这个文件都会被备份，在这种方式下，如果需要还原系统，只需要先还原完全备份，再还原最后一次差异备份。差异备份的使用方法和频率与增量备份相似，但是差异备份所占的存储容量会随着时间不断增长，速度也会逐渐减慢，但差异备份的优势是还原系统的速度较快。④安全日志备份，通过日志记录备份文件的变动，在完整数据库备份之后执行的所有事务日志备份或在特定事务日志备份之前执行的差异备份，通过这种时间戳的工具和机制来记录各种操作过程和事件，这种安全日志的方式可以实现公证和抗抵赖性。在这些数据备份方式中，通常会结合两种或多种来保证数据安全备份的实现。

7.3.2 基于云计算的公共安全大数据安全保障

云计算的广泛应用在为公共安全推出传输和利用带来方便的同时，也提出了更高的安全保障要求。对此，在公共安全管理中应进行颇多与安全的整体化部署。

(1)云计算与公共安全大数据安全保障

云计算是由大量不同的计算机、服务器和数据存储系统共同组成的处理器来处理用户需求的分布式计算，它是一种基于互联网的、面向海量数据处理和完成复杂计算的、可无限扩展的平台。云计算是由并行计算、分布式计算和网格计算等技术演化而来，云计算基本的支持框架结构是由网格计算提供的。云计算可以实现动态使用和重构，即云计算是一种“按需分配”的分布式计算，用户可以根据自己的需求，随时随地地获取和使用“云”上的存储的资源(包括硬件、软件和平台)，或者处理相关事务等其他服务，从而达到在网络上数据和信息共享的目的。同时，用户可以使用任意终端获取资源，这些资源来自虚拟网络上的共享，而不是有形的实体。

一方面，云计算和7.3.1节提出的网格计算同属分布式计算，云计算和网格计算关于数据的存储和利用能力都很强，都能将本地数据上传到互联网上进行存储并使用强大的共享资源对数据进行利用，都能构建自己的虚拟资源池而且资源以及资源的使用都是动态可伸缩的，网格计算可以通过增加另外的网格“节点”来获取新的资源，云计算则可以通过扩展额外的计算资源，这两种分布式计算方式都可以进行并行多任务处理，可以满足多个用户同时执行不同任务的需求。另一方面，网格计算专注于提供计算能力和存储能力，它的主要功能是聚合分布的松散耦合资源，重点在于数据和信息的共享，强调将需要处理的事物转移到其他的非本地的可以使用的计算资源上，在网格节点上的数据和信息可以被任意访问者使用，同时用户也可以在网格节点上分享自己的资源，网格计算的建立大部分是由于需要处理一些特定的任务，也就是说网格计算在应用方面有专攻性，且网格计算的侧重点在于并行的集中性计算需求，因此会产生生物网格、地理网格、国家教育网格等不同种类的网格项目。云计算侧重于提供抽象的资源和服务，支持大部分的企业服务和应用，因此云计算可以被广泛使用在各个领域，有更强的广适性，并且在更多情况下用于商用，同时云计算也支持多种类型应用和环境，在云计算的使用过程中，访问者和使用者不需要贡献或分享自身的资源，并且可以在云上获取属于自己的专用资源，由于云计算的这些特性，用户在使用过程中是采用"按需付费"的方式，用户按照自身的需求在云计算资源池中获取资源，然后根据使用资源的情况付费。

云计算的使用场景大部分是企业的业务资源存储或商用，因此用户可以"按需付费"，根据自己的需求来选择购买对应的云计算资源或根据使用资源的情况付费。正是由于云计算的这种商业性质，衍生出了很多云计算供应商，也有很多大型互联网平台提供云计算服务，对于公共安全事件而言，这代表着需要将大数据上传到供应商服务器的云端，公共安全大数据的采集、使用、访问控制、加密、处理等过程需要由提供公共安全数据的各个机构和云服务商协同完成。同时，云平台的选择直接影响公共安全资源的安全性，因此需要面向特定公共安全资源的安全保障需求，选择云计算的部署模式。此外，在安全保障组织上，还需要贯彻深度防御原则，通过多层次、立体化防御措施的部署来加大安全攻击的难度。总体来说，云计算中的公共安全大数据安全保障可以从权限控制、数据加密、处理与备份三个方面来进行。

①权限控制。云计算在用户操作层面的权限控制大体与网格计算的访问控制相同，主要包括身份认证、权限管理、单点登录、数字证书、隐私策略、动态信任域的建立、访问委托等方式。除此之外，云计算的权限控制还需要包括对云计算服务商的权限控制，云计算服务商拥有管理员权限，对于安全保密要求较高的公共安全数据，需要各机构在安全保障的整个实施过程中主动对服务商进行监督。一般情况下，各机构的安全保障职责很大程度上受其采用的云服务模式的影响，采用 PaaS 模式，各机构仅需要负责、应用软件、数据和云平台客户端的安全，其他环节交由云服务提供商进行保障。在云服务商安全保障工作监督方面，则需要监督云服商的安全保障开展合理、合法、有效。云服务提供商主要负责安全保障策略的执行，其内容包括：首先，按照安全保障责任分配情况，采取有效保障措施保障公共安全资源及相应的服务。其次，接受各服务机构的监管，并为其监管实施提供支持。由于云服务提供商直接控制公共安全资源，因此，云服务商需要将资源的动态主动及时进行通报并提供便利条件，方便各个职能部门了解资源及服务状态。最后，需要对云服务商按周期开展风险评估活动，同时向相关部门定期提供安全运行维护报告，并当风险、威胁发生时进行相应的履约与赔偿。在实际应用过程中，可以通过对公有云、私有云和混合云的合理运用来达到权限控制的目的。公有云价格低廉但安全性较低，对于涉及公共安全的大数据而言，使用私有云和混合云更为合适。私有云是为一个客户单独使用而构建的，因此私有云在安全性和服务质量上能提供最高级别的服务，但私有云的安装成本较高，并且私有云只能接受单个公司的访

问，由于在处理公共安全事件时需要进行大量相关协同部门数据共享的公共安全大数据，私有云也不一定是最优选择。针对不同安全等级的公共安全资源采用不同的云计算部署模式，从而形成基于混合云的整体部署模式，混合云利用了公有云和私有云的优势，同时为公共安全大数据的处理等操作提供了极大的灵活性，成本方面也较私有云有优势。

②数据加密。公共安全领域数据来源多样化，部分数据包含涉密内容，这些公共安全数据一旦泄露会对行业、甚至国家安全造成危害，因此需要对数据进行加密处理。和网格计算相同，云计算中的数据加密也是通过基于密钥的算法完成的。在云计算中，加密是由服务商提供的，而一些与业务相关的应用程序则使用标记化技术而不是密钥，这涉及将特定令牌字段替换为匿名数据令牌。不论公有云、私有云还是混合云，云计算服务商都会提供加密的传输数据服务，大部分服务商会选择使用浏览器界面来完成数据加密，而另一些服务商则会使用专用客户端来实现数据加密，很多服务商都会将加密密钥交给用户来实现访问控制，这样用户可以直接从使用者的操作层面来管理访问权限。

③处理与备份。在公共安全事件中，需要根据具体需求来判断哪些数据需要回收、销毁、存储或者列入高保密等级等。当数据发生泄漏或损毁时，为了及时实现数据恢复，可以设置多个区域甚至多个云服务商来保证对数据的安全保护。将数据放在云端处理和存储时，也需要定时定期对这些数据进行物理备份，可以参考网格计算中定期磁带备份、远程数据库备份、日志备份、远程镜像备份等方式。而资源灾备和恢复针对公共安全资源已经遭到破坏的情况，是为了防止安全攻击对资源及服务造成严重且不可恢复的伤害，通过对公共安全资源及服务的备份，避免资源的丢失及损坏，同时设置服务恢复机制及时恢复服务。

(2)基于云计算的公共安全大数据安全保障策略

云计算的应用代表着部分服务的外包，各机构将公共安全数据传输到云服务商之中，造成公共安全数据的安全保障需要由提供公共安全数据的各个机构和云服务商协同完成。同时，云平台的选择直接影响公共安全资源的安全性，因此需要面向特定公共安全资源的安全保障需求，选择云计算的部署模式。此外，在安全保障组织上，还需要贯彻深度防御原则，通过多层次、立体化防御措施的部署来加大安全攻击的难度。

①基于安全等级保护思想的公共安全资源安全保障组织。公共安全领域数据来源广泛，既包括网络中的公开数据，也包括政府部门等内部数据，部分数据涵盖涉密内容，仅供专业人员查看。这些信息资源一旦泄露会对行业、甚至

国家安全造成危害。因此需要针对不同安全等级的公共安全资源采用不同的云计算部署模式，从而形成基于混合云的整体部署模式。在进行公共安全信息资源安全等级划分和云计算部署模式选择时，可以参考国家标准《信息安全技术云计算服务安全指南》中关于政务信息资源及系统的划分及云计算部署模式选择标准。①将非涉密信息分为敏感信息和公开信息。其中敏感信息是指不涉及国家机密，但与国家安全、社会稳定、经济发展，以及企业组织和社会公众利益密切相关的信息，这些信息一旦泄露、丢失、滥用、篡改或未授权销毁可能损害国家、社会、企业、公众的合法利益；公开信息则是敏感信息意外的非涉密信息。②根据业务无法开展时可能影响的范围和程度，将业务划分为一般业务、重要业务和关键业务。其中，一般业务是指出现中断时不会影响机构的核心任务，对用户的影响范围、程度有限；重要业务是指一旦受到干扰或中断，会对机构运转、对外服务产生较大影响，在一定范围内影响用户正常工作的开展，造成财产损失；关键业务是指一旦受到干扰或中断，将对机构运转、对外服务产生严重影响，威胁国家和人民生命财产安全。③在信息和业务分类的基础上，综合确定云计算部署策略：承载公开信息的一般业务可以优先采用社会化的公共云服务；重要业务和承载敏感信息的一般业务，最好采用私有云服务；关键业务系统暂不采用社会化云计算服务，但可以考虑采用自有私有云，如图 7-4 所示。

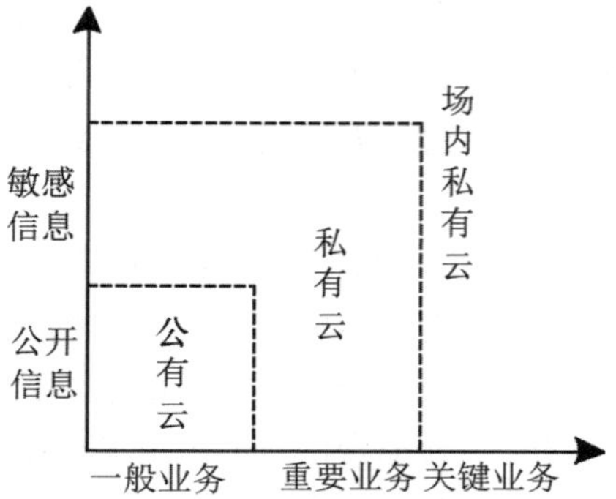

图 7-4　基于安全等级的云计算部署模式选择策略

②基于深度防御策略的安全保障组织。深度防御策略是美国国家安全局（NSA）为实现有效的信息保障在《信息安全保障技术框架》（Information Assurance Technical Framework，IATF）这一指导性文件中定义的信息安全保障

战略，其基本原理可应用于任何机构的信息系统或网络之中。深度防御策略注重人、操作和技术三个要素间的协同，并强调安全技术的应用；在多个位置进行防御，从而使得攻击者无法找到明显的薄弱环节；进行多层次防御，从而使得攻击者即便可以攻破一层或一类保护，但仍然无法破坏整个信息基础设施或信息系统，从而确保安全保障目标得以实现①。借鉴深度防御策略多点防御、多重防御的思想，构建了基于深度防御的资源安全保障构架，如图 7-5 所示。

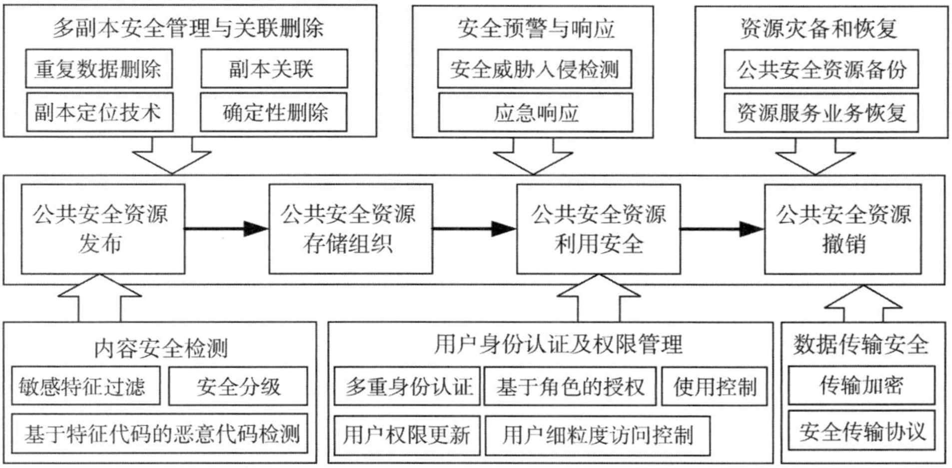

图 7-5 基于深度防御的安全保障组织架构

其中，内容安全检测、数据传输安全、多副本安全管理与关联删除、用户身份认证及权限管理属于针对公共安全数据处理流程的脆弱性加固，使得攻击者在攻击应用服务时难度加大、成本变高，属于被动防御策略。安全预警和响应阶段，通过尽早发现对共享服务面临的攻击，及时反馈给安全保障主体，通过预先设计的安全预警及响应措施，做到自动或者由安全保障主体主动采取响应措施，从而防止对资源及应用服务造成严重伤害，此阶段属于主动性防御。资源灾备和恢复针对公共安全资源已经遭到破坏的情况，是为了防止安全攻击对资源及服务造成严重且不可恢复的伤害，通过对公共安全资源及服务的备份，避免资源的丢失及损坏，同时设置服务恢复机制及时恢复服务。

① National Security Agency. Information Assurance Technical Framework (V3.1) [M]. Fort Meade: National Security Agency, 2002: 1-32.

7.4 公共安全大数据管理的公众隐私保护

大数据的一个显著特征是将社会生产和社会生活中各种信息进行数字化记录，实现信息资源的数字化记忆和存储。一方面，公共安全大数据智能化管理利用机器学习、深度学习等人工智能技术对多源异构的大数据资源进行智能化数据分析，从而挖掘出其中具有潜在价值的模式、态势、规律和关联等不同类型知识，对公共安全事件管控和研判提供决策支持；另一方面，为了保障大数据分析和挖掘的精准性，公共安全大数据的采集和利用过程必然会要求数据开放、流通和透明，而这将导致数据监控、公众隐私泄露和权力侵害等“副作用”，因此公共安全大数据资源的智能化管理和信息交互必然导致公共安全保障与公众个人隐私保护之间的冲突。基于此，本节围绕公共安全大数据资源开发和利用过程中公众隐私泄露的安全问题，将数据资源使用过程的安全保障与公众隐私保护作为一个关联整体，从政府部门与公众信息交互的视角探索公共安全保障的“公共性”与公众隐私的“个人性”之间的权益界定，在此基础上研究基于双方权益维护的公众隐私保护机制。

7.4.1 公共安全保障与公众隐私之间的权益界定

在大数据时代，公众隐私不再局限于传统意义上的个人物理领域空间和特定范围，还包括了来自互联网空间的各类个人数据，包括公众社交软件的使用、电子商务网站的购买和支付记录、出行轨迹等。这些数据一方面具有很大的利用价值，是公共安全智能化管理的数据源，通过对这些结构化、半结构化和非结构化的数据进行处理、存储、分析和挖掘，能够实现数据驱动的公共安全智能管控的目标；但是，另一方面，公共安全智能化管理过程所产生的数据会形成一种“数字化记忆”效果，作为一种“全景控制的有效机制”，它会严重威胁到公众的隐私和自由①。

从管理学视角上看，公共安全管理应具有双重属性，即科学属性和价值属性。

首先，公共安全管理应满足科学属性要求，大数据作为实现公共安全有序管理的一种新模式，它为公共安全科学化的应急管理带来新的解决思路和途

① 张春艳. 大数据时代的公共安全治理[J]. 国家行政学院学报，2014(5)：100-104.

径，能够提升职能部门应对公共安全突发事件的预防与管控能力。

同时，公共安全管理也应满足价值属性要求，在风险社会的背景下，公共安全越来越成为一种优先价值①。例如，在保障公共安全的过程中，“天网工程”“雪亮工程”等公共安全视频监控联网系统起到了重要的作用，在公共安全保障方面可以精准地分析车辆和犯罪嫌疑人员的运行轨迹，并运用大数据技术对公共安全管控的目标、时间、地点、行为、社会关系和事件内容等事件实体进行数据分析和挖掘处理，从多角度还原事件发生的真实过程，因此这些视频监控联网系统在智能化时代成为打击犯罪、治安防控、服务群众的一个重要手段。然而，一旦将公共安全作为一种优先价值，大数据分析便有可能对公众隐私产生侵犯。为了有效进行公共安全管理，相应职能部门不仅会存储通过摄像头设备采集到的公众视频数据，还会直接或间接地搜集个人资料和其他各种公众信息，很多超出公众暴露隐私意愿的行为也会记载在后台数据库系统中，这些隐私的曝光程度超出了人们工作和社交的需求。同时，采集得到的公众数据和资料如果没有经过严格的存储、归档和授权访问，就有可能被不法分子利用，反而会危害公共安全，这就形成了一个“悖论”：用于促进公共安全智能管控的大数据反而对公共安全造成了危害②。与其他改变世界的科学技术相似，公共安全大数据智能化管理所采用的智能技术始终是一个工具，必须将智能技术纳入由法律、伦理所构建的社会规则体系中，为维护社会治安与稳定，保障人民生命财产安全服务就是科技向善的过程。

某种程度来说，公共安全大数据的智能分析和公众隐私保护是相互矛盾的，大数据智能分析能够为公众带来安全保障，但这个安全保障是建立在采集大量涉及公众隐私数据的基础之上，这让原有的隐私保护法律和核心技术失去效力，因此隐私问题是公共安全大数据技术应用中不可避免的伦理难题。一方面，公众同意是公共安全数据采集和数据分析合法性的前提和基础，在大数据环境下必须加强公众对个人数据的知情权和控制权，制定和出台公众隐私保护条例和政策是实施告知义务的首要渠道，应设定职能部门使用公众个人数据的一系列规则和隐私保护要求。同时另一方面，公共安全数据采集和数据分析的合法性基础并不仅仅考虑公众同意，还应包括其他合法性要素，这是在大数据环境下公共安全保障和公众隐私之间权益界定的基础。在保护公众隐私的前提下，相关职能部门有权基于公共安全保障实现的合法利益而进行必要的数据采

① 张春艳. 大数据时代的公共安全治理[J]. 国家行政学院学报，2014(5)：100-104.

② 张春艳. 大数据时代的公共安全治理[J]. 国家行政学院学报，2014(5)：100-104.

集和数据分析，这是职能部门为提供公共安全保障服务而采集并分析公众个人数据带来收益的正当性基础。从公共安全保障和公众隐私两者之间的关系上看，公共安全数据采集和处理的重要性超过个人隐私安全的保护是必然的，由于公共安全是为了维护社会整体的治安与稳定，是政府为了保障公众不受侵害进行社会管理和提供公共服务的种种权力交付，在公共安全权力的行使过程中，必然会介入到公众生活中，公益与私益、维护公共安全与保护个人信息同时存在，由此产生二者之间的现实冲突①。因此在社会治理层面上，个人的隐私保护显然应做出让步，公共安全权力的行使必然会超前于公众个人信息的保护，但前提是实现这种公益要正当、合法且尽可能尊重和保护个人私益，维持基于大数据分析的公共安全保障“公益”和公众隐私信息保护“私益”之间的平衡。

尽管现阶段对公众隐私的保护存在着种种困难，但是为了维护公众的合法权益，避免引发大的安全风险漏洞，公众隐私保护同样需要引起相关职能部门的高度重视，这样才能反过来推动基于大数据的公共安全治理和应急管理模式的创新和发展，维持好大数据与公共安全管理的良性互动，实现基于大数据分析的公共安全保障与公众隐私保护的平衡发展。

7.4.2 基于权益维护的公众隐私保护机制

我国现阶段涉及公众个人信息保护的法律渊源基本上来自对隐私权的保护。公共安全与公众隐私保护之间存在着天然的冲突，公共安全大数据的应用在给公共安全智能化管理带来极大便利的同时也严重侵犯着公众的个人隐私。针对该问题，可以分别从监管层面和技术层面两大方面来探索基于权益维护的公众隐私保护机制。

公众隐私保护从监管层面上看可以从多个方面来实现，包括完善公众隐私保护法律体系、强化公共安全领域政府信息保护责任和公众自身的权利意识觉醒和对职能部门监督等方面②。

(1)完善公众隐私保护法律体系

政府职能部门应该主动担负起维护公众隐私安全的职责，实现这一目标最

---

① 刘志坚，郭秉贵. 大数据时代公共安全保障与个人信息保护的冲突与协调[J]. 广州大学学报(社会科学版)，2018(5)：74-79.

② 刘志坚，郭秉贵. 大数据时代公共安全保障与个人信息保护的冲突与协调[J]. 广州大学学报(社会科学版)，2018(5)：74-79.

重要的方式就是完善现有公众隐私保护法律体系。美国是世界上最早提出并通过法规对隐私权予以保护的国家，在1974年通过了《隐私法案》，并在互联网迅速发展并普及到公众之后紧接着制定了针对网络上隐私权的《电子通信隐私法案》《电脑匹配与隐私权法》及《网上儿童隐私权保护法》①。加拿大也在2001年1月1日起实施《个人信息保护和电子文件法案》，根据这项法律，所有收集信息数据的网站必须向其客户说明是谁在收集信息以及为何收集信息。2018年5月，欧盟议会颁发的《通用数据保护条例》(General Data Protection Regulations)("GDPR")正式生效，GDPR为欧盟范围内自然人的个人数据提供了较高程度的统一保护。其立法目的，既是为了借助严格的个人数据保护规则约束美国的互联网企业，又可以借助统一的个人数据保护立法，在欧盟内部市场营造一个自由、公平的竞争环境，形成竞争优势，推动欧盟互联网企业发展壮大②。我国目前涉及公众隐私保护的相关法律法规条例包括《宪法》《治安管理处罚法》《侵权责任法》等，为保护个人信息而特别制定的法律条款《个人信息保护法(草案)》于2017年3月颁布，提出国家机构为履行职责或接受其他有权机关的委托可以依法收集个人信息，应当在职权范围内收集个人信息，没有信息主体的书面同意或授权，不得超越职权收集个人信息。2017年12月十二届全国人大常委会第三十一次会议上作全国人大常委会执法检查组关于检查《中华人民共和国网络安全法》《全国人民代表大会常务委员会关于加强网络信息保护的决定》实施情况的报告。报告认为，用户信息泄露呈现渠道多、窃取违法行为成本低、追查难度大等特点，用户个人信息保护工作形势严峻，对此，建议通过加快个人信息保护法立法进程、加大打击力度等方式，进一步加大用户个人信息保护力度③。2018年3月，《大数据标准化白皮书(2018版)》正式发布，提出大数据参考架构中主要角色(系统协调者、数据提供者、大数据框架提供者、大数据应用提供者、数据消费者)，其活动都要受到安全和隐私角色的影响，要求各个角色在各自的安全和隐私管理领域，通过不同的技术手段和安全措施，构筑大数据系统全方位、立体的安全防护体系。目前，我国已初步形成涵盖法律、政策、标准的多层次个人信息保护体系，勾画出个人数据信息保护的法律框架，如《个人信息保护法(草案)》的制

---

① 他山之石[N]. 人民日报海外版，2018-04-16(5).

② 他山之石[N]. 人民日报海外版，2018-04-16(5).

③ http://www.npc.gov.cn/zgrdw/npc/zfjc/zfjcelys/2017-12/25/content_2035344.htm [EB/OL].[2017-12-25].

定除了能够对金融、电信等个人信息泄露重灾区的行业起到一定的监管作用，针对个人信息更容易遭到泄露和窃取的互联网空间也能较好地保护公众隐私信息的安全，为正式颁布和实施开展提供了指引。但是，目前部分法律、政策和标准仅对大数据环境下公众隐私信息保护进行了原则性、概括性的规定，在实际落实过程缺乏可操作性，同时也面临标准不一致，执行不严等问题。因此，需要继续完善公众隐私保护法律体系，从数据收集到数据分析利用整个公共安全大数据管理过程对相关部门人员进行监管，采用问责机制，以确保个人数据合法采集和安全利用，既充分发挥大数据在实现公共安全保障上的“价值”属性，同时也最大程度上保护公众隐私的合法权益。同时，应构建公众个人数据信息的安全标准体系，逐步将已有的法律、法规和政策进行细化落实，推动立法向精细化方向发展，明确公共安全职能部门对公众数据使用的职权范围，要求部门工作人员在各自的安全和隐私管理领域，满足相应的数据安全与隐私要求。

(2)公众自身的权利意识觉醒

公众的隐私安全保障离不开公众自身的权利意识觉醒和社会大众的监督。在公共安全智能化管理中，公共安全保障的“公益”和公众隐私保护的“私益”之间存在着权益界定的问题。一方面，公共安全职能部门作为数据控制者和数据处理者，应在法律允许范围内合法行使对公众个人信息进行数据采集和数据分析的公权力，在行使公权力过程中不能僭越公众合法权益；另一方面，公众自身应需要加强防范意识，注意个人隐私信息的保护，避免个人信息泄露。公众对于隐私问题意识的提高对于行业发展和政策发布来说都是一件好事，可以推动相关政策的实施和法律的规范化。从公民的角度来说，为了防止隐私泄露的事件发生，除了需要政府职能部门从宏观层面建立一套完善的体系，公民在使用互联网信息服务时也需要增强隐私保护意识，在注册信息系统需要某些授权时，应认真查阅信息服务供应方的隐私申明，对于服务供应方模糊或没有提到的隐私保护声明，在同意授权之前应慎重考虑。在输入个人资料时，也要尽量避免透露太多私有信息，包括住址、财产状况等，在非实名的社交网站上尽量不要定位或暴露自己的个人身份信息，确保自身的隐私信息安全。当公众的隐私信息被泄露或者受到侵害时，公众首先需要及时采取措施防止这些信息继续流传，然后通过法律手段维护自身合法权益，与隐私侵犯行为抗争。除此之外，公众隐私的安全保护还需要社会大众对相关职能部门和机构进行监督，在个人信息遭到泄露或被滥用时应及时根据法律法规进行维护，保护自己的合法权益，随时监督相关部门对个人信息的使用情况。

实现公众隐私的保护，除了需要从政府职能部门、公众和社会的监管角度出发，相关技术的配合也是必不可少的，技术层面的手段包括匿名保护技术、数据脱敏、数字水印、数据溯源等。

①匿名保护技术。虽然现在匿名保护技术的发展落后于隐私安全的需求，但它仍然是在大数据中应用最广泛的一种隐私保护技术，并随着各方面的进步依然在不断地发展和完善。数据表中的k-匿名技术是一种可以防止因链接攻击导致隐私泄露的技术。在这种方案中，首先将准标识符分组，目的是使至少有k个元组中的准标识符是无差异的，这样可以使这k个元组中任意两两元组之间都无法区分，这样的方法使数据表在遭受链接攻击时，攻击者无从判断出需要得到的隐私信息具体属于哪一个元组，k-匿名技术就是通过这样一种方式来防止公众隐私泄露；同时，由于这些匿名组是以占据存储空间为代价的，因此k-匿名技术也会降低数据的可用性。同样地，在社交平台上，用户会发布大量的文本信息和图片视频数据，这些数据会大量地暴露出用户的个人属性，因此对于社交平台上的用户，需要使用另外的匿名保护技术。在社交平台中实现用户匿名，除了对特定的可以标识出用户身份与属性的信息(例如ID、昵称等)进行匿名化处理之外，还需要对用户与用户之间关系进行匿名化处理，当攻击者尝试攻击某个用户时，则需要重新识别用户的身份信息。这些匿名方法有一个缺陷就是，攻击者可以通过非匿名化的信息来判断出匿名信息的具体内容或匿名用户的身份，尤其是在社交平台中，根据公开的用户社交结构的交集可以精准定位到可能的用户，如果用户之间存在强连接，那么对于攻击者来说定位会更加容易，对于匿名技术发展而言，这可以是一个突破方向。

②数据脱敏。公众隐私涉及的大多数是个人敏感信息，如真实姓名、身份证号、住址、手机号等，数据脱敏技术通过对不同的敏感信息实现不同的数据脱敏算法，在不违反系统规则的条件下，对真实数据进行改造并提供测试使用，达到保护公众敏感隐私信息的目的。数据脱敏技术是对所有能够标识出个人的属性移除或脱敏，但是为了让合法用户能够标识出自己的身份，对于这些隐私数据常常只是会进行半标识属性，攻击者可以通过将这些公开的数据与大数据平台内的资料进行匹配识别分析出实际数据，为了更好地实现数据脱敏，可以使用数据泛化技术，即将准标识列的数据替换为语义一致但更通用的数据。公众的隐私数据不会只存储在一个数据库中，通过对多个数据库信息的交叉对比，往往可以得到很多敏感数据，选择对这些数据进行脱敏处理而不是使用加密算法，则是出于对成本和使用数据的便利程度考虑。

③数字水印。数字水印技术是通过将特殊的标识信息直接或间接嵌入到数

字载体中，从而可以标识或判别数据的一种技术，打入数字载体内部的数字水印不会影响到原数据的使用，也很难被察觉或修改，数字水印的典型算法有空域算法、Patchwork 算法、变换域算法等。根据不同的分类依据，数字水印也有多种分类方法，依据水印的特性数字水印有鲁棒数字水印和脆弱数字水印两种，按数字水印的内容可以将水印划分为有意义水印和无意义水印，按水印所附载的媒体，可以将数字水印划分为图像水印、音频水印、视频水印、文本水印以及用于三维网格模型的网格水印等①。数字水印有以下几个特点：①不可感知性：由于水印在嵌入数据载体之后不会影响使用，也不会对数据进行修改，因此数据水印的添加是不可感知的。② 鲁棒性：数据水印的目的就是为了分析和鉴别原数据，数据水印必须首先保证自身不会被修改或抹去。③ 安全性：数字水印可以以任何形式存在，但数字水印不可以给数据载体带来风险，同时应当有较低的误检测率，数字水印的内容需要跟随载体内容的变化而变化。

④数据溯源。在互联网上，用户接触到的数据和信息大多数是经过多手传播的，在查找公众隐私泄露源头或其他影响公共安全事件的来源时，需要用到数据溯源技术，这也能为之后的处理与决策提供依据。数据溯源技术以前是在数据库中被广泛使用，目的是追溯使用的数据的源头，由此可以再次验算结果是否正确，或者以最小的代价进行数据更新。隐私保障机制中使用的数据溯源是为了找到隐私泄露的源头，从根源上解决问题，才能更好地服务于公众。目前，数据溯源追踪的主要方法有标注法和反向查询法，其模型包括流溯源信息模型、时间-值中心溯源模型、四维溯源模型等②。

小　结

公共安全智能化管理在技术实现的基础上，本章从技术规范和标准保障、职能部门管理模式创新、数据安全保障和公众隐私保护等方面探索公共安全大数据管理的智能保障机制。首先，公共安全大数据管理的技术规范和标准保

① 王维林. 数字水印在版权保护上的 IBM 攻击与防范的研究[D]. 兰州：兰州大学，2006.

② 汪洪昕. Hadoop 环境下的数据溯源方法的应用研究[D]. 南京：南京邮电大学，2016.

障，不仅指导人们采取正确的技术和标准利用公共安全大数据，而且促进行业发展、跨部门协同、推动技术的进步和国际接轨。在技术规范指导和约束下，保障数据的安全合理使用和价值的充分发挥。在统一的技术规范下实施数据标准化管理，建立数据库或知识库能够在其他部门可重用，推动职能部门之间的信息协同共享，减少资源的重复建设，从而提高公共安全的整体系统效能。在此基础上，从组织结构和运行机制上进行适配性的创新与重组，并提出公共安全跨部门大数据中心的建设思路，以保障基于区块链的资源管理体系从数据采集到智慧共用的全过程高效运作。而后，分别探索基于网格计算和基于云计算的数据安全保障机制，结合应用场景采用相应分布式计算模式，以保障大数据智能化管理中数据资源的安全。最后，围绕公共安全大数据资源开发和利用过程中公众隐私泄露的安全问题，探索公共安全保障与公众隐私之间的权益界定，并从监管层面和技术层面两方面提出公众隐私保护机制。

8 基于大数据管理的公共安全信息保障服务

党的十九大报告指出，要健全公共安全体系，完善安全生产责任制，坚决遏制重特大安全事故，提升防灾减灾救灾能力；健全国家安全体系，加强国家安全法治保障，提高防范和抵御安全风险能力。这不仅对公共安全大数据信息保障服务提出了新的要求，也为安全生产、智慧反恐、灾害应急以及卫生防疫等公共安全领域的改革指明了方向。在“互联网+”和公共安全相关领域的深度融合和跨界应用中，构建大数据驱动的公共安全应急管理情报体系，为公共安全职能部门提供协同交互的信息保障服务具有重要的现实意义。基于此，本章在大数据智能化管理和信息交互的模型、技术和保障机制基础上，结合公共安全具体领域，构建公共安全信息保障服务的情报体系，实现以领域为导向的公共安全信息保障服务的推进和应用。

8.1 面向安全生产领域的公共安全信息保障服务

在技术跨越式发展的信息时代，我们置身于风险社会中，存在于偶然性、复杂性和不确定性之中。在风险社会宏观背景下，中国作为制造业大国，为了向制造业强国迈进，制造业除了需要加大科技投入，还需要生产安全得到保障。安全生产事件如危险化学品爆炸等是公共安全管控中危害较大的突发事件之一，安全生产突发事件往往会伴随泄漏、燃烧、爆炸、毒害、辐射和污染等灾害，处理不及时或者处置不当易产生巨大的生命财产损失，严重影响我国社会安全和稳定。在现代化社会大数据背景下，信息技术的迅猛发展逐步加速大数据的智慧应用。大数据能够为安全生产情报服务提供海量数据，提升安全生产服务的实时性和系统性，督促政府部门健全安全生产情报数据管理机制①。目前，大数据已然成为建设安全生产情报平台不可或缺的基础要素。与一般的公共安全事件不同，生产安全事件的应急处置与管控是一项复杂的系统工程，涉及突发事件所在地的公安、消防、环保、卫生、交通等多个政府机构及其上级部门，具有跨部门、跨领域、跨层级的特点，然而我国安全生产相关信息系统业务规划不一致，数据相互隔离，信息共享难，信息孤岛问题十分显著，难以满足安全生产管理者即时调取信息、调度各类资源实施救援、不断决策且不断修正决策的需求，不具备时代适应性。

本节在介绍安全生产管控中情报服务模式及流程的前提下，基于风险社会背景构建一种面向生产安全事件的情报服务体系，涵盖各个管控主体之间、管控主体与生产安全情报之间的关系，打造安全生产情报管控闭环，使得安全生产情报服务的业务能力、情报生产能力和决策支持能力相适应，充分提升安全生产情报服务效率与相关部门间的协同管控效果。

8.1.1 安全生产管控中情报服务模式及流程

安全生产管控中的情报服务模块主要分为三部分：获取、交换安全生产相关情报来源，安全生产情报服务平台以及使用安全生产情报的主体，首先介绍了这三者之间的情报交互流向关系，在此基础上阐述安全生产情报服务平台内情报处理及反馈的流程闭环。安全生产事件管控中的情报服务模式如图 8-1 所示。

安全生产情报服务平台从城市管理的业务系统中抽取相关的业务信息，从物联感知系统中采集实时的城市系统环境感知数据，并与其他情报信息系统交换和共享情报，最终向各个应急管理主体提供情报内容；同时，安全生产管理主体在不同的管理阶段和突发事件发展阶段按需与不同的情报信息系统相连接，形成动态变化的组织结构。如在某化工厂发生泄露氨气的安全生产事故应急管理过程中，城市应急办作为应急响应和应急处置的牵头单位，组织安全生产监督管理局、园区管理委员会、公安局、消防局、环境保护局、交通运输局等相关行政管理部门开展应急管理活动，行政管理部门成为该突发事件最重要的应急管理主体；此外，事发地点附近的医院、学校、社区、商业网点，以及新闻媒体、非政府组织等也直接或间接参与到应急管理活动中。城市应急管理情报体系为不同阶段加入管理活动的业务主体提供全方位的情报服务，其中安

① 刘琳. 物联网技术在企业安全生产监管中的应用探讨[J]. 网络安全技术与用，2019(5)：87-88.

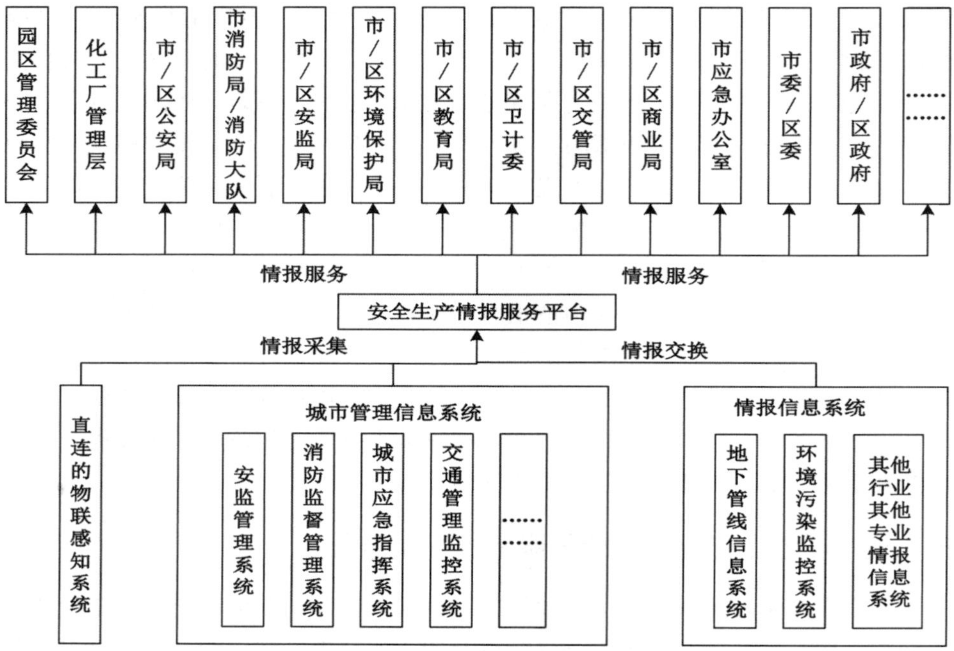

图 8-1　安全生产事件管控中情报服务模式

全生产情报服务平台提供融合性情报和城市基础数据，而不同层级、不同专业领域的情报信息系统或者功能模块为特定的管理主体和管理程序提供特定专业范围的情报和信息，如环保局的环境监测系统所产生的监测信息首先为该局内部应急管理业务流程服务，其次才通过城市应急管理情报平台为其他相关部门的应急处置业务服务。

安全生产管控中情报服务流程主要是产生在安全生产情报服务平台中。安全生产突发事件管理部门通过发生事件及情报归类服务判别事件性质，从而确定数据目标。数据目标后续通过跨部门信息协同交互提供安全生产情报服务，协同交互过程如需跨部门获取、交换数据，进行数据处理融合与存储，在此基础上对相关数据的分析挖掘，最后提供可视化交互界面至安全生产情报服务平台为管控人员提供决策支持。与此同时，为弥补风险社会背景下存在的情报服务资源与现实世界的真实情况之间的鸿沟，需要针对每个突发事件、甚至于管理人员的每个决策对情报资源历史库进行动态更新，以保持整个情报服务的鲜活性和实时性，提升安全生产情报服务质量，将损害降至最低。公共安全情报服务流程如图 8-2 所示。

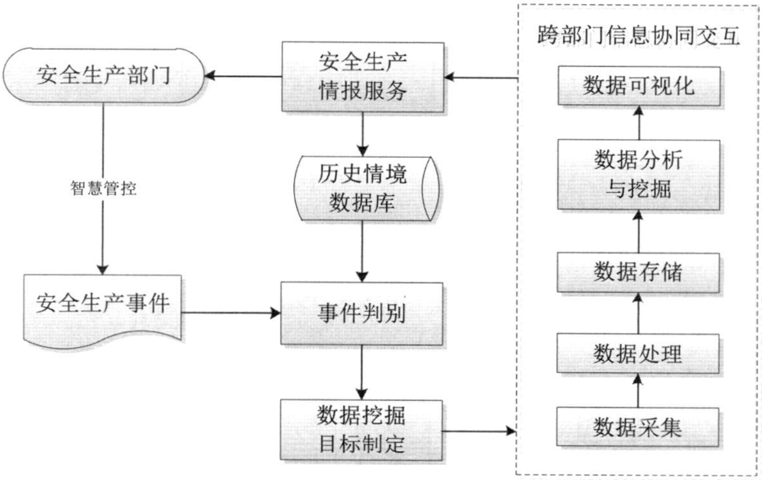

图 8-2　公共安全情报服务流程闭环

8.1.2　安全生产情报服务体系

在风险社会宏观背景下，本节提出的安全生产情报服务体系在前期预测、应急处置以及后期污染防治阶段提供综合性的情报支持。该体系主要包含安全生产情报获取、安全生产情报处理、安全生产情报存储、安全生产情报服务以及安全生产情报更新五部分，如图 8-3 所示。

①安全生产情报获取。安全生产情报获取层是实现安全生产突发事件预警的基础部分，通过情报获取层采集安全生产相关基础信息以及应急信息，为安全生产突发事件预警和决策提供大量情报资源。安全生产相关基础信息来自卫星定位系统(GPS)、交通车辆系统、监控系统、互联网系统、气象环境系统、物联网(LOT)、生产人员信息系统、生产设备信息系统以及生产厂房建筑信息系统等，从环境、交通、厂房等物理信息、互联网社交信息以及人力信息全方位监测生产安全状况。生产安全应急信息则需要事件发生中实时采集，包括危险源信息、救援信息以及应急物资信息等。

②安全生产情报处理。安全生产情报处理层对情报获取层采集的数据信息进行数据预处理，包括数据抽取(Extract)、数据转化(Transform)、数据装载(Load)，由于数据管理层的数据是感知层通过各个渠道获取的，其中难免会存在虚假信息，首先，需要对这些来源不同的大量数据进行可信度分析，还可能出现情报中心和部门之间以及政府各部门之间数据格式不一致、语义不一致

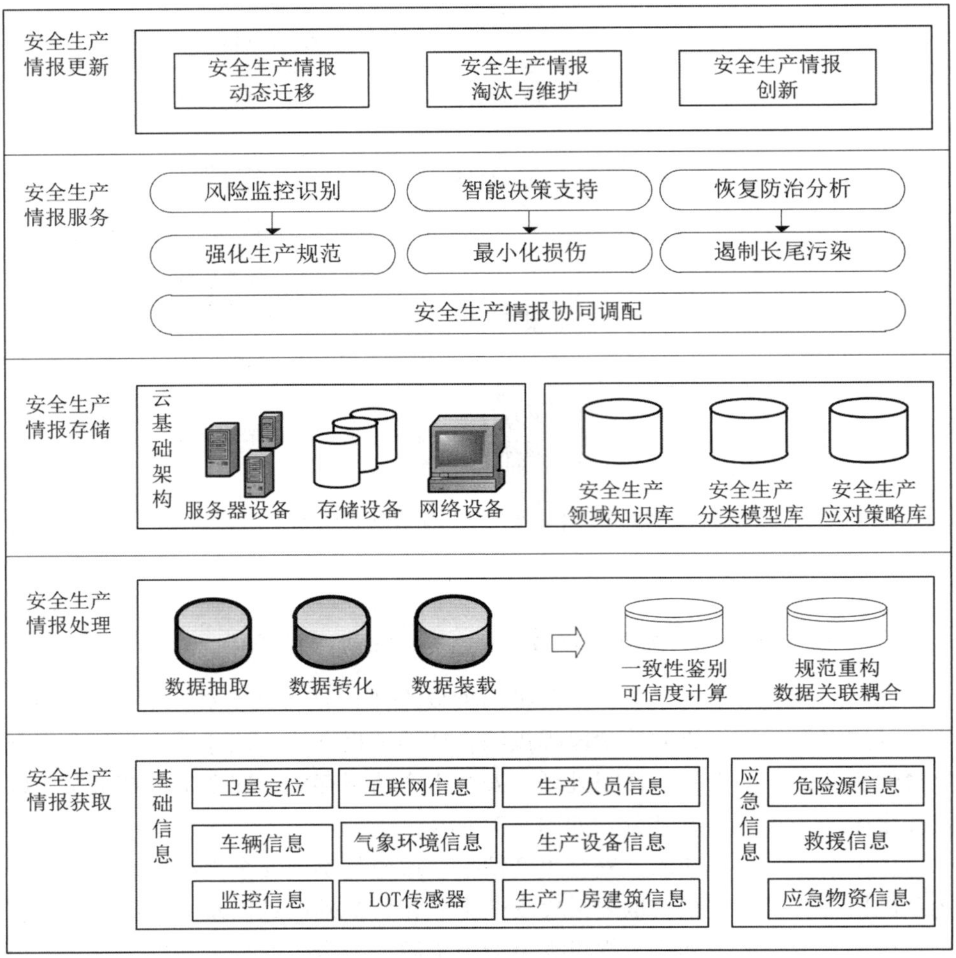

图 8-3 安全生产情报服务体系

等问题，需要进行数据一致性处理。其次，为了将来自不同职能部门的异构数据进行有效的关联，还需要使用智能技术如规范重构技术对数据信息规范化，数据关联技术构建基于领域本体的语义数据关联模型，语义映射方法将公共安全大数据资源映射到高层语义空间中，实现统一的内容理解和语义上的互联；耦合技术将各类情报资源智能耦合，在信息耦合理论的基础上，提出基于语义社区发现的智能耦合技术，实现跨源数据资源的动态耦合，进而提高不同政府部门间数据资源的有效获取与协同的效率。

③安全生产情报存储。传统的数据库或者数据仓库技术已经不能满足跨源

交互系统对海量半结构化以及非结构化数据的存储，传感器收集到的数据包括视频、图像、音频数据等大量非结构化数据，云计算地出现在很大程度上解决了这些数据的存储和处理问题。云平台因其分布式存储和动态可伸缩的虚拟化资源，成为城市信息化建设中更经济、便利的选择。分布式基础架构 Hadoop 的核心之一分布式文件系统 HDFS，具有高容错性和高伸缩性等特点，为非结构化和半结构化数据提供存储。另一核心分布式编程模型 MapReduce 方便用户将程序运行在分布式系统上，可以充分利用集群计算，为海量数据提供计算。在该技术基础上，主要存储安全生产领域知识库、安全生产分类模型库以及安全生产应对策略库，针对安全生产领域性知识以及突发事件特征提供个性化的情报服务支持。

④安全生产情报服务。安全生产情报服务层与安全生产管理人员进行直接交互，主要分为安全生产突发事件监控识别阶段、应急决策支持阶段以及恢复防治分析阶段。监控识别阶段其主要功能是实现情报产品的可视化，提供智能检索、信息可视化等服务，方便数据分析人员进行实时查询、分析，为突发事件的预警提供支持。安全管理制度、安全生产物联网等信息技术应用、生产设备设施运行管理、隐患排查治理等标准化达标内容监督管理工作的信息化，为动态跟踪检查企业安全生产标准化达标进展情况提供信息化支持。如化工生产危险品存放点周围环境的实时监控、及时识别风险区域、发现异常情况等，或是生产设备 LOT 温度感应，一旦超过温度阈值立即预警，进而提前采取相应预防或修正措施，避免事故灾害的发生。应急决策支持阶段，此时安全生产事件已经发生，安全生产管理人员即刻收到事件信息，依据知识库知识储备，结合专家意见，并且综合事故危害程度、环境、人力、物资等各方要素积极迅速做出救援决策。首先，恢复防治分析阶段需要反馈此次事件预测成功/失败的原因并改进相关预测指标、特征等，从而优化预警机制；其次，安全生产事件往往涉及空气水质等环境污染，需要及时疏散居民，遏制污染长尾效应的产生。

⑤安全生产情报更新。安全生产情报更新主要包括安全生产情报动态迁移、情报淘汰和维护以及情报创新三方面。安全生产情报动态迁移需要根据情报保存周期、访问频率等因素确定迁移条件的时间，将该情报迁移到另一设备上存储，若有请求需求再申请调用；安全生产情报淘汰和维护根据对情报价值的判断进行淘汰删除以及新情报的维度更新；安全生产情报创新部分，由于安全生产事件的发生、发展、影响范围，对周边的城市系统环境将产生一系列复杂的作用和影响，可能产生新的突发事件或使原发事件产生重大的变化，对于公共安全管理决策者而言，在事故处置的各个阶段并不能够准确地预计事故的

演化过程和预料处置的效果和影响，管理者始终处于不断决策和不断修正决策的过程中，在此过程需要对修正创新信息进行更新，保持安全生成情报资源的前卫性，其次也可通过对监控预警模型进行不断迭代创新，提炼出更切合安全生产领域的精确模型，优化安全生产情报服务质量。

风险社会存在的复杂性和不确定性使得构建一种全新的安全生产突发事件管控体系成为必然，为了解决安全生产事件数据隔离严重、部门协同交互难的问题，在适应现代社会大数据环境的前提下，本节明晰了安全生产情报服务模式及流程，提出了基于风险社会背景下的安全生产情报服务体系，充分将大数据技术与安全生产情报服务结合，为安全生产管控过程中的前期预警、应急响应以及后期污染防治回复提供综合性的情报支持，同时将决策能动性、创新性和灵活性加入其中，提升安全生产情报体系的鲁棒性和高效性，期望本研究可为安全生产突发事件管控工作的开展拓展解决思路。

8.2 智慧反恐领域中的公共安全信息保障服务

反恐怖行动是国家公共安全工作的重点内容之一。公共安全大数据的发展对现有的反恐情报服务提出了更高的要求，也为反恐情报提供了新的研究方向。本节引入顶层设计理念，在反恐情报研究基础上构建基于网格技术的泛在化、智能化和协同化的智慧反恐信息系统，并探讨了系统架构内容及智慧反恐情报服务的保障机制。智慧反恐情报服务解决了政府部门存在的信息孤岛问题，为我国安全部门提供有效借鉴。

8.2.1 大数据在反恐情报中的应用研究

近年来，全球恐怖主义势力日益猖獗，“ISIS”等极端组织持续破坏世界和平秩序。国内反恐情形同样不容乐观，其中以“东突”为代表的暴力恐怖势力在新疆和内地制造了多起恐怖袭击事件，严重影响我国社会安全及稳定。在“互联网+”的时代背景下，信息技术的迅猛发展逐步加速大数据的智慧应用。大数据能够为反恐情报服务提供海量数据，提升反恐情报服务的实时性和系统性，督促政府部门健全反恐情报数据管理机制①。目前，大数据已然成为建

① 陈明，凌云翔，吴树银. 大数据时代的反恐怖情报保障策略研究[J]. 情报杂志，2015，34(6)：5-11.

设智慧反恐情报平台不可或缺的基础要素。在我国政务信息化建设中，政府部门各信息系统业务规划不一致，数据相互隔离，信息孤岛问题十分显著。为统筹政府资源、协同部门合作以及实现系统互操作，智慧反恐情报服务应始终贯穿“顶层设计”理念①，从顶层起往下依次细化，建设层次清晰明确、结构协调规范的信息系统，最终实现跨领域、跨部门之间的高效信息协同合作。

自“9·11”恐怖袭击事件以来，反恐怖主义成为国际关注的重点问题。在国际反恐工作中，联合国安全理事会在多边反恐怖主义工作中发挥了中心作用。为全面检测恐怖主义活动的演变过程，Dorsch 引入了联合国安理会和恐怖主义数据集，并详细介绍创建数据集的所需要素及方法②。反恐相关组织数据以及互联网数据是反恐数据挖掘的重要数据来源。如 Stollenwerk 以联合国安全理事会综合制裁名单数据为基础进行网络分析③，Strang 利用谷歌新闻中的海量恐怖主义信息展开研究④。在反恐预警、反恐监控和反恐追踪各阶段，Hadoop 平台和数据仓库有效实现了反恐数据的存储和分析。但是反恐情报服务在多源数据共享、部门协同以及数据智能平台搭建过程中仍存在诸多问题⑤。综合而言，大数据的反恐情报工作研究主要从大数据反恐问题解析、大数据应用方式以及保障策略等方面展开。有关反恐情报的技术研究集中于反恐数据库建设、数据仓库结构设计以及反恐数据挖掘等。反恐情报工作中关于多维度反恐数据采集和多源异构数据的清洗集成以及跨部门协同交互的研究尚存在不足。鉴于此，本节将顶层设计的理念引入反恐情报服务，构建融合多种社会感知信息系统的智慧反恐信息系统，并建立相应的智慧反恐情报服务保障机制，利用网格技术等进行数据处理，解决政府部门之间的信息

① 张铠麟，王娜，黄磊，王英，张汉坤. 构建协同公共服务：政府信息化顶层设计方法研究[J]. 管理世界，2013，(8)：91-100.

② Dorsch C. A New Barometer for the evolution of multilateral counterterrorism: Introduction to the materials, methods, and results of the un security council and terrorism dataset (UNSC-TDS)[J]. Terrorism and Political Violence, 2015, 27(4): 701-721.

③ Stollenwerk E, Dörfler T, Schibberges J. Taking a new perspective: Mapping the al qaeda network through the eyes of the un security council[J]. Terrorism and Political Violence, 2016, 28(5): 950-970.

④ Strang K D, Sun Z. Analyzing relationships in terrorism big data using hadoop and statistics[J]. Journal of Computer Information Systems, 2017, 57(1): 67-75.

⑤ 万向阳. 反恐行动情报分析系统大数据障碍及其改进[J]. 情报杂志，2015，34(5)：7-10.

孤立和部门协同问题。

8.2.2　大数据环境下基于顶层设计的智慧反恐情报服务

大数据环境下，反恐情报服务应当突破传统的业务割据和信息孤岛限制，实现跨部门的智能耦合和协同操作。

(1)反恐情报服务大数据智能化管理基本流程

反恐情报服务大数据智能化管理基本流程如图 8-4 所示，大数据智能化反恐情报服务服务于我国反恐部门，包括公安机关、国家安全机关及军事机关等有关部门。恐怖活动严重危害国家社会的正常运行。智慧反恐服务的首要前提在于遵循反恐部门制定的目标战略确定大数据智能管理的恐怖主义问题，并将其转化为数据挖掘的目标。根据具体的需求从社会及反恐部门采集相关反恐数据，进行数据清洗、数据抽取、数据转换、数据存储和知识挖掘等智能化处理。反恐数据智能处理全程均以反恐相关单位之间的跨部门信息协同为基础。反恐部门需要对数据挖掘获取到的知识模式进行评价和反馈，依据具体的反恐工作需求判断是否需要调整知识发现方法再次挖掘反恐知识。大数据反恐情报服务将满足反恐部门需求的反恐信息及知识以可视化人机交互的方式用于其反恐决策的支持服务，从而辅助我国安全部门顺利开展恐怖活动的监测预警、应急处置和事后追踪等智能管控工作。

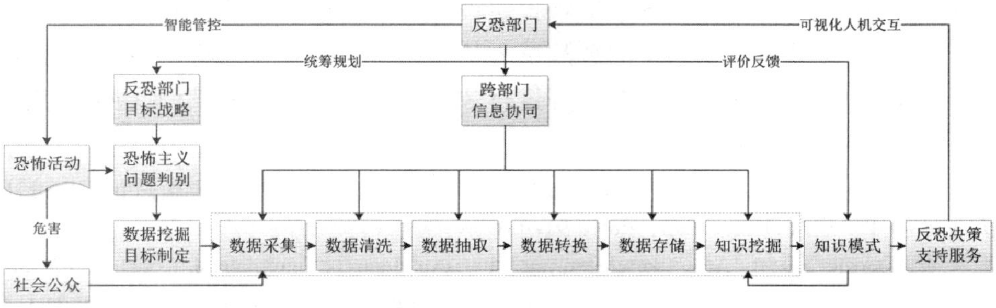

图 8-4　大数据在反恐情报服务中的基本应用流程

(2)基于顶层设计的智慧反恐信息系统构建

基于顶层设计的信息系统建设具有统一部署下的规范性和合规性，由此决定了基本的技术构架。

①顶层设计理念。顶层设计的本质是在系统设计和实施之前就进行总体架

构分析和设计，从而统一各分系统的标准和语言①。反恐怖主义工作涉及公安、国安和反恐怖主义工作领导机构等多个部门，这要求智慧反恐信息系统应在顶层设计理念指导下，自顶向下逐层设计，实现不同部门系统之间的协同互操作。

因而，本节根据反恐情报工作所处的大数据时代特点，在以往学者关于反恐信息系统构建和大数据反恐情报研究的基础上，将顶层设计理念贯彻于智慧反恐信息系统各层建设中，搭建以网格技术为基础、以反恐智能管控为目的的智慧反恐信息系统，如图 8-5 所示。

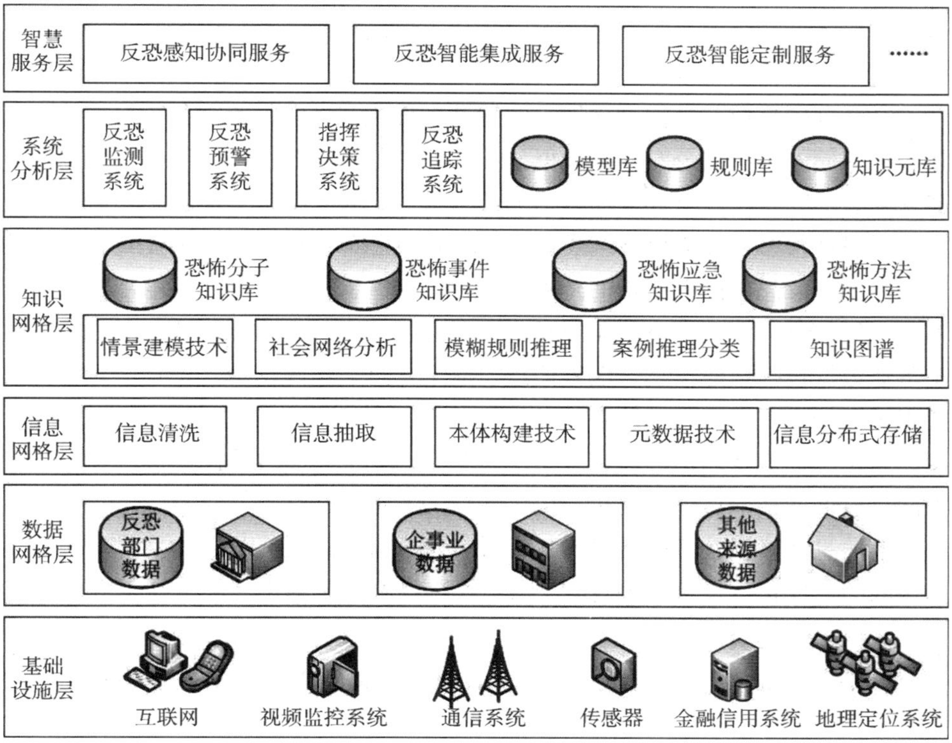

图 8-5 基于顶层设计的智慧反恐信息系统

②基础设施层部署。基础设施层是智慧反恐信息系统的重要物理空间组成

① 裘江南，叶鑫，李平安，等. 电子政务顶层设计模型 GEA 及其应用[J]. 情报杂志，2009(8)：153-158.

部分。在智慧政府的建设下，新兴信息技术逐步应用于政务管理和社会生活。然而，信息技术也为恐怖组织实施恐怖袭击提供了新方式和新工具，例如，“基地”组织就借助先进的数据库技术等对恐怖袭击的潜在目标进行信息收集和管理①。要实现对恐怖组织的精确有力打击，及时、高效、准确的情报是反恐工作取得成功的关键要素②。基础建设架构要求智慧反恐信息系统搭建高灵敏度、高时效性的基层感知网络。恐怖事件发生前，相关的恐怖成员可疑活动、武器装备的变动情况、金融账户的资金转移以及恐怖袭击的培训进程等必然会在感知网络中留下痕迹。智慧反恐利用多维度的社会感知网络捕获实时的、有价值的反恐情报。例如，从视频监控网络、地理信息系统等提取恐怖人员的位置移动信息；通过通信系统、社交网络等搜索恐怖组织成员的社会关系；利用金融信用系统跟踪可疑人员的异常资金流向等。

③数据网格层。数据网格层是实现基础设施层各网格节点的数据传输和海量数据存储的可扩展分布的基础框架③。研究表明将政府与企事业数据相融合能够显著提升反恐信息共享和数据分析水平④。本节构建的智慧反恐信息系统根据反恐情报来源分为以下三类进行存储：反恐部门数据、企事业数据和其他来源数据。反恐部门数据指的是来自于公安、武警、军队等部门内部数据，例如：交通信息、海关信息、犯罪信息、反恐应急行动数据、反恐经验知识等。企事业数据包括金融信息、电信信息、航空信息、保险信息、医疗信息等。其他来源数据主要包括物理情景信息，如地理信息、气象信息；社会信息，如社交网络信息、物联网信息、社会组织提供的信息等。数据网格层将不同空间、不同接口的网格节点进行连接，提供便捷的数据访问途径。

④信息网格层。信息网格层是通过构建虚拟资源层实现异构信息资源的同构访问的一体化信息处理平台⑤。信息网格层着重于利用元数据技术和本体构

---

① 陈明，凌云翔，吴树银. 大数据时代的反恐怖情报保障策略研究[J]. 情报杂志，2015，34(6)：5-11.

② 李本先，梅建明，张薇，等. 对反恐情报体系构建中几个问题的思考[J]. 情报杂志，2014，33(4)：1-5.

③ 郭虹. 基于网格技术的数字图书馆知识服务平台的构建[J]. 现代情报，2006，26(7)：87-89.

④ 张锐昕. 电子政府概念的演进：从虚拟政府到智慧政府[J]. 上海行政学院学报，2016，17(6)：4-13.

⑤ 孙雨生，董慧. 国内信息网格技术研究进展(上)[J]. 现代图书情报技术，2008，(10)：007.

建技术进行语义协同处理以实现异构信息的统一表示。不同系统的反恐情报描述存在不一致性，元数据的映射可以将系统间具有相同功能而元数据格式不相同的元素建立映射关系，实现语义层面的互操作。同样，对反恐情报建立规范的资源描述框架可以标准化多系统的反恐情报元数据管理。在实现元数据关联的基础上，元数据的更新和存储是保障系统健壮性的重要步骤。本体构建技术需要利用资深反恐专家以及反恐经验数据等对反恐情报工作的各要素进行缜密设计。反恐本体构建的核心在于反恐主体的确立以及反恐知识的形成和描述。制定完备恐怖事件类型、地点、时间、攻击目标、伤亡人数、武器信息以及恐怖组织等要素之间的知识规则对于多种结构信息的语义协同十分关键。通过元数据和本体构建技术获得的系列资源描述文档以及基础信息是智慧反恐知识挖掘的重要情报资源。为适应大数据环境，信息网格层使用非关系型数据库(No-SQL)存储信息，并将其提供给知识网格层对反恐信息深度挖掘。

⑤知识网格层。知识网格层是智慧反恐信息系统中负责知识挖掘的高层网格应用。该层不仅要响应来自业务应用层的反恐问题请求，还要深入挖掘信息网格层语义协同处理后的信息，发掘其中隐藏的知识模式以及对问题进行解答，并对挖掘的知识和问题求解结果进行整理、存储、传输、更新和维护等有序管理。智慧反恐的知识网格层采用情景建模技术、社会网络分析技术、模糊规则推理技术等数据挖掘技术获取反恐知识，同时建立恐怖分子知识库、恐怖事件知识库、反恐应急知识库以及反恐方法知识库。恐怖组织和恐怖人员是反恐工作的重点监测对象。恐怖事件是指恐怖分子、恐怖组织基于特定的政治、宗教等目的，采取暴力、破坏、恐吓等手段实施的暴力犯罪行为。恐怖分子知识库包含恐怖组织的成员组成、组织结构、恐怖行动、组织据点以及资金渠道的关联分类知识以及以非组织形式行动的“独狼”恐怖人员的活动模式等。恐怖事件知识库涵括了关键可疑人物或恐怖组织主导的恐怖事件的时序演变模式和等。通过全方位的信息监控，智慧反恐能够提取恐怖分子在制造恐怖事件前中后期的交通通信、资金账户和持有武器的变动知识。反恐应急知识库存储反恐部门在反恐演练和反恐实战中，从情报收集到反恐打击行动和事后管控各环节中隐性关联知识等。反恐方法知识库是为了提升知识网格层的知识发现能力，对该层所用的反恐知识挖掘方法进行存储、更新等统筹管理的知识库。

⑥系统分析层。系统分析层是智慧服务层与知识网格层的承接层。系统分析层面向智慧服务层的不同需求，从知识网格层提取相应的知识构建相匹配的系统模型，并且对模型创建过程中使用的知识规则和相应技术等，分别建立模型库、知识元库和规则库等。智慧反恐常规系统模型主要包括反恐监测系统、

反恐预测及预警系统、指挥决策系统、反恐追踪系统等。反恐监测系统立足于覆盖范围广、灵敏度高的反恐情报数据，对恐怖分子和恐怖事件进行实时监控。反恐预测及预警系统核心在于以社会感知网络为基础，借助反恐知识储备，在恐怖事件发生前对其发展趋势、伤害范围等进行预估并发出不同程度的预警信息。指挥决策系统集成了反恐各部门系统统一访问接口，是反恐怖主义工作领导机构进行部门协同的战略规划和指挥调配平台。反恐追踪系统利用语义网络和非结构化数据模糊搜索等技术追踪恐怖活动主体的信息。在生成具体模型前，系统分析层需对来自智慧服务层的请求进行识别，确定其问题主体、问题情景和决策目标等。随后将问题识别结果转换为知识请求目标，由知识网格层进行知识的推理、筛选和传输等，并生成相符的系统模型。

⑦智慧服务层。智慧服务层是智慧反恐信息系统的可视化决策平台。智慧服务层以反恐顶层战略部署为导向，其智慧服务主要分为以下几类：①反恐感知协同服务。智慧反恐情报平台依托基础设施层的泛在化社会感知网络，从多种渠道全方位收集多层次的反恐数据，利用数据网格和信息网格技术完成各部门之间的信息资源协同共享，充分发挥大数据在反恐情报服务中的潜在价值。②反恐智能集成服务。智慧反恐情报平台集成了反恐工作各环节的智能服务：反恐监测、反恐预测与预警、反恐应急处置以及反恐追踪等。智慧服务层运用了可视化技术，为反恐怖主义领导工作机构等相关反恐部门提供大量便捷的人机交互入口，从而确保反恐工作的实时监控、快速响应和精准打击。③反恐智慧定制服务。反恐工作的复杂性、综合性以及伤害性的特点意味着智慧反恐情报应当具备较强的特异性。当反恐工作出现新需求时，反恐部门可借助智慧服务层提取智慧反恐情报服务的特定知识和信息，生成符合其要求的新系统模型。

(3)智慧反恐情报服务保障机制

大数据与智能环境下的智慧反恐情报保障具有跨域特征和实时性，在系统建设中应进行整体上的规划。

①智慧反恐泛在化保障。为确保采集到广泛实时有效的反恐数据，智慧反恐情报服务应部署灵敏度高、时效性强、覆盖范围广的社会传感网络。①物理空间传感网络：RFID 技术和视频监控技术是智慧反恐从物理空间获取恐怖分子、恐怖组织及恐怖事件数据的重要技术。水陆空货运及邮政、快递等物流单位运营的物品均装有 RFID 电子标签，RFID 标签记录了物品类型、寄件人信息、收件人信息以及物品装载、运输至送达全过程的物流数据信息，这些数据能够对危险化学品、爆炸物品等危险物进行电子追踪。视频监控技术主要运用

于交通运输、金融贸易和城市公共区域等视频图像信息系统中。摄像机及辅助设备可以捕获恐怖分子及其重点活动区域的声音和图像信息。②互联网信息采集网络：恐怖分子在网络空间留下的搜索、浏览、购买等记录是反恐情报的重要组成部分。智慧反恐从中抽取恐怖嫌疑人在微博、微信、论坛、贴吧等社交平台和搜索引擎的行为数据。

智慧反恐情报服务通过社会传感网络整合分布在国家反恐相关部门的内部与其他社会渠道的结构化和非结构化数据，从中提炼恐怖嫌疑人的身份、金融账户、社交账号、手机通信、车辆记录、医疗记录、犯罪记录、逮捕记录、出入境记录、武器装备、所属恐怖组织、实施的恐怖活动、备注和其他属性数据。

②智慧反恐智能化保障。智慧反恐情报服务的精髓体现在反恐大数据的智能处理，为反恐工作提供富有价值的反恐知识。①反恐资源的同步接口及访问标准机制。智慧反恐信息系统从统一接口访问反恐数据资源和设备，根据网格文件传输协议将获取到的反恐数据存储到相应的数据库中，并将数据信息同步至各网格节点，实现广域数据的连通共享。②异构信息的统一表示、传输与存储。智慧反恐利用语义网络技术来统一表示异构信息，将其转化为具有反恐价值的同构信息。一体化的信息服务依赖于无结构数据结构化处理、信息的合理分布、支持大规模用户的信息服务以及智能信息检索与信息集成技术①。③以反恐部门需求为导向的知识智能推理。集成后的同构数据是智慧反恐的知识资源池。知识发现是一个以犯罪心理学及侧写技术为基础，以分类、聚类、关联分析等数据挖掘技术为主导的价值创造过程。据此反恐情报可以结合可视化分析技术呈现恐怖分子的心理模式、行为模式，恐怖事件各要素的结构特征、演变特征等。④公民隐私保护与反恐数据安全。智慧反恐应仔细对待反恐情报工作需要与公民隐私保护之间的界限。智慧反恐应当使用大数据自动脱敏技术替换敏感信息从而保护公民隐私，运用数据库防火墙、数据库审计、堡垒机和日志审计监测反恐数据库的访问情况以保障反恐数据安全。反恐机构与个人应当共同完善和遵守数据的授权和安全规范以优化数据的合理使用和安全保护。

③智慧反恐协同化保障。协同学最早由德国著名理论物理学家赫尔曼·哈肯教授于1969年提出。该理论主要用于研究由多个部分组成的系统之间的各

① 孙雨生，董慧. 国内信息网格技术研究进展(上)[J]. 现代图书情报技术，2008，(10)：007.

要素通过能量、信息交换等方式相互作用，使整个系统产生新的整体效应①。智慧反恐是建立在大数据基础上的松耦合协同服务。国家公安部、国家安全部、武警总部以及其他反恐怖单位应当不断优化反恐合作运行机制，针对跨部门、跨系统的资源调配规则和组织职能范围等制定规范的部门管理法规，同时完善反恐部门之间的数据交换协议、数据访问协议等数据管理制度。智慧反恐情报服务要求公安机关、国家安全机关和有关部门，以及中国人民解放军、中国人民武装警察部队在保持相对独立的基础上，交换和共享恐怖嫌疑人的各类属性信息、储备的历史反恐知识以及其他文件等。在反恐各阶段，各部门业务系统能够根据反恐怖主义工作领导机构、国务院和中央军事委员会的部署协同开展工作。国家安全委员会和国家反恐怖工作小组的成立为反恐协同服务打下了初步基础。在反恐情报准备模块中，泛在的社会感知网络是由政府、企事业单位和社会组织等多方合作搭建而成。在反恐决策和应急行动模块中，反恐部门协同合作展开打击行动。

8.3 灾害应急管理中的公共安全信息保障服务

近年来，频发的自然灾害给人类社会造成了巨大的生命和财产损失，防灾减灾已成为世界各国面临的共同挑战。中国是世界上自然灾害最为严重的国家之一，发生的灾害类型多、频度高，造成的社会、经济损失严重。近 20 年来，我国平均每年因各类自然灾害 3 亿多人次人口受影响，直接经济损失共计 2 千多亿元人民币。政府部门、国内外学者在灾损评估、风险管理、灾害预警、应急响应、灾后恢复重建等多个方面加以研究与实践，形成一系列新理论、新技术，指导各个层面的减灾降险。其中，灾情数据作为掌握突发自然灾害事件的重要信息，是实施减灾救灾的基础依据，让灾情管理得以深度信息化。

深度信息化提升了灾害应急管理的操作空间，为其注入了新的理念和能量，并可从根本上改变灾害应急管理的模式，但其也存在一些亟待解决的问题：第一，联合国开发署全球风险辨识项目(GRIP)在指导发展中国家开展灾害风险评估，制定国家减灾战略过程中，发现数据与信息的获取难是最大障碍之一，一些更加契合的新兴技术亟待采用。第二，灾害数据具备大数据的

① 徐宝祥，王姣，张欣. 组织间信息系统协同及其实现技术研究[J]. 情报杂志，2008，27(2)：63-65.

"4V"特征，目前现有服务未能对灾害数据进行体系化规范化的处理、存储及分析，组织部门间数据权限难获取，灾害发生时各部门协同调配、高效响应更是难以实现。第三，当人们试图构建基于大数据管理的灾害应急信息保障服务体系时，应意识到任何信息服务体系对于灾害应急管理决策的支撑作用是有限的，灾害应急管理决策始终存在易错性。在社会现代化背景下构建的灾害应急管理信息保障体系，其功能应在这一认识上围绕产生、积累和更新知识来设计与构建，并在事件处理过程中灵活机动应变，以最大化填补灾害信息保障体系对外部环境及管理对象的认识与客观真实性之间的差距。

本节结合当前基于大数据管理的信息保障服务体系存在三大问题，提出了改进的灾害应急管理公共安全信息保障服务体系及相应服务机制，对灾害数据获取技术、灾害数据规范化处理、存储与共享、灾害应急管理信息服务更新机制进行了详细地探讨，强化用大数据技术实现灾害应急管理智能化的意识，以期提升灾害突发事件的应急管理水平。

8.3.1 面向灾害应急管理的公共安全信息保障服务体系

面向灾害应急管理的公共安全信息保障服务体系可为各类灾害应急管理主体提供公共性的信息服务，由灾害应急中大数据资源管理、灾害应急管理信息服务、灾害应急管理主体三大部分组成，如图 8-6 所示。

(2)灾害应急中大数据资源管理

丰富的灾害应急大数据资源可为更高效的灾害监测预警、应急响应、风险评估和救灾决策提供充足有效的信息，充分利用灾害大数据提升灾害管理能力成为防灾减灾的迫切需求。面向灾害应急管理的公共安全信息保障服务体系包括灾害数据采集/交换、灾害数据处理、灾害数据存储以及灾害数据分析四部分。

①灾害数据采集与交换。灾害数据在灾害发生的各个阶段都起着至关重要的作用，是防灾减灾最重要的基础和支撑条件。其中，灾害应急基础信息、监测检测信息可对接各相关部门信息系统进行数据获取与交换，如地理信息系统、组织机构信息系统、个人基础信息系统、道路交通信息系统、气象环保信息系统以及水文地质信息系统等。若事件发生时需实时获取人力难以触及的灾害数据，则需借助遥感技术、无人机低空摄影测量技术以及移动 GIS 技术等。例如，遥感技术可应用于自然灾害调查、监测、预警、评估的全过程，在大范围、区域性的灾害事件监测或调查中具有显著优势，近年来遥感技术已形成高光谱、高空间分辨率、全天时、全天候、实时/准实时的对地观测能力，成为

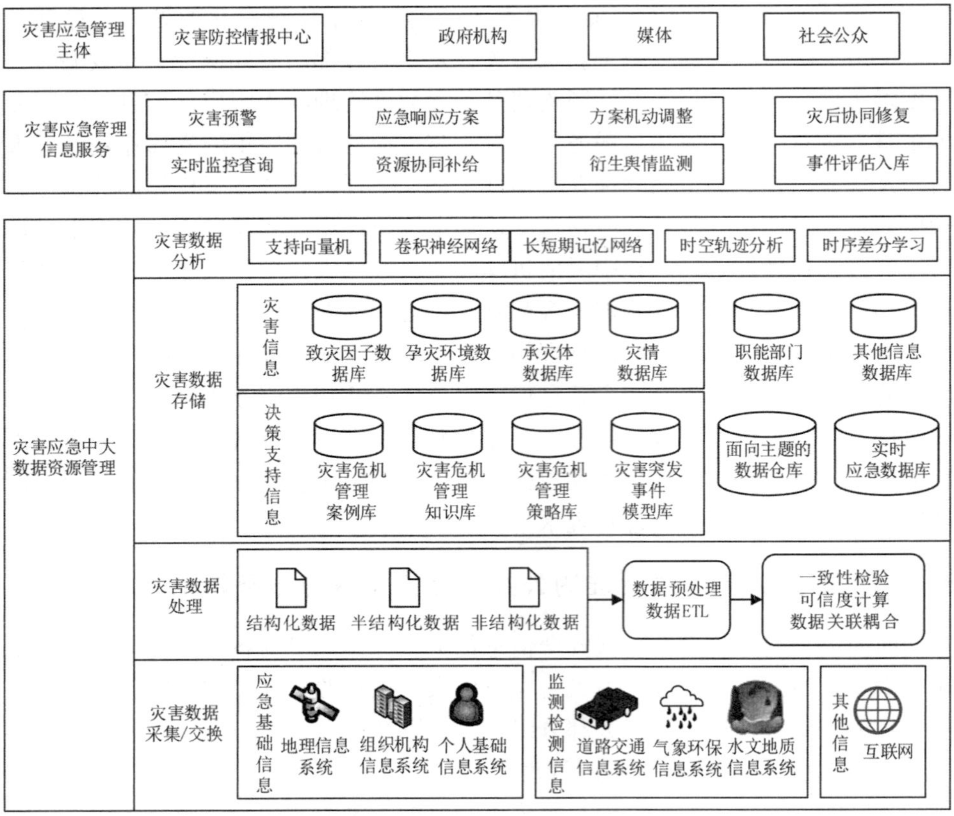

图 8-6　面向灾害应急管理的公共安全信息保障服务体系

灾害信息获取中不可或缺的先进技术手段；无人机低空摄影测量是以无人机为飞行平台搭载传感器设备获取地面信息的遥感测量方式，对于人力难以到达现场且具有重大威胁的冰川、冰湖、滑坡、泥石流、堰塞湖等灾害点，无人机航拍技术具有显著优势；移动 GIS 技术综合运用了 GPS 精确定位技术、便携移动设备、移动通信技术和 GIS 的空间信息处理能力，使系统能够实时地获取、存储、处理、分析和显示地理相关信息，获得第一手数据资料。

②灾害数据处理。当前，随着数据库技术、互联网技术、移动通信技术等的飞速发展，以及云计算、大数据和非关系型数据库(如 NoSQL)等方面的研究进展，灾害数据获取和处理手段不断提高，带来了其在信息时代的新特点，如灾害应急管理数据资源部分主要负责汇聚接入源自不同信息系统的数据，这些数据往往是跨网格和异构的，包含结构化数据、半结构化数据以及非结构化

数据，具有海量性、多源性、异构性、多尺度、多分辨率、多时空属性等特点，同时采集的数据可能是重复、矛盾或者互相依赖的，需要进行预处理和融合处理，包含对其进行去重清洗等预处理、数据 ETL、数据重构、一致性鉴别、可信度计算以及数据关联及智能耦合等一系列规范化操作。

③灾害数据存储。灾害数据存储资源主要包含灾害信息、决策支持信息、数据仓库及实时应急数据库以及职能部门数据库等。灾害信息根据灾害系统理论划分为：致灾因子数据、孕灾环境数据、承灾体数据和灾情数据。致灾因子数据分为自然致灾因子与人为致灾因子；孕灾环境数据包括孕育产生灾害的自然环境数据与人文环境数据；承灾体数据是指致灾因子作用对象相关的数据，承灾体通常可分为人和财产资源两类；灾情数据指各方面对灾害损失程度的反映，包括人员伤亡与经济损失等。决策支持信息包含灾害管理案例库、知识库、策略库以及灾害突发事件模型库。还有大量数据通过灾害数据处理，并以时间和空间为线索对常态信息进行归纳和整理，形成面向主题的数据仓库。此外还需接入相关业务信息系统和物联感知系统，采用灾害数据获取部分提到的三类技术，采集源自真实业务的信息数据和实时感知外部环境信息，构建实时应急数据库。职能部门数据库主要包括各相关职能部门信息，便于在灾害事件发生时协同救灾。

④灾害数据分析。灾害数据分析是实现灾害突发事件预测和智能管控的重要部分，通过对数据的处理和分析，进一步为突发事件的预测提供支持。数据分析技术建立在数据存储的基础上，通过对存储的多源大数据进行数据挖掘和分析，从而发现隐藏在海量数据中有意义的知识，包括潜在灾害事件的类别、等级、可能发生的时间、区域以及不同对象之间的关联知识等，为进一步灾害事件预警与响应提供决策支持。该层综合采用支持向量机(SVM)、卷积神经网络(CNN)、长短期记忆(LSTM)神经网络、时空轨迹分析、时序差分学习等多种数据挖掘技术对灾害突发事件管控目标、时间、地点、事件内容等事件实体进行挖掘处理和智能分析，对潜在灾害事件进行安全态势感知及实时检测。

(2)灾害应急管理信息服务

灾害应急管理信息服务模块通过知识交互和反馈接口，为政府职能部门的决策人员提供全面感知、立体互联和实时互动的主动知识服务，该模块包括面向不同管理主体的信息服务并适应动态变化的应急管理协作网络，以及在不同管理主体、不同管理层级、不同行业部门之间的信息交互、情报共享和决策协调。在大数据资源管理的基础上，灾害应急管理信息服务模块能够实现灾害突发事件的智能预警，方便决策人员及时发现异常情况，进而提前采用相应的预防措施，避免灾害事件的发生。同时，在重大灾害性事件(如地震、火灾、洪水)管控中，信息保障服务体系应对灾害事件进行及时响应，实现灾后协同修复、实时监控查询、资源协同补给、衍生舆情监测和事件评估入库等功能，同时在应急响应过程中插入方案机动调整这一步骤，以更加灵活的服务模式将灾情损伤降至最小。

(3)灾害应急管理主体

参与到灾害应急管理过程中的主体包括以下类别：灾害防控情报中心、政府部门、媒体、社区和社会公众。灾害防控情报中心的决策者、情报人员对中心数据进行收集、分析、评估与利用，与政府职能部门实现信息共享及服务协同，同时将发现的异常情况及时进行信息披露，第一时间将相关信息发布给媒体和社会公众，使其有足够时间做好应对准备；政府部门参与到灾害突发事件的智能管控预防以及应急救援，情报中心将到灾害异常情况传达到政府相关职能部门，相关部门及时部署有效措施防控到灾害突发事件的发生；媒体在突发事件管控中起着重要的舆论导向作用，媒体对于事件的报道应做到透明、及时、准确，有效安抚民众情绪，以免造成更大伤害。

8.3.2 灾害应急管理服务体系的运行机制

对于灾害突发事件的演化周期，不同的学者给予了不同划分，如 Turner 的七阶段模型、Fink S 的四阶段模型、Burkholder 的三阶段模型等，如图 8-7 所示。灾害突发事件的演化周期可以被划分为灾害潜伏期、灾害爆发期、灾害蔓延期、灾害恢复期四个阶段，与其相对应的应对措施为事前准备、全面响应、方案调整与事件恢复。灾害应急管理信息服务体系的运行机制应支持各类应急管理主体进行快速响应和高频决策，形成“感知外部环境——更新知识基础——支持应急决策——反馈决策效果”的应急管理闭环。

①灾害潜伏期。该阶段指某一灾害事件的爆发前期，各种引发灾害事件的危机信息在不断地积累，然而表面上却风平浪静，在这一阶段快速响应情报系统的主要任务是监测与预警，通过不断地收集与分析数据与信息来预测可能发生的突发事件，并根据突发事件的类型、级种、时间等多个维度设置预警阈值，当某一数据或信息量达到设定的临界值时，预警信号将会被自动触发并将相关信息与决策参照方案通过灾害应急服务系统自动地发送给相关部门决策者人员。

②灾害爆发期。在重大灾害性事件如地震等，灾害及时响应处于灾情工作中的首要地位。在这一阶段潜在的危机经过不断地积累致使突发事件的发生有

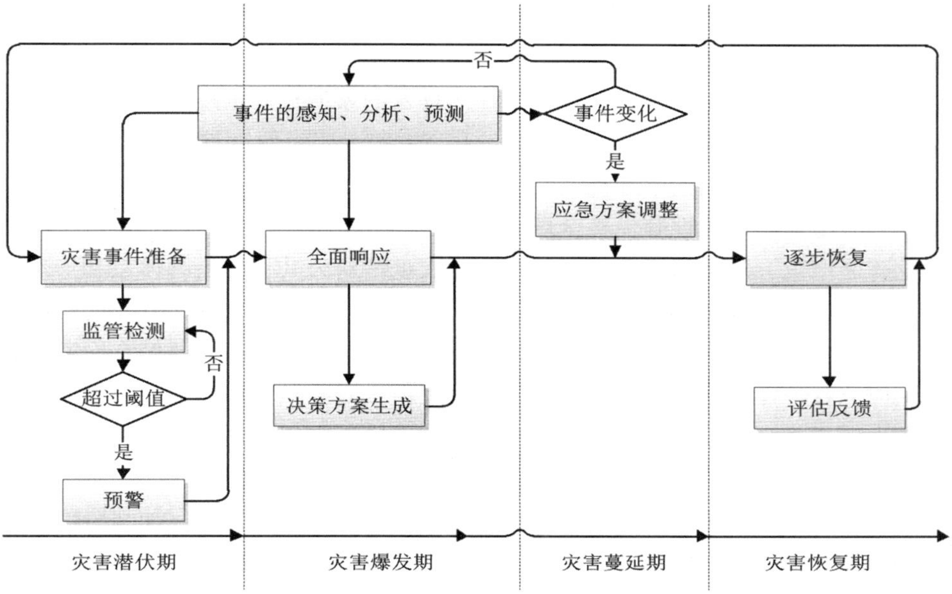

图 8-7　灾害应急管理服务体系的运行机制

可能变成现实，事件的应对也由监测预警转成全面应对，此时快速响应情报系统根据所收集到的信息以及结合案例库、知识库、策略库、规则库等利用各种方法对信息与数据进行高度的融合，形成决策方案，为决策者提供支持。

③灾害蔓延期。这一阶段是指突发事件爆发后，由于决策方案不够完善等各种原因致使危机不断地扩散、变异、转化等，这时应急决策快速响应系统应是全过程感知的，不断地对事件进行分析与预测，根据变化不断地对决策方案进行调整，生成新的方案，控制危机的扩散。

④事件灾害期。这时突发事件得到控制，社会秩序也在慢慢恢复，人们的生活回归正常，灾害应急管理服务体系在这一阶段主要是对灾害事件进行评估，通过对突发事件的整个过程进行综合评价，总结优缺点，归纳建议，导入案例库并进行案例管理和维护，使系统更加智能，以便为同类灾害事件提供精准的情报支持。

8.4　重大疫情防控领域中的公共卫生信息保障服务

党的十八大报告中明确提出“完善突发公共卫生事件应急和重大疾病防控

机制”；“十三五”规划也强调加强重大传染病防控。疫情防控作为公共卫生安全中的一个重要领域，一直受到政府部门和学术界的广泛关注。近年来，国内外突发公共卫生事件多发，国际上如西非爆发的埃博拉病毒疫情、美洲蔓延的塞卡病毒等，国内如新疆脊髓灰质炎、H7N9禽流感病毒、甘肃鼠疫及登革热疫情等，突发疫情对国家经济发展、社会稳定造成重大的影响。2019年12月至今，新型冠状病毒性肺炎在全球暴发蔓延。疫情传播速度之快，对经济社会的危害之严重，远远超出人们的预判。此次疫情对公共卫生治理体系和治理能力提出了严峻考验。2020年2月14日，习近平总书记主持召开中央全面深化改革委员会第十二次会议，强调应完善重大疫情防控体制机制，健全国家公共卫生应急管理体系。新型冠状病毒性肺炎疫情是对我国治理体系和治理能力的一次大考。在全力以赴抓好疫情防控的同时，应加强面向重大疫情防控的公共卫生信息保障服务的情报体系建设，加大情报技术研发和基础设施投资力度，提高情报采集的及时精准性，强化潜伏期疫情监测和预警能力；加强跨部门信息协同与应急联动、信息披露和谣言管控，为疫情暴发期政府决策提供支持；防范疫情的次生、衍生危害，为疫情恢复期的社会稳定保驾护航。

8.4.1 重大疫情防控中的情报需求

面向重大疫情防控的公共卫生应急管理情报体系，是以实现智慧防控为目标，以情报科学技术为基础，融合卫生管理部门、疾控部门、医院、政府、企业、公众等多元主体，集情报采集、处理、存储、分析和应用为一体的有机系统，为公共卫生突发事件的事前、事中、事后提供支持。本节从情报学的角度出发，分析了疫情防控不同发展阶段的公共卫生情报需求，剖析了公共卫生突发事件情报体系的基本要素，在此基础上构建了快速响应的公共卫生应急管理情报体系，以期通过对疫情数据的整合、存储与挖掘分析，实现重大疫情的智能防控。

参照危机管理的三阶段理论，疫情的演变阶段可划分为疫情潜伏期、疫情暴发期与疫情恢复期。疫情发展的不同阶段，对应急信息形式、内容、质量、获取方式等方面的需求表现存在明显的差异性。通过研究三个发展阶段的情报需求特征差异，可以加强疫情防控过程中情报工作的针对性。

①疫情潜伏期。疫情潜伏期指公共卫生突发事件处于潜伏状态，各种征兆信息、危险苗头不断地积累，但并不明显，未造成实质损害或者损害很小。在疫情的潜伏阶段，由于很多情报不易被察觉或获取，情报需求的特征表现为情报采集目的性不强、但是情报需求范围广。这一阶段的情报需求主体为基层、

中层政府公共卫生部门，对于可能会引发疫情的因素，需要做好全源情报的采集①，包含疫情监测数据、疫情风险评估信息、疫情相关的舆情信息等。疫情萌芽阶段的危机因子处于量变时期，若能及时进行干预，就可以有效控制事态的发展，因此，该阶段应保持警惕，将搜集的情报资源进行分析和处理，构建预警体系。

②疫情暴发期。疫情暴发期指公共卫生突发事件已经发生，并且不断地扩散、蔓延，社会和个人开始感知到其对人们身心健康带来的损害，甚至影响社会的稳定。在疫情的爆发阶段，突发疫情造成的损害程度和范围不断扩大，为了对疫情进行有效的控制，情报需求的特征表现为信息粒度细、情报需求量大且质量要求高、动态性强。在信息粒度方面，该阶段的情报需求主体是疫情应急管理中心，疫情应急管理中心需要在短时间内尽可能全面的收集情报信息，包括疫苗的研究进展信息、医疗救助信息等，利用已有的、高序列化的情报信息做出快速响应。在情报需求数量和质量方面，质量的好坏直接影响公共卫生突发事件应急决策的科学性、合理性，但是，在疫情暴发过程中充斥着大量的虚假信息，导致由信息转化而来的情报质量不佳，因此，该阶段要关注情报的过滤和筛选。在动态性方面，随着情报的不断更新和完善，情报需求不断被满足，应急决策呈现出动态优化的特点。

③疫情恢复期。疫情恢复期指公共卫生突发事件的威胁和危害得到控制或消除后，人们的生活回归平静。在疫情的恢复阶段，由于疫情得到控制，情报需求相对平稳，情报需求的特征表现为信息量不断衰减的态势。但是，这并不意味着无情报需求，相反地，需要对疫情的起因、疫情暴发过程中各个处理环节进行全面、彻底的审视，总结经验教训。该阶段情报信息比疫情暴发期更加完备，包括疫情暴发的原因、造成的损失、事后分析总结信息等。

8.4.2 重大疫情防控中的公共卫生应急管理情报体系构建

重大疫情防控系统是一个社会化的大系统，其中的应急情报系统构建在社会网络大系统之中。

(1)体系要素分析

在面向疫情防控的公共卫生突发事件情报体系中，不仅涉及情报要素，还涉及利用情报的人员要素和机构要素，以及技术要素，如图 8-8 所示。从“物

① 李阳，李纲. 情报视角下的突发事件监测与识别研究[J]. 图书情报工作，2014，58(24)：66-72.

理—事理—人理”系统方法论①(Wuli-Shili-Renli System Approach, WSR)的角度来看，作为“物理”的情报要素和技术要素、作为“事理”的机构要素以及作为“人理”的人员要素，需要充分围绕疫情防控的情报需求，实现“物—事—人”的有机协调，为系统化处理公共卫生突发事件提供支撑。

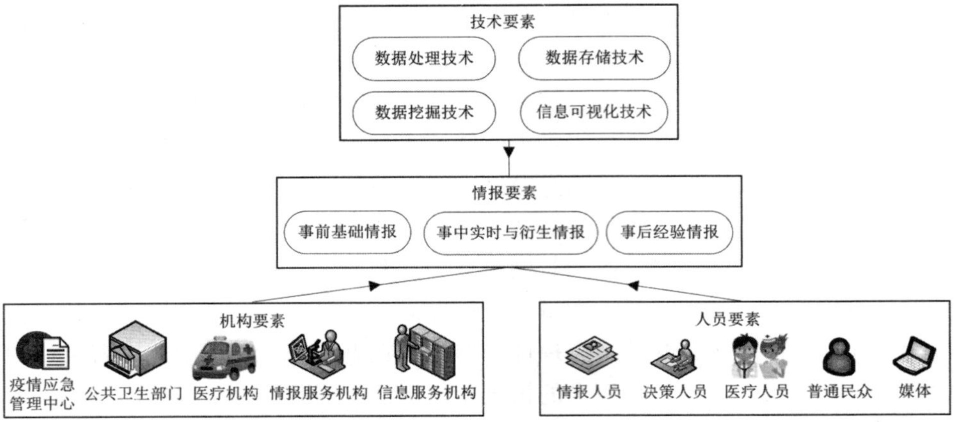

图 8-8　公共卫生突发事件情报体系要素

①情报要素。情报要素指的是公共卫生突发事件应急管理所需的各类信息资源，贯穿于疫情防控的全过程。疫情感染患者个人信息库、国内外已发生的疫情历史案例库、各个卫生部门已经建立的基础数据库、互联网信息等，是疫情防控工作开展最有力的情报要素支撑。按照疫情演化周期，情报要素可分为 3 类：①事前基础情报②事中实时与衍生情报③事后经验情报。首先，应根据疫情潜伏期、疫情暴发期、疫情恢复期三个阶段对情报资源需求的差异性，对情报要素进行建设和利用。其次，由于情报要素具有海量、多源、异构、无序的特点，需考虑对情报要素进行加工和利用，如情报资源的深度关联等。

②技术要素。情报视角下的疫情防控需要综合运用一系列技术来采取、处理、存储、挖掘、利用各类情报资源要素，推动突发疫情应急管理水平的提升。如数据处理技术、海量数据存储技术、数据挖掘技术、信息可视化技术等。数据处理技术对获取的数据去伪存真，同时过滤掉与疫情无关的信息，保

① 顾基发. 物理事理人理系统方法论的实践[J]. 管理学报，2011，8(3)：317-322，355.

证情报数据的质量；随着物联网、互联网的不断发展，与疫情相关的公共卫生情报数据正在以几何级数急剧增长，对存储的需求越来越大，而传统的存储系统达到瓶颈，因此需要云存储等数据存储技术；疫情数据的价值大多数是潜在的，需要利用数据挖掘技术来释放其价值，包括神经网络、决策树、贝叶斯、线性回归、支持向量机等；最后，为了更好地开展情报服务，需要利用信息可视化技术为情报体系的使用者提供多维度分析和展示。

③机构要素。疫情防控工作的开展是一个复杂而艰巨的过程，往往涉及疫情应急管理中心、政府公共卫生部门、医疗机构、情报服务机构、信息服务机构等众多机构要素。疫情应急管理中心将监测到的异常情况传达给政府相关公共卫生部门，并协调和调度相关组织机构和人员开展应急救援；政府公共卫生部门是公共卫生突发事件应对的主体，包括卫生计生委、疾病预防控制中心等；医疗机构是疫情防控的第一战场，收治疫情感染病人、疑似疫情感染病人，并防止交叉感染；此外，情报服务机构、信息服务机构等专业性信息服务类机构也应当在疫情防控中发挥专业特长，强化卫生情报的收集、研判能力。

④人员要素。人员要素指疫情防控过程中所涉及的人员，包括情报人员、决策人员、医疗人员、普通民众、媒体等。疫情应急管理中心的决策人员、情报人员对疫情信息进行采集、处理、分析、利用，同时将异常情况及时披露给普通民众和媒体；医疗人员对感染疫情的患者提供医疗救护；普通民众可能是疫情的经历者、传播者、记录者，能够为情报体系提供第一手的情报资源；媒体是疫情信息的传播者，通过对疫情的防控进展进行报道、传播和评论，直接影响普通民众的看法。

(2)面向疫情防控的公共卫生应急管理情报体系架构

公共卫生突发事件情报体系构建是一项复杂的系统工程，需要从顶层设计①的全局性视角出发进行规划。因此，本节将顶层设计理念引入对公共卫生应急管理情报体系的研究，运用系统论②的理论与方法，从卫生情报采集、卫生情报处理、卫生情报存储、卫生情报分析以及卫生情报服务五个层面进行了总体架构，如图 8-9 所示。

---

① 袁莉，姚乐野. 基于 EA 的快速响应情报体系顶层设计研究[J]. 图书情报工作，2016，60(23)：16-22.

② 林甫. 专利情报服务体系的顶层设计研究[J]. 情报理论与实践，2014，37(6)：17-21.

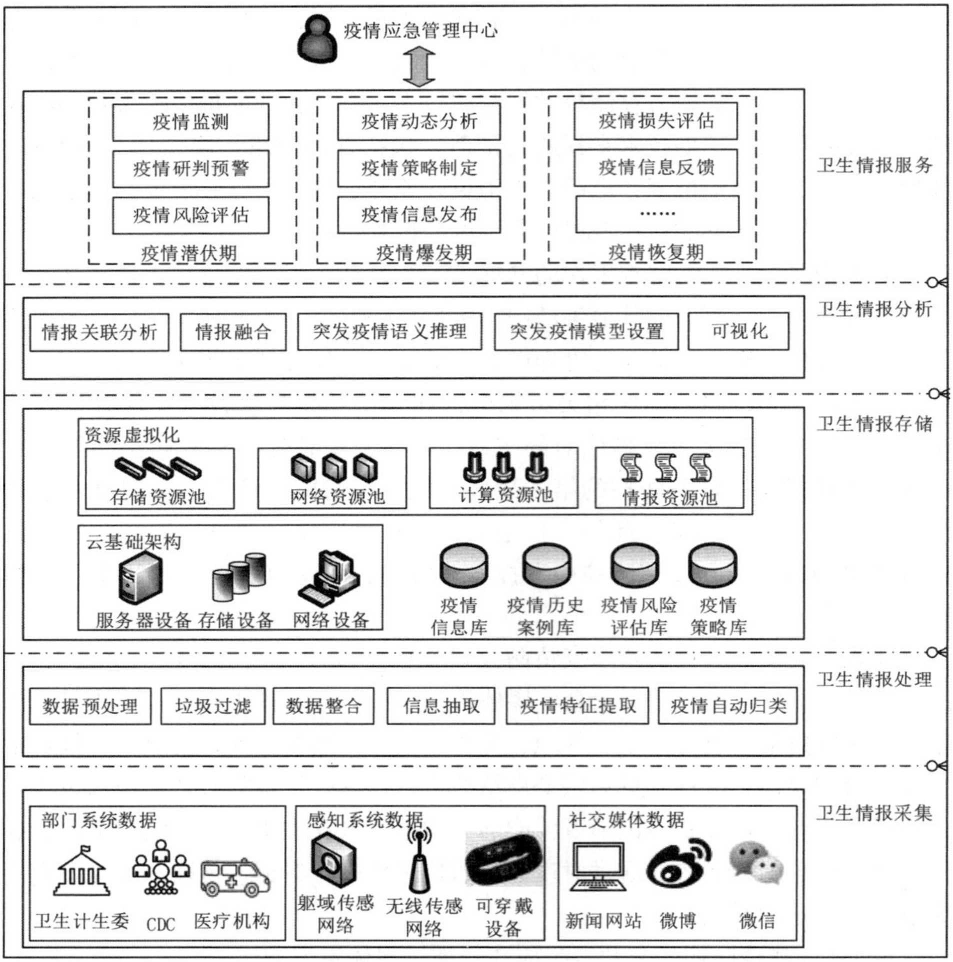

图 8-9　公共卫生应急管理情报体系架构

①卫生情报采集。公共卫生突发事件的发生大多会伴随征兆信息、网络舆情信息等，无论是在疫情潜伏期、疫情暴发期，对分散在各处的海量卫生信息进行采集，保障情报信息来源的全面性、准确性、时效性尤为重要。卫生情报资源主要包括三大来源，它们是支撑公共卫生突发事件应急决策的数据基础：一是公共卫生部门信息系统，诸如疾病监测数据、患者电子病历数据等；二是感知系统，主要包括区域传感网络、无线传感网络、可穿戴设备，区域传感网络以人体为媒介，能够获取、分析和处理患者生理信号，无线传感网络能够感

知、采集和处理监测区域内患者的信息，可穿戴设备利用生理信息检测技术，能够获取并诊断人体参数；三是社交媒体中与传染病、突发公共卫生事件等相关的实时信息资源，包括新闻网站、微博、微信、论坛、社区、贴吧等。卫生情报采集是一个动态的过程，疫情应急管理中心在后续的处理、分析过程中，需要不断地对情报进行补充，为作出科学合理的应急决策提供情报支撑。

②卫生情报处理。卫生情报处理通过技术手段对不同信息源采集到的数据和信息进行加工，使之成为疫情防控所需的有序信息，从而支撑公共卫生突发事件的应急决策。卫生情报处理主要包括两个方面：一是信息组织，通过数据预处理、垃圾过滤来发现和清理脏数据，甄别出与疫情无关的数据，再对分散的卫生数据进行有效整合，使得分布式的无序资源规范化，成为可供疫情应急决策使用的情报信息。二是信息挖掘，首先，需要建立疫情信息抽取模型，根据情报分析具体需求及时提取信息；其次，需要对疫情特征进行提取，可以根据突发疫情的种类、突发疫情的损害程度、决策人员的要求建立相应的模型与算法，自动地从疫情信息中识别、提炼出对应急决策具有重要影响的典型特征；在此基础上，对疫情信息进行自动归类，从而为后续的情报分析提供支持。

③卫生情报存储。卫生情报存储应当考虑存什么、如何存的问题。存储的应急情报资源库包括疫情信息库、疫情历史案例库、疫情风险评估库、疫情策略库等，以满足不同决策主体的情报需求。疫情信息库是对基础性或关键性疫情信息的描述，并根据疫情特征分门别类地进行整理；疫情历史案例库由各个突发疫情案例组成，包含了疫情从暴发、演化、应对到结束的完整过程；疫情风险评估库遵循最大风险法则，衡量疫情可能发生的风险等级；疫情策略库是应对突发疫情方法的集合，将以往的疫情应对经验转化为知识。上述所列举的情报信息需要大容量的存储空间，而传统的存储模式无法满足卫生情报资源的存储需求。云存储由于具有易扩容、易管理、服务不中断等优点，成为存储的首要选择。通过利用虚拟化技术将卫生情报资源管理服务器设备、存储设备、网络设备、数据库等各项资源进行整合，形成存储资源池、网络资源池、计算资源池以及情报资源池，使得资源可以方便地进行调整。存储资源池实现海量卫生信息的存储与管理，屏蔽存储介质的异构性；计算资源池实现海量卫生信息的高效处理；情报资源池具有动态可访问的特点，在现有基础设施基础上，对卫生情报资源进行整合；网络资源池解决物理资源与虚拟网络资源之间的映射，使疫情应急管理中心能够即时访问存储、计算、情报资源。此外，随着时间的不断推移，应急情报资源库中存储的情报价值可能会丧失，这部分情报可

能会影响到公共卫生突发事件的应急决策，因此需要及时地更新情报，以满足卫生情报分析和利用。

④卫生情报分析。卫生情报分析通过利用情报分析技术、方法、手段对信息进行情报关联分析、情报融合、突发疫情语义推理、突发疫情模型设置以及可视化等，从而为疫情潜伏期、爆发期、恢复期提供各种卫生情报服务。情报关联分析指利用关联分析技术实现基于疫情主题的语义关联，丰富卫生情报资源的深度与广度，从而发现隐性的规律；应急管理中的情报融合源于军事领域①，在疫情防控中也需要通过选择合适的情报融合技术和方法，将疫情基础数据和信息、决策主体、应急救援方法等进行整合利用，从而提升疫情应急决策的有效性；突发疫情语义推理指通过基于案例推理(CBR)、基于规则推理(RBR)等人工智能技术对信息进行聚合、挖掘，提炼出对疫情应急决策有价值的情报；突发疫情模型设置包括构建疫情风险评估模型、疫情演化动态模拟仿真模型、疫情策略相似性模型等，为不同阶段的疫情应急决策提供辅助支持；突发疫情可视化指为了更好地开展情报服务，需要采用兼顾专业性与用户友好性的可视化方案，满足决策人员的视觉需求。

⑤卫生情报服务。卫生情报服务实现与疫情应急管理中心的直接交互，主要包括三个层面：一是针对疫情潜伏期的预警工作，实现疫情监测、疫情研判预警、疫情风险评估。疫情监测借助卫生情报采集和处理的已有基础，利用遥感监测技术(RS)、全球定位技术(GPS)、地理信息系统(GIS)、可视化分析技术等，对某种危险因素进行实时监测，进而做出分析和评估；疫情研判预警将历史疫情信息和实时性信息相结合，构建数学模型，并利用机器学习、神经网络数据挖掘技术等进行深度关联分析和挖掘，在疫情暴发、流行的早期及时发现并采取应对措施，从而减少疫情传播造成的影响；疫情风险评估通过数据挖掘算法(如决策树 ID3 算法、SVM 算法等)对公共卫生突发事件发生的风险程度、风险后果等进行评估，完善超前性突发事件预估机制。二是针对疫情暴发期的响应决策，实现疫情动态分析、疫情策略制定、疫情信息发布。疫情动态分析是指通过回归、预测等方法计算疫情发展走势，为决策人员提供方案支持；疫情策略制定指利用已经构建的疫情策略库等工具，为不同阶段的疫情防控提供决策服务；《突发公共卫生事件应急条例》第二十五条规定："信息发布应当及时、准确、全面"，因此，需要通过电视、微博、微信等传播媒体，及

① 王静茹，宋绍成. 突发事件应急管理的多模态危机情报融合体系构建[J]. 情报科学，2016，34(12)：55-58，69.

时公布疫情防控的进展、决策、应急方案等相关信息，避免民众产生恐慌心理。三是针对疫情恢复期的总结和调整，实现疫情损失评估、疫情信息反馈。疫情损失评估指对突发疫情造成的经济损失、人员伤亡等进行评估，包括应急指挥协调费用、医疗救治费用、疾病预防控制费用等；疫情信息反馈指通过统计分析对疫情的发生、应对及最终结果进行总结评价，为今后应对类似的疫情提供可借鉴的经验。

(3)公共卫生应急管理的情报体系运行机制

公共卫生应急管理情报体系的运行依托于情报流，而情报贯穿于疫情预防、响应、恢复的各个环节，因此，厘清情报体系在疫情演化不同周期的运行机制尤为重要，如图 8-10 所示。

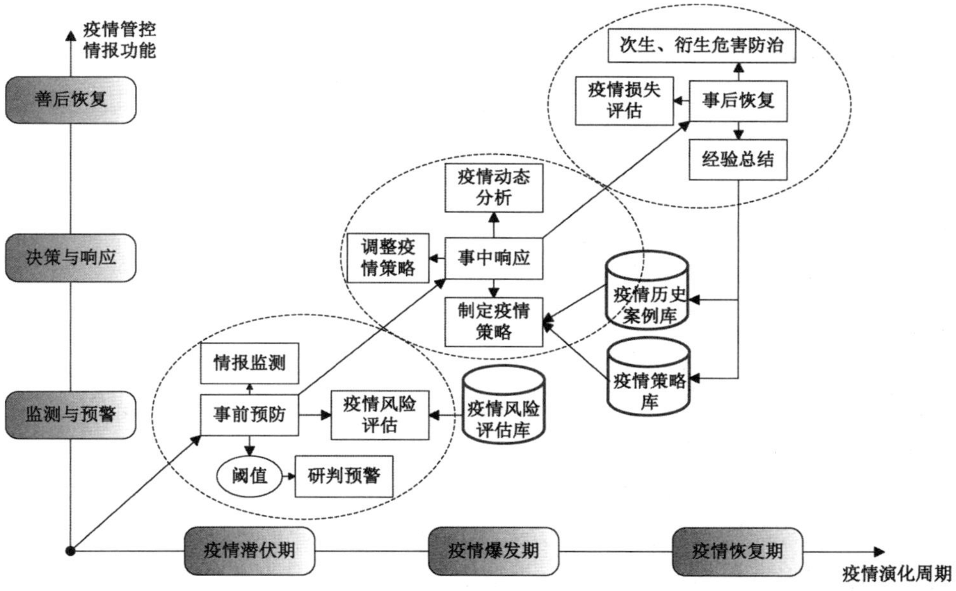

图 8-10 公共卫生应急管理情报体系运行机制

疫情潜伏期，应急管理情报体系工作重点在于监测与预警，完善情报监测机制及时遏制疫情的蔓延和爆发。此阶段情报体系运行机制为：①采集全方位疫情情报，结合事先设置的阈值(如感染病毒人数、病毒类型、症状、死亡人数等)作出研判预警，根据预警级别及时发布疫情预警信息，并对疫情发生的潜在风险进行量化评估；② 建立从中央到地方的层级响应机制，分别对应国家疾病预防与控制中心、地方医院的应急准备系统和区域的医疗应急系统，且明确规范各系统的权责，可在国家公共卫生网络上相互监督、沟通与应急协作；③ 加大政府对疾病预防情报工作的财政投入，建设专项科研实验室，引进先进的医疗技术，建立疾病分子数据库，以溯源病毒并掌握病毒信息，研制治疗方案；④对软、硬件设施的双重投入，提高情报人员综合素质，保证快速、准确地掌握疫情情报，将疫情造成的损失降至最低。

疫情暴发期，情报体系的工作重点在于决策和响应，建立公共卫生突发事件应急决策机制、情报共享和协同机制，全面、协同应对公共卫生突发事件，尽可能消减公共卫生突发事件带来的危害。在应急决策方面，疫情应急管理中心不断地通过获取的实时情报，对疫情演变过程进行动态分析；同时在构建的疫情历史案例库中搜索源案例作为参考，并将采集的情报与疫情历史案例库、疫情策略库、疫情策略相似性模型等相结合，制定疫情策略，根据疫情变化不断地调整疫情策略，为疫情防控提供决策方案。在应急协同方面，疫情应急管理中心需要防疫部门、医疗机构、交通管理部门、网络安全与监察部门、情报服务机构等协同和应急联动，保障疫情得到全面有效防控。新型冠状病毒传播速度快，防控疫情时效性强，应急联动能在最短的时间内形成统一的应急部署，集中优势人力、物力资源控制和消除疫情。在应急管理工作中，省与省、市与市、市内各区政府建立应急协调、互助机制，实现临近省市区域的情报共享，保证在最短时间内开展相互支援。

疫情恢复期，情报体系的工作重点在于善后恢复。疫情应急管理中心建立疫情损失评估机制、疫情信息反馈机制。一方面，疫情应急管理中心的决策人员建立疫情损失评估机制、疫情信息反馈机制，组织相关专家评估疫情造成的损失，形成报告呈交给政府部门；另一方面，对疫情防控过程进行综合评价、经验总结和查漏补缺，更新疫情历史案例知识库和疫情策略库，实现情报重用。此外，疫情应急管理中心需要采取措施防止公共卫生突发事件的次生、衍生危害的产生。疫情恢复期，普通民众容易受到谣言的误导，易引发疫情的衍生危害，利用情报分析诊断易引发疫情的衍生危害因素，采集、监测公众心理信息，为长期隔离的群众提供科学的心理疏导，以适应正常生活；此次疫情防控采集了大量流动人口数据，应做好疫情退散后数据处理工作，保证数据隐私安全；疫情期间工厂停工、交通停运等带来经济损失，需要政府给予一定支持，维护生产活动的健康稳定。

8.4.3 公共卫生信息保障服务的实现

公共卫生应急管理情报体系还需要保障机制来确保其顺利运转，保证信息安全地在整个情报体系中流动，包括技术保障、规范保障、隐私安全保障三个层面。技术保障是实现公共卫生应急管理情报体系的关键支撑因素。规范保障针对卫生情报资源制定统一的标准和规范，是实现疫情智能防控的基础。隐私安全保障保护患者的健康隐私信息不被泄露。

①技术保障。疫情防控过程中，如何通过相关技术来利用卫生情报资源，发掘其潜在的价值显得尤为重要，本节中涉及的技术主要包括情报融合技术①、语义数据关联技术、可视化技术等。从采集数据到提供卫生情报服务，其中必然涉及情报的融合处理，包括数据融合和信息融合两个层面，通过利用云计算模式中的计算资源池，实现情报融合的高效处理。语义数据关联技术将信息资源映射到高层语义空间，实现统一的内容理解和语义上的互联，从而充分挖掘卫生情报资源中蕴含的信息。疫情防控的可视化主要包含三个层面：历史疫情案例知识的可视化，采用时间关联分析、事件关联分析等技术，对历史公共卫生突发事件提供多维度分析；疫情暴发阶段的可视化，根据疫情历史案例库、疫情策略库等提供决策支持；未来可能发生疫情的可视化，利用时序关联分析技术、数据挖掘技术等预测未来可能发生的疫情。

②规范保障。卫生情报资源的标准化、规范化，是实现疫情防控的基础。当前，我国已初步建立了卫生信息标准体系框架，包括基础类标准、数据类标准、技术类标准、安全类标准以及管理类标准，其中，数据标准是实现语义互联的关键②。在疫情防控过程，涉及大量的医学知识分析，需要规范计算机对医学术语、概念、关系的医学知识表达和理解。因此，我们应当借鉴卫生信息标准体系，对庞杂的卫生情报标准进行分类和整理，构建卫生情报资源标准体系。根据标准封装卫生情报资源，实现语义上的互操作，从而规范情报服务。

③隐私安全保障。疫情防控过程中，患者隐私保护问题一直备受关注。卫生情报数据不可避免地会涉及患者的健康隐私信息，包括个人信息、身体状况、健康史等，一旦泄露，会对患者的日常生活造成很大的困扰，因此，需要

---

① 程曦，廖学军. 空天一体作战目标情报融合问题研究[J]. 飞航导弹，2012(3)：77-80.

② 张黎黎，汤学军，刘丹红，等. 卫生信息互联互通数据标准化方法研究[J]. 中国卫生信息管理杂志，2016，13(5)：467-472.

隐私保护技术①来保障患者的隐私不被泄露，如：利用自动脱敏技术，将涉及患者隐私的敏感信息自动替换，使得处理后的信息无法追溯到具体个人；利用位置匿名器、数据加密、基于语义网的信息过滤系统等隐私保护技术，对患者的敏感信息提供保障。此外，在法规建设层面，当前，虽然有相关法律涉及患者隐私保护的规定，如《传染病防治法》第六十八条、六十九条规定，疾病预防控制机构和医疗机构故意泄露病人隐私的有关信息、资料应承担法律责任，但是并没有阐明“涉及隐私”的具体界定，因此，应当加快隐私保护法等法规的制定，确保情报体系的顺利运行。

小　结

本章在大数据智能化管理和信息交互的模型、技术和保障机制基础上，结合安全生产、智慧反恐、防灾减灾、重大疫情防控等公共安全不同领域，构建面向不同领域的公共安全信息保障服务的情报体系，实现以领域为导向的公共安全信息保障服务的推进和应用。

为了解决安全生产事件数据隔离严重、部门协同交互难的问题，在适应现代社会大数据环境的前提下，本章在分析安全生产情报服务模式及流程的基础上，提出了基于风险社会背景下的安全生产情报服务体系，充分将大数据技术与安全生产情报服务结合，为安全生产管控过程中的前期预警、应急响应以及后期污染防治回复提供综合性的情报支持，同时将决策能动性、创新性和灵活性加入其中，提升安全生产情报体系的鲁棒性和高效性，为安全生产突发事件管控工作的开展拓展解决思路。

当前，随着国际国内社会环境的变化以及大数据的发展，反恐怖主义工作被赋予新的时代内涵。本章提出智慧反恐信息保障服务，引入顶层设计的理念，从“国家大数据”战略部署出发，利用网格技术、数据挖掘技术等信息技术对传统反恐工作进行资源的优化配置和结构的合理改善，实现反恐服务的泛在化、智能化、协同化。智慧反恐面向大数据的时代需求，为反恐组织之间的信息共享、协同合作提供了初步解决方案，展现出大数据在反恐情报分析和反恐应急反应中的应用价值，在一定程度上满足了反恐部门对反恐信息和知识的

---

① 吕欣，韩晓露. 大数据安全和隐私保护技术架构研究[J]. 信息安全研究，2016，02(3)：244-250.

决策需求。

海量的灾害数据资源可为高效地灾害监测预警、应急响应、风险评估和救灾决策提供充足有效的信息，充分利用灾害大数据提升灾害突发事件的应急管理能力成为防灾减灾的迫切需求。为提升灾害突发事件应急管理的能力和公共安全信息保障服务水平，本章针对灾害数据获取难、数据处理和存储不规范、职能部门之间存在信息协同和调配困难等问题，构建了包含灾害应急资源、服务以及管理主体的规范化灾害突发事件信息保障服务体系，并针对灾害应急管理服务体系的运行机制进行了分析和总结，为防灾减灾领域的公共安全信息保障服务提出一种新的解决思路。

在大数据背景下，对于公共卫生突发事件的防控应当重视情报的作用，通过对海量、异构、杂乱无章的数据进行挖掘，使之成为有用的情报资源。本章通过分析疫情演化不同阶段的情报需求，融合情报、技术、机构以及人员四大要素，构建面向重大疫情防控应急管理情报体系，探讨了情报体系的运行机制和保障机制。本章构建的公共卫生应急管理情报体系的本质是一个以实现重大疫情智能防控为目标，集公共卫生突发事件的情报采集、处理、存储、分析和应用为一体的综合体，该体系强化潜伏期疫情监测和预警能力；加强跨部门信息协同与应急联动，为疫情暴发期政府决策提供支持；防范疫情的次生、衍生危害，为疫情恢复期的社会稳定保驾护航。然而，公共卫生应急管理情报体系构建是一个复杂的过程，在下一阶段的研究中，如何在不侵犯隐私的情况下快速采集情报、如何借助大数据技术整合碎片化的多源异构信息，也具有非常重要的研究意义。

参考文献

[1] Stephen Haag, Maeve Cummings, Donald J McCubbery. Management Information Systems for the Information Systems for the Information Age[M]. 4th Edition. New York: The McGraw-Hill Companics, Inc., 2004: 1-5.

[2] 李克强. 政府工作报告——2015 年 3 月 5 日在第十二届全国人民代表大会第三次会议上[N]. 人民日报, 2015-03-17(1).

[3] 国务院印发《关于积极推进“互联网+”行动的指导意见》[EB/OL]. [2015-07-04]. http://www.gov.cn/xinwen/2015-07/04/content_2890205.htm.

[4] 阿里研究院. 互联网+: 从 ID 到 DT[M]. 北京: 机械工业出版社, 2015.

[5] 国务院印发《促进大数据发展行动纲要》[EB/OL]. [2015-09-05]. http://www.gov.cn/xinwen/2015-09/05/content_2925284.htm.

[6] 五中全会, 大数据战略上升为国家战略[EB/OL]. [2015-11-08]. http://politics.people.com.cn/n/2015/1108/c1001-27790239.html.

[7] 习近平. 决胜全面建成小康社会 夺取新时代中国特色社会主义伟大胜利——在中国共产党第十九次全国代表大会上的报告[EB/OL]. [2017-10-28]. http://cpc.people.com.cn/n1/2017/1028/c64094-29613660-7.html.

[8] 习近平. 审时度势精心谋划超前布局力争主动 实施国家大数据战略加快建设数字中国[N]. 人民日报, 2017-12-10(1).

[9] 习近平. 在国家安全工作座谈会上的讲话[EB/OL]. [2017-02-17]. http://www.xinhuanet.com/2017-02/17/c_1120486809.htm.

[10] 闪淳昌. 总体国家安全观引领下的应急体系建设[J]. 行政管理改革, 2018(3): 20-23.

[11] 中共中央政治局就实施网络强国战略进行第三十六次集体学习[EB/OL]. [2016-10-09]. http://www.gov.cn/xinwen/2016-10/09/content_5116444.htm.

[12] 习近平主持中共中央政治局第二次集体学习并讲话[EB/OL]. [2017-12-

09]. http://www.gov.cn/xinwen/2017-12/09/content_5245520.htm.
[13] 邓仲华，李志芳. 科学研究范式的演化——大数据时代的科学研究第四范式[J]. 情报资料工作，2013(4)：19-23.
[14] 黄鑫，邓仲华. 数据密集型科学研究的需求分析与保障[J]. 情报理论与实践，2017(2)：66-70，79.
[15] 张晓林. 研究图书馆2020：嵌入式协作化知识实验室?[J]. 中国图书馆学报，2012(1)：11-20.
[16] 徐敏，李广建. 第四范式视角下情报研究的展望[J]. 情报理论与实践，2017(2)：7-11.
[17] 黎建辉，沈志宏，孟小峰. 科学大数据管理：概念、技术与系统[J]. 计算机研究与发展，2017(2)：235-247.
[18] 钱钢，沈玲玲. 大数据环境下信息管理热点研究[J]. 南京师范大学学报(工程技术版)，2013(4)：1-5，12.
[19] 徐宗本，冯芷艳，郭迅华，曾大军，陈国青. 大数据驱动的管理与决策前沿课题[J]. 管理世界，2014(11)：158-163.
[20] 王芳，慎金花. 国外数据管护(Data Curation)研究与实践进展[J]. 中国图书馆学报，2014(4)：116-128.
[21] 吴金红，陈勇跃. 面向科研第四范式的科学数据监管体系研究[J]. 图书情报工作，2015(16)：11-17.
[22] 国务院. 突发公共卫生事件应急条例[EB/OL]. [2017-06-09]. http://www.gov.cn/zwgk/2005-05/20/content_145.htm.
[23] Savelyev, Alexander. Copyright in the blockchain era: Promises and challenges [J]. COMPUTER LAW & SECURITY REVIEW. 2018, 66(2): 59-82.
[24] 邹均，张海宁，唐屹等. 区块链技术指南[M]. 北京：机械工业出版社，2018.
[25] 袁莉，姚乐野. 基于EA的快速响应情报体系顶层设计研究[J]. 图书情报工作，2016，60(23)：16-22.
[26] 蔡维德，郁莲，王荣，等. 基于区块链的应用系统开发方法研究[J]. 软件学报，2017，28(6)：1474-1487.
[27] SIFAH. Chain-based big data access control infrastructure[J]. Journal of Supercomputing, 2018, 74(10): 4945-4964.
[28] Alexander F. Bigger data, less wisdom: The need for more inclusive collective intelligence in social service provision [J]. AI & Society, 2018, 33(1):

61-70.
[29] 林泽斐，欧石燕. 多特征融合的中文命名实体链接方法研究[J]. 情报学报，2019，38(1)：68-78.
[30] 陈玉博，何世柱，刘康，等. 融合多种特征的实体链接技术研究[J]. 中文信息学报，2016，30(4)：176-183.
[31] 张涛，刘康，赵军. 一种基于图模型的维基概念相似度计算方法及其在实体链接系统中的应用[J]. 中文信息学报，2015，29(2)：58-67.
[32] 贾君枝，李捷佳. 基于关联数据的语义互操作研究[J]. 情报理论与实践，2017，40(8)：131-134，111.
[33] 袁勇，倪晓春，曾帅，王飞跃. 区块链共识算法的发展现状与展望[J]. 自动化学报，2018，44(11)：2011-2022.
[34] 王欢喜，王璟璇. EA 在电子政务顶层设计中的应用[J]. 图书情报工作，2012，56(3)：140-144，148.
[35] 孙俐丽，吴建华. 关于国家数字档案资源整合与服务机制顶层设计的初步思考[J]. 档案学研究，2016(1)：57-61.
[36] 高国伟，龚掌立，李永先. 基于区块链的政府基础信息协同共享模式研究[J]. 电子政务，2018(2)：15-25.
[37] 周平，杜宇，李斌. 中国区块链技术和应用发展白皮书[R]. 北京：工业和信息化部，2016.
[38] 何蒲，于戈，张岩峰，鲍玉斌. 区块链技术与应用前瞻综述[J]. 计算机科学，2017，44(4)：1-7，15.
[39] 袁勇，王飞跃. 区块链技术发展现状与展望[J]. 自动化学报，2016，42(4)：481-494.
[40] 张岩，梁耀丹. 基于区块链技术的去中心化数字出版平台研究[J]. 出版科学，2017，25(6)：13-18.
[41] 曾子明，王婧. 基于顶层设计的智慧反恐情报服务及保障研究[J]. 情报杂志，2017，36(8)：18-22.
[42] 余益民，陈韬伟，段正泰，赵昆. 基于区块链的政务信息资源共享模型研究[J]. 电子政务，2019(4)：58-67.
[43] 工业和信息化部信息化和软件服务业司. 中国区块链技术和应用发展白皮书，2016[EB/OL]. [2019-6-10]. https://max.book118.com/html/2018/0207/152210345.shtm.
[44] Jiang T, Chen X, Wu Q, et al. Secure and efficient cloud data deduplication

with randomized tag[J]. IEEE Transactions on Information Forensics and Security, 2017, 12(3): 532-543.

[45] 熊金波，李素萍，张媛媛，等. 共享所有权证明：协作云数据安全去重新方法[J]. 通信学报，2017，38(7)：18-27.

[46] Fei Y, Yu Z, Chen H, et al. Cyber-physical-social collaborative sensing: From single space to cross-space[J]. Frontiers of Computer Science, 2018, 12(7): 1-14.

[47] 刘小久，袁丁，梁瑗云，严清. 基于BP网络判断传感器数据可信度研究[J/OL]. 计算机应用研究，2019(9)：1-3.

[48] 赵文军，陈荣元. 社会化媒体中的在线信息可信度评估模型研究[J]. 情报理论与实践，2015，38(12)：68-72.

[49] Bayramusta M, Nasir V A. A fad or future of IT?: A comprehensive literature review on the cloud computing research[J]. International Journal of Information Management, 2016, 36(4): 635-644.

[50] Mell P, Grance T. The NIST definition of cloud computing[J]. National Institute of Standards and Technology, 2009, 53(6): 50.

[51] 刘田甜，李超，胡庆成，等. 云环境下多副本管理综述[J]. 计算机研究与发展，2011，48(S3)：254-260.

[52] MaoZhen LI, Mark Baker 著. 网格计算核心技术[M]. 王相林，张善卿，等译. 北京：清华大学出版社，2006：126.

[53] Mario Antonioletti, Malcolm Atkinson, and et al. The Design and Implementation of Grid Database Services in OGSA-DAI[EB/OL]. [2019-08-16]. http://www.nesc.ac.uk/events/ahm2003/AHMCD/pdf/156.pdf.

[54] SIMDAT-Data Grids for Process and Product Development using Numerical Simulation and Knowledge Discovery[EB/OL]. [2019-08-16]. http://www.hlrs.de/news-events/events/2006/metacomputing/TALKS/simdat_clemens_august_thole.pdf.

[55] Radha V, Reddy D H. A Survey on single sign-on techniques[J]. Procedia Technology, 2012, 4(11): 134-139.

[56] 关志涛，杨亭亭，徐茹枝，等. 面向云存储的基于属性加密的多授权中心访问控制方案[J]. 通信学报，2015，36(6)：116-126.

[57] 李纲，李阳. 智慧城市应急决策情报体系构建研究[J]. 中国图书馆学学报，2016(5)：39-54.

[58] 张铠麟，王娜等. 构建协同公共服务：政府信息化顶层设计方法研究[J]. 管理世界，2013(8)：91-100.

[59] Schuler D. Social computing[J]. Communications of the ACM, 1994, 37(1): 28-29.

[60] Wang F Y, Carley K M, Zeng D, et al. Social computing: From social informatics to social intelligence[J]. IEEE Intelligent Systems, 2007, 22(2).

[61] Dryer D C, Eisbach C, Ark W S. At what cost pervasive? A social computing view of mobile computing systems[J]. IBM Systems Journal, 1999, 38(4): 652-676.

[62] 王飞跃，曾大军，毛文吉. 社会计算的意义，发展与研究状况[J]. 科研信息化技术与应用，2010，1(2)：3-15.

[63] 范如国. 复杂网络结构范型下的社会治理协同创新[J]. 中国社会科学，2014(4)：98-120.

[64] 徐绪堪，钟宇翀，魏建香，等. 基于组织—流程—信息的突发事件情报分析框架构建[J]. 情报理论与实践，2015，38(4)：70-73.

[65] 林曦，姚乐野. 我国突发事件应急管理的情报工作现状与问题分析[J]. 图书情报工作，2014，58(23)：12-18.

[66] 王宁，郭玮，黄红雨，等. 基于知识元的应急管理案例情景化表示及存储模式研究[J]. 系统工程理论与实践，2015，35(11)：2939-2949.

[67] 兰月新，曾润喜. 突发事件网络舆情传播规律与预警阶段研究[J]. 情报杂志，2013，32(5)：16-19.

[68] 龚花萍，陈鑫，高洪新. 突发事件预警及决策多信息系统的协同架构模型研究[J]. 情报科学，2016，34(12)：31-34.

[69] 董凌峰. 基于 SD 演化博弈的网络舆情形成阶段主体研究[J]. 情报科学，2018，36(1)：24-31，44.

[70] 冯瑞，冯少彤. 溯源探幽：熵的世界[M]. 北京：科学出版社，2016：23-25，122-124.

[71] 屈启兴，齐佳音. 基于微博的企业网络舆情热度趋势分析 [J]. 情报杂志，2014，33(6)：133-137.

[72] 何跃，朱灿. 基于微博的意见领袖网情感特征分析——以“非法疫苗”事件为例[J]. 数据分析与知识发现，2017，1(9)：65-73.

[73] 徐健. 基于网络用户情感分析的预测方法研究[J]. 中国图书馆学报，2013，39(3)：96-107.

[74] 唐晓波，朱娟，杨丰华. 基于情感本体和kNN算法的在线评论情感分类研究[J]. 情报理论与实践，2016，39(6)：110-114.

[75] 曹莹，苗启广，刘家辰，等. AdaBoost算法研究进展与展望[J]. 自动化学报，2013，39(6)：745-758.

[76] Yin P，Wang H，Guo K. Feature-Opinion Pair Identification of Product Reviews in Chinese：A Domain Ontology Modeling Method [J]. New Review of Hypermedia and Multimedia，2013，19(1)：3-24.

[77] 周志华. 机器学习[M]. 北京：清华大学出版社，2016.

[78] 敦欣卉，张云秋，杨铠西. 基于微博的细粒度情感分析[J]. 数据分析与知识发现，2017，1(7)：61-72.

[79] 陈晓美，高铖，关心惠. 网络舆情观点提取的LDA主题模型方法[J]. 图书情报工作，2015，59(21)：21-26.

[80] 王建民，金涛，叶润国.《大数据安全标准化白皮书(2017)》解读[J]. 信息技术与标准化，2017(8)：38-41.

[81] 黄全义，夏金超等. 城市公共安全大数据[J]. 地理空间信息，2017(7)：1-5，9.

[82] 赖茂生，樊振佳. 政治利益对政府信息资源共享的影响分析：基于理性选择制度主义的视角[J]. 图书情报工作，2012(7)：112-116.

[83] 张春艳. 大数据时代的公共安全治理[J]. 国家行政学院学报，2014(5)：100-104.

[84] 刘志坚，郭秉贵. 大数据时代公共安全保障与个人信息保护的冲突与协调[J]. 广州大学学报(社会科学版)，2018(5)：74-79.

[85] 陈明，凌云翔，吴树银. 大数据时代的反恐怖情报保障策略研究[J]. 情报杂志，2015，34(6)：5-11.

[86] 张铠麟，王娜，黄磊，王英，张汉坤. 构建协同公共服务：政府信息化顶层设计方法研究[J]. 管理世界，2013(8)：91-100.

[87] Stollenwerk E，Dörfler T，Schibberges J. Taking a new perspective：Mapping the al qaeda network through the eyes of the UN security council [J]. Terrorism and Political Violence，2016，28(5)：950-970.

[88] Strang K D，Sun Z. Analyzing relationships in terrorism big data using Hadoop and statistics[J]. Journal of Computer Information Systems，2017，57(1)：67-75.

[89] 万向阳. 反恐行动情报分析系统大数据障碍及其改进[J]. 情报杂志，

2015，34(5)：7-10.
[90] 裘江南，叶鑫，李平安，等. 电子政务顶层设计模型 GEA 及其应用[J]. 情报杂志，2009(8)：153-158.
[91] 郭虹. 基于网格技术的数字图书馆知识服务平台的构建[J]. 现代情报，2006，26(7)：87-89.
[92] 李阳，李纲. 情报视角下的突发事件监测与识别研究[J]. 图书情报工作，2014，58(24)：66-72.
[93] 王静茹，宋绍成. 突发事件应急管理的多模态危机情报融合体系构建[J]. 情报科学，2016，34(12)：55-58，69.
[94] 吕欣，韩晓露. 大数据安全和隐私保护技术架构研究[J]. 信息安全研究，2016，2(3)：244-250.